国家科学技术学术著作出版基金资助出版

现代应用物理学丛书

薄膜结构 X 射线表征
（第二版）

麦振洪 等 著

科学出版社

北京

内 容 简 介

本书结合作者二十多年来的工作积累和国内外最新进展，系统介绍应用 X 射线衍射和散射技术表征薄膜微结构的多种基本实验装置、实验数据分析理论以及典型的薄膜微结构表征实例。全书分 3 篇(共 19 章)：第 1 篇为基本实验装置(第 1~3 章)，主要介绍 X 射线源、X 射线准直和单色化、各种探测器以及薄膜 X 射线衍射仪和表面/界面散射装置。第 2 篇为基本理论(第 4~10 章)，介绍薄膜 X 射线衍射和散射数据分析所用的相关理论，包括用于薄晶体或小晶体多层膜和金属多层膜的 X 射线衍射运动学理论；用于近完美多层膜、半导体超晶格和多量子阱的 X 射线衍射动力学理论；用于原子密度和晶格参数很接近的金属多层膜的 X 射线异常衍射精细结构理论；用于薄膜和多层膜表面与界面分析的 X 射线反射、漫散射理论以及掠入射衍射理论。基本覆盖了目前应用 X 射线衍射和散射技术研究薄膜结构所需要的理论。第 3 篇为薄膜微结构表征(第 11~19 章)，介绍应用 X 射线衍射和散射技术表征薄膜微结构的实例，除了总结作者二十多年来在薄膜研究中所解决的微结构表征实例外，还尽量收集近年来国内外有关的重要结果，以供读者参考。薄膜的种类涉及半导体外延膜及超晶格材料、超导异质薄膜材料、金属磁性多层膜材料、软物质薄膜和有机半导体薄膜。表征的微结构包括单层膜和多层膜厚度、点阵参数、应力、表面与界面、缺陷、弛豫横向、调制结构以及钙钛矿结构氧八面体畸变。

本书力图理论联系实验、深入浅出，而又不失先进性、实用性和普适性。可供从事薄膜材料和器件研究的研究人员和工程技术人员参考，对从事薄膜材料和器件研制与开发的专业人员也有参考价值，也可作为高等院校和研究院所凝聚态物理、材料科学和有关薄膜科学技术专业及相关专业的教师和研究生的教学用书和参考书。

图书在版编目(CIP)数据

薄膜结构 X 射线表征/麦振洪等著. —2 版. —北京：科学出版社，2015.4
(现代应用物理学丛书)
ISBN 978-7-03-044195-9

Ⅰ.①薄… Ⅱ.①麦… Ⅲ.①X 射线-薄膜结构-研究 Ⅳ.①O434

中国版本图书馆 CIP 数据核字(2015)第 089123 号

责任编辑：钱 俊 周 涵／责任校对：张凤琴
责任印制：赵 博／封面设计：陈 敬

科学出版社 出版
北京东黄城根北街 16 号
邮政编码：100717
http://www.sciencep.com

三河市春园印刷有限公司印刷
科学出版社发行 各地新华书店经销

*

2007 年 7 月第 一 版　开本：720×1000 1/16
2015 年 5 月第 二 版　印张：26 1/2
2025 年 8 月第六次印刷　字数：510 000
定价：168.00 元
(如有印装质量问题，我社负责调换)

第二版前言

《薄膜结构 X 射线表征》第一版于 2007 年 7 月出版，此书作为专业人员的参考书、研究生教材和相关 X 射线衍射仪商业公司的培训教材，拥有较广泛的读者。

正如《薄膜结构 X 射线表征》第一版前言所说，低维材料的出现是 20 世纪材料科学发展的一个重要标志，随着科学技术的高速发展和高科技产业的需要，薄膜结构表征越来越受到重视，并且，近年来出现了不少薄膜生长、薄膜结构、薄膜研究方法的新知识。本书再版旨在把一些重要的薄膜表征新方法补充进来，同时，对个别章节的内容也进行了修改。

（1）本书第二版新增加了三章：第 17 章"薄膜晶体结构的表征和测定"、第 18 章"钙钛矿结构氧八面体畸变的 X 射线表征"和第 19 章"有机半导体薄膜晶体结构的表征"。它们都是近年薄膜结构研究的重要进展。

（2）X 射线衍射数据分析中，对倒易点阵的理解是十分重要的。但倒易点阵是一种几何构图，是一种数学方法。它是从晶体点阵推引出来的一套抽象点阵。初学者可能比较费解。本书第二版对 4.3.1 节"倒易点阵定义"和 4.3.2 节"色散面——Ewald 球"作了稍为详细的描述，希望对初学者有所帮助。

（3）本书第一版第 16 章主要介绍了聚合物、表面活性剂、磷脂等分子量较大的有机分子形成的薄膜结构研究，而液体界面在许多化学和生物系统中起着至关重要的作用。本书第二版增加了 16.4 节"小分子及离子相关液体界面"和 16.5 节"三价态离子在水/空气界面的结构"，介绍利用 X 射线方法研究电化学不相容液体界面结构以及高价态离子在水溶液/空气界面所形成的特殊结构。

（4）第一版的印刷错误均改正，并对正文多处作了修改与完善。

作者感谢山东大学的王继扬教授和于文涛教授对第 17 章的工作给予的支持和建议。

借本书再版，我们深深怀念良师益友冼鼎昌院士和吴自勤教授。从 20 世纪 80 年代开始，我与冼鼎昌院士和吴自勤教授共事，二十多年来，他们深厚的物理功底、广阔的科学视野、严谨的治学作风，博大而热烈的奖掖后进、谦虚和蔼、诲人不倦的品格使我受益匪浅。

1984 年秋，冼鼎昌院士从粒子物理学的理论研究转入同步辐射应用领域，领导建成我国第一个同步辐射实验室，并与北京正负电子对撞机一起通过国家验收，使中国成为第一个建成同步辐射装置的发展中国家；他提出在同步辐射等大科学装置上必须遵循"仪器—方法—应用"紧密结合的发展模式，开拓了我国同步辐射应用研究的先河；1996年，他与方守贤和丁大钊院士一起提交《关于我国建设第三代同步辐射光源建议书》，有力地推动了我国同步辐射装置发展。对本书的第一版和《同步辐射光源及其应用》一书的出版，他给以极大的热情和全力支持，向科学出版社先后送去两书的推荐信，并于2011年1月20日为《同步辐射光源及其应用》作序，该书于2013年3月出版。他在《物理》杂志上写了精彩的书评《同步辐射历史及现状》(42卷(2013)6期374页)，赞扬该书"由用户专家与光源装置专家密切合作共同撰写，是一件具有高度战略意义的事"。

吴自勤教授对本书的第一版也给以极大的热情和全力支持，2005年9月5日给科学出版社送去推荐信，2007年7月本书第一版出版，他在《物理》杂志上写了热情洋溢的书评《一本先进实验技术和深入理论分析相结合的专著》(36卷(2007)10期808页)，给予高度评价。在他的鼓励下，我于2008年组织了北京、合肥和上海三个同步辐射装置第一线工作的四十多位研究人员撰写《同步辐射光源及其应用》一书。吴自勤教授对该书的书名、编写提纲以及章节内容都提出了宝贵的建议。该书已于2013年3月由科学出版社出版。在本书第二版筹划过程中，吴自勤教授于2013年8月6日为本书再版写了推荐书。万万没想到，吴自勤教授于2013年8月29日仙逝！8月6日的推荐书竟是他的绝笔！

当我们手捧本书第二版时，可以感受到两位巨人的支持。

麦振洪

2014年10月

第 一 版 序

薄膜材料是材料科学的一个重要研究领域，它不仅在国民经济各领域有着广泛的应用，而且有丰富的物理内涵，推动着凝聚态物理的发展。同时，薄膜材料又是重要的纳米材料，它具备的独特物理现象、物理效应，正广泛地被用来开发具有新原理、新结构和特殊性能的纳米结构器件。薄膜材料科学的迅速发展直接得益于高精度薄膜生长技术的发展，如分子束外延、化学气相沉积、电子束沉积和多靶溅射等技术，这些技术使得制备几个原子层厚度的薄膜成为可能。通过反复沉积不同种类的薄膜，制备的周期性多层膜具有完全不同于相应体材料的物理及化学性质，现代科学技术的发展使得薄膜材料在其特殊效应被发现不久便很快被制成具有新功能的器件，实施于应用。这些功能薄膜器件共同点是异质结构、成分复杂、存在晶格失配。大量研究表明：薄膜材料包括单层膜和多层膜材料的物理、化学性能与薄膜各层厚度、成分、界面粗糙度、界面成分扩散、应力状态和表面界面状态等因素直接有关。对薄膜结构的深入认识，将有助于在薄膜内部微观结构、原子水平上阐明薄膜各种性能的机制，为优化薄膜材料制备工艺、改善薄膜材料和器件性能以及探索新型功能薄膜材料提供科学依据。

薄膜材料结构表征是薄膜材料研究的重要内容，对于薄膜材料结构和器件的研究以及无损检测是十分重要的。X 射线衍射和散射等技术有其特别的优点，它对薄膜材料的穿透力强，可以无损检测单层膜或多层膜内部结构、界面状况以及纵向和横向的共格程度。此外，X 射线的波长很短，与原子尺寸在同一量级，其分辨率可达原子或亚原子层量级，X 射线衍射和散射技术是薄膜材料结构无损检测的重要方法。

该书由麦振洪、李明、姜晓明教授和李建华、罗光明副教授等共同撰写，是作者二十多年工作的总结，特别是麦振洪教授长期从事固体材料缺陷和薄膜、多层膜结构研究，具有较高的学术造诣，其研究成果多次获中国科学院自然科学成果奖和科学技术进步奖。全书分三篇 16 章，系统介绍应用 X 射线衍射和散射技术表征薄膜微结构的多种基本实验装置、实验数据分析理论以及典型的薄膜微结构表征实例和国内外最新进展。内容丰富、层次清晰、理论联系实验、深入浅出，而又不失其先进性、实用性和普适性。

该书的出版将对开展薄膜材料结构和器材研究、优化其制备工艺、提高其性能很有帮助。该书可供从事薄膜材料和器件研究的研究人员和工程技术人员参考，对从事薄膜材料和器件研制和开发的专业人员也有参考价值，也可作为高等院校和研究院所凝聚态物理、材料科学和有关薄膜科学技术专业及相关专业的教师和研究生的教学用书和参考书。

梁敬魁

北京凝聚态物理国家实验室
中国科学院物理研究所
2006 年 4 月 24 日

第一版前言

低维材料的出现是 20 世纪材料科学发展的一个重要标志。它所表现的强劲学科生命力不仅是因为它不断揭示深刻的物理内涵,推动凝聚态物理的发展,而且更重要的是,它所发现新的物理现象、物理效应源源不断地被用来开发具有新原理、新结构和特殊性能的纳米结构器件。

应用特殊的生长技术,如分子束外延(MBE)、金属有机气相沉积外延(MOVPE)、氢化物气相外延(HVPE)等技术,可以实现精度达到一个原子层,甚至半个原子层的逐层生长和剪裁,使人们可以根据需要设计、生长和制备具有特殊能带结构的半导体薄膜材料和器件,大大促进了微电子学和光电子学的发展。结构完美的半导体异质结、量子阱和超晶格以及量子点等材料的出现,为发现量子霍尔效应、分数量子霍尔效应、量子尺寸效应以及单电子隧穿效应等新的物理效应提供了基础材料。大量研究表明,半导体外延薄膜的结构参数和生长参数会直接影响材料的完美性和物理性能。例如,大晶格失配的材料只有外延膜厚度小于临界厚度时,才有可能实现共格外延。如果外延膜厚度增加,将在界面上产生失配位错,以降低系统的应变能。另外,界面上成分互扩散和应力弛豫导致的"岛"都会使界面变差。外延薄膜材料各层的成分、厚度、应力分布以及表面、界面状态等局部变化都会影响器件的微电子和光电子性能。半导体外延膜、量子阱及量子点等材料微结构的 X 射线表征可以在介观或纳米尺度给出各层成分、厚度、界面起伏的局部波动。

铁磁/非铁磁金属多层膜层间耦合效应和巨磁电阻效应的发现,成为新一代磁记录材料和读写磁头的源动力,开拓了自旋电子学领域。铁磁/非铁磁金属多层膜通常采用磁控溅射技术来制备。与分子束外延技术相比,磁控溅射技术的薄膜生长是更远离热力学平衡区,而且生长速率高,因此,生长的薄膜在结构完美性方面远不如分子束外延生长。大量研究表明:铁磁/非铁磁金属多层膜各层厚度、界面粗糙度、界面成分扩散、应力状态和磁畴结构等因素直接影响多层膜材料的磁学性质。因此,在原子尺度上对多层膜微结构进行表征十分重要,因为它可以对优化生长条件、改善材料性能给予科学依据。

软物质物理已成为国际上普遍重视的新学科领域。软物质的研究是物理、化学、生物三大学科的交叉,深入开展的软物质物理研究,是物理科学通向生命科学的桥梁。软物质或称软凝聚态物质是指处于固体和理想流体之间的复杂态物质。软物质薄膜(包括聚合物薄膜、有机/无机多层膜等)具有特殊的、优异的物理化学性能,对基础研究和应用研究都具有重要价值。软物质薄膜通常是在水或溶液中制备，取向性和有序度都不如上述的薄膜，而且具有不同的结构性质。由于静电力或亲和性，软物质薄膜中单分子层的纵向沉积相对完美，而在层面内分子的取向各异。因此，横向的不均匀性是软物质薄膜表征的一个重要参数，二维薄膜结构以及固/液界面和固/固界面结构的研究对软物质薄膜制备工艺和器件设计尤为重要。

薄膜材料包括单层膜和多层膜材料，无损检测对薄膜材料结构研究是重要的。作为表征薄膜材料结构的扫描探针技术，X射线衍射和散射等技术有其特别的优点，它可以无损检测单层膜或多层膜内部结构、界面状况以及纵向和横向的共格程度。此外，由于X射线在物质中的折射率非常接近1（但小于1），利用X射线在薄膜材料表面的空气/固体界面的折射现象，采用很小的掠入射角，可以研究薄膜材料表面以下几个纳米深度的结构变化。在小角范围，由不同的X射线散射几何记录的非镜面漫散射强度分布可得到薄膜结构纵向和横向共格程度的信息。在大角范围，高分辨X射线衍射可探测薄膜中微小的应变或点阵失配。应用高度准直和单色的X射线，记录倒易空间中衬底某一布拉格峰附近衍射强度二维分布，可以分离相干和非相干X射线散射，研究衬底与薄膜的晶格失配及弛豫。掠入射衍射几何，采用高非对称衍射，可研究近薄膜表面的结构。

同步辐射是20世纪70年代出现的新型X射线源，它具有高亮度、宽频谱、高偏振度和高时间分辨等优点，成为X射线分析技术的重要光源。许多应用常规X射线光源无法进行的实验，可以在同步辐射装置的相关实验站得以实现。这是一个发展很快、令人瞩目的领域，我们期望，同步辐射源的利用和发展将使薄膜结构表征进入更高的水平。

对薄膜X射线衍射和散射实验数据进行理论模拟，可以得到薄膜内部微结构的详细信息，为研究薄膜的生长机制、优化生长条件、改善薄膜性能提供科学依据，是薄膜材料过程控制和基础研究的一个重要内容。

本书的撰写是结合作者二十多年来的工作积累和国内外最新进展，系统介绍应用X射线衍射和散射技术表征薄膜微结构的多种基本实验装置、实验数据分析理论以及典型的薄膜微结构表征实例。力图理论联系实验、深入浅出，而又不失其先进性、实用性和普适性。全书分三篇（共16章）：

第一篇：基本实验装置（第1~3章），主要介绍X射线源、X射线准直和单色化、各种探测器以及薄膜X射线衍射仪和表面/界面散射装置，使读者对实验条件、实验装置配置以及测量分辨率分析有初步的了解。

第二篇：基本理论（第4~10章），本篇将体材料的X射线衍射和散射理论发展、推广到薄膜材料，介绍薄膜X射线衍射和散射实验数据分析所用的相关理论，包括用于薄晶体或小晶体多层膜和金属多层膜的X射线衍射运动学理论；用于近完美多层膜、半导体超晶格和多量子阱的X射线衍射动力学理论；用于原子密度和晶格参数很接近的金属多层膜的X射线异常衍射精细结构；用于薄膜和多层膜表面与界面分析的X射线反射、漫散射理论以及掠入射衍射理论。基本覆盖了目前应用X射线衍射和散射技术研究薄膜结构所需用的理论。

第三篇：薄膜微结构表征(第11~16章)，介绍应用X射线衍射和散射技术表征薄膜微结构的实例。除了总结作者在薄膜研究中所解决的微结构表征实例外，还尽量收集近年来国内外有关的重要结果，以供读者参考。薄膜的种类涉及半导体外延膜及超晶格材料、超导异质薄膜材料、金属磁性多层膜材料和软物质薄膜。表征的微结构包括单层膜和多层膜厚度、点阵参数、应力、表面与界面、缺陷、弛豫以及横向调制结构。

薄膜科学是多学科的交叉，涉及的学科内容很广。本书仅集中介绍薄膜科学中的一个重要部分——薄膜结构表征，由于各学科都有本学科的专业术语和英文符号，为了尊重各学科的特点和习惯，在本书撰写中，我们保留了各学科惯用的英文符号和定义，以便于专业读者的阅读。本书可供从事薄膜材料和器件研究的研究人员和工程技术人员参考，对从事薄膜材料和器件研制和开发的专业人员也有参考价值，也可作为高等院校和研究院所凝聚态物理、材料科学和有关薄膜科学技术专业及相关专业的教师和研究生的教学用书和参考书。

本书承蒙梁敬魁院士撰写序言，全书由麦振洪、李明、姜晓明教授和李建华、罗光明及贾全杰副教授共同撰写。在编写过程中得到中国科学院物理研究所领导的大力支持；李晨曦研究员和王勇博士与作者进行了有益的讨论，并对第8章提出了宝贵建议。贺楚光、王勇、李晓龙、李秀宏、李大鹏、胡书新、邢丽丽、安玉凯、张红娣等提供了有关研究结果，吴兰生高级实验师、王勇、安玉凯、张红娣、张宇栋等同学对书稿图表做了大力的协助。科学出版社鄢德平、于宏丽编辑对本书稿进行了认真的审定和编辑，李奕萱编辑对本书进行校对。此外，本书得以顺利出版，是与中国科学院科学出版基金委员会的及时资助分不开的。在此对他们付出的辛勤劳动和大力支持表示衷心的感谢。

作者学识水平有限，加之薄膜科学发展迅速，本书虽涉及很广的内容，但仍不能对当今薄膜结构表征作完整的概述，不足之处在所难免，敬请读者不吝指正。

作 者

2006年4月20日

目 录

第二版前言
第一版序
第一版前言

第 1 篇　基本实验装置

第 1 章　X 射线源与 X 射线探测　　麦振洪　贾全杰　3
1.1　X 射线源　3
1.1.1　X 射线产生和 X 射线谱　3
1.1.2　封闭式 X 射线管　4
1.1.3　同步辐射光源　6
1.2　X 射线准直和单色化　9
1.2.1　狭缝　10
1.2.2　双晶单色器　10
1.2.3　多晶单色器　13
1.3　X 射线探测器　15
1.3.1　计数器　15
1.3.2　位置灵敏探测器　18
1.3.3　面探测器　19
参考文献　19

第 2 章　薄膜 X 射线衍射仪　　李建华　21
2.1　高分辨共面 X 射线衍射仪　21
2.2　掠入射衍射装置　27
2.3　测量分辨率的分析　28
参考文献　30

第 3 章　表面/界面 X 射线散射　　罗光明　麦振洪　31
3.1　固体表面/界面 X 射线反射和漫散射装置　32
3.2　液体表面/界面 X 射线反射和散射装置　34
参考文献　37

第 2 篇 基 本 理 论

第 4 章 X 射线衍射运动学理论 ·················· 麦振洪 41
4.1 引言 ········ 41
4.2 X 射线衍射几何 ······· 41
4.2.1 劳厄方程 ····· 42
4.2.2 布拉格方程 ····· 43
4.3 倒易点阵 ······· 44
4.3.1 倒易点阵定义 ····· 44
4.3.2 色散面——Ewald 球 ····· 47
4.4 X 射线衍射强度 ······· 49
4.4.1 单电子散射 ····· 49
4.4.2 原子散射因子 ····· 49
4.4.3 结构因子 ····· 51
4.5 薄晶体衍射强度 ······· 52
参考文献 ········ 54

第 5 章 金属多层膜的 X 射线衍射运动学理论 ·········· 罗光明 麦振洪 56
5.1 成分混合/合金化的多层膜 ······· 56
5.2 [A/B]$_N$ 多层膜 ······· 59
参考文献 ········ 63

第 6 章 X 射线衍射动力学理论(一)——完美晶体 ········ 麦振洪 罗光明 64
6.1 引言 ········ 64
6.2 完美晶体中 X 射线波动方程 ······· 65
6.3 双光束近似 ······· 67
6.4 色散面 ······· 69
6.5 劳厄几何晶体内波场振幅 ······· 74
6.6 布拉格几何晶体内波场振幅 ······· 77
6.6.1 无吸收晶体的反射率 ····· 78
6.6.2 有吸收晶体的反射率 ····· 79
6.7 双轴晶衍射摇摆曲线的理论计算 ······· 80
参考文献 ········ 81

第 7 章 X 射线衍射动力学理论(二)——畸变晶体 ········ 麦振洪 83
7.1 引言 ········ 83
7.2 晶体中的调制波 ······· 84
7.3 高木方程 ······· 85

  7.4 高木方程的都平形式 ··· 86
  7.5 多层膜结构的 X 射线双轴晶摇摆曲线计算 ······································· 88
    7.5.1 概述 ··· 88
    7.5.2 外延材料反射率的 X 射线衍射动力学理论解 ······································· 89
    7.5.3 迭代公式中参数的计算 ··· 92
  7.6 应变弛豫超晶格的 X 射线双轴晶摇摆曲线计算 ································· 96
    7.6.1 弛豫机制与应变分布 ·· 97
    7.6.2 取向差与峰形展宽 ·· 99
  参考文献 ·· 101

第 8 章 X 射线异常衍射精细结构理论 ························ 罗光明 102
  8.1 没有周期调制的多层膜 ··· 102
  8.2 [A/B]$_n$ 多层膜 ·· 106
  8.3 实验方法 ·· 106
  8.4 DAFS 谱线的分析方法 ·· 108
  参考文献 ·· 110

第 9 章 X 射线掠入射衍射理论 ···················· 贾全杰 姜晓明 112
  9.1 概述 ·· 112
  9.2 X 射线掠入射衍射准运动学理论 ·· 114
    9.2.1 DWBA ·· 114
    9.2.2 DWBA 下薄膜材料的掠入射衍射理论 ·· 116
  9.3 掠入射衍射的应用 ··· 119
  参考文献 ·· 120

第 10 章 X 射线界面反射和漫散射理论 ·············· 李 明 罗光明 121
  10.1 X 射线镜面反射 ·· 121
  10.2 粗糙表面的散射(一)——玻恩近似 ··· 124
  10.3 粗糙表面的散射(二)——DWBA 理论 ·· 125
  10.4 多层膜的 DWBA 散射理论 ·· 128
  10.5 界面起伏的关联函数 ·· 130
    10.5.1 表面关联函数 ·· 130
    10.5.2 自仿射关联 ··· 131
    10.5.3 多层膜界面之间的关联 ··· 131
  参考文献 ·· 133

第 3 篇 薄膜微结构表征

第 11 章 单层膜和多层膜厚度 ································· 李建华 137

11.1	单层膜和多层膜共面 X 射线衍射 ……………………………………	137
11.2	埋层的探测 ……………………………………………………………	144
	11.2.1 高分辨 X 射线衍射 …………………………………………	144
	11.2.2 X 射线镜面反射 ……………………………………………	147
参考文献 ……………………………………………………………………		149

第 12 章 外延膜的晶格参数、应力与组分 ……………………… 麦振洪 150

12.1	共面 X 射线双轴晶衍射 ………………………………………………	150
12.2	薄膜残余应力检测的 X 射线 mapping 技术 …………………………	153
12.3	掠入射衍射 ……………………………………………………………	160
参考文献 ……………………………………………………………………		165

第 13 章 薄膜表面与界面 ………………………… 李 明 麦振洪 罗光明 166

13.1	X 射线镜面反射 ………………………………………………………	166
	13.1.1 氧化物薄膜界面 ………………………………………………	166
	13.1.2 磁性金属多层膜界面 …………………………………………	169
	13.1.3 $BaTiO_3$/Pt 界面的"dead layer" ……………………………	170
13.2	X 射线漫散射 …………………………………………………………	171
	13.2.1 ZnTe/ZnS$_x$Te$_{1-x}$ 超晶格中的生长台阶 ………………	172
	13.2.2 长周期 BeTe/ZnSe 超晶格界面台阶上的无规起伏 ………	175
	13.2.3 短周期 BeTe/ZnSe 超晶格界面的化学键 …………………	176
13.3	X 射线异常衍射精细结构 ……………………………………………	178
	13.3.1 埋层量子线 ……………………………………………………	178
	13.3.2 在金属多层膜中的应用 ………………………………………	180
参考文献 ……………………………………………………………………		185

第 14 章 横向调制结构 ……………………………………… 李建华 贾全杰 186

14.1	表面栅格结构 …………………………………………………………	186
14.2	横向成分调制结构 ……………………………………………………	190
14.3	量子线结构 ……………………………………………………………	194
14.4	量子点结构 ……………………………………………………………	199
14.5	原子有序结构 …………………………………………………………	203
参考文献 ……………………………………………………………………		216

第 15 章 外延膜中的缺陷 ……………………………… 李建华 李 明 麦振洪 218

15.1	倒易空间 X 射线散射强度分布 ………………………………………	218
15.2	应变弛豫 ………………………………………………………………	219
	15.2.1 晶格失配应变 …………………………………………………	219
	15.2.2 成分梯度应变 …………………………………………………	223

15.3 失配位错 ... 226
15.3.1 位错的 X 射线漫散射 ... 227
15.3.2 低密度位错 ... 228
15.3.3 高密度位错 ... 231
15.4 X 射线反射形貌术 ... 235
15.4.1 Berg-Barrett 反射形貌术 ... 236
15.4.2 双轴晶形貌术 ... 237
参考文献 ... 241

第 16 章 软物质薄膜与界面 ...... 李 明 罗光明 242
16.1 液体薄膜与界面 ... 242
16.1.1 实验方法 ... 242
16.1.2 液体薄膜 ... 243
16.2 固/液界面的磷脂多层膜 ... 247
16.2.1 磷脂多层膜结构的 X 射线散射研究 ... 247
16.2.2 磷脂多层膜的溶胀 ... 251
16.3 表面活性剂多层膜 ... 253
16.3.1 水对硬脂酸膜界面起伏的影响 ... 253
16.3.2 LB 膜的界面粗糙化与生长动力学 ... 255
16.4 小分子及离子相关液体界面 ... 258
16.5 三价态离子在水/空气界面的结构 ... 263
参考文献 ... 267

第 17 章 薄膜晶体结构的表征和测定 ...... 刘华俊 杨 平 269
17.1 布拉维晶胞和点阵参数的测定 ... 270
17.1.1 RSV 法 ... 272
17.1.2 六维矢量法(G^6-空间法) ... 276
17.1.3 实验条件和分辨率 ... 280
17.1.4 外延薄膜结构实例 ... 284
17.1.5 讨论 ... 288
17.2 晶粒, 孪晶, 调制结构和点阵参数 ... 289
17.2.1 晶粒和相界 ... 290
17.2.2 单斜孪晶在 RSM 图上的行为 ... 291
17.2.3 四方相 a-畴和 c-畴的行为 ... 298
17.2.4 调制结构 ... 302
17.2.5 四方相 a-畴, c-畴的模拟和三方相纳米孪晶的讨论 ... 305

17.3 氧八面体转动的测定 308
 17.3.1 钙钛矿结构 308
 17.3.2 氧八面体转动的 Glazer 分类 309
 17.3.3 半指数晶面衍射法 310
 17.3.4 结构分析实例 312
17.4 COBRA 界面结构分析方法 313
 17.4.1 表面衍射与晶体截断杆 314
 17.4.2 COBRA 原理与方法 315
 17.4.3 结构分析实例 315
17.5 外延薄膜的单晶结构分析 315
 17.5.1 单晶结构分析方法 316
 17.5.2 薄膜分析的困难 316
 17.5.3 实验方法与数据处理 317
 17.5.4 结构分析实例 318
17.6 结语 319
参考文献 320

第 18 章　钙钛矿结构氧八面体畸变的 X 射线表征 ...... 吴小山　324
18.1 钙钛矿氧化物的特殊电子结构 324
18.2 过渡金属钙钛矿氧化物中八面体畸变的 X 射线表征方法 329
18.3 扩展 X 射线吸收精细结构方法 338
18.4 掠入射反射在界面氧八面体结构畸变中的应用 346
 18.4.1 掠入射反射确定膜厚 347
 18.4.2 X 射线漫散射技术 351
 18.4.3 晶体截断杆技术 352
18.5 高分辨衍射技术 354
 18.5.1 高分辨衍射 354
 18.5.2 倒易空间 X 射线散射强度分布图 360
参考文献 366

第 19 章　有机半导体薄膜晶体结构的表征 .... 张吉东　370
19.1 有机半导体简介 370
19.2 有机半导体薄膜的受限结晶 371
 19.2.1 有机半导体材料的结晶结构 371
 19.2.2 有机半导体材料在薄膜中的受限结晶 372
19.3 有机半导体薄膜结晶结构的 X 射线衍射表征技术 374

  19.3.1 常规 X 射线衍射技术 ………………………………………… 375
  19.3.2 X 射线掠入射衍射技术 ……………………………………… 378
 19.4 有机半导体薄膜结晶结构的 X 射线衍射表征 ……………………… 383
  19.4.1 有机半导体薄膜的三维结晶结构 …………………………… 383
  19.4.2 归属有机半导体薄膜的晶型 ………………………………… 386
  19.4.3 有机半导体薄膜的精细结构差别 …………………………… 389
  19.4.4 有机半导体薄膜的结晶度 …………………………………… 390
  19.4.5 有机半导体薄膜的取向表征 ………………………………… 391
  19.4.6 有机半导体薄膜结晶结构演变的实时表征 ………………… 394
参考文献 ………………………………………………………………………… 397
索引 ……………………………………………………………………………… 399

第 1 篇　基本实验装置

　　本篇介绍薄膜 X 射线衍射仪和表面/界面散射实验装置,包括各类 X 射线源、X 射线准直器、单色器和分析晶体等光学元件,以及各类 X 射线探测器。由于薄膜材料的特殊性,薄膜 X 射线衍射仪在各种光学元件的选择及配置上必须作一些特殊的考虑。不同的实验问题对 X 射线衍射仪的要求也有所不同。通过介绍高分辨衍射仪和掠入射衍射仪的配置,并对各种条件下的分辨率作概要的分析,使读者对实验条件、实验装置配置以及测量分辨率分析有初步的了解,作为实验时分辨率选择的基本依据。

第1章 X射线源与X射线探测

1895年11月8日,德国维尔茨堡大学伦琴(Wilhelm Conrad Rontgen)教授在做阴极射线实验时,发现了一种看不见的射线从管中阴极射线轰击的那个电极发射出来,经过一个多月全神贯注的实验探索,他确认这是一种新的射线——X射线。X射线的发现标志着现代物理学的诞生,推动了现代化学和现代生物学的创立和发展,对物理学以至整个科学技术产生了极为深刻的影响。

X射线和普通光一样,是一种电磁波,但波长很短,光子能量($h\nu$)很大,穿透力很强。X射线波长一般为0.01~10Å,薄膜微结构X射线表征中常用的X射线波长为0.5~1.5Å,而X射线结构分析中常用的X射线波长为0.5~2Å。本章重点介绍与薄膜微结构表征有关的X射线源及探测技术,力图简单扼要,详细内容可参考有关专著。

1.1 X 射 线 源

1.1.1 X射线产生和X射线谱

当高速运动的电子与物质相碰撞时会发生两种形式的能量交换:一是电子运动突然受到阻止,产生极大的负加速度,根据经典电动力学可知,必然会产生一个电磁波。一个电子所减少的能量 ΔE 转变为一个X射线光子,由爱因斯坦(Einstein)方程可得光子的频率 ν:

$$\Delta E = h\nu \tag{1.1}$$

式中,h 为普朗克常量。

由于数量很大的电子所具有的动能不同,穿透物质深浅不同,动能降低多少不一,因此,产生的X射线波长也不一样。它给出波长连续变化的谱带,称为"白色"X射线或韧致辐射。韧致辐射与物质的性质无关,波长最短的是那些保持原有动能的电子产生的X射线,"白色"X射线最短波长与加速电压的关系为

$$\lambda_{\min} = \frac{hc}{eV} = \frac{12398}{V} \text{ (Å)} \tag{1.2}$$

式中，e 为电子电荷；c 为光速；V 为电子加速电压，单位为 V。

另一种能量交换形式是，高速运动的电子把原子内层（如 K 层）的电子轰出，原子被电离，当外层电子跃迁进入内层空位时，位能下降而发出 X 射线。这类 X 射线波长由碰撞物质所决定，不同的材料具有不同的特定波长，称为特征 X 射线或特征辐射。特征辐射的波长与物质材料有关，与加速电压无关，用于薄膜微结构表征，多晶 X 射线衍射分析和单晶结构分析都是应用特征 X 射线。

图 1.1 是特征 X 射线产生示意图。从固体物理知，主量子数 $n=1$ 称为 K 层，$n=2$ 称为 L 层，$n=3$ 称为 M 层……电子由 L 层跃迁至 K 层空位发出的 X 射线称为 K_α，L 层内有三个不同能级，由量子力学选择定则只有两个能级的电子允许跃迁入 K 层。因此，K_α 由 $K_{\alpha 1}$ 和 $K_{\alpha 2}$ 组成，$K_{\alpha 1}$ 的强度为 $K_{\alpha 2}$ 的 2 倍，而波长较 $K_{\alpha 2}$ 短 0.004Å。由 M 层电子跃迁入 K 层空位发出的 X 射线称为 K_β。同样，K_β 是由 $K_{\beta 1}$ 和 $K_{\beta 2}$ 组成的，由于 $K_{\beta 2}$ 强度很弱而常被忽略。K_β 的强度为 K_α 的 1/5，为了得到高强度和高分辨率，薄膜微结构表征通常采用 $K_{\alpha 1}$。

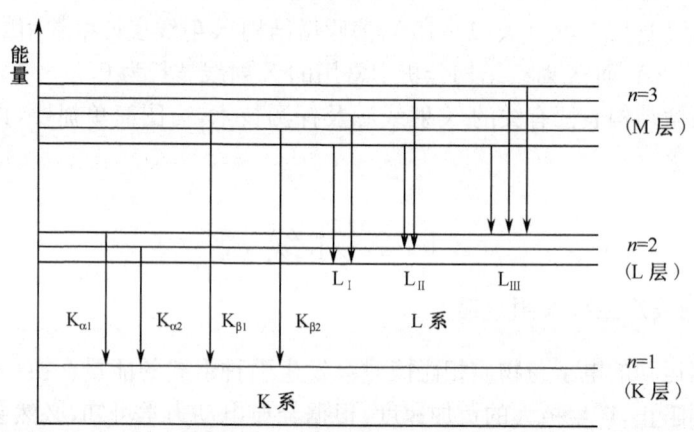

图 1.1 特征 X 射线产生示意图

1.1.2 封闭式 X 射线管

X 射线源是提供 X 射线的装置，通称 X 射线机或 X 射线发生器。它由 X 射线管、高压发生器、稳压稳流系统、控制系统、水冷系统以及各种安全保护电路组成。

图 1.2 是封闭式 X 射线管的构造示意图。阳极靶由高纯物质组成，阴极灯丝一般用细的钨丝绕成一长的螺旋形。工作时阳极和阴极之间加 30～60kV 负高压，从阴极灯丝发射出热电子束，在高电压加速下，经聚焦罩作用下会聚成线状，轰击阳极靶，发出 X 射线。值得指出的是，X 射线管发射的 X 射线包含韧致辐射和

特征辐射,如图 1.3 所示。另外,电子所具有的能量转变为 X 射线的部分非常小,X 射线管的效率 η 可表达为

$$\eta = 1.1 \times 10^{-9} ZV \tag{1.3}$$

式中,Z 为阳极物质的原子序数;V 为 X 射线管工作电压。因此,要求阳极靶材料为导热良好、熔点高的纯金属,同时必须用足量的流动冷水冷却,以带走热量。用于薄膜结构表征的 X 射线管的靶材料有 Mo、Cu、Co 等,用于 X 射线衍射分析的 X 射线靶材有 Ag、Mo、Cu、Co、Fe、Cr 等,如果要用"白光"X 射线可以用 W 靶。值得注意的是,由于 K_α 和 K_β 辐射的激发电压接近,所以 X 射线管发射的辐射一般都含有 K_α 和 K_β。对于分辨率要求高的实验可采用滤波片把 K_β 滤掉,如图 1.4 所示。表 1.1 列出常用阳极材料 X 射线特征波长和滤波条件。

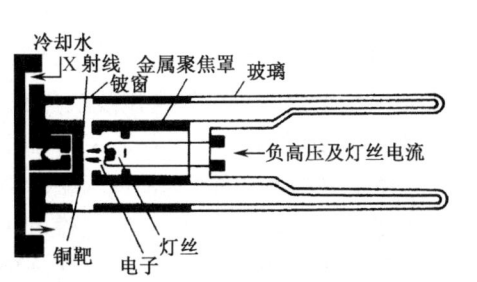 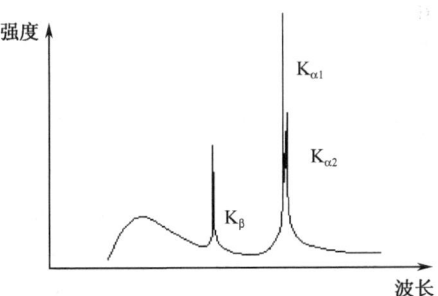

图 1.2 封闭式 X 射线管的构造示意图　　图 1.3 X 射线管发射的光谱

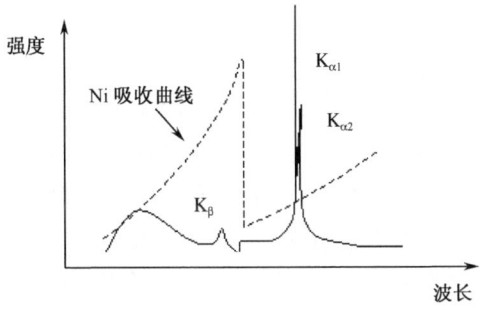

图 1.4 应用 Ni 吸收谱把 Cu 靶 K_β 辐射滤掉

表 1.1 常用 X 射线特征波长数据及滤波条件

靶材		靶面发射的 X 射线				滤波			操作电压/kV
原子序数	元素	K_α/Å	$K_{\alpha 2}$/Å	$K_{\alpha 1}$/Å	$K_{\beta 1}$/Å	原子序数	元素	K 吸收限/Å	
24	Cr	2.2907	2.29361	2.28970	2.08487	23	V	2.2691	30~40
26	Fe	1.9373	1.93998	1.93604	1.75661	25	Mn	1.8964	35~45
27	Co	1.7903	1.79285	1.78897	1.62079	26	Fe	1.7435	35~45
28	Ni	1.6592	1.66175	1.65791	1.50014	27	Co	1.6081	35~45
29	Cu	1.5418	1.54439	1.54056	1.39222	28	Ni	1.4881	35~45
40	Zr	0.7874	0.79015	0.78593	0.70173	38	Sr	0.7697	50~55
42	Mo	0.7107	0.71359	0.70930	0.63229	40	Zr	0.6888	50~55
47	Ag	0.5607	0.56380	0.55941	0.49707	45	Rh	0.5339	50~55

使用 X 射线管还应注意焦斑和取出角。焦斑是靶面被电子轰击的面积，X 射线的强度由单位面积焦斑的功率来决定。对 X 射线衍射分析一般常用线状焦斑，而 X 射线形貌术采用点状焦斑。取出角的定义为 X 射线管阳极平面与 X 射线出射方向的夹角，对于不同的取出角，最佳电压选择由等功率曲线决定，不同靶材料的等功率曲线不相同，其功率曲线峰值位置与取出角有关。如对 Cu 靶，工作电压为 35kV 时，取出角为 3°，而工作电压为 45kV 时，取出角为 6°。因此，X 射线衍射仪的取出角一般为 6°。

为了提高出射 X 射线的亮度以满足某些实验的需要，可以采用细聚焦 X 射线管或旋转阳极 X 射线发生器。因篇幅有限，本章不予介绍。

1.1.3 同步辐射光源

同步辐射(synchrotron radiation, SR)是高能量电子或正电子做加速运动时所发射的电磁辐射。1947 年，Elder[1]首先在电子加速器上观察到同步辐射，标志着一种新的光源时代开始，从 20 世纪 40 年代第一代同步辐射光源到 20 世纪 90 年代第三代同步辐射光源建成，同步辐射光源的应用给科学技术发展提供了一个新的实验平台和一种新的途径。一些常规光源认为不可能做的实验成为可能，而且还发展了很多新技术和新方法。现在同步辐射应用已被广泛认为是几乎所有学科不可缺少的分析工具，有力地促进和推动了科学技术的各个领域的发展，成为当今最重要的 X 射线源之一。

同步辐射光源具有常规 X 射线源不具备的异常优越的特性[1]：

(1) 覆盖很宽的连续谱。

对高能量的 SR 装置，其发射谱可以从红外波段到硬 X 射线，即波长从 10^3 Å

到 10^{-1} Å。使用单色器,可以从光束中选取一定波长与带宽的单色光,这称为同步辐射波长的可调性(tunability)。可调性良好的同步辐射特别适于开展针对特定波长(如某元素的吸收边两侧)的光与物质相互作用研究和连续改变波长进行扫描的谱学研究。我们知道,原子、分子和蛋白质的尺度也在这长度内,而且化学键和晶体的原子间距也在这尺度范围。就是说,SR 很适合用来研究固体、分子和生物体的结构。

另外,光子能量从几个 eV 到 10^5 eV,对应于原子、分子、固体和生物体中电子的束缚能,束缚电子包括共价电子、化学键电子等,SR 的光子能量适合于检测上述电子及其化学键的性质。原子、分子、固体和生物体系统的电子性质的信息是理解它们物理和化学性质的关键。

SR 连续谱的特征光子波长为

$$\lambda_c(\text{nm}) = \frac{1.864}{BE^2} \tag{1.4}$$

式中,B 为双极子磁铁的磁场,单位 T;E 为电子能量,单位 GeV。SR 连续谱的峰值在 $0.7\lambda_c$ 处,绝大部分的辐射在 $0.2\lambda_c < \lambda < 10\lambda_c$。图 1.5 为北京同步辐射装置(BSRF)从弯磁铁出射的同步辐射光谱。可以看到,其光谱从紫外到硬 X 射线,提供了一个非常宽广的波长选择范围。原子、分子和蛋白质的尺度也在该长度内,而且化学键和晶体的原子间距也在该尺度范围。就是说,同步辐射很适合用来研究固体、分子和生物体的结构。

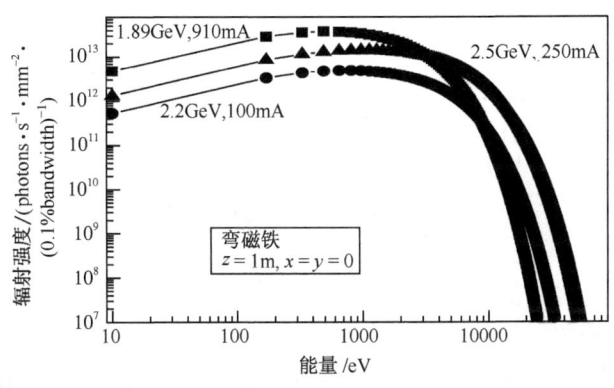

图 1.5 BSRF 从弯磁铁出射的同步辐射光谱

(2) 高亮度。

在环形加速器内,电子被加速到接近光速,除了残留气体原子对电子散射外,能量的损耗只是同步辐射。因此,理论上几乎全部输入的能量都转化为有用的同步辐射。

辐射光束总能量表示为

$$P(\mathrm{kW}) \approx 0.02654 E^3(\mathrm{GeV}) B(\mathrm{T}) I(\mathrm{mA}) \tag{1.5}$$

其中，I 为电子束流。可以看到，辐射光束的能量强烈依赖于电子束能量，例如，其他参数不变，电子能量从 1GeV 到 8GeV，将使辐射光功率增加 500 多倍。对 $E=$ 2GeV，$B=10$kG 和 $I=100$mA，从式(1.5)可得 $P=21.3$kW。

光束亮度是 0.1‰ 束宽内单位光源面积，单位出射立体角的通量。它与电子束大小、角发散度和 SR 发散角分布有关。由于 SR 发射谱的功率很高，其亮度很高，一般为 $10^{10} \sim 10^{14}$ photons·s^{-1}·mm^{-2}·mrad^{-2}·$(0.1\%$ bandwidth$)^{-1}$。图 1.6 为不同 X 射线源亮度的比较。可以看到，同步辐射光源的亮度是常规 X 射线源不可比拟的。

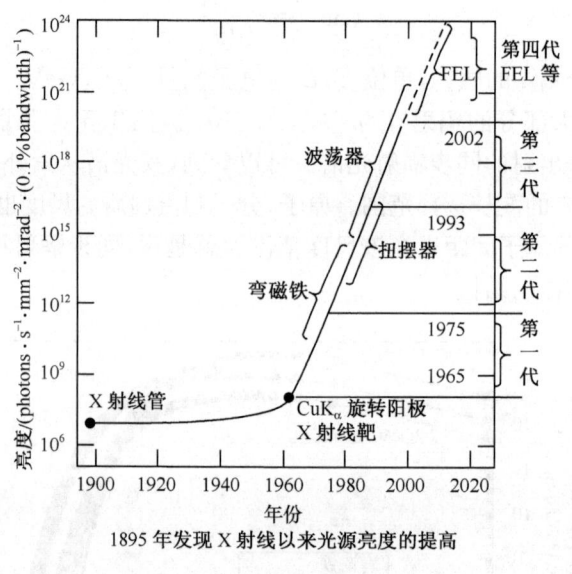

图 1.6 不同 X 射线源亮度的比较

(3) 高准直性。

SR 是沿着电子轨道切线方向以很小的立体角出射，从弯铁出射的 SR 的发散角 $\phi \sim \gamma^{-1}$，$\gamma = E/(mc^2)$。例如，对于 $\lambda = \lambda_c$，$E = 2$GeV，$\gamma = 3.9 \times 10^3$，得 $\phi \sim$ 0.25mrad。可见，SR 光束的发散度约为 mrad 量级。这是高度准直的光束，其优点如下：①光源的面积小，因而光束的通量高；②准直性好，可以使样品与探测器的距离增大，因而可以在样品台上安装各种附加设备，如环境室，同时进行热处理、磁场、应力等实验。高度准直性说明同步辐射的能流密度高，宜于远距离传输和开展对光的入射角一致性有要求的用光实验。

(4) 偏振性。

理论上,单电子的 SR 光是在电子轨道平面方向 100% 的线偏振,一般情况下,加速器是多电子束运行,会使电子束在轨道每点上有发散,造成偏振度降低,但仍是高度偏振的光。在轨道平面上下,SR 光是左旋或右旋的椭圆偏振。如果应用垂直反射的扭摆器(wiggler),还可以使偏振光沿垂直方向。对于单色光,光子能量越高,平行分量占的比重越大,偏振度越高。

偏振性是 SR 的一个重要特征,对样品各向异性的实验研究至关重要。对研究物质空间对称性谱学、晶体结构测定以及 X 射线光学十分有益。

(5) 时间结构。

电子因同步辐射而损失的能量由高频加速电场补充,该电场的强度随时间周期变化,必定将电子束分割成若干个不相连续的束团。所以,实验站接收的同步辐射是一个光脉冲链,当电子经过储存环的光束线前端时,就有一束 SR 光束线出射,因此,SR 光源是一种脉冲光源。脉冲宽度等于单个束团的长度,一般很短暂;脉冲间隔则等于相邻束团之间的距离,取决于有多少束团在加速器中回旋,一定范围内可以选择。脉冲时间为

$$\tilde{L} \approx \frac{R}{c\gamma^3} \tag{1.6}$$

其中,R 为电子轨道半径;c 为光速;$\gamma = E/(mc^2)$。由式(1.6)可知,脉冲时间与电子能量有关。一般为纳秒量级或更小。

SR 的时间结构提供了研究动态过程,如化学反应、生命运动、材料结构相变等过程的可能性,SR 光源的这一特点在第三代 SR 光源体现得更为充分。

(6) 清洁光源。

同步辐射源的电子束必须处于超高真空环境中,所有光学元件和被照射的样品也可以置于真空中,光束不必穿过隔窗(如玻璃或铍窗)和气体,受到的吸收和污染皆控制在最低限度之内。对于容易被空气吸收的紫外线高能段即真空紫外线(vacuum ultraviolet,VUV),同步辐射的这一优点尤其可贵。

同步辐射装置是一个耗资巨大的大科学工程,是包括几乎所有学科领域的实验平台。它的建造体现了国家科学技术的发展,体现了国家综合国力和工业水平,已经引起了发达国家和发展中国家的高度重视。

1.2　X 射线准直和单色化

用 X 射线相干散射为探针表征样品结构时,通常是在倒易空间中来表述散射信号分布,为更精细、更简洁地表达倒易空间的情况,且便于数据分析,在角度色散 X 射线衍射(或称为角度分辨 X 射线衍射)实验配置下,用单色平面波来近似描述

入射X射线的行为,但一般来说,由光源引出的射线束的发散角度和频谱范围都比较宽。这样,会引起相应散射峰的展宽及相邻散射峰的叠加。因此,需要在光源与样品之间以及样品与探测器之间放置相应的光学元件来实现入射X射线束的准直和单色化。经常用的准直器有狭缝、准直镜、分析晶体等,在X射线范围内实现单色化的常用光学元件主要是晶体单色器和多层膜单色器等光学元件。本节主要讨论狭缝、双晶单色器及多晶单色器。

1.2.1 狭缝

在光源与样品间放置一狭缝(图1.7),则入射光束的发散角 α 决定于光源尺寸 S、狭缝宽度 L 以及光源与狭缝间距离 R,即有

$$\alpha = \frac{S+L}{R} \tag{1.7}$$

可以看出,对于单狭缝系统,光束的发散角不小于光源尺寸与光源狭缝间距的比值。如果在光源及狭缝间距受限的情况下需要更小的发散角,可利用靠近光源点或其像点的双狭缝系统来实现(图1.8)。此时发散角满足关系

$$\alpha = \frac{2L}{R} \tag{1.8}$$

式中,L 为狭缝宽;R 为前狭缝和后狭缝的距离。

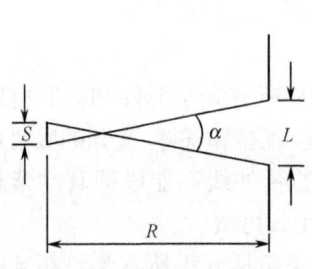

图1.7 单狭缝系统光束发散角示意图

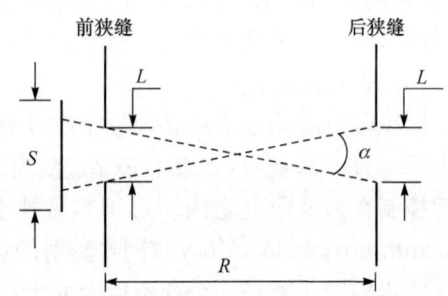

图1.8 双狭缝系统光束发散角

从图1.8可看到,上述双狭缝系统是通过限制光源的有效尺寸来减小光束的发散角,这种狭缝又称为准直狭缝。此外,可以在双狭缝之间放置其他光学元件,这里不作详细讨论。

1.2.2 双晶单色器

下面讨论利用晶体对X射线进行单色化。晶体衍射的布拉格衍射定律表

示为

$$2d\sin\theta = \lambda \tag{1.9}$$

式中,d 为晶面间距;θ 为入射 X 射线波矢与晶面的夹角,又称布拉格角;λ 为入射 X 射线波长。从式(1.9)可知,对于以一定角度入射的 X 射线,只有波长满足布拉格定律的 X 射线才能被晶体衍射(在本节中只简单讨论布拉格型衍射)。图 1.9 是根据式(1.9)得到的入射 X 射线波长 λ 与布拉格角 θ 的关系,称为 DuMond 图[2]。利用 DuMond 图可以直观地分析实验系统的波长发散和角度发散。

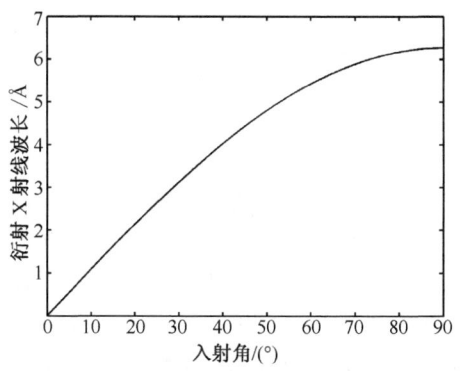

图 1.9 Si(111)晶体衍射 DuMond 图

若具有一定角发散度、波长连续的 X 射线束入射到晶体上,根据式(1.9)可以得到出射 X 射线的波长发散 $\Delta\lambda$(又称为出射 X 射线的能量分辨),满足

$$\Delta\lambda = \alpha\lambda\cot\theta \tag{1.10}$$

式中,α 为入射 X 射线的发散角;θ 为入射 X 射线的中心光束与衍射晶面的夹角;λ 为由式(1.9)得到的以 θ 入射的平面 X 射线经过晶体衍射的 X 射线波长。这种关系可由 DuMond 图示意表示(图 1.10)。

由式(1.10)的简单关系得到的 X 射线能量分辨,在 α 远大于晶体 X 射线衍射摇摆曲线(rocking curve)本征宽度(Darwin 宽度)ω_D 条件下成立。若 α 与 ω_D 相当,则能量分辨率需通过考虑入射 X 射线角分布与晶体 X 射线衍射摇摆曲线的卷积来得到,ω_D 为 X 射线衍射动力学理论完美晶体 X 射线衍射摇摆曲线半高宽,满足如下关系[3]:

$$\omega_D = 2C|F_h|\sqrt{b}\frac{\lambda^2 r_e}{\pi V \sin(2\theta_B)} \tag{1.11}$$

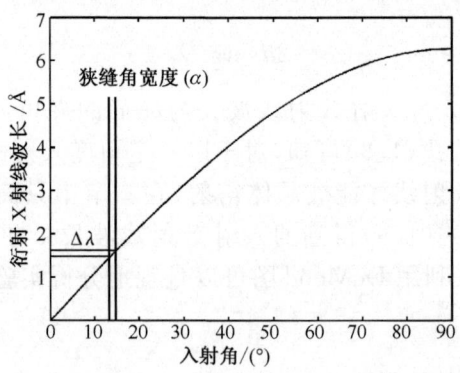

图 1.10　Si(111)晶体及限束狭缝获得分辨率为 $\Delta\lambda$ 的 DuMond 图

式中，F_h 为结构因子；C 为偏振因子；λ 为入射 X 射线波长；θ_B 为布拉格角；b 为晶体衍射非对称因子，$b=\sin(\theta_B-\varphi)/\sin(\theta_B+\varphi)$，其中，$\varphi$ 为斜切角，也就是衍射晶面与晶体表面的夹角；V 为晶胞体积；r_e 为电子经典半径，SI 单位为：$r_e=e^2/(4\pi\varepsilon_0 mc^2)=2.814\times 10^{-15}$ m。此值还将在第 2 章列出，以后的章节出现 r_e 时将不再列出数值。

如果在第一块晶体后面再增加一块相同的晶体，即组成双晶单色器。对于对称布拉格型衍射，有两种排置方式，分别以 $(+n,-n)$ 及 $(+n,+n)$ 表示。

图 1.12 是相应图 1.11 衍射几何的 DuMond 示意图，可以看到，对 $(+n,-n)$ 排置，在两块晶体完全平行时，对第一晶体发生衍射的各种能量的 X 射线也对第二晶体衍射，如果第二晶体偏离一定的角度，其偏离角度大于晶体的 Darwin 线宽 ω_D，这时各种能量的 X 射线将同时不满足布拉格定律而无衍射，这种排置方式称为无色散排置；而对 $(+n,+n)$ 排置，只有波长落在 DuMond 图上两曲线相交区域内的 X 射线才能发生衍射，并且随两晶体间夹角的变化，这一区域将沿波长轴移动，这样的排置方式称为色散排置。在入射 X 射线的发散角 α 远大于 Darwin 宽度 ω_D 时，双晶单色器 $(+n,-n)$ 的能量分辨率取决于入射角 θ

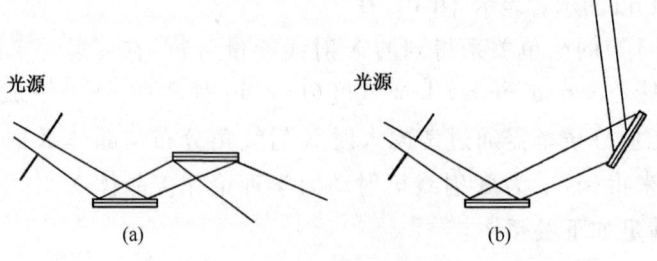

图 1.11　双晶单色器的两种排置方式
(a) $(+n,-n)$；(b) $(+n,+n)$

及发散角 α；而双晶单色器$(+n,+n)$的能量分辨率则取决于入射角 θ 及晶体 Darwin 宽度 ω_D。

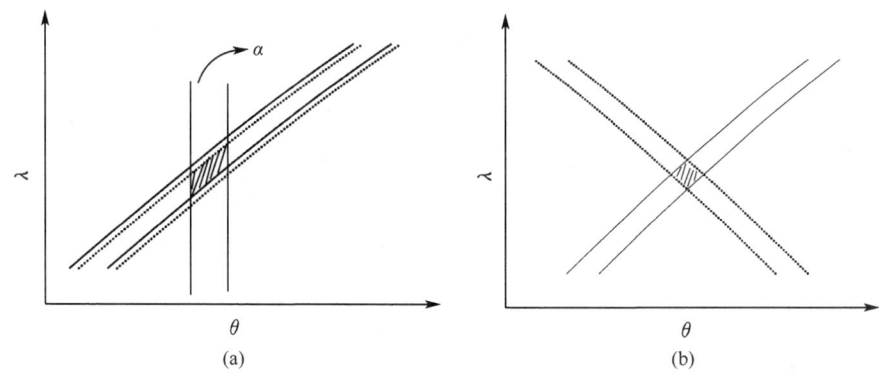

图 1.12　双晶单色器 DuMond 示意图（实线是第一晶体的衍射曲线，虚线是第二晶体的衍射曲线，阴影为经过单色器的出射 X 射线部分）
(a) 无色散的$(+n,-n)$排置，图中 α 为入射束的发散角；(b) 有色散的$(+n,+n)$排置

从以上讨论可以看出，$(+n,-n)$排置的双晶单色器，在入射 X 射线的发散角 α 远大于晶体 Darwin 线宽 ω_D 时，出射光束的能量分辨率与单一块晶体单色器的能量分辨率相同。但是，仅用一块晶体做单色器，在选取不同能量单色 X 射线时，出射 X 射线束方向会发生变化，这给样品及衍射仪调试带来困难。而$(+n,-n)$型双晶单色器，不改变光束方向，并且通过调整第二晶体相对于第一晶体的位置，可以实现能量扫描而出射光束沿同一条直线行进，这样就方便了实验的操作；其次，$(+n,-n)$型双晶单色器在同步辐射光束线中相对单一晶体的单色器还有降低高次谐波的优点，由同步辐射弯铁或插入件引出的 X 射线具有宽频谱特点，根据式(1.9)，且在消光规律允许的条件下，以相同的角度入射、波长为 λ_0 及 λ_0/n 的 X 射线可分别被晶面 g 及 ng 沿相同角度衍射，也就是说，对于单一晶体单色器，入射到样品上的 X 射线将含有倍频成分的高次谐波，根据式(1.11)，在同一入射角下，晶体的 Darwin 线宽 ω_D 正比于波长的二次方，所以谐波处的 Darwin 线宽比基波的 Darwin 线宽窄很多，这样，可以使第二晶体稍微偏离严格的平行位置来降低或消除高次谐波。实现上述双晶单色器姿态调整的装置已经很成熟，现广泛应用于同步辐射光束线上。

1.2.3　多晶单色器

根据 X 射线衍射动力学理论，在布拉格衍射几何条件下完美晶体的反射率在其 Darwin 线宽 ω_D 范围内接近于1，随着 X 射线入射角度偏离的增大，反射率下降很快。但是，由于晶体中原子热振动及点缺陷的影响，晶体一次反射的摇摆曲线的尾部展开较宽，如图1.13(a)所示。可以看到，在较大的角度范围内，反射率仅下降到10^{-3}量级，这种展宽将使样品X射线衍射曲线的精细结构变得模糊。由于晶体的反射率在ω_D范围内接近于1，可以通过$(+n,-n)$排置的多次反射来使出射束窄化，同时使ω_D范围内光子通量损失较小，从而提高样品X射线衍射曲线的信噪比，实现高分辨测量。图1.13(b)给出分别经过一次、二次、三次、四次反射后的反射率曲线，可看到尾部的反射率随反射次数的增加而很快下降。

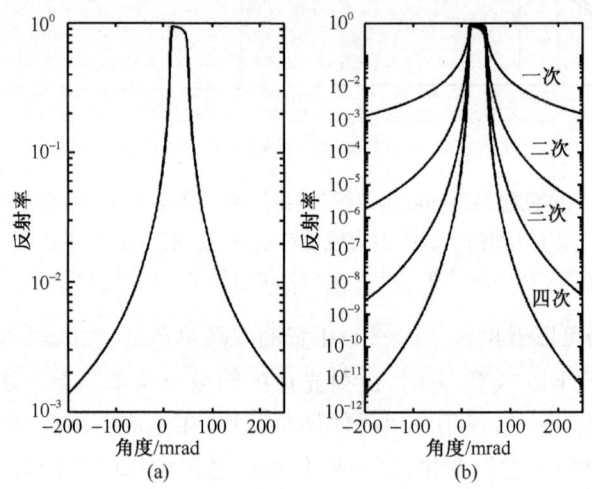

图1.13　Si(111)晶体对能量为8.05keV的X射线(σ偏振)的摇摆曲线

图1.14所示为常用的四次反射$(+n,-n,+n,+n)$、$(+n,-n,-n,+n)$和五次反射$(+n,-n,-n,+n,+n)$。

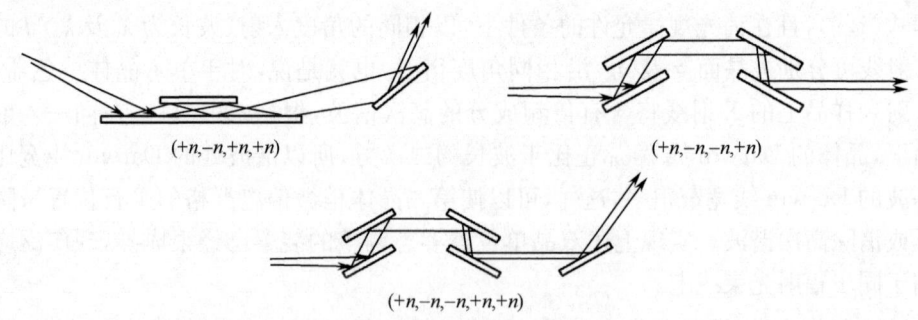

图1.14　多晶单色器的几种排置方式

以上简单讨论了晶体单色器的几种情况，在实际应用中，由于多晶单色器调整比较困难,一般采用在同一块较大的晶体上切出$(+n,-n)$两个反射晶面的技术。同时,综合考虑出射光束的发散度、光束截面积以及光通量,根据不同实验的要求,通过调整式(1.11)中的衍射非对称因子b,采用非对称衍射的方式,来设计晶体单色器。想对X射线单色器有进一步了解的读者可参阅文献[3]。

1.3 X射线探测器[4]

从样品出射的散射信号分布在空间中,需要用探测器来检出,探测硬X射线的探测器按照工作介质的不同可分为:气体探测器(包括电离室、正比计数器、多丝正比室、微条气体室等);闪烁体探测器(由闪烁体与后续光探测器件组成,其中的后续光探测器件包括光电倍增管、半导体光电器件、电荷耦合器件(CCD)等);固体探测器(包括半导体探测器、半导体微条探测器、硅像素阵列探测器等)。按照探测器的可探测的空间维数可分为:点式(零维)探测器(如电离室、正比计数器、闪烁体探测器、半导体探测器等);一维探测器(如一维单丝正比计数器、一维多丝正比室、单边读出的硅微条探测器等);二维探测器(如二维多丝正比室、双边读出的硅微条探测器、CCD、成像板等)。

各类探测器有各不相同的探测效率、探测灵敏度、动态范围、线性范围、时间响应、能量分辨率、空间分辨率等[5,6],需要根据实验条件选择不同的探测器。点式探测器的空间分辨率决定于探测器窗口的大小、样品至探测器的距离及探测器的扫描精度;一维和二维探测器的空间分辨率决定于探测器单元的空间分辨率。另外,一维和二维探测器可以同时获得空间中多点的信息,相对于需要逐点扫描的点探测器来说可以大大地缩短计数时间。下面简单介绍几种常用探测器的特点。

1.3.1 计数器

商业化的X射线衍射仪器一般配备有正比计数器或闪烁体探测器。正比计数器工作在气体探测器特性曲线的正比区[5,7],其结构通常是由桶形阴极板加上中心阳极丝组成的管子,内充惰性气体(所充惰性气体的种类由惰性气体原子对X射线的吸收截面决定,一般来说,用来探测2~5keV能量X射线的正比计数器,通常充氩气作为工作气体;而用于探测高于10keV能量X射线的正比计数器,通常充氪气作为工作气体)及少量的多原子分子气体如甲烷等(称为猝灭气体,用来吸收惰性气体原子退激发过程中产生的光子)。如图1.15所示,阴极板上加有近$-2kV$高压,通过正比计数器窗口的入射X射线,在计数器的灵敏区内引起惰性气体的电离,被电离的惰性气体原子的数目(称为原初电离)正比于入射光子的能量(气体中电离一对离子所需的能量约为30eV)。在外加高压作用下,电离生成的电子、正离子分别向阳极丝和阴极板漂移,由于越靠近阳极丝电场强度越高,电子在阳极丝附近将获得足够高的能量,可使更多的氙气原子电离,产生更多的电子正离子对,形成所谓的放大效应(一定的工作电压下,放大倍数 M 与入射光子的能量无关),于是,可以在阴极板上收集到与入射 X 射线能量成正比的电荷脉冲。正比计数器的能量分辨率可优于 20%,与单道分析器配合可以很好地去除高次谐波;工作气体确定后,正比计数器的探测效率取决于入射窗的材料;通常情况下,正比计数器的动态范围小于 10^6 cps。另外,根据充气的方式不同,正比计数器可以分为流动气体和密封气体两种形式,密封气体的正比计数器,由于不需要充气装置,结构相对简单,但是受猝灭气体数量的限制,计数器有一定的累计计数寿命。

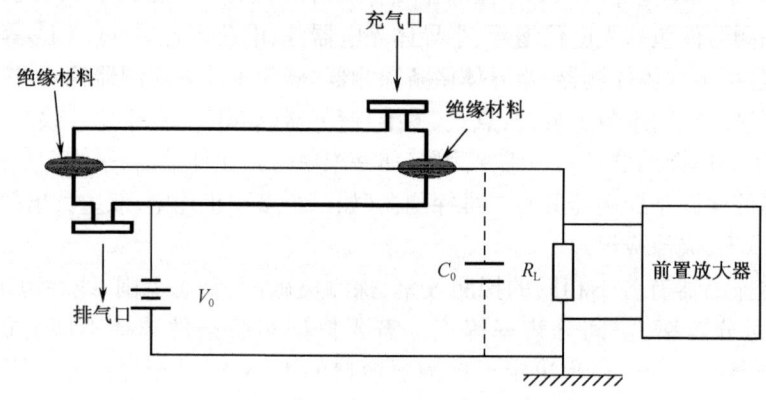

图 1.15　正比计数器结构示意图

闪烁体探测器由闪烁体、光电倍增管等光探测器件组成,其结构如图 1.16 所示。穿过 Be 窗的 X 射线入射到闪烁体内,使闪烁体原子(分子)受到激发,在退激过程中闪烁体发出荧光,这一光脉冲被后面的光电倍增管光阴极接收,光阴极发射光电子脉冲,并被后续的倍增电路放大,输出电荷脉冲信号;闪烁体的发光衰减时间、发光产额以及发射的荧光波长影响闪烁体探测器的性能指标。常用的闪烁体大体上可以分为三类[8]:无机闪烁体、有机闪烁体、气体闪烁体。无机闪烁体大多数是一些固体晶体,如 NaI(Tl)、CsI(Tl)、BGO、BaF$_3$、GeF$_3$ 等,其中,衍射实验中通常用的 NaI(Tl) 晶体的发光衰减时间约为 230ns,这决定了 NaI(Tl) 探测器的最大计数率低于 10^7 cps 量级。一般来说,NaI(Tl) 探测器的动态范围为 $0.1×10^6 \sim 3×10^6$,能量分辨率在 40% 左右。如果要探测强度高于 10^8 cps 的 X 射线,有机塑料闪烁体将是理想的选择。

在同步辐射光束线中,由于光束通量很高,一般采用探测效率较低的电流电离室或累计电离室作为入射 X 射线监视器。电离室的结构一般采用平行板式和圆柱式两种形式,图 1.17 是平行板式电离室结构示意图。

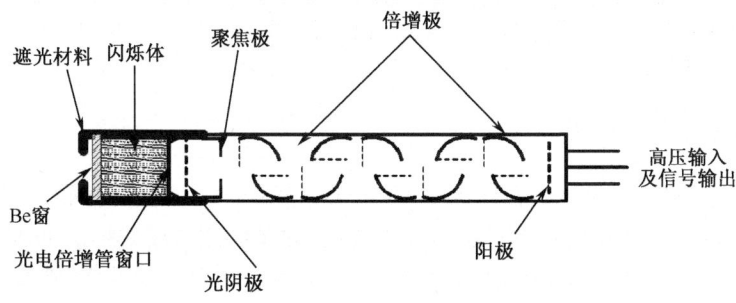

图 1.16 闪烁体探测器结构示意图

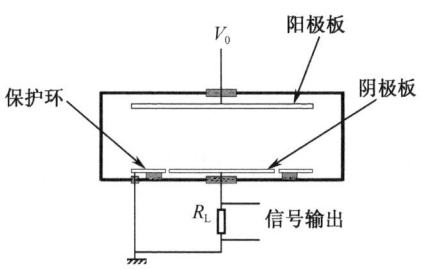

图 1.17 平行板式电离室结构示意图

与正比计数器相似,电离室也是通过收集被 X 射线电离的带电粒子来工作的,但其工作电压较低,一般在 200～400V,这段电压范围位于气体探测器特性曲线的饱和区。在饱和电压下,离子的复合效应基本消失。同时,离子的漂移也不会引起雪崩效应,此时探测器效率仅依赖于气体的电离产额及吸收的光子数。

能量分辨率最好的探测器当属半导体探测器,半导体探测器的能量分辨率比气体探测器大约高一个量级,也比闪烁体探测器高。通常用作 X 射线能谱测量的半导体探测器有 Si:Li 探测器和 Ge:Li 探测器,半导体探测器的工作原理是利用 X 射线入射到半导体探测器的灵敏区,产生电子-空穴对。入射 X 射线光子在硅晶体或锗晶体中产生正比于光子能量的电子-空穴对载流子(对于硅晶体,产生一对电子-空穴对所需要的能量为 3.3eV),载流子经过收集,放大后输出电荷脉冲,再经过多道分析器即可输出入射 X 射线的能量谱。半导体探测器的探测效率接近 100%,能量分辨率在 2% 左右,但它们的饱和计数值较低,一般在 10^4 cps 的量级。半导体探测器的噪声源主要有:①探测器体内漏电流的起伏;②探测器表面漏电流的起伏;③与串联电阻或探测器接触不良有关的热噪声。对于第一类噪声,可以通过提高晶体的纯度以及降低探测器的使用温度来抑制;通过改善半导体探测器的制作工艺,尽量减少各种污染,可以降低第二类噪声;第三类噪声与探测器的未耗尽区的串联电阻有关,如果采用全耗尽探测器则这类噪声可以忽略。相比而言,Ge:Li 探测器的探测效率比 Si:Li 探测器高,但 Ge:Li 探测器的逃逸峰能谱范围比 Si:Li 探测器宽。

1.3.2 位置灵敏探测器

气体位置灵敏探测器实际上是一种具有位置分辨的正比计数管,不同的阳极丝的数目、阴极的形式以及信号读出的方式,决定了探测器所能探测的维数。对于一维位置灵敏探测器有:单丝室、电荷传播时间差读出结构;单丝室、阴极板电荷分配结构;多丝室、阳极丝直接读出定位结构等。前两种形式对应的结构原理图如图 1.18 和图 1.19 所示。

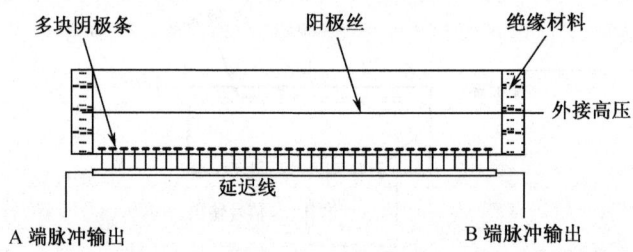

图 1.18 电荷传播时间差(阴极延迟线)读出形式的一维气体位置灵敏探测器示意图

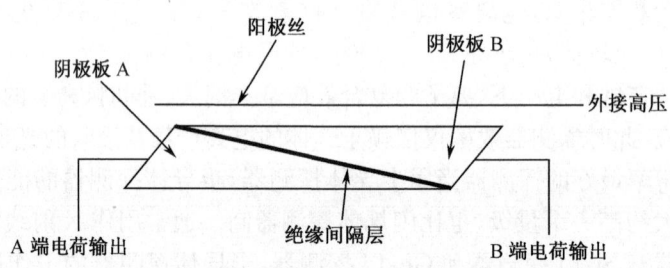

图 1.19 电荷分配读出形式的一维气体位置灵敏探测器原理示意图

有关这两种单丝结构的一维位置灵敏探测器的空间位置定位的原理,有兴趣的读者可以参阅文献[9]、[10]等。二维气体位置灵敏探测器可采用多丝气体室结构、微条气体室、Micro-CAT 气体图像室[11]等。一般来说,位置灵敏探测器由装在金属腔内的阳极丝和阴极板组成,腔体用铍窗密封,腔内通 95%氩气与 5%甲烷的混合气体,以一定速率流过腔体,以保持腔体内一定的气压。入射 X 射线光子使气体分子电离,并在同一空间位置引起阳极丝上的电荷脉冲,通过比较阳极丝两端输出的不同脉冲幅度值(高阻阳极丝)或比较阳极丝两端输出脉冲的不同时间值

(低阻阳极丝),可以知道入射 X 射线的位置。气体位置灵敏探测器中单根丝能承受的最大计数率为 10^4 cps 量级,如果计数率过高,位置灵敏探测器的阳极丝会受到损伤;气体位置灵敏探测器的空间分辨率可达几十微米。

1.3.3 面探测器

面探测器可以大大地提高倒易空间强度分布的测量效率,除了二维气体多丝室、双边读出硅微条探测器、硅像素阵列探测器等,常用的 X 射线二维探测器还有成像板[12]和 CCD[13]。成像板的感光物质是铕活化的钡卤化物($BaFY:Eu^{2+}$,Y= Cl 或 Br),入射 X 射线光子激发感光物质的电子,使其跃迁到亚稳态,X 射线衍射或散射强度信息便暂存于成像板上。然后,将成像板放在读出系统中,经过线扫描的激光器照射,亚稳态的电子退激,收集电子退激后发出的可见光信号便可获得样品的 X 射线衍射或散射强度分布信息。成像板的像素一般为 $50\sim150\mu m$,每个像素的最大计数可达 10^5 光子,成像板的探测面积可以做得很大,目前可以达到几十厘米,因此有较宽的取谱范围,一块板子的读出时间一般需要几分钟左右。

CCD 是利用 MOS 电容阵列来存储 X 射线衍射或散射强度信息,CCD 的结构是在一块硅半导体基片上集成很多小尺寸的 MOS 电容,在每个 MOS 器件的金属栅极上加合适的电压,这样每一个 MOS 器件(称为像元)就相当于一个小的半导体探测器。考虑到 CCD 的探测效率(CCD 的探测效率取决于耗尽区对光子的吸收概率,耗尽区对可见光的吸收效率比对 X 射线的吸收效率高得多)、动态范围(可见光在耗尽区产生的电子-空穴对数目比 X 射线光子产生的电子-空穴对的数目少很多)、有效探测面积以及辐射损伤等因素,用于 X 射线的 CCD 常利用间接照射的方式[14~16],即先利用磷光屏或闪烁屏将 X 射线转变成可见光,经过光耦合器件将可见光传到 CCD 的像元上,再由 MOS 电容阵列来收集可见光信号,然后经由读出电子学系统读出。CCD 的空间分辨率取决于像素的大小,CCD 的视场尺寸也与像素的大小相联系,利用不同形式的光耦合系统,可以按照实验要求订制高分辨率、较小视场的 CCD 或低分辨率、较大视场的 CCD,目前常见的 CCD 像素一般在几到十几微米,相应的视场尺寸为几到几十毫米。CCD 的读出时间很快,一般在几十到几百毫秒的量级。此外,暗电流噪声会影响 CCD 的探测效果,有效的冷却技术会提高 CCD 探测器的质量。

麦振洪　贾全杰

参 考 文 献

[1] 麦振洪,等.同步辐射光源及其应用.北京:科学出版社,2013.

[2] DuMond J W M. Phys. Rev. ,1937,(52):872.
[3] Matsushita T,Hashizume H // Koch E E. Handbook on Synchrotron Radiation. Vol. 1. Amsterdam:North-Holland,1983.
[4] 本节关于探测器的指标参数主要参考:Center for X-Ray Optics and Advanced Light Source, Lawrence Berkeley National Laboratory. X-ray Data Booklet. 2001.
[5] 徐克尊,等. 粒子探测技术. 上海:上海科学技术出版社,1981.
[6] 马礼敦. 近代 X 射线多晶体衍射——实验技术与数据分析. 北京:化学工业出版社,2004.
[7] 复旦大学,清华大学,北京大学. 原子核物理实验方法(上册). 北京:原子能出版社,1985.
[8] 谢一冈,等. 粒子探测器与数据获取. 北京:科学出版社,2003.
[9] Charpak G,et al. NIM,1979,(162):405.
[10] Radeka V. IEEE NS-21,1974:51.
[11] Sarvestani A,et al. J. Synchrotron Rad. ,1999,(6):985.
[12] Miyahara,et al. NIM A,1986,(246):572.
[13] 宋毓英,等. 光电子技术. 北京:电子工业出版社,2002.
[14] Strauss M G,et al. NIM A,1988,(266):563.
[15] Rodricks B,et al. Rev. Sci. Instrum. ,1989,(60):2586.
[16] Tate M W,et al. Synchrotron Rad. News,1996,(9):19.

第 2 章　薄膜 X 射线衍射仪

在第 1 章中，介绍了薄膜 X 射线衍射仪的基本构成，包括各类 X 射线源、X 射线准直器、单色器和分析晶体等光学元件，以及各类 X 射线探测器。这和常规 X 射线粉末衍射仪的基本构成没有太多的区别。但是，由于薄膜材料的特殊性，薄膜 X 射线衍射仪在各种光学元件的选择及配置上必须作一些特殊的考虑。另外，不同的实验问题，对 X 射线衍射仪的要求也有不相同。例如，对于结晶性很好的半导体外延膜，其 X 射线衍射峰的本征半高宽可低至几到几十秒，因此要求衍射仪具有较高的分辨率。而对于溅射法生长的金属或氧化物薄膜，其单晶性较差，X 射线衍射峰的半高宽可高达 1°左右，所以选择较低分辨率的衍射仪较为合适。这是因为分辨率的提升通常是以牺牲 X 射线强度为代价。也可以说，选择 X 射线衍射仪配置的基本原则是实现满足分析要求的最低分辨率以达到最高的分析效率。此外，对于薄膜内部具有平行于薄膜表面的结构的样品，如量子线、量子点和电荷密度波等，或对于超薄薄膜（几十纳米以下），则通常的高角衍射仪难以承担其任务。这时应以 X 射线掠入射衍射仪为最佳选择。因为在掠入射条件下，X 射线衍射矢量几乎平行于薄膜表面，此时 $Q \cdot r = Q_{\parallel} \cdot r_{\parallel} + Q_{\perp} \cdot r_{\perp}$，这里，$Q = Q_{\parallel} + Q_{\perp}$ 为衍射矢量，$r = r_{\parallel} + r_{\perp}$ 为晶体原胞位置矢量；$Q_{\parallel}$ 和 $Q_{\perp}$ 分别为平行和垂直于薄膜表面的衍射矢量分量，$r_{\parallel}$ 和 $r_{\perp}$ 分别为平行和垂直于薄膜表面的位置矢量分量。因为这里 $Q_{\parallel}$ 很大，而 $Q_{\perp}$ 很小，所以 $Q \cdot r \approx Q_{\parallel} \cdot r_{\parallel}$，即掠入射衍射分析主要获得平行于薄膜表面的结构信息。另外，通过控制掠入射实验的入射角和出射角的大小，也可以控制 X 射线在样品中的穿透深度，从而实现对超薄薄膜的分析或薄膜的深度分层分析。后者更允许对薄膜生长的动力学过程进行研究，因而是一种薄膜分析的极为有效的手段，正在获得越来越广泛的应用。本章主要介绍高分辨衍射仪和掠入射衍射仪的配置，并对各种条件下的分辨率作概要的分析，作为实验时分辨率选择的基本依据。

2.1　高分辨共面 X 射线衍射仪

薄膜 X 射线衍射仪通常可以采用两种不同的衍射几何，即共面和非共面衍射几何。在共面衍射几何中,由入射 X 射线和出射 X 射线组成的平面(称为衍射面)垂直于薄膜表面(图 2.1(a))。在非共面衍射几何中,衍射面与薄膜表面不垂直,而形成小于 90°的夹角(图 2.1(b))。在本节,首先讨论具有高的能量和角度分辨率配置的共面衍射仪。在 2.2 节,将讨论非共面衍射几何的一种特殊情形,即掠入射衍射仪的配置,在第 12 章和第 14 章中,还将讨论到非掠入射的非共面衍射几何的应用。

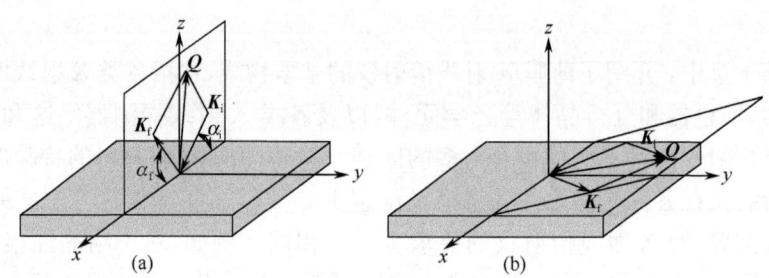

图 2.1 (a) X 射线共面衍射几何。入射 X 射线波矢 K_i 和出射 X 射线波矢 K_f 构成的衍射面垂直于薄膜表面。Q 为衍射矢量。(b) X 射线非共面衍射几何。入射 X 射线波矢 K_i 和出射 X 射线波矢 K_f 构成的衍射面不垂直于薄膜表面。如果衍射面与薄膜表面的夹角小于 1°,即为掠入射衍射

在分析单晶性很好的薄膜或多层膜,如外延生长的半导体薄膜,特别是分析其中的应变与应力时,对衍射仪分辨率的要求较高。尤其是在记录衍射倒易空间图衍射强度分布时要求最高,关于倒易空间的知识将在第 4 章讨论。通常外延薄膜或多层膜的取向已知,所以一般采用比较简单易行的共面衍射几何。虽然掠入射衍射(非共面)可用于直接分析平行于薄膜表面方向的应变与应变弛豫,但如果薄膜的厚度不是太小($>100 \sim 200 Å$),考虑到实验的易行性,一般首先考虑选用共面衍射仪。

X 射线衍射仪的分辨率可通过在 X 射线的光路上安装一定的光学元件来实现。这些元件的作用是实现对 X 射线的单色化和准直化。如果一个光学元件的作用是对 X 射线进行单色化,则称为单色器,而如果其作用是对 X 射线进行准直化,则称其为准直器。

在现代的高分辨衍射仪当中,X 射线的准直和单色大都通过高度完美单晶的布拉格衍射来实现。根据 X 射线衍射动力学理论[1],一个完美晶体的 X 射线衍射峰在角度空间的半高宽 $\Delta \eta$ 可以表达为

$$\Delta \eta = 2C |\chi_h| \frac{\sqrt{|b|}}{\sin(2\theta_B)} \qquad (2.1)$$

式中,C 为偏振因子;θ_B 为衍射的布拉格角;χ_h 为晶体极化率 χ 的傅里叶级数的第 h

级系数；b 称为非对称系数。如果某一晶体的晶格原胞含 M 个原子，则 χ_h 取决于这 M 个原子的原子散射因子 $f_m(m=1,2,\cdots,M)$

$$\chi_h = -\frac{\lambda^2 r_e}{\pi V}\sum_{m=1}^{M} f_m(\boldsymbol{h}) \mathrm{e}^{-\mathrm{i}\boldsymbol{h}\cdot\boldsymbol{r}_m} \tag{2.2}$$

式中，r_e 为经典电子半径，SI 单位为：$r_e = e^2/(4\pi\varepsilon_0 mc^2) = 2.814\times10^{-15}$ m；V 为晶体原胞体积；$\boldsymbol{h}$ 为对应于衍射级数或衍射矢量；b 由下式确定：

$$b = \frac{\cos(\phi_f)}{\cos(\phi_i)} = -\frac{\sin(\alpha-\theta_B)}{\sin(\alpha+\theta_B)} \tag{2.3}$$

其中，$\cos(\phi_i)$ 和 $\cos(\phi_f)$ 分别为入射和衍射 X 射线与晶体表面法向的夹角的方向余弦；α 为衍射面与晶体表面的夹角。

从式(2.1)可以看到，如果采用高阶衍射（对应较高的 θ_B），则衍射的半高宽与低阶衍射相比可以成倍地降低。另外，如果采用非对称衍射，即有 $b<1$，可使衍射峰宽度进一步降低。在图 2.2 中，给出了 Si(111)，Si(333) 和 Si(511) 的 X 射线衍射动力学衍射峰，清楚地反映了上述结果。

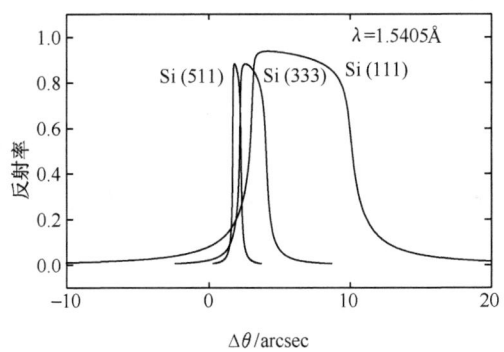

图 2.2　[111]取向的 Si 单晶的(111)，(333)和(511)X 射线衍射动力学衍射曲线

现代的高分辨 X 射线衍射仪通常包括一个模块式的四重反射单色器和一个沟道切割的双重或三重反射分析晶体(图 2.3)以提高 X 射线的能量分辨率和降低角度发散。同时，为了方便对样品的调节，单色器和分析晶体都采用模块化设计，可以很方便地安装和调节。样品的旋转(ω 圆)和探测器的旋转(2θ 圆)由步进马达控制，其步距一般小于 $0.001°$，甚至小于 $0.0001°$。在前面已经提到的实验中如果样品的单晶性不是很完美，如含有较高浓度的点缺陷或线缺陷，则不需要衍射仪具有非常高的分辨率。这时，可退而采用单块晶体一次反射的单色器和分析晶体，如图 2.4 所示。在不需要进行倒易空间图的分析时，还可以去掉分析晶体，这时，衍射仪即为所谓的双轴晶衍射仪(图 2.5)。在第 1 章已介绍，在双轴晶配置下，衍射仪的能量和角度分辨率可用 DuMond 作图法来估算。两块晶体（如单色器和样

品)可以是平行排列或称非色散排列,即所谓的(+-)排列,也可以采取非平行或称色散排列,即所谓的(++)排列,如图 2.6(a)和(b)所示。在(+-)排列时,被第一块晶体反射的 X 射线的能量区域也完全地被第二块晶体反射,即没有能量色散。在 DuMond 图中(图 2.6(a)),两块晶体的布拉格条件以作图的方法表现出来。如果两块晶体完全一致,则两条曲线重合。此时如果使用的是 X 射线封闭管,则 K_β 线被过滤掉,而 $K_{\alpha 1}$ 和 $K_{\alpha 2}$ 双线同时被反射。所以能量的分辨率依然不是最好。另外,由于最终的反射谱是两块晶体各自反射谱的卷积,双轴晶配置可有效地降低背底强度,提高信噪比。与(+-)排列不同,在(++)排列时,DuMond 图中(图 2.6(b))两块晶体的布拉格条件曲线的排列正好相反。这时,同时被两块晶体反射的 X 射线能量范围较 $K_{\alpha 1}$ 和 $K_{\alpha 2}$ 双线的能量差还要小,因而这种排列的能量分辨率也较高。

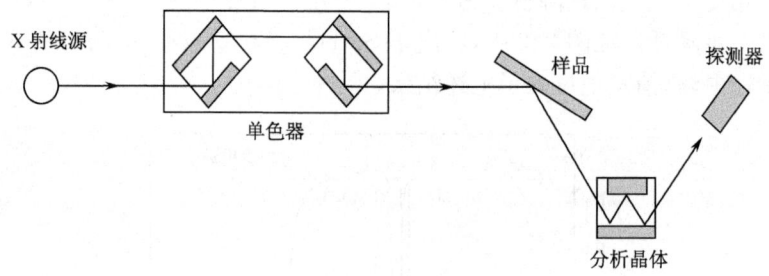

图 2.3 高分辨 X 射线衍射仪的配置

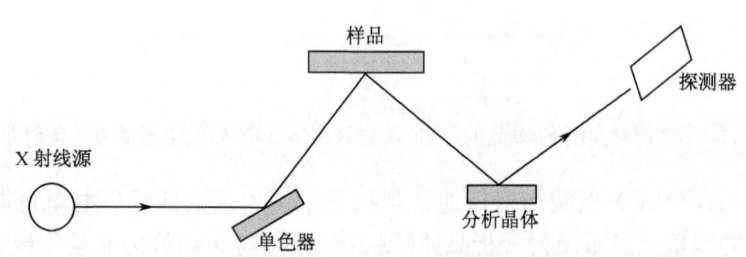

图 2.4 简化的高分辨 X 射线衍射仪的配置

在四重反射的单色器中(图 2.3)通常采用两块相同的沟道切割单晶,两块晶体之间采用(++)排列,因而出射到样品的 X 射线具有很高的能量分辨率和平行度。这时,完美单晶的实验峰宽可以非常接近理论峰宽[2]。但是,X 射线强度的损失也很大。如果一次反射的反射率峰值为 80%,则四重反射后的反射率峰值仅为约 41%。若再经过分析晶体的两次反射,强度的损失就更为严重。所以在本章的引言中强调要根据实际情况选择合适的分辨率,而不是片面追求高分辨率。

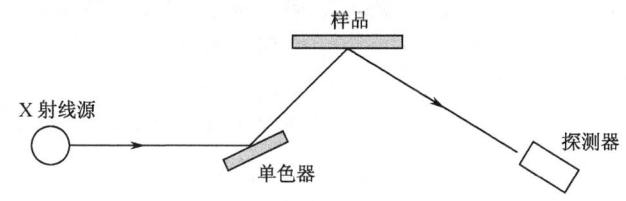

图 2.5 双轴晶 X 射线衍射仪的配置

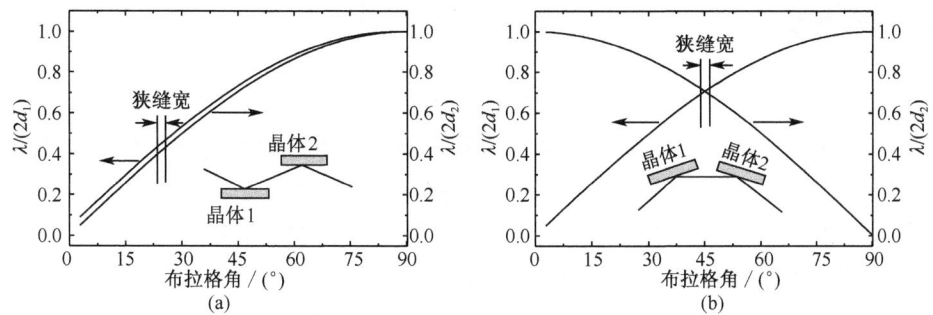

图 2.6 双晶(+−)(a)和双晶(++)(b)排列时的 DuMond 图

除了上面提到的 ω 圆和 2θ 圆以外,薄膜 X 射线衍射仪通常还有另外两个圆,即所谓的 ϕ 圆和 χ 圆,如图 2.7 所示。普通的薄膜 X 射线衍射仪中,这两个圆的旋转范围在 10°左右,主要用于对样品的调节。而在较先进的衍射仪当中以及在所有的同步辐射实验室中,ϕ 圆可在 0~360°的范围旋转,χ 圆通常可在 0~90°或 −90°~90°的范围内旋转,这时,衍射仪即为四圆衍射仪,就有了采用非共面的衍射几何的基本条件,实验上就有更大的灵活性。

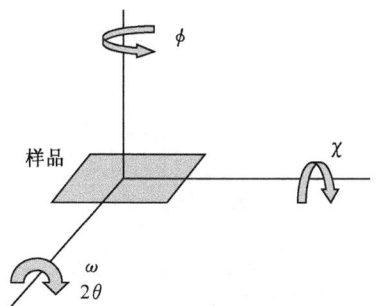

图 2.7 薄膜衍射仪的旋转圆

在共面衍射时(图 2.1(a)),有 $\alpha_i=\omega$,$\alpha_f=2\theta-\omega$。因为 ω 和 2θ 圆可以独立地转动,所以可以实现几种不同的扫描方式。① $\omega/2\theta$ 扫描。即保持 2θ 圆以二倍于 ω 圆的速度转动。在倒易空间,这对应于沿某一倒格子矢量的方向扫描,所以又称为径向扫描,如图 2.8(a)所示。② ω 扫描。即保持探测器在一定的 2θ 角度(一般对应某一布拉格角),样品来回摆动。所得谱线即常说的摇摆曲线。在倒易空间,如果 ω 的扫描范围很小,则近似于沿垂直于倒格子矢量的方向的扫描,所以又称为横向扫描或横扫描(图 2.8(b))。③二维扫描。通过结合以上两种扫描方式,可以得到衍射强度在角度空间或倒易空间的二维分布图,即所谓倒易空间衍射强度分布图测量,通常在高分辨衍射仪上进行。④晶体截断杆扫描(图 2.9)。即在任意倒易阵点附近,沿垂直于样品表面方向的扫描。若此时 $Q_x=0$,则 $\omega=2\theta/2$,属于对称衍射,ω 圆与 2θ 圆的转动速度比为 1:2。若 $Q_x \neq 0$,此时衍射为非对称衍射,ω 与 2θ 角需满足

$$\frac{\omega}{2\theta}=\frac{b}{b-1}$$

式中,b 为式(2.3)所定义的非对称因子。由于在实际中,衍射发生在 $\omega>0$ 及 $2\theta>\omega$ 的角度范围,所以在共面衍射几何中,倒易空间的某些区域是不可及的,如图 2.10 所示。而如果采用非共面衍射几何及四圆衍射仪,则唯一的限制是 $2\theta_{max}$,从而可及的倒易空间范围远大于共面衍射几何。

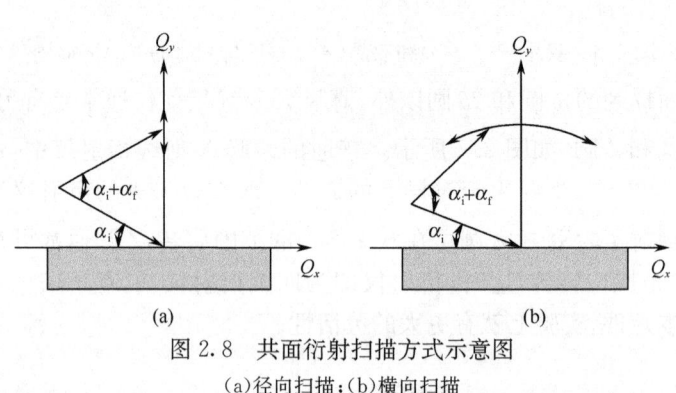

图 2.8 共面衍射扫描方式示意图
(a)径向扫描;(b)横向扫描

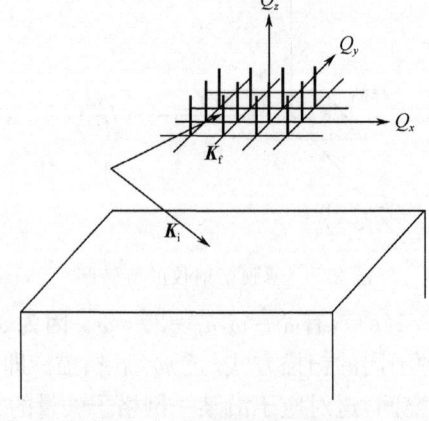

图 2.9 晶体截断杆扫描

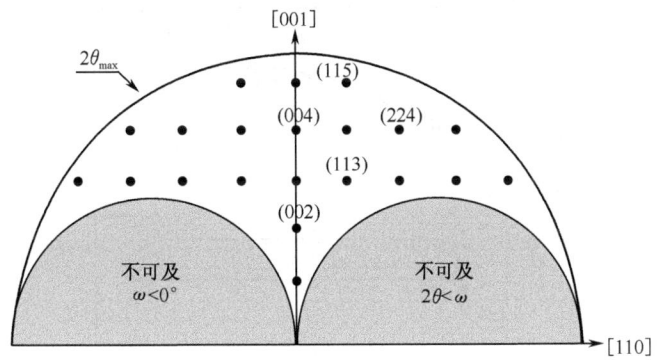

图 2.10　Si(001)晶体在 X 射线波长为 1.5405Å 时共面衍射可实现的倒易空间范围

2.2　掠入射衍射装置

图 2.11 是掠入射衍射的示意图,这是图 2.1(b)中非共面衍射的一种极端情形。此时,X 射线的入射角 α_i 和出射角 α_f 与全反射角接近,一般仅为几分之一度。所以,衍射面和衍射矢量 Q 接近平行于样品表面,也就是说,参与散射的晶面接近垂直于薄膜表面。因而,掠入射衍射是分析薄膜表面结构的极为有效的方法。同时,通过微调 α_i 和 α_f,还可以控制 X 射线在样品中的穿透深度,进而对薄膜进行深度分层分析。图 2.12 给出了 X 射线波长为 1.54Å,样品材料为硅单晶时 X 射线穿透深度对应于不同的 α_i 和 α_f 的关系曲线。可以看到,X 射线的穿透深度可以控制在 $10\mu m$ 以下,因而也是研究薄膜表面结构的有效手段。当 α_i 和 α_f 在全反射临界角(α_c)以上时,穿透深度可达数百纳米以上。与共面衍射时不同,在非共面衍射中,$\alpha_i,\alpha_f,\theta_i$ 和 θ_f 是独立的角度变量。另外,在进行掠入射实验时,要求 X 射线同时在与入射面平行和垂直的方向有较好的准直性。一般要求在 α_i 方向的发散度很

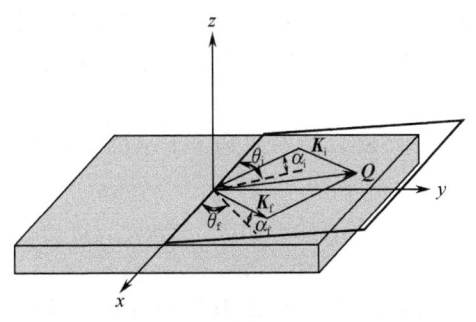

图 2.11　掠入射衍射示意图

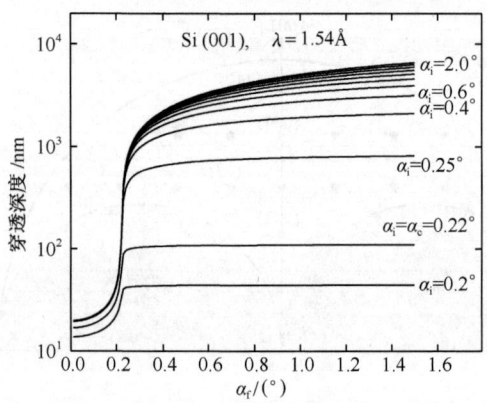

图 2.12 掠入射几何下,波长为 1.54Å 的 X 射线在硅单晶中的穿透深度
其中,α_i 为掠入射角,α_f 为掠出射角,α_c 为全反射临界角

小,而在 ω 方向则要求略低。实验时,如果采用位置灵敏探测器,则可以在固定的 α_i 角度同时记录散射强度随 α_f 的变化,等同于晶体截断杆扫描。扫描时,晶体绕平行于表面法向的轴转动,因而可以记录在不同 Q_z 处 Q_x-Q_y 面内的散射强度分布。非掠入射条件下的非共面衍射将在第 11 章和第 12 章联系具体问题进行讨论。

2.3 测量分辨率的分析

在 X 射线衍射实验中,根据需要,可以测量衍射 X 射线在角度空间(实空间)或衍射矢量空间(倒易空间)沿某一方向的分布(测量结果为谱线)或在某一角度位置或某一倒易平面内的分布(测量结果为倒易空间图)。由于即使是采用高分辨 X 射线衍射仪也不可能实现绝对单色和完全无发散的 X 射线,这就使得在实验中测量得到的在某一位置的强度分布实际上是某一小区域内的平均结果。这一区域的大小决定了分辨率的高低。在前边,已经提到实验时应对 X 射线衍射仪的分辨率有所选择,以便提高实验效率。同时,在对衍射图谱进行定量分析时,也需要考虑衍射仪的分辨率问题。因此,在本节中,对前面介绍的高分辨率和掠入射衍射仪的分辨率作初步分析。

图 2.1 所示为共面衍射几何,衍射面是 x-z 平面。衍射矢量 $\boldsymbol{Q}$ 在 x 和 z 方向的分量可分别表达为

$$Q_x = K(\cos\alpha_f - \cos\alpha_i) \tag{2.4a}$$

$$Q_z = K(\sin\alpha_i + \sin\alpha_f) \tag{2.4b}$$

式中,$K = |\boldsymbol{K}_i| = |\boldsymbol{K}_f| = 2\pi/\lambda$;$\alpha_i$ 和 α_f 分别为 X 射线相对于样品表面的入射角和出射角,是正空间变量,而 Q_x 和 Q_z 为倒易空间变量。因而,式(2.4a)和式(2.4b)是

正空间和倒易空间的转换关系。因为衍射发生在 Q_x-Q_z 平面,所以需要考虑沿 Q_x 和 Q_z 方向的分辨率,分别表达为 ΔQ_x 和 ΔQ_z。由图 2.6 所示的单色器投射到样品的 X 射线波长色散度 $d\lambda/\lambda$ 约为 2×10^{-5}[2],所以波长或能量色散对分辨率的影响远小于角度发散(约为 10^{-3} rad)。Holy 等[3]对共面衍射倒易空间的分辨率的分析发现 ΔQ_x 和 ΔQ_z 可表达为

$$\Delta Q_x = K\sqrt{(\Delta\alpha_i)^2 \sin^2\alpha_i + (\Delta\alpha_f)^2 \sin^2\alpha_f} \tag{2.5a}$$

$$\Delta Q_z = K\sqrt{(\Delta\alpha_i)^2 \cos^2\alpha_i + (\Delta\alpha_f)^2 \cos^2\alpha_f} \tag{2.5b}$$

在对称衍射时,$\alpha_i = \alpha_f = \alpha$,假设 $\Delta\alpha_i = \Delta\alpha_f = \Delta\alpha$,则有 $\Delta Q_x = \sqrt{2}K \cdot \Delta\alpha\sin\alpha$ 和 $\Delta Q_z = \sqrt{2}K \cdot \Delta\alpha\cos\alpha$。据此,可对衍射仪的分辨率作估算。在实际操作时,根据需要可以选择不同的分辨率。例如,在研究外延生长的半导体薄膜时,如果外延膜与衬底之间的晶格失配很小,则对分辨率的最低要求是能分离薄膜衍射峰与衬底衍射峰。在较高分辨率时,还应能分离薄膜的厚度干涉条纹。又如,所研究的对象是完美性较好的均匀薄膜或多层膜时,则仅要求有较高的 Q_z 分辨率,而不太考虑 Q_x 的分辨率。这时可以去掉分析晶体,采用大发散的 α_f 角。这种情况下,Q_z 方向的分辨率可表达为

$$\Delta Q_z = 2K\cos\alpha_i \Delta\alpha_i \tag{2.6}$$

这也是进行晶体截断杆扫描时采用的衍射仪配置。如果晶体截断杆扫描是在 Q_x 不等于零处,则 ΔQ_z 表达为

$$\Delta Q_z = K\Delta\alpha_i \frac{\sin(\alpha_i + \alpha_f)}{\sin\alpha_i} \tag{2.7}$$

但是,对于含有较高浓度缺陷的薄膜,则有必要分离晶体截断杆和缺陷引起的漫散射,这时就要求有较高的 Q_x 分辨率。这是因为晶体缺陷,尤其是失配位错,主要引起漫散射强度在 Q_x 方向的分布。同样,在研究量子线或量子点等平行于薄膜表面的结构时,由于它们在膜内的有限尺度或周期性排列,衍射强度通常分布于 Q_x-Q_z 平面内。这时,必须考虑由式(2.5)表达的二维分辨率。

在掠入射衍射时,由于非零的入射角和出射角,衍射矢量 $\mathbf{Q}$ 除了 Q_x 和 Q_y 分量外,还有一个小的 Q_z 分量。在图 2.11 所示的几何中,这些分量可表达为

$$Q_x = K(\cos\alpha_f \cos\theta_f - \cos\alpha_i \cos\theta_i) \tag{2.8a}$$

$$Q_y = K(\cos\alpha_f \sin\theta_f + \cos\alpha_i \sin\theta_i) \tag{2.8b}$$

$$Q_z = K(\sin\alpha_f + \sin\alpha_i) \tag{2.8c}$$

在掠入射条件下的衍射也称为面内衍射,即在固定的 Q_z,记录 Q_x-Q_y 面内的衍射强度分布。通常 Q_z 也称为法向衍射矢量,而 $\mathbf{Q}_\parallel$ ($Q_\parallel = \sqrt{Q_x^2 + Q_y^2}$)称为面内衍射矢量。由于在掠入射衍射当中,$\alpha_i, \alpha_f, \theta_i$ 和 θ_f 是独立的角度变量,其分辨率函数也更为复杂。在 X 射线衍射运动学近似下,掠入射衍射的分辨率可以表达为[3]

$$\Delta Q_\parallel = K\{\sin^2\theta_B[\alpha_i^2(\Delta\alpha_i)^2 + \alpha_f^2(\Delta\alpha_f)^2] + \cos^2\theta_B[(\Delta\theta_i)^2 + (\Delta\theta_f)^2]\}^{1/2} \tag{2.9a}$$

$$\Delta Q_z = K[(\Delta\alpha_i)^2 + (\Delta\alpha_f)^2]^{1/2} \tag{2.9b}$$

通常在掠入射实验中，α_i 与 α_f 的发散度远小于 θ_i 和 θ_f 的发散度，因而 $\Delta Q_\parallel = K\cos\theta_B \cdot [(\Delta\theta_i)^2 + (\Delta\theta_f)^2]^{1/2}$，即平行于薄膜表面的分辨率主要由 $\Delta\theta_i$ 和 $\Delta\theta_f$ 决定，而沿 Q_z 方向的分辨率主要由 $\Delta\alpha_i$ 与 $\Delta\alpha_f$ 决定。

李建华

参 考 文 献

[1] Pinsker Z G. Dynamic Scattering of X-rays in Crystals. New York: Springer-Verlag, 1978.

[2] Fewster P W. J. Appl. Cryst., 1989, (22): 64.

[3] Holy V, Pietsch U, Baumbach T. High-resolution X-ray Scattering from Thin Films and Multilayers. New York: Springer, 1999.

第3章 表面/界面 X 射线散射

磁控溅射法生长的薄膜或软物质薄膜存在以下复杂的结构特点：①薄膜一般以多晶形态甚至非晶态存在，在垂直膜面方向上有一定择优取向，二维平面内结晶性较差；②多层膜界面结构复杂，既可能存在几何起伏，又可能存在成分互扩散。X 射线检测不仅能够提供材料的原子尺度的结构信息，而且对样品无损伤，多种 X 射线技术综合利用可以得到很多方面的结构信息。图 3.1 为高角 X 射线衍射 (HAXRD)、X 射线镜面反射 (reflectivity)、X 射线漫散射 (diffuse scattering)、镜面偏离散射 (offset) 和倒易空间衍射强度分布 (mapping) 在倒易空间示意图[1]。

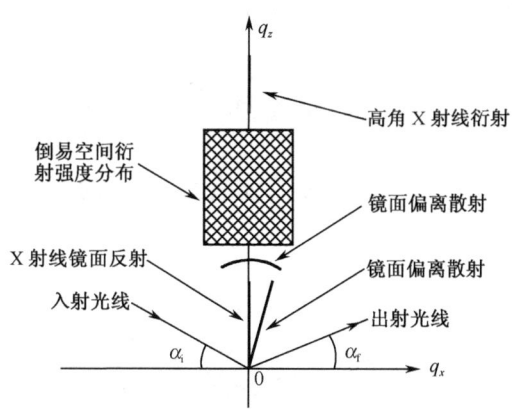

图 3.1　高角 X 射线衍射(HAXRD)、X 射线镜面反射(reflectivity)、X 射线漫散射(diffuse scattering)、镜面偏离散射(offset)和倒易空间衍射强度分布(mapping)在倒易空间示意图

下面简单阐述图 3.1 中各种 X 射线技术所测量的参数以及可得到的薄膜结构信息。

(1) X 射线反射率技术：测量 $q_x=0$ 时反射强度随 q_z 的变化关系，反映垂直膜面的电子密度分布。从反射率曲线分析能够得到薄膜厚度、电子密度、表面和界面粗糙度等。

(2) X 射线漫散射技术：测量衍射矢量的模值大小保持不变时散射强度随 q_x 变化的关系，从漫散射曲线能够得出各层之间的非相关粗糙度、横向及纵向统计相关性。

(3) 高角X射线衍射:其测量方式与X射线反射率类似,但测量角度范围大。反映垂直于膜面的平均晶格常数、多层膜晶格结构相关性、晶粒大小以及多层膜子层的应变调制情况等。

(4) q_x-q_z面内倒易空间衍射强度分布(mapping)技术:测量 q_x-q_z面内某一角度范围内X射线散射强度随衍射矢量的变化关系,收集衬底某一倒易点附近的衬底和薄膜的衍射强度分布,可以确定薄膜与衬底的结晶完美性、取向差和晶格失配等。

(5) 小角异常衍射精细结构(diffraction anomalous fine structure,DAFS)技术:测量反射率中布拉格峰强度随X射线能量的变化关系,此技术对元素种类及层内原子密度特别敏感,能够弥补反射率测量难以区分3d过渡族金属的不足。

第2章介绍了X射线衍射实验的分辨率分析。实验仪器对谱线的展宽,主要需要考虑入射样品的X射线能量分辨、角度分辨以及出射X射线的角度分辨率。从光源到样品间的装置(如单色晶体和狭缝)决定了入射X射线的能量和角度分辨率;从样品到X射线探测器之间的装置决定了出射X射线的角度分辨。在固体表面或多层膜界面的反射/散射实验中,由于不存在像晶格衍射实验中尖锐的衍射峰以及精细结构,所以一般情况下对出射X射线的角度分辨率要求可以适当放宽一些。

3.1 固体表面/界面X射线反射和漫散射装置

对实验室的X射线衍射仪,一般固体表面/界面的反射和漫散射的装置如图3.2所示。

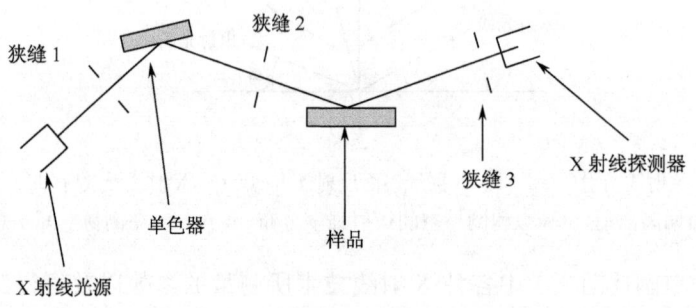

图3.2 X射线反射和漫散射实验装置示意图

在X射线反射和漫散射实验中,一般采用单晶或双晶单色器来保证入射X射线的能量分辨率,同时也保证了入射X射线的角度分辨率。狭缝1和狭缝2主要是用来降低实验的背底噪声,因为在反射矢量较高或者散射实验中,反射或散射的信号较弱,降低背底信号就变得非常重要。另外,在入射角度很小的情况下,一般直射 X 射线本身存在一定的角度分布,散射背底会比较高,尽量使用较小的狭缝 1、狭缝 2 和狭缝 3 有利于降低直射 X 射线导致的散射背底。

X 射线反射率技术是采用低角度(一般 $2\theta<10°$)的 $\theta\sim2\theta$ 扫描方式。由于 X 射线入射角与出射角相等,所以该技术也被称为小角衍射技术。X 射线反射率得到的信息来自于多层膜周期厚度的衍射。X 射线反射率测量时,X 射线入射角等于出射角,即 $\alpha=\beta$(图 3.3)。这时,X 射线反射矢量垂直于样品表面,在倒易空间中表示为 $q_x=0$,沿 q_z 方向扫描(图 3.1)。在反射矢量很小的情况下,$q \cdot d \ll 1$(d 为晶体的晶格常数),这时 X 射线反射技术无法分辨晶体材料中的晶格。换句话说,晶体可以被认为是连续介质。材料的 X 射线折射系数可以表示为

$$n = 1 - \lambda^2 r_e \sum_j N_j (f_j^0 + f_j' - \mathrm{i} f_j'')/(2\pi)^{[2]}$$

式中,λ 是 X 射线波长;r_e 是经典电子半径;N_j 表示 j 类型原子的原子密度;f_j^0、f_j' 和 f_j'' 分别是原子的 X 射线散射因子(汤姆孙(Thomson)散射因子)、原子异常散射因子的实部和虚部。当入射角和出射角都很小的时候,f_j^0 等于元素的原子序数 Z_j。在硬 X 射线能量远离原子吸收边的情况下,异常散射因子可以忽略。这时,材料的 X 射线折射系数可以表示为 $n = 1 - \lambda^2 r_e \sum_j N_j \cdot Z_j/(2\pi)$。可见,材料的折射系数与材料的电子密度有关。因此,X 射线反射实验能够测量材料电子密度在垂直方向的分布。

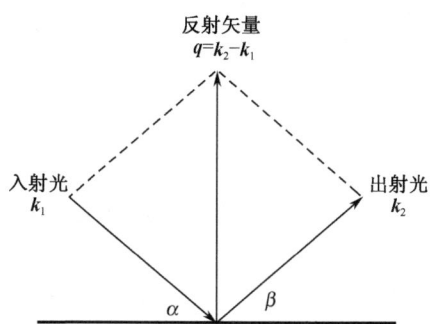

图 3.3 X 射线反射实验波矢示意图

X 射线漫散射实验是指 X 射线入射角和 X 射线出射角不相等的情况,即 $\alpha\neq\beta$,如图 3.4 所示,X 射线漫散射测量可以获得表面面内的起伏信息。X 射线漫散射可有两种实验安排,如图 3.1 所示。①固定探测器的位置,即 2θ 保持不变,进行 θ 扫描。倒易空间中倒易矢量与角度的关系为:垂直于表面的分量 $q_z=2\pi(\sin\alpha+\sin\beta)/\lambda$ 和平行表面的分量 $q_x=2\pi(\cos\beta-\cos\alpha)/\lambda$。$\alpha$ 和 β 均很小时,q_z 不变,沿 q_x 变化。②$\alpha-\beta=\mathrm{const}\neq 0$,进行 $\theta\sim2\theta$ 扫描。当 θ 很小时,$q_x=2\pi(\alpha+\beta)(\alpha-\beta)/\lambda$,$q_z=2\pi(\alpha+\beta)/\lambda$。这种 X 射线漫散射扫描方式又称为 longitudinal scan,有时又称

为 off-specular scattering，也称为 offset $\theta\sim 2\theta$ scan。

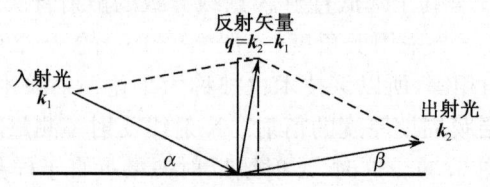

图 3.4　X 射线漫散射实验波矢示意图

在 X 射线反射实验中，当 X 射线入射角小于临界角时，会发生全反射。这时 X 射线反射系数为 1，所有入射的 X 射线都被表面反射。全反射临界角的测量往往被用来确定材料的电子密度，从而确定原子密度。在 X 射线反射/散射实验中，由于入射角度很小，入射 X 射线在平行表面方向上的投影尺寸 $l=L/\sin\alpha$ 很大，式中 L 为入射光光斑的大小。在实验中要注意使用尺寸较大的样品，以确保入射 X 射线在样品表面的投影不要超过样品表面，否则要作面积修正来计算反射 X 射线的强度。另外，对于一些电子密度较低的材料，全反射临界角很小，这时特别要注意尽量提高入射 X 射线的准直性、减小入射 X 射线的狭缝宽度，以减小入射 X 射线角度发散导致的背底。同时，减小探测器前面的狭缝宽度，或者采用双狭缝甚至单色晶体来减小背底噪声。

3.2　液体表面/界面 X 射线反射和散射装置

相对于固体材料而言，液体的表面/界面研究具有一定的特殊性。液体表面/界面有以下特点：

(1) 液体是流动的，轻微的振动会导致表面/界面震荡，从而导致 X 射线反射/散射强度明显变化。

(2) 液体的表面/界面由于重力作用，只能保持水平面。反射/散射实验不能通过转动样品来改变 X 射线的入射角。

(3) 液体的表面/界面通常在容器的边缘存在不同程度的浸润或者不浸润效应，这种效应会直接导致表面或者界面较大范围的边缘区域的不平整。

(4) 液体的电子密度一般很低，液体界面两侧的电子密度差一般更小，导致 X 射线临界角一般比较小，往往需要比较大的平整区域。另外，液体界面导致的 X 射线反射/散射信号较弱，需要高强度、准直性很好的 X 射线源。

(5) 液体在进行 X 射线散射实验时，一般界面的散射信号较弱。这时，透射的 X 射线在液体体内的散射就显得比较强。采用适当的方式扣除体相的散射背底往往对数据分析非常关键。

3.2 液体表面/界面X射线反射和散射装置

总而言之,由于液体样品不能转动、电子密度低以及液体的一些其他性质,液体的表面/界面X射线研究具有很多特殊的要求。

目前,已发展了实验室用的研究液体表面/界面的X射线衍射装置,并作为商品出售。不同于用于固体样品的X射线衍射仪,液体表面/界面的X射线衍射装置采用水平的实验样品台,X射线光源与探测器采取θ-θ联动方式。

在第1章中已介绍了同步辐射光源频谱宽、亮度高、准直性好、具有时间分辨等优点。应用同步辐射光源研究液体表面/界面已引起人们的高度重视,在国际上,不少同步辐射装置已建立了专门进行液体表面/界面X射线反射/散射实验的实验站,例如,美国先进光源(Advanced Photon Source,APS)的15-ID-C、国家同步辐射光源(National Synchrotron Light Source,NSLS)的X19C,欧洲同步辐射装置(European Synchrotron Radiation Facility,ESRF)的ID10A 等。2002年以来,我国科学家也在北京同步辐射装置和上海光源上开展液体表面/界面X射线反射/散射实验,取得了令人瞩目的成绩。

使用同步辐射装置进行液体表面/界面的X射线反射/散射实验,关键是获得良好准直性的X射线束,并设法改变其入射样品表面的方向,进而改变X射线入射到液体表面/界面的角度。由于液体表面/界面的反射/散射信号较弱,实验时间相对比较长,所以要求装置有良好的稳定性。下面以美国APS的15-ID-C为例,介绍同步辐射装置的液体表面/界面的X射线反射/散射实验装置。

图3.5是美国APS的15-ID-C从光源到液体散射站的光束线结构示意图。采用两块平行Si[111]单色器,以提高入射X射线的单色性和准直性。为了保证出射X射线强度稳定,第二晶体安装了压电陶瓷,可微调节第二晶体相对于第一晶体的夹角,以抵消由于晶体受热导致的晶格常数微小变化。另外,该束线安装了对X射线束垂直方向聚焦的聚集镜。安装第二个聚焦镜的主要目的是使出射的X射线束仍然沿水平方向。

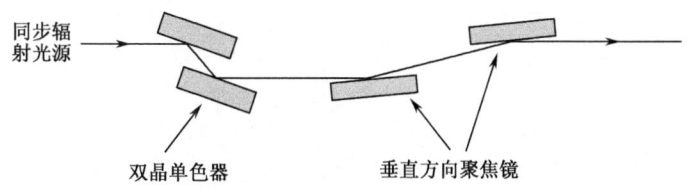

图3.5 从光源到液体散射站的光束线结构示意图

为了改变X射线入射到液体水平面的角度,一般利用转动晶体从而改变衍射X射线方向的办法来获得相对水平面方向改变的X射线[3]。美国APS的15-ID-C采用图3.6的方式来改变X射线相对液体水平表面的方向。当然,晶体转动的同时,出射X射线束也会稍微偏离水平方向,这种变化可以通过以衍射晶体为轴心转动后面部分衍射装置来补偿。

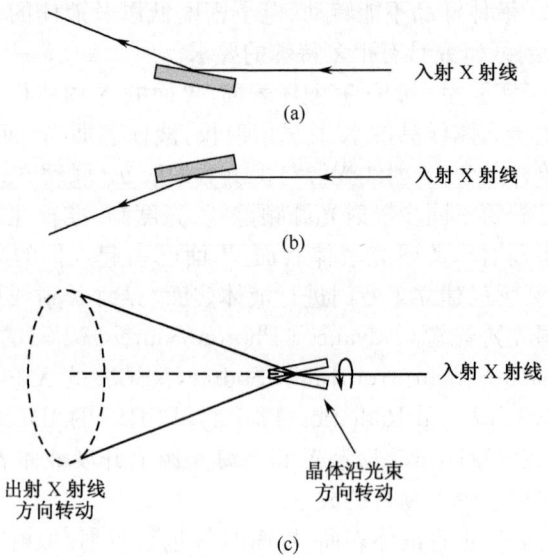

图 3.6　当晶体绕 X 射线方向转动时,出射的 X 射线方向也随晶体的
转动而改变相对水平面的方向

(a)和(b)分别表示转动晶体衍射面朝上和朝下时,衍射光束分别向上和向下偏转;(c)显示转动晶体沿入射 X 射线方向转动时衍射光束方向的变化

图 3.7 是美国 APS 同步辐射实验室 15ID-C 液体表面反射/散射装置的结构示意图。进行实验时,通过旋动转动晶体,使从转动晶体出射的 X 射线束相对水

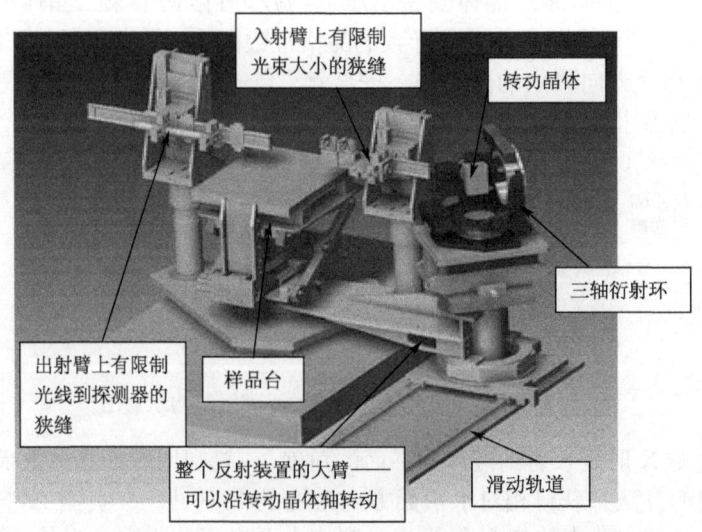

图 3.7　美国 APS 同步辐射实验室 15ID-C 液体表面反射装置示意图

该图从 APS 15ID-C 实验站网站获得:http://cars9.uchicago.edu/chemmat/pages/overview/surfacesci.html

平面的方向改变,从而改变入射 X 射线与样品表面的角度。为了使照射到样品表面的位置不变,需要转动整个反射装置的大臂。另外,为了控制入射 X 射线束在样品表面的照射面积,一般在入射臂上装有一个狭缝。狭缝安装在入射臂的转动轴上,以保证入射臂转动时,狭缝的位置相对入射臂垂直方向不发生变化。在实验过程中,入射臂、样品台以及出射臂都要上下移动或转动,以保证入射臂和出射臂上的狭缝位于反射/散射实验所需要的光路位置上。为了保证马达或实验装置的转动不会对液体样品产生振动,需要把样品放在减震台上。

罗光明　麦振洪

参 考 文 献

[1] 王勇. 中国科学院物理研究所博士论文,2004.
[2] Tolan M. X-ray Scattering from Soft-Matter Thin Films. Berlin:Springer,1999.
[3] Schlossman M L. A synchrotron X-ray liquid surface spectrometer. Rev. Sci. Instrum. ,1997,(68):4372.

第 2 篇　基 本 理 论

本篇介绍体材料的 X 射线衍射和散射理论,并将相关理论发展、应用到薄膜材料。主要介绍薄膜 X 射线衍射和散射实验数据分析所用的相关理论,包括用于薄晶体或小晶体多层膜和金属多层膜的 X 射线衍射运动学理论;用于近完美多层膜、半导体超晶格和多量子阱的 X 射线衍射动力学理论;用于原子密度和晶格参数很接近的金属多层膜的 X 射线异常衍射精细结构技术;用于薄膜和多层膜表面与界面分析的 X 射线反射、漫散射理论以及掠入射衍射理论。基本覆盖了目前应用 X 射线衍射和散射技术研究薄膜结构所需用的理论。由于各学科都有本学科的专业术语和英文符号,为了尊重各学科的特点和习惯,在本书撰写中,我们保留了各学科惯用的英文符号和定义,以便于专业读者的阅读。撰写中力图理论联系实验、深入浅出,尽量避免纯理论赘述,着重介绍物理概念,特别着重介绍理论的应用实例和相关参数的获取过程,让读者学以致用。

第 4 章　X 射线衍射运动学理论

4.1　引　言

1912 年,劳厄(M. Laue)、弗里德里希(W. Friedrich)和克里平(P. Knipping)等成功地观察到 X 射线透过硫酸铜后出现衍射斑点,发现晶体衍射[1],随后,劳厄把二维光栅衍射理论推广到三维光栅情况,得到了描述晶体 X 射线衍射的著名的劳厄方程,对衍射现象进行了解释。后来,劳厄的衍射理论被称为 X 射线衍射运动学理论。

X 射线衍射运动学理论只考虑单个原子与入射 X 射线束的相互作用,而忽略了该原子与其他原子的集体散射效应引起的波场交互作用。换句话说,X 射线衍射运动学理论忽略了多重散射以及入射束与诸衍射束之间可能存在的复杂的交互作用。该理论是基于以下假设:

(1) 晶体中相干体积内原子对 X 射线的散射是相干散射,即汤姆孙散射;

(2) 只考虑晶体中原子对 X 射线的一次弱散射;

(3) 不考虑散射波与透射波的干涉效应。

因此,X 射线衍射运动学理论的有效性不仅决定于膜的厚度,而且还决定于散射强度、晶体完美性和衍射几何等因素。当外延膜厚度相对薄,而且相对不太完美时可采用 X 射线衍射运动学理论。否则,要采用 X 射线衍射动力学理论。有关 X 射线衍射运动学理论的详细介绍可参阅文献[2]~[5]。

4.2　X 射线衍射几何

X 射线在晶体或晶体薄膜中产生衍射现象是 X 射线散射的一种特殊形式,由于晶体中原子排列呈周期性,当 X 射线入射到晶体或晶体薄膜时,被原子中的电子散射,使各散射波产生与入射 X 射线波长相同的相干散射,它们的强度在某些特定方向发生干涉加强,这种现象称为 X 射线衍射。本节着重讨论晶体产生 X 射线衍射的空间几何。

4.2.1 劳厄方程

为讨论简单,假设一束波长为 λ 的平行 X 射线束入射到一列等距离排列的一维点阵,其夹角为 α_0,如图 4.1 所示。这样,一维点阵上每个原子将成为一个散射中心,并在一定方向产生衍射。此时,相邻两个原子所产生的散射束方向相同,根据一维光栅菲涅耳(Fresnel)定律,散射强度极大值对应相邻散射束之间的光程差为

$$\delta = |OB - AC| = a(\cos\alpha - \cos\alpha_0) = H\lambda \tag{4.1}$$

式中,H 为整数,$\pm 1,\pm 2,\pm 3,\cdots$,称为衍射级数。式(4.1)是一维原子列的衍射条件,称为一维劳厄方程。值得注意的是,X 射线入射方向、衍射方向和原子列三者可以不共面。也就是说,对应某个 H 值,满足衍射条件的是以原子列为圆锥轴线,半顶角为 α 的圆锥,如图 4.2 所示。

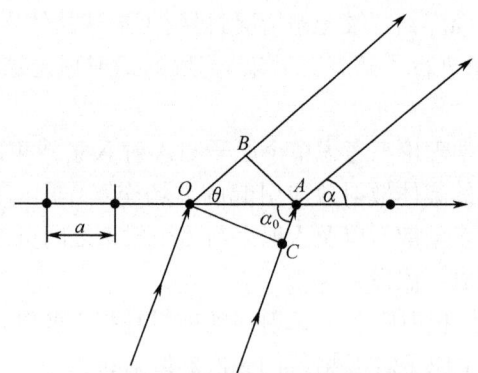

图 4.1 一维点阵衍射示意图

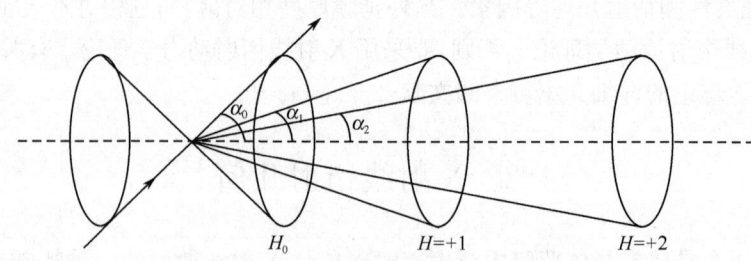

图 4.2 衍射锥示意图

劳厄当年把晶体视为三维光栅,可得晶体衍射条件为

$$a(\cos\alpha - \cos\alpha_0) = H\lambda$$
$$b(\cos\beta - \cos\beta_0) = K\lambda \quad (4.2)$$
$$c(\cos\gamma - \cos\gamma_0) = L\lambda$$

式(4.2)就是著名的劳厄方程[6]。它给出了 X 射线入射束方向和衍射束方向的关系,但由于入射方向或衍射方向与晶体点阵三个基矢的夹角不互相独立,还需满足一定的几何关系,在 4.4 节中将介绍利用倒易空间来确定满足衍射条件的衍射矢量。

X 射线晶体衍射的发现和劳厄方程的建立解决了当时科学上的两大难题,证实:晶体的点阵结构具有周期性以及 X 射线具有波动性,其波长与晶体点阵结构周期同一数量级。爱因斯坦称劳厄的实验是"物理学最完美的实验"。

4.2.2 布拉格方程

劳厄发现晶体 X 射线衍射引起布拉格父子(W. H. Bragg,W. L. Bragg)的极大关注,1912 年暑假后,小布拉格做 X 射线透射 ZnS 晶体的实验时,发现底片与晶体的距离增大时,衍射斑点变小,他预示这是晶面反射。同年 10 月小布拉格导出著名的布拉格方程[7]。

由于 X 射线有较强的穿透力,晶体表面以下的原子面都可能参与衍射。图 4.3 为 X 射线入射到晶体内产生衍射的示意图。如图 4.3(b)所示,入射 X 射线与晶面夹角为 θ,入射束 PA 受晶面 1 上的 A 原子散射,另一入射束 QA' 受晶面 2 上的 A' 原子散射。如果散射束 AP' 与 $A'Q'$ 的光程差满足 $QA'Q' - PAP' = n\lambda$,其中 n 为整数,$n = \pm 1, \pm 2, \cdots$。这时,在 AP' 方向将产生衍射。由图 4.3(b)可知 $SA' = A'T = d\sin\theta$。从而可得

$$2d\sin\theta = n\lambda \quad (4.3)$$

式中,d 为晶面间距;θ 为衍射角,又称布拉格角;n 为衍射级数。$n = 1$ 是指(hkl)晶面的 1 级衍射。这就是著名的布拉格方程,它把衍射方向、衍射晶面间距及 X 射线波长联系起来。

值得注意的是,式(4.3)还要满足下列条件:①入射 X 射线、衍射 X 射线和衍射晶面法线须在同一平面;②由于 $|\sin\theta| \leqslant 1$,所以 $\frac{n\lambda}{2d} \leqslant 1$。当 $n = 1$ 时,只有满足 $\lambda \leqslant 2d_{hkl}$ 才能实现(hkl)晶面衍射,最高衍射级决定于 $n\lambda \leqslant 2d_{hkl}$,在 4.3.2 节还将从倒易空间 Ewald 球作图法证明这一结果。还应指出,上面分析是对真空情况而言。实际上,实验是在大气环境中进行的,对精确测定晶格参数需要考虑波长的折射率修正,读者可参阅相关文献。

如果已知 X 射线波长 λ,从式(4.3)可以求知晶面间距 d;反之,如果已知晶面间距 d,也可从式(4.3)求知 X 射线波长 λ。因此,布拉格方程的创立,标志着 X 射

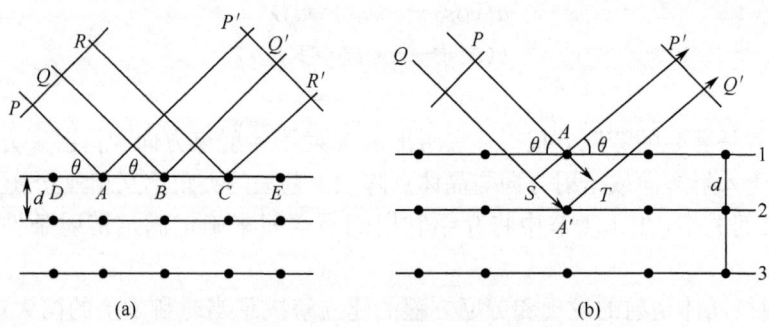

图 4.3　X 射线入射到晶体内产生衍射示意图
(a) 表面原子反射线；(b) 表面不相邻原子面反射

线晶体学理论及其分析方法的确立，揭开了晶体结构分析的序幕，同时为 X 射线光谱学奠定了基础。

4.3　倒易点阵

晶体具有空间点阵周期结构，由晶体结构周期性直接抽象出来的点阵称为晶体点阵，或称正点阵。为了更形象地解释晶体的 X 射线衍射现象，埃瓦尔德 (P. P. Ewald) 根据吉布斯 (Gibbs) 的倒易空间概念，提出了倒易点阵及反射球构造方法[8]。倒易点阵是一种几何构图，一种数学方法。它是从晶体点阵推引出来的一套抽象点阵。利用倒易点阵来解释衍射现象非常方便，并能简化晶体学中许多计算工作，是分析衍射现象的重要工具。限于篇幅，本节只介绍倒易点阵与晶体点阵的关系和 Ewald 反射球，关于倒易点阵的其他应用可参阅文献[9]。

4.3.1　倒易点阵定义

倒易点阵是由许多阵点构成的虚拟点阵，倒易点阵的空间称为倒易空间。它是由正空间中具有点阵常数 a、b 和 c 的晶体点阵 (正点阵) 经过变换而成。倒易点阵单胞用矢量 a^*，b^* 和 c^* 来表示，它与正空间矢量满足

$$a^* \cdot a = b^* \cdot b = c^* \cdot c = 1$$
$$a^* \cdot b = b^* \cdot c = c^* \cdot a = a^* \cdot c = \cdots = 0$$

即所有交叉项为零。也就是说，a^* 垂直于 b 和 c (也即垂直于包含 b 和 c 的平面)，同理，b^* 垂直于包含 c 和 a 的平面，c^* 垂直于包含 a 和 b 的平面。因此，除非 a 垂直于 b 和 c，否则，a^* 不平行于 a。但对正交轴的情况，$a^* \parallel a$，$b^* \parallel b$，$c^* \parallel c$，并有 $|a^*| = \dfrac{1}{|a|}$，$|b^*| = \dfrac{1}{|b|}$，$|c^*| = \dfrac{1}{|c|}$。从而确定了 a^* 和 a，b^* 和 b，以及 c^* 和 c 互为倒易点阵。

4.3 倒易点阵

晶体点阵为三维点阵,相对三维倒易空间有三个不共面的单位矢量坐标系 a^*,b^* 和 c^*。三维倒易点阵中任一点阵点 hkl 的位置由从原点出发的向量 $\boldsymbol{H} = h\boldsymbol{a}^* + k\boldsymbol{b}^* + l\boldsymbol{c}^*$ 表示,图 4.4 表示晶体点阵(hkl)与倒易点阵点 P 的关系。倒易点阵中根据 a^*,b^* 和 c^* 划分的单位称为倒易点阵晶胞,与晶体点阵晶胞有如下关系:

$$a^* = \frac{b \times c}{V}$$

$$b^* = \frac{c \times a}{V}$$

$$c^* = \frac{a \times b}{V} \tag{4.4}$$

式中,a,b 和 c 为晶体点阵单位矢量;V 为晶体点阵单胞。

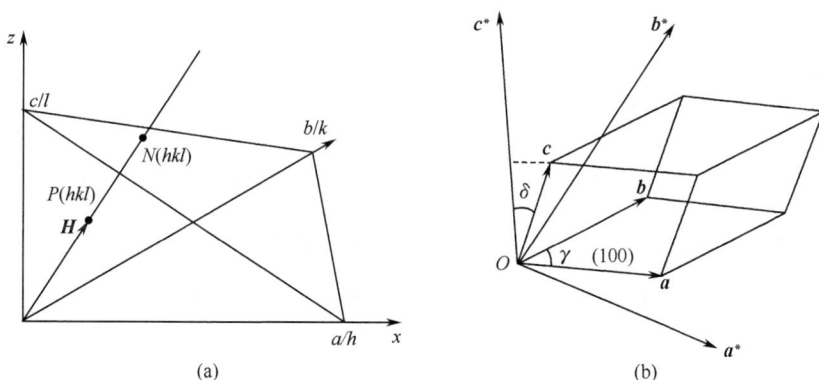

图 4.4 (a)晶体点阵(hkl)与倒易点阵点 P 的关系;(b)晶体点阵晶胞与倒易点阵点晶胞的关系

倒易点阵具有重要的性质,如果正点阵和倒易点阵具有共同原点,则有以下关系:

(1) 晶体点阵中(hkl)晶面在倒易点阵中用一点 P_{hkl} 表示,则原点 O 与 P_{hkl} 的连线 OP 垂直于晶体点阵中的(hkl)晶面,$\boldsymbol{H}_{hkl} \perp (hkl)$,$\boldsymbol{H}_{hkl}$ 称为倒易矢量。

(2) 如果 $OP = H_{hkl}$,则有

$$|\boldsymbol{H}_{hkl}| = \frac{1}{d_{hkl}} \tag{4.5}$$

其中,d_{hkl} 是(hkl)晶面簇的面间距。

由式(4.4),利用矢量运算,可得晶体点阵矢量与倒易点阵矢量的关系:

$$\boldsymbol{a} \cdot \boldsymbol{a}^* = \boldsymbol{b} \cdot \boldsymbol{b}^* = \boldsymbol{c} \cdot \boldsymbol{c}^* = 1 \tag{4.6a}$$

$$\boldsymbol{a} \cdot \boldsymbol{b}^* = \boldsymbol{a} \cdot \boldsymbol{c}^* = \boldsymbol{b} \cdot \boldsymbol{a}^* = \boldsymbol{b} \cdot \boldsymbol{c}^* = \boldsymbol{c} \cdot \boldsymbol{a}^* = \boldsymbol{c} \cdot \boldsymbol{b}^* = 0 \tag{4.6b}$$

利用上述关系可以由任意一个晶体点阵得到一个相对应的倒易点阵。反之,已知

一个倒易点阵,同样可以重新得到原来的晶体点阵。图 4.5 为倒易空间中的衍射强度轮廓(衍射振幅的平方)和正空间衍射晶体外形的关系,可见它们之间互为倒易关系。

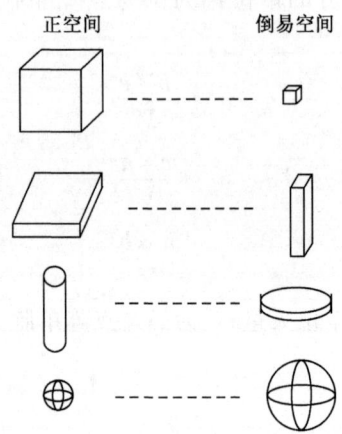

图 4.5 倒易空间中的衍射强度轮廓(衍射振幅的平方)和正空间衍射晶体外形的关系

从式(4.5)可知倒易点阵与晶体点阵的关系:①倒易点阵的每个阵点 P_{hkl} 对应于晶体点阵的晶面(hkl);②倒易矢量大小反比于晶体点阵面间距,$|\boldsymbol{H}_{hkl}|=\dfrac{1}{d_{hkl}}$,正是满足$(hkl)$衍射条件的衍射矢量;③倒易点阵晶胞与晶体点阵晶胞形状相似,但绕原点旋转了 90°。

倒易点阵中每个倒易阵点都是产生强衍射的位置,满足布拉格定律。图 4.4(a)中倒易点阵点 P 可写成

$$p = \xi a^* + \eta b^* + \zeta c^*$$

因此,散射振幅为

$$E_g = \sum_n F_n e^{-2\pi i(n_1\xi + n_2\eta + n_3\zeta)}$$

当$(n_1\xi + n_2\eta + n_3\zeta)$对所有的 n_1,n_2,n_3 为整数时,将产生强衍射,即 $\xi=h,\eta=k,\zeta=l$,hkl 为整数时,产生强衍射。它满足劳厄方程:

$$\boldsymbol{p}\cdot\boldsymbol{a}=h,\quad \boldsymbol{p}\cdot\boldsymbol{b}=k,\quad \boldsymbol{p}\cdot\boldsymbol{c}=l$$

它和 hkl 晶面的布拉格反射一致。因此,当 $\boldsymbol{P}$ 和倒易点阵一致时,产生强反射

$$\boldsymbol{P}=\boldsymbol{H}=h\boldsymbol{a}^*+k\boldsymbol{b}^*+l\boldsymbol{c}^*$$

因为 $|H_{hkl}|=\dfrac{1}{d_{hkl}}$，$p=2\dfrac{\sin\theta}{\lambda}$，故得 $\lambda=2d_{hkl}\sin\theta$。

倒易空间中的衍射强度轮廓（衍射振幅的平方）和正空间衍射晶体外形的关系的应用越来越多，例如，在掠入射条件下，特别是全外反射条件下研究晶体表面和界面，需要知道衍射强度轮廓和衍射晶体外形之间的关系。

4.3.2 色散面——Ewald 球

1913 年，埃瓦尔德采用图解方法描述 X 射线衍射，这就是著名的 Ewald 球，又称反射球，它的轨迹代表 X 射线衍射运动学理论衍射方程的色散面。

从 4.3.1 节可知，当 P 和倒易点阵一致时，产生强反射。我们可以导出确定反射条件的简单几何作图法，即 Ewald 球的作图，它是在倒易空间中，一束波长为 λ 的 X 射线沿 AO 方向入射到一倒易点阵，线 AO 上一点 S 为样品的位置，以 S 为球心，λ^{-1} 为半径作一圆球，O 为入射 X 射线 AO 与反射球的交点，令 O 为倒易点阵的原点，这个圆球就是该倒易点阵的 Ewald 球，如图 4.6(a) 所示。如果倒易点阵阵点 P 正好落在 Ewald 球面上，就会产生衍射，如图 4.6(b) 所示。图 4.6(b) 反映倒易空间点阵与 Ewald 球的关系。由于倒易矢量 $H=h\boldsymbol{a}^*+k\boldsymbol{b}^*+l\boldsymbol{c}^*$，$SP$ 为衍射方向，P 为被激发的倒易阵点，对应的衍射指数为 hkl。

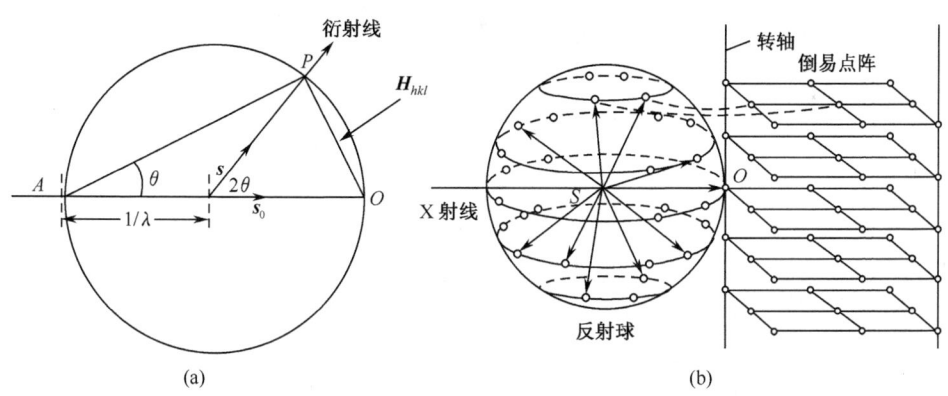

图 4.6 (a) Ewald 球与倒易点阵；(b) 从 Ewald 球推出 X 射线衍射

除了很薄的晶体外，对于大多数晶体，Ewald 球的曲率是很大的。通常情况，只有一个倒易阵点落在 Ewald 球上，产生反射。衍射花样可以用来测定晶体取向。

1. 衍射极限球

从图 4.6(a) 可知，晶体点阵的点阵面对 X 射线最大的衍射角为 $90°$，代入

式(4.3),可得

$$2d_{hkl} = n_{max}\lambda \tag{4.7}$$

式(4.7)表明:①若晶体衍射面面间距 d_{hkl} 不变,入射 X 射线波长 λ 越短,这簇晶面可以发生的衍射级数越多。②若入射 X 射线波长 λ 不变,晶体衍射面面间距 d_{hkl} 越小的晶面簇可以发生的衍射级数越低,对 $d_{hkl} < \dfrac{\lambda}{2}$ 的晶面簇不可能产生衍射。

换句话说,当 $|H_{hkl}| = \dfrac{1}{d_{hkl}} > \dfrac{2}{\lambda}$ 时,没有倒易阵点能落在 Ewald 球上,这一结果在 4.2.2 节已经讨论过。因此,以图 4.6(a)中 O 点为球心,以两倍 Ewald 球半径 $2/\lambda$ 作一个大圆球,如图 4.7 所示。当晶体绕 O 以任何轴旋转时,大球内所有的倒易阵点均有可能与 Ewald 相遇而产生衍射,而球外的倒易阵点不可能被激发。这个半径为 $2/\lambda$ 的大球称为衍射极限球。

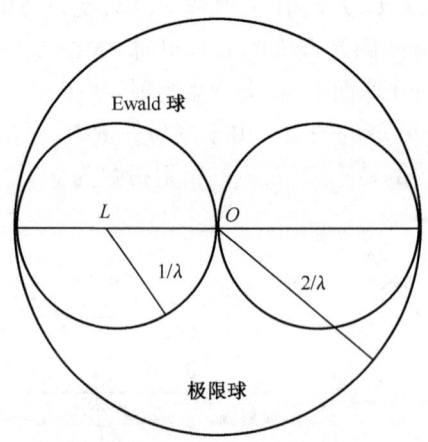

图 4.7 极限球示意图

2. 布拉格方程与劳厄方程互推算

由图 4.6(a)可得

$$H_{hkl} = \frac{s - s_0}{\lambda} = h\boldsymbol{a}^* + k\boldsymbol{b}^* + l\boldsymbol{c}^* \tag{4.8}$$

其中,H_{hkl} 为衍射矢量;s 和 s_0 分别为 X 射线入射束和衍射束单位矢量。式(4.8)两边分别乘以 $\boldsymbol{a}$,$\boldsymbol{b}$ 和 $\boldsymbol{c}$,即有

$$\begin{aligned}(s - s_0) \cdot \boldsymbol{a} &= h\lambda \\ (s - s_0) \cdot \boldsymbol{b} &= k\lambda \\ (s - s_0) \cdot \boldsymbol{c} &= l\lambda \end{aligned} \tag{4.9}$$

式(4.9)就是劳厄方程。

由图4.6(a)还可得

$$|\boldsymbol{H}_{hkl}| = \left|\frac{\boldsymbol{s}-\boldsymbol{s}_0}{\lambda}\right| = \frac{2\sin\theta}{\lambda}$$

另从式(4.5)有$|\boldsymbol{H}_{hkl}|=\dfrac{1}{d_{hkl}}$,因此有

$$2d\sin\theta=\lambda$$

这就是布拉格方程。可见,布拉格方程与劳厄方程是等效的,只是在实际应用时布拉格方程显得更形象、方便。

4.4　X射线衍射强度

4.4.1　单电子散射

根据经典电动力学,由于X射线是电磁波,当X射线入射到晶体,与晶体中原子内的电子发生作用,使电子"受迫振动",其频率与入射X射线相等,假定入射X射线为偏振平面波,$\boldsymbol{E}(\boldsymbol{r},t)=\boldsymbol{E}_0\exp(-\mathrm{i}\omega t-\boldsymbol{k}_0\cdot\boldsymbol{r})$,其中$|\boldsymbol{k}_0|=|\boldsymbol{k}|=\dfrac{2\pi}{\lambda}\equiv K$。一个电子散射波振幅为

$$E(\boldsymbol{r})=\frac{E_0 r_e \sin\phi}{|\boldsymbol{r}-\boldsymbol{r}_0|} \tag{4.10}$$

式中,E_0为入射X射线振幅;r_e为经典电子半径;ϕ为散射波方向与入射波电场振动方向的夹角;r_0为入射原点;r为散射电子的位置。根据经典电动力学,X射线从一个自由电子散射是弹性散射,即汤姆孙散射。可见,一个电子对X射线散射波具有与入射X射线相同的频率,而相位决定于散射电子的位置。

对非偏振X射线入射,在垂直于X射线传播方向OX的平面上,电场振动方向总可以分解为两个相互垂直的偏振分量$E_\parallel$和$E_\perp$,可得一个电子散射强度:

$$I_e=I_0\left(\frac{r_e}{|\boldsymbol{r}-\boldsymbol{r}_0|}\right)^2\frac{1+\cos^2 2\theta}{2} \tag{4.11}$$

式(4.11)为X射线自由电子散射汤姆孙公式。从式(4.11)可知:电子散射强度与2θ有关,$P=(1+\cos^2 2\theta)/2$称为偏振因子。经过单色器入射的X射线已有部分偏振化,偏振因子需要修正[10]。

4.4.2　原子散射因子

原子由原子核和核外电子组成,由于原子核的质量比电子的质量大1830多倍,因此,原子核对X射线的散射可以忽略,原子中的电子是X射线有效散射体。

一个原子散射振幅是原子内所有电子散射振幅的叠加,如果忽略了原子核的散射,即一个原子散射振幅可表示为

$$E(r) = E_0 r_e \int \frac{\rho(r)\sin\phi e^{iK|r_0-r|} e^{iK_0 \cdot r}}{|r_0 - r|} dr^3 \qquad (4.12)$$

其中,$\rho(r)$为电子密度。由于观察点的距离远大于原子的尺寸,可以把一个原子内的所有电子视为一点。处理时假定原子静止,只考虑静态波函数,并认为电子为球形对称分布。这样,原子的散射波为球面波。如以 **H** 为极轴方向建立 **r** 处散射电子的极坐标,如图 4.8 所示。

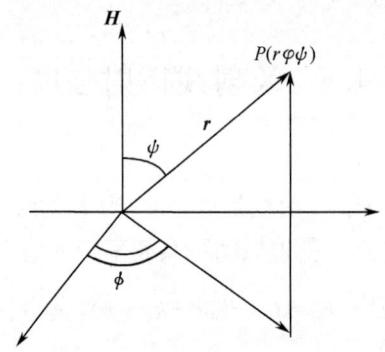

图 4.8 以 **H** 为极轴电子散射的极坐标

定义原子散射因子

$$f = \frac{E_a}{E_e} = \frac{一个原子的相干散射振幅}{一个电子的相干散射振幅}$$

$$f = \int \rho(r) e^{iH \cdot r} dr^3$$

$$= \int_0^\infty \int_0^{2\pi} \int_0^\pi \rho(r) e^{iH \cdot r} \sin\psi d\psi d\varphi dr$$

$$= \frac{4\pi}{H} \int_0^\infty \rho(r) \sin(Hr) dr \qquad (4.13)$$

式中,H 是 $\sin\theta/\lambda$ 的函数,因此,原子散射因子 f 也是 $\sin\theta/\lambda$ 的函数。当 $\theta=0$ 时,$H=0$,有

$$f = \int_0^\infty 4\pi\rho(r) dr = Z \qquad (4.14)$$

这时,原子散射振幅可以表示为一个电子散射振幅乘以原子序数 Z,即 $f_i=Z$。随着 θ 增大,原子中各电子散射波的相位差增大,f 减小。当 θ 固定,入射 X 射线波长越短,各电子散射波相位差加大,f 减小。当散射角 2θ 比较小,同时原子中每个电子散射都有相同振幅和相位时,上述表达是很好的近似。f-$\sin\theta/\lambda$ 曲线称为原

子散射因子曲线,原子散射因子 f 的数据可查阅"国际 X 射线结晶学表"(International Tables for X-ray Crystallography)第三卷和第四卷。

上述讨论是把原子中的电子当成自由电子处理,只适用于入射 X 射线的频率远大于原子的固有频率。当入射 X 射线的频率在原子吸收限附近时,由于强烈的吸收效应,有

$$f = f_0 + f' + \mathrm{i}f'' \tag{4.15}$$

其中,f_0 为汤姆孙原子散射因子;f' 和 f'' 分别为异常散射修正的实部和虚部。有关异常散射现象将在第 8 章详细讨论。

4.4.3 结构因子

在 4.2 节中只讨论产生 X 射线衍射时,衍射束的方向,并没有考虑衍射束的强度。实际晶体是由晶胞组成的,当一个晶胞对 X 射线散射时,晶胞内各原子所产生的散射波具有不同的相位和振幅,因此,一个晶胞对 X 射线散射振幅是晶胞内所有原子散射振幅的总和,定义

$$|F| = \frac{一个晶胞内全部原子相干散射波合振幅}{一个电子散射波振幅}$$

假设晶胞内有 n 个原子,其中第 j 个原子的原子散射因子为 f_j,即有

$$\begin{aligned} F_{hkl} &= \sum_{j=1}^{n} f_j \mathrm{e}^{\mathrm{i}2\pi \boldsymbol{H}\cdot\boldsymbol{r}} \\ &= \sum_{j=1}^{n} f_j \mathrm{e}^{\mathrm{i}2\pi(hx_j + ky_j + lz_j)} \end{aligned} \tag{4.16}$$

其中,F_{hkl} 称为 hkl 衍射的结构因子;$|F_{hkl}|$ 称为结构振幅;x_j,y_j 和 z_j 为第 j 个原子坐标。由式(4.16)可知,结构因子是由晶体结构决定的,也就是说,由原子种类 f_j 和原子位置决定。

晶体对 X 射线的散射强度为各晶胞散射强度的总和。X 射线衍射运动学理论认为,各晶胞散射的 X 射线是相干的,其振幅相等,相位相同。因此

$$\begin{aligned} I_c &= N^2 I_b = N^2 F_H^2 I_e \\ &\propto |F_H|^2 = \sum_{i=1}^{n}\sum_{j=1}^{n} f_i f_j \exp[\mathrm{i}2\pi \boldsymbol{H}\cdot(\boldsymbol{r}_i - \boldsymbol{r}_j)] \end{aligned} \tag{4.17}$$

$I_c \propto |F_{hkl}|^2$ 是 X 射线衍射运动学理论的一个重要结果。式(4.17)表明,晶体的衍射强度只与原子间矢量 $(\boldsymbol{r}_i - \boldsymbol{r}_j)$ 有关,而与原子的实际坐标无关。也就是说,从衍射强度的测定只能得到原子间的相对位置,而不能直接得到某个原子的实际位置,这就是衍射相位问题。

从式(4.17)还可以得到

$$I_{hkl} = I_{\overline{hkl}} \tag{4.18}$$

可见,晶体的衍射强度具有中心对称性质。也就是说,不论晶体有没有对称中心,其衍射花样总是有对称中心,称为 Friedel 定律。

假设晶胞由两种原子 A 和 B 组成,其结构因子为

$$F_{hkl} = \sum_{j=1}^{n} f_{Aj} e^{i2\pi \boldsymbol{H} \cdot \boldsymbol{r}} + \sum_{j=1}^{n} f_{Bj} e^{i2\pi \boldsymbol{H} \cdot \boldsymbol{r}}$$

$$= \sum_{j=1}^{n} f_{Aj} e^{i2\pi(hx_j+ky_j+lz_j)} + \sum_{j=1}^{n} f_{Bj} e^{i2\pi(hx_j+ky_j+lz_j)} \quad (4.19)$$

由于外延薄膜不可能十分完美,薄膜的不完美性将会使 X 射线衍射峰变宽。因此,利用外延薄膜的 X 射线衍射摇摆曲线对薄膜结构进行表征都用积分强度为[11]

$$I = \int_{\theta-\varepsilon}^{\theta+\varepsilon} I(\theta) d\theta = I_0 \cdot \lambda^3 \cdot r_e^2 \cdot L_p \cdot V_x \cdot |F_{hkl}|^2 \cdot \frac{e^{-2M} \cdot A(\theta)}{V^2} \quad (4.20)$$

式中,I_0 为入射 X 射线强度;L_p 为洛伦兹(Lorentz)偏振因子,$L_p=(1+\cos^2 2\theta)/(2\sin 2\theta)$;$V_x$ 为受 X 射线照射的晶体体积;V 为晶胞体积;e^{-2M} 为温度因子,又称德拜-沃勒(Debye-Waller)因子;A 为吸收因子;θ 为布拉格角。

值得注意的是,采用 X 射线衍射运动学理论也可对 X 射线衍射摇摆曲线进行理论模拟[12~14],但当多层外延膜反射强度大于 6% 时,X 射线衍射运动学理论就有其局限性。

结构因子 F_{hkl} 是 X 射线晶体学的一个重要参数,是 X 射线结构分析的一个重要参量。同时,在 X 射线形貌学中,从结构因子推导出晶体的消光规律是选择衍射条件的重要依据。在解释一些 X 射线动力学衍射现象,如消光距离等也要用结构因子。有关结构因子 F_{hkl} 在薄膜结构表征的应用将在第 5 章详细讨论。有关应用 X 射线衍射摇摆曲线对薄膜结构进行表征将在 12 章详细讨论。

4.5 薄晶体衍射强度

薄晶体的衍射强度可用 X 射线衍射运动学理论导出。从 4.3 节知道,晶体体积、形状在正空间与倒易空间是倒易关系。应该指出,劳厄方程和布拉格方程都是讨论晶体衍射条件严格满足上述方程的情况,当晶体三维线度都很大时,其对应的倒易空间体积可视为一个点,此时,X 射线衍射峰很锐。但对小尺寸晶体,其倒易空间体积将很大。对片状晶体或外延薄膜,其在倒易空间是杆状,称为倒易杆,如图 4.5 所示。这时,当晶体衍射条件稍微偏离劳厄方程或布拉格方程时仍会产生衍射。图 4.9 为晶体薄膜倒易杆、入射波矢、衍射波矢、倒易格点以及偏离矢量在倒易空间中与 Ewald 球的关系。

从式(4.5)可知,如果晶体(hkl)严格满足布拉格方程,即有衍射矢量 $\boldsymbol{Q}=\boldsymbol{H}$,

4.5 薄晶体衍射强度

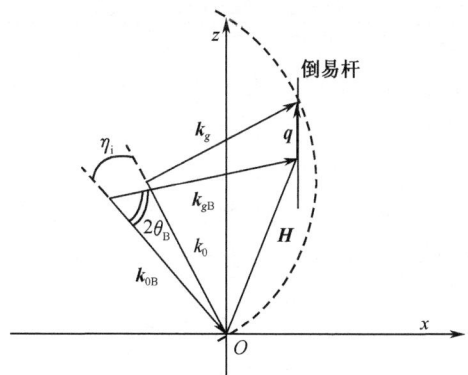

图 4.9 晶体薄膜倒易杆、入射波矢、衍射波矢、倒易格点以及偏离矢量在倒易空间中
与 Ewald 球的关系

且 Q 的方向垂直于晶面(hkl)，这就如图 4.6(a)所示。现在考虑衍射矢量 Q 对严格的布拉格衍射条件有一小的偏离 q，这时 $Q=H+q$。引入干涉函数 J，表示从晶体所有晶胞散射波的干涉：

$$J = \sum_i \exp(2\pi i Q \cdot r_i)$$
$$= \sum_{n_1=1}^{n_1} \exp(2\pi i n_1 a_1 \cdot Q) \sum_{n_2=1}^{n_2} \exp(2\pi i n_2 a_2 \cdot Q) \sum_{n_3=1}^{n_3} \exp(2\pi i n_3 a_3 \cdot Q) \quad (4.21)$$

式中，a_1, a_2, a_3 为晶胞的单位矢量；n_i 为晶体平行六面体每边的晶胞数。

以 a_1 为例，这时相位表示为

$$a_1 \cdot Q = a_1 \cdot (H+q) = a_1 \cdot H + a_1 \cdot q \quad (4.22)$$

式中，第一项是严格布拉格衍射；$a_1 \cdot H$ 为整数 n，$\exp(2\pi ni)=1$。因此，干涉函数 $J=1$。第二项对干涉函数有影响：

$$J_1 = \sum_{n_1=1}^{n_1} \exp(2\pi i n_1 q_1) = \frac{\sin(\pi n_1 q_1)}{\sin(\pi q_1)} \quad (4.23)$$

式中，q_1 是 q 沿平行六面体第一坐标轴的分量，对应倒易点阵的一个坐标轴。对其他两个坐标同样处理，最后得衍射强度为

$$I = F^2 J^2 I_e = I_e F_{hkl}^2 \frac{\sin^2(\pi n_1 q_1)}{\sin^2(\pi q_1)} \frac{\sin^2(\pi n_2 q_2)}{\sin^2(\pi q_2)} \frac{\sin^2(\pi n_3 q_3)}{\sin^2(\pi q_3)} \quad (4.24)$$

式(4.24)是讨论薄膜衍射十分有用的公式，将在第 14 章具体介绍。图 4.10 是不同偏离量 q，散射强度在 q_1 分量的变化。从图 4.10 和式(4.24)可以得到下列结论：

(1) 散射强度在 $q=0$ 时最强，即严格布拉格反射。由于各原子散射波的相干

性,原子的弱散射得到增强。因此,X 射线衍射技术是许多原子层散射的积分。

(2) 散射强度第一个极小出现在 $n_1 q_1 = 1$,也就是说,衍射峰宽与原子数成反比。当 n_1、n_2 和 n_3 非常大时,散射强度几乎完全集中分布在 h、k、l 为整数的方向,这些方向就是劳厄方程指出的方向。

(3) 衍射强度正比于结构因子 $|F_{hkl}|^2$。

(4) 散射强度正比于晶体体积,这意味着,当外延膜大于 X 射线照射面积时,散射强度正比于膜的厚度。

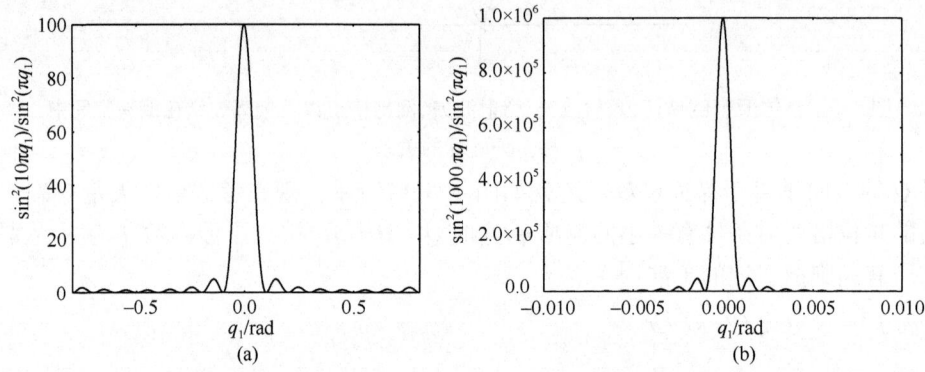

图 4.10 散射强度在 q_1 分量的变化[5]

(a) $n_1 = 10$;(b) $n_2 = 1000$

X 射线衍射运动学理论对薄晶体、小晶体和不完美晶体的 X 射线衍射现象的解释是有效的,但对相对厚的完美晶体的 X 射线衍射现象的解释需要用 X 射线衍射动力学理论。

麦振洪

参 考 文 献

[1] Friedrich W, Knipping P, Laue M, et al. (Kgl.) Munchen: Bayerische Akad. Wiss., 1912.

[2] Holy V, Pietsh U, Baumbach T. High-resolution X-ray Scatterng from Thin Films and Multilayers. Berlin, Heidelberg: Springer-Verlag, 1999.

[3] Azaroff L V, Kaplow R, Kato N, et al. X-ray Diffraction. New York: McGraw-Hill, 1974.

[4] Cowley J M. Diffraction Physics. Amsterdam: North-Holland, 1975.

[5] Bowen D K, Tanner B K. High Resolution X-ray Diffraction and Topography. Taylor & Francis, 1998.

[6] von Laue M. Ann. der Physik, 1918, (56): 497.

[7] Bragg W L. Proc. Roy. Soc. A,1913,(89):248.
[8] 许顺生. X 射线衍射学进展. 北京:科学出版社,1986.
[9] 莫志深,张宏放. 晶态聚合物结构和 X 射线衍射. 北京:科学出版社,2003.
[10] Kerr K A,Ashmore J P. Acta Cryst. A,1974,(30):176.
[11] Warren B. X-ray Diffraction. Reading:Addison-Sesley,1969.
[12] Speriosu V S,Vreeland T. J. Applied Physics,1984,(56):1591.
[13] Haradai J,et al. Japan J. Applied Physics,1985,(24):L62.
[14] Quillec M,et al. J. Applied Physics,1984,(55):2904.

第5章 金属多层膜的 X 射线衍射运动学理论

相对于半导体或氧化物等化学键晶体,金属多层膜有很多独特的性质。形成这些性质的主要原因是金属键的方向性不像化学键那么强,键能也不像化学键那么大,金属原子在薄膜生长过程中的表面迁移率相对也大得多。这些特性使在溅射生长金属异质薄膜时,薄膜的结晶取向主要表现在降低薄膜的表面能上[1],例如,增加面内的原子数以在表面/界面上形成更多的键,以使原子层间间距最大;异质材料界面上尽量使界面两边原子数匹配以减少悬空键等。另外,由于一般金属薄膜都是采用低温生长的方法来降低溅射原子在薄膜表面的迁移率,这使得一般金属薄膜在膜面内的晶粒很小,取向也很复杂,只是在垂直膜面方向由于降低表面能的缘故有择优取向(当然,分子束外延可以获得结晶性好得多的金属薄膜)。由于金属的合金性质,在金属薄膜的界面上还可能形成化学成分的混合甚至出现特殊比例的合金[2,3]。

5.1 成分混合/合金化的多层膜

由于金属薄膜内完美性较差,缺陷比较多,一般对于金属多层膜的 X 射线衍射分析往往采用 X 射线衍射运动学理论。一般来说,多层膜的衍射强度正比于整个薄膜的结构因子的平方:

$$I(q_z) \propto |F_{\text{total}}(q_z)|^2 \tag{5.1}$$

式中,$q_z = 4\pi\sin\theta/\lambda$,是衍射矢量。而利用 X 射线粉末衍射仪测量到的衍射强度[4]:

$$I_M(q_z) \propto P(\theta) \cdot I(q_z) \tag{5.2}$$

式中,$P(\theta) = \dfrac{[1-\exp(-2\mu t/\sin\theta)](1+\cos^2 2\theta_m \cdot \cos^2 2\theta)}{\sin 2\theta}$;$\mu$ 是吸收系数;t 是薄膜厚度;θ 是相对薄膜面内衍射面的 X 射线入射角;θ_m 是相对单色器的 X 射线入射角[4]。对于粉末 X 射线衍射峰,测量得到的峰形还要考虑仪器的展宽,如石墨晶体的峰宽、狭缝大小等。

5.1 成分混合/合金化的多层膜

对于周期调制的多层膜,结构因子可表示为

$$F_{\text{total}} = \sum_n \exp(iq_z \cdot n\Lambda) \cdot \sum_j F_j \cdot \exp(iq_z \cdot z_j) \tag{5.3}$$

式中,n 表示周期数;F_j 是周期中第 j 层的结构因子;z_j 表示周期中第 j 层在垂直于膜面方向的相对位置;Λ 是周期厚度。周期中第 j 层的结构因子可以表示为

$$F_j = \sum_m \rho_m \cdot f_m \cdot \exp(iq_z \cdot z_m) \tag{5.4}$$

式中,m 表示对层内各原子层求和;ρ_m 为原子层中原子的密度或单位体积内原子的个数;f_m 为原子层中原子的 X 射线散射振幅。考虑到原子层中原子的位置可能不完全在一个几何平面内,可以用类似德拜-沃勒因子来考虑位置分布的影响:$\tilde{f}_m = f_m \cdot e^{-q_z^2 \cdot \sigma^2}$,其中 σ^2 表示原子位置分布的偏差。为了简化公式,在以后的讨论中我们将忽略原子层内原子占位偏差效应。

由于金属经常出现合金化,下面我们介绍界面存在成分混合/合金化的多层膜衍射模型[1,2]。

图 5.1 是多层膜界面合金化的模型。假设合金化在界面上是线性过渡的,原子层间距也随合金成分而线性变化。因此,在 A/B 界面上,第 n 原子层的层间距可以表示为

$$d_n^{\text{A/B}} = d_A + n \cdot \frac{d_B - d_A}{N_{\text{A/B}} + 1} \tag{5.5}$$

式中,$N_{\text{A/B}}$ 表示合金化界面层的原子层数。可以定义 $\varepsilon_{\text{A/B}} = \frac{d_B - d_A}{N_{\text{A/B}} + 1}$。这样,原子层的散射振幅可以表示为

$$(\rho \cdot f)_n^{\text{A/B}} = \rho_A \cdot f_A + n \cdot \frac{\rho_B \cdot f_B - \rho_A \cdot f_A}{N_{\text{A/B}} + 1} \tag{5.6}$$

A/B 界面层的结构因子可以表示为

$$F_{\text{A/B}} = \sum_{j=1}^{N_{\text{A/B}}+1} (\rho \cdot f)_j^{\text{A/B}} \cdot \exp\{iq_z[j \cdot d_A + \varepsilon_{\text{A/B}} j(j+1)/2]\} \tag{5.7}$$

式中,j 标记 A/B 界面的原子层。注意,这里 $F_{\text{A/B}}$ 中包括了 B 层的第一层原子层的散射,主要是为了表达的方便。当然,式(5.7)中也可以同样考虑每个原子层的原子排列无序导致的德拜-沃勒因子,在此我们暂不考虑。

同理,对于 B/A 界面层,可以定义 $\varepsilon_{\text{B/A}} = \frac{d_A - d_B}{N_{\text{B/A}} + 1}$,第 j 原子层间距可以表示为

$$d_j^{B/A} = d_B + \varepsilon_{B/A} \cdot j \tag{5.8}$$

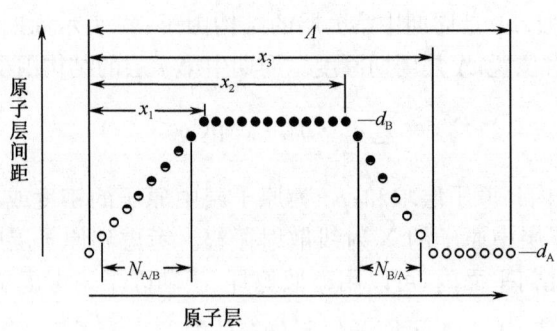

图 5.1 多层膜界面合金化的模型

第 j 原子层的散射振幅也可以类似表示为

$$(\rho \cdot f)_j^{B/A} = \rho_B \cdot f_B + j \cdot \frac{\rho_A \cdot f_A - \rho_B \cdot f_B}{N_{B/A} + 1} \tag{5.9}$$

B/A 界面层的结构因子(包括 A 层的第一个原子层):

$$F_{B/A} = \sum_{j=1}^{N_{B/A}+1} (\rho \cdot f)_j^{B/A} \cdot \exp\{iq_z[j \cdot d_B + \varepsilon_{B/A} j(j+1)/2]\} \tag{5.10}$$

而 A,B 两层(原子层数分别为 N_A 和 N_B)的结构因子可以分别表示为

$$F_A = \sum_{j=1}^{N_A-1} \rho_A \cdot f_A \cdot \exp(iq_z \cdot j \cdot d_A) \tag{5.11}$$

$$F_B = \sum_{j=1}^{N_B-1} \rho_B \cdot f_B \cdot \exp(iq_z \cdot j \cdot d_B) \tag{5.12}$$

整个周期的结构因子(周期包括 A/B 界面层、B 层、B/A 界面层和 A 层)可以表示为

$$F = F_{A/B} + F_B \cdot \exp(iq_z \cdot \Lambda_{A/B}) + F_{B/A} \cdot \exp[iq_z \cdot (\Lambda_{A/B} + \Lambda_B)]$$
$$+ F_A \cdot \exp[iq_z \cdot (\Lambda_{A/B} + \Lambda_B + \Lambda_{B/A})] \tag{5.13}$$

式中,$\Lambda_{A/B} = N_{A/B} \cdot \bar{d} + d_A$;$\Lambda_{B/A} = N_{B/A} \cdot \bar{d} + d_B$;$\Lambda_A = (N_A - 1) \cdot d_A$;$\bar{d} = (d_A + d_B)/2$。周期厚度为

$$\Lambda = (N_{A/B} + N_{B/A}) \cdot \bar{d} + N_A \cdot d_A + N_B \cdot d_B$$

这样整个多层膜的衍射强度为

$$I(q_z) \propto |F|^2 \tag{5.14}$$

注意,在实际测量的多层膜衍射谱线中,不仅包括衍射仪对衍射峰的展宽,还包括由于晶粒大小以及晶粒内缺陷导致的展宽等。这些展宽对所有不同级数的多

层膜衍射峰和干涉峰的展宽效果是一致的。但是,在实际的 X 射线衍射曲线中,经常发现在一些谱线中不同级数的干涉峰的宽度不一样。一般情况下,高级干涉峰的宽度会更宽一些。这种展宽主要是由于多层膜中每层的厚度不完全一致,周期厚度存在一定分布。这种分布会导致周期的倒易点阵展宽,并且级数越高,展宽越大。当然,其他结构参数在不同周期内的差异,也会导致不同程度的展宽。下面介绍 Fullertron 和 Schuller 对简单 $[A/B]_N$ 多层膜(不考虑复杂的界面结构的情况)的处理[4~6]。

5.2 $[A/B]_N$ 多层膜

对于 $[A/B]_N$ 多层膜:

$$F_{\text{total}} = \sum_{n=1}^{N} \exp(\mathrm{i}q_z \cdot z_n)\{F_{An} + \exp[\mathrm{i}q_z \cdot (a_{An} + t_{An})]F_{Bn}\} \quad (5.15)$$

式中,n 为周期数;t_{An} 为第 n 周期中 A 层的厚度;a_{An} 表示在第 n 周期 A/B 界面两侧的原子层间间距(在此特意把它独立出来,是由于它可能和 A,B 层内的原子层间距不一样);z_n 表示第 n 周期的起始位置,$z_n = \sum_{j=1}^{n-1} t_{Aj} + a_{Aj} + t_{Bj} + a_{Bj}$。

假设在多层膜不同周期中不重复的各个参数是相互独立的,其分布也是相互独立的。例如,假设参数 a_{An} 满足高斯(Gaussian)分布:

$$P(d_{An}) = \frac{1}{\sqrt{2\pi}c} \exp\left[-\frac{(a_{An} - a_A)^2}{2c^2}\right] \quad (5.16)$$

式中,c 表示高斯分布的宽度。当然,a_{Bn},N_{An} 和 N_{Bn} 等参数也可以有它们自己的独立的分布。此外,还假设 $a_A = a_B = a$。这样,X 射线衍射强度:

$$I(q_z) \propto \langle F_{\text{total}} \cdot F_{\text{total}}^* \rangle$$

式中,$\langle \rangle$ 表示对参数分布平均;上标 * 表示复数共轭。代入式(5.14)得到

$$I(q_z) \propto N\{\langle F_A F_A^* \rangle + 2\mathrm{Re}[e^{\zeta}\Phi_A\langle F_B\rangle] + \langle F_B F_B^* \rangle\}$$
$$+ 2\sum_{r=1}^{N-1}(N-r)\mathrm{Re}[e^{2r\zeta}(\Phi_A\langle F_A\rangle T_A^{r-1} T_B^r + \Phi_B\langle F_B\rangle T_A^r T_B^{r-1})$$
$$+ e^{(2r-1)\zeta}\Phi_B\langle F_A\rangle T_A^{r-1} T_B^{r-1} + e^{(2r+1)\zeta}\Phi_A\langle F_B\rangle T_A^r T_B^r] \quad (5.17)$$

式中,$\zeta = \mathrm{i}q_z a - q_z^2 c^2/2$;$\Phi_A = \langle \exp(\mathrm{i}q_z t_A) F_A^* \rangle$;$\Phi_B = \langle \exp(\mathrm{i}q_z t_B) F_B^* \rangle$;$T_A = \langle \exp(\mathrm{i}q_z t_A) \rangle$;$T_B = \langle \exp(\mathrm{i}q_z t_B) \rangle$。

考虑到多层膜中每个周期是相对独立的,周期之间不存在相互关联。这样,周期数之间相隔 r 的周期之间求平均是等价的。因此,式(5.17)可以表示为[4]

$$I(q_z) \propto N\{\langle F_A F_A^* \rangle + 2\mathrm{Re}[e^{\zeta}\Phi_A\langle F_B\rangle] + \langle F_B F_B^* \rangle\}$$

$$+2\mathrm{Re}\bigg\{(\mathrm{e}^{-\zeta}\Phi_\mathrm{B}\langle F_\mathrm{A}\rangle T_\mathrm{A}^{-1}T_\mathrm{B}^{-1}+\Phi_\mathrm{A}\langle F_\mathrm{A}\rangle T_\mathrm{A}^{-1}+\Phi_\mathrm{B}\langle F_\mathrm{B}\rangle T_\mathrm{B}^{-1}+\mathrm{e}^{\zeta}\Phi_\mathrm{A}\langle F_\mathrm{B}\rangle)$$
$$\times\bigg[\frac{N-(N+1)\mathrm{e}^{2\zeta}T_\mathrm{A}T_\mathrm{B}+(\mathrm{e}^{2\zeta}T_\mathrm{A}T_\mathrm{B})^{N+1}}{(1-\mathrm{e}^{2\zeta}T_\mathrm{A}T_\mathrm{B})^2}-N\bigg]\bigg\} \quad (5.18)$$

虽然式(5.18)看起来很复杂,但其中每一项都是对单独物理量或者物理量之间乘积在某个参数的整个分布内的平均。式(5.18)对参数求平均的好处是,可以将对整个多层膜的平均转化为单层参数 $\Phi_\mathrm{A},\Phi_\mathrm{B},F_\mathrm{A},F_\mathrm{B},T_\mathrm{A},T_\mathrm{B}$ 和 $\langle F_\mathrm{A}\cdot F_\mathrm{A}^*\rangle$, $\langle F_\mathrm{B}\cdot F_\mathrm{B}^*\rangle$ 各自对单独变量,如 $t_\mathrm{A},t_\mathrm{B}$ 和 a 等,进行平均[4]。对于比简单[A/B]$_N$ 更为复杂的多层膜,可以采用同样的方法进行平均转化,只是公式将更为复杂。

对于连续变化的参数,如 a_A 和 a_B,可以通过直接积分来求平均。但是,对于每层内的原子层数等参数为离散参数时,就只好采用离散方法来求平均。例如,对 N_A 可以假设其离散分布函数满足

$$P(N_{\mathrm{A}n})=\frac{1}{K}\exp\bigg[-\frac{(N_{\mathrm{A}n}-N_\mathrm{A})^2}{2\omega_\mathrm{A}^2}\bigg]$$
$$K=\sum_{n=0}^{\infty}P(N_{\mathrm{A}n}) \quad (5.19)$$

式中,假设分布是高斯分布; ω_A 是由于 A 层原子层数在不同周期中可能不完全一样导致的高斯分布的特征宽度。这样,可以获得各参数的平均值:

$$\langle F_\mathrm{A}\rangle=\sum_{n=0}^{\infty}P(N_{\mathrm{A}n})F_\mathrm{A}(N_{\mathrm{A}n})$$
$$\langle \Phi_\mathrm{A}\rangle=\sum_{n=0}^{\infty}P(N_{\mathrm{A}n})\exp[\mathrm{i}q_z(N_{\mathrm{A}n}-1)d_\mathrm{A}]F_\mathrm{A}(N_{\mathrm{A}n})$$
$$\langle T_\mathrm{A}\rangle=\sum_{n=0}^{\infty}P(N_{\mathrm{A}n})\exp[\mathrm{i}q_z(N_{\mathrm{A}n}-1)d_\mathrm{A}] \quad (5.20)$$
$$\langle F_\mathrm{A}F_\mathrm{A}^*\rangle=\sum_{n=0}^{\infty}P(N_{\mathrm{A}n})F_\mathrm{A}(N_{\mathrm{A}n})F_\mathrm{A}^*(N_{\mathrm{A}n})$$

同样的方法可以处理 B 层各参数的平均值。实际上,在以上求和时,只需要对 $N_\mathrm{A}\pm 3\omega_\mathrm{A}$ 范围内的离散数就够了。

通过以上方法,可以计算在多层膜不同周期中,并不是严格重复的各种参数对 X 射线衍射曲线的影响。一般情况下,这些不严格重复的参数会导致 X 射线衍射峰在不同衍射级数有不同的展宽效果。而如前面介绍的界面合金化模型中,界面的合金化只会影响不同级数 X 射线衍射峰的强度比不一样[1~3],而不会导致峰宽的变化。

5.2 [A/B]$_N$ 多层膜

以低温磁控溅射生长的 Ni_xFe_{100-x}/Mo 金属多层膜为例[3],利用对 X 射线衍射曲线的模拟,可以得到在 Ni_xFe_{100-x}/Mo 界面处沿垂直膜面方向的成分变化情况。为了研究 Mo 层厚度对 NiFe 和 Fe 膜界面微结构及磁学性质的影响,样品制备过程中,对于特定的 x 值,固定 Ni_xFe_{100-x} 层的厚度不变,变化 Mo 层的厚度,各样品均为 30 周期。图 5.2(a)和(b)分别是 $[Ni_{80}Fe_{20}/Mo]_{30}$ 和 $[Fe/Mo]_{30}$ 金属多层膜的 X 射线衍射曲线。利用成分混合/合金化的界面模型,理论模拟实验曲线,可以得到这两种多层膜界面的结构参数(表 5.1)。值得指出,在理论模拟过程中,必须保证 Mo 层层内的晶格常数在不同样品中保持不变。同时,保证 NiFe 层内的晶格在给定成分的不同样品中也不变。理论模拟结果显示,NiFe 层和 Mo 层分别沿[111]和[110]方向排列。在 $Ni_{80}Fe_{20}/Mo$ 界面处存在 3 个原子层厚的成分混合层,而在 Fe/Mo 界面则看不到明显的成分混合。

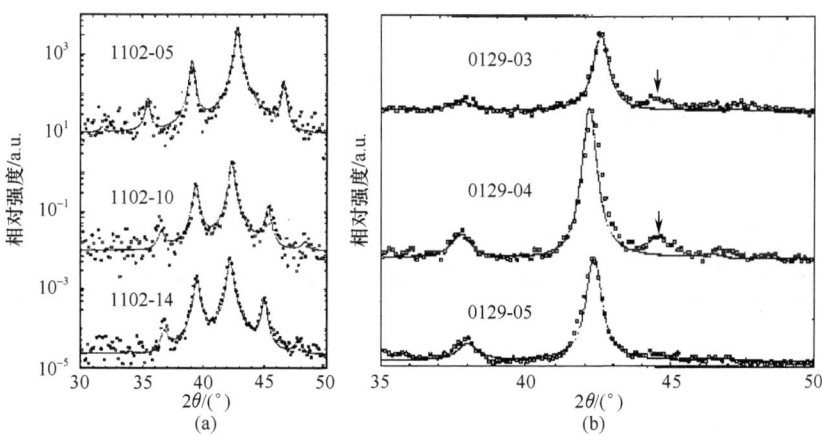

图 5.2 $[Ni_{80}Fe_{20}/Mo]_{30}$(a)和 $[Fe/Mo]_{30}$(b)金属多层膜的 X 射线衍射实验曲线和理论模拟

表 5.1 $[Ni_{80}Fe_{20}/Mo]_{30}$ 和 $[Fe/Mo]_{30}$ 金属多层膜 X 射线衍射实验曲线理论模拟获得的结构参数

金属多层膜	样品号	N_A	d_A/Å	N_B	d_B/Å	$N_{A/B}$	$N_{B/A}$
$[Ni_{80}Fe_{20}/Mo]_{30}$	1102-05	4	2.03	2	2.225	3	3
	1102-10	4	2.03	5	2.225	3	3
	1102-14	4	2.03	6	2.225	3	3
$[Fe/Mo]_{30}$	0129-03	5	2.04	4	2.225	0	0
	0129-04	5	2.04	4	2.225	1	0
	0129-05	5	2.04	5	2.225	0	0

注:B 表示 Mo 层;A 表示 $Ni_{80}Fe_{20}$ 或者 Fe 层

通过改变 Ni_xFe_{100-x} 中的成分,可以看到界面处成分混合层厚度的变化。图 5.3 是 Ni_xFe_{100-x} 中 Ni 成分分别为 49%,39%,23% 和 9% 时,$[Ni_xFe_{100-x}/Mo]_{30}$

金属多层膜的 X 射线衍射曲线和理论模拟。结果显示(列于表 5.2),当 Ni 成分为 49％和 39％时,界面仍然存在成分混合。而当 Ni 成分降到低于 23％时,界面的成分混合层消失。

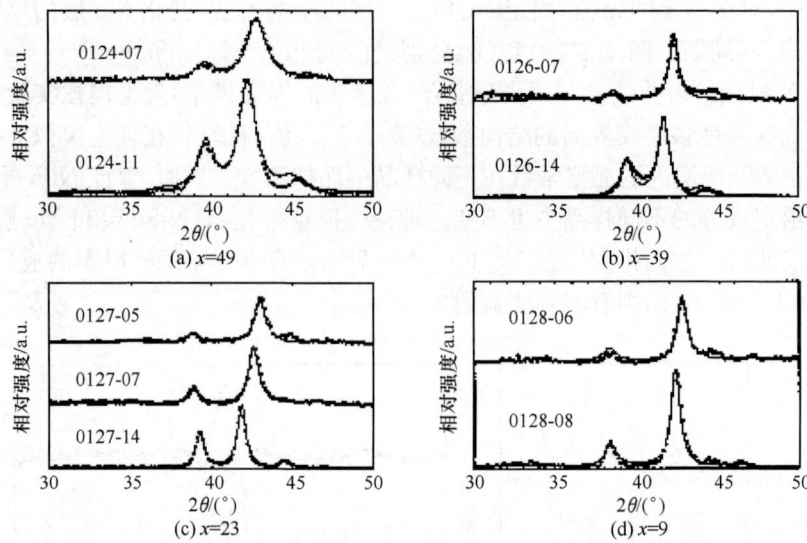

图 5.3　$[Ni_xFe_{100-x}/Mo]_{30}$ 金属多层膜的 X 射线衍射曲线和理论模拟

表 5.2　$[Ni_xFe_{100-x}/Mo]_{30}$ 金属多层膜 X 射线衍射曲线理论模拟获得的结构参数

x	样品号	N_A	d_A/Å	N_B	d_B/Å	$N_{A/B}$	$N_{B/A}$
49	0124-07	3	2.04	3	2.225	3	3
	0124-11	4	2.03	11	2.225	2	2
39	0126-07	5	2.02	3	2.225	3	3
	0126-14	4	2.02	6	2.225	3	3
23	0127-05	6	2.015	4	2.225	0	0
	0127-07	6	2.015	6	2.225	0	0
	0127-14	5	2.01	11	2.225	1	0
9	0128-06	5	2.02	4	2.225	1	0
	0128-08	5	2.02	6	2.225	0	0

注:B 表示 Mo 层;A 表示 Ni_xFe_{100-x} 层

罗光明　麦振洪

参 考 文 献

[1] Stearns M B, Lee C H, Groy T L. Structural studies of Co/Cr multilayered thin films. Phys. Rev. B, 1989, (40): 8256-8269.

[2] Stearns M B. Microcrystalline and interface structure of metallicmultillayers from X-ray spectra, Phys. Rev. B, 1988, (38): 8109-8133.

[3] Luo G M, Yan M L, Mai Z H, et al. Structural studies of NiFe/Mo magnetic multilayers by X-ray small-angle reflection and high-angle diffraction. Phys. Rev. B, 1997, (56): 3290-3295.

[4] Fullertron E E, Schuller I K, Vanderstraeten H, et al. Structural refinement of superlattices from X-ray diffraction. Phys. Rev. B, 1992, (45): 9292-9310.

[5] Locquet J P, Neerinck D, Stockman L, et al. Long-range order and lattice mismatch in metallic superlatices, Phys. Rev. B, 1988, (38): 3572-3575.

[6] Locquet J P, Neerinck D, Stockman L, et al. Discrete and continuous disorder in superlattices. Phys. Rev. B, 1989, (39): 13338-13342.

第6章　X射线衍射动力学理论(一)——完美晶体

6.1　引　言

第4章已经介绍，X射线衍射运动学理论的显著特征是，只考虑入射的X射线与物质内单个原子一次作用，也就是说，忽略了该原子与其他原子的散射波之间的相互作用。换句话说，它忽略了X射线在物质内与原子的多重散射以及入射波与诸衍射波之间可能存在的复杂的交互作用。这种假设只有对薄晶体或小晶体才满足，这时，衍射光束强度很小，入射波与衍射波之间的交互作用很弱，X射线衍射运动学理论是有效的。当晶体比较厚时，原子的多重散射及散射波之间的相互作用不能忽略。X射线衍射运动学理论的另一个困难是，由于它忽略了原子散射波之间的相互作用，所以尽管入射X射线束在穿过晶体时，在其途径上已产生衍射波，但理论上仍然认为入射光束的强度不变，而衍射光束的强度随X射线透射深度的增加而增加，破坏了能量守恒定律，缺乏自洽性。

X射线衍射运动学理论的这些弱点很快被理论物理学家所发现，1914年达尔文(Darwin)[1]应用物理光学的方法，把产生布拉格反射的原子层划分为菲涅耳带，以求出入射波与反射波之间的相位关系，然后考虑逐层原子的透射波与反射波的相互作用应满足自洽条件，从而导出了振幅的递推公式(recurrence formula)和晶体反射的摇摆曲线。并指出X射线衍射动力学理论计算出的积分强度与当时的实验结果存在明显分歧，其原因是实际晶体结构不完美性。Ewald从微观的角度发展了X射线衍射动力学理论[2]，他将晶体视为排列整齐的偶极子阵列，在外加电磁场作用下，偶极子振动激发形成偶极子波。进而，偶极子波又激发电磁波。偶极子波与电磁波之间相互作用应满足自洽条件。Ewald的理论内容丰富，提出了一系列重要概念和预言了许多重要的动力学衍射现象，全面奠定了X射线衍射动力学理论的基础。但Ewald的理论深奥费解，因此，没有受到足够重视。1931年，Laue[3]采用正电荷位于原子的中心，电子密度为三维周期分布的晶体模型，这样，入射电磁波在电子密度为三维周期性分布的介质中传播，需要满足麦克斯韦(Maxwell)方程组和具体的边界条件，同时，还要满足X射线衍射条件。Laue的理论简洁、清晰,便于理解,成为 X 射线衍射动力学理论最通行的表达方式。随后,Laue[4]、Zachariasen[5] 和 James[6] 等对 X 射线衍射动力学理论又作了进一步的处理和推广。

关于 X 射线衍射动力学理论,James[7]、Batterman 和 Cole[8]、Hart[9]、Kato[10]、Dederichs[11] 等都撰写过重要的评述性总结。Pinsker 出版了 X 射线衍射动力学理论的专著[12],Tanner[13]、Holy[14] 及许顺生和冯端[15] 的有关 X 射线形貌术的专著中,也各有一章对 X 射线衍射动力学理论作了简明扼要的介绍,为该领域提供了详尽的参考资料。本章以波动理论为主线,重点介绍完美晶体 X 射线衍射动力学理论的劳厄表述,并推广到薄膜和多层膜材料。部分内容节选了许顺生和冯端主编的《X 射线衍衬貌相学》一书第一章的部分内容。

6.2 完美晶体中 X 射线波动方程

X 射线具有电磁波的性质,因此,可以由麦克斯韦方程组推导描述完美晶体中 X 射线传播的波动方程,再求出在三维周期性介质中,同时满足布拉格方程的解。为了简单起见,假设入射 X 射线是单色、相干和无限大的平面波,也就是说,可以用平面波处理。同时,假设在 X 射线频率下,晶体电导率 $\sigma=0$。这样,晶体中没有因电阻而产生的发热损耗。按麦克斯韦方程组,采用 CGS 高斯单位制,设磁导率 $\mu=1$,电导率 $\sigma=0$,电场强度 $\boldsymbol{E}$ 及磁场强度 $\boldsymbol{H}$ 分别满足

$$\nabla \times \boldsymbol{E} = -\frac{1}{c}\frac{\partial \boldsymbol{H}}{\partial t} \tag{6.1a}$$

$$\nabla \times \boldsymbol{H} = \frac{1}{c}\frac{\partial \boldsymbol{D}}{\partial t} \tag{6.1b}$$

晶体的极化常用极化强度 $\boldsymbol{P}$ 来描述,满足如下关系:

$$\boldsymbol{D} = \boldsymbol{E} + 4\pi \boldsymbol{P} = \varepsilon \boldsymbol{E} \tag{6.2}$$

把式(6.2)代入式(6.1a),并对等式两边求旋度:

$$\nabla \times \nabla \times (\boldsymbol{D} - 4\pi \boldsymbol{P}) = -\frac{1}{c^2}\frac{\partial^2 \boldsymbol{D}}{\partial t^2} \tag{6.3}$$

根据矢量恒等式:$\nabla \times \nabla \times \boldsymbol{D} = \nabla(\nabla \cdot \boldsymbol{D}) - \nabla^2 \boldsymbol{D}$,并考虑 $\nabla^2 \boldsymbol{D} = 4\pi \rho_0 = 0$,可求得

$$\nabla^2 \boldsymbol{D} + \nabla \times \nabla \times (4\pi \boldsymbol{P}) - \frac{1}{c^2}\frac{\partial^2 \boldsymbol{D}}{\partial t^2} = 0 \tag{6.4}$$

假设 $\boldsymbol{D}$ 的时间因子为 $e^{2\pi i \nu t}$,其中 ν 为 X 射线的频率。引入波矢 $\boldsymbol{K}$,其数值为 $K = \frac{\nu}{t}$,令 χ 为介质极化率的 4π 倍,并且 $\chi \approx 1 - \varepsilon$,得到 X 射线传播的波动方程:

$$\nabla^2 \boldsymbol{D} + 4\pi^2 K^2 \boldsymbol{D} + \nabla \times \nabla \times (\chi \boldsymbol{D}) = 0 \tag{6.5}$$

式(6.5)为普适波动方程,对于晶体情况,要产生衍射,还要满足布拉格定律：$k_g = k_0 + g$。因此,式(6.5)的解为平面波形式：

$$D(r) = \exp[-2\pi i(k_0 \cdot r)] \sum_g D_g \exp[-2\pi i(g \cdot r)] \qquad (6.6)$$

可见,$D(r)$ 的振幅受点阵周期性的调制,这类型的波称为布洛赫(Bloch)波。把式(6.6)代入式(6.5)得

$$\sum_g \{4\pi^2(K^2 - k_g^2)D_g - 4\pi^2 \sum_h \chi_{g-h}[k_g \times (k_g \times D_h)]\} = 0 \qquad (6.7)$$

从式(6.7)可得到对诸矢量 k_g 所满足的方程：

$$(K^2 - k_g^2)D_g - \sum_h \chi_{g-h}[k_g \times (k_g \times D_g)] = 0 \qquad (6.8a)$$

式(6.8a)也可表达为

$$(K^2 - k_g^2)D_g - k_g^2 \sum_h \chi_{g-h} D_h = 0 \qquad (6.8b)$$

式(6.8a)和式(6.8b)都是描述晶体内部波场的基本方程。

对于有吸收的情况,波矢量为复数：

$$K = K' - iK'' \qquad (6.9)$$

K' 与 K'' 不一定共线,对 X 射线衍射范围,$|K''|/|K'| \approx 10^{-5}$。因此,当考虑吸收时,$K$ 为复数；而当考虑矢量的方向性时,K 可只考虑实部。

布洛赫波有下面的性质：

(1) 横波性。

布洛赫波的每一个分量都是横波,由 $\nabla \cdot D = 0$ 可以推断,对于任意的 g,有 $k_g \cdot D_g = 0$。对无吸收情况,D_g 的确垂直于波的传播方向。

(2) 与其他场矢量的关系。

平面波解也适用于电场强度 E 和磁场强度 H,故有

$$E(r) = \sum_g E_g \exp-[i2\pi(k_g \cdot r)]$$

$$H(r) = \sum_g H_g \exp-[i2\pi(k_g \cdot r)]$$

把 D,E 和 H 代入式(6.1a)和式(6.1b),可得到

$$D_g = \frac{-(k_g \times H_g)}{K} \qquad (6.10)$$

$$H_g = \frac{-(k_g \times E_g)}{K} \qquad (6.11)$$

可直接导出正交关系

$$(D_g \cdot k_g) = (D_g \cdot H_g) = 0 \qquad (6.12)$$

$$(H_g \cdot k_g) = (E_g \cdot H_g) = 0 \qquad (6.13)$$

作 D_g 和 K_g 的矢量积,并利用式(6.13),可得

$$H_g = \frac{K}{K_g^2}(K_g \times D_g) \qquad (6.14)$$

因为 $D=\varepsilon E$，其中电介质系数 $\varepsilon=1+\chi$。忽略 χ^2 以上的高次项，可得 E 的各傅里叶分量应满足

$$E_g = (1-\chi_0)D_0 - \sum_h \chi_{g-h} D_h \qquad (6.15)$$

由于 χ_0 值很小，故有 $E_g \approx D_g$。

因此，只要求得 D_g（或 E_g）及 k_g，就可以唯一地确定其他场矢量。在下面的章节中，我们主要讨论电位移 D_g。

6.3 双光束近似

由晶体内波动方程式(6.8)，可以讨论 X 射线在晶体中的衍射。由于入射波及散射波的相互作用，在晶体内存在很多个波场。为了简单，只考虑这样的情况，只有一个倒易阵点足够近地靠近 Ewald 球，以产生可能的衍射。也就是说，晶体内只有 D_0 和 D_g 两个波场，其他波场都很小，可以忽略。换言之，晶体内只有两个无限大的平面波波场，它们的波矢为 k_0 和 k_g，这就是双光束近似。

在双光束近似下，波动方程式(6.8b)可简化为

$$(K^2-k_0^2)D_0 + k_0^2(\chi_0 D_0 + \chi_{-g} D_g) = 0 \qquad (6.16a)$$

$$(K^2-k_g^2)D_g + k_g^2(\chi_g D_0 + \chi_0 D_g) = 0 \qquad (6.16b)$$

式中，χ_{-g} 反映衍射动力学理论考虑入射波与衍射波的交互作用，产生点阵面 $-g$ 的衍射效应。

方程(6.16)为矢量方程，应用不方便。考虑 X 射线是矢量波，有两种偏振态：σ 偏振和 π 偏振。对 σ 偏振，有 $D_0^\sigma // D_g^\sigma$；对 π 偏振，有 $D_0^\pi \wedge D_g^\pi = 2\theta$（图 6.1）。引入偏振因子：

$$C = \begin{cases} 1, & \sigma \\ |\cos 2\theta|, & \pi \end{cases}$$

式(6.16)可用标量方程代替：

$$\begin{cases} (K^2-k_0^2+k_0^2\chi_0)D_0 + k_0^2 C\chi_{-g} D_g = 0 \\ k_g^2 C\chi_g D_0 + (K^2-k_g^2+k_g^2\chi_0)D_g = 0 \end{cases} \qquad (6.17)$$

式中，K 为真空中波矢；k_0 为入射束波矢；k_g 为衍射束波矢。考虑入射束不产生衍射，此时，晶体内波矢 k 满足以下关系：

$$(k_0^2-K^2) - \chi_0 k_0^2 = 0 \qquad (6.18)$$

由于 χ_0 是个很小量，所以可以忽略 χ_0^2 以上的高次项，式(6.18)可写成

$$k_0^2(1-\chi_0)=K^2$$
$$|k_0|\approx K\left(1+\frac{1}{2}\chi_0\right)$$

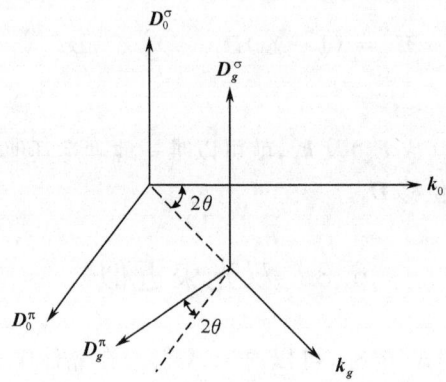

图 6.1　X 射线波矢偏振关系示意图

引入介质折射率 $n=\dfrac{k_0}{K}=1+\dfrac{1}{2}\chi_0$，$n<1$，故 $k_0<K$。如果可能的 k_0 矢量的端点轨迹为一球面，这就是单光束近似的色散面。对单光束近似，$|k|=|K|$。

引入近似：

(1) $K^2+k_0^2\chi_0-k_0^2\approx K^2\left(1+\dfrac{1}{2}\chi_0\right)^2-k_0^2=k^2-k_0^2$；

(2) $K^2+k_g^2\chi_0-k_g^2\approx k^2-k_g^2$；

(3) $\dfrac{k_0^2}{2K}\approx\dfrac{k_g^2}{2K}\approx\dfrac{1}{2}K$；

(4) $k_0+k\approx k_g+k\approx 2K$。

式中，k 为折射率平均波矢。从而，式(6.17)可改写为

$$\begin{cases}(k^2-k_0^2)D_0+k_0^2C\chi_{-g}D_g=0\\ k_g^2C\chi_g D_0+(k^2-k_g^2)D_g=0\end{cases} \quad (6.19)$$

这是齐次线性方程组，其非零解的条件为行列式等于零：

$$\Delta=\begin{vmatrix} k^2-k_0^2 & Ck_0^2\chi_{-g} \\ Ck_g^2\chi_g & k^2-k_g^2 \end{vmatrix}=0 \quad (6.20)$$

行列式(6.20)中第一项和第四项表示入射束波矢和衍射束波矢与介电常数平均值修正的真空波矢的差。如果没有这个差别，式(6.20)就无唯一解。因此，k_0 和 k_g 不等于 k 是一个重要参数。式(6.20)表示色散关系，色散关系可以形象地用倒易

空间的色散面来表示。

令 $k^2 = K^2(1+\chi)$，即有
$$(k^2 - k_0^2)(k^2 - k_g^2) = (K^2 C \chi_g)^2 \tag{6.21}$$

对有中心对称的晶体，$\chi_g = \chi_{-g}$。分解因式，并利用近似关系，式(6.21)可改写成
$$(k - k_0)(k - k_g) = \left[\frac{K^2 C \chi_g}{2K}\right]^2 \tag{6.22}$$

解方程(6.21)可求得 k^2 的两个实根：
$$k^2 = \frac{1}{2}(k_0^2 + k_g^2) \pm \left[\frac{1}{4}(k_0^2 - k_g^2)^2 + (KC\chi_g)^2\right]^{\frac{1}{2}} \tag{6.23}$$

取两个偏振态对应的 C 值，$C = \begin{cases} 1 \\ |\cos 2\theta| \end{cases}$，式(6.23)有四个解：

$$k_{\sigma(1)}^2 = \frac{1}{2}(k_0^2 + k_g^2) + \left[\frac{1}{4}(k_0^2 - k_g^2)^2 + (K^2 \chi_g)^2\right]^{\frac{1}{2}}$$

$$k_{\pi(1)}^2 = \frac{1}{2}(k_0^2 + k_g^2) + \left[\frac{1}{4}(k_0^2 - k_g^2)^2 + (K^2 \chi_g \cos 2\theta)^2\right]^{\frac{1}{2}}$$

$$k_{\sigma(2)}^2 = \frac{1}{2}(k_0^2 + k_g^2) - \left[\frac{1}{4}(k_0^2 - k_g^2)^2 + (K^2 \chi_g)^2\right]^{\frac{1}{2}}$$

$$k_{\pi(2)}^2 = \frac{1}{2}(k_0^2 + k_g^2) - \left[\frac{1}{4}(k_0^2 - k_g^2)^2 + (K^2 \chi_g \cos 2\theta)^2\right]^{\frac{1}{2}}$$

式(6.21)～式(6.23)描述了极化率 χ_g 与波矢的关系，称为色散方程。可以用倒易空间的色散面来形象地描述。

6.4 色 散 面

入射束波矢 k_0 和衍射束波矢 k_g 不等于真空波矢 K，也就是说，k_0 和 k_g 的折射率不等于平均折射率。为了清楚地说明这个差异，我们定义两个参数 α_0 和 α_g，并有下面关系：
$$2K\alpha_0 \equiv k_0^2 - K^2(1+\chi_0)$$
$$2K\alpha_g \equiv k_g^2 - K^2(1+\chi_0)$$

因为有近似关系：
$$k_0^2 - K^2(1+\chi_0) \approx 2K\left[(k_0^2)^{\frac{1}{2}} - K\left(1+\frac{1}{2}\chi_0\right)\right]$$

可得

$$\alpha_0 = k_0 - K\left(1 + \frac{1}{2}\chi_0\right) \quad (6.24\text{a})$$

同理

$$\alpha_g = k_g - K\left(1 + \frac{1}{2}\chi_0\right) \quad (6.24\text{b})$$

α_0 表示晶体内的入射束波矢与介电常数平均折射率修正后真空波矢的差别，也就是说，晶体内的波长不等于真空中的波长。这意味着倒易空间里晶体的 Ewald 球的半径比真空中的小（$K > K(1+\chi_0)$）。这样，要得到同一个 hkl 衍射，Ewald 球的球心要从原来真空情况下的中心点 L 移到 L_0（图6.2），图中 $\boldsymbol{g}$ 为 hkl 衍射的倒易矢量。把 α_0 和 α_g 代入式（6.20），利用近似关系可得

$$\alpha_0 \alpha_g = \frac{1}{4} K^2 C^2 \chi_g \chi_{-g} \quad (6.25)$$

式（6.25）是色散面的基本方程。它表示色散面上的结点（tie point）到等能球面的距离的乘积为一常数，其结点可能位置的轨迹称为色散面（dispersion surface）。考虑无吸收情况，波矢量为实数，在倒易空间里倒易矢量从 O 点指向 H 点，而 O 点和 H 点分别为 $\boldsymbol{k}_0$ 和 $\boldsymbol{k}_g$ 的终点。由于衍射条件 $\boldsymbol{k}_g = \boldsymbol{k}_0 + \boldsymbol{g}$ 的制约，$\boldsymbol{k}_0$ 和 $\boldsymbol{k}_g$ 的起点必然联结在一起，称为结点，结点的轨迹为色散面。为了清楚地描述双光束近似色散面的关系（图6.3），我们放大 LL_0 的距离，假设在 L 和 L_0 之间有一点 A，点 A 满足色散面方程（6.25），而确实可从 $\boldsymbol{k}_0$ 和 $\boldsymbol{k}_g$ 画得。根据式（6.24）可知，α_0 表示从 A 点到半径为 $K\left(1 + \frac{1}{2}\chi_0\right)$ 的球心 O 的距离，α_g 表示从 A 点到半径为 $K\left(1 + \frac{1}{2}\chi_0\right)$ 的球心 H 的距离。如果在 L_0 附近的球面可视为平面，从式（6.24）得 A 点的轨迹为以 O 球和 H 球为渐近面的双叶旋转双曲柱面，这个双曲柱面称为双光束近似的色散面。

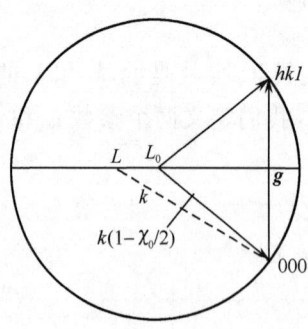

图6.2　晶体中波矢关系示意图

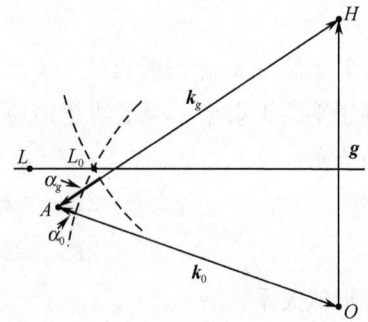

图6.3　色散面附近波矢关系示意图

6.4 色散面

图 6.4 是双光束近似的色散面整体图。如果波矢 k_0 和 k_g 相互独立,就是单光束情况,色散面是一个球面。由于考虑到入射波与衍射波的相互作用以及晶体中折射率修正,两色散球面相交分成两部分,即真色散面及其共轭色散面。从固体物理得知,在布里渊区(Brillouin zone)边界处能量不连续,因此,色散面不再是连续的圆弧,而是双曲线。实际上,色散面是三维的立体图,色散面就成为双叶旋转双曲柱面。为了简便和易于分析,以下只讨论它的切面,并只画出其相交部分的放大图。

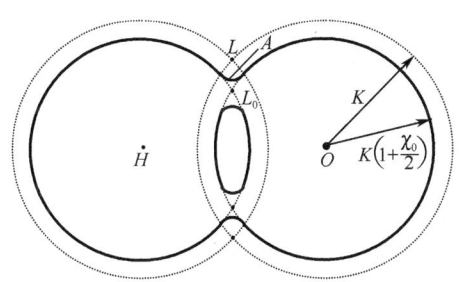

图 6.4 双光束近似色散面整体图

从色散方程可解得四个等能面,每个偏振态对应两个色散面。因此,X 射线的色散面要比电子的情况复杂。图 6.5 是色散面局域放大图,以 O 和 H(实际上它们是在很远处,超出画面的范围)为心,真空中波数 K 为半径,作两个球面(图中画出共截线 T_0 和 T_g),因为半径相对定域很大,可近似地用两条弧线(或直线)表示,它们的交点为 L,称为劳厄点(Laue point),相当于 X 射线衍射运动学理论的 Ewald 球的中心。以 O 和 H 为心,用 $|k| \approx K\left(1+\frac{1}{2}\chi_0\right)$ 表示单光束的波数值为半径,也可作两个球。截面图 6.5 中以 MN 和 VW 表示,其交点为 L_0,称为洛伦兹点(Lorentz point),相当于经过折射校正后的反射球中心。L 和 L_0 两点都是确切满足 X 射线衍射运动学理论布拉格条件的点。满足 X 射线衍射动力学理论的点处在色散面上,如图中 T 点和 P 点。色散面与直线 LL_0 的交点 A 和 A' 是确切满足 X 射线动力学衍射布拉格条件的两个点,当衍射条件偏离布拉格条件时,结点将沿色散面运动,当偏离很大时,即以 MN 和 VW 为渐近球面。这时,双光束相互作用趋弱,从双光束情况过渡到单光束情况。图 6.5 中靠近 L 点的色散面分支为 α 支,对 α 支其 α_0 和 α_g 都为正值;远离 L 点的色散面分支为 β 支,对 β 支其 α_0 和 α_g 都为负值。

下面简单讨论色散面的性质。

(1) 极化系数 $\chi_g = -\dfrac{r_e \lambda^2}{\pi V} F_g$,其中,$F_g$ 和 F_{-g} 可能为复数,因此,α_0 和 α_g 也可能

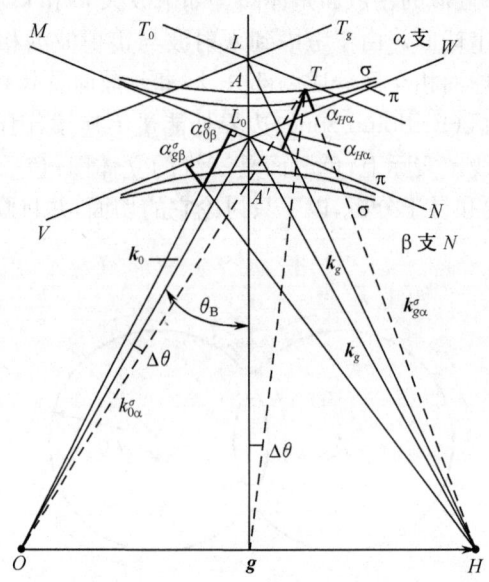

图 6.5 色散面局域放大图

为复数,但通常只是把其实部画在倒易空间的色散面截面图中。一般地说,参量 α 的实部与晶体内波长有关,也就是说,与折射率的变化有关,而其虚部与吸收有关。对无吸收情况,χ_g 和 χ_{-g} 为实数,α_0 和 α_g 也为实数。

(2) 色散面图上 LL_0 的距离正比于 X 射线真空波矢与晶体波矢之差。其值很小,在 $10^{-4} \sim 10^{-6}$。因此,如果色散面上 LL_0 的距离为 1cm,那么,L_0 到 (000) 或 (hkl) 点的距离约 10km。在这样的比例下,O 和 H 为中心的圆在 L_0 点相交,可认为是直线,这两条直线就是色散面的渐近线。LL_0 是衍射矢量 g 垂直平分线的一部分,也是色散面的对称轴。

(3) 色散面上任意一点称为结点。结点都满足 X 射线动力学衍射条件,如图 6.5 中 T 点所示。TO 和 TH 分别表示波矢 $k_{0\alpha}^\sigma$ 和 $k_{g\alpha}^\sigma$,这是晶体内 X 射线动力学衍射允许的一对波矢。

(4) 直线 LL_0 与色散面的交点 A 和 A' 严格满足布拉格反射条件,有 $\alpha_0 = \alpha_g$。令 $AA' = D$,称为双曲面直径,表示两色散面分支的距离。

从图 6.5 中,有关系:

$$D = \frac{2\alpha_g}{\cos\theta_B}$$

而 $\alpha_0 \alpha_g = \alpha_g^2 = \frac{1}{4} K^2 C^2 \chi_g \chi_{-g}$,因此,可得

6.4 色 散 面

$$D = \frac{KC\sqrt{\chi_g \chi_{-g}}}{\cos\theta_B} = \frac{r_e \lambda C F_g}{\pi V \cos\theta_B} = \frac{1}{\xi_g} \quad (6.26)$$

式中,ξ_g 称为消光距离;$r_e = \dfrac{mC^2}{e^2}$ 称为电子半径。

色散面直径给出完美晶体布拉格全反射角宽:

$$\omega = 2\frac{d_{hkl}}{\xi_g} = 2D d_{hkl} \quad (6.27)$$

式中,d_{hkl} 为晶体衍射矢量面间距。

(5) 对有吸收情况,α_0 和 α_g 为复数。这时式(6.24a)中的 k_0 也为复数,有

$$k_0 = (\boldsymbol{k}_0 \boldsymbol{k}_0)^{1/2} = [(k_0')^2 - (k_0'')^2 2\mathrm{i}k_0' k_0'' \cos\beta]^{\frac{1}{2}}$$

其中,k_0' 和 k_0'' 分别为 k_0 的实部和虚部;β 为 k_0' 和 k_0'' 的夹角。可得

$$\alpha_0' \approx k_0' - K\left(1 + \frac{1}{2}\chi_0'\right) \quad (6.28\mathrm{a})$$

$$\alpha_0'' \approx -k_0'' \cos\beta - \frac{1}{2} K \chi_0'' \quad (6.28\mathrm{b})$$

的确,α_0' 非常接近波矢的实部,而 α_0'' 非常接近波矢的虚部。

同理可得 α_g' 和 α_g''。

(6) 利用色散关系及 α_0 和 α_g 等式,可求出衍射束与入射束的振幅比:

$$\frac{D_g}{D_0} \approx \frac{E_g}{E_0} = \frac{KC\chi_g}{2\alpha_g} = \frac{2\alpha_0}{KC\chi_{-g}} \quad (6.29)$$

注意,式中,χ_g 和 χ_{-g} 是负的,对色散面 α 支,α_0 和 α_g 为正数,而对色散面 β 支,α_0 和 α_g 为负数。因此,对色散面 α 支,衍射束与入射束的振幅比为负,而对色散面 β 支,衍射束与入射束的振幅比为正。当讨论 X 射线异常透射时要用这个概念。

从上述讨论中可知,色散面上结点的位置不仅确定了入射束和衍射束的波矢,而且也确定了它们的振幅比。对直径上的结点 A 和 A',$\alpha_0 = \alpha_g$,有

$$\frac{D_g}{D_0} = \sqrt{\frac{\chi_g}{\chi_{-g}}} = \frac{\sqrt{\chi_g \chi_{-g}}}{\chi_{-g}} \quad (6.30)$$

对其实部有

$$\frac{D_g}{D_0} = \pm 1$$

式中,正号对应 β 支,负号对应 α 支。如果结点从 A 点沿色散面右移,α_0 增大,有 $D_g > D_0$;如果结点从 A 点沿色散面左移,α_0 减小,有 $D_g < D_0$。

(7) 对有吸收情况,$\boldsymbol{k}_0$ 和 $\boldsymbol{k}_g$ 都是复数,而色散面图示法局限于实量的 $\boldsymbol{k}$ 空间,但本节推导的解析表达式仍然有效。

6.5 劳厄几何晶体内波场振幅

以上的讨论是 X 射线在无限大均匀晶体内传播，实际晶体具有两个边界面：入射面和出射面。

入射面边界条件为

$$D^a = D_{0\alpha} + D_{0\beta}$$
$$0 = D_{g\alpha} + D_{g\beta}$$

在入射面上的边界条件包括真空和晶体内两 X 射线波的频率、波矢以及振幅的连续。由波矢切向分量连续的条件可知，界面内外波矢之差正好沿界面法线方向。引入界面法线的单位矢量 n，则有

$$K - k_0 = K - k_g = Kqn$$

式中，q 称为协调量(anpassung)，对无吸收情况，q 为实量，一般情况下，q 为复量，本节只讨论无吸收情况。

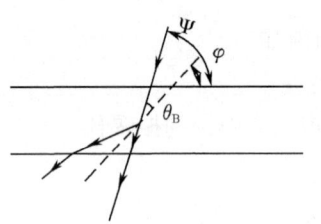

图 6.6　X 射线入射条件示意图

下面利用色散面作图法讨论波矢为 K 的 X 射线入射到一定取向的晶体时，在晶体内激发的波场。设入射条件如图 6.6 所示，其中，Ψ 为入射线与晶体表面的夹角，φ 为反射面与晶体表面的夹角，θ_B 为布拉格角。对透射情况，$\varphi > \theta_B$；对反射情况，$\varphi < \theta_B$。

图 6.7 为劳厄几何入射色散面示意图，SS 是实际晶体内表面，其内法线矢量为 n，O 是晶体倒易空间点阵原点，K 是真空中 X 射线波矢，如果入射方向在严格的布拉格位置，则 K 在 LO 方向，终点在 O 点。如果 X 射线入射方向为 PO，与严格布拉格角偏离 $\Delta\theta \approx \dfrac{LP}{K}$，$\widehat{LP}$ 是反射球上一段弧，其具体位置取决于其传播方向和产生衍射的点阵平面之间的取向关系。通过 P 点作晶体内表面的法线，与色散面分别相交于结点 A、B、C 和 D，它们分别属于 α 支和 β 支上 σ 与 π 偏振态。前面已讲述，色散面上任一结点都表示满足 X 射线动力学衍射条件，对应每一结点有一个混合的 Block 波，其中一个波矢指向前进方向($k_{0\alpha} = AO, k_{0\beta} = DO$)，另一波矢指向衍射方向($k_{g\alpha} = AH, k_{g\beta} = DH$)。由此可见，一束非偏振 X 射线入射，在晶体内激发四个 Bloch 波，这样，在晶体内存在八个波。这是 X 射线运动学衍射理论不能解释的，也与电子波不同，因为电子波没有偏振态，其色散面只有两个，因此，晶体内只存在两个 Bloch 波。

晶体出射面的边界条件与入射面的情况相似，晶体外的波场与晶体内的波场

6.5 劳厄几何晶体内波场振幅

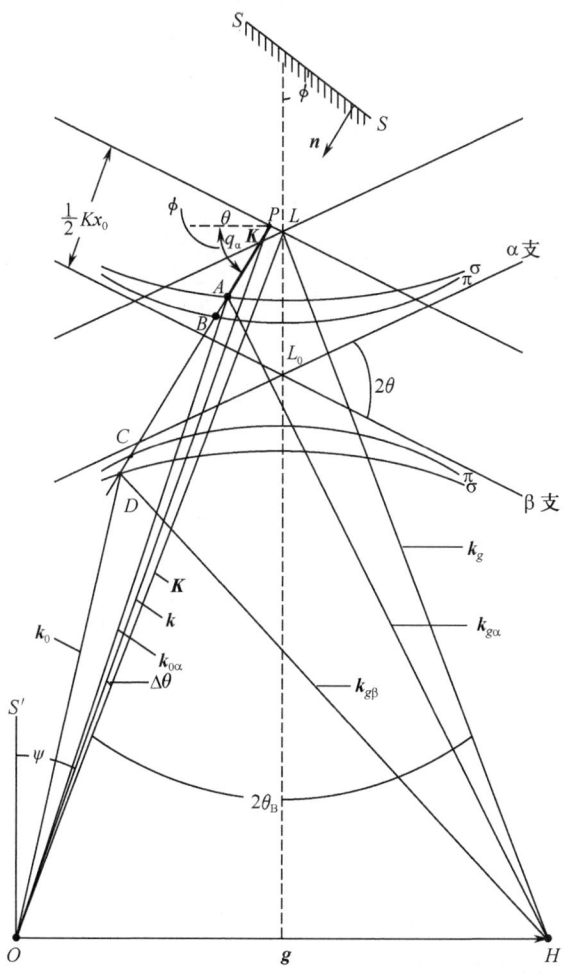

图 6.7 劳厄几何入射色散面示意图

有关,其分析方法与入射面的情况一样。

为了简单明了,一般情况下只画一组偏振态的色散面。如果已知入射束偏离严格布拉格角的角度以及晶体表面与衍射面的相对取向,就可决定其激发的结点。

晶体内任意一点的波场振幅与下列因素有关:①该点波场对应的结点所相连的波场振幅比;②由边界条件分配进入晶体内的能量总数;③晶体对 X 射线的吸收。如果从结点可得 α(包括其实部和虚部),从式(6.24a)和式(6.24b)及 $\boldsymbol{k}_g = \boldsymbol{k}_0 + \boldsymbol{g}$,可得到波矢量和波场振幅比 $\dfrac{D_g}{D_0}$,这样就可以计算晶体内任意点的波场振幅。由于入射条件决定结点,入射条件中以下两点很重要:①入射束对严格布拉格

角的偏离角;②入射束对晶体的入射角。令入射束和衍射束的方向余弦分别为

对透射情况：
$$\gamma_0 = \sin(\theta+\phi)$$
$$\gamma_g = \sin(\phi-\theta)$$

对反射情况：
$$\gamma_g = \sin(\theta-\phi)$$

通过色散面可以得到

$$\alpha_0 = -\frac{1}{2}K\chi_0 - qK\gamma_0 \tag{6.31a}$$

$$\alpha_g = -\frac{1}{2}K\chi_0 - qK\gamma_g + K\Delta\theta\sin2\theta \tag{6.31b}$$

式(6.31)为复数，q 称为协调量。代入式(6.25)可得

$$\alpha_0 = \frac{1}{2}K|C||b|^{\frac{1}{2}}[\chi_g\chi_{-g}]^{\frac{1}{2}}\left[\eta\pm\left(\eta^2+\frac{b}{|b|}\right)^{\frac{1}{2}}\right] \tag{6.32a}$$

$$\alpha_g = \frac{1}{2}K\left(\frac{|C|}{|b|^{\frac{1}{2}}}\right)[\chi_g\chi_{-g}]^{\frac{1}{2}}\left[\eta\pm\left(\eta^2+\frac{b}{|b|}\right)^{\frac{1}{2}}\right] \tag{6.32b}$$

其中

$$b = \frac{\gamma_0}{\gamma_g}$$

$$\eta = \frac{b\Delta\theta\sin2\theta+\frac{1}{2}\chi_0(1-b)}{|C||b|^{\frac{1}{2}}[\chi_g\chi_{-g}]^{\frac{1}{2}}} \tag{6.33}$$

符号＋为色散面 α 支，符号－为色散面 β 支。把式(6.32)代入式(6.29)就可计算晶体内任意一点的波场振幅比：

$$\frac{D_g}{D_0} = \frac{|C||b|^{\frac{1}{2}}}{C}\left(\frac{\chi_g}{\chi_{-g}}\right)^{\frac{1}{2}}\left[\eta\pm\left(\eta^2+\frac{b}{|b|}\right)^{\frac{1}{2}}\right] \tag{6.34}$$

从式(6.34)可知，晶体内任意一点的波场振幅比取决于入射角对严格布拉格角的偏离。

对严格布拉格角入射的对称劳厄情况，$\frac{b}{|b|}=1$，$\Delta\theta=0$，可得

$$\alpha_0 = \alpha_g = \pm K|C|[\chi_g\chi_{-g}]^{\frac{1}{2}}$$

$$\frac{D_g}{D_0} = \pm\frac{|C|}{C}\frac{[\chi_g\chi_{-g}]^{\frac{1}{2}}}{\chi_{-g}} = \mp\frac{|C|}{C}\frac{[F_gF_{-g}]^{\frac{1}{2}}}{F_{-g}} \tag{6.35}$$

对有中心对称的晶体，$F_g = F_{-g}$，即有 $|D_g| = |D_0|$。上述结果已在 6.4 节讨论色

散面性质时得到。

α_0 也可写为下列形式：

$$\alpha_0 = \frac{K}{4}b\beta \mp \sqrt{\left(\frac{K}{4}b\beta\right)^2 + \frac{K^2}{4}bC^2\chi_g\chi_{-g}} \quad (6.36)$$

式中，$\beta = 2K\Delta\theta\sin 2\theta - \chi_0\left(1 - \frac{1}{b}\right)$。这样，晶体内任意一点的波场振幅比为

$$\frac{D_g}{D_0} = -\frac{(\beta \pm w)b}{2C\chi_{-g}} \quad (6.37)$$

式中，$w = \sqrt{\beta^2 + \frac{4C^2\chi_g\chi_{-g}}{b}}$。

对有吸收情况，式(6.31)为复数形式，吸收系数可以从色散面 qK 的虚部求得。

6.6 布拉格几何晶体内波场振幅

对布拉格几何，即反射情况，色散面的作图方法与透射情况一样。由于 $\varphi < \theta$，过 P 点的晶体内表面法线只截一支色散面（α 支或 β 支），或者在两色散面之间。如果在两色散面之间，在晶体内只存在指数衰减的波场，对应于全反射情况。图 6.8 为布拉格几何入射色散面示意图。k_g 指向晶体外，不能在晶体内传播，产生衍射效应。只有 k_0 在晶体内传播。

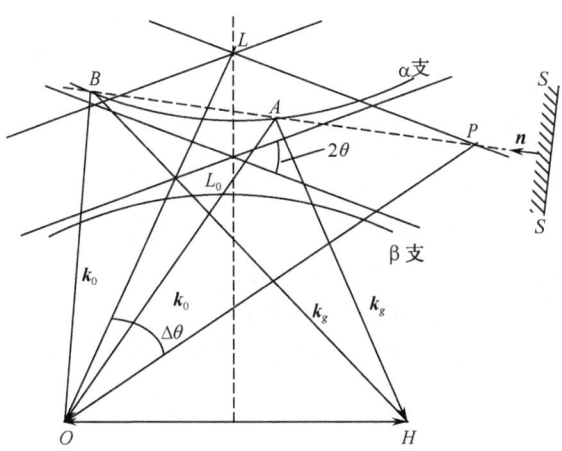

图 6.8　布拉格几何入射色散面示意图

布拉格几何情况晶体与真空界面处的边界条件和劳厄几何情况不同，在色散

面不同的角区域内衍射的物理性质不同。对劳厄几何情况,各物理量的复数部分表示晶体对 X 射线的吸收,而对布拉格几何情况,不仅有吸收,还有干涉效应——消光。在一些区域内,消光的影响可以超过吸收的影响。

考虑无吸收情况,对布拉格几何 $\gamma_g < 0$,这时

$$\beta = 2K\Delta\theta\sin 2\theta - \chi_0 \left(1 + \frac{|\gamma_g|}{\gamma_0}\right)$$

$$\frac{D_g}{D_0} = \frac{(\beta \pm w)\gamma_0}{2C\chi_{-g}|\gamma_g|} \tag{6.38}$$

式中,$w = \sqrt{\beta^2 - \dfrac{4C^2|\gamma_g|\chi_g\chi_{-g}}{\gamma_0}}$,当 β 满足

$$-2C|\chi_g|\sqrt{\frac{|\gamma_g|}{\gamma_0}} < \beta < 2C|\chi_g|\sqrt{\frac{|\gamma_g|}{\gamma_0}} \tag{6.39}$$

时,w 为纯虚数,波矢为复数,表示 X 射线进入晶体内,其振幅按指数衰减,这个区域称为全反射区。

令

$$y = \frac{\beta\gamma_0}{2C\sqrt{\gamma_0|\gamma_g|\chi_g\chi_{-g}}} \tag{6.40}$$

可得波场振幅比:

$$\frac{D_g}{D_0} = \sqrt{\frac{\gamma_0\chi_g}{|\gamma_g|\chi_{-g}}}(y \pm \sqrt{y^2 - 1}) \tag{6.41}$$

式中,+号对应 β 支色散面;-号对应 α 支色散面。可知全反射区对应于 $-1 < y < 1$。

6.6.1 无吸收晶体的反射率

从图 6.8 可知,布拉格几何情况下,色散面可分三个区域,即全反射区及其两个相邻区域(图 6.9)。令区域 I 对应于 $y < -1$,区域 II 对应于全反射区,而区域 III 对应于 $y > 1$。从式(6.40)可知,在区域 I 内,只有 β 支色散面上四个结点(σ 偏振和 π 偏振各两个结点)被激发;同理,在区域 III 内,只有 α 支色散面上四个结点被激发;在区域 II 内,晶体内表面法线不与色散面相交,在晶体内没有波场被激发,入射波场被全反射。

定义反射振幅:

$$Q = \sqrt{\frac{|\gamma_g|}{\gamma_0}}\frac{D_g}{D_0} \tag{6.42}$$

反射率:

$$R = \left|\frac{\gamma_g}{\gamma_0}\right| \left|\frac{D_g}{D_0}\right|^2 \qquad (6.43)$$

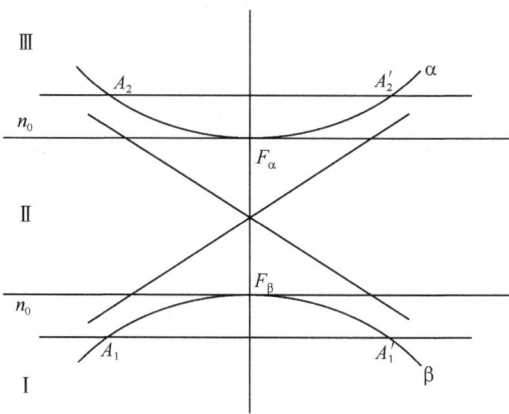

图 6.9 对称布拉格几何的色散面

则有

$$R_{\text{I},\text{III}} = \left|\sqrt{\frac{\chi_g}{\chi_{-g}}}(y \pm \sqrt{y^2-1})\right|^2$$

$$R_{\text{II}} = 1$$

式中，+号对应区域Ⅰ；—号对应区域Ⅲ。

6.6.2 有吸收晶体的反射率

对有吸收晶体情况，χ,β,w 和 y 均为复数。在区域Ⅱ内，由于晶体吸收，反射率不等于1，但入射波的大部分能量仍被反射。在全反射区域内也只有 α 支的两个偏振态色散面上结点被激发。引入变量 A、B、E 和 F：

$$A = C\frac{\chi_{-g}}{|\gamma_g|}$$

$$B = \frac{1}{2}\left(\frac{\chi_0}{\gamma_0} + \frac{\chi_0}{\gamma_g} - \frac{2\Delta\theta\sin 2\theta}{|\gamma_g|}\right)\sqrt{\frac{\gamma_0}{|\gamma_g|}}$$

$$E = C\frac{\chi_g}{|\gamma_g|}$$

$$F = \frac{\pi}{\lambda}\sqrt{\frac{|\gamma_g|}{\gamma_0}}$$

式(6.38)可改写为

$$\frac{D_g}{D_0} = \sqrt{\frac{\gamma_0}{\gamma_g}} \frac{-B \pm S}{A}$$

式中,$S = \sqrt{B^2 - EA}$;+号对应色散面区域 Ⅰ,-号对应色散面区域 Ⅱ 和 Ⅲ。在区域 Ⅰ 中 S 的虚部为负,区域 Ⅱ 和 Ⅲ 中 S 的虚部为正,反射振幅可表示为

$$Q = -\frac{B + S \cdot \text{sign}(\text{Imaginary}(S))}{A} \tag{6.44}$$

式(6.44)为有吸收完美晶体反射振幅公式,是计算晶体 X 射线反射摇摆曲线的基础。对外延薄膜材料,采用迭代求解摇摆曲线时,衬底可视为无穷厚的完美晶体,其反射振幅可由式(6.44)求得。

6.7 双轴晶衍射摇摆曲线的理论计算

如第 2 章所叙述,双轴晶衍射摇摆曲线实验是固定第一晶体在一个角度不动,第二晶体在其布拉格反射角附近缓慢摆动,记录反射强度随入射角的变化曲线。晶体的不完美性对摇摆曲线的影响主要表现为半峰宽的宽化效应。在 X 射线衍射运动学理论的假设下,只有在严格的布拉格角处才有衍射产生。而 X 射线衍射动力学理论指出,在偏离布拉格角的一个很小范围内都有衍射发生,其强度随对布拉格角的偏离增加而递减,强度降低到最大值的一半的角度范围称为半峰宽。对完美晶体,其半峰宽称为本征半峰宽。然而,实际晶体不是完美晶体,其内部或多或少会存在某些类型的缺陷,缺陷的存在会使其半峰宽宽化。因此,从实验得到的半峰宽包括两部分:完美晶体的本征半峰宽和样品中缺陷及仪器引起的展宽。这一展宽可表示为

$$\Delta\omega = \omega_{实} - \omega_{本} \tag{6.45}$$

式中,$\omega_{实}$ 为实验曲线的半峰宽;$\omega_{本}$ 为本征半峰宽。相对展宽为

$$\delta\omega = \Delta\omega/\omega_{本} \tag{6.46}$$

$\Delta\omega$ 或 $\delta\omega$ 包含晶体缺陷和仪器引起的展宽的信息,可作为描述晶体完美性的参数。但在讨论晶体完美性时,还应把仪器引起的展宽减去。

不考虑晶体吸收,完美晶体的半峰宽为全反射角。6.6.1 节指出,全反射角范围由 $-1 \leqslant y \leqslant 1$ 确定,用 β 表示为式(6.39),用角度表示为

$$-2C|\chi_h|\sqrt{\frac{|\gamma_h|}{\gamma_0}} < -2\Delta\theta\sin2\theta_B - \chi_0\left(1 + \frac{|\gamma_h|}{\gamma_0}\right) < 2C|\chi_h|\sqrt{\frac{|\gamma_h|}{\gamma_0}} \tag{6.47}$$

从而得到全反射角范围为

$$\omega = \Delta\theta_+ - \Delta\theta_- = \frac{2C|\chi_h|\sqrt{\frac{|\gamma_h|}{\gamma_0}}}{\sin2\theta_B} \tag{6.48}$$

式(6.48)是无吸收情况下单块晶体的理论本征半峰宽。对双轴晶衍射实验，X射线经过两块晶体反射，所得的摇摆曲线是两块晶体反射率的卷积，其结果是使实验的摇摆曲线半峰宽增宽。对同类晶体$(n,-n)$排列的双轴晶衍射摇摆曲线近似经验公式：

$$\omega'_{\text{本}} = \sqrt{2}\omega \tag{6.49}$$

值得注意的是，当入射X射线为π偏振或σ偏振时，同类晶体双轴晶衍射摇摆曲线的本征半峰宽与式(6.49)得到的值差不多。但对圆偏振X射线，两值相差较大，这是由于ω是根据式(6.48)，令C取两种偏振状态的平均值求得，即$C=\dfrac{1+|\cos 2\theta_B|}{2}$。精确计算是分别求出两种偏振状态的反射系数，其步骤是：根据式(6.44)，得到反射系数

$$R = |Q_0|^2 = \left| -\frac{B + S \cdot \text{sign}(\text{Imaginary}(S))}{A} \right|^2 \tag{6.50}$$

利用式(6.50)分别求出两块晶体的反射系数$R_A(\alpha)$和$R_B(\beta)$，然后将两块晶体的反射系数卷积：

$$R(\beta) = \frac{\int_{-\infty}^{\infty} R_A(\alpha) R_B(\alpha - \beta) \mathrm{d}\alpha}{\int_{-\infty}^{\infty} R_A(\alpha) \mathrm{d}\alpha} = R \int_{-\infty}^{\infty} R_A(\alpha) R_B(\alpha - \beta) \mathrm{d}\alpha \tag{6.51}$$

式中，R为常数。由式(6.51)得到理论摇摆曲线，再从摇摆曲线求得本征半峰宽。

麦振洪　罗光明

参 考 文 献

[1] Darwin C G. Phil. Mag. ,1914,(27):314.

[2] Ewald P P. Phys. Zschr. ,1913,(14):465;Ann. Physik,1916,(49):1;1917,(54):519;Z. Physik,1920,(2):332;1924,(30):1;Phys. Z. ,1925,(26):29.

[3] von Laue M. Ergeb. Exakt. Naturwis. ,1931,(10):133.

[4] von Laue M. Rontgenstrahleninterferenzen. 1st ed. 1940;2nd ed. 1941;3rd ed. 1960. Frankfurt a. M. Akademische Verlag.

[5] Zachariasen W H. Theory of X-ray Diffraction in Crystals. New York:Wiley,1945.

[6] James R W. The Optical Principle of the Diffraction of X-rays. Landon:G. Bell and Sons LTD. ,1948.

[7] James R W. The dynamical theory of X-ray diffraction // Solid State Physics. Vol. 15. New York:Academic,1963.

[8] Batterman B W,Cole H. Review of Moden Physics,1964,(36):681.

[9] Hart M. Elementary dynamical theory // Tanner B K, Bowen D K. Characterization of Crystal Growth Defects by X-ray Method. London: Plenum Press, 1978.

[10] Kato N. Dynamical theory for perfect crystals // Azaro'ff L V. X-ray Diffraction. New York: McGraw-Hill Book Company, 1974.

[11] Dederichs P H. Dynamical diffraction theory by optical potential methods // Solid State Physics. Vol 27. New York: Academic, 1972.

[12] Pinsker Z G. Dynamical Scattering of X-rays in Crystals. Berlin: Springer, 1978.

[13] Tanner B K. X-ray Diffraction Topography. Oxford: Pergamon, 1978.

[14] Holy V. Dynamical scattering theory // Holy V, Pietsch U, Baumbach T. High-Resolution X-ray Scattering from Thin Films and Multilayers. Berlin: Springer, 1998.

[15] 许顺生,冯端. X射线衍衬貌相学. 北京:科学出版社,1987.

第 7 章　X 射线衍射动力学理论(二)——畸变晶体

7.1　引　　言

在第 6 章中所讨论的 X 射线衍射动力学理论局限于完美或近完美晶体,因此,晶体中的波场可以表示为由一组平面波叠加而成的布洛赫波(见式(6.6))。实际上,现实的晶体或多或少都存在不同类型的缺陷,X 射线波在这样的晶体内传播,其波前会发生畸变,而使波场的等相位面一般不为平面。为了解释实际晶体的 X 射线衍射行为,特别是进入 20 世纪 60 年代,人工晶体生长技术以及研究晶体缺陷的 X 射线形貌技术有了很大的发展,为了解释晶体缺陷的衍衬现象,必须研究畸变晶体的 X 射线衍射动力学理论,而完美晶体的平面波波场只是其一个特例。

1957 年,J. W. Cowley 和 A. Moodie [1,2] 在他们的理论中,将晶体划分为许多平行于表面的薄层,然后对每个薄层应用波动光学原理导出相邻两个薄层界面处波函数之间的关系,用这些关系进行递推,进而得到入射面和出射面波函数之间的关系。原则上,这种方法可以应用于具有任意类型畸变的晶体。但是,由于应用时涉及太多复杂的卷积之间的递推而不实用。

到了 20 世纪 50 年代后期,高度完美的人工生长晶体的问世和 X 射线形貌技术的发展,完美晶体 X 射线衍射动力学理论的平面波衍射理论对 X 射线衍衬干涉现象的解释遇到了困难。1960 年,加藤(Kato)发展了球面波衍射理论[3,4],在其理论中,Kato 把波场以二维傅里叶变换的形式表示,并假定傅里叶变换在二维倒易空间中只有两个倒易点有显著值,从而推出晶体中波场函数的关系式。原则上,Kato 的理论也是普遍适用的,但是,若傅里叶变换是倒易空间的连续函数,其数学处理将非常复杂,计算量庞大。

Penning 和 Polder 处理了应变晶体的 X 射线衍射[5],在他们的理论中,入射 X 射线被分割为许多足够窄的小光束,在每一个小光束的宽度范围内,被照射的晶体可视为近似完美,从而处理有应变的晶体内的波场关系。当然,只有对晶体畸变非常小的情况该理论才适用。

Howie 和 Whelan[6~8]在研究电子衍射时发现,达尔文的理论稍加修改便可用来处理电子衍射的衍射动力学问题。他们将晶体分为许多平行于表面的薄层,把达尔文处理对称布拉格衍射的方法用来处理劳厄几何情况电子衍射问题,得到了一组透射波与衍射波沿 z 方向变化的微分方程。

上述理论都把晶体分为多层结构,计算处理比较复杂。高木(Takagi)[9]采用不同的方法处理畸变晶体中的 X 射线衍射,推出了具有普适性的晶体中波场的基本方程——高木方程。由于 Takagi 方程形式上类似达尔文给出的迭代关系的微分形式,达尔文理论可以推广到畸变晶体和入射波包的普适性而重新受到重视。本章重点介绍高木理论。

7.2 晶体中的调制波

在第 6 章中,晶体中的波场表示为由一组平面波叠加而成的布洛赫波(见式(6.6)),各分量相互干涉产生类似摆动解的振幅或位相调制,这种现象称为 Pendellösung 效应。当入射波为平面波,调制方向垂直于晶体表面,这时的调制周期为晶体的消光距离。对于 X 射线,消光距离约为几十微米,为 X 射线波长的 $10^4 \sim 10^5$ 倍,因而这种调制可视为宏观变化。当晶体存在畸变时,入射波和衍射波的调制方向不再与晶体表面垂直,其变化与晶体内的畸变有关,调制幅度为位置的函数。当晶体的畸变不太大时,调制波的变化可认为是缓慢的,此时,布洛赫波可变为

$$D(r) = \sum_h D_h(r) \exp(-i2\pi k_h \cdot r) \tag{7.1}$$

式中,$D_h(r)$ 及其空间导数都是坐标的缓变函数。利用局域倒易点阵概念[9],可以得到 $D(r)$ 更合适的表达式:

$$D(r) = \sum_h D'_h(r) \exp[-i2\pi s_h(r)] \tag{7.2}$$

$$s_h(r) = k_h \cdot r - h \cdot u \tag{7.3}$$

式中,$s_h(r)$ 为等相位面函数,h 波的波矢可由等相位面的导数求得:

$$R'_h = \nabla s_h(r) = R_h - \nabla(h \cdot u) \tag{7.4}$$

从式(7.1)和式(7.2)可知,任何 k_0 的微小变化 Δk_0,都可以用 $D_h(r)$ 或 $D'_k(r)$ 乘一个位相因子 $\exp(i2\pi \Delta k_0 \cdot r)$ 来补偿。只要 Δk_0 比任何倒易格矢小得多,这种补偿不影响 $D_h(r)$ 或 $D'_k(r)$ 的缓变性质。因此,R_0 的选择是任意的。一种合适的选择是令 k_0 满足:①其振幅为 $|k_0| = k = nK = \left(1 + \frac{1}{2}\chi_0\right)K$,式中,$n$ 为平均折射率;②入射界面处波矢切向分量连续。

假定晶体的畸变很小,则畸变晶体内 r 处的极化率可近似取畸变前相应位置 r_0 处的极化率:

$$\chi'(r) = \chi(r_0) = \chi(r-u) = \sum_h \chi_h \exp[-i2\pi h \cdot (r-u)] \qquad (7.5)$$

7.3 高木方程

在畸变晶体内，X 射线的传播仍然满足波动方程(6.5)。这时极化矢量 P 变为

$$4\pi P(r) = \chi'(r) D(r) \qquad (7.6)$$

式中，带撇($'$)是为 7.4 节区别都平(Taupin)方程用(下同)。晶体中的波场可按式(7.1)或式(7.2)展开，这里，按式(7.2)展开，极化矢量 P 表示为

$$\begin{aligned} 4\pi P(r) &= 4\pi \sum_h P'_h(r) \exp[-i2\pi(k_h \cdot r - h \cdot u)] \\ &= \chi'(r) D(r) \\ &= \left\{ \sum_g \chi_g \exp[-i2\pi g \cdot (r-u)] \right\} \left\{ \sum_h D'_h(r) \exp[-i2\pi(k \cdot r - h \cdot u)] \right\} \\ &= \sum_h \sum_g \chi_g D'_h(r) \exp\{-i2\pi[(k_h+g) \cdot r - (h+g) \cdot u]\} \\ &= \sum_R \left[\sum_h \chi_{R-h} D'_h(r) \right] \exp\{-i2\pi[k_R \cdot r - R \cdot u]\} \qquad (7.7) \end{aligned}$$

因此得到

$$4\pi P'_h(r) = \sum_{h'} \chi_{h-h'} D'_{h'}(r) \qquad (7.8)$$

将式(7.2)、式(7.6)及式(7.8)代入波动方程(6.5)，并考虑各场变量的变化为缓变的，其二阶以及以上阶导数为高阶小量，可略去不计，即得

$$\sum_g \{-i4\pi(k_g \cdot \nabla) D'_g + 4\pi^2(K^2 - k_g'^2) D'_g$$
$$+ 4\pi^2 \sum_{g'} \chi_{g-g'} [D'_{g'}]_g \} \exp[-i2\pi(k_g \cdot r - g \cdot u)] = 0 \qquad (7.9)$$

式中

$$[D'_{g'}]_g = -[k'_g \times (k'_g \times D'_{g'})]/|k'_g|^2 \qquad (7.10)$$

式(7.9)乘 $\exp[-2i\pi(k_h \cdot r - h \cdot u)]$，并在元胞内对 r 积分，考虑式(7.9)中大括号$\{\cdots\}$内的函数以及应变函数 u 为缓变函数，因此，可提到积分号外。利用

$$\int_\Omega \exp[-i2\pi(k_g - k_h) \cdot r] d\tau = \Omega \delta_{gh}$$

得

$$(s_h \cdot \nabla) D_{h'} = i2\pi K \beta'_h D'_h - i\pi K \sum_{h \neq h'} \chi_{h-h'} [D'_{h'}]_h \qquad (7.11)$$

式中

$$\beta'_h = \frac{k_h'^2 - K^2}{2K} \tag{7.12}$$

式(7.11)为畸变晶体 X 射线衍射动力学理论的基本方程。与式(6.8)的区别在于,对畸变晶体的情况,场变量不再为常数,其一阶导数也不为零。

类似完美晶体的 X 射线衍射动力学理论,采用双光束近似,也就是说,式(7.11)中只有 $h=0,h$ 时有较大贡献,则得

$$(s_0 \cdot \nabla)\boldsymbol{D}'_0 = -i\pi K\chi_{\bar{h}}[\boldsymbol{D}'_h]_0 \tag{7.13a}$$

$$(s_h \cdot \nabla)\boldsymbol{D}'_h = i2\pi K\beta'_h \boldsymbol{D}'_h - i\pi K\chi_h[\boldsymbol{D}'_0]_h \tag{7.13b}$$

引入偏振因子 C,式(7.13)可化为标量方程:

$$\frac{\partial D'_0}{\partial s_0} = -i\pi C K\chi_{\bar{h}} D'_h \tag{7.14a}$$

$$\frac{\partial D'_h}{\partial s_h} = i2\pi K\beta'_h D'_h - i\pi C K\chi_h D'_0 \tag{7.14b}$$

式中,s_0 和 s_h 分别为入射束和反射束的方向矢量。

式(7.14)为著名的高木方程,可应用于畸变晶体内 X 射线具有任意形状波前的情况。因此,又称 X 射线衍射动力学的普适方程。

7.4 高木方程的都平形式

1964 年,都平(Taupin)独立地发表了他推导的畸变晶体 X 射线衍射动力学理论[10],在双光束近似下,波动方程的标量形式为

$$\frac{i\lambda}{\pi}\frac{\partial D_0^T}{\partial s_0} = \chi_0 D_0^T + C\chi_{\bar{h}} D_h^T \tag{7.15a}$$

$$\frac{i\lambda}{\pi}\frac{\partial D_h^T}{\partial s_h} = C\chi_h D_0^T + (\chi_0 - \alpha_h) D_h^T \tag{7.15b}$$

高木方程与都平方程的数学表达形式不一样,但它们的物理本质没有区别。下面给出两者的变换[11]。

为了清楚起见,如式(7.14)所示,高木方程的场变量用带撇符号($'$)表示,而都平方程的场变量用右上角带 T 表示(见式(7.15))。假定晶体沿 y 方向是均匀的,即波场只与 x 和 z 有关。此时,式(7.14)可改写为

$$s_{0x}\frac{\partial D'_0}{\partial x} + s_{0z}\frac{\partial D'_0}{\partial z} = -i\pi C K\chi_{\bar{h}} D'_h \tag{7.16a}$$

$$s_{hx}\frac{\partial D'_h}{\partial x} + s_{hz}\frac{\partial D'_h}{\partial z} = -i\pi C K\chi_h D'_0 + i2\pi K\beta'_h D'_h \tag{7.16b}$$

作变换:

7.4 高木方程的都平形式

$$D'_0(x,z) = D_0^T(x,z) e^{i\phi(x,z)} \quad (7.17a)$$

$$D'_h(x,z) = D_h^T(x,z) e^{i\phi(x,z)} \quad (7.17b)$$

式中

$$\phi(x,z) = \pi K\chi_0 \left[\frac{-x(s_{0z}-s_{hz}) + z(s_{0x}-s_{hx})}{s_{0x}s_{hz} - s_{0z}s_{hx}} \right] \quad (7.18)$$

式(7.16)作变换后可得

$$\frac{\partial D'_0}{\partial x} = e^{i\phi}\frac{\partial D_0^T}{\partial x} + iD_0^T e^{i\phi}\frac{\partial \phi}{\partial x} = e^{i\phi}\frac{\partial D_0^T}{\partial x} + iD_0^T e^{i\phi}\frac{-(s_{0z}-s_{hz})}{s_{0x}s_{hz}-s_{0z}s_{hx}}\pi K\chi_0 \quad (7.19a)$$

$$\frac{\partial D'_0}{\partial z} = e^{i\phi}\frac{\partial D_0^T}{\partial z} + iD_0^T e^{i\phi}\frac{\partial \phi}{\partial z} = e^{i\phi}\frac{\partial D_0^T}{\partial z} + iD_0^T e^{i\phi}\frac{-(s_{0x}-s_{hx})}{s_{0x}s_{hz}-s_{0z}s_{hx}}\pi K\chi_0 \quad (7.19b)$$

将式(7.19)代入式(7.16)得

$$s_{0x}\frac{\partial D'_0}{\partial x} + s_{0z}\frac{\partial D'_0}{\partial z} = e^{i\phi}\left(s_{0x}\frac{\partial D_0^T}{\partial x} + s_{0z}\frac{\partial D_0^T}{\partial z}\right) + iD_0^T e^{i\phi}\pi K\chi_0$$

$$= -i\pi CK\chi_{\bar{h}} e^{i\phi} D_h^T \quad (7.20a)$$

类似推导可得

$$s_{hx}\frac{\partial D'_h}{\partial x} + s_{hz}\frac{\partial D'_h}{\partial z} = e^{i\phi}\left(s_{hx}\frac{\partial D_h^T}{\partial x} + s_{hz}\frac{\partial D_h^T}{\partial z}\right) + iD_h^T e^{i\phi}\pi K\chi_0$$

$$= -i\pi CK\chi_h D_0^T e^{i\phi} + i2\pi K\beta'_h D_h^T e^{i\phi} \quad (7.20b)$$

式(7.20)化简后得

$$\frac{\partial D_0^T}{\partial s_0} = -i\pi K\chi_0 D_0^T - i\pi CK\chi_{\bar{h}} D_h^T \quad (7.21a)$$

$$\frac{\partial D_0^T}{\partial s_h} = -i\pi CK\chi_h D_0^T - i\pi K(\chi_0 - 2\beta'_h) D_h^T \quad (7.21b)$$

式(7.21)两边乘 $\frac{i\lambda}{\pi}$,并令 $\alpha = 2\beta'_h$,便得到都平方程:

$$\frac{i\lambda}{\pi}\frac{\partial D_0^T}{\partial s_0} = \chi_0 D_0^T + C\chi_{\bar{h}} D_h^T \quad (7.22a)$$

$$\frac{i\lambda}{\pi}\frac{\partial D_h^T}{\partial s_h} = C\chi_h D_0^T + (\chi_0 - \alpha_h) D_h^T \quad (7.22b)$$

以上从数学上导出了高木方程与都平方程之间的变换。下面讨论这一变换的物理含义。

不管以这两方程中何种形式表达,其最终给出的晶体内的波场应该相等。因此得到

$$\sum_h D'_h(r)\exp[-\mathrm{i}2\pi(R'_h\cdot r - h\cdot u)] = \sum_h D_h^{\mathrm{T}}(r)\exp[-\mathrm{i}2\pi(R_h^{\mathrm{T}}\cdot r - h\cdot u)] \tag{7.23}$$

由式(7.17)得

$$\sum_h D'_h(r)\exp[-\mathrm{i}2\pi(R'_h\cdot r - h\cdot u)] = \sum_h D_h^{\mathrm{T}}(r)\exp\left[-\mathrm{i}2\pi\left(R_h\cdot r - h\cdot u - \frac{\phi}{2\pi}\right)\right]$$
$$= \sum_h D_h^{\mathrm{T}}(r)\exp[-\mathrm{i}2\pi(R_h^{\mathrm{T}}\cdot r - h\cdot u)] \tag{7.24}$$

式中

$$\frac{\phi}{2\pi} = \frac{1}{2}K\chi_0\left[\frac{-(s_{0z}-s_{hz})x + (s_{0x}-s_{hx})z}{s_{0x}s_{hz}-s_{0z}s_{hx}}\right]$$
$$= \Delta k_{0x}x + \Delta k_{0z}z$$
$$= \Delta k_0 \cdot r$$

$$\Delta k_{0x} = \frac{1}{2}K\chi_0 \frac{s_{hz}-s_{0z}}{s_{0x}s_{hz}-s_{0z}s_{hx}}$$

$$\Delta k_{0z} = \frac{1}{2}K\chi_0 \frac{s_{0x}-s_{hx}}{s_{0x}s_{hz}-s_{0z}s_{hx}}$$

由式(7.24)可知

$$k_h\cdot r - \frac{\phi}{2\pi} = (R_0+h)\cdot r - \Delta k_0\cdot r = (k_0 - \Delta k_0)\cdot r + h\cdot r$$
$$= K_h^{\mathrm{T}}\cdot r = (R_0^{\mathrm{T}}+h)\cdot r$$

因此

$$R_0^{\mathrm{T}} = R'_0 - \Delta k_0 \tag{7.25}$$

从式(7.25)可知,高木方程从高木形式变换到都平形式只是对应于 k_0 的不同选择,其物理本质没有区别。由于 $\chi_0\approx 10^{-5}$,所以,$|\Delta k_0|\ll K$,因而并不影响波场的缓慢变化的性质。

7.5 多层膜结构的 X 射线双轴晶摇摆曲线计算

7.5.1 概述

多层膜结构材料是重要的低维材料,有着广泛而重要的应用。大量的研究和应用表明,多层膜材料的结构完美性对其性能的影响很大。因此,对多层膜结构材料完美性的检测非常重要。对多层膜结构材料完美性的检测方法有多种,如 X 射线衍射技术、X 射线形貌技术、电子显微技术及各种谱学方法,相对其他的检测方法,X 射线技术具有测量精度高、无损检测等优点。

双轴晶衍射给出的物理信息包含在摇摆曲线中,采用 X 射线衍射运动学理论求解多层外延材料的基本思路是:根据实验 X 射线摇摆曲线测得衍射峰之间的角距离,利用微分形式的布拉格公式将角距离转化为垂直方向的晶格失配,再从晶格失配中扣除四方畸变的影响,从而导出外延层的成分。在这一思路中,假设了外延层与衬底独立地散射 X 射线。因此,认为一个假想的垂直方向晶格常数取四方畸变后的值为处于自由状态的薄晶体与在同一衬底材料上生长的同类外延薄膜晶体的衍射峰有相同的角位置。显然,这一假设没有考虑自由薄晶体下表面与在衬底上生长的外延薄晶体的下表面的边界条件是不同的,同时,也忽略了进入衬底的光束的影响。因此,根据衍射峰间角距离求解的方法误差较大,当外延多层膜结构比较简单时,误差尚小。当多层膜结构比较复杂时,如超晶格和量子阱结构,X 射线衍射峰与晶格常数不为一一对应,应用 X 射线衍射运动学理论分析将引入误差。此时,需要对衍射摇摆曲线进行理论模拟,采用 X 射线衍射运动学理论也可对摇摆曲线进行理论模拟[12~14],但值得注意的是,当多层外延膜反射强度大于 6% 时,X 射线衍射运动学理论就有其局限性[12]。Petrashen 首先引入半运动学理论近似[15],对高木方程取反射率的一阶迭代,得到反射率的解析表达式。随后,半运动学理论被用来研究硅单晶中杂质缺陷分布引起的应力[16,17]。Tapfer 和 Ploog 等将半运动学理论用于模拟外延层结构的 X 射线摇摆曲线,取得了较好的结果[18,19]。半运动学理论的实质是对衬底作衍射动力学处理,而对外延薄膜作衍射运动学处理,因而仍有一定的局限性,尤其对厚度较厚、完美程度较高或失配较大的体系误差相对较大。

X 射线衍射动力学理论最早用于对硅单晶离子注入和硼扩散引起的应变研究[20~22]。采用 X 射线衍射动力学理论求解多层外延材料的基本思路:首先引入晶体中应变或成分变化的一个假想调制模型,利用高木方程或都平方程求出理论模拟的摇摆曲线,再根据理论模拟曲线与实验曲线的拟合程度调整调制模型,直到两条曲线吻合达到最佳为止。

7.5.2 外延材料反射率的 X 射线衍射动力学理论解[23]

外延多层膜是在近完美晶体衬底上生长的,其结构如图 7.1 所示。这种结构水平方向的几何尺度远大于垂直方向的几何尺度,因而在水平面内可作为均匀无限大处理,各场变量只是深度 z 的函数。这时都平方程(式(7.16))可简化为一维方程:

$$\frac{i\lambda}{\pi}\gamma_0\frac{dD}{dz}=\chi_0 D_0+C\chi_{\bar{h}}D_h \qquad (7.26a)$$

$$-\frac{i\lambda}{\pi}|\gamma_h|\frac{dD_h}{dz}=C\chi_h D_0+(\chi_0-\alpha_h)D_h \qquad (7.26b)$$

式中,$\gamma_0=\cos\phi_0$,即入射束方向余弦;$\gamma_h=\cos\phi_h$,即出射束方向余弦;$\alpha_h=-2\Delta\theta\sin2\theta_B$,$\theta_B$ 为衬底的布拉格角;$z=s_0\gamma_0+s_h\gamma_h$.

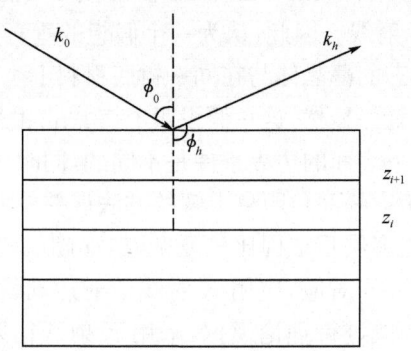

图 7.1 外延多层膜结构 X 射线反射几何示意图

把多层膜在水平方向分成许多薄层,每层薄层内其各变量可视为不变,第 i 层内角度偏离:

$$\Delta\theta_i=\Delta\theta_s+\theta_{B_s}-\theta_i\pm(\phi_s-\phi_i)$$

式中,$\Delta\theta_s$ 为入射束和衬底衍射面的夹角与衬底严格布拉格角的偏离;θ_{B_s} 和 θ_i 分别为衬底和外延膜的布拉格角;ϕ_s 和 ϕ_i 分别为衬底和外延膜衍射面与表面法线夹角。± 分别对应于小角入射和小角出射的衍射几何。

定义反射振幅:

$$Q=\sqrt{\frac{|\gamma_h|}{\gamma_0}}\frac{D_h}{D_0} \qquad (7.27)$$

可得

$$\frac{dQ}{dz}=\sqrt{\frac{|\gamma_h|}{\gamma_0}}\left[\frac{1}{D_0}\frac{dD_h}{dz}-\frac{D_h}{D_0^2}\frac{dD_0}{dz}\right] \qquad (7.28)$$

将式(7.26)和式(7.27)代入式(7.28)得

$$\frac{dQ}{dz}=\frac{i\pi}{\lambda}\sqrt{\frac{|\gamma_h|}{\gamma_0}}\left\{\frac{1}{D_0}\frac{1}{|\gamma_h|}[C\chi_h D_0+(\chi_0-\alpha_h)D_h]+\frac{D_h}{D_0^2}\frac{1}{\gamma_0}[\chi_0 D_0+C\chi_{\bar{h}}D_h]\right\}$$

$$=\frac{i\pi}{\lambda}\sqrt{\frac{|\gamma_h|}{\gamma_0}}\left\{\frac{C\chi_{\bar{h}}}{|\gamma_h|}Q^2+\left(\frac{\chi_0}{\gamma_0}+\frac{\chi_0}{|\gamma_h|}-\frac{\alpha_h}{\gamma_0}\right)\sqrt{\frac{\gamma_0}{|\gamma_h|}}Q+\frac{C\chi_h}{|\gamma_h|}\right\}$$

$$=iD(AQ^2+2BQ+E) \qquad (7.29)$$

式中

$$A = \frac{C\chi_{\bar{h}}}{|\gamma_h|}$$

$$B = \frac{1}{2}\left(\frac{\chi_0}{\gamma_0} + \frac{\chi_0}{|\gamma_h|} - \frac{\alpha_h}{\gamma_0}\right)\sqrt{\frac{\gamma_0}{|\gamma_h|}}$$

$$D = \frac{\pi}{\lambda}\sqrt{\frac{|\gamma_h|}{\gamma_0}}$$

$$E = \frac{C\chi_h}{|\gamma_h|}$$

$$\alpha_h = -2\Delta\theta\sin 2\theta_B$$

A、B、D 和 E 均为实验的几何条件和材料本身特性参数,是 z 的函数。在每一个薄层内成分均一,则在该层内上述的特性参数可视为常数,式(7.29)变为常微分方程。在第 i 个薄层区,$z_i \leqslant z \leqslant z_{i+1}$ 内,对式(7.29)积分:

$$\int_{Q_i}^{Q_{i+1}} \frac{\mathrm{d}Q}{AQ^2 + 2BQ + E} = \int_{z_i}^{z_{i+1}} \mathrm{i}D\mathrm{d}z$$

上式积分可得到第 i 层上表面的反射振幅 Q_{i+1} 与下表面的反射振幅 Q_i 的关系:

$$Q_{i+1} = \frac{Q_i S + \mathrm{i}(E + BQ_i)\tan(-DSt_i)}{S - \mathrm{i}(B + AQ_i)\tan(-DSt_i)} \tag{7.30}$$

式中,$S = \sqrt{B^2 - EA}$;$t_i = z_{i+1} - z_i$,为第 i 层的厚度。由于反射振幅在界面处是连续的,所以可利用式(7.30)从衬底界面的反射振幅 Q_0 出发,逐层迭代,求得样品表面处的反射振幅。

考虑到晶体的吸收效应,A、B、E 和 S 均为复数,衬底材料一般为较完美的晶体,而且其厚度比外延膜总厚度大得多,可视为半无限厚完美晶体,令衬底下表面反射振幅 $Q = 0$,代入式(7.30),则可求得衬底上表面处的反射振幅:

$$Q_0 = -\frac{B + S \cdot \mathrm{sign}[\mathrm{Imaginary}(S)]}{A} \tag{7.31}$$

注意,式(7.31)与式(6.44)相同。由式(7.30)求得样品表面的反射振幅 Q_n 后,可求得样品表面处的反射率:

$$R = |Q_n|^2 \tag{7.32}$$

以上的推导并没有对晶体沿 z 方向的周期结构作任何假设,因此,式(7.30)不仅适用于超晶格等周期结构,也适用于非周期性结构。对于成分连续变化的外延膜,可将成分变化区域划分为若干个足够薄的薄层,在每个薄层内,成分可视为均匀,即可应用式(7.30)求解。

对双轴晶衍射,式(7.32)对样品改变入射角,可得到样品反射率随角度的变化,即样品的反射率曲线 $R_2(\omega)$。第一晶体的反射率曲线 $R_1(\omega)$ 可由式(7.31)和式(7.32)求得。对$(n,-n)$排列的双轴晶衍射仪的反射率,将对$R_1(\omega)$和$R_2(\omega)$求卷积得到:

$$R(\omega) = \frac{Q_2}{Q_1} = \frac{\int_{-\infty}^{\infty} R_1(\omega_1) R_2(\omega_1 - \omega_2) \mathrm{d}\omega_1}{\int_{-\infty}^{\infty} R_1(\omega_1) \mathrm{d}\omega_1} \quad (7.33)$$

如果双轴晶衍射采用波长色散排列,式(7.33)求得的双轴晶摇摆曲线还须与仪器函数$G(\omega)$卷积[24]:

$$G = \int_{-\infty}^{\infty} S(\lambda - \lambda_0) R_1 \left[\omega - \frac{\lambda - \lambda_0}{\lambda_0} (\tan\theta_1 - \tan\theta_2) \right] \mathrm{d}\lambda \quad (7.34)$$

式中,$S(\lambda - \lambda_0)$是特征 X 射线的谱形;θ_1和θ_2分别是第一晶体和第二晶体在平均波长λ时的布拉格角。

对于非偏振化的 X 射线,式(7.33)应为

$$Q(\omega) = \frac{Q_2}{Q_1} = \frac{\int_{-\infty}^{\infty} [R_1^{\sigma}(\omega_1) R_2^{\sigma}(\omega_1 - \omega_2) + R_1^{\pi}(\omega_1) R_2^{\pi}(\omega_1 - \omega_2)] \mathrm{d}\omega_1}{\int_{-\infty}^{\infty} [R_1^{\sigma}(\omega_1) + R_1^{\pi}(\omega_1)] \mathrm{d}\omega_1} \quad (7.35)$$

7.5.3 迭代公式中参数的计算

求解式(7.30)关键是求解各外延层的特征参数A,B,D,E和α_h。这五个参数都是外延层的晶格参数、成分、结构因子以及实验的衍射几何的函数,因此,计算前必须先求出这些参数。

1. 外延层的晶格参数与四方畸变

对异质外延结构,由于外延膜与衬底之间以及不同的外延膜之间的晶格参数可能并不完全相等,存在一定的晶格失配。当它们生长在一起时,如果每一层的厚度都小于产生失配位错的临界厚度,那么,这种失配通常由晶格在水平方向受到压缩或扩张来调节,没有剪切应力的作用,只有轴向应力,这就是通常所说的共格生长。外延膜点阵发生四方畸变,如图 7.2 所示。发生四方畸变的晶格参数与体材料状态时有一些差别。

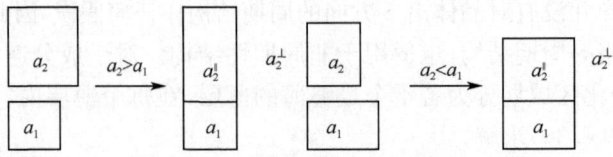

图 7.2 异质外延结构四方畸变示意图

对一元和二元材料,其体材料的晶格参数可查有关的物理常数表、国际粉末衍射数据库或有关网站。对三元和四元材料的晶格参数可根据维加(Vegard)定律求得,如三元材料的晶格参数是二元材料的晶格参数的线性插值:

$$a_{A_xB_{1-x}C} = xa_{AC} + (1-x)a_{BC} = a_{BC} + (a_{AC} - a_{BC})x \tag{7.36a}$$

四元化合物 $A_xB_{1-x}C_yD_{1-y}$,其点阵参数为

$$a = xya_{AC} + x(1-y)a_{AD} + (1-x)ya_{BC} + (1-x)(1-y)a_{BC} \tag{7.36b}$$

值得指出,不少研究结果表明,有些化合物,特别是半导体化合物的晶格参数并不严格遵循维加定律,因而会引起误差。

对共格生长的外延膜,其在生长面内的晶格参数与衬底的相同,水平方向的应力是均匀的,因而只有轴向应力,没有剪切应力。外延层的应变张量可表达为

$$(\varepsilon_{ij}) = \begin{bmatrix} \varepsilon_{xx} & 0 & 0 \\ 0 & \varepsilon_{yy} & 0 \\ 0 & 0 & \varepsilon_{zz} \end{bmatrix} \tag{7.37}$$

式中

$$\varepsilon_{xx} = \varepsilon_{yy} = \varepsilon_\parallel = \frac{a_\parallel - a_0}{a_0} \tag{7.38a}$$

$$\varepsilon_{zz} = \varepsilon_\perp = \frac{a_\perp - a_0}{a_0} \tag{7.38b}$$

其中,a_0 为外延膜体材料的晶格参数;$a_\parallel$ 和 $a_\perp$ 分别是发生四方畸变后沿平行和垂直生长面方向的晶格参数。垂直方向的应变 $\varepsilon_\perp$ 可根据应变能极小的条件导出。对立方晶系,应变能可表示为[25]

$$U = \frac{1}{2}C_{11}(\varepsilon_{xx}^2 + \varepsilon_{yy}^2 + \varepsilon_{zz}^2) + \frac{1}{2}C_{44}(\varepsilon_{xy}^2 + \varepsilon_{yz}^2 + \varepsilon_{zx}^2) + \frac{1}{2}C_{12}(\varepsilon_{xx}\varepsilon_{yy} + \varepsilon_{yy}\varepsilon_{zz} + \varepsilon_{zz}\varepsilon_{xx})$$

在四方畸变下,应变张量取式(7.37)形式,应变能化简为

$$U = C_{11}\left(\varepsilon_\parallel^2 + \frac{1}{2}\varepsilon_\perp^2\right) + C_{12}(\varepsilon_\parallel^2 + 2\varepsilon_\parallel \varepsilon_\perp)$$

式中,C_{11} 和 C_{12} 均为弹性常数。应变能极小的条件为

$$\frac{dU}{d\varepsilon_\perp} = 0 = C_{11}\varepsilon_\perp + 2C_{12}\varepsilon_\parallel$$

因此

$$\varepsilon_\perp = -\frac{2C_{12}}{C_{11}}\varepsilon_\parallel \tag{7.39}$$

代入式(7.38b),可得

$$a_\perp = a_0(1+\varepsilon_\perp) = a_0 + \left(-\frac{2C_{12}}{C_{11}}\right)(a_\parallel - a_0) \tag{7.40}$$

定义外延层与衬底的晶格失配为

$$f = \frac{a_0 - a_s}{a_s}$$

式中,a_s 为衬底材料的晶格参数。对共格生长,有

$$a_\parallel = a_s \tag{7.41a}$$

代入式(7.40)得

$$a_\perp = a_s\left[1 + \left(1 + \frac{2C_{12}}{C_{11}}\right)f\right] \tag{7.41b}$$

式(7.40)为共格生长条件下外延膜发生四方畸变后的晶格参数。如果失配外延层的厚度超过其产生失配位错的临界厚度,这时失配将部分或全部由失配位错来调节。在完全应变弛豫的情况下,外延膜将按其体材料的晶格参数生长。

2. 结构因子

X 射线在晶体中传播时,晶体极化率 χ_h 可由结构因子求得:

$$\chi_h = -\frac{r_e \lambda^2}{\pi V} F_h$$

式中,h 为衍射面的倒易点阵矢量;V 为原胞体积;r_e 为经典电子半径。(hkl) 衍射的单胞结构因子为

$$F_{hkl} = \sum_j^n f_j \exp[i2\pi(hx_j + ky_j + lz_j)]$$

式中,n 为单胞内原子个数;(x_j, y_j, z_j) 为单胞内第 j 个原子坐标;f_j 为第 j 个原子的原子散射因子。原子散射因子 f_j 是 $\frac{\sin\theta}{\lambda}$ 的函数,假定入射 X 射线的频率比原子共振频率大得多,原子内的外层电子可近似地认为是经典的自由电子。入射 X 射线经自由电子散射后位相不变,因此,原子散射因子 f 为实数,用 f_0 表示。f_0 是入射 X 射线波长与特定衍射的布拉格角的函数,为计算方便,引入纯数学意义的分析近似[26]:

$$f_0\left(\frac{\sin\theta}{\lambda}\right) = \sum_{i=1}^4 a_i \exp\left(-b_i \frac{\sin^2\theta}{\lambda}\right) + c$$

式中，a_i, b_i 和 c 均为拟合参数。表 7.1 给出部分元素的分析系数。

表 7.1 结构因子分析表达式系数

元素	a_1	a_2	a_3	a_4	b_1	b_2	b_3	b_4	c
Si	6.2915	3.0353	1.9891	1.5410	2.4386	32.334	0.6785	81.694	1.1407
Ga	15.2354	6.7006	4.3591	2.9623	3.0669	0.2412	10.781	61.415	1.7189
As	16.6723	6.0701	3.4313	4.2779	2.6345	0.2647	12.948	47.797	2.5310
Al	6.4202	1.9002	1.5936	1.9646	3.0387	0.7426	31.547	85.089	1.1151
In	19.1624	18.5596	4.2948	2.0396	0.5476	6.3776	25.850	92.803	4.9391
P	6.4345	4.1791	1.7800	1.4908	1.9067	27.157	0.5260	68.165	1.1149

实际上，原子内的电子是处于束缚状态，其电子对 X 射线的散射能力与自由电子的散射能力略有差异，考虑原子色散效应，散射 X 射线的位相与入射 X 射线的位相不一致，原子的平均散射因子应为

$$f = f_0 + \Delta f' + \mathrm{i}\Delta f''$$

式中，$\Delta f'$ 和 $\Delta f''$ 为色散校正项，都是 $\dfrac{\sin\theta}{\lambda}$ 的函数。由于色散效应主要来自内层电子的影响，因此，与 θ 的关系较小，对同一波长它们近似为常数。

综上所述，可求得二元化合物的结构因子：

$$(F_{hkl})_{AB} = F_A + F_B$$

其中

$$F_A = \sum_{j=1}^{N_A} f_A \exp[\mathrm{i}2\pi(hx_j^A + ky_j^A + lz_j^A)]$$

$$F_B = \sum_{j=1}^{N_B} f_B \exp[\mathrm{i}2\pi(hx_j^B + ky_j^B + lz_j^B)]$$

$$f_A = f_{0A} + \Delta f'_A + \mathrm{i}\Delta f''_A$$

$$f_B = f_{0B} + \Delta f'_B + \mathrm{i}\Delta f''_B$$

三元化合物的结构因子同样可根据维加定律求出，表达为

$$F_{A_xB_{1-x}C} = xF_A + (1-x)F_B + F_C$$
$$= (F_B + F_C) + (F_A - F_B)x$$

3. 几何参数

求解式(7.30)所需的第三类参数是某一特定衍射的衍射几何参数，这些参数的定义是明确的。假设外延膜处于四方畸变，第 j 个外延层 (hkl) 面间距可由四方晶系面间距公式求得，畸变后 (hkl) 面的面间距：

$$d_{hkl} = \left(\frac{h^2+k^2}{a_\parallel^2} + \frac{l^2}{a_\perp^2} \right)^{-\frac{1}{2}} \tag{7.42}$$

由布拉格定律得布拉格衍射角：

$$\theta_{jB} = \sin^{-1}\left(\frac{\lambda}{2d_{hkl}}\right) \tag{7.43}$$

第 j 个外延层 (hkl) 面与表面 (HKL) 角为

$$\phi_j = \cos^{-1}\left\{ \frac{\dfrac{hH+kK}{a_\parallel^2} + \dfrac{lL}{a_\perp^2}}{\left[\left(\dfrac{h^2+k^2}{a_\parallel^2} + \dfrac{l^2}{a_\perp^2}\right)\left(\dfrac{H^2+K^2}{a_\parallel^2} + \dfrac{L^2}{a_\perp^2}\right)\right]^{\frac{1}{2}}} \right\} \tag{7.44}$$

式中，(HKL) 为外延膜表面的晶面指数。衬底的 θ_{SB} 和 ϕ_s 可用类似的方法求得。

另一个重要的几何参数是 α_h（见式(7.29)），其中 $\Delta\theta$ 为入射束对布拉格角的偏离，它是 z 的函数，对不同的外延层有不同的值。有关系：

$$\Delta\theta = \Delta\theta_0 + (\theta_{SB} - \theta_{jB}) \pm (\varphi_s - \varphi_j) \tag{7.45}$$

式中，$\Delta\theta_0$ 为入射束与衬底衍射面的夹角对衬底严格布拉格角的偏离；θ_{SB} 和 θ_{jB} 分别为衬底和外延膜的布拉格角；φ_s 和 φ_j 分别为衬底和外延膜衍射面与表面的夹角；"+"和"−"分别对应掠入射和掠出射的衍射几何。

对非对称衍射几何情况，X 射线入射束与衍射束相对衬底内法线的方向余弦 γ_0 和 γ_h 分别表达为

$$\gamma_0 = \sin(\theta_{SB} \mp \varphi_j)$$
$$\gamma_h = -\sin(\theta_{SB} \pm \varphi_j)$$

式中，"±"号的选取上、下分别对应掠入射和掠出射的衍射几何。

至此，已完成了摇摆曲线理论模拟的全部准备工作，可以编写计算机程序进行计算。

7.6 应变弛豫超晶格的 X 射线双轴晶摇摆曲线计算[27]

7.5 节讨论了双轴晶 X 射线摇摆曲线的 X 射线衍射动力学理论模拟计算，假设了应变外延层是完全共格生长的完美单晶。如果发生应变了弛豫，那么外延膜与衬底之间将出现非共格生长，外延膜中的应变分布也将发生变化。因而，对 7.5 节介绍的方法还需作一些修正，并要考虑以下几个问题：

(1) 对应变超晶格，存在不止一种弛豫机制。在不同的弛豫机制中，应变的分布也不相同。

(2) 在发生大的应变弛豫后，在超晶格层与衬底之间常会发生一个倾角，即取向差，这导致衍射卫星峰偏离其正常位置。

(3) 由于应变弛豫，在界面上可能产生失配位错，从而使得衍射卫星峰展宽。

7.6.1 弛豫机制与应变分布

对应变超晶格，通常认为存在两种可能的应变弛豫机制[28]，如图 7.3 所示。

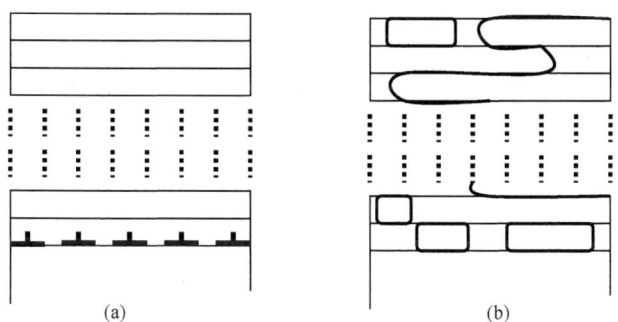

图 7.3　应变超晶格的两种可能的应变弛豫机制
(a)机制(1)；(b)机制(2)

图 7.3(a)所示机制(1)失配位错只产生在超晶格层与衬底的界面上，超晶格层作为一个整体趋于以无衬底存在时的自由晶格参数而存在。

图 7.3(b)所示机制(2)失配应变的弛豫贯穿整个超晶格层，在每一界面上都有位错形成，各组元层趋于以自己本身的固有参数存在。

如果在机制(2)下，应变达到完全弛豫，则在超晶格中不再有残余应变存在；而在机制(1)中，即使应变完全弛豫，在两个组元层之间仍有部分应变能存在。

组元层 $i(i=1,2)$ 与衬底之间在无应变时的晶格失配可定义为

$$f_i = \frac{a_i - a_s}{a_s} \tag{7.46}$$

式中，a_i 为组元层 i 的点阵参数；a_s 为衬底材料的点阵参数。在两种机制下，各组元层沿平行及垂直于超晶格生长面方向上的 X 射线应变(即 X 射线测得的应变层与衬底之间的有效失配)$\varepsilon_i^\parallel$ 和 $\varepsilon_i^\perp$ 都可表达为

$$\varepsilon_i^\parallel = \frac{a_i^\parallel - a_s}{a_s} \tag{7.47}$$

$$\varepsilon_i^\perp = \frac{a_i^\perp - a_s}{a_s} \tag{7.48}$$

各组元层的真实应变则为

$$e_i^\parallel = \frac{a_i^\parallel - a_i}{a_i} \tag{7.49}$$

$$e_i^\perp = \frac{a_i^\perp - a_i}{a_i} \tag{7.50}$$

由式(7.39),则得到

$$\frac{a_i^\perp - a_i}{a_i} = \left(-\frac{2C_{12}^i}{C_{11}^i}\right)\frac{a_i^\| - a_i}{a_i} \tag{7.51}$$

其中,C_{11}和C_{12}代表组元层i的弹性常数。由式(7.51)及式(7.47)得到

$$a_i^\perp = a_i + \left(-\frac{2C_{12}^i}{C_{11}^i}\right)(a_i^\| - a_i)$$

$$= \left(1 + \frac{2C_{12}^i}{C_{11}^i}\right)a_i - \frac{2C_{12}^i}{C_{11}^i}(1+\varepsilon_i^\|)$$

$$= \left[1 + f_i + (f_i - \varepsilon_i^\|)\frac{2C_{12}^i}{C_{11}^i}\right]a_s \tag{7.52}$$

$$\varepsilon_i^\perp = f_i + (f_i - \varepsilon_i^\|)\frac{2C_{12}^i}{C_{11}^i} \tag{7.53}$$

由式(7.47),还可得到

$$a_i^\| = (1 + \varepsilon_i^\|)a_s \tag{7.54}$$

式(7.52)和式(7.54)是应变弛豫状态下超晶格各组元层的晶格参数的表达式,可用它们代替式(7.41a)和式(7.41b)以计算应变弛豫状态下超晶格的X射线衍射摇摆曲线。

式(7.53)和式(7.54)中除了材料本身的特征参数外,还有一个变量$\varepsilon_i^\|$,$\varepsilon_i^\|$的大小反映了应变弛豫的大小。如果$\varepsilon_i^\| = 0$,则表明组元层i没有发生应变弛豫,而如果$\varepsilon_i^\| = f_i$,则表明组元层i处于完全应变弛豫状态。在应变弛豫机制(1)的情形下,显然有$\varepsilon_1^\| = \varepsilon_2^\|$;而在机制(2)下,则一定有$\varepsilon_1^\| \neq \varepsilon_2^\|$。

对机制(1)的情形,由于超晶格层是作为一个整体在与衬底的界面上发生应变弛豫,故有$\varepsilon_1^\| = \varepsilon_2^\| = \varepsilon^\|$。定义平均弛豫比$R$为

$$R = \frac{a^\| - a_s}{\langle a \rangle - a_s} = \frac{\varepsilon^\|}{\langle f \rangle} \tag{7.55}$$

式中

$$\langle a \rangle = \frac{t_1 a_1 + t_2 a_2}{t_1 + t_2} \tag{7.56}$$

$$\langle f \rangle = \frac{t_1 f_1 + t_2 f_2}{t_1 + t_2} \tag{7.57}$$

分别是没有应变时超晶格材料的平均晶格参数和平均晶格失配。将式(7.55)中的$\varepsilon^\|$代入式(7.53)和式(7.54)中,则得到

$$a_i^\| = (1 + R\langle f \rangle)a_s \tag{7.58}$$

$$a_i^\perp = \left[1 + f_i + (f_i - R\langle f \rangle)\frac{2C_{12}^i}{C_{11}^i}\right]a_s \tag{7.59}$$

在机制(2)情形中,由于 $\varepsilon_1^\parallel \neq \varepsilon_2^\parallel$,情形略为复杂。考虑在实际中一种最常见的情况,即组元 1 与衬底材料相同,且完全应变弛豫,而组元 2 则部分应变,其弛豫比 R 定义为

$$R = \frac{a_2^\parallel - a_s}{a_2 - a_s} = \frac{\varepsilon_2^\parallel}{f_2} \tag{7.60}$$

于是,由式(7.53)和式(7.54),有

$$a_1^\parallel = a_1^\perp = a_s \tag{7.61}$$

$$a_2^\parallel = (1 + Rf_2) a_s \tag{7.62}$$

$$a_2^\perp = \left[1 + f_2 + (f_i - R) f_2 \frac{2C_{12}^2}{C_{11}^2} \right] a_s \tag{7.63}$$

7.6.2 取向差与峰形展宽

1. 取向差

一个应变外延层在发生大的应变弛豫后,外延层与衬底之间常会出现一个倾角,或称取向差角。在双轴晶 X 射线衍射摇摆曲线中,这一倾角的存在,会引起超晶格衍射峰与衬底峰之间的相对位置发生变化,进而影响对实验结果的分析。因而在对应变弛豫超晶格的 X 射线衍射摇摆曲线进行理论模拟时,必须考虑取向差角的影响。

对外延膜晶格与衬底晶格之间的倾角及其取向的测量,可通过转动样品至不同的方位取向,测量样品的 X 射线衍射摇摆曲线,然后从不同方位取向所测到的外延膜衍射峰与衬底衍射峰之间的距离来获得。在每条摇摆曲线中,测到的外延膜衍射峰与衬底衍射峰间的距离由三部分组成:

(1) 由于外延膜与衬底晶格面间距 d 的差异引起的布拉格角的差异 $\Delta\theta_B$。
(2) 由于四方畸变引起的外延膜与衬底的衍射面 (hkl) 之间的夹角 $\Delta\varphi$。
(3) 外延膜与衬底之间的取向差角 ϕ。

令外延膜衍射峰与衬底衍射峰之间的测量距离为 $\Delta\theta$,则

$$\Delta\theta = \Delta\theta_B + \Delta\varphi \pm \phi \tag{7.64}$$

$$\Delta\theta_B = -\tan\theta_B (\varepsilon^\perp \cos^2\varphi + \varepsilon^\parallel \sin^2\varphi) \tag{7.65}$$

$$\Delta\varphi = \pm \sin\varphi \cos\varphi (\varepsilon^\perp - \varepsilon^\parallel) \tag{7.66}$$

其中,式(7.64)中±号取决于入射 X 射线与取向差角 ϕ 之间的相对取向,而式(7.66)中的±号取决于入射 X 射线与衍射面 (hkl) 之间的相对取向。在掠入射情形,取+号,在掠出射情形,取-号。θ_B 是衬底的布拉格角,φ 是 (hkl) 面与表面的夹角。ϕ 通常由一组对称衍射测得,此时,式(7.64)有 $\Delta\varphi = 0$。首先,在样品的某一方位取向测一条 X 射线衍射摇摆曲线,记录其外延膜衍射峰与衬底衍射峰的角距离 $\Delta\theta_1$;然后转动样品 180°,也就是说,让 X 射线沿相反的方向入射,再测得一个

$\Delta\theta_2$，那么，外延膜与衬底沿这一方向的取向差 ϕ 为

$$\phi = \frac{|\Delta\theta_1 - \Delta\theta_2|}{2} \tag{7.67}$$

沿不同的样品方位取向测量一组 X 射线衍射摇摆曲线，就可得到一组外延膜与衬底沿不同方位的取向差 ϕ，从而可确定总的取向差角的大小和方向。一般对同一衍射，至少测量 4 条 X 射线衍射摇摆曲线，即沿取向 $\omega = 0°, 90°, 180°$ 和 $270°$，各测一条曲线。对[001]取向的外延膜系统，定义 ω 顺时针方向转动，在 $\omega = 0°$ 时，入射 X 射线与衍射 X 射线在样品表面的投影都沿[110]方向。

考虑取向差角 ϕ 后，7.5.3 节中的一些几何参数也需作相应的修正。式(7.42)中的 $\Delta\theta$ 应由 $\Delta\theta'$ 来代替：

$$\Delta\theta' = \Delta\theta + \phi \tag{7.68}$$

方向余弦的表达式也相应变为

$$\gamma_0 = \sin(\theta \mp \varphi \pm \phi) \tag{7.69}$$

$$\gamma_h = -\sin(\theta \pm \varphi \mp \phi) \tag{7.70}$$

上面各式中 φ 与 ϕ 前±号的选取与式(7.64)和式(7.66)中相同。

2. 衍射峰形的展宽

如果外延膜与衬底之间的晶格失配是部分地由失配位错来调节，那么，在 X 射线衍射摇摆曲线中，位错的存在将导致衍射峰展宽，甚至完全消失。这就对准确确定峰位和衍射峰的强度分布等造成一定的困难。为了使理论模拟曲线能与实验曲线作完全对应的比较，在理论模拟摇摆曲线时，必须考虑峰形的展宽。缺陷(如位错)对摇摆曲线峰形的影响目前还很难作出清晰的数学描述，因而难以直接通过描述 X 射线衍射的物理过程来考虑峰形的展宽效应。许多工作表明，纯数学意义的展宽用于理论模拟实验曲线也是一种极为有效的办法。可以通过对理论模拟摇摆曲线卷积一个标准高斯函数来实现，所用高斯函数的半高宽为 $\Delta\theta_g$，衍射峰的展宽为

$$f(\alpha) = \frac{1}{\sqrt{2\pi}\sigma} e^{-\frac{\alpha^2}{2\sigma^2}} \tag{7.71}$$

$$\Delta\theta_g = 2\sqrt{2\ln 2}\,\sigma \tag{7.72}$$

由于 $\int_{-\infty}^{\infty} f(\alpha)\,d\alpha = 1$，所以这一处理并不影响衍射峰的积分强度。这样摇摆曲线 $R(\beta)$(式(7.35))应由下式来代替：

$$R(\beta) = \int_{-\infty}^{\infty} R(\beta + \alpha) f(\alpha)\,d\alpha \tag{7.73}$$

麦振洪

参 考 文 献

[1] Cowley J W, Moodie A. Proc. Phys. Soc. B, 1957, (70): 486.
[2] Cowley J W, Moodie A. Acta. Cryst. 1957,, (10): 609.
[3] Kato N. Acta Crystallogragh, 1960, (13): 1091.
[4] Kato N. Acta Crystallogragh, 1963, (16): 276, 282.
[5] Penning P, Polder D. Philips Research Report, 1961, (16): 419.
[6] Howie A, Whelan M J. Proceedings of European Regional Conference on Electron Microscopy, Delft, 1960, (1): 194.
[7] Howie A, Whelan M J. Proceedings of Royal Society A, 1961, (263): 217.
[8] Howie A, Whelan M J. Proceedings of Royal Society A, 1962, (267): 206.
[9] Takagi S. J. Physics Society of Japan, 1969, (26): 1239; Acta Crystallogragh, 1962, (15): 1311.
[10] Taupin D. Bull. Soc. Franc. Miner. Crist. 1964, (87): 469.
[11] 贺楚光, 麦振洪, 崔树范. 物理学报, 1990, (39): 778.
[12] Speriosu V S, Vreeland T. J. Applied Physics, 1984, (56): 1591.
[13] Haradai J, et al. Japan J. Applied Physics, 1985, (24): L62.
[14] Quillec M, et al. J. Applied Physics, 1984, (55): 2904.
[15] Petrashen P V. Fiz. Trerd. Tela 〈Leninggrad〉, 1974, (16): 2168 (Soviet Physics, Solid State, 1975, (16): 1417); 1975, (17): 2814 (Soviet Physics, Solid State, 1976, (17): 1882).
[16] Afanasev A F, et al. Physical State Solid A, 1977, (42): 415.
[17] Kyntt R N, Petrashen P V, Sorokin L M. Physical State Solid A, 1980, (60): 381.
[18] Tapfer L, Ploog K. Physical Review B, 1986, (33): 5565.
[19] Tapfer L, Stolz W, Fischer A, et al. Surface Science, 1986, (174): 88.
[20] Taupin D, Burgreat J. Acta Cryst. Sect. A, 1968, (24): 99.
[21] Fukahara A, Takano Y. Acta Cryst. Sect. A, 1977, (33): 137.
[22] Larson B C, Barhorst J F. J. Applied Physics, 1980, (51): 3181.
[23] 贺楚光. 中国科学院物理研究所硕士学位论文, 1989.
[24] Pinsker Z G. Dynamical Scattering of X-rays in Crystal. Berlin: Springer, 1978.
[25] Kamigaki K, et al. Applied Physics Letter, 1986, (49): 1071.
[26] Ibers J A, Hamilton W C. International Tables for Crystallgraphy. Birmingham: The Kynoch Press, 1974.
[27] 李建华. 中国科学院物理研究所博士学位论文, 1993.
[28] Houghton D C, Perovic D D, Baribeeau J M, et al. J. Appl. Phys., 1990, (67): 1850.

第8章　X射线异常衍射精细结构理论

自1992年Strager等[1]发表第一篇X射线异常衍射精细结构(DAFS)的文章以来,该技术被广泛应用到分析各种材料的结构表征。该技术将X射线衍射和X射线精细结构技术结合起来,通过测量特定衍射峰的强度随能量(在某特定元素的吸收边附近)的变化,来获得特定位置某种元素周围原子的局部精细结构。由于该方法既具有X射线衍射的晶体选择性(衍射峰的选择),又具有X射线精细结构的元素选择性,同时还具有多波长X射线衍射方法的特点,所以被应用到薄膜的结构分析中。本章主要介绍如何理解X射线异常衍射精细结构谱以及如何从中得到有用的信息,关于X射线吸收精细结构的分析不作详细的介绍,读者可以参看专门关于X射线精细结构分析的书籍[2]。另外,虽然对于半导体等晶体结构非常完美的材料,大都采用X射线衍射动力学理论,但是考虑到简单性和直观性,本章在介绍X射线异常衍射精细结构理论时,还是从X射线衍射运动学理论出发。在具体分析谱线时,有时可能需要采用相应的X射线衍射动力学理论来进行数据分析。

8.1　没有周期调制的多层膜

从X射线衍射运动学理论知道,晶格衍射峰的强度可以表述为 $I \propto |F|^2$,其中

$$F = \sum_j f_j \cdot \exp(i\boldsymbol{q} \cdot \boldsymbol{r}_j) \tag{8.1}$$

式中, $\sum_j$ 为对所有的原子求和; f_j 是 j 原子的X射线散射振幅; $\boldsymbol{q}$ 是衍射矢量。对于复合晶格:

$$F = \sum_i \sum_j f_j \cdot \exp(i\boldsymbol{q} \cdot \boldsymbol{r}_j) \cdot \exp(i\boldsymbol{q} \cdot \boldsymbol{R}_i) \tag{8.2}$$

式中, $\sum_i$ 为对所有晶格求和; $\sum_j$ 为对晶胞内所有原子求和; $\boldsymbol{r}_j$ 表示原子在晶胞中的相对位置;而 $\boldsymbol{R}_i$ 表示晶胞的原点位置。在同一X射线波长情况下,通过比较不同衍射峰间的相对强度,原则上可以获得原子位置和晶胞结构信息。对于特定衍射峰,衍射强度随X射线能量的变化正比于晶胞的散射振幅的平方, $I(E) \propto |F_{cell}(E)|^2$,其中

$$F_{\text{cell}} = \sum_j f_j \cdot \exp(i\boldsymbol{q} \cdot \boldsymbol{r}_j) \tag{8.3}$$

我们知道,在忽略磁散射的情况下,原子对X射线的散射主要包括汤姆孙散射和异常散射[3]。原子的散射振幅可以写为 $f = f_0 + \Delta f$,其中,f_0 代表汤姆孙散射振幅,Δf 代表异常散射振幅。汤姆孙散射振幅正比于原子电子分布的傅里叶变换,与散射波矢有关,却与X射线能量没有直接的关系。在小角度极限下,原子的汤姆孙散射振幅值等于原子的电子数。原子的异常散射振幅可以表述为[1,3,4]

$$\Delta f(\boldsymbol{k}_1, \boldsymbol{k}_2, E) = f'(\boldsymbol{k}_1, \boldsymbol{k}_2, E) + i f''(\boldsymbol{k}_1, \boldsymbol{k}_2, E)$$

$$= \frac{r_0}{m} \sum_j \sum_n \frac{\langle j \mid \boldsymbol{e}_2^* \cdot \boldsymbol{P} e^{-i\boldsymbol{K}_2 \cdot \boldsymbol{r}} \mid n \rangle \langle n \mid \boldsymbol{e}_1 \cdot \boldsymbol{P} e^{i\boldsymbol{K}_1 \cdot \boldsymbol{r}} \mid j \rangle}{E_n - E_j - \hbar\omega - i\alpha}$$

$$+ \frac{\langle j \mid \boldsymbol{e}_1 \cdot \boldsymbol{P} e^{i\boldsymbol{K}_1 \cdot \boldsymbol{r}} \mid n \rangle \langle n \mid \boldsymbol{e}_2^* \cdot \boldsymbol{P} e^{-i\boldsymbol{K}_2 \cdot \boldsymbol{r}} \mid j \rangle}{E_n - E_j + \hbar\omega - i\alpha}$$

式中,m 和 n 分别为电子的本征态;P 为电子的动量;K_1 和 K_2 表示激发电子波矢;$\hbar\omega$ 为光子的能量;k_1 和 k_2 表示入射和出射波矢;e_1 和 e_2 分别为入射和出射光子的极化方向。

对孤立原子,其异常散射振幅可以表示为实部和虚部两部分:$\Delta f_0(E) = f_0'(E) + i f_0''(E)$。$f'$ 和 f'' 仅与X射线能量有关,因此,孤立原子的异常散射振幅基本不随散射角度变化而变化。关于孤立原子的异常散射振幅理论计算,可以参考文献[5]和[6]。

当原子被其他原子包围时,原子的外层电子的本征态受到周围原子的影响。从散射的角度来说,被激发电子的终态受到周围原子的散射,并且因此而影响到原子的异常散射振幅。这时,原子的X射线散射振幅可以分为两部分,平滑部分和精细结构的振荡部分[1]:

$$f(q,E) = [f_0(q) + f_0'(E) + i f_0''(E)] + f_0(E)'' \chi(E) \tag{8.4}$$

式中,χ 在本章为精细结构函数,是X射线吸收精细结构理论惯用的符号,它是复数,包括实部和虚部,$\chi = \chi' + i\chi''$。其中,χ' 是X射线吸收精细结构中的精细结构谱[2]。这里,请读者注意,χ 在固体物理的书中常用来表示极化系数。式(8.4)右边第一项是X射线散射振幅谱中平滑部分,为孤立原子的异常散射。

已知 f'' 正比于线性光子吸收系数 μ:

$$f'' = \frac{\mu(E)}{2 r_e N \lambda}$$

其中,N 为单位体积内的原子数;λ 为光子波长;r_e 为电子的经典半径。根据光的电磁场与它在介质内产生的极化之间的因果率,无论是原子处于孤立状态还是周围有其他原子包围着,原子X射线散射振幅的实部和虚部之间满足Kramers-Kronig关系[7~9]:

$$f'(E) = \frac{2}{\pi} P \int_0^\infty \frac{f''(E')}{E^2 - E'^2} dE'$$

这样，精细结构函数 χ 的实部和虚部之间也满足满足 Kramers-Kronig 关系。χ 可以按照 X 射线吸收精细结构理论来计算。早期的 X 射线吸收精细结构理论仅考虑单次平面波散射，后来，考虑了球面波以及多次散射的影响[10,11]。基本上，精细结构函数 χ 可以写为[7]

$$\chi(k) = \sum_{n=1}^{N} \frac{S_0^2}{kR_n^2} |f_n(k)| \exp[\mathrm{i}(2kR_n + \phi_n(k) + 2\delta_c(k))] \exp(-2\sigma_n^2 k^2) \exp[-2R_n/\lambda(k)] \tag{8.5}$$

式中，$\sum_{n=1}^{N}$ 为对所有的散射路径求和；S_0^2 为多体效应引起的振幅衰减因子；R_n 为第 n 个散射路径的长度；k 为激发光电子的波数，$k = [2m(E-E_0)/\hbar^2]^{1/2}$；$E_0$ 为中心原子的束缚能；$f_n = |f_n(k)| \exp[\mathrm{i}\phi_n(k)]$ 为 n 散射路径的球面波散射振幅；ϕ_n 为第 n 原子产生的相位移；δ_c 为被激发原子电子轨道动量的量子数 l 变化 $\Delta l = \pm 1$ 时的相位移；σ_n^2 为第 n 个散射路径的 X 射线吸收精细结构德拜-沃勒因子；$\lambda(k)$ 为被激发光电子的平均自由程。请注意，本章中用的符号是 X 射线吸收精细结构理论惯用的。σ 在本书其他章节即表示粗糙度，λ 为波长。

将式(8.4)代入式(8.3)可以得到

$$F_{\mathrm{cell}}(\boldsymbol{q}, E) = \sum_j [(f_0 + f_0' + f_0''\chi')_j + \mathrm{i}(f_0'' + f_0''\chi'')_j] \exp(\mathrm{i}\boldsymbol{q} \cdot \boldsymbol{r}_j) \tag{8.6}$$

在一般情况下，不同原子的吸收边能量差别很大，而精细结构函数 χ 随着 $E-E_0$ 衰减很快。这样，式(8.5)中对 χ 的求和只需要考虑吸收原子就行了：

$$\begin{aligned} F_{\mathrm{cell}}(\boldsymbol{q}, E) &= \sum_j (f_0 + f_0' + \mathrm{i}f_0'')_j \exp(\mathrm{i}\boldsymbol{q} \cdot \boldsymbol{r}_j) + (f_0''(\chi' + \mathrm{i}\chi''))_j \exp(\mathrm{i}\boldsymbol{q} \cdot \boldsymbol{r}_j) \\ &= A_0 + \sum_{j_a} (f_0''(\chi' + \mathrm{i}\chi''))_{j_a} \exp(\mathrm{i}\boldsymbol{q} \cdot \boldsymbol{r}_{j_a}) \end{aligned} \tag{8.7}$$

式中，$\sum_{j_a}$ 只对晶胞内所有吸收原子求和；$A_0 = \sum_j (f_0 + f_0' + \mathrm{i}f_0'')_j \exp(\mathrm{i}\boldsymbol{q} \cdot \boldsymbol{r}_j)$。当晶体或薄膜的结晶性不是很完美的情况下，还要考虑相应原子的德拜-沃勒因子 $\mathrm{e}^{-q^2 \cdot \langle u \rangle^2 / 2}$ 的影响。下面，假设不同位置原子的德拜-沃勒因子是一样的，并且考虑到衍射矢量 $\boldsymbol{q}$ 随能量不变。衍射峰强度随 X 射线能量的变化可以写为

$$\begin{aligned} I(\boldsymbol{q}, E) \propto |F_{\mathrm{cell}}(\boldsymbol{q}, E)|^2 = &|A_0|^2 + 2\mathrm{Re}(A_0) \sum_{j_a} [(f_0''\chi')_{j_a} \cos(\boldsymbol{q} \cdot \boldsymbol{r}_{j_a}) \\ &- (f_0''\chi'')_{j_a} \sin(\boldsymbol{q} \cdot \boldsymbol{r}_{j_a})] \\ &+ 2\mathrm{Im}(A_0) \sum_{j_a} [(f_0''\chi')_{j_a} \sin(\boldsymbol{q} \cdot \boldsymbol{r}_{j_a}) \\ &+ (f_0''\chi'')_{j_a} \cos(\boldsymbol{q} \cdot \boldsymbol{r}_{j_a})] \\ &+ \left| \sum_{j_a} (f_0''(\chi' + \mathrm{i}\chi''))_{j_a} \exp(\mathrm{i}\boldsymbol{q} \cdot \boldsymbol{r}_{j_a}) \right|^2 \end{aligned} \tag{8.8}$$

式中,$\sum_{j_a}$ 表示对晶胞内所有吸收原子求和。式(8.8)右边第一项不随能量的变化而振荡。第二项和第三项因为包含 χ' 和 χ'',所以随能量的变化而振荡。在一般情况下,由于 $|\chi| \ll 1$,在理论拟合 X 射线异常衍射精细结构谱线时,可以忽略第四项。如果认为晶胞内不同位置的吸收原子的精细结构函数 χ 是一样的,或者晶胞内只有一个吸收原子,式(8.7)可以简化为

$$I(\boldsymbol{q},E) \propto |F_{cell}(\boldsymbol{q},E)|^2 = |A_0|^2 + 2\mathrm{Re}(A_0) \cdot f''_{0,a}[\chi' \cdot \mathrm{Re}(\alpha) - \chi'' \cdot \mathrm{Im}(\alpha)]$$
$$+ 2\mathrm{Im}(A_0) \cdot f''_{0,a}[\chi' \cdot \mathrm{Im}(\alpha) + \chi'' \cdot \mathrm{Re}(\alpha)] \quad (8.9)$$

式中,$\alpha = \sum_{j_a} \exp(\mathrm{i}\boldsymbol{q} \cdot \boldsymbol{r}_{j_a})$;脚标 a 表示吸收原子;式(8.9)忽略了 $|\chi|$ 的高次项。

从式(8.9)可以看出,DAFS 振荡来自于 $(\chi' + \mathrm{i}\chi'')$ 对原子散射振幅的贡献,χ' 与 χ'' 线性地出现在 DAFS 强度中。

对于没有周期调制的多层膜,如果衍射峰是由晶体内或薄膜中某层的晶格衍射导致,式(8.6)～式(8.8)中晶胞的选择可以只考虑该层的晶格结构。对于具有周期调制的多层膜结构,多层膜各层晶格衍射峰之间会相互干涉,形成很多周期调制峰。在这种情况下,式(8.6)～式(8.8)中晶胞应该选为多层膜的周期调制单元,公式中对原子的求和应该包括周期调制单元内所有层的晶格。也就是说,对于晶格衍射是单个晶胞,对于周期性多层膜则是整个周期单元。

以上介绍了基于晶格衍射峰的 X 射线异常衍射精细结构理论。X 射线异常衍射精细结构谱线同样可以从多层膜成分调制的反射峰中获得。在第 10 章讨论当 X 射线从均匀介质 1 入射到均匀介质 2 时,界面处反射系数可以表示为[12]

$$r = \frac{k_{z,1} - k_{z,2}}{k_{z,1} + k_{z,2}} \quad (8.10)$$

式中,$k_z = k_0(n - \cos^2\theta)^{1/2}$ 是 X 射线在介质中的波矢沿垂直界面的分量(这里 n 表示介质的折射系数);$k_0 = 2\pi/\lambda$ 是 X 射线在真空中的波数;θ 是 X 射线在介质中的入射角。X 射线在介质中的折射率

$$n = 1 - \frac{r_e \cdot \lambda}{2\pi} \sum_j \rho_j \cdot f_j$$

其中,r_e 是经典电子半径;ρ_j 是 j 类原子的密度。当角度远大于临界角的情况下,即 $\sin\theta \gg n-1$,并考虑界面粗糙度 σ 对反射系数的影响,式(8.10)可以简化为

$$r \propto \sum_j \Delta[\rho_j \cdot f_j] \cdot \mathrm{e}^{-q_z^2 \cdot \sigma^2/2} \quad (8.11)$$

式中,$\Delta[\rho_j \cdot f_j]$ 为界面两边介质 $[\rho_j \cdot f_j]$ 的差别;$\sum_j$ 表示对界面两边所有类型原子求和。这正是玻恩近似下 X 射线界面反射系数的表示。

8.2 [A/B]$_n$ 多层膜

以下以[A/B]$_n$多层膜为例,看看如何理解从多层膜周期调制的反射峰中得到的X射线异常衍射精细结构谱。从图8.1可看到,在[A/B]$_n$多层膜中,周期内包括界面A/B和B/A。周期的结构因子可以写为

$$F_{cell}(q,E) \propto \sum_j \Delta[\rho_j f_j][e^{-q_z^2 \cdot \sigma_{B/A}^2/2} - e^{-q_z^2 \cdot \sigma_{A/B}^2/2} \cdot \exp(iq_z \cdot d_A)] \quad (8.12)$$

式中,d_A是A层的厚度。当一个周期内存在更多的层数时,式(8.12)中的求和遍及每一层。由于特定衍射峰位q_z不随X射线能量变化,可以将式(8.12)写为

$$F_{cell}(q,E) \propto \sum_j \Delta[\rho_j f_j] = \sum_j \Delta[\rho \cdot (f_0 + f'_0 + if''_0)]_j + \Delta[\rho \cdot f''_0 \cdot (\chi' + i\chi'')]_a$$
$$= A_0 + \Delta[\rho \cdot f''_0 \cdot (\chi' + i\chi'')]_a \quad (8.13)$$

式中,$A_0 = \sum_j \Delta[\rho \cdot (f_0 + f'_0 + if''_0)]_j$;角标a表示吸收原子。注意,由于反射中$q_z$很小,X射线无法分辨原子的实际位置,所以只能得到层内所有位置吸收原子的平均精细结构函数χ。实际上,在X射线反射理论中,一般认为层内是均匀的,而且每层都是采用连续介质模型。

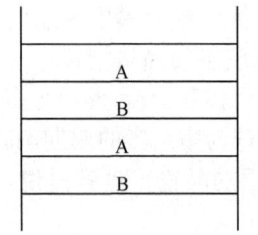

图8.1 [A/B]$_n$多层膜结构示意图

这样,X射线反射峰强度随能量的变化可以表示为

$$I(E) \propto |F_{cell}(E)|^2 \propto |A_0|^2 + 2\text{Re}(A_0) \cdot \Delta[\rho \cdot f''_0 \cdot \chi']_a$$
$$+ 2\text{Im}(A_0) \cdot \Delta[\rho \cdot f''_0 \cdot \chi'']_a \quad (8.14)$$

式中,忽略了$|\chi|$的高次项。同样,X射线异常衍射精细结构谱振荡是由式(8.14)右边后两项引起的。对于基于X射线反射峰的X射线异常衍射精细结构谱谱线分析,以上讨论仅适用于当X射线反射峰的位置远离临界角的情况下。但是,在大多数情况下,X射线反射峰的位置并不离临界角很远,这时,反射峰强度随角度和能量的变化不能用简单的函数关系表达,必须采用严格的X射线反射理论来数字地从X射线异常衍射精细结构谱中提取出振荡部分,也就是精细结构函数。具体步骤在后面将有详细讨论。

8.3 实验方法

由于X射线异常衍射精细结构谱实验所测量的是X射线衍射峰强度随能量

的变化,所以实验需要在同步辐射装置下进行(图 8.2 所示)。由于扩展 X 射线吸收精细结构谱数据分析的要求,单色器的能量分辨率与入射 X 射线能量有关,在测量过程中,X 射线能量的变化步长要根据实际情况而定。由于 X 射线衍射实验对角度的分辨率要求较高,一般要求单色器在改变入射 X 射线能量时不能改变入射到样品上光束的空间位置和角度。在实验过程中还需要测量 X 射线衍射探测器(I_{det})和光束强度监视探测器(I_{mon})的计数效率随能量的变化,即 $\frac{I_{det}}{I_{mon}}(E)$,以便对测量的 X 射线异常衍射精细结构谱曲线进行探测器计数效率的修正。

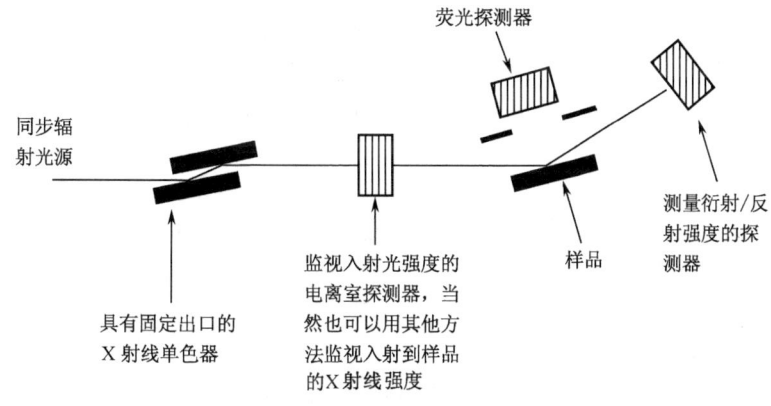

图 8.2 异常衍射精细结构实验装置图

注意:图中并没有标示狭缝

在大多数薄膜样品的测量中,由于样品中镶嵌结构的存在,或者样品的结晶性不是很好,衍射峰比较宽,一般可用积分强度来表示衍射峰的强度。另外,一般在实验的同时可以用荧光探测器来探测从样品发出的荧光来作为能量的标示。对于有些薄膜的衍射峰强度较弱的情况,可以采用延长探测计数时间来获得较好的信噪比。这时,要注意扣除背底计数。

对于基于 X 射线反射峰的异常衍射精细结构谱实验,一般还需要测量几组不同能量下的完整 X 射线反射曲线,甚至测量不同级数的反射峰强度随 X 射线能量变化的曲线。从式(8.12)可以看出,基于 X 射线反射峰的异常衍射精细结构谱线分析,需要准确的多层膜几何结构因子。式(8.12)和式(8.13)只是一个近似的运动学理论结果。多层膜几何结构因子需要利用严格的 X 射线反射理论,通过模拟完整的反射曲线获得。多层膜的几何结构因子参数比较复杂,包括各层厚度、各界面粗糙度、层内及界面各类原子的成分分布等。利用迭代方法,同时模拟不同 X 射线能量的反射曲线,以及周期结构反射峰强度随能量变化曲线,可以更准确地得出各结构参数,以及 χ' 或 χ''。这种多曲线迭代分析方法,同样有助于复杂晶体的结构分析。

8.4 DAFS谱线的分析方法

一般来说,对从X射线衍射峰获得的X射线异常衍射精细结构谱线采用以下步骤来分析[7]。

1) 实验数据的整理

(1) 测量X射线衍射峰强度随能量的变化并作探测器计数效率的修正。要注意背底的扣除。

(2) 注意能量位置漂移的修正。

(3) 进行样品光照射面积、洛伦兹极化因子、仪器对峰的展宽以及样品对X射线吸收等的修正。这些修正的必要性主要是由于随着X射线能量的变化,入射和出射角度发生变化,X射线探测深度和样品的吸收系数也发生变化。

衍射的吸收修正:

$$I_M \propto I_{\text{theory}} \cdot [1-\exp(-2\mu t/\sin\theta)]/(2\mu)$$

其中,I_M 是测量强度;I_{theory} 是理论强度;t 是样品厚度;μ 是吸收系数。值得注意,吸收效应可能会由于扩展X射线吸收精细结构效应而产生额外的振荡,所以一般来说,可以将吸收修正放在理论计算中。对于反射的DAFS谱线,吸收修正包含在反射的动力学理论中。

仪器对X射线衍射峰的展宽往往包括X射线能量变化导致的单色光发散度变化、波长变化导致仪器分辨率在倒易空间中的变化等。一般来说,要根据实际情况判断。

2) 从X射线异常衍射精细结构谱线中分离出精细结构函数 χ

从X射线异常衍射精细结构谱线中分离出精细结构函数基本有两种方法[7]:

(1) 样条函数法。首先,对实验曲线作各种修正,用样条函数拟合出平滑变化的背底曲线,用X射线衍射或反射理论计算并拟合出实验曲线的平滑部分,再用实验曲线去减,并用理论曲线作归一化,就可以从X射线异常衍射精细结构谱线中分离出精细结构的振荡曲线,也就是式(8.14)中的后两项:$2\text{Re}(A_0) \cdot \Delta[\rho \cdot f_0'' \cdot \chi']_a + 2\text{Im}(A_0) \cdot \Delta[\rho \cdot f_0'' \cdot \chi'']_a$,从中可以提取出 χ' 和 χ''。其次,根据8.1节中介绍的理论和利用扩展X射线吸收精细结构理论,从结构模型开始拟合分析获得的振荡曲线。

(2) 利用Kramers-Kronig关系和衍射或反射理论,直接从X射线异常衍射精细结构谱线中分离出 χ' 或 χ''。然后再利用扩展X射线吸收精细结构理论分析精细结构函数。

关于第一种方法本节不再作太多的讨论。第二种方法是采用迭代的方法,利用原子散射振幅的实部和虚部间的Kramers-Kronig关系直接得到精细结构函数。值得注意的是,Sorensen等[7]以Cromer-Liberman方法[5]计算的理论孤立原子散

射振幅值和实际散射振幅值为初始值[5,6]，直接利用原子散射振幅的实部 f' 和虚部 f'' 之间的 Kramers-Kronig 关系，拟合 X 射线异常衍射精细结构谱线，获得晶体中原子的散射因子 f' 和 f''。孤立原子的散射因子和晶体中原子的散射因子是不一样的，这样就不用忽略 $|\chi|$ 的高次项对拟合的影响[7]。在实际计算过程中，由于 f' 和 f'' 随能量的变化本身不是一个衰减函数，Kramers-Kronig 关系要计算很宽的能量范围才能获得正确的结果。这样，在计算过程中，对于能量不在测量范围内的区域，Kramers-Kronig 变换要用到理论计算的孤立原子散射振幅。对于晶胞结构比较简单的晶体薄膜采用这样一种方法是比较好的。但是，对很多薄膜，在界面处存在晶格弛豫甚至成分的扩散。在这种情况下，薄膜的结构因子比较复杂，往往很难非常精确地描述。这时，直接利用 Kramers-Kronig 关系拟合 X 射线异常衍射精细结构谱线比较困难，有时甚至由于几何结构因子的误差而导致拟合的 f' 和 f'' 的误差。

对于大部分孤立原子，计算的散射振幅和实验值符合得比较好。这时可以采用另外一种方法，利用 χ' 和 χ'' 间的 Kramers-Kronig 关系来获得 χ' 和 χ''。在入射 X 射线能量小于吸收边的区域，χ 值等于零，而在 X 射线能量高于吸收边的区域，χ 随能量增加衰减很快。这样，χ' 和 χ'' 间的 Kramers-Kronig 相互变换就不会因为实验测量范围小而出现误差。但是，由于孤立原子散射振幅实部理论值和实际值之间存在一定差别，特别是在非常靠近吸收边能量附近，差别更大，所以不可能利用孤立原子散射因子的理论值完全拟合 X 射线异常衍射精细结构谱的平滑部分。这时，可以用样条函数的方法获得 X 射线异常衍射精细结构谱的平滑部分，结合 X 射线衍射或反射理论和孤立原子散射振幅的理论值去拟合平滑的 X 射线异常衍射精细结构谱，获得正确的结构参数。再把用样条函数获得的精细结构振荡叠加到用拟合参数计算获得的平滑 X 射线异常衍射精细结构谱中。然后，再利用 χ' 和 χ'' 间的 Kramers-Kronig 关系来拟合该曲线，最终获得 χ' 和 χ''。具体步骤如下：

(1) 用样条函数从 X 射线异常衍射精细结构谱线 $I_e(E)$ 中获得平滑曲线 $I_s(E)$ 和精细结构振荡曲线 $I_{osc}(E)$。其中，$I_{osc}=\dfrac{I_e-I_s}{I_s}$。注意：$I_{osc}(E)$ 只保留高于吸收边的能量部分。在用样条函数平滑获得 $I_{osc}(E)$ 时，由于 f_0' 在吸收边时峰很尖锐，一般可以先将 $I_e(E)$ 除以步骤(2)中理论计算获得的 $I_s'(E)$，然后再用样条函数平滑。

(2) 用理论计算的孤立原子散射振幅 $f_0(E)$ 代入 X 射线衍射或反射理论拟合 $I_s(E)$，同时对 X 射线衍射或反射谱线拟合，获得准确的结构参数，从而计算出理论的平滑 X 射线异常衍射精细结构谱线 $I_s'(E)$。值得注意，有些情况下需要同时拟合多条不同能量下的衍射或反射谱线来获得正确的结构参数。

(3) 构造 X 射线异常衍射精细结构谱线 $I'(E)=I_s'(E) \cdot [1+I_{osc}(E)]$。

(4) 利用 χ' 和 χ'' 间的 Kramers-Kronig 关系,用迭代方法,基于步骤(2)中用的 X 射线衍射或反射理论和原子散射振幅 $f(E) = f_0(E) + f_0''(E) \cdot \chi(E)$,拟合 $I'(E)$,获得 χ' 和 χ''。

由于衍射峰的强度在大多数情况下是由原子散射因子的实部决定的,所以迭代过程中应该拟合 χ',然后用 Kramers-Kronig 变换获得 χ''。再用新的 χ'' 去拟合获得新的 χ',如此迭代下去,直到得到收敛的结果。

(5) 用扩展 X 射线吸收精细结构方法分析 χ' 或 χ''。

对于基于 X 射线反射峰获得的 X 射线异常衍射精细结构谱线,一般建议采用 X 射线反射理论,而不是前面提到的基于玻恩近似下的理论来拟合曲线。应该注意,在步骤(2)中,不同波长下的 X 射线反射曲线理论拟合和平滑曲线 $I_s(E)$ 的理论拟合要同时进行,反复迭代,获得正确的结构参数。

值得提醒的是,上述方法适用于获取扩展边区域的振荡信号,而不适合于获取近边(near-edge)信号。这主要是因为:①近边信号分析对实验数据的信噪比要求很高。通常在 X 射线异常衍射精细结构谱测量时,测量衍射信号的探测器通常与测量入射光强度的探测器不一样。两种不同类型探测器在信号响应机制上的区别会导致归一化后数据噪声较大,即使采用延长计数时间的方法也无法消除这种信号噪声。②前面分析方法中用样条函数和 Kramers-Kronig 关系来处理数据。但是近边信号随 X 射线能量变化很快,样条函数方法并不适合。而且,在应用 Kramers-Kronig 关系时,扩展边数据分析的误差可能会传导到近边信号的分析中。因此,当关注近边结构信息时,最好采用 X 射线荧光方法进行测量分析。

在实际数据分析时,要根据实验情况灵活处理迭代过程。前面提到,一般情况下衍射峰强度主要是由原子散射因子的实部贡献的。这时,迭代过程利用 Kramers-Kronig 关系通过 χ' 获得 χ'',再从实验数据获得 χ'。但是多层膜反射实验中,反射峰强度来源于界面两侧子层散射能力的差别,如式(8.11)和式(8.12)所示。对于某些多层膜结构,如第 13 章将要介绍的 NiFe/Cu 金属多层膜,在远离原子吸收边区域,原子散射因子的虚部对反射强度的贡献可能会很大。这时就需要利用 Kramers-Kronig 关系通过 χ'' 获得 χ',再从实验数据获得 χ''。这样处理方法有助于减少迭代次数,快速获得收敛的 χ' 或者 χ''。

罗光明

参 考 文 献

[1] Stragier H, Cross J O, Rehr J J, et al. Diffraction anomalous fine structure: a new structural technique. Phys. Rev. Lett., 1992, (69): 3064.

[2] Koningsberger D C, Prins R. X-ray Absorption: Principles, Applications, Techniques of EXAFS, SEXAFS, and XANES. New York: John Wiley & Sons, 1988.

[3] 关于 X 射线异常散射可以参考如 Templeton D H 在 Grown G 和 Moncton 编著的 *Handbook on Synchrotron Radiation* 一书中的评论文章以及其中引用的参考文献. 该书由 Elsevier(Amesterdam)于 1991 年出版.

[4] Blume M. J. Appl. Phys., 1985, (57):3615.

[5] Cromer D T, Liberman D. J. Chem. Phys., 1970, (53):1891; Acta Cryst. A, 1981, (37):267.

[6] Sasaki S. Numerical tables of anomalous scattering factors calculated by the Cromer and Liberman method in KEK report. 1989, (88):14.

[7] Sorensen L B, Cross J O, Newville M, et al. Diffraction anomalous fine structure: unifying X-ray diffraction and X-ray absorption with DAFS // Resonant Anomalous X-ray Scattering: Theory and Applications. Amsterdam: North-Holland, 1994:389-420.

[8] Toll J S. Phys. Rev., 1956, (104):1760.

[9] Kittel C. Introduction to Solid State Physics New York: Wiley, 1986.

[10] Rehr J J, Albers R C, Zabinsky S I. High-order multiple-scattering calculations of X-ray-absorption fine structure. Phys. Rev. Lett., 1992, (69):3397.

[11] Zabinsky S I, Rehr J J, Ankudinov A, et al. Multiple-scattering calculations of X-ray absorption spectra. Phys. Rev. B, 1995, (52):2995.

[12] Luo G M, Mai Z H, Hase T P A, et al. Phys. Rev. B, 2001, (64):245404-1.

第 9 章　X 射线掠入射衍射理论

9.1　概　　述

由于 X 射线在材料中的穿透深度为十几到几十微米的量级，所以在一般情况下，X 射线方法探测的是材料的体结构，对材料的表面和表层结构（10～5000 Å）不敏感。除了 X 射线光电子能谱（XPS）等少数几种方法外，在其他 X 射线探针的实验技术中，来自表面或表层的微弱信息都掩埋在体结构的巨大信号之中。而在 XPS 实验技术中，表层测量是由光电子的逃逸深度来实现的。

1979 年，Marra、Eisenberger 和 Cho[1]第一次应用 X 射线掠入射衍射（grazing incident diffraction，GID）方法研究分子束外延（MBE）生长 Al/GaAs 薄膜界面的晶格弛豫。之后，X 射线掠入射技术在表征材料表面结构所具的独特优点引起了人们的重视。当单色 X 射线以小于材料全反射临界角的掠入射角入射到材料的表面时，X 射线在材料表面产生全反射现象。此时，进入材料内部的 X 射线透射波振幅将随深度遵循指数的形式衰减，透射波所具有的这种隐失（evanescent）特性极大地减小了 X 射线的穿透深度，从而使散射过程集中在表面下几个原子层的范围之内，相当于一种二维体系的衍射，其衍射强度在 Q_z 方向的分布对应于表面二维晶体在倒易空间中的布拉格倒易杆（可参阅第 4 章）。同时，衬底材料的布拉格衍射会受到很大的抑制，从而降低了体结构信号的影响；其次，通过对掠入射角或掠出射角的调整，可以调节 X 射线对所研究材料的穿透深度，从而能够获得对应于不同深度的结构信息。掠入射衍射实验技术多应用于单晶表面层、超晶格多层膜、量子线以及量子点等表面材料的研究，是一种对表面敏感的非共面衍射技术。

有关掠入射 X 射线衍射理论有：①基于畸变波玻恩近似（distorted wave Born approximation，DWBA）的准运动学衍射理论（semi-kinematical treatment）；②与共面衍射相对应的 X 射线掠入射衍射动力学理论。1982 年，Vineyard[2]首次利用畸变波近似的概念来处理 X 射线掠入射衍射问题，在他的理论讨论中，考虑的是偏离平均场的表面层内电子扰动场对于畸变的入射波的散射，它适合于描述掠角入射、高角出射的实验排置（图 9.1(a)）。这种实验排置基本上属于共面衍射的范畴,由于需要保持入射角在全反射区域附近,所以这种实验排置要求利用能量色散的衍射模式。由于同步辐射具有高强度、连续谱等特性,比较适合于开展 X 射线掠入射衍射研究;图 9.1(b)所示是另一种更常规的、可以利用单色 X 射线的角度色散来实现的实验排置,它是保持入射束和衍射束与样品表面的夹角均在全反射临界角附近。1983 年,Dietrich 和 Wagner[3]指出,在这种实验排置下,必须同时考虑全反射附近入射波场以及出射波场的畸变。至此,X 射线掠入射衍射准运动学理论在单层膜异质结结构研究中可以给出比较完美的解释。1995 年,Baumbach、Tixier 和 Holy[4]将 DWBA 应用到超晶格多层膜 X 射线掠入射衍射模型。在 X 射线掠入射衍射动力学理论方面,Afanasev 等[5]、Cowan[6]从麦克斯韦方程出发,采用晶体内布洛赫波的双束近似,并应用电磁场在晶体表面所应满足的边界条件,讨论了 X 射线掠入射动力学衍射。与 X 射线掠入射衍射准运动学相似,X 射线衍射动力学理论在解决超晶格多层膜时也遇到了一些困难,Stepanov 等[7]在 1995 年提出了解决方法。

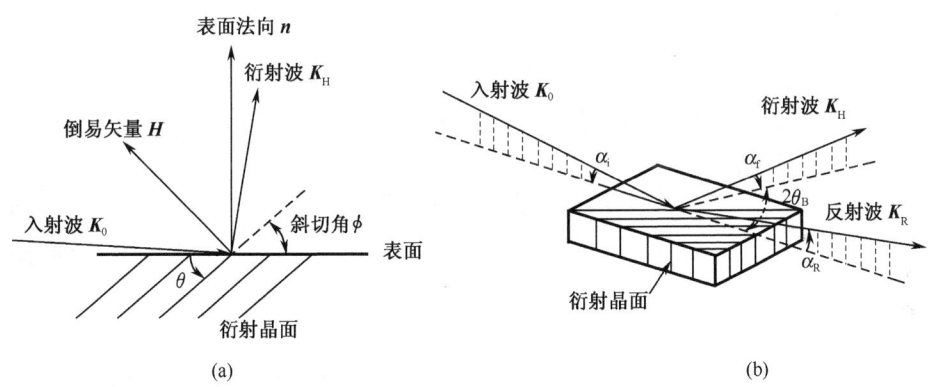

图 9.1 X 射线掠入射衍射的实验布置示意图

(a) 掠入射共面衍射,在这种布置下,为保持掠入射角(入射束与样品表面的夹角)不变,需要进行能量扫描;
(b)掠入射非共面衍射,K_0 为入射束,K_R 为反射束,K_H 为衍射束,α_i、α_R 和 α_f 分别为掠入射角、反射波出射角和衍射波掠出射角,θ_B 为衍射面的布拉格角

限于讨论薄膜材料的结构表征,本章有关 X 射线掠入射衍射理论的讨论,将只介绍图 9.1(b)排置,采用 DWBA 的准运动学理论。并且将只给出 DWBA 近似下,掠入射衍射的一般表述,对于多层界面的详细讨论可参阅文献[4]。

9.2　X射线掠入射衍射准运动学理论

在掠入射衍射实验中,X射线入射角和出射角均处在或接近全反射区域,由于此时存在强烈的反射,第4章X射线衍射运动学理论中一次弱散射的假设已不再成立。因此,在全反射区域附近,X射线衍射运动学理论给出的结论与实验结果存在很大的偏差,而X射线衍射动力学理论可以处理比较简单的完美体系,对于复杂的体系,一般采用X射线衍射准运动学理论(一级或多级畸变波玻恩近似),可以给出比较接近实验的描述。X射线衍射准运动学衍射理论是对X射线衍射运动学理论的修正。为解决全反射区附近的强散射问题,X射线衍射准运动学衍射理论引入了畸变波概念,亦即,由于反射波相对于入射波已不能忽略,所以不能像第4章中那样把介质中传播着的波场简单地用入射波来近似,而应采用称为畸变波的波场来代替。有关畸变波的概念将在9.2.1节中讨论。

9.2.1　DWBA

为了寻找合适的介质内波场来代替X射线衍射运动学理论中简单的入射波近似,将从描述X射线在非磁性介质中行为的波动微分方程出发来讨论,为简单起见,直接从标量微分方程入手:

$$(\mathbf{\nabla}^2 + K^2)E(\mathbf{r}) = VE(\mathbf{r}) \tag{9.1a}$$

$$V = -K^2 \chi(\mathbf{r}) \tag{9.1b}$$

$$\chi(\mathbf{r}) = -r_e \frac{\lambda^2}{\pi} \rho(\mathbf{r}) \tag{9.1c}$$

式中,K 是真空中X射线波矢的模;V 是样品的散射势;$\chi(\mathbf{r})$ 是介质极化率;$\rho(\mathbf{r})$ 是介质的电子密度。

引入线性操作算符 $\hat{L} = \mathbf{\nabla}^2 + K^2$,并采取下述方式来定义坐标系:选取样品表面为 X-Y 平面,选取样品的外法向为 Z 轴方向。在这样定义的坐标系下,相应算符 $\hat{L}$ 的格林函数可以表示为

$$G(\mathbf{r}, \mathbf{r}') = -\frac{i}{8\pi^2} \int \frac{d^2 \mathbf{K}_{s\parallel}}{K_{sz}} \exp[i\mathbf{K}_s \cdot (\mathbf{r} - \mathbf{r}')] \tag{9.2}$$

式中,$\mathbf{r}$ 是样品外任意一点,用来表示探测器所在位置;$\mathbf{r}'$ 是样品中任意一点,且满足 $z > z'$,表示散射源的位置;$\mathbf{K}_s$ 表示平面散射波矢;$\mathbf{K}_{s\parallel}$ 和 K_{sz} 分别表示平面散射波矢的面内分量(X-Y 平面)和 Z 分量。于是,标量方程(9.1)的解可用格林函数表示

$$E(\mathbf{r}) = E_i(\mathbf{r}) + \int G(\mathbf{r}, \mathbf{r}') V(\mathbf{r}') E(\mathbf{r}') d^3 r' \tag{9.3}$$

式中，$E_i(r)=E_0\exp(i\boldsymbol{K}_0\cdot\boldsymbol{r})$ 为入射平面波；E_0 及 $\boldsymbol{K}_0$ 分别为入射平面波的振幅和波矢量。

由于式(9.3)的积分项中包含未知函数 $E(\boldsymbol{r}')$，在通常的情况下很难求得标量方程的解析解。不过，一般来说，对于不同的实际问题，采用相应的近似可以得到接近于实验的解。为了描述方便，先引入散射算符 T，并使其满足

$$TE_i(\boldsymbol{r})=VE(\boldsymbol{r})$$

按照式(9.3)，散射算符 T 可以用散射势 V 以及格林函数 G 在形式上表述为[8]

$$T=V+VGV+VGVGV+\cdots \tag{9.4}$$

式中，V，VGV，$VGVGV$，$\cdots$ 分别表示单次、二次、三次以及多次散射操作。相应的式(9.3)可以表示为

$$\begin{aligned}E(\boldsymbol{r})&=E_i(\boldsymbol{r})+\int GVE\mathrm{d}^3\boldsymbol{r}'\\ &=E_i(\boldsymbol{r})+\int GTE_i\mathrm{d}^3\boldsymbol{r}'\\ &=E_i(\boldsymbol{r})-\frac{iE_0}{8\pi^2}\int\frac{\mathrm{d}\boldsymbol{K}_{s\parallel}}{K_{sz}}\exp(i\boldsymbol{K}_s\cdot\boldsymbol{r})\langle\boldsymbol{K}_s|T|\boldsymbol{K}_0\rangle\end{aligned} \tag{9.5}$$

式中，$\boldsymbol{K}_0$ 为初态波矢；$\boldsymbol{K}_s$ 为末态波矢；$\langle\boldsymbol{K}_s|T|\boldsymbol{K}_0\rangle$ 表示在散射算符 T 作用下由初态 $|\boldsymbol{K}_0\rangle$ 跃迁到末态 $|\boldsymbol{K}_s\rangle$ 的散射矩阵元，表示为

$$\langle\boldsymbol{K}_s|T|\boldsymbol{K}_0\rangle=C\int\mathrm{d}^3\boldsymbol{r}'\exp(-i\boldsymbol{K}_s\cdot\boldsymbol{r}')T\exp(i\boldsymbol{K}_0\cdot\boldsymbol{r}')$$

在第4章讨论过，如果X射线衍射运动学假设条件成立，则仅取单次散射（即取 $T=V$）就可以得到很好的近似结果。但是，有些散射过程，样品对X射线的散射很强，如果单考虑 $T=V$ 近似所得到的结果将偏离实际情况。这时，可以考虑应用式(9.4)来逼近。不过，如果将散射势分解，使其中表述强烈散射部分（称为无微扰散射势）对应的波函数可以方便地求出，然后，得到的波函数作为初态（即畸变的入射波），在散射势另一部分（称为微扰散射势）的作用下跃迁到某一中间态（称为畸变的出射波），最后，畸变的出射波经过无微扰散射势的作用，并从样品表面出射，成为末态波函数，即散射（衍射）波，这就是畸变波玻恩近似。这个求解过程相对比较简单，并且，如果散射势分解比较合适，那么得到的结果将与实验比较符合。

利用畸变波玻恩近似处理X射线散射过程的具体步骤如下：

(1) 将散射势 V 分为两部分 V_A 和 V_B，使得 V 对X射线强烈散射可以用 V_A 来近似描述，同时，尽量使 V_A 的形式简单，以便通过相应的标量微分波动方程

$$\widehat{L}E^{(A)}(\boldsymbol{r})=V_A E(\boldsymbol{r})^{(A)}$$

能直接解出线性方程（由线性算符 $\widehat{L}_A=\widehat{L}-V_A$ 描述）的完美本征态 $\{|E^{(A)}\rangle\}$。例如，在多层膜样品的情况下，通常将无微扰散射势表示成 $V_A=-K^2\sum_m\chi_0^{(m)}\Omega^{(m)}(z)$ 的

形式,式中,K 是 X 射线真空波矢的长度;$\chi_0^{(m)}$ 是样品第 m 层的平均电极化率;$\Omega^{(m)}(z)$ 是样品第 m 层的形状函数。这样,在多层膜样品中,无微扰势 V_A 的散射问题成为分层介质的反射问题,对应的本征波函数具有完美的解析形式[9]。

(2) 将散射势 V 的另一部分 V_B 看成微扰散射势,V_B 的一级微扰作用(X 射线衍射运动学散射)相当于使步骤(1)中线性系统的某一本征态 $|E^{(A)}\rangle$(初态)跃迁到另一本征态 $|E^{(-S)}\rangle$(末态),跃迁概率用散射矩阵元表示为 $\langle E^{(-S)}|V_B|E^{(A)}\rangle$,并且这一本征态 $|E^{(-S)}\rangle$ 从样品出射后成为散射态 $|K_S\rangle$。

(3) 步骤(2)中的末态 $|E^{(-S)}\rangle$ 按如下的方式来考虑:由于末态 $|E^{(-S)}\rangle$ 从样品出射后成为散射态 $|K_S\rangle$,所以若以散射平面波态 $|K_S\rangle$ 的时间反演态 $|-K_S\rangle$ 入射到样品,通过算符 $\hat{L}_A$ 的作用将得到一个本征态 $|E^{(S)}\rangle$,于是 $|E^{(-S)}\rangle$ 对应于 $|E^{(S)}\rangle$ 的时间反演[10]。

于是,在 DWBA 条件下,式(9.5)可以表示为[11]

$$\begin{aligned}E(\boldsymbol{r}) &= E_i(\boldsymbol{r}) - \frac{\mathrm{i}E_0}{8\pi^2}\int\frac{\mathrm{d}\boldsymbol{K}_{S\parallel}}{K_{Sz}}\exp(\mathrm{i}\boldsymbol{K}_S\cdot\boldsymbol{r})(\langle\boldsymbol{K}_S|T_A|\boldsymbol{K}_i\rangle + \langle E^{(-S)}|V_B|E^{(A)}\rangle)\\ &= E_i(\boldsymbol{r}) - \frac{\mathrm{i}E_0}{8\pi^2}\int\frac{\mathrm{d}\boldsymbol{K}_{S\parallel}}{K_{Sz}}\exp(\mathrm{i}\boldsymbol{K}_S\cdot\boldsymbol{r})(\langle E^{(-S)}|V_A|\boldsymbol{K}_i\rangle + \langle E^{(-S)}|V_B|E^{(A)}\rangle)\end{aligned} \quad (9.6)$$

从式(9.6)可以看到,如果忽略微扰势 V_B(即 $V_B=0$),入射波 $E_i(\boldsymbol{r})$ 与积分项中第一项的叠加,将对应于散射势 V_A 的精确解;积分项中的第二项表示微扰势 V_B 对畸变的入射波 $|E^{(A)}\rangle$ 的一次弱散射,这就是 X 射线衍射准运动学近似。

9.2.2 DWBA 下薄膜材料的掠入射衍射理论

按照 9.2.1 节的讨论,应用 DWBA 的前提是,将系统的散射势进行适当的分解。因此,需要确定如何分解薄膜材料的散射势 V。首先,将散射势 V 进行傅里叶分解:

$$V = -K^2\chi(\boldsymbol{r}) = -K^2\sum_G \chi_G \exp(\mathrm{i}\boldsymbol{G}\cdot\boldsymbol{r}) \quad (9.7)$$

式中,K 是 X 射线真空波矢的长度;$\chi(\boldsymbol{r})$ 是介质极化率;χ_G 是介质极化率的傅里叶变换系数;G 是对应于倒易空间矢量(对于晶体材料取倒易点阵矢量)。同时,在掠入射衍射的实验布置下,由于 X 射线的入射角和出射角均在全反射角附近,样品对于入射 X 射线存在着强烈的反射,此时,不能简单地应用 X 射线衍射运动学散射的单次散射近似。不过,由于引起这种强烈反射的散射势可以近似地用系统的平均散射势来表示,对应于散射势 V 的零级傅里叶系数 $-K^2\chi_0$(在 X 射线波段范围内,χ_0 的实数部分取负数值),这样,可以将散射势进行分解:

$$V = V_A + V_B \quad (9.8\mathrm{a})$$

9.2 X射线掠入射衍射准运动学理论

$$V_A = \begin{cases} -K^2\chi_0 & (样品内) \\ 0 & (样品外) \end{cases} \quad (9.8b)$$

$$V_B = \begin{cases} -K^2\sum_{G\neq 0}\chi_G\exp(i\boldsymbol{G}\cdot\boldsymbol{r}) & (样品内) \\ 0 & (样品外) \end{cases} \quad (9.8c)$$

于是,无微扰散射势对应的线性操作算符:

$$\hat{L}_A = \boldsymbol{\nabla}^2 + K^2(1+\chi_0)$$

对忽略偏振的情况,可以求得对应于线性算符 $\hat{L}_A$ 在空间表象中两个线性无关的本征函数[10]:

(1) 初始入射态 $|E^{(A)}\rangle$。

$$E^{(A)}(\boldsymbol{r}) = \langle\boldsymbol{r}|E^{(A)}\rangle$$
$$= \begin{cases} \exp(i\boldsymbol{K}_A\cdot\boldsymbol{r}) + r_A\exp(i\boldsymbol{K}_{AR}\cdot\boldsymbol{r}) & (z>0) \\ t_A\exp(i\boldsymbol{k}_{AT}\cdot\boldsymbol{r}) & (z<0) \end{cases} \quad (9.9a)$$

式中

$$r_A = \frac{K_{Az}-k_{ATz}}{K_{Az}+k_{ATz}}, \quad t_A = \frac{2K_{Az}}{K_{Az}+k_{ATz}} \quad (9.9b)$$

(2) 终态 $|E^{(-S)}\rangle$。

$$E^{(-S)}(\boldsymbol{r}) = \langle\boldsymbol{r}|E^{(-S)}\rangle$$
$$= \begin{cases} \exp(i\boldsymbol{K}_S\cdot\boldsymbol{r}) + r_S^*\exp(i\boldsymbol{K}_{SR}\cdot\boldsymbol{r}) & (z>0) \\ t_S^*\exp(i\boldsymbol{k}_{ST}^*\cdot\boldsymbol{r}) & (z<0) \end{cases} \quad (9.10a)$$

式中

$$r_S^* = \left(\frac{K_{Sz}-k_{STz}}{K_{Sz}+k_{STz}}\right)^*, \quad t_S^* = \left(\frac{2K_{Sz}}{K_{Sz}+k_{STz}}\right)^* \quad (9.10b)$$

其中,r_A 和 r_S 称为反射系数;t_A 和 t_S 称为透射系数;(*)表示取复共轭操作;$\boldsymbol{K}_A$、$\boldsymbol{K}_S$、$\boldsymbol{K}_{AR}$ 和 $\boldsymbol{K}_{SR}$ 分别为真空中的波矢量;$\boldsymbol{k}_{AT}$ 和 $\boldsymbol{k}_{ST}$ 为样品中的波矢($\boldsymbol{k}_{ST}^*$ 为 $\boldsymbol{k}_{ST}$ 的复共轭)。且各参量分别满足

$$\boldsymbol{K}_{A\parallel} = \boldsymbol{K}_{AR\parallel} = \boldsymbol{k}_{AT\parallel}, \quad \boldsymbol{K}_{S\parallel} = \boldsymbol{K}_{SR\parallel} = \boldsymbol{k}_{ST\parallel} \quad (9.11a)$$

$$K_{Az} = -K_{ARz} = -K\sin\alpha_A, \quad K_{Sz} = -K_{SRz} = K\sin\alpha_S \quad (9.11b)$$

$$k_{ATz} = -K\sqrt{\sin^2\alpha_A + \chi_0}, \quad k_{STz} = K\sqrt{\sin^2\alpha_S + \chi_0} \quad (9.11c)$$

其中,$\parallel$ 表示平行于 X-Y 平面的分量。图 9.2 是这两个本征态示意图。

由于平均介质极化率 χ_0 的实部为负值,从式(9.11c)可以看到,如果不考虑样品的吸收效应,即忽略平均介质极化率的虚部,在入射角 α_A 小于角度 α_C,$\alpha_C = \sqrt{-\chi_0}$ 时,k_{ATz} 为正纯虚数,即 X 射线散射振幅在介质中按指数衰减,α_C 为 X 射线全反射临界角。

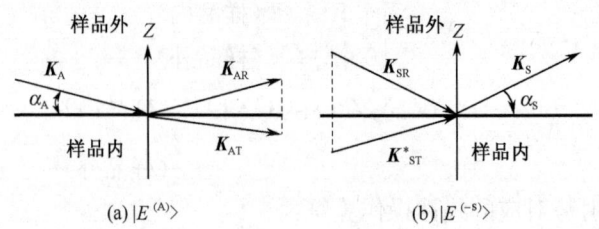

图 9.2 散射势 V_A 的两个线性无关本征态 $|E^{(A)}\rangle$ 及 $|E^{(-S)}\rangle$ 的示意图

考虑到散射势 V_B 的微扰作用,将式(9.9a)和式(9.10a)得到的各关系代入式(9.6),可得到掠入射衍射条件下标量方程(9.1)的解,表示为

$$E(r) = E_i(r) - \frac{iE_0}{8\pi^2}\int \frac{d\boldsymbol{K}_{S\parallel}}{K_{Sz}} \exp(i\boldsymbol{K}_S \cdot \boldsymbol{r})(\langle E^{(-S)}|V_A|\boldsymbol{K}_i\rangle + \langle E^{(-S)}|V_B|E^{(A)}\rangle)$$

$$= E_i(r) - \frac{iE_0}{8\pi^2}\int \frac{d\boldsymbol{K}_{S\parallel}}{K_{Sz}} \exp(i\boldsymbol{K}_S \cdot \boldsymbol{r})\int d^3r'\{t_S V_A \exp[-i(\boldsymbol{k}_{ST} - \boldsymbol{K}_0)\cdot \boldsymbol{r}']$$

$$+ \sum_G t_0 t_S V_B \exp[-i(\boldsymbol{k}_{ST} - \boldsymbol{k}_{0T} - \boldsymbol{G})\cdot \boldsymbol{r}']\} \quad (9.12)$$

式中,$\boldsymbol{K}_0$、$\boldsymbol{k}_{0T}$ 以及 t_0 分别与式(9.9)中的 $\boldsymbol{K}_A$、$\boldsymbol{k}_{AT}$ 和 t_A 相对应。由于式(9.6)积分项中的第一项表示平均散射势的反射,第二项对应于各支掠入射衍射波(相应于各倒易矢量 $\boldsymbol{G}$)的叠加。于是,DWBA 下掠入射衍射波振幅的一般表达式为

$$E_{GID}(r) = \frac{iE_0}{8\pi^2}\int \frac{d\boldsymbol{K}_{S\parallel}}{K_{Sz}} \exp(i\boldsymbol{K}_S \cdot \boldsymbol{r})\int d^3r' t_0 t_S V_B \exp[-i(\boldsymbol{k}_{ST} - \boldsymbol{k}_{0T})\cdot \boldsymbol{r}'] \quad (9.13)$$

下面讨论 DWBA 计算单晶薄膜样品掠入射衍射振幅。在第 6 章已经讨论了,一般情况下,解晶体内 X 射线波动方程采用双光束近似,即只考虑入射波与零级衍射波相互作用(假定为 $\boldsymbol{H}$,并且 $\boldsymbol{H}$ 平行于 X-Y 平面),而可以忽略其他衍射波的影响。于是,在掠入射衍射实验布置下衍射波振幅可以表示为

$$E_{GID}(r)$$
$$= \frac{iK^2 E_0}{8\pi^2}\int \frac{d\boldsymbol{K}_{S\parallel}}{K_{Sz}} \exp(i\boldsymbol{K}_S \cdot \boldsymbol{r})\int d^3r' t_0 t_S \chi_H \exp[-i(\boldsymbol{k}_{ST} - \boldsymbol{k}_{0T} - \boldsymbol{H})\cdot \boldsymbol{r}']$$
$$= \frac{iK^2 E_0}{2}\chi_H \int \frac{d\boldsymbol{K}_{S\parallel}}{K_{Sz}} \exp(i\boldsymbol{K}_S \cdot \boldsymbol{r}) t_0 t_S \delta(\boldsymbol{K}_{ST\parallel} - \boldsymbol{K}_{0T\parallel} - \boldsymbol{H})\int_{\Lambda(z)} dz' \exp[-i(k_{STz} - k_{0Tz})z']$$
$$= \frac{iK^2 E_0 \chi_H \exp(iK_{Sz}z)}{2K_{Sz}} \exp[i(\boldsymbol{K}_{0T\parallel} + \boldsymbol{H})\cdot \boldsymbol{r}] t_0 t_S \int_{\Lambda(z)} dz' \exp(-iq_z \cdot z') \quad (9.14)$$

式中,积分域 $\Lambda(z)$ 表示 X 射线在样品中的穿透厚度,而参数 q_z、t_0 和 t_S 应满足如下关系:

$$q_z = k_{STz} - k_{0Tz} = K(\sqrt{\sin^2\alpha_S + \chi_0} + \sqrt{\sin^2\alpha_0 + \chi_0}) \quad (9.15)$$

$$t_0 = \frac{2K_{0z}}{K_{0z}+k_{0Tz}} = \frac{2\sin\alpha_0}{\sin\alpha_0+\sqrt{\sin^2\alpha_0+\chi_0}}$$

$$t_S = \frac{2K_{Sz}}{K_{Sz}+k_{STz}} = \frac{2\sin\alpha_S}{\sin\alpha_S+\sqrt{\sin^2\alpha_S+\chi_0}}$$

可得掠入射衍射强度：

$$I = |E_{GID}(\boldsymbol{r})|^2 = \left| \frac{iK^2 E_0 \chi_H \exp(iK_{Sz}z)}{2K_{Sz}} \exp[i(\boldsymbol{K}_{0T\parallel}+\boldsymbol{H}\cdot\boldsymbol{r})] t_0 t_S \int_{\Lambda(z)} dz' \exp(-iq_z\cdot z') \right|^2 \tag{9.16}$$

另外，由式(9.15)可以看出，当 α_0 或 α_S 小于 α_C 时，q_z 是一个复数，而 q_z 的虚部对应着 X 射线衍射振幅的衰减，于是，X 射线在样品中的穿透深度 Λ 可以表示为

$$\Lambda = \frac{1}{\mathrm{Im}(q_z)} = \frac{\lambda}{2\pi} \frac{1}{\mathrm{Im}(\sqrt{\sin^2\alpha_S+\chi_0}+\sqrt{\sin^2\alpha_0+\chi_0})}$$

9.3 掠入射衍射的应用

作为一种研究表面结构的方法，人们首先想到的是利用全反射技术来降低衬底材料的结构信号，而只激发表层原子的散射。所以，最初的 GID 方法多应用于表面单原子层的结构或表面重构研究。这方面的工作在 Fuoss 等的综述中有详细的介绍[12]。已在以下几个方面开展了大量的工作：

(1) 固体(如晶体、超晶格)表面和界面结构；
(2) 表面相变过程，如重构、溶解；
(3) 液体和液晶表面结构；
(4) 固体/液体界面结构；
(5) 晶体生长过程；
(6) 表面、界面原子的运动；等等。

随着半导体超晶格、多层膜、表面栅格结构、量子线、量子点等人造材料的出现和广泛应用，GID 方法广泛应用于材料界面结构和表层及表面下一定深度内结构随深度的变化的研究。这些研究工作可以在大气环境下进行，大大降低了所需设备的费用及难度，从而得到广泛的关注。

Ikarashi 等[13]利用 GID 和高分辨电子显微技术研究了 Si/Ge 有序界面的原子组态，并观察到由于界面的有序造成的 Si 和 Ge 原子层附近原子的位移。他们的分析表明，生长过程中，Ge 表面的分凝(segregation)和原子尺度的表面应力在有序界面的形成中起着不同的作用；Lied 等[14]利用出射角分辨的 GID 实验技术，研究了冰的表面衍射峰在温度变化过程中强度和宽度的变化，观察到升温过程中

冰表面平面内的平移对称性受到破坏;Salditt 等[15]将出射角分辨的 GID 测量和 X 射线非镜面散射测量相结合,从实验上将 W/Si 多层膜界面产生的散射和非晶态产生的散射区别开来;在半导体超晶格方面,Kondrashkina 等[16]利用 GID 研究了分子束外延生长的 AlAs/GaAs 超晶格材料表面界面特性;在量子线结构研究方面,Baumbach 等[17]、Darowski 等[18]、Ulyanenkov 等[19]、Roch 等[20]利用 GID 方法研究了量子线结构的周期、形状、应变及晶格弛豫等信息;在量子点结构研究方面,Holy 等[21]、Kegel 等[22]、Grigoriev 等[23]、Schülli 等[24]分别利用 X 射线掠入射衍射实验方法研究了量子点内应变分布和成分分布等结构信息。

贾全杰　姜晓明

参 考 文 献

[1] Marra W C,Eisenberger P,Cho A Y. J. Appl. Phys. ,1979,(50):6927.
[2] Vineyard G H. Phys. Rev. B,1982,(26):4146.
[3] Dietrich S,Wagner H. Phys. Rev. Lett. ,1983,(51):1469.
[4] Baumbach G T,Tixier S,Holy V. Phys. Rev. B,1995,(51):16848.
[5] Afanasev A M,Melkonyan M K. Acta Crystallogr. Sec. A,1983,(39):207.
[6] Cowan P L. Phys. Rev. B,1985,(32):5437.
[7] Stepanov A,Pietsch U,Baumbach G T. Z. Phys. B,1995,(96):341.
[8] Davydov A S. Quantum Mechanics. Oxford:Pergamon Press,1976.
[9] 玻恩 M,沃尔夫 E. 光学原理. 上册. 北京:科学出版社,1978.
[10] Sinha S K,Sirota E B,Garoff S,et al. Phys. Rev. B,1988,(38):2297.
[11] Schiff L I. Quantum Mechanics. 3rd ed. New York:McGraw-Hill,1968:327.
[12] Fuoss P H,Liang K S,Eisenberger P. //Bachrach R Z. Synchrotron Radiation Research Science. Vol. 1. New York:Plenum Press,1992:385.
[13] Ikarashi N,Akimoto K,Tatsumi T,et al. Phys. Rev. Lett. ,1994,(72):3198.
[14] Lied A,Dosch H,Bilgram J H. Phys. Rev. Lett. ,1994,(72):3554.
[15] Salditt T,Metzger T H,Peish J. Phys. Rev. Lett. ,1994,(73):2228.
[16] Kondrashkina E A,Stepanov S A,et al. Phys. Rev. B,1997,(56):10469.
[17] Baumbach G T,Lübbert D,et al. Physica B,1998,(248):343.
[18] Darowsk N,Pietsh U,et al. Appl. Phys. Lett. ,1998,(73):806.
[19] Ulyanenkov A,Darowski N,Grenzer J,et al. Phys. Rev. B, 1999,(60):16701.
[20] Roch T,Holy V,et al. Phys. Rev. B,2002,(65):245324.
[21] Holy V,Darhuber A A,et al. Phys. Rev. B,1998,(58):1934.
[22] Kegel I,Metzger T H,et al. Phys. Rev. B,2001,(63):035318.
[23] Grigoriev D,Hanke M,et al. J. Phys. D:Appl. Phys. ,2003,(36):A225.
[24] Schülli T U,Stangl J,et al. Phys. Rev. Lett. ,2003,(90):066105.

第 10 章 X 射线界面反射和漫散射理论

第 3 章介绍了 X 射线反射和漫散射实验方法,本章介绍 X 射线镜面反射和漫散射的理论基础。在讨论 X 射线镜面反射和漫散射时,实际上是将 X 射线看成普通的电磁波。在 X 射线反射和漫散射实验中散射角一般很小,X 射线分辨不出晶格结构。这时,可以将介质看成均匀连续的,用折射率表示该介质的材料参数。在两种介质的界面折射率突变,电磁波在界面发生反射和折射。反射波矢量与界面的夹角等于入射波矢量与界面的夹角,所以称为镜面反射。但如果界面是粗糙的,在非镜面反射方向就会有漫散射。当 X 射线入射角与出射角不相等时,X 射线散射矢量(定义为 X 射线反射波矢量与 X 射线入射波矢量的差)就会有平行于表面方向的分量,这一分量能够提供界面起伏在平行于表面方向的信息。这正是 X 射线散射测量界面粗糙与关联的原理。

10.1 X 射线镜面反射

X 射线在界面处发生反射是由于界面两边介质对 X 射线的折射率不同。介质对 X 射线的折射率可表示为[1]

$$n = 1 - \lambda^2 r_e \sum_j N_j (f_j^0 + f_j' - \mathrm{i} f_j'')/(2\pi) \tag{10.1}$$

式中,r_e 是经典电子半径;λ 是 X 射线波长;N_j 表示 j 类型原子的原子密度;f_j^0、f_j' 和 f_j'' 分别是原子的 X 射线散射因子(汤姆孙散射因子)、原子异常散射因子的实部和虚部。当 θ 很小时,$f_0 \approx Z$,Z 为元素的原子序数。很显然,$\sum_j N_j Z_j$ 为材料的电子密度,一般记为 ρ。当 ρ 沿界面法线方向(z 方向)变化时,记为 $\rho(z)$,称为电子密度分布。在界面处 $\rho(z)$ 突变。

当一束线偏振光波 $\bm{E}_i(r) = \bm{E}_i \exp(2\pi \mathrm{i} \bm{k}_i \cdot \bm{r})$ 从折射率为 n_1 的介质进入折射率为 n_2 的介质时(图 10.1),将在界面上反射和透射。反射系数 R 和透射系数 T 由菲涅耳公式给出[2]。对 σ 偏振:

$$R_\perp = \frac{q_i - q_t}{q_i + q_t} \tag{10.2a}$$

$$T_\perp = \frac{2 q_i}{q_i + q_t} \tag{10.2b}$$

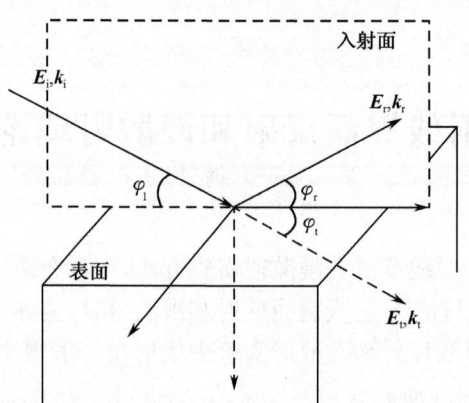

图 10.1 X 射线在界面的反射和折射示意图

对 π 偏振：

$$R_\parallel = \frac{n_2^2 q_i - n_1^2 q_t}{n_2^2 q_i + n_1^2 q_t} \tag{10.3a}$$

$$T_\parallel = \frac{2 n_1 n_2 q_i}{n_2^2 q_i + n_1^2 q_t} \tag{10.3b}$$

式中，q_i 和 q_t 分别是波矢 k_i 和 k_t 的 z 分量。由于在小角度范围内电磁波的 σ 偏振与 π 偏振的计算结果差别很小，本节仅讨论 σ 偏振。

在介质 2 中折射波波矢的 z 分量为

$$q_t^2 = \left(\frac{n_2^2}{n_1^2} - \cos\varphi_i^2\right) k_i^2 \tag{10.4}$$

如果 $n_1 > n_2$，且 $\cos\varphi_i > \cos\theta_c = \left(\dfrac{n_2}{n_1}\right)^2$，电磁波在界面会发生全反射。$\theta_c$ 定义为临界角。对 X 射线，材料的折射率小于 1，当入射角小于 θ_c 时会发生全外反射。图 10.2 是 GaAs 基片的 X 射线反射率 $|R|^2$ 和透射率 $|T|^2$ 随 X 射线入射角 φ_i 变化的情形，计算时没有考虑吸收。可以看到，当 $\varphi_i < \theta_c$ 时，入射 X 射线被完全反射了。有趣的是，由于入射波、折射波和透射波的相互耦合，透射系数 $|T|^2$ 在临界角处被增强了。这正是在后面要讨论的漫散射曲线中所谓 Yoneda 峰[3]的由来。

在 10.2 节和 10.3 节将看到，如果界面是粗糙的，反射系数和透射系数要进行修正，分别是

$$R_\sigma = R \cdot e^{-q_i q_t \sigma^2}, \quad T_\sigma = T \cdot e^{(q_t - q_i)\sigma^2/4}$$

式中，σ^2 是界面的均方根粗糙度。

对于多层膜系统，要考虑界面的多次反射。如图 10.3 所示，记表面位置为 $z_1 = 0$，第 j 个界面的位置为 z_j。每一层的厚度为 $d_j = z_j - z_{j-1}$，折射率为 n_j，上下

界面的粗糙度为 σ_{j-1} 和 σ_j。根据式(10.2)，第 i 个界面的反射系数和透射系数分别为

$$r_{i,i+1} = \frac{q_i - q_{i+1}}{q_i + q_{i+1}} e^{-q_i q_{i+1} \sigma^2}, \quad t_{i,i+1} = \frac{2q_i}{q_i + q_{i+1}} e^{(q_{i+1} - q_i)^2 \sigma^2/4} \quad (10.5a)$$

$$r_{i+1,i} = \frac{q_{i+1} - q_i}{q_{i+1} + q_i} e^{-q_i q_{i+1} \sigma^2}, \quad t_{i+1,i} = \frac{2q_{i+1}}{q_{i+1} + q_i} e^{(q_i - q_{i+1})^2 \sigma^2/4} \quad (10.5b)$$

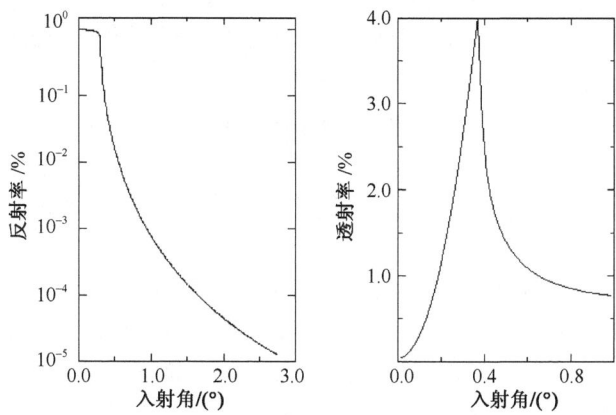

图 10.2　X 射线在 GaAs 表面的反射率和透射率

计算时波长选为 0.154nm

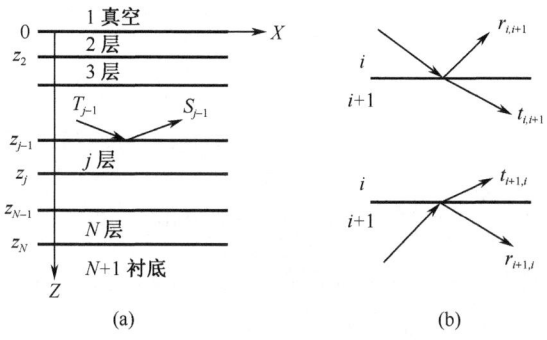

图 10.3　多层膜中的 X 射线电磁波的反射及透射示意图

(a) 公式推导中使用的坐标系；(b) 单界面的透射和反射系数

它们分别代表由上层到下层的反射和透射以及由下层到上层的反射和透射，如图 10.3(b)所示。请注意，这里已经引入了界面粗糙效应。记入相位延迟 $\phi_{i+1} = q_{i+1} d_{i+1}$，第 i 个界面处的 X 射线入射振幅 T_i 和 X 射线反射振幅 S_i 由达尔文迭代关系式确定[1,4]：

$$S_i = r_{i,i+1} T_i + t_{i+1,i} e^{i\Phi_{i+1}} S_{i+1} \quad (10.6a)$$

$$T_{i+1}=t_{i,i+1}e^{i\Phi_{i+1}}T_i+r_{i+1,i}e^{2i\Phi_{i+1}}S_{i+1} \tag{10.6b}$$

记第 i 个界面的反射系数为 $R_i=S_i/T_i$,有

$$S_i=r_{i,i+1}T_i+t_{i+1,i}e^{-i\Phi_{i+1}}R_{i+1}T_{i+1} \tag{10.7a}$$

$$T_{i+1}=t_{i,i+1}e^{-i\Phi_{i+1}}T_i/(1-r_{i+1,i}e^{-2i\Phi_{i+1}}R_{i+1}) \tag{10.7b}$$

将式(10.7b)代入式(10.7a)得

$$R_i=\frac{r_{i,i+1}-r_{i,i+1}r_{i+1,i}e^{-2i\Phi_{i+1}}R_{i+1}+t_{i+1,i}t_{i,i+1}e^{-2i\Phi_{i+1}}R_{i+1}}{1-r_{i+1,i}e^{-2i\Phi_{i+1}}R_{i+1}} \tag{10.8}$$

在计算迭代关系式(10.8)时,一般假设衬底为半无限厚介质,即 $R_{N+1}=0$. 很显然,$R=|R_0|^2$ 就是多层膜的反射率. 根据以上各关系式,利用计算机模拟,可以得到薄膜结构各层的厚度和电子密度、表面和界面的均方根粗糙度.

10.2 粗糙表面的散射(一)——玻恩近似

图 10.4 是一个粗糙的表面,假定材料内部是均匀的,并且 $q \cdot a \ll 1$,其中 q 为散射波矢的大小,$q=k_2-k_1$,k_1 和 k_2 分别为入射 X 射线和散射 X 射线的波矢,a 表示材料内部不均匀尺度,如晶体材料中原子间距等. 在玻恩近似下[5],一个散射系统对 X 射线的微分散射截面可以表示为

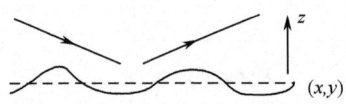

图 10.4 粗糙表面散射示意图

$$\frac{d\sigma}{d\Omega}=N^2 b^2 \int_V d\boldsymbol{r} \int_V d\boldsymbol{r}' \exp[-i\boldsymbol{q}(\boldsymbol{r}-\boldsymbol{r}')] \tag{10.9}$$

式中,$b=e^2/(mc^2)$ 为电子的汤姆孙散射长度;N 为单位体积内的电子总数. 对于一个内部均匀材料的粗糙表面,散射发生在表面上,微分散射界面可以表示为

$$\frac{d\sigma}{d\Omega}=\frac{N^2 b^2}{(\boldsymbol{q}\cdot\boldsymbol{u})^2}\int_V (d\boldsymbol{s}\cdot\boldsymbol{u})\int_V (d\boldsymbol{s}'\cdot\boldsymbol{u})\exp[-i\boldsymbol{q}(\boldsymbol{r}-\boldsymbol{r}')] \tag{10.10}$$

式中,$\boldsymbol{u}$ 表示任意单位矢量;$d\boldsymbol{s}$ 是表面的微元. 设 (x,y) 为表面上某一点,对起伏不大的表面,选择 $\boldsymbol{u}$ 为表面的垂直方向,于是

$$\frac{d\sigma}{d\Omega}=\frac{N^2 b^2}{q_z^2}\iint_s dxdy\iint_s dx'dy' e^{-iq_z[z(x,y)-z(x',y')]}e^{-i[q_x(x-x')+q_y(y-y')]} \tag{10.11}$$

记 $(X,Y)\equiv(x'-x,y'-y)$,定义 $g(X,Y)=\langle[z(x',y')-z(x,y)]^2\rangle$ 为高度差关联函数,表示表面上相对位置为 (X,Y) 两点之间相对起伏的平均. 一般在表面上,$z(x',y')-z(x,y)$ 是呈高斯分布的随机变量,微分散射截面可以改写为

$$\frac{\mathrm{d}\sigma}{\mathrm{d}\Omega} = \frac{N^2 b^2}{q_z^2} L_x L_y \iint_s \mathrm{d}X\mathrm{d}Y \exp\left[-\frac{1}{2}q_z^2 g(X,Y)\right]\exp[-\mathrm{i}(q_x X + q_y Y)] \tag{10.12}$$

式中,L_x 和 L_y 分别是入射束在表面投影的尺度。对于统计上均匀的固体表面,根据定义

$$g(X,Y) = 2\langle z^2 \rangle - 2\langle z(X,Y)z(0,0)\rangle \tag{10.13}$$

式中,$\langle z^2 \rangle = \sigma^2$ 是 10.1 节提到的表面粗糙度,第二项是高度-高度关联函数

$$C(X,Y) \equiv \langle z(X,Y)z(0,0)\rangle \tag{10.14}$$

式(10.12)可以分解为两项:

$$\left(\frac{\mathrm{d}\sigma}{\mathrm{d}\Omega}\right)_{\mathrm{spec}} = L_x L_y b^2 \rho^2 \frac{\mathrm{e}^{-q_z^2\sigma^2}}{q_z^2} (2\pi)^2 \delta(\boldsymbol{q}_{xy}) \tag{10.15}$$

$$\left(\frac{\mathrm{d}\sigma}{\mathrm{d}\Omega}\right)_{\mathrm{diff}} = L_x L_y b^2 \rho^2 \frac{\mathrm{e}^{-q_z^2\sigma^2}}{q_z^2} \int_{-\infty}^{+\infty} \mathrm{d}^2 r [\mathrm{e}^{q_z^2 C(r)} - 1] \mathrm{e}^{\mathrm{i}\boldsymbol{q}_{xy}\cdot\boldsymbol{r}} \tag{10.16}$$

式(10.15)为 10.1 节讨论的 X 射线镜面反射,式(10.16)是 X 射线漫散射。

实验中测量到的强度等于微分散射截面对探测器张开的空间角 $\Delta\Omega$ 积分,即

$$I = \frac{1}{L_x L_y \sin\theta_1} \int_{\Delta\Omega} \left[\frac{\mathrm{d}\sigma}{\mathrm{d}\Omega}\right]\mathrm{d}\Omega \tag{10.17}$$

式中,$\mathrm{d}\Omega = \mathrm{d}q_x \mathrm{d}q_y/(k_0^2 \sin\theta_2)$;$k_0 = 2\pi/\lambda$ 为入射波矢的大小;θ_1 和 θ_2 分别为 X 射线的入射角和出射角。积分号前面的因子 $(1/\sin\theta_1)$ 表示在入射束截面恒定情况下,参与散射的表面原子数随入射角的变化。请注意,这里假设样品表面大于入射束在表面的投影。这一假设并不总是成立,特别是当样品较小时,如果入射角小于满照射时的入射角 θ_{10},式(10.17)中的 θ_1 应被 θ_{10} 代替。另外,在 X 射线漫散射实验时,往往使用长条形的狭缝。这时测量到的强度是沿着狭缝长度方向所有强度的积分,式(10.12)可以简化为

$$\frac{\mathrm{d}\sigma}{\mathrm{d}\Omega} = \frac{N^2 b^2}{q_z^2} L_x L_y \int \mathrm{d}X \exp\left[-\frac{1}{2}q_z^2 g(X,0)\right] \cdot \exp(-\mathrm{i}q_x X) \tag{10.18}$$

在实际的 X 射线漫散射曲线中,在 X 射线入射角或出射角等于临界角处出现所谓 Yondeda 峰[3],这是由于在临界角附近 X 射线对介质的穿透深度小,出现全反射。Yondeda 峰的存在,对较大的 q_x 区域的 X 射线漫散射谱线影响很大,因此,需要应用 DWBA 来计算。

10.3 粗糙表面的散射(二)——DWBA 理论

如图 10.5 所示,玻恩近似认为表面粗糙(微扰势)对 X 射线的散射是 X 射线的初态(入射态)向终态(散射态)的跃迁。该近似成立的假设是入射的 X 射线的

能量远大于散射粒子(电子)的能量,也就是说,散射粒子对 X 射线入射和散射波函数的影响很小,系统的本征态可以近似认为是 X 射线的入射和出射波函数。但是,当 X 射线入射或出射的角度小于或等于临界角时会发生全反射现象,介质对入射的 X 射线电磁场分布将会有显著的影响,无微扰系统的本征态应该是入射和出射态的组合。表面粗糙对 X 射线的漫散射使光滑表面的 X 射线波函数从一个本征态跃迁到另一个本征态[5]。这是 DWBA 计算 X 射线漫散射的基本思路。

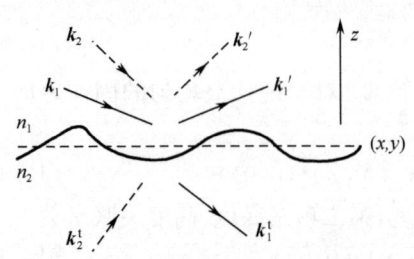

图 10.5　X 射线在粗糙表面的散射波函数示意图

在小角度范围内,可以忽略偏振对反射和折射的影响,介质中 X 射线满足波动方程:

$$\nabla^2 E + k_0^2 E - VE = 0 \quad (10.19)$$

式中,E 是 X 射线的波函数;$k_0 = 2\pi/\lambda$ 是 X 射线在真空中波矢的大小;$V = k_0^2(1-n^2)$;n 是介质的折射率。势函数 V 可分解为 $V = V_1 + V_2$,其中光滑表面的势函数 V_1 和微扰势 V_2 可以写为[5]

$$V_1 = \begin{cases} k_0^2(1-n^2), & z<0 \\ 0, & z>0 \end{cases} \quad (10.20)$$

$$V_2 = \begin{cases} k_0^2(1-n^2), & 0<z<z(x,y), z(x,y)>0 \\ -k_0^2(1-n^2), & z(x,y)<z<0, z(x,y)<0 \\ 0, & 其他 \end{cases} \quad (10.21)$$

设入射波振幅为 1,由菲涅耳定理可以得出光滑表面($V_2 = 0$)系统的本征态:

$$|\Psi_1(r)\rangle = \begin{cases} \exp(i\mathbf{k}_1 \cdot \mathbf{r}) + R(\mathbf{k}_1) \cdot \exp(i\mathbf{k}_1' \cdot \mathbf{r}), & z>0 \\ T(\mathbf{k}_1) \cdot \exp(i\mathbf{k}_1^t \cdot \mathbf{r}), & z<0 \end{cases} \quad (10.22)$$

式中,$\mathbf{k}_1$ 和 $\mathbf{k}_1'$ 分别是入射波和镜面反射波的波矢;$\mathbf{k}_1^t$ 是透射到介质里的波矢;R 和 T 分别是菲涅耳反射系数和透射系数,见式(10.2)。定义光滑表面系统的另一个本征态是入射波矢为 $-\mathbf{k}_2$ 的本征态的时间反演

$$|\widetilde{\Psi}_2(r)\rangle = \begin{cases} \exp(i\mathbf{k}_2 \cdot \mathbf{r}) + R^*(\mathbf{k}_2) \cdot \exp(i\mathbf{k}_2' \cdot \mathbf{r}), & z>0 \\ T^*(\mathbf{k}_2) \cdot \exp(i\mathbf{k}_2^t \cdot \mathbf{r}), & z<0 \end{cases} \quad (10.23)$$

式中,$\mathbf{k}_2'$ 和 $\mathbf{k}_2^t$ 分别是 $\mathbf{k}_2$ 的反射波矢和折射波矢。从 $\mathbf{k}_1$ 态到 $\mathbf{k}_2$ 态的跃迁矩阵元为 $\langle \widetilde{\Psi}_2 | V_1 | \phi_1 \rangle + \langle \widetilde{\Psi}_2 | V_2 | \Psi_1 \rangle$,其中 $|\phi_1\rangle$ 为入射平面波 $|\phi_1(r)\rangle = \exp(i\mathbf{k}_1 \cdot \mathbf{r})$。微分散射截面可以写为

$$\frac{\mathrm{d}\sigma}{\mathrm{d}\Omega} \equiv \frac{|\langle \widetilde{\Psi}_2|V_1|\phi_1\rangle + \langle \widetilde{\Psi}_2|V_2|\Psi_1\rangle|^2}{16\pi^2} \tag{10.24}$$

对光滑表面,$V_2=0$,有

$$\frac{\mathrm{d}\sigma}{\mathrm{d}\Omega} = k_0^2 \sin^2\theta_1 L_x L_y |R(\mathbf{k}_1)|^2 \delta(q_x)\delta(q_y) \tag{10.25}$$

式中,θ_1 是入射波与表面的夹角;L_x 和 L_y 是入射波的照射面积,此时为光滑表面的镜面反射。

若 $V_2 \neq 0$,利用式(10.21)~式(10.23)可以计算$\langle \widetilde{\Psi}_2|V_2|\Psi_1\rangle$:

$$\langle \widetilde{\Psi}_2|V_2|\Psi_1\rangle = k_0^2(1-n^2)[F_+(\mathbf{q}) + R(\mathbf{k}_2')F_+(\mathbf{q}_1)$$
$$+ R(\mathbf{k}_1)F_+(\mathbf{q}_2) + R(\mathbf{k}_2')R(\mathbf{k}_1)F_+(\mathbf{q}_3) + T(\mathbf{k}_1)T(\mathbf{k}_2)F_-(\mathbf{q}_t)] \tag{10.26}$$

式中

$$\mathbf{q} = \mathbf{k}_2 - \mathbf{k}_1, \quad \mathbf{q}_1 = \mathbf{k}_2' - \mathbf{k}_1, \quad \mathbf{q}_2 = \mathbf{k}_2 - \mathbf{k}_1', \quad \mathbf{q}_t = \mathbf{k}_2^t - \mathbf{k}_1^t$$

$$F_+(\mathbf{q}) = \iint_S \mathrm{d}x \cdot \mathrm{d}y \int_0^{z(x,y)>0} \mathrm{d}z e^{-i\mathbf{q}\cdot\mathbf{r}}$$
$$= \frac{i}{q_z} \iint_{S,z(x,y)>0} \mathrm{d}x\mathrm{d}y \{\exp[-iq_z \cdot z(x,y)] - 1\} \exp[-i(q_x \cdot x + q_y \cdot y)]$$
$$\tag{10.27a}$$

$$F_-(\mathbf{q}) = \frac{i}{q_z} \iint_{S,z(x,y)<0} \mathrm{d}x\mathrm{d}y \{\exp[-iq_z \cdot z(x,y)] - 1\} \exp[-i(q_x \cdot x + q_y \cdot y)]$$
$$\tag{10.27b}$$

对于 $\overline{|A+B|^2}$,$\overline{A}$ 表示对 A 的所有可能分布平均,如果仅 B 是无规分布的量,则

$$\overline{|A+B|^2} = |A+\overline{B}|^2 + \{\overline{BB^*} - \overline{B}^2\} \tag{10.28}$$

于是式(10.24)可以写成

$$\frac{\mathrm{d}\sigma}{\mathrm{d}\Omega} = \frac{1}{16\pi^2}\Big\{ |\langle \widetilde{\Psi}_2|V_1|\phi_1\rangle + \overline{\langle \widetilde{\Psi}_2|V_2|\Psi_1\rangle}|^2$$
$$+ [\overline{\langle \widetilde{\Psi}_2|V_2|\Psi_1\rangle\langle \Psi_1|V_2|\widetilde{\Psi}_2\rangle} - |\overline{\langle \widetilde{\Psi}_2|V_2|\Psi_1\rangle}|^2] \Big\} \tag{10.29}$$

式中,第一项代表镜面反射;第二项代表漫散射。假设表面高度沿垂直表面方向的分布满足 $\omega(z) = e^{-z^2/(2\sigma^2)}/(\sigma\sqrt{2\pi})$,有

$$\overline{F_+(\mathbf{q})} = \frac{i}{q_z} \iint \mathrm{d}x\mathrm{d}y \int_0^{\infty} \mathrm{d}z\omega(z)(e^{-iq_z \cdot z} - 1)e^{-i(q_x \cdot x + q_y \cdot y)}$$
$$= \frac{i4\pi^2 \delta(q_x)\delta(q_y)}{q_z} \int_0^{\infty} \mathrm{d}z\omega(z)(e^{-iq_z \cdot z} - 1) \tag{10.30a}$$

$$\overline{F_-(\boldsymbol{q})} = \frac{\mathrm{i}4\pi^2\delta(q_x)\delta(q_y)}{q_z}\int_{-\infty}^0 \mathrm{d}z\omega(z)(\mathrm{e}^{-\mathrm{i}q_z\cdot z}-1) \quad (10.30\mathrm{b})$$

将式(10.30)代入式(10.29)的第一项,并且利用在反射条件下 $q_1=q_2=0, q_3=-q$,可以得到反射部分:

$$\left[\frac{\mathrm{d}\sigma}{\mathrm{d}\Omega}\right]_{\mathrm{spec}} = L_x L_y \delta(q_x)\delta(q_y) k_0^2 \sin^2\theta_1 |\widetilde{R}|^2 \quad (10.31)$$

$$|\widetilde{R}|^2 = |R|^2 \mathrm{e}^{-q_z\cdot q_z^{\mathrm{t}}\sigma^2} \quad (10.32)$$

对于漫散射部分,作如下近似:用折射波函数代替 Ψ_1 和 $\widetilde{\Psi}_2$ 在介质中的部分,即使这部分在平均界面以上。这个近似在 $q_z\cdot\sigma\ll 1$ 的情况下是正确的,因为表面没有电荷,且波函数本身及其一阶微分在折射过程中是连续的。这一近似极大地简化了漫散射的计算。因此

$$\langle\widetilde{\Psi}_2|V_2|\Psi_1\rangle \approx T(\boldsymbol{k}_1)T(\boldsymbol{k}_2)k_0^2(1-n^2)F(\boldsymbol{q}_{\mathrm{t}}) \quad (10.33)$$

$$F(\boldsymbol{q}_{\mathrm{t}}) = \frac{\mathrm{i}}{q_z^{\mathrm{t}}}\iint_S \mathrm{d}x\mathrm{d}y\{\exp[-\mathrm{i}q_z\cdot z(x,y)]-1\}\exp[-\mathrm{i}(q_x\cdot x+q_y\cdot y)] \quad (10.34)$$

把式(10.33)代入式(10.29)中可以得到漫散射部分的散射截面:

$$\left[\frac{\mathrm{d}\sigma}{\mathrm{d}\Omega}\right]_{\mathrm{diff}} = L_x L_y \frac{|k_0^2(1-n^2)^2|}{16\pi^2}|T(\boldsymbol{k}_1)|^2|T(\boldsymbol{k}_2)|^2 S(\boldsymbol{q}_{\mathrm{t}}) \quad (10.35)$$

式中

$$S(q_{\mathrm{t}}) = \frac{\exp\{-[(q_z^{\mathrm{t}})^2+(q_z^{\mathrm{t}*})^2]\sigma^2/2\}}{|q_z^{\mathrm{t}}|^2}\iint \mathrm{d}X\mathrm{d}Y[\mathrm{e}^{|q_z^{\mathrm{t}}|^2 C(X,Y)}-1]\mathrm{e}^{\mathrm{i}(q_x X+q_y Y)} \quad (10.36)$$

漫散射微分散射截面表达式(10.35)的一个很明显特点是在入射角或出射角等于临界角的位置微分散射截面出现极大值。在漫散射曲线中这两个位置出现的峰叫 Yoneda 峰。这是因为,当 k_1 或 k_2 同表面构成的角度等于 θ_c 时,$|T(\boldsymbol{k}_1)|^2$ 或者 $|T(\boldsymbol{k}_2)|^2$ 有一个极大值(参考图10.2)。

10.4 多层膜的 DWBA 散射理论

多层膜系统存在一个表面和多个界面,由于表面及各个界面对 X 射线漫散射都会有贡献,研究多层膜的界面问题比较复杂。为了对所得到的 X 射线漫散射谱进行分析,需要把 DWBA 散射理论应用到多层膜系统,研究界面对 X 射线漫散射的贡献。

X射线入射波和散射波在多层膜系统各层界面上的示意图如图10.6所示。如10.3节所述，DWBA理论认为，界面粗糙度对X射线漫散射实质上是界面粗糙引起的微扰势V_2使光滑界面系统的不同角度本征态之间互相跃迁[6,7]，而光滑界面系统的本征态可以由光学菲涅耳定理直接得到。用微扰理论可以计算多层膜系统表面和各个界面对X射线漫散射的贡献。

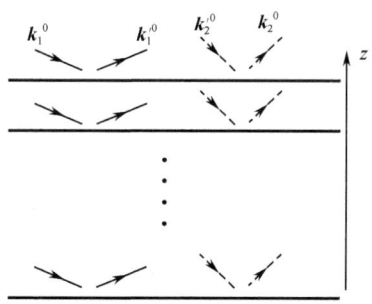

图10.6　X射线在多层膜界面的散射波函数示意图

从多层膜的反射理论可知，对应第j个界面的入射波函数可以表示为

$$E_1^j(\boldsymbol{r}) = T^j(\boldsymbol{k}_1^j)\exp[i\boldsymbol{k}_1^j(z)\cdot\boldsymbol{r}] + R^j(\boldsymbol{k}_1^j)\exp[i\boldsymbol{k}_1'^j(z)\cdot\boldsymbol{r}] \quad (10.37)$$

$$E_2^j(\boldsymbol{r}) = T^{j*}(\boldsymbol{k}_2^j)\exp[i\boldsymbol{k}_2^{j*}(z)\cdot\boldsymbol{r}] + R^{j*}(\boldsymbol{k}_2^j)\exp[i\boldsymbol{k}_2'^{j*}(z)\cdot\boldsymbol{r}] \quad (10.38)$$

式中，T^j和R^j分别表示j界面上X射线入射和反射振幅。T^j和R^j的关系可以从X射线多层膜反射理论得出。在表面上，$I = |R^0/T^0|^2$代表多层膜的反射强度。每个界面的势函数可以表示为

$$V_j = V_j^0 + V_j'$$

式中，$V_j^0 = k_0^2(n_j^2 - n_{j+1}^2)$代表光滑界面系统的势函数；$V_j'$是界面不平整导致的微扰势：

$$V_j'(z) = \begin{cases} k_0^2(n_j^2 - n_{j+1}^2), & z \in \langle z_j, z_{j+1} + u_j(x,y)\rangle, u_j(x,y) > 0 \\ -k_0^2(n_j^2 - n_{j+1}^2), & z \in \langle z_j, z_{j+1} + u_j(x,y)\rangle, u_j(x,y) < 0 \\ 0, & \text{其他} \end{cases} \quad (10.39)$$

式中，$u_j(x,y)$表示第j界面的起伏。

整个多层膜的势函数是各界面势函数的和，$V = \sum_j V_j^0 + V_j'$，系统的散射截面可以表示为

$$\frac{d\sigma}{d\Omega} = \frac{1}{16\pi^2}\{|\sum_j\langle\widetilde{\psi}_{2j}|V_j^0|\phi_{1j}\rangle + \overline{\sum_j\langle\widetilde{\psi}_{2j}|V_j'|\phi_{1j}\rangle}|^2$$
$$+ [\overline{|\sum_j\langle\widetilde{\psi}_{2j}|V_j'|\phi_{1j}\rangle|^2} - |\overline{\sum_j\langle\widetilde{\psi}_{2j}|V_j'|\phi_{1j}\rangle}|^2]\} \quad (10.40)$$

式中，第一项为反射部分的散射截面；第二项为漫散射的散射截面。采用10.3节类似的推导过程，多层膜的漫散射截面可以表示为[8]

$$\left[\frac{d\sigma}{d\Omega}\right]_{\text{diff}} = \frac{k_0^4}{16\pi^2}\sum_{i,j,m,n}(n_i^2 - n_{i+1}^2)(n_j^2 - n_{j+1}^2)G_m^i \cdot G_n^{j*} \cdot S_{mn}^{ij} \quad (10.41)$$

式中，i,j对所有多层膜界面求和；$m,n = 0,1,2,3$；

$$G_0^i = T^{i+1}(\boldsymbol{k}_1^{i+1}) T^{i+1}(\boldsymbol{k}_2^{i+1}) , \quad G_1^i = T^{i+1}(\boldsymbol{k}_1^{i+1}) R^{i+1}(\boldsymbol{k}_2^{i+1})$$
$$G_2^i = R^{i+1}(\boldsymbol{k}_1^{i+1}) T^{i+1}(\boldsymbol{k}_2^{i+1}) , \quad G_3^i = R^{i+1}(\boldsymbol{k}_1^{i+1}) R^{i+1}(\boldsymbol{k}_2^{i+1}) \tag{10.42}$$

$$S_{mn}^{ij} = \frac{L_x L_y}{q_{mz}^{i+1} q_{nz}^{j+1*}} \exp\{-\sigma_{ij}^2 [(q_{mz}^{i+1})^2 + (q_{nz}^{j+1*})^2]/2\}$$
$$\times \iint dX dY \exp[-i(q_x \cdot X + q_y \cdot Y)] \{\exp[q_{mz}^{i+1} q_{nz}^{j+1*} C_{ij}(X,Y)] - 1\} \tag{10.43}$$

其中,$\boldsymbol{q}_0^j = \boldsymbol{k}_2^j - \boldsymbol{k}_1^j$; $\boldsymbol{q}_1^j = \boldsymbol{k}_2^{\prime j} - \boldsymbol{k}_1^j$; $\boldsymbol{q}_2^j = \boldsymbol{k}_2^j - \boldsymbol{k}_1^{\prime j}$; $\boldsymbol{q}_3^j = \boldsymbol{k}_2^{\prime j} - \boldsymbol{k}_1^{\prime j}$; $C_{ij}(X,Y) \equiv \langle u_i(x,y) u_j(x+X, y+Y) \rangle$ 表示 i,j 界面起伏在面内间距为 (X,Y) 的任意两点之间的关联。

X 射线漫散射强度表达式可写为

$$I_{\text{det}} = \int_{\Omega_{\text{det}}} \left[\frac{d\sigma}{d\Omega}\right]_{\text{diff}} \cdot d\Omega \tag{10.44}$$

10.5 界面起伏的关联函数

在 10.3 节和 10.4 节引入了界面起伏的关联函数。本节介绍文献中经常用到的关联函数。必须指出,计算 X 射线漫散射时必须以特定的统计模型为基础,选用与所讨论的问题相适应的关联函数,不能随意套用文献中的模型,得到一些似是而非的结果。

10.5.1 表面关联函数

根据定义,$g(\boldsymbol{r}, \boldsymbol{r}') = \langle [z(\boldsymbol{r}') - z(\boldsymbol{r})]^2 \rangle$ 表示表面上的两点 $\boldsymbol{r}$ 和 $\boldsymbol{r}'$ 之间相对起伏的平均,其中符号 $\langle \cdots \rangle$ 表示系综平均。严格来讲,$g(\boldsymbol{r}, \boldsymbol{r}')$ 是位置的函数,但多数表面一般都是各向同性且在统计上是均匀的,这时 $g(\boldsymbol{r}, \boldsymbol{r}')$ 只是平面内两点间距离 $R = |\boldsymbol{r} - \boldsymbol{r}'|$ 的函数,于是

$$g(\boldsymbol{r}, \boldsymbol{r}') = g(R) = \langle [z(\boldsymbol{r}) - z(\boldsymbol{r}+\boldsymbol{R})]^2 \rangle = 2\sigma^2 - 2C(R) \tag{10.45}$$

式中,$\sigma = \sqrt{\langle z^2(\boldsymbol{r}) \rangle}$ 是表面起伏的方均根,也就是前面定义的粗糙度;$C(R)$ 是互相关函数,也叫高度-高度关联函数,定义为

$$C(R) = \langle z(\boldsymbol{r}) z(\boldsymbol{r}+\boldsymbol{R}) \rangle = \frac{1}{A} \int z(\boldsymbol{r}) z(\boldsymbol{r}+\boldsymbol{R}) d\boldsymbol{r} \tag{10.46}$$

第二个等号后面是与均匀且各向同性假设相一致的相关函数的数学表述。由 $C(R)$ 的定义可以得出 $C(0) = \sigma^2$。如果两个点是非关联的,$C(R) = 0$,$g(R) = 2\sigma^2$。由于 $g(R) \geq 0$,$C(R) \leq C(0) = \sigma^2$。从统计意义上说,$C(R)$ 随 R 的增大而单调地减小,当 $R \to \infty$ 时,$C(R) \to 0$。有时在倒易空间对界面进行描述更为方便。函数 $z(\boldsymbol{r})$ 的傅里叶变换谱可写为

$$\tilde{z}(\boldsymbol{q}_\parallel) = \int z(\boldsymbol{r}) \exp(-\mathrm{i}\, \boldsymbol{q}_\parallel \cdot \boldsymbol{r}) \mathrm{d}^2 r$$

其中,$\boldsymbol{q}_\parallel = (q_x, q_y)$是平行于表面的波矢。定义功率谱密度$\tilde{C}(\boldsymbol{q}_\parallel) = |\tilde{z}(\boldsymbol{q}_\parallel)|^2$,它实际上是式(10.46)的傅里叶变换。用原子力显微镜(AFM)可以测量表面形貌$z(\boldsymbol{r})$,得到表面起伏的关联函数。在光散射实验及软 X 射线($\lambda > 50\text{Å}$)散射实验中,$\tilde{C}(\boldsymbol{q}_\parallel)$正比于散射强度。但对硬 X 射线($\lambda \sim 1\text{Å}$),散射强度与$\tilde{C}(\boldsymbol{q}_\parallel)$不成正比关系。

10.5.2 自仿射关联

自然界中的许多物体,如云、山脉、海岸线等,它们在不同尺度上的结构是相似的,它们具有分形的特性[9]。粗糙的表面有类似的性质,但又不完全是分形的,因为它们在垂直方向上的尺度行为经常与横向方向的有所不同,这种行为称为自仿射(self-affine)。自仿射表面的一个很好例子是材料的断裂面。从目前的许多生长模型都可以推导出这种特殊类型的界面结构,例如,在一定的环境下,用分子束外延法制备的样品的界面具有自仿射性质[10]。

自仿射界面的主要特征是高度差关联函数满足关系式[5, 10]

$$g(R) \sim R^{2h} \tag{10.47}$$

式中,h 取值范围是$0 < h \leqslant 1$,称为粗糙度指数,文献中有时也称其为 Hurst 参数。对于一个实际界面,该关系式只在一定范围内成立。首先,$R \gg r_c$,这里 r_c 是小尺度截断,为原子间距离的量级;其次,$R \ll \zeta$,ζ 一般称为相关长度。当 $R \gg \zeta$ 时,$g(R) \to 2\sigma^2$,即达到饱和。这一渐近性质可以用以下公式来表示:

$$C(R) = \sigma^2 \exp[-(R/\xi)^{2h}] \tag{10.48}$$

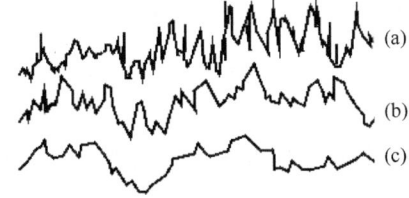

图 10.7 自仿射界面起伏示意图
(a) $h = 0.3$; (b) $h = 0.4$; (c) $h = 0.8$

为了说明 h 的物理意义,图 10.7 描绘了不同 h 指数的界面起伏示意图[10]。h 越小,界面局部起伏越剧烈。h 接近于 1 时表面上的起伏相对平滑。

10.5.3 多层膜界面之间的关联

对于一个多层膜系统,如果一层的界面形貌被部分地转移到下一层中,界面之间有垂直关联(图 10.8(a));如果层与层之间的界面形貌彼此没有什么关系,如图 10.8(b)所示,界面之间没有关联。实验中发现,用分子束外延等技术制备薄膜过程中,缺陷造成的凹凸起伏传到下一层的情况经常发生,这样,膜中就存在高度的垂直粗糙度关联[6,7]。对这样的情况,用单一的关联函数 $C(R)$ 来描述界面的起伏是不恰当的。

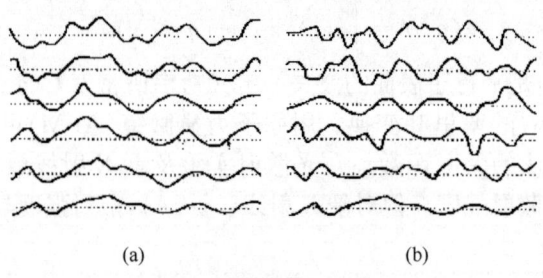

图 10.8 多层膜系统的例子
(a) 部分关联界面；(b) 非关联界面

假设界面 j 的形貌可以用 $z_j(r)$ 来描述，其傅里叶变换谱表示为 $\tilde{z}_j(\boldsymbol{q}_\parallel)$，那么界面 k 形貌的傅里叶变换谱 $\tilde{z}_k(\boldsymbol{q}_\parallel)$ 可以表示为从界面 j 复制上来的部分及其自身产生的起伏之和[11]：

$$\tilde{z}_k(\boldsymbol{q}_\parallel) = \chi_{jk}(\boldsymbol{q}_\parallel)\tilde{z}_j(\boldsymbol{q}_\parallel) + \tilde{z}_{k,\text{self}}(\boldsymbol{q}_\parallel) \tag{10.49}$$

式中，$\tilde{z}_{k,\text{self}}(\boldsymbol{q}_\parallel)$ 代表第 k 层的本征粗糙度，与其他界面无关联；$\chi_{jk}(\boldsymbol{q}_\parallel)$ 是复制因子，这个因子表示具有横向波矢量 $\boldsymbol{q}_\parallel$ 的第 j 层傅里叶分量是如何转移到第 k 层的。如果 $\chi_{jk}(\boldsymbol{q}_\parallel)=1$，表示这个傅里叶分量被完全复制。如果 $\chi_{jk}(\boldsymbol{q}_\parallel)=0$，表明这个傅里叶分量受到完全的抑制。$\chi_{jk}(\boldsymbol{q}_\parallel)$ 由系统本身的性质来决定。式(10.49)两边同时乘以 $\tilde{z}_j(\boldsymbol{q}_\parallel)$ 再取系综平均，得到

$$\widetilde{C}_{jk}(\boldsymbol{q}_\parallel) = \chi_{jk}(\boldsymbol{q}_\parallel)\widetilde{C}_{jj}(\boldsymbol{q}_\parallel) \tag{10.50}$$

式中，$\widetilde{C}_{jk}(\boldsymbol{q}_\parallel) = \langle |\tilde{z}_j(\boldsymbol{q}_\parallel)\tilde{z}_k^*(\boldsymbol{q}_\parallel)| \rangle$；$\widetilde{C}_{jj}(\boldsymbol{q}_\parallel) = \langle |\tilde{z}_j(\boldsymbol{q}_\parallel)|^2 \rangle$。将 $\widetilde{C}_{jk}(\boldsymbol{q}_\parallel)$ 和 $\widetilde{C}_{jj}(\boldsymbol{q}_\parallel)$ 作反傅里叶变换即得实空间中的交叉关联函数 $C_{jk}(R) = \dfrac{1}{A}\int z_j(r)z_k(r+R)\mathrm{d}r$ 和自关联函数 $C_{jj}(R) = \dfrac{1}{A}\int z_j(r)z_j(r+R)\mathrm{d}r$。若多层膜系统中存在垂直关联的粗糙度，那么需要同时用自关联函数和交叉关联函数才能完整地描述这个多层膜系统。

可以看到，系统的关联函数由复制因子 $\chi_{jk}(\boldsymbol{q}_\parallel)$ 确定。对于一个特定的系统，如 MBE 生长的多层膜，如果能写出界面生长的动力学演化方程，原则上能得到 $\chi_{jk}(\boldsymbol{q}_\parallel)$。但能够给出解析解的方程不多，将在第 16 章讨论 Langmuir-Blodgett (LB)膜生长时给出一个具体例子。由于 X 射线漫散射实验中 $\boldsymbol{q}_\parallel$ 一般都很小，一般认为在 $\boldsymbol{q}_\parallel$ 所对应的实空间尺度范围内界面的横向关联与单一界面的关联等同。于是，表征自仿射界面关联的一个常用的关联函数为[12]

$$C_{jk}(R) = \sigma_j\sigma_k\exp[-(R/\xi_\parallel)^{2h}]\exp[-|z_j-z_k|/\xi_\perp] \tag{10.51}$$

式中，σ_j 是第 j 个界面的粗糙度；h 是分形指数；z_j 是第 j 个界面的位置；$\xi_\parallel$ 和 $\xi_\perp$

分别是水平和垂直关联长度。

图 10.9 是与图 10.8 对应的周期性多层膜的 X 射线散射倒易空间强度分布图。对于关联界面，当 q_z 满足布拉格条件时，由于从各个界面散射出的 X 射线相位一致，不仅在镜面反射处有衍射峰，在非镜面反射处（$q_{\parallel} \neq 0$）也能有很集中的散射强度分布。这种现象被称为共振漫散射。非关联界面没有共振漫散射现象[6,7]。

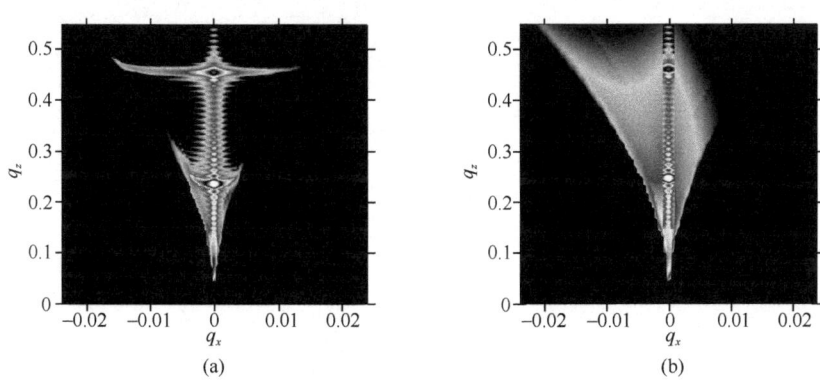

图 10.9　关联界面(a)与非关联界面(b)周期性多层膜的 X 散射倒易空间强度分布图

李　明　罗光明

参 考 文 献

[1] James R W. The Optical Principles of the Diffraction of X-rays. Woodbridge: Ox Bow Press, 1982.
[2] Born M, Wolf E. Principles of Optics. Oxford: Pergamon, 1993.
[3] Yoneda Y. Phys. Rev., 1963, (131): 2010.
[4] Takahashi T, Nakatam S. Surf. Sci., 1995, (326): 347.
[5] Sinha S K, Sirota E B, Garoff S, et al. Phys. Rev. B, 1988, (38): 2297.
[6] Holy V, Kubena J, Ohlidal I, et al. Phys. Rev. B, 1993, (47): 15896.
[7] Holy V, Baumbach T. Phys. Rev. B, 1994, (49): 10668.
[8] Stettner J, Schwalowski L, Seeck O H, et al. Phys. Rev. B, 1996, (53): 1398.
[9] Mandelbrodt B B. The Fractal Geometry of Nature. New York: Freeman, 1982.
[10] Barabasi A L, Stanley H E. Fractal Concepts in Surface Growth. Cambridge: Cambridge University Press, 1995.
[11] Spiller E, Stearns D, Krumrey M. J. Appl. Phys., 1993, (74): 107.
[12] Nitz V, Tolan M, Schlomka J P, et al. Phys. Rev. B, 1996, (54): 5038.

第3篇　薄膜微结构表征

　　大量研究表明：单层膜和多层膜材料的物理、化学性能与薄膜各层厚度、成分、界面粗糙度、界面成分扩散、应力状态和表面界面状态等因素直接有关。因此，本篇介绍的微结构表征包括单层膜和多层膜厚度、点阵参数、应力、表面与界面、缺陷、弛豫、横向调制结构以及钙钛矿结构氧八面体畸变。薄膜的种类涉及半导体外延膜及超晶格材料、超导异质薄膜材料、金属磁性多层膜材料、软物质薄膜和有机半导体薄膜。作者在本篇除介绍二十多年来应用 X 射线衍射和散射技术在薄膜研究中所解决的微结构表征实例外，还尽量收集近年来国内外有关的重要结果，以供读者参考，也是第 2 篇所介绍理论的实际应用。

第 11 章 单层膜和多层膜厚度

薄膜厚度的测定是结构分析中比较简单,但是非常重要的一步。从薄膜生长的角度来看,虽然比较先进的薄膜生长设备,如分子束外延等,大都配备有实时监控装置,如反射高能电子衍射(RHEED)装置,可以提供薄膜生长速率和厚度的信息,但由于种种原因,这些结果并不一定准确[1~3],而且,在初期也还需借助其他测量手段进行校正和标定。另外,在一些薄膜生长设备上,通常没有或不具备实时监控手段,如溅射或液态外延(LPE)设备。所以,厚度的精确测定首先是优化生长条件控制的需求。从薄膜性能的角度来看,在膜的厚度较小时,由于尺度限制引起的量子效应,其性能与薄膜厚度有关。因而厚度的精确测定也是薄膜性能控制的需要。从薄膜后期加工的角度来看,厚度的精确测定也是器件加工应用,如光刻等的需要。因此,先后发展了多种薄膜厚度的测量技术,如透射电子显微术和一些光学技术如椭圆偏振仪等。其中,X 射线衍射技术由于其对样品无损且具有高分辨的特点得到了广泛应用。而且与一般光学技术相比,X 射线由于其较高的穿透能力,可以在不损坏样品的条件下对封闭在结构内的膜层的厚度进行测量。X 射线的波长很短,与原子尺度在同一量级,所以其分辨率可达原子或亚原子层量级。另外,对于较为复杂的多层膜结构,X 射线也能得到各层的精确厚度。

应用 X 射线对薄膜厚度的测定主要采用两种不同的手段,即衍射和镜面反射。两种技术原理不同,适用范围也有所差异。前者对较厚的和单晶性能较好的薄膜最为适用,后者则适合于薄膜厚度较小的情形。同时,由于 X 射线镜面反射仅对电子密度敏感,所以也可用于测定非晶态薄膜的厚度。本章将对这两种方法进行讨论。

11.1 单层膜和多层膜共面 X 射线衍射

本节以外延生长的近完美半导体薄膜为例,讨论如何利用共面 X 射线衍射技术对薄膜厚度进行精确测量。对单晶性较差的薄膜,则宜采用 3.1 节中介绍的 X 射线全反射技术。一般来说,对于膜厚不是太厚的近完美晶体,可以采用 X 射线衍射运动学理论分析,从干涉条纹的位置(单层膜)或超结构峰的位置(多层膜和超晶格结构)可以准确确定单层膜和多层膜的厚度。而对膜厚较厚的情况,则必须采用X射线衍射动力学理论分析,并考虑德拜-沃勒因子,通过理论计算拟合薄膜和衬底衍射峰的位置与强度来确定薄膜的厚度。

首先,考虑适用X射线衍射运动学理论的、厚度较小的薄膜或多层膜($<1\mu m$)。实验上,如果仅测量薄膜的厚度,则可以采用对称衍射几何,这时,所有衍射峰及干涉条纹在倒空间中都沿Q_z轴分布(图11.1)。因而X射线衍射仪分辨率的选择应能分辨厚度干涉条纹(式(2.7))。如果膜厚适中,干涉条纹间距不是太小,则通常采用双轴晶衍射(图2.5)。这时,分辨率由式(2.5)决定。考虑到通常的半导体材料具有闪锌矿结构,由第4章X射线衍射运动学理论[4]可知,薄膜的衍射强度沿Q_z轴的分布表达为

$$I(q_z) \propto \frac{\sin^2(q_z N_0 d/2)}{\sin^2(q_z d/2)} \tag{11.1}$$

式中,$q_z = Q_z - L$是Q_z偏离倒易空间矢量(hkl)的量;而

$$Q_z = \frac{4\pi}{\lambda}\sin\alpha \tag{11.2}$$

其中,α是X射线入射角;N_0是薄膜沿厚度方向的原子层数;d是单个原子层的厚度,所以膜厚$T=N_0 d$。式(11.1)在倒易空间矢量(hkl)或布拉格点$(q_z=0)$有一极大值(即布拉格峰)。次级极大出现在$\frac{q_z \cdot T}{2} = \left(n+\frac{1}{2}\right)\pi(n=0,\pm 1,\pm 2,\cdots)$处,对应于厚度调制峰,峰间距$\Delta q_z = \frac{2\pi}{T}$仅与$T$有关。所以薄膜厚度可由

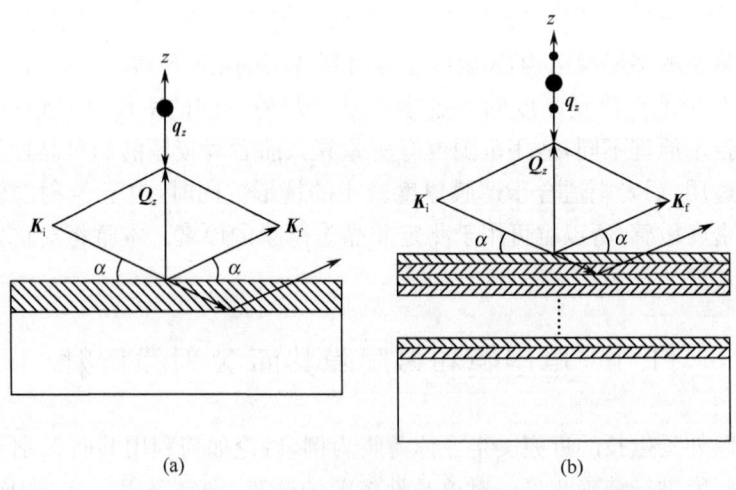

图11.1 单层膜(a)和周期性多层膜(b)的X射线对称衍射
(a)和(b)中的大圆点代表布拉格峰;(b)中的小圆点代表超晶格衍射峰

$$T = \frac{2\pi}{\Delta q_z} \tag{11.3}$$

确定。由式(11.2),又有

$$T = \frac{\lambda}{2\Delta\alpha\cos\theta_B} \tag{11.4}$$

式中,$\Delta\alpha$ 为实空间(角度空间)中干涉条纹的间距;θ_B 为布拉格角。

如果所研究的对象是周期性多层膜或超晶格,则衍射强度:

$$I(q_z) \propto \frac{\sin^2(q_z N\Lambda/2)}{\sin^2(q_z \Lambda/2)} \tag{11.5}$$

式中,N 是超晶格的周期数;$\Lambda = T_A + T_B$ 为一个周期的厚度;T_A 和 T_B 分别为超晶格中两个子层 A 和 B 的厚度。同样,布拉格峰在 $q_z = 0$ 处。式(11.5)的分子项是一个高频振荡函数,其值在 $\frac{q_z N\Lambda}{2} = \left(n+\frac{1}{2}\right)\pi$ 处有极大值,对应于由超晶格总厚度 $N\Lambda$ 决定的调制峰,其峰间距为

$$\Delta q_z = \frac{2\pi}{N\Lambda} \tag{11.6}$$

所以超晶格总厚度

$$N\Lambda = \frac{2\pi}{\Delta q_z} = \frac{\lambda}{2\Delta\alpha\cos\theta_B} \tag{11.7}$$

与式(11.4)类似,式(11.7)中,$\Delta\alpha$ 为实空间(角度空间)中振荡条纹的间距。式(11.5)中的分母项与分子项比较起来是一个缓慢振荡的函数,对应于另外一组衍射峰,其峰位在 $q_z\Lambda/2 = n\pi$ 处,此即所谓的超晶格卫星峰,由卫星峰的间距 $\Delta q_z^{(s)}$ 可以确定超晶格的周期为

$$\Lambda = \frac{2\pi}{\Delta q_z^{(s)}} = \frac{\lambda}{2\Delta\theta^{(s)}\cos\theta_B} \tag{11.8}$$

式中,$\Delta\theta^{(s)}$ 为实空间(角度空间)中超晶格卫星峰的间距。

以上公式的推导非常简单明了,但不适用于非对称衍射的情形。然而,在实际中,常不仅要确定薄膜的厚度,同时也要分析薄膜的失配应变等参数,因而经常需要进行非对称衍射的测量。Speriosu[5] 从 X 射线衍射动力学理论出发,考虑膜厚较小的情形,在 X 射线衍射运动学理论近似下,得到了与上面完全相同的结果。与式(11.8)相比,Speriosu[5] 的公式更具普遍性。引入 X 射线衍射波矢相对于薄膜表面内法向的方向余弦 γ_H,则式(11.4)、式(11.7)和式(11.8)变为

$$T = \frac{\lambda|\gamma_H|}{\Delta\alpha\sin 2\theta_B} \tag{11.9}$$

$$N\Lambda = \frac{\lambda|\gamma_H|}{\Delta\alpha\sin 2\theta_B} \tag{11.10}$$

$$\Lambda = \frac{\lambda |\gamma_H|}{\Delta\theta^{(s)} \sin 2\theta_B} \tag{11.11}$$

对于周期性多层膜或超晶格,即使膜层的单晶性和厚度均匀性不是太好,只要可以测量到卫星峰,就可以用式(11.8)来确定超晶格的平均周期。

图 11.2 给出了一个分子束外延生长在 GaAs(001)衬底上的 $Al_{0.32}Ga_{0.68}As$ 薄膜的高分辨(004)衍射谱。由于薄膜与衬底之间的晶格失配仅约为 0.05%,薄膜的完美性很高。实验采用 Philips X'Pert 衍射仪,X 射线波长 $\lambda=1.5405\text{Å}$。从图 11.2 可看到,除衬底峰和薄膜峰外,还可以看到清楚的干涉峰,如箭头所示,薄膜的名义厚度为 2000Å。测量得到的干涉峰间距为 $\Delta\alpha=100.1''=4.85\times10^{-4}\text{rad}$。由式(11.4),采用 GaAs(004)的布拉格角 $\theta_B=34.56°$,得到的薄膜实际厚度为 1928.5Å。

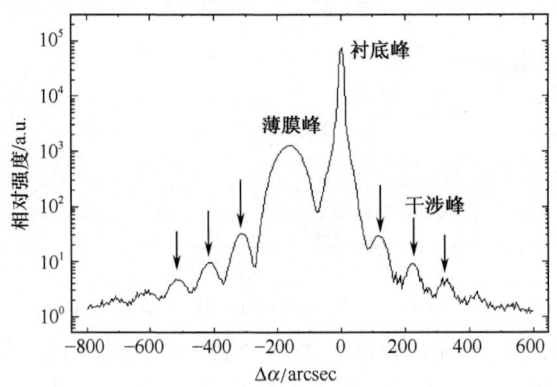

图 11.2 分子束外延生长的 $Al_{0.32}Ga_{0.68}As/GaAs$ (001) 薄膜的 X 射线高分辨(004)衍射谱

图 11.3 给出了一个分子束外延生长在 GaSb (001)衬底上,140 周期的 InAs/GaSb 超晶格的 X 射线 (002) 双轴晶衍射谱线。InAs 和 GaSb 的设计厚度分别为 78.7Å 和 79.2Å。两者之间的晶格失配仅约为 0.6%。衍射仪所用单色器为 Ge (220)。转靶 X 射线光源,X 射线波长为 $\lambda=1.5405\text{Å}$。由于扫描范围较大,采用了 $\omega/2\theta$ 扫描(见第 2 章)。从图 11.3 可看到,除衬底峰之外,还观测到了一组 10 个左右的超晶格卫星峰,其平均峰间距为 $\Delta\theta^{(s)}=0.287°$。所以,由式(11.8),确定其平均周期厚度为 159.0Å,与设计值 158.0Å 非常接近。另外,虽然在式(11.8)的推导过程中,假设超晶格是由两种材料或子层构成,其结果对由更多材料或子层构成的超晶格也同样成立。例如,对于一个 100 周期的生长在 GaAs (001)衬底上,由三个子层构成的,用于光学二次谐波产生的阶梯量子阱结构,其 X 射线(002)双轴晶衍射摇摆曲线如图 11.4 所示。实验采用 Si (111)单色器,$CuK_{\alpha1}$ X 射线。在样品和探测器之间不加任何光学元件。X 射线摇摆曲线中除衬底峰和

超晶格零级峰(对应于超晶格的平均结构)外,还观测到 1 级和 2 级卫星峰。由卫星峰的间距,可以确定该超晶格的周期厚度为 301.3Å[6]。

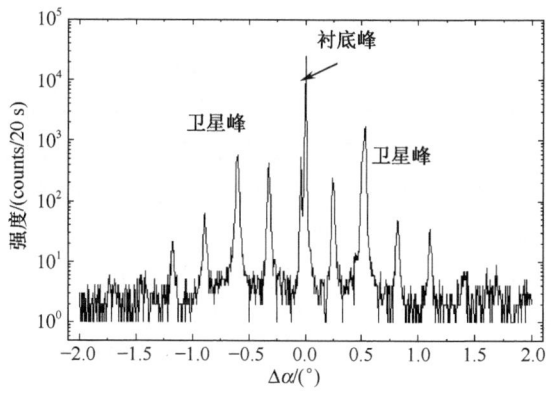

图 11.3 InAs/GaSb 超晶格的 X 射线 (002) 双轴晶衍射谱线

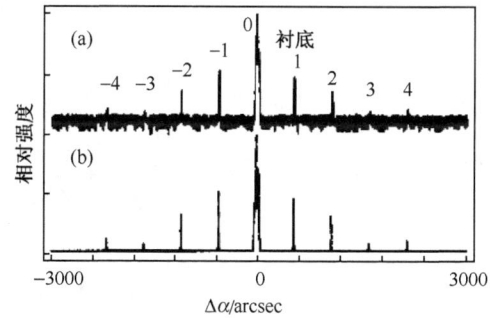

图 11.4 $Al_{0.3}Ga_{0.7}As/Al_{0.15}Ga_{0.85}As/GaAs$ 阶梯量子阱结构的
X 射线 (002) 双轴晶衍射摇摆曲线
(a) 实验曲线;(b) 理论模拟曲线

除了上面所示的晶格失配很小、完美性较高的薄膜结构外,实验中也常遇到完美性较差的样品,如在晶格失配较大时,应变弛豫可以引起很高密度的位错,或者在超晶格生长过程中,由于生长条件的波动而引起超晶格膜厚度的波动等,会引起衍射峰的漂移、宽化甚至分裂。这时,厚度的测定就不如上面简单直接,很多时候必须在对衍射曲线进行理论模拟后才能确定。另外,在前面的分析中,无法获得构成超晶格中两个子膜各自的厚度。要实现这一点,必须对 X 射线衍射曲线应用第 6 章中介绍的理论进行模拟计算。

在有应变弛豫的应变超晶格中,失配位错导致卫星峰的宽化和漂移[7]。宽化是由于结构相关性的降低,而漂移则是由于半导体薄膜中的位错主要是混合型,其伯格斯(Burgers)矢量有一沿表面法向的分量,从而导致薄膜晶格相对于衬底的倾斜。图 11.5 给出一个设计参数为 15 周期的 $In_{0.18}Ga_{0.82}As$ (150Å)/GaAs (180Å)(衬底为 GaAs (001))超晶格相对于衬底倾斜的示意图(a)和对应的 X 射线双轴晶衍射摇摆曲线(b)。实验采用 Si (111) 单色器,CuK_{a1} X 射线。虽然卫星峰受到宽化和漂移,但其间距保持不变,所以超晶格的周期厚度可用式(11.11)确定(由于采用了(224)非对称衍射,故不可用式(11.8))。但如果要同时确定 $In_{0.18}Ga_{0.82}As$ 和 GaAs 膜的厚度,则需对曲线进行理论模拟。结果如图 11.5(b)中曲线 c 所示。通过理论模拟,得到 $In_{0.18}Ga_{0.82}As$ 和 GaAs 膜的实际厚度分别为 151Å 和 177Å。需要注意的是在理论模拟实验曲线时,也必须考虑薄膜成分及应变和应变弛豫的情况,这将在第 12 章和第 15 章中进行讨论。在计算图 11.5(b)中的模拟曲线 c 时,还考虑了薄膜相对于衬底的倾角。卫星峰的宽化则通过与一个高斯函数的卷积实现。注意到卫星峰的宽化实际是失配位错所引起的,所以严格来说,理论模拟时应当考虑位错周围的应力场对 X 射线的散射[8,9]。然而,在这里仅考虑厚度与应力的情况,这样的处理不失为一种简单可行的办法。

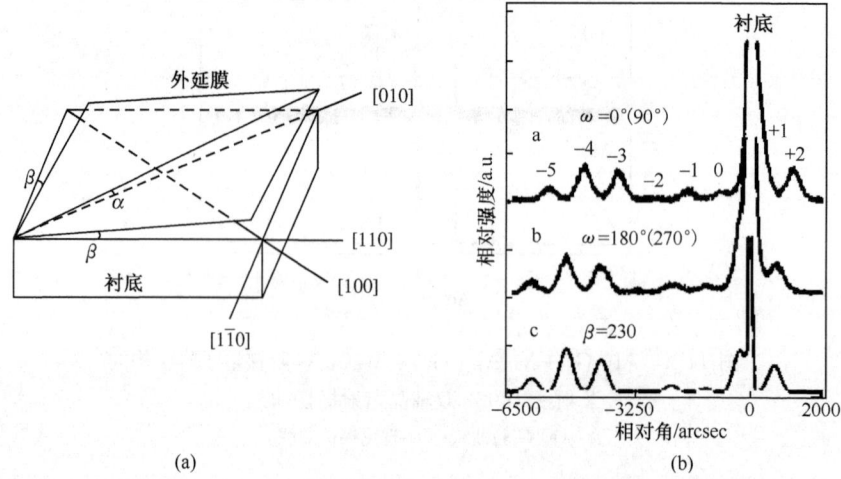

图 11.5 (a) 15 周期的 $In_{0.18}Ga_{0.82}As$(150Å)/GaAs(180Å)超晶格薄膜相对于衬底的倾斜示意图;(b) 该超晶格的 X 射线 (224) 双轴晶衍射谱线
X 射线波长为 1.5405Å。图中 ω 表示样品的水平取向,β 为倾角(单位为 s)。
a. $\omega=0°$ 或 90°, b. $\omega=180°$ 或 270°, c. 理论模拟结果

超晶格中另外一种常见的不完美性是薄膜厚度的波动,如果这种波动是系统性的,则会导致卫星峰的分裂或振荡[10,11]。图 11.6(a)所示是一个分子束外延生长在 Si(001)衬底上,名义结构为 20 周期的 $Ge_{0.2}Si_{0.8}$(50Å)/Si(200Å)超晶格的 X 射线(004)双轴晶衍射摇摆曲线。实验采用 Si (111) 单色器,CuK_{a1} X 射线。从图 11.6 可以看到有两组卫星峰,也可以说,卫星峰分裂成两组子峰。为了理论模

拟实验曲线,必须假设超晶格结构从第 12 个周期开始,由于某种原因,如衬底温度或分子束束流的系统变化,结构发生了一个突变。变化后的实际结构为

1～11 周期：$Ge_{0.176}Si_{0.824}(55.2Å)/Si(193Å)$

12～20 周期：$Ge_{0.223}Si_{0.777}(63.1Å)/Si(184Å)$

采用 X 射线衍射动力学理论对实验数据进行模拟,结果如图 11.6(b)所示,与实验曲线符合得很好。从理论模拟结果还可以看到,厚度的变化同时伴随着成分的变化。透射电子显微镜(TEM)成分能谱分析和会聚束电子衍射实验得到的定性结果也支持上述结论[10]。

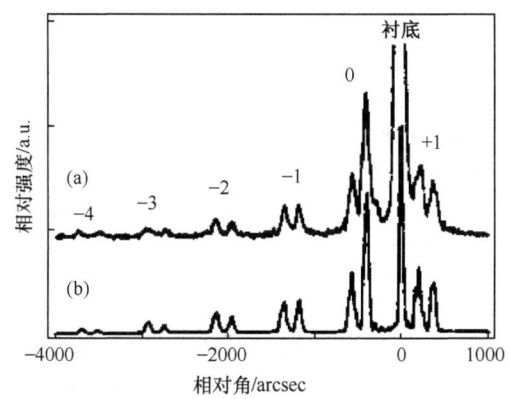

图 11.6　有突变结构的 GeSi/Si 超晶格结构的 X 射线 (004) 双晶衍射摇摆曲线

更为复杂的情况,结构可能发生数次突变[11]。例如,图 11.7(a)所示是一个分子束外延生长,名义结构为 15 周期的 $Ge_{0.25}Si_{0.75}(50Å)/Si(70Å)$ 超晶格的 X 射线(004)双轴晶衍射摇摆曲线。样品衬底为 Si(001)晶片。实验采用 Si(111)单色器,$CuK_{α1}$ X 射线。可以看到,在每一个超晶格卫星峰的小角度一侧都出现周期性的振荡条纹。通过理论模拟实验曲线(图 11.7(b)),得到样品实际上是一个 A_1BA_2 形式的三明治结构。其中：

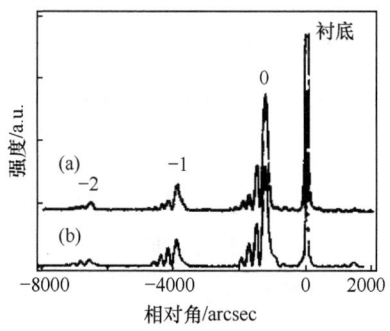

图 11.7　有多次结构突变的 GeSi/Si 超晶格结构的 X 射线 (004) 双轴晶衍射摇摆曲线

$A_1 = 1\sim 3$ 周期，$Ge_{0.294}Si_{0.706}(51\text{Å})/Si(64\text{Å})$
$B = 4\sim 11$ 周期，$Ge_{0.234}Si_{0.766}(47\text{Å})/Si(69\text{Å})$
$A_2 = 12\sim 15$ 周期，$Ge_{0.294}Si_{0.706}(51\text{Å})/Si(64\text{Å})$

另外一种常见的情况是多层膜内各薄膜厚度的随机波动。若波动与薄膜平均厚度相比较小，波动仅导致卫星峰的宽化[12]，这时，由卫星峰间距和式(11.8)，仍然可以获得超晶格的平均周期厚度。

11.2 埋层的探测

11.2.1 高分辨 X 射线衍射

在实际的器件应用中，薄膜结构常包含不只一层膜或者不具有像超晶格一样的周期性结构，而常是多层的非周期性结构。另外，在实际生长过程中为了保护器件结构也常需要在表面生长一层保护层。这时，器件的工作层一般被掩埋在其他膜层之下。X 射线衍射技术提供了对这样的埋层的有效分析手段。

一个典型的例子是传统的激光结构多层膜材料，其中，较薄的工作层 B 被夹在两层由不同材料组成的较厚的薄膜 A_1 与 A_2 之间，如图 11.8 所示。实验发现，A 材料的衍射峰的形状对 B 材料的厚度和成分以及 A 与 B 之间的晶格失配非常敏感[13]。在一定的厚度范围内，A 材料的衍射峰可以变得不对称或分裂为两个子峰。这是由于 B 层的存在，由两个 A 层所反射的 X 射线波之间存在相位移，从而产生干涉效应。应用 X 射线衍射运动学理论，假设 A 和 B 材料的散射因子分别为 f_A 和

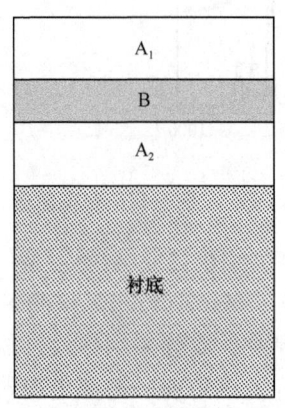

图 11.8 具有 A_1BA_2 三明治结构的薄膜激光材料

f_B，则 A_1BA_2 结构的一维结构因子为

$$F = f_A \frac{1-e^{2\pi i Q_z N_1 d_1}}{1-e^{2\pi i Q_z d_1}} + f_B \frac{1-e^{2\pi i Q_z N_2 d_2}}{1-e^{2\pi i Q_z d_2}} e^{2\pi i Q_z N_1 d_1} + f_A \frac{1-e^{2\pi i Q_z N_3 d_1}}{1-e^{2\pi i Q_z d_1}} e^{2\pi i Q_z (N_1 d_1 + N_2 d_2)}$$

(11.12)

式中，N_1，N_2 和 N_3 分别是 A_1，B 和 A_2 膜的原子层数；d_1 和 d_2 分别是 A 和 B 膜的原子层间距。若 d_1 和 d_2 相差不是很小，即对应于 A 和 B 的衍射峰可以完全分离时，其所对应于 A 材料的衍射峰强度为

$$I_A \propto |f_A|^2 \left[\frac{\sin^2(\pi Q_z N_1 d_1)}{\sin^2(\pi Q_z d_1)} + \frac{\sin^2(\pi Q_z N_3 d_1)}{\sin^2(\pi Q_z d_1)} \right]$$

$$+|f_A|^2 \frac{1}{2\sin^2(\pi Q_z d_1)} \cdot \text{Re}\left[(1-e^{2\pi i Q_z N_1 d_1})(1-e^{2\pi i Q_z N_3 d_1})e^{2\pi i Q_z (N_1 d_1 + N_2 d_2)}\right]$$

(11.13)

式中,第二项为 A_1 和 A_2 膜散射波的干涉项,与 B 层的厚度 $N_2 d_2$ 有关。在 $d_1 = d_2$ 时,A_1 和 A_2 完全相关,因而只有在 A 和 B 之间有晶格失配时,才会有可观测的干涉效应。如果 $N_1 = N_3$,式(11.13)可简化为

$$I_A \propto |f_A|^2 \frac{\sin^2(\pi Q_z N_1 d_1)}{\sin^2(\pi Q_z d_1)} \cos^2[\pi Q_z (N_1 d_1 + N_2 d_2)] \quad (11.14)$$

可见峰形取决于 B 层的厚度 $N_2 d_2$。在通常的激光结构中,A 材料的厚度较大(微米量级),所以,虽然上面的 X 射线衍射运动学理论描述物理意义比较清晰,然而理论模拟计算还是以采用 X 射线衍射动力学理论较为合适。通过对实验测量的 X 射线衍射谱线的模拟,就可以对掩埋的 B 层厚度作出准确的测量。图 11.9 所示是一个生长在 InP(001) 衬底上的 $\text{In}_{0.51}\text{Ga}_{0.49}\text{As}(1\mu m)/\text{In}_{0.54}\text{Ga}_{0.46}\text{As}(0.25\mu m)/\text{In}_{0.51}\text{Ga}_{0.49}\text{As}(0.25\mu m)A_1BA_2$ 结构的 X 射线双轴晶(004)衍射摇摆曲线[14],可以看到,对应于 $A(\text{In}_{0.51}\text{Ga}_{0.49}\text{As})$ 的衍射峰分裂为两个靠得很近的子峰。X 射线衍射动力学理论模拟的结果也示于图 11.9 中。从理论模拟中得到 B 层的实际厚度为 $0.24\mu m$。在这个例子中,B 层的厚度较大,所以对应于 B 的衍射峰也可以在摇摆曲线中观测到。但是,在 B 层较薄时,则不会有这样的峰出现,这时,仅 A 峰的形状就可以给出 B 膜的厚度,如图 11.10 所示[15]。可以看到,随着 B 层的厚度 t 从 10nm 到 100nm 变化,A 峰的形状呈周期性变化,这是由式(11.14)中的余弦项为 $N_2 d_2$ 的周期性函数所致。需要指出的是,摇摆曲线的理论模拟不但得到各层膜的厚度,也同时得到各层膜的成分和 A、B 之间的晶格失配。这是由在式(11.13)的位相因子项中含有 d_2 所致。关于这方面的详细讨论,请读者参见第 12 章中的内容。

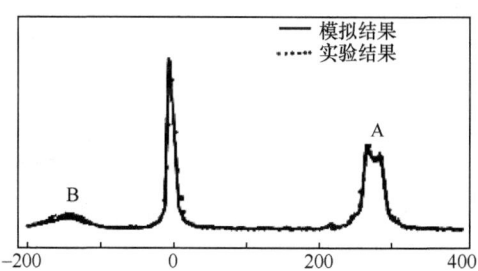

图 11.9 由 $\text{In}_{0.51}\text{Ga}_{0.49}\text{As}(1\mu m)/\text{In}_{0.54}\text{Ga}_{0.46}\text{As}(0.25\mu m)/\text{In}_{0.51}\text{Ga}_{0.49}\text{As}(0.25\mu m)$
构成的 A_1BA_2 结构的 X 射线双轴晶(004)衍射摇摆曲线
虚线为采用 $CuK_{\alpha 1}$ X 射线,Si(111)单色器的实验结果;实线为 X 射线衍射动力学理论模拟结果

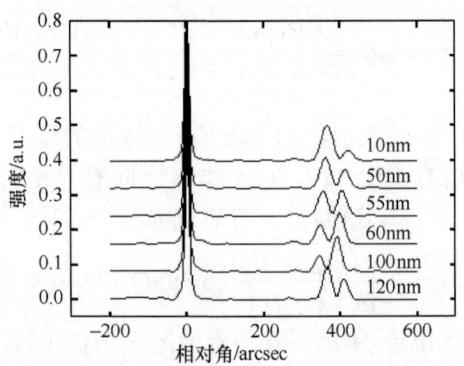

图 11.10　理论模拟 $In_{0.51}Ga_{0.49}As(0.25\mu m)/In_{0.54}Ga_{0.46}As(tnm)/$
$In_{0.51}Ga_{0.49}As(0.25\mu m)$ 结构的 X 射线双轴晶(004)衍射摇摆曲线
$CuK_{\alpha 1}$ X 射线,Si(111)单色器

采用同样的方法,可以处理更为复杂的结构[16]。这里考虑一个如图 11.11 所示的 ZnSe 基蓝绿光激光结构的示意图。其中,采用 $In_{0.99}Ga_{0.01}As$ 衬底,$In_{0.96}Ga_{0.04}As$ 过渡层与接着生长的 ZnSe 过渡层基本上没有晶格失配。在 ZnSe 上面是一个 $Zn_{1-x}Cd_xSe$ 梯度层(x 从 0 到 0.05),然后是 10nm 的 $Zn_{0.8}Cd_{0.2}Se$ 工作层,再上面是另外一个 $Zn_{1-x}Cd_xSe$ 梯度层(x 从 0.05 到 0)。图 11.12 所示是采用 Ge(220)四重反射单色器,沟道切割三重反射 Ge(220)分析晶体,$CuK_{\alpha 1}$ X 射线的双轴晶 004 衍射摇摆曲线(实线)。虚线为 X 射线衍射动力学理论模拟曲线。通过模拟,我们得到各层的厚度分别列于表 11.1。正如上面指出,模拟结果同时得到了各层的成分(或晶格失配),但这里我们不作详细讨论(见第 12 章)。

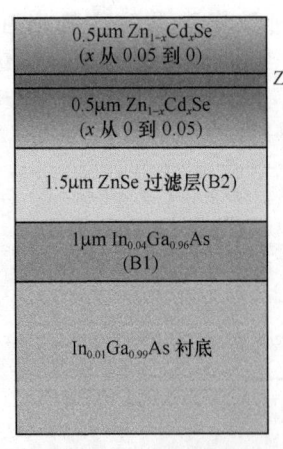

图 11.11　ZnCdSe 量子阱激光器
结构的示意图

整个结构由两个过渡层 B1,B2 和两个梯度层
及夹在其间的量子阱层组成

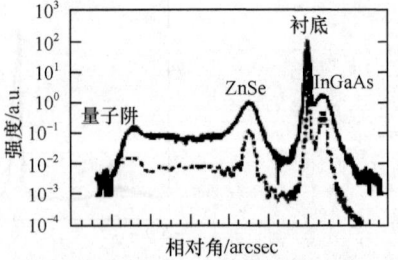

图 11.12　ZnCdSe 量子阱激光器结构
的 X 射线双轴晶(004)摇摆曲线(实线)
和理论模拟谱线(虚线)

表 11.1 ZnCdSe 量子阱激光器结构中各层膜厚的测量结果

	名义厚度	模拟厚度
$In_{0.04}Ga_{0.96}As$	$1\mu m$	$1.01\mu m$
ZnSe	$1.5\mu m$	$1.495\mu m$
$Zn_{1-x}Cd_xSe$ 梯度层	500nm	512nm
量子阱层	10nm	9.89nm

11.2.2 X 射线镜面反射

在膜层厚度较小的情况下，X 射线衍射峰很弱，11.2.1 节介绍的高分辨衍射技术就不太适用。这时，X 射线镜面反射提供了一种极为有效的探测手段。正如在第 2 章所述，X 射线镜面反射，尤其是在掠入射角度范围，对靠近表面薄层的电子密度的变化极为敏感，也就是说，只要埋层与其邻近层有一定的差异，X 射线镜面反射就可以对其厚度及电子密度的分布作出精确测量。

图 11.13 所示是一个分子束外延生长于 InP(001) 衬底上的 AlInAs 单量子阱结构，其设计厚度为 200Å，在量子阱上是一个厚度仅为 20Å 的 GaAs 覆盖层。实验使用 $CuK_{\alpha 1}$ X 射线，Ge(111) 单色器和分析晶体，仪器分辨率为 $0.0005Å^{-1}$[17]。由于量子阱的厚度很小，采用掠入射镜面反射技术，测量结果如图 11.14（圆点）所示。采用第 10 章 X 射线镜面反射理论对实验数据的模拟结果也如图 11.14 中（实线）所示。从理论模拟得到了量子阱层的厚度为 210Å，覆盖层的厚度为 22.3Å。

图 11.13 分子束外延生长的 AlInAs 单量子阱结构示意图

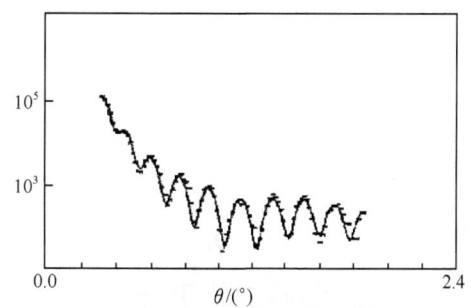

图 11.14 图 11.13 所示 AlInAs 单量子阱结构的 X 射线小角反射率谱线[17]
圆点为实验结果，实线为理论模拟，θ 为反射角度

另外，在薄膜生长过程中，有时会在与衬底的界面处自发地形成一个与薄膜整体结构不同的薄层，这一界面层对生长于其上的薄膜有不可忽略的影响。例如，在 GaAs(001) 衬底上外延生长 GaN 薄膜时，人们期待获得纯净的立方相，但不理想

的界面层却会导致六方相的出现[18]。图 11.15(a)所示是一个 GaN/GaAs (001) 结构的 X 射线小角反射率曲线。该样品在生长时,首先在 600℃ 的较低温度沉积了两个原子层的 GaN,然后在 700℃ 的正常温度沉积了 4000Å 的 GaN。实验在北京同步辐射装置 X 射线漫散射站进行,X 射线波长为 1.54Å。图 11.15(a)还给出了理论模拟曲线及模拟采用的电子密度的深度分布。可以发现,在界面处有一个 46Å 高电子浓度(HED)层。图 11.16(a)是该样品的 X 射线(004)衍射谱,除了衬底峰外只有一个与立方 GaN(或 β-GaN)相对应的(004)峰。而图 11.15(b)所示是另外一个具有 20 原子层低温 GaN 的样品,X 射线反射率测量和理论模拟结果表明,HED 层的厚度仅为 10Å。其对应的 X 射线(004)衍射谱如图 11.16(b)所示,从图可以看到,除了立方 GaN(或 β-GaN)外,还有一个对应于六方 GaN(或 α-GaN)的衍射峰,说明在该样品中有两相共存。所以,自发生长的埋层对其后生长的薄膜结构是有较大影响的。

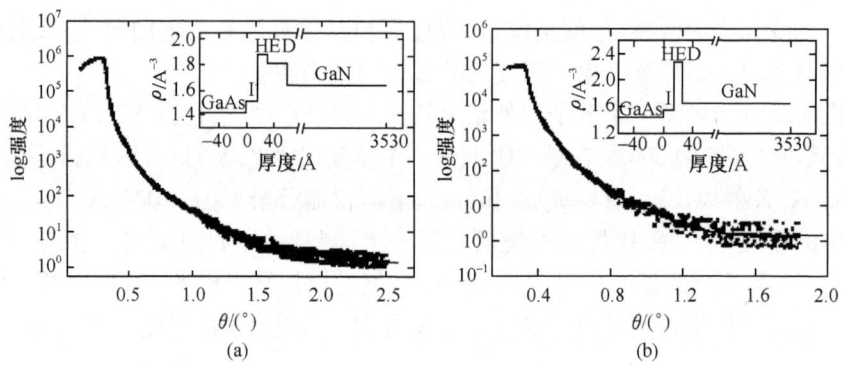

图 11.15　分子束外延生长的 GaN/GaAs (001) 结构的 X 射线小角反射率曲线
(a) 该样品有一个较薄的低温 GaN 层;(b) 该样品有一个较厚的低温 GaN 层

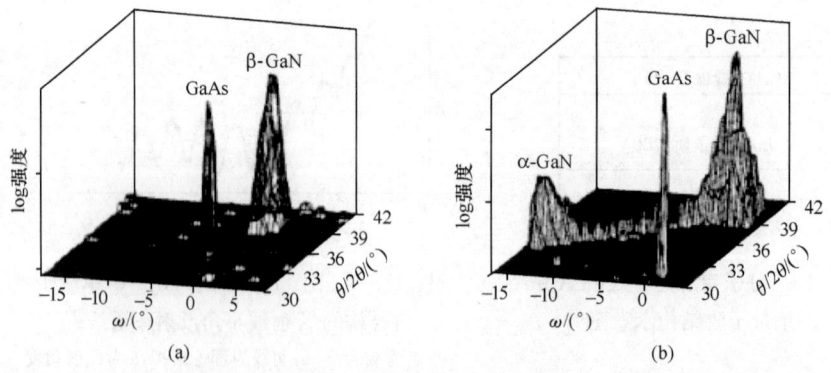

图 11.16　分子束外延生长的 GaN/GaAs (001) 结构的 X 射线(004)衍射谱
(a) 该样品只有立方 GaN;(b) 该样品中立方和六方 GaN 共存

李建华

参 考 文 献

[1] Li J H,Moss S C,Zhang Y,et al. Phys. Rev. Lett. ,2003,(91):106103.
[2] Braun W,Ploog K H. J. Appl. Phys. ,1994,(75):1993.
[3] Braun W,Trampert A,Daweritz L,et al. Phys. Rev. B,1997,(55):168.
[4] Warren B E. X-ray Diffraction. New York:Dover Publications,1990.
[5] Speriosu V S. J. Appl. Phys,1985,52:6094;J. Appl. Phys. ,1984,(56):1591.
[6] Li J H,Mai Z H,Cui S F,et al. J. Cryst. Growth,1993,(129):532.
[7] Li J H,Mai Z H,Cui S F,et al. Appl. Phys. Lett. ,1993,(63):3327.
[8] Holý V,Li J H,Bauer G,et al. J. Appl. Phys. ,1995,(78):5013.
[9] Kaganer V M,Kohler R,Schmidbauer M,et al. Phys. Rev. B,1997,(55):1793.
[10] Li J H,Duan X F,Mai Z H,et al. Mater. Sci. Lett. ,1993,(12):1511.
[11] Li J H,Mai Z H,Cui S F. J. Appl. Phys. ,1994,(76):1320.
[12] Fullerton E E,Schuller I K,Vanderstraeten H,et al. Phys. Rev. B,1992,(45):9292.
[13] Chu X,Tanner B K. Appl. Phys. Lett. ,1986,(49):1773.
[14] Mai Z H,Cui S F,He C G. Phys. Rev. B,1990,(41):9930.
[15] Cui S F,Mai Z H. J. Appl. Cryst. ,1990,(23):147.
[16] Li J H,Bauer G,Stangle J,et al. J. Appl. Phys. ,1996,(80):81.
[17] Lucas C A,Hatton P D,Bates S,et al. J. Appl. Phys. ,1988,(63):1936.
[18] Li J H,Chen H,Cai L C,et al. Appl. Phys. Lett. ,1999,(74)2981.

第 12 章 外延膜的晶格参数、应力与组分

20 世纪是薄膜材料科学迅速发展的世纪,它直接得益于高精度的薄膜生长技术的发展,如分子束外延、化学气相沉积、电子束沉积和多靶溅射等技术,使得制备几个原子层厚度的薄膜成为可能。通过反复沉积超薄膜制备的周期性多层膜具有完全不同于相应体材料的物理及化学性质,目前的薄膜生长技术可以使具有特殊效应的薄膜材料,如高温超导、巨磁电阻(GMR)、量子阱和量子点等薄膜材料在其特殊效应被发现不久便很快被制成具有新功能的器件,实施于应用。这些功能薄膜器件的共同点是异质结构,成分复杂,晶格失配大。这不仅使得制备薄膜的可选材料大大增加,更有意义的是,可以通过调节多层膜或超晶格的成分或应变来调节能带,以实现所需的物理性能。外延材料的性能与其结构及其完美性密切相关,要求生长时严格准确地控制材料的结构参数,以实现最优性能。但尽管采用最先进的薄膜生长技术,这种严格的控制也很难准确实现。生长工艺的不完善或生长过程中偶然因素的影响,会使外延膜出现不完美性,如超晶格周期的波动,相对层厚的变化,成分的不均匀,界面不理想,以及失配位错的产生等。这些结构不完美性直接影响器件的性能。因此,分析和研究外延材料的结构、成分和完美性对了解材料的真实情况,优化制备条件,获得高性能的外延薄膜和器件是十分重要的。外延膜的晶格参数、应力和组分的表征,是外延膜结构和评价的重要参数。第 11 章已介绍了单层膜和多层膜厚度的检测,本章着重介绍外延膜的晶格参数、应力和组分的检测。

12.1 共面 X 射线双轴晶衍射

应用分子束外延技术或金属氧化物化学气相沉积技术制备的半导体薄膜和超晶格结构材料,其完美性高。其 X 射线双轴晶衍射测到的摇摆曲线半峰宽非常接近理想晶体的 X 射线衍射动力学理论的半峰宽,其值约在几秒的数量级[1]。因此,应用 X 射线双轴晶衍射技术研究外延膜结构具有分辨率高,样品无需处理,以及无损检测等优点。对于金属多层膜或氧化物多层膜,由于它们的结构完美性较差,半峰宽很大,一般不用摇摆曲线来描述。

最简单的外延膜结构是均匀单层结构,即在衬底上只外延生长一层薄膜。

图 12.1 所示是在 Si 衬底上外延生长一层 $3\mu m$ 厚的 GaAs 单异质结(004)和(224) X 射线双轴晶摇摆曲线[2]。从图中可以看到,均匀单层异质结构所对应的双轴晶摇摆曲线比较简单,只包括一个对应衬底的峰和一个对应薄膜的峰。图中膜峰出现在衬底峰的左边,根据布拉格方程,说明 $d_s < d_f$。由所测到的两峰距离可计算出外延膜与衬底晶格常数差,利用 X 射线衍射动力学衍射理论对实验曲线进行模拟,可以得到外延膜的真实厚度和成分。

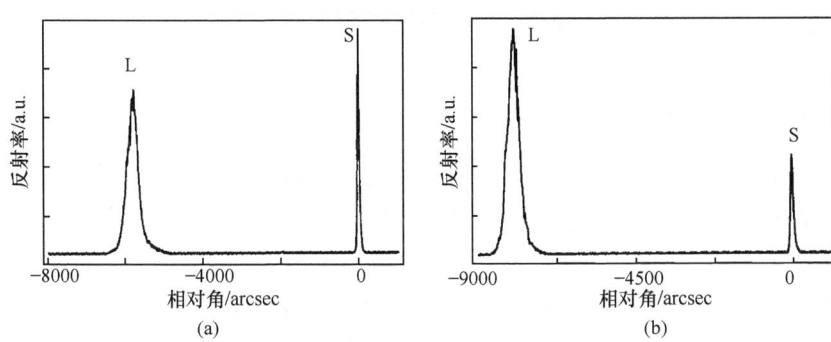

图 12.1 GaAs/Si 均匀单层膜 X 射线双轴晶衍射摇摆曲线
(a)(004)衍射;(b)(224)衍射

值得注意的是,当外延膜厚度超过一个临界值时,由于入射束和衍射束的干涉,摇摆曲线除了衬底峰和膜峰外还可观察到干涉峰。

有些器件,如激光器件等,采用所谓 A_1BA_2 结构,即在两层结构、成分一样的薄膜中间插入另一薄层。在 11.2 节已介绍,由于 B 层的存在,上、下 A 层反射的 X 射线产生干涉,谱线比较复杂。图 12.2 是 ZnSe(40nm)/ZnS$_{1-x}$Te$_x$(10nm)/ZnSe(40nm) A_1BA_2 结构薄膜的双轴晶(004)衍射摇摆曲线[3],样品是用分子束外延技术生长,其衬底是 GaAs(001)偏离[011]方向 2°切割。从图中可看到,衬底峰和膜峰之间以及在膜峰的低角度处有干涉峰,表明样品具有很锐界面的层状结构。一般来说,B 层很薄,很难测定其厚度和成分。用第 11 章介绍的方法,可以计算薄膜的厚度。采用 X 射线衍射动力学理论对摇摆曲线进行模拟得到样品的真实结构为:ZnSe(43nm)/ZnS$_{0.665}$Te$_{0.335}$/ZnSe(56.5nm);ZnS$_{0.665}$Te$_{0.335}$ 层受张应力:$\varepsilon^T_\parallel = (2.563\pm0.001)\times10^{-2}$,$\varepsilon^T_\perp = (8.825\pm0.001)\times10^{-2}$。而第一层 ZnSe 受压应力:$\varepsilon^C_\parallel = (2.786\pm0.001)\times10^{-3}$,$\varepsilon^C_\perp = (9.506\pm0.001)\times10^{-3}$。通过理论计算 B 层不同成分双轴晶摇摆曲线零级峰与衬底峰的角度差,再与实验曲线比较,可以得到 B 层的成分[3]。

大多数半导体器件为量子阱结构或多量子阱结构。量子阱结构是在结构完美的衬底上周期性地交替外延生长两种不同材料,故又称为超晶格结构。多量子阱结构类似超晶格结构,但不具有周期性,因而更为复杂。对这些复杂结构的材料,

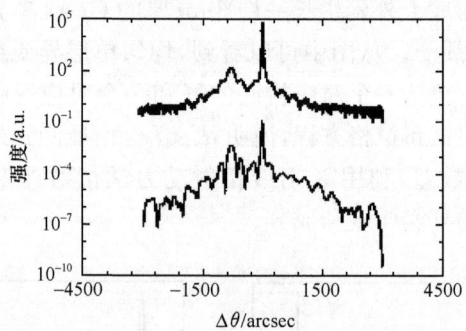

图 12.2　ZnSe/ZnS$_{1-x}$Te$_x$/ZnSe A$_1$BA$_2$ 结构薄膜(004)X 射线双轴晶衍射摇摆曲线

其 X 射线衍射摇摆曲线表现为衬底峰、薄膜峰和若干个卫星峰,其衍射峰与点阵参数不具有一一对应关系,是超晶格各参数的整体效应。因此,对其分析必须用理论模拟。图 12.3 是[AlAs(28.3Å)/GaAs(28.3Å)]$_{200}$超晶格(002)倒易阵点附近的 X 射线衍射摇摆曲线和理论模拟曲线[4],可以看到,在零级峰两侧存在一组卫星峰,对失配较大的量子阱和超晶格系统,应用 X 射线衍射动力学理论对实验曲线进行模拟,可以得到各子层厚度、成分等信息。

关于多层膜结构和应变弛豫超晶格各子层厚度和成分的分析可参阅第 6 章和第 7 章。

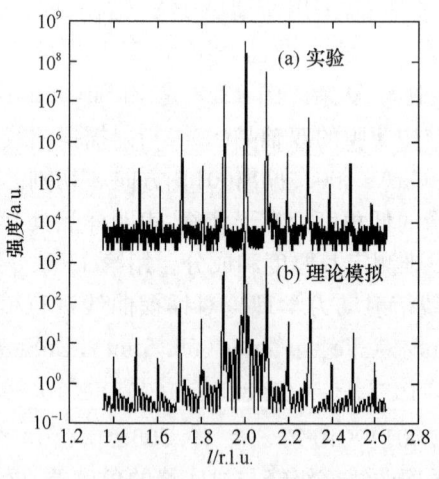

图 12.3　[AlAs(28.3Å)/GaAs(28.3Å)]$_{200}$超晶格(002)倒易阵点摇摆曲线

12.2 薄膜残余应力检测的 X 射线 mapping 技术

大多数薄膜材料在制备过程中很容易产生残余应力,它对材料的宏观物理性能影响很大。残余应力与制备工艺条件以及外延膜与衬底的失配等因素有关,表征手段主要有 X 射线衍射和电子衍射等技术,其中 X 射线衍射作为一种无损检测手段,已经成为一种比较成熟的应力分析方法[5~7],被用来分析材料中的残余应力。

第 15 章所说的倒易空间 mapping 技术指的是倒易空间内 X 射线散射强度在 q_x-q_z 面内的二维分布图,可研究样品的取向差、晶格失配弛豫等[8~11]。本节介绍的是另外一种 mapping,是 q_y-q_z 面内的 X 射线散射强度二维分布图[12,13],这种技术可以得到残余应力在样品内的分布信息。下面简单介绍这种技术的原理。

图 12.4 所示为实验光路示意图,样品绕着 q_x 轴转动,其表面与 q_x-q_y 面的夹角为 ψ,入射 X 射线和出射 X 射线均在 q_x-q_z 面内,与 q_x 的夹角均为 θ。在每一个特定衍射面对应的 ψ 角下,进行 $\theta \sim 2\theta$ 扫描,得到该衍射面的高角衍射曲线,并从曲线中得到样品的晶格常数;然后改变 ψ 角,重复 $\theta \sim 2\theta$ 扫描,这样可以得到一系列不同 ψ 角的高角衍射曲线以及晶格常数,利用应力模型对这些数据进行处理,就可以得到样品内部残余应力的信息。

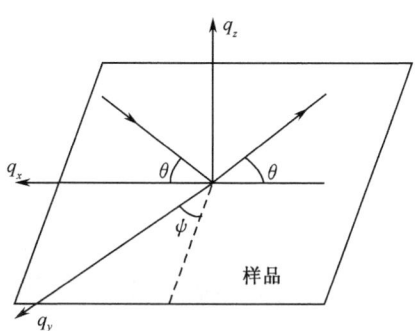

图 12.4　X 射线 mapping 技术的实验光路示意图

要确定材料的残余应力,必须知道该材料的 X 射线弹性常数(XECs)。X 射线弹性常数可以通过实验测得,但是测量过程费时长,而且对实验条件要求苛刻,所以多晶材料的 X 射线弹性常数通常由该材料的单晶的 X 射线劲度系数 c_{ij}(或顺度系数 s_{ij})计算得出,在计算过程中必须就晶粒间的力学关系做出某些假设,Reuss,Voigt,Hill 和 Kröner 各自提出了不同的模型[5,14~17]。在这些模型中,各向异性材料的 X 射线弹性系数可以用简单的解析式表达[5]。对于具有强织构(texture)的外延薄膜,X 射线弹性系数可以通过"晶体群方法"由单晶的 X 射线弹性系数计算得到。对于更一般的情形,在计算中要根据不同的晶粒间力学关系的假设(如 Reuss,Voigt),考虑材料中的取向分布函数(ODF)[18],取向分布函数可定量描述材料中织构情况。

下面介绍多晶材料 X 射线弹性系数的计算。

1. *应力和应变的概念*[16]

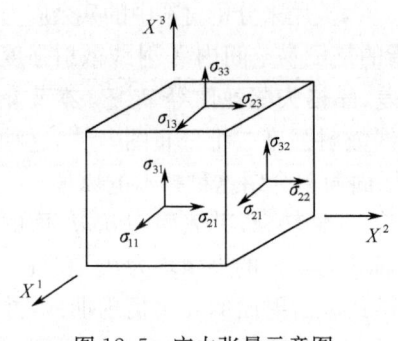

图 12.5　应力张量示意图

考虑一个立方体,每个面的面积为 A(图 12.5),第 i 面受到的力 $\boldsymbol{f}_i$ 沿 $\boldsymbol{X}_j$ 方向的分量是 $\boldsymbol{f}_i \cdot \boldsymbol{X}_j$。定义应力张量 σ,其分量为

$$\sigma_{ij} = \boldsymbol{f}_i \cdot \boldsymbol{X}_j / A \tag{12.1}$$

应力是一个二阶张量,有 9 个分量:

$$\sigma = \begin{bmatrix} \sigma_{11} & \sigma_{12} & \sigma_{13} \\ \sigma_{21} & \sigma_{22} & \sigma_{23} \\ \sigma_{31} & \sigma_{32} & \sigma_{33} \end{bmatrix} \tag{12.2}$$

在应力的作用下,原子就会偏离原来的位置,产生应变,应变也是一个二阶张量

$$\varepsilon = \begin{bmatrix} \varepsilon_{11} & \varepsilon_{12} & \varepsilon_{13} \\ \varepsilon_{21} & \varepsilon_{22} & \varepsilon_{23} \\ \varepsilon_{31} & \varepsilon_{32} & \varepsilon_{33} \end{bmatrix} \tag{12.3}$$

应力和应变之间满足 Hooke 定律

$$\sigma_{ij} = c_{ijkl}\varepsilon_{kl}, \quad \varepsilon_{ij} = s_{ijkl}\sigma_{kl} \tag{12.4}$$

劲度系数 c 和顺度系数 s 都是 4 阶张量,有 81 个分量。由于应力和应变都具有对称性,所以劲度系数(和顺度系数)也满足如下的对称性:

$$c_{ijkl} = c_{jikl} = c_{ijlk} \tag{12.5}$$

因此 81 个分量中最多只有 36 个是独立的,可以用一个 6×6 的矩阵表示(但不是真正的矩阵,不服从矩阵的运算规则)。Voigt 引入了一套简化的符号索引[15,19],每一对下标 ij 都用一个 Voigt 索引 m 代替,如下所示:

$$\begin{array}{ccc} 11 \to 1, & 22 \to 2, & 33 \to 3 \\ 23 \to 4, & 13 \to 5, & 12 \to 6 \\ 32 \to 4, & 31 \to 5, & 21 \to 6 \end{array} \tag{12.6}$$

由于晶体的对称性,劲度系数中独立分量的数目还可以进一步减少。例如,对正交晶系,劲度系数中只有 9 个独立分量:

12.2 薄膜残余应力检测的 X 射线 mapping 技术

$$c = \begin{bmatrix} c_{11} & c_{12} & c_{13} & 0 & 0 & 0 \\ \cdot & c_{22} & c_{21} & 0 & 0 & 0 \\ \cdot & \cdot & c_{33} & 0 & 0 & 0 \\ \cdot & \cdot & \cdot & c_{44} & 0 & 0 \\ \cdot & \cdot & \cdot & \cdot & c_{55} & 0 \\ \cdot & \cdot & \cdot & \cdot & \cdot & c_{66} \end{bmatrix} \quad (12.7)$$

这是一个对称矩阵，只写出了右上角。对于立方晶系，独立分量的数目进一步缩减到只有 3 个分量：

$$\begin{aligned} c_{11} &= c_{22} = c_{33} \\ c_{44} &= c_{55} = c_{66} \\ c_{12} &= c_{13} = c_{23} \end{aligned} \quad (12.8)$$

2. 坐标系

在计算中需要用到三个坐标系：晶体坐标系(C)，样品坐标系(S)和实验室坐标系(L)(图 12.6)。这三个坐标系通过以下三个变换矩阵相联系。

(1) Γ：晶体坐标系变换到样品坐标系(记为 $g(\alpha,\beta,\gamma)$，α,β,γ 是欧拉角)[18,20]。

$$g(\alpha,\beta,\gamma) = \begin{bmatrix} \cos\alpha\cos\gamma - \sin\alpha\sin\gamma\cos\beta & \sin\alpha\cos\gamma + \cos\alpha\sin\gamma\cos\beta & \sin\gamma\sin\beta \\ -\cos\alpha\sin\gamma - \sin\alpha\sin\gamma\cos\beta & -\sin\alpha\sin\gamma + \cos\alpha\cos\gamma\cos\beta & \cos\gamma\sin\beta \\ \sin\alpha\sin\beta & -\cos\alpha\sin\beta & \cos\beta \end{bmatrix} \quad (12.9)$$

(2) P：实验室坐标系变换到样品坐标系(记为 $\rho(\Phi,\Psi)$)。

$$\rho(\Phi,\Psi) = \begin{bmatrix} \cos\Phi & -\sin\Phi & 0 \\ \sin\Phi\cos\Psi & \cos\Phi\cos\Psi & -\sin\Psi \\ \sin\Phi\sin\Psi & \cos\Phi\sin\Psi & \cos\Psi \end{bmatrix} \quad (12.10)$$

(3) Λ：晶体坐标系变换到实验室坐标系，变换矩阵与式(12.9)相同，记为 $g(\alpha_{hkl},\beta_{hkl},\lambda)$。

根据弹性理论[6]，在方位角 Φ，倾角 Ψ 下测得的应变为

$$\begin{aligned} \varepsilon_{\varphi\psi} = \frac{D_{\varphi\psi} - D_0}{D_0} &= \varepsilon_{11}\cos^2\varphi\sin^2\psi + \varepsilon_{12}\sin 2\varphi\sin^2\psi \\ &+ \varepsilon_{13}\cos\varphi\sin 2\psi + \varepsilon_{22}\sin^2\varphi\sin^2\psi \\ &+ \varepsilon_{23}\sin^2\varphi\sin 2\psi + \varepsilon_{33}\cos^2\psi \end{aligned} \quad (12.11)$$

根据 Hooke 定律，有

$$\varepsilon_{ij} = \frac{1}{2}s_2\sigma_{ij} - \delta_{ij}s_1(\sigma_{11} + \sigma_{22} + \sigma_{33}) \quad (12.12)$$

其中

$$\delta_{ij} = \begin{cases} 1 & (i=j) \\ 0 & (i \neq j) \end{cases}$$

将式(12.12)代入式(12.11),并考虑到在一般情况下,切应力很小,可以忽略不计,可以得到

$$\varepsilon_{\varphi\psi} = \frac{1}{2} s_2 [(\sigma_1 \cos^2\varphi + \sigma_2 \sin^2\varphi - \sigma_3) \sin^2\psi + \sigma_3] + s_1 (\sigma_1 + \sigma_2 + \sigma_3) \quad (12.13)$$

式中,s_1 和 $\frac{1}{2} s_2$ 就是 X 射线弹性系数。对于大多数薄膜材料,面内是各向同性的,$\sigma_1 = \sigma_2$,则

$$\varepsilon_{\varphi\psi} = \frac{1}{2} s_2 [(\sigma_1 - \sigma_3) \sin^2\psi + \sigma_3] + s_1 (2\sigma_1 + \sigma_3) \quad (12.14)$$

式(12.14)是 X 射线应力分析的基本公式,从式(12.14)可以看出,$\varepsilon_{\varphi\psi}$ 与 $\sin^2\psi$ 呈线性关系,测出一系列 ψ 角下的应变值,以 $\sin^2\psi$ 为横坐标,$\varepsilon_{\varphi\psi}$ 为纵坐标,画出一条直线,就可以得出样品的应力值 σ_1 和 σ_3。

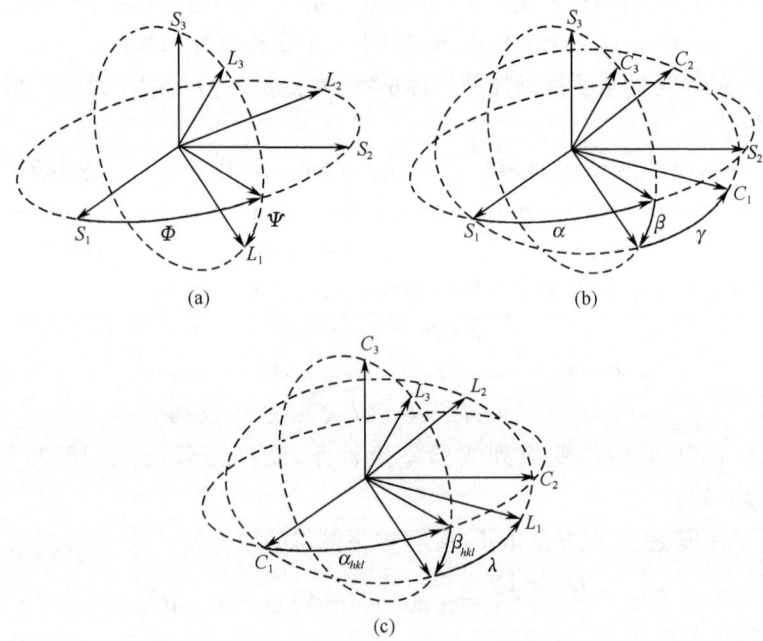

图 12.6 晶体坐标系、样品坐标系和实验室坐标系以及它们之间的转换关系
(a) 晶体坐标系到样品坐标系;(b) 实验室坐标系到样品坐标系;(c) 晶体坐标系到实验室坐标系

3. Reuss 假设[14]

根据 Hooke 定律,在实验室坐标系中,对于每一个小晶粒,都有

$$\varepsilon_{ij}^L = s_{ijkl}^L \sigma_{kl}^L \quad (12.15)$$

不同的衍射晶面(hkl)有不同的 X 射线弹性系数,X 射线衍射测得的应变是所有满足布拉格衍射条件的晶粒的平均值,这些晶粒的(hkl)衍射晶面的法线方向沿着实验室坐标系中的 L_3 轴,式(12.15)可以写成

$$\langle \varepsilon_{ij}^L \rangle = \langle s_{ijkl}^L \sigma_{kl}^L \rangle \tag{12.16}$$

Reuss 假设样品中所有晶粒具有相同的应力,因此沿 L_3 方向的应变可以写成

$$\langle \varepsilon_{33}^L \rangle = \langle s_{33kl}^L \sigma_{kl}^L \rangle = \langle s_{33kl}^L \rangle \sigma_{kl}^L \tag{12.17}$$

考虑样品的取向分布函数,$f(g)$,从图 12.6 可以看出,对于特定的(hkl)晶面,只有 λ 是可变的,所以

$$\langle s_{33kl}^L \rangle = \frac{\int f[g(\lambda)] s_{33kl}^L \mathrm{d}\lambda}{\int f[g(\lambda)] \mathrm{d}\lambda} \tag{12.18}$$

式中,$g(\lambda)$ 是晶体坐标系到样品坐标系的变换矩阵。从晶体坐标系到样品坐标系变换可以分两步完成:从晶体坐标系变换到实验室坐标系,再从实验室坐标系变换到样品坐标系,因此,$g(\lambda)$ 可以写成

$$g(\lambda) = \Lambda \cdot \rho = g(\alpha_{hkl}, \beta_{hkl}, \lambda) g(\Phi, \Psi, 0) \tag{12.19}$$

测量是在实验室坐标系中完成的,需要知道实验室坐标系中的 X 射线弹性系数,因为晶体坐标系中的 X 射线弹性系数是已知的,所以可以利用下面的坐标变换:

$$s_{33kl}^L = \Lambda_{3m} \Lambda_{3n} \Lambda_{ko} \Lambda_{lp} s_{mnop}^C \tag{12.20}$$

一般来说,式(12.18)中的积分与 Φ 和 Ψ 有关,也就是说,对不同的 Φ 和 Ψ,$\langle s_{33kl}^L \rangle$ 也会不同。但是在立方晶系中,$[hhh]$ 和 $[h00]$ 衍射晶面对应的 s_{33kl}^L 和 λ 无关,所以平均 X 射线衍射系数 $\langle s_{33kl}^L \rangle$ 是和薄膜中织构无关的。把应力张量 σ_{kl}^L 变换到样品坐标系,得到

$$\langle \varepsilon_{33}^L \rangle = \langle s_{33kl}^L \rangle \rho_{ki} \rho_{lj} \sigma_{ij}^S \tag{12.21}$$

把 ρ 的表达式(12.10)代入上式展开,并与式(12.14)比较,就可以得到 Reuss 假设下 $[hhh]$ 和 $[h00]$ 衍射面的 X 射线弹性系数。

4. Voigt 假设[15]

根据 Voigt 假设,样品中各个晶粒具有相同的应变,根据 Hooke 定律,有

$$\sigma_{ij}^S = c_{ijkl}^S \varepsilon_{kl}^S \tag{12.22}$$

定义样品中的平均应力:

$$[\sigma_{ij}^S] = \int \sigma_{ij}^S f(g) \mathrm{d}g = \int c_{ijkl}^S \varepsilon_{kl}^S f(g) \mathrm{d}g \tag{12.23}$$

将式(12.22)代入式(12.23),并利用 Voigt 假设,有

$$[\sigma_{ij}^S] = [c_{ijkl}^S] \varepsilon_{kl}^S = \int c_{ijkl}^S f(g) \mathrm{d}g \cdot \varepsilon_{kl}^S \tag{12.24}$$

式中，积分遍及整个欧拉空间。从已知的晶体坐标系中的劲度系数 c，利用变换矩阵 Γ，可以得到样品坐标系中的劲度系数 c^S：

$$c^S_{ijkl} = \Gamma_{im}\Gamma_{jn}\Gamma_{ko}\Gamma_{lp} c^C_{mnop} \tag{12.25}$$

定义样品坐标系中劲度系数 c^S 的逆张量为 r^S

$$r^S_{ijkl} = [c^S]^{-1}_{ijkl} \tag{12.26}$$

则有

$$\varepsilon^S_{ij} = r^S_{ijkl}\sigma^S_{kl} \tag{12.27}$$

应用从样品坐标系到实验室坐标系的变换矩阵 P，可以得到实验室坐标系中的 ε^L_{33}，也就是 $\varepsilon_{\varphi\psi}$：

$$\varepsilon^L_{33} = \rho_{3i}\rho_{3j}\varepsilon^S_{ij} = \rho_{3i}\rho_{3j} r^S_{ijkl}\sigma^S_{kl} \tag{12.28}$$

将 ρ 的表达式代入式(12.28)，并与式(12.14)比较，可以得出 Voigt 假设下的 X 射线弹性系数：

$$s_1 = r^S_{1133}$$

$$\frac{1}{2}s_2 = r^S_{1111} + r^S_{1122} - 2r^S_{1133} \tag{12.29}$$

5. Hill 假设[16]

无论是 Reuss 假设还是 Voigt 假设，都是简单地认为应力和应变中某一个量在整个样品中保持不变，实际的情况必然是介于这两者之间，因此 Hill 提出，用 Reuss 假设和 Voigt 假设计算出的 X 射线弹性系数的平均值，来计算样品中的应力。实验证明[7]，Hill 假设与实验结果更符合。

王勇[21]根据 Reuss, Voigt 和 Hill 模型计算了 $Fe_{50}Mn_{50}$ 和 $Ni_{80}Fe_{20}$ 薄膜在不同织构下的 X 射线弹性系数，研究了两块总厚度相同，但是周期数不同的样品，其名义结构为：$[Ni_{80}Fe_{20}(50Å)/Fe_{50}Mn_{50}(25Å)]_{30}$ 和 $[Ni_{80}Fe_{20}(100Å)/Fe_{50}Mn_{50}(50Å)]_{15}$，并用计算的 X 射线弹性系数拟合了应变随 $\sin^2\Psi$ 的变化曲线，得到了 $Fe_{50}Mn_{50}/Ni_{80}Fe_{20}$ 多层膜样品内的残余应力。图 12.7 为实验测得的应变随 $\sin^2\psi$ 的变化曲线，并非一条直线，考虑到应力的梯度分布之后，拟合结果与实验结果符合得很好。结果表明，两块样品中 $Fe_{50}Mn_{50}$ 和 $Ni_{80}Fe_{20}$ 层都具有很强的(111)织构，其中 $Fe_{50}Mn_{50}$ 层的织构是一样的，而对 $Ni_{80}Fe_{20}$ 层，周期厚度大的样品具有更强的织构。

两块样品的面内应力都是拉应力，而垂直膜面的应力都是压应力。其中 $Fe_{50}Mn_{50}$ 层具有相同的残余应力，随深度从上到下逐渐减小。而 $Ni_{80}Fe_{20}$ 层的残余应力不同，周期厚度小的样品应力不随深度变化，而周期厚度大的样品，$Ni_{80}Fe_{20}$ 层内的应力变大，而且出现梯度分布，应力随深度的分布也是从上到下逐渐减小的。

麦振洪、张红娣等研究了用激光沉积法生长在 $SrTiO_3(001)$ 衬底上不同厚度 $La_{0.8}Ca_{0.2}MnO_3$(LCMO)薄膜的完美性、应力及其对磁电阻的影响[22]。图 12.8 为不同厚度薄膜内的应力。可以看到,薄膜面内受张应力,而垂直薄膜方向受压应力。随着薄膜厚度增加,应力减小。图 12.9 为不同厚度薄膜对应的磁电阻和金属-绝缘性转变温度曲线。可以看到,应力强烈地影响薄膜的磁电阻和金属-绝缘性转变温度。随着薄膜应力增加,薄膜的磁电阻增加,而金属-绝缘性转变温度减小。至于应力对薄膜电学和磁学性能影响机制和定量关系的研究,有待进一步深入。

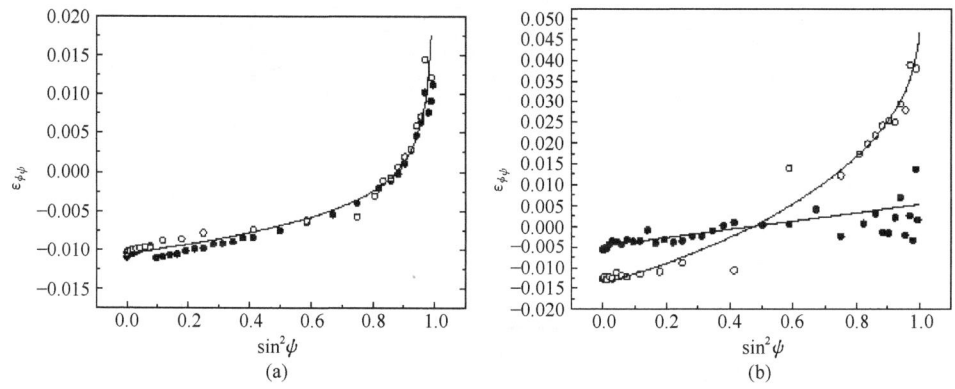

图 12.7 (111)反射应变随 $\sin^2\psi$ 的变化曲线

(a) FeMn;(b) $Ni_{80}Fe_{20}$

实线为理论计算结果;● 为 $[Ni_{80}Fe_{20}(50\text{Å})/Fe_{50}Mn_{50}(25\text{Å})]_{30}$;
○ 为 $[Ni_{80}Fe_{20}(100\text{Å})/Fe_{50}Mn_{50}(50\text{Å})]_{15}$

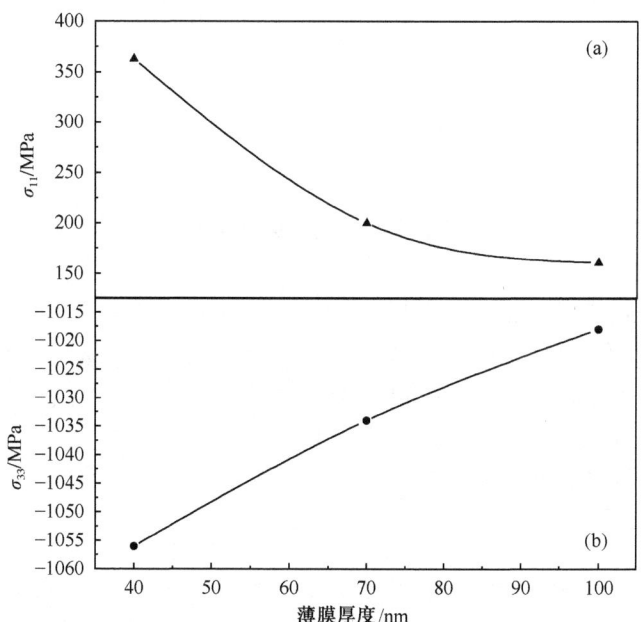

图 12.8 不同厚度 LCMO 薄膜的应力

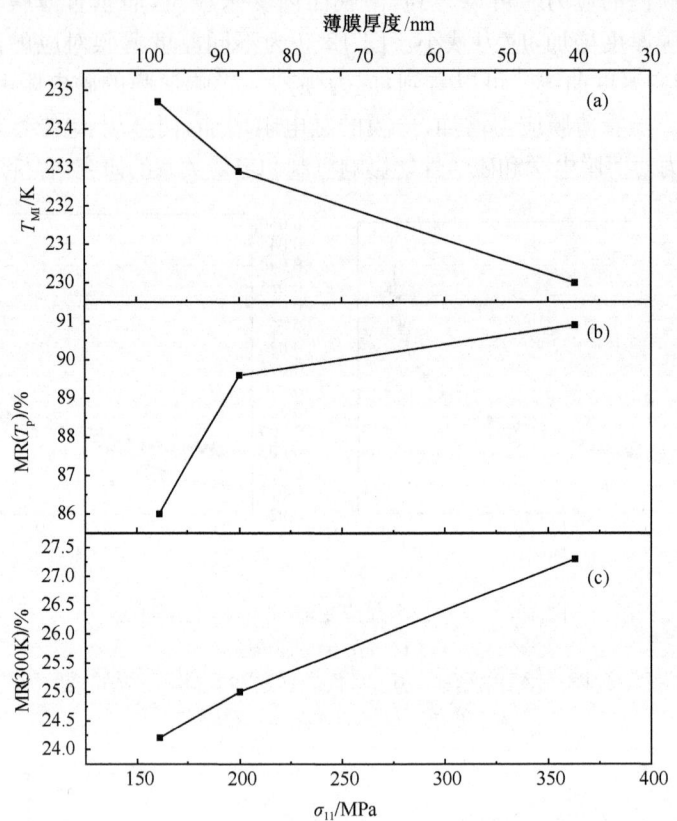

图 12.9 不同厚度的 LCMO 薄膜对应的磁电阻和金属-绝缘性转变温度曲线

12.3 掠入射衍射

薄膜材料的厚度一般为几纳米至几微米,常规的 X 射线衍射技术的穿透深度约几十微米,很难反映薄膜材料的结构及完美性。为了适应表面和界面检测的需要,发展了 X 射线掠入射衍射(GID)[23~25]。在第 10 章已经介绍了 X 射线全反射现象,本节着重讨论在薄膜结构表征的应用。

X 射线对材料的折射率为[26]

$$n = 1 - \delta - i\beta \tag{12.30}$$

式中,$\delta \equiv r_e \rho_e \lambda^2/(2\pi)$,为色散项,其值为 10^{-6} 量级;$\beta \equiv \mu\lambda/(4\pi)$,为吸收项,其值为 10^{-7} 量级。其中,r_e 为经典电子半径;ρ_e 为材料中电子平均密度;μ 为 X 射线线吸收系数;λ 为 X 射线波长。可见,X 射线在介质材料中的折射率比 1 略小,这与

可见光在介质中的折射率总大于 1 不同。于是,在可见光折射中出现的内全反射现象,在 X 射线就表现为外全反射现象。也就是说,当 X 射线对于介质表面的掠入射角小于某个临界角后,X 射线不再进入介质,而是全部反射出来(吸收会损失掉部分 X 射线)。根据折射率定律,容易得到临界角 α_c 为[27]

$$\alpha_c \approx \sqrt{2\delta} = \sqrt{\frac{r_e \rho Z N_A}{\pi A} \cdot \lambda^2} \tag{12.31}$$

其中,ρ 为材料的质量密度;Z 和 A 分别为材料的原子序数和原子质量;N_A 为阿伏伽德罗常量。对波长为 1.54Å 的 X 射线,Si 晶体材料的临界角为 $\alpha_c = 0.222°$;Fe_3Al 单晶为 $\alpha_c = 0.355°$;Au 单晶为 $\alpha_c = 0.505°$。

在掠入射的情况下,可用平面波来简单说明介质材料中的 X 射线波场分布。当 X 射线的掠入射小于介质材料的全反射角($\theta_i \leqslant \theta_c$)时,如果忽略材料的吸收,则介质材料中垂直于表面方向上的波矢分量成为[28]

$$k_z = \frac{-i2\pi (2\delta - \sin^2\theta_i)^{\frac{1}{2}}}{\lambda} \tag{12.32}$$

这是一个随入射角变化的虚数。X 射线的波矢分量成为一个具有较大虚部的复数,该虚部使得介质材料中电场分布沿 Z 方向上急剧衰减,而这种衰减不是由于吸收造成的。此时,介质材料内部的 X 射线电场在 Z 方向是瞬时波,而在平行于样品表面的 X 方向是行波。在 Z 方向上的指数衰减长度(即 X 射线的穿透深度)为

$$L^* = \frac{\lambda}{2\pi \sqrt{2\delta - \sin^2\theta}} \tag{12.33}$$

该穿透深度是随着掠入射角的不同而变化的,对 Si 单晶材料,当波长为 1.54Å,对应掠入射角为 0.05°,0.1° 和 0.2° 时,其穿透深度分别为 6nm,7nm 和 15nm。在小于全反射角 α_c 的区域内,材料中的 X 射线电场只集中在 L^* 决定的穿透深度内,大大提高了来自表面原子信号的信噪比,而材料体内的信息得到抑制。与别的表面结构分析方法相比,X 射线掠入射衍射或散射方法的最大优点在于,可以通过调节 X 射线的掠入射角来控制 X 射线的穿透深度,可以把薄膜峰及衬底峰区分开来,从而研究材料表面或表层不同深度的结构、界面状态和表面非晶层的结构等。也就是说,不同的掠入射角下所得到的衍射强度曲线反映薄膜内不同层或沿垂直于膜面方向不同厚度处的结构信息。

X 射线掠入射衍射实验的技术要求较高,实验时要对样品的位置,特别是样品表面的平行度进行非常精确的调节。在掠入射角较小时,来自样品的信号很弱,所

以要求光源的强度较高,建议应用同步辐射光源。

蒋最敏等[29]应用同步辐射光源 X 射线掠入射衍射技术,研究了在硅(001)衬底上采用分子束外延技术生长自取向锗量子点的应力和组分。图 12.10 是不同掠入射角锗量子点的 X 射线掠入射衍射曲线。从图中可见,在硅(220)峰的小角度一侧有一峰 S_I;当掠入射角小于 0.1°时,在硅(220)峰的大角度一侧也有一峰 S_{II}。从其峰位可知,峰 S_I 对应于平行于界面的点阵面受拉伸,而峰 S_{II} 对应点阵面受压缩;其值分别为 1.2%和−0.8%。从不同掠入射角的穿透深度可推得,S_{II} 峰起源于近表面 7nm 深度结构变化。而 S_I 即来源于锗量子点。锗量子点点阵经受四方形变,由维加定律可得量子点为 $Si_{1-x}Ge_x$ 合金,其中 $x=0.55$。说明在量子点生长过程中,相当数量的硅原子扩散到锗量子点里,形成硅锗合金。

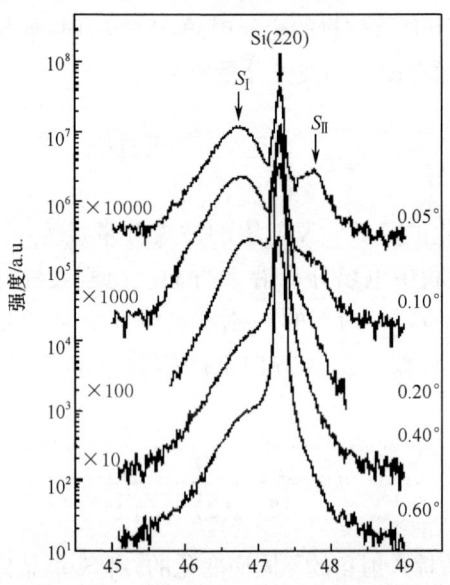

图 12.10　不同掠入射角锗量子点的 X 射线掠入射衍射曲线[29]

陈向明、麦振洪等研究了应用溅射法在 $SrTiO_3$(001)衬底上生长的 $La_{0.3}Ca_{0.5}MnO_3$ 薄膜的结构和完美性[30],图 12.11(a)和(b)分别是 $La_{0.3}Ca_{0.5}MnO_3$ 薄膜(200)和(020)的掠入射衍射图。从图 12.11(a)可以看到,在 a 方向,薄膜峰与衬底峰的角度比较接近,因此,当掠入射角较小时,薄膜的信号比较弱,薄膜峰与衬底峰几乎不能分开,表现为衬底峰的不对称展宽。随着掠入射角的增大,来自薄膜的信号也随之增强,薄膜峰逐渐从衬底峰的覆盖中显现出来。由于两个峰的角度比较接近,所以薄膜峰与衬底峰有所重叠;从图 12.11(b)可以看到,在 b 方向,当掠入射角较小时,衬底峰的相对强度非常小,在掠入射图谱中几乎观察不到衬底峰的存在,这说明所收集的信号主要来自薄膜,另一方面说明衬底并不是理想的单晶结构,在[200]和[020]两个方向上的结晶性质是不一样的,衬底在[200]方向上的结晶质量要比[020]方向上的好得多。随着掠入射角的逐渐增大,衬底峰的相对强度逐渐增大,而薄膜峰的相对强度逐渐减小。同时,从图 12.11(a)和(b)可以看到,对不同的掠入射角,薄膜峰相对于衬底峰的位置几乎没有变化。

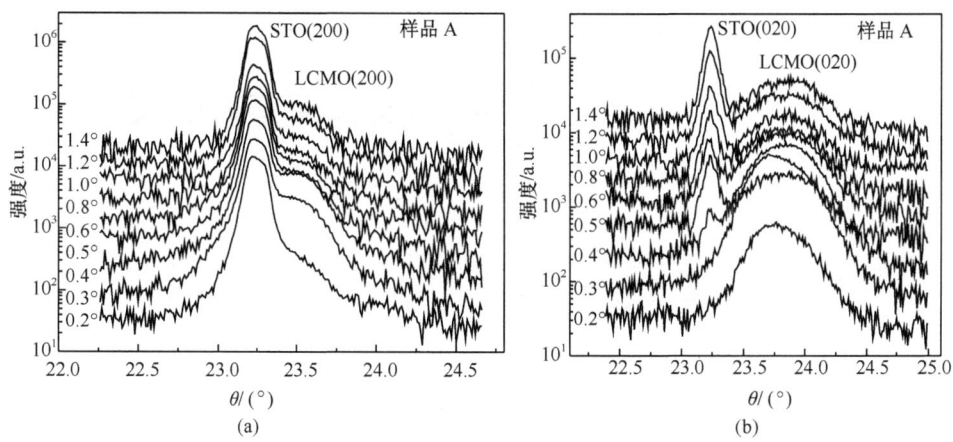

图 12.11 $La_{0.3}Ca_{0.5}MnO_3$ 薄膜(200)(a)和(020)(b)的掠入射衍射图

蛋白质晶体学是 21 世纪生物学一个重要研究领域,其研究成果直接影响人类健康,用于食品和药品生产。但高质量的三维膜蛋白难以获得,因而高质量的蛋白质晶体的制备及其结构测定成为蛋白质晶体学的瓶颈。1999 年,Verclas 等[31] 应用同步辐射光源对生物膜进行 X 射线掠入射衍射实验尝试。实验在德国汉堡HASYLAB 同步辐射光源进行,图 12.12 是实验装置的示意图。Langmuir 槽放置在密封箱里,充入氦气以降低散射背底。紫膜推拉压力为 10mN/m,溶液为200mM 氯化钾的水,紫膜小片直径为 300～500nm,高度为 5～6nm,X 射线掠入射角为临界角的 0.85 倍。图 12.13 为空气/水界面上单层紫膜的 X 射线掠入射衍射图。表明紫膜点阵具有六方对称,点阵常数 $a=(61.3\pm0.6)$Å。证明 X 射线掠入射衍射技术是研究蛋白质相关的生物膜的有力工具。

· 164 ·　第 12 章　外延膜的晶格参数、应力与组分

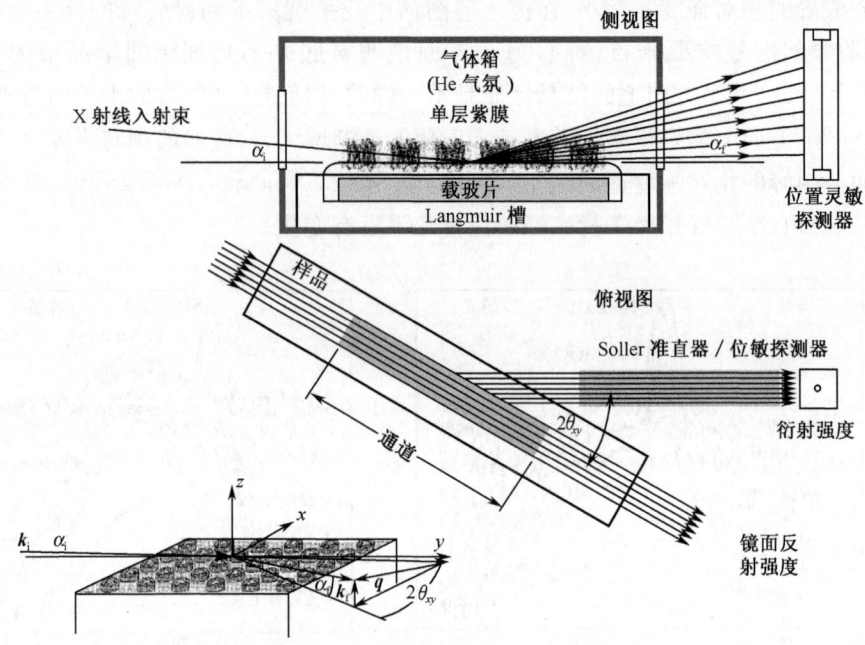

图 12.12　X 射线掠入射实验示意图[31]

上图为侧视图，演示 X 射线入射到空气/水界面上单层紫膜上；中图为俯视图，
演示实验布置；左下图为坐标系和散射矢量

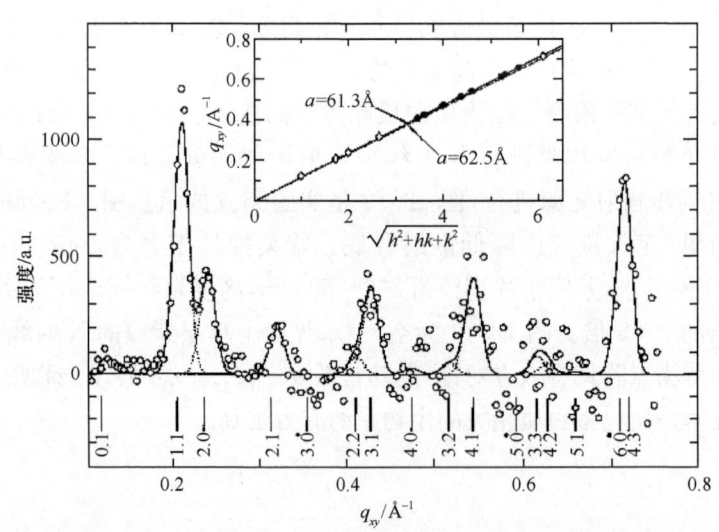

图 12.13　空气/水界面上单层紫膜的 X 射线掠入射衍射图[31]

麦振洪

参 考 文 献

[1] James R W. The Optical Principles of the Diffraction of X-rays. London:G. Bell,1954.
[2] Li J H,Mai Z H,Cui S F,et al. J. Materials Science Letter,1992,(11):799.
[3] Mai Z H,Sou I K,Luo G M. J. Applied Physics,1996,(80):2518.
[4] Li J H,Moss S C,Zhang Y,et al. J. Phys. D:Appl. Phys. ,2005,(38):A147.
[5] James M R,Cohen J B. Treatise on Materials Science and Technology. New York:Academic Press,1980.
[6] Hauk V. Structural and Residual Stress Analysis by Nondestructive Methods. Amsterdam: Elsevier,1997.
[7] Noyan I C,Cohen J B. Residual Stress. New York:Springer-Verlag,1987.
[8] Fewster P F,Semicond. Sci. Technol. ,1993,(8):1915.
[9] Holy V,Kubena J,Abramof E,et al. J. Appl. Phys. ,1993,(74):1736.
[10] Holy V,Wolf K,Kastner M,et al. J. Appl. Cryst. ,1994,(27):551.
[11] Koppensteiner E,Hamberger P,Bauer G,et al. Appl. Phys. Lett. ,1994,(64):172.
[12] Scardi P,Dong Y H. J. Mater. Res. ,2001,(16):233.
[13] Scardi P,Dong Y H. Mater. Sci. Forum. ,2000,(347-349):399.
[14] Reuss A,Angew Z. Math. Mech. ,1929,(9):49.
[15] Voigt W. Lehrbuch der Kristallphysik. Leipzig:Teubner,1928.
[16] Hill R. Proc. Phys. Soc. A,1952,(65):349.
[17] Kröner E. Z. Physik,1958,(151):504.
[18] Matthies S, Vinel G N, Helming K. Standard Distributions in Texture Analysis. Berlin: Akademie-Verlag,1987.
[19] Voigt W. Über die Beziehung zwischen den beiden Elasticitätsconstanten isotroper körper. Ann. Phys. u. Chem. ,Neue Folge,1889,(38):573
[20] Roe R J. J. Cem. Phys. ,1964,(40):2608.
[21] 王勇. 中国科学院物理研究所博士学位论文,2004;Wang Y,Dong Y H,Teng J,et al. Materail Letters,2005,(59):2588.
[22] 张红娣. 中国科学院物理研究所博士学位论文,2007.
[23] Marra W C,Eisenberger P,Cho A Y. J. Applied Physics,1979,(50):6927.
[24] Cui S F,Mai Z H,et al. Review Scientific Instruments,1991,(62):2419.
[25] Dosch H,Batterman B W,Wack D C. Physical Review Letters,1986,(56):1144.
[26] Laue M V. Acta Crystallography,1949,(2):106.
[27] Parratt L G. Physical Review,1954,(95):359.
[28] Fuoss P H,Robinson L K. Nucl. Instrum. Methods,1984,(222):171.
[29] Jiang Z M,Jiang X M,Jiang W R,et al. J. Applied Physics Letters,2000,(76):3397.
[30] 陈向明. 中国科学院物理研究所博士学位论文,2002.
[31] Verclas S A W,Howes P B,Kjaer K,et al. J Mol. Biol. ,1999,(287):837.

第 13 章　薄膜表面与界面

　　从晶格结构的角度对薄膜表征主要应用 X 射线高角衍射技术。衍射峰的强度、位置和峰宽等与晶格及其畸变、晶胞组分等因素有关。从连续介质的角度对薄膜完美性表征则需要采用一些其他技术，如 X 射线镜面反射、漫散射等，甚至需要结合异常散射技术。虽然第 11 章和第 12 章介绍的针对晶格测量的实验方法能给出界面的部分信息，但当晶格缺陷造成的漫散射信号强于界面信号时，这一方法就不是很适用。第 3 章介绍的 X 射线界面散射技术利用低角度区域远离晶格散射的特点，从连续介质模型的角度，得到一些界面信息，如表面和界面粗糙度、界面过渡层以及相关特性等。X 射线镜面反射和漫散射技术在薄膜表征方面得到了广泛的应用，本章分三节分别加以介绍。必须强调的是，和任何 X 射线结构分析一样，由于测量的是散射强度，X 射线的相位信息丢失，只能通过建立合理的模型来模拟所得到的实验数据。大多数情况下好几个模型都可能和 X 射线实验结果吻合，只能根据所收集到的关于该样品的其他结构信息加以取舍。X 射线镜面反射和漫散射技术的优点是不需要薄膜有很好的晶体结构，对非晶薄膜也适用。在讨论中将发现 X 射线漫散射能给出较细致的界面信息，但 X 射线漫散射信号的分析必须以特定的统计模型为基础。在阅读文献时经常发现，有些作者随意套用别人的模型，得到一些似是而非的结果，这一点要引起注意。

　　X 射线异常衍射精细结构谱是 X 射线衍射或反射与 X 射线吸收精细结构谱技术的结合，通过测量特定结构衍射或干涉峰的强度随 X 射线能量（在某特定元素的吸收边附近）的变化，可获得特定位置某种元素周围原子的局部精细结构。因此，该方法既具有 X 射线衍射或反射的结构选择性（衍射或干涉峰的选择），又具有 X 射线精细结构谱技术的元素选择性，同时还具有多波长 X 射线衍射方法的特点。这种技术可以应用到某些特殊的薄膜结构分析中。

13.1　X 射线镜面反射

　　从第 10 章已知，X 射线镜面反射对薄膜沿界面法线方向的电子密度分布极其敏感，可用来研究薄膜界面。

13.1.1　氧化物薄膜界面

　　由于 SiO_2 的优越界面性质，MOSFET 的绝缘栅介质都是采用热氧化法生长的

SiO_2。随着半导体工业的发展，栅极介电材料 SiO_2 的厚度逐渐减小。当其厚度小于 1.2nm 时失去介电特性，已经不能作为栅极的介电层。因此，必须寻找新的介电材料。氧化物材料由于具有复杂的晶体结构，呈现更为丰富的物理性质，而受到越来越广泛的关注，是一种理想的替代介电材料。然而，当这些材料沉积到硅表面时，通常在界面处有金属硅化物生成，使得这些介电材料的性能有所下降。获得高质量介电薄膜的一个关键就是了解界面层的生长机理，从而控制界面层的生长。

麦振洪、李晓龙等详细地研究了在 n 型 Si(100) 单晶衬底生长 $LaAlO_3$ 薄膜的表面、界面结构[1]。所用的 $LaAlO_3$ 薄膜样品是用激光分子束外延制备，沉积气压为 0.1Pa，$LaAlO_3$ 薄膜设计厚度分别为 50Å（样品 A），80Å（样品 B）和 120Å（样品 C）。高分辨 X 射线衍射证明 $LaAlO_3$ 薄膜为非晶。图 13.1 为三个样品的反射率曲线，用给定的名义结构模型无法得到和实验一致的结果（如虚线所示）。

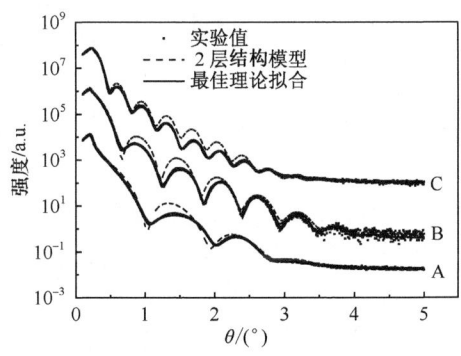

图 13.1　Si 单晶衬底生长的三个 $LaAlO_3$ 非晶薄膜的反射率曲线

其中，点为实验曲线，实线为三层结构模型的理论模拟曲线，虚线是使用简单的名义结构模型计算的曲线

为了研究界面处可能发生的变化，测量了这三个样品的 X 射线光电子能谱（XPS），如图 13.2 所示。样品的角分辨 XPS 表明，在 $LaAlO_3$ 和 Si 的界面存在 $La_xAl_yO_zSi$ 成分和 SiO_x 成分，而且 SiO_x 层位于 $La_xAl_yO_zSi$ 层下面。基于这个结果，构建了一个三层结构模型：$LaAlO_3/La_xAl_yO_zSi/SiO_x/Si$ 衬底。用这个模型可以很好地拟合 X 射线反射率曲线（图 13.1）。精细的理论模拟过程表明，SiO_x 层可以分为一个高密度层和一个低密度层。低密度层对应着非晶 SiO_2，高密度层被认为是半结晶状态的 SiO_2。在理论拟合中，对于样品 A 和 B，假定 $LaAlO_3$ 层成分梯度分布。图 13.3 是从理论拟合参数得到的电子密度分布曲线。图中箭头所示是 $LaAlO_3/La_xAl_yO_zSi$ 的界面，箭头两边的成分具有不同的密度梯度，$La_xAl_yO_zSi$ 层的密度梯度是由硅的扩散引起的，而 $LaAlO_3$ 层的密度梯度是由 La 和 Al 的向内扩散引起的。样品 A 中，$LaAlO_3$ 层的电子密度非常不均匀，靠近表面处的电子密度大约是 $1.27e^-/Å^3$，然而靠近衬底处的电子密度大约是 $0.95e^-/Å^3$，这是由于在 $LaAlO_3$ 薄膜中 La 和 Al 成分的深度分布不同，表面处比界面处具有更多的 La

和 Al 成分。随着薄膜厚度的增加,这种成分分布不均匀,慢慢降低,而且变得更致密。对样品 B,表面处的电子密度大约是 $1.38e^-/\text{Å}^3$,靠近衬底处的电子密度大约是 $1.10e^-/\text{Å}^3$。最后,$LaAlO_3$ 薄膜中密度梯度消失,样品 C 的电子密度变为一个均匀的值 $1.42e^-/\text{Å}^3$。当薄膜变厚时,La 和 Al 成分有更多的时间在 $LaAlO_3$ 层中从表面向界面扩散,这样 $LaAlO_3$ 薄膜中密度梯度慢慢减小,最终消失,使薄膜变得均匀而致密。

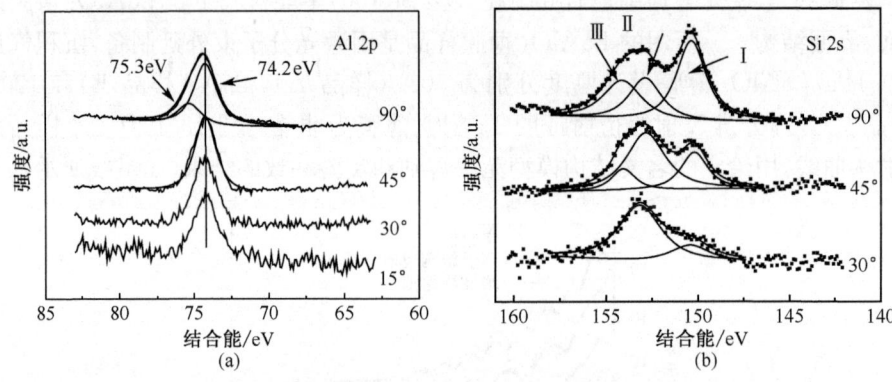

图 13.2 Si 单晶衬底上生长的 $LaAlO_3$ 非晶薄膜(50Å)在不同出射角度时的 Al 2p(a)和 Si 2s(b)结合能谱

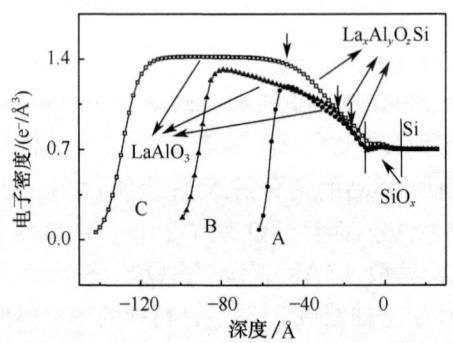

图 13.3 Si 单晶衬底生长的三个 $LaAlO_3$ 非晶薄膜的电子密度分布曲线

从图 13.3 可以发现,随着 $LaAlO_3$ 层厚度的增加,$La_xAl_yO_zSi$ 层的厚度增加,但 SiO_x 层的厚度基本不变。氧扩散主要在样品生长的初始阶段,SiO_x 层最终饱和为 13Å。Si 由扩散进入 $LaAlO_3$ 层是主要的界面生长模式。Si 的不断外扩散促使了 La—O—Si 和 Al—O—Si 键的形成,导致 $La_xAl_yO_zSi$ 层厚度增加。根据上面的讨论,在硅上生长 $LaAlO_3$ 薄膜的生长动力学可以用以下三个过程来描述:①在

LaAlO₃生长的最初阶段,氧原子比较容易接触到衬底,反应生成 SiO_x 层。随着 SiO_x 层的变厚,生长的 SiO_x 层将阻止氧的扩散,从而阻止了 SiO_x 的进一步生长,于是, SiO_x 层的厚度达到饱和。②随着进一步沉积 LaAlO₃ 薄膜,氧扩散到达硅的表面变得困难,硅的外扩散进入 LaAlO₃ 薄膜成为主要,由于 La_2O_3 相比 Al_2O_3 更容易与硅反应, $La_xAl_yO_zSi$ 层富 La 成分。③LaAlO₃ 层的电子密度在初始生长阶段非常不均匀,沿生长方向呈梯度分布。随着继续沉积,La 和 Al 有更多的时间向薄膜内部扩散,导致 LaAlO₃ 层的成分梯度变小,最终消失,LaAlO₃ 薄膜变得均匀而致密。

13.1.2 磁性金属多层膜界面

1995 年,中国科学院物理研究所赖武彦等在磁控溅射生长的 Fe/Mn 多层膜观察到巨磁电阻(GMR)现象,在 4.2K 下磁电阻比值 $\Delta R/R$ 约为 12%,铁磁耦合振荡周期为 11Å。而 NiFe/Mo 多层膜的铁磁耦合振荡周期也为 11Å,但 $\Delta R/R$ 只有 0.3%[2]。是什么因素引起 GMR 的差别? 罗光明、麦振洪等应用高分辨 X 射线衍射、镜面反射和漫散射等技术系统地研究了 Fe/Mo 和 NiFe/Mo 多层膜系统的界面结构[3]。图 13.4 是 $[Ni_{80}Fe_{20}/Mo]_{30}$ 多层膜 X 射线高角衍射曲线。应用第 5 章金属多层膜 X 射线衍射运动学理论对实验结果进行模拟,结果表明, $[NiFe/Mo]_{30}$ 多层膜中 NiFe 层沿 [111] 取向,为 fcc 结构;而 Mo 层沿 [110] 取向,为 bcc 结构。同时,发现 NiFe/Mo 的界面存在一个约三个原子层厚的过渡层。而对 $[Fe/Mo]_{30}$ 多层膜,Fe 层和 Mo 层都是 [111] 取向,在 Fe/Mo 界面上没有过渡层。正是这个只有几埃厚度的过渡层使 NiFe/Mo 多层膜的 GMR 效应大大降低。通过改变 Ni_xFe_{100-x} 中的成分,可以看到界面处成分混合层厚度的变化。结果显示,当 Ni 成分为 49% 和 39% 时,界面仍然存在成分混合。而当 Ni 成分降到低于 23% 时,界面的

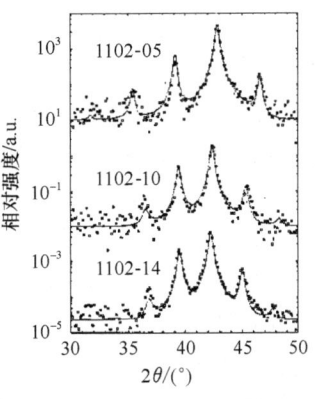

图 13.4 $[Ni_{80}Fe_{20}/Mo]_{30}$
多层膜 X 射线高角衍射曲线
——理论模拟;……实验

成分混合层消失。图 13.5(a) 是 $[Ni_{80}Fe_{20}/Mo]_{30}$ 和 $[Fe/Mo]_{30}$ 多层膜 X 射线反射率曲线,从图中可以观察到两个布拉格峰和小干涉峰,说明样品层状结构很好,界面很锐。图 13.5(b) 是理论模拟曲线。对两组样品的 X 射线反射率曲线和 X 射线漫散射曲线分析表明, $[NiFe/Mo]_{30}$ 多层膜的界面粗糙度远小于 $[Fe/Mo]_{30}$ 多层膜的界面粗糙度。同时,两组多层膜都存在显著的几何粗糙起伏相互关联。

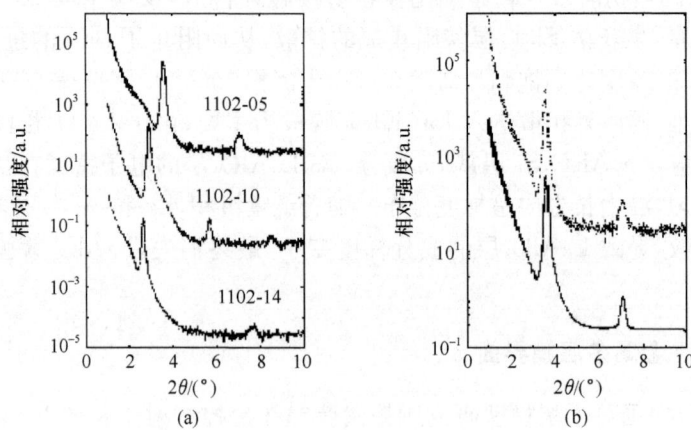

图 13.5 (a)[$Ni_{80}Fe_{20}/Mo$]$_{30}$ 和[Fe/Mo]$_{30}$ 多层膜 X 射线反射率曲线;(b)理论模拟曲线
——理论模拟;……实验

13.1.3 $BaTiO_3$/Pt 界面的"dead layer"

人们在研究铁电薄膜的介电性质时发现,当薄膜厚度减小时其介电常数下降。例如,当铁电动态随机存取存储器常选用的铁电材料 BST 薄膜的厚度降低到器件要求的几十纳米时,它的介电常数也降低到 100 左右,远低于其块材的 5000,这种现象被认为在电极和铁电体界面上存在"死层效应"(dead-layer effect)[4]。李晓龙、麦振洪等应用多种手段研究 Pt/$BaTiO_3$(BTO)界面上死层的存在[5]。薄膜样品是用激光 MBE 制备,在(100)$SrTiO_3$ 单晶衬底生长 $BaTiO_3$ 薄膜,经活性氧下原位退火 20min 以消除氧缺陷后,在 $BaTiO_3$ 薄膜表面上沉积大约 14Å 的 Pt 层。图 13.6 是样品的 X 射线高角衍射曲线和 φ 扫描曲线,可以看到,薄膜是很好的外延生长,BTO(100)//STO(100)。从 BTO(100)和(202)X 射线衍射曲线可得到,BTO 薄膜的晶格参数 $c=4.08$Å 和 $a=3.96$Å。角分辨 XPS 实验表明,在 Pt/BTO 界面存在 Ba 的表面态。为了证实这个假设,对样品作了 X 射线反射率测量。图 13.7(a)和(b)分别是样品的 X 射线反射率曲线和从理论拟合参数得到的电子密度曲线。从图 13.7(a)可以看到,如果理论拟合只考虑一层 Pt 层,那么理论拟合结果与实验曲线相差很大。而使用两层模型:包括 Pt 层和界面层,理论曲线与实验曲线拟合得很好。从图 13.7(b)可以清楚地看到三个区域:Pt 层,BTO 层和界面层。Pt 层厚度约为 14Å,表面粗糙度约为 2.2Å,这个数值和 AFM 的结果是一致的。BTO 层的电子密度是 $1.50e^-/Å^3$。界面层厚度大约是 9Å,其电子密度比 BTO 层略低一些,大约从 $1.43e^-/Å^3$ 过渡到 $1.32e^-/Å^3$。认为该界面层可能是"dead layer"的起源。

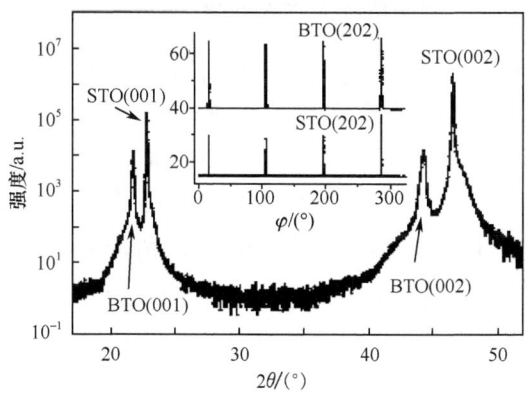

图 13.6　Pt/BaTiO$_3$/SrTiO$_3$ 的 X 射线高角衍射曲线
插图为 φ 扫描曲线

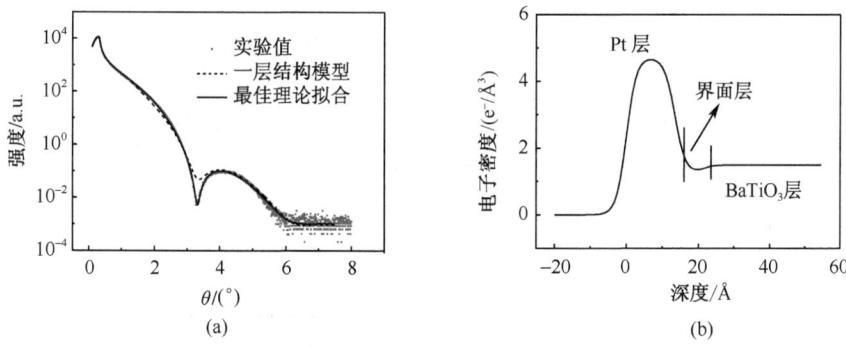

图 13.7　Pt/BaTiO$_3$/SrTiO$_3$ 实验与理论模拟结果
(a) X 射线反射率曲线；(b) 从理论拟合参数得到的电子密度曲线

13.2　X 射线漫散射

在掠入射条件下，X 射线得不到晶格的细节，界面缺陷是 X 射线漫散射的主要来源。这一现象使得 X 射线漫散射成为研究薄膜界面缺陷的有力工具。在本章开头已经指出，X 射线漫散射信号的分析是以特定的统计模型为基础。在文献中经常被用到的模型是所谓的自仿射分形模型，该模型具有一定的普适性，已经在第 10 章中介绍过。本节主要讨论应用 X 射线漫散技术解决半导体超晶格外延生长中经常碰到的一个问题，即生长台阶。相应地，界面相关函数也在自仿射分形模型的基础上作了修正。

13.2.1 ZnTe/ZnS$_x$Te$_{1-x}$超晶格中的生长台阶

在半导体外延膜生长工艺中经常会使用有台阶的衬底,这些台阶被复制到薄膜界面。Korn 等应用 X 射线漫散射技术研究 ZnTe/ZnS$_x$Te$_{1-x}$ 超晶格中的台阶[6,7],样品是在 GaAs(001)衬底上生长的[ZnTe/ZnS$_x$Te$_{1-x}$]$_{20}$ 超晶格。样品的 X 射线(002)衍射曲线表明该超晶格的晶体质量非常高,其实际结构为 ZnTe(6.3Å)/ZnS$_{0.8}$Te$_{0.2}$(14.1Å)。图 13.8 是在[110]和[1$\bar{1}$0]方向分别测量的样品低角度倒易空间 X 射线散射强度分布。可以看到[110]方向的 X 射线漫散射分布比[1$\bar{1}$0]的要宽。原子力显微镜测量的表面形貌(图 13.9)说明,X 射线散射强度分布的各向异性是由生长台阶引起的。图 13.8 中还可以看出各个界面的台阶具有相关性,因为有共振 X 射线漫散射现象(参考图 10.9)。

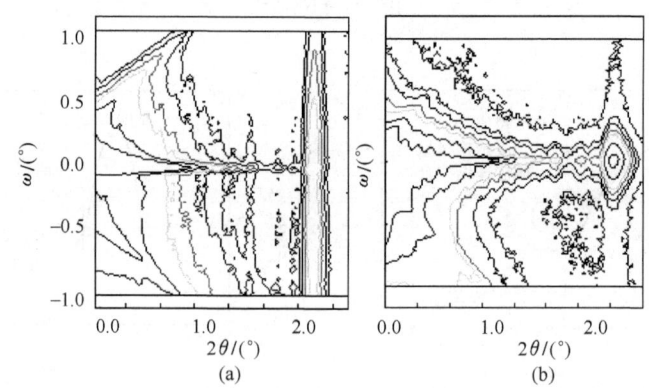

图 13.8 [ZnTe(6.3Å)/ZnS$_{0.8}$Te$_{0.2}$(14.1Å)]$_{20}$ 超晶格样品的
低角度倒易空间 X 射线散射强度分布
(a) 沿[110]方向;(b) 沿[1$\bar{1}$0]方向

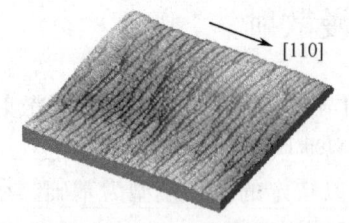

图 13.9 [ZnTe(6.3Å)/ZnS$_{0.8}$Te$_{0.2}$(14.1Å)]$_{20}$
超晶格样品的原子力显微镜表面形貌,
揭示超晶格表面有集束台阶

为了解释图 13.8 中的 X 射线漫散射强度分布,可以参考图 13.9 建立一个界面模型(图 13.10)。当衬底上有台阶时,设沉积到台阶上的原子附着在台阶的上升边沿,并使台阶宽度变窄的概率为 k,附着在下降边沿并使台阶宽度变宽的概率为 $1-k$。因为到达台阶的原子数正比于台阶宽度,所以宽台阶的变化率大于窄台阶的变化率。如果 $k<0.5$,宽台阶变窄的概率大,台阶宽度趋

于一致,界面相对平滑。相反,如果 $k>0.5$,宽台阶变得更宽,窄台阶变得更窄并逐渐集中在一起,发生所谓的台阶集束现象。图 13.10 描绘的正是这一过程。这种情况发生时,界面将在生长过程中逐渐粗糙化。图 13.9 是原子力显微镜测量的样品表面的集束台阶形貌。

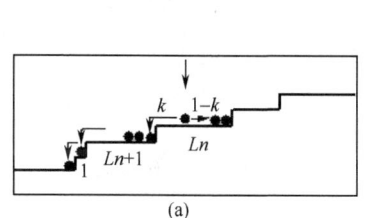
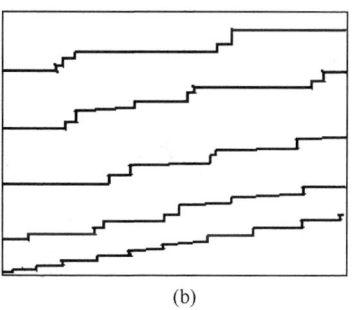

图 13.10 形成界面集束台阶的过程
(a) 原子在台阶上的运动;(b) 集束台阶的形成与演化

图 13.11 为样品在第一个布拉格峰处的 X 射线横扫描漫散射曲线,仔细观察发现,[1$\bar{1}$0]方向的 X 射线漫散射强度呈高斯分布,而[110]方向的分布有两个次极大,说明台阶在界面的分布有一定的周期性。为了描述这种各向异性和在[110]方向的周期性,Korn 等提出如下的相关函数[6,7]:

$$C(X) = \sigma^2 e^{-(x/\xi_x)^{2h_x}} e^{-(y/\xi_y)^{2h_y}} \cos(2\pi x/\lambda) \tag{13.1}$$

式中,ξ_x 和 h_x 以及 ξ_y 和 h_y 分别为垂直和平行于台阶方向的界面统计参数。式(13.1)前两项是第 10 章介绍过的自仿射界面相关函数的简单推广。因为原子力显微镜和 X 射线漫散射都表明台阶在[110]方向呈一定的周期性,Korn 等在式(13.1)中引入了一个余弦函数。另外,他们发现[110]方向的 X 射线衍射摇摆曲线中,X 射线镜面反射峰不在漫散射强度分布的中心。为解释这一现象,将散射函数写为

$$S(\boldsymbol{q}) = \int G(q_z, X) e^{i q_\parallel \cdot X} d^2 X \tag{13.2}$$

式中,$G(q_z, X) = \langle \exp[i q_z(h(X) - h(0))] \rangle$。定义 q_z 垂直于台阶,$G(q_z, X)$ 可写成如下形式:

$$G(q_z, X) = e^{i q_z \Theta(X/\lambda) d} e^{-q_z^2 [\sigma^2 - C(X)]} \tag{13.3}$$

式中,λ 和 d 是台阶的平均宽度和高度;$C(X)$ 是式(13.1)定义的相关函数;函数 $\Theta(X/\lambda)$ 定义为最靠近 X/λ 的整数,该函数被引入的原因是 $h(X) - h(0)$ 的值只在台阶边沿处改变 d。将方程(13.2)分成两部分:$S(q_\parallel) = S_\delta(q_\parallel) + S_{\text{diff}}(q_\parallel)$,其中

$$S_\delta(q_\parallel) = \int G(q_z, X \to \infty) e^{i q_\parallel \cdot X} d^2 X = e^{-\sigma^2 q_z^2} \delta(q_\parallel - q_z \alpha) \tag{13.4}$$

$$S_{\text{diff}}(q_\parallel) = \int [G(q_z, X) - G(q_z, \infty)] e^{i q_\parallel \cdot X} d^2 X \tag{13.5}$$

式(13.4)表明,X 射线镜面反射峰由 $q_\parallel=0$ 移动到 $q_\parallel=q_z\alpha$,其中 $\alpha=d/\lambda$。如果横向相关长度 ξ 小于台阶宽度 λ,式(13.5)的积分范围基本限制在 ξ 以内,因而 X 射线漫散射中心仍然在 $q_\parallel=0$。这样,利用式(13.1)~式(13.5)便可以解释所观察到的 X 射线漫散射强度分布。

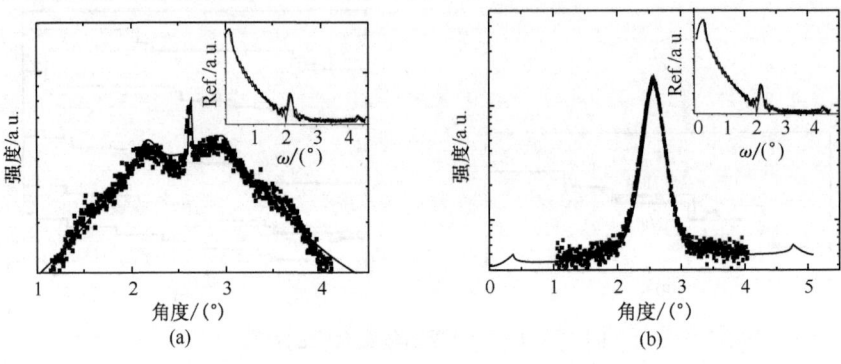

图 13.11　从图 13.8 中得到的样品在第一个布拉格峰处的 X 射线横扫描漫散射曲线
(a) 和(b) 分别沿[110]和[1$\bar{1}$0]方向测量,插图是对应的 X 射线反射曲线

用式(13.2)~式(13.5)来模拟测量的 X 射线横扫描漫散射曲线,得到台阶的平均宽度为 230nm,与原子力显微镜测量的结果一致。X 射线反射曲线的理论模拟表明,界面粗糙度为 5.6Å,对应于 11.4Å 的平均台阶高度,也与原子力显微镜结果一致。由此,计算出界面的倾斜角为 0.28°。至此,该模型所解释的界面模型似乎很完美,但实际上还有一点偏差。图 13.11 中[110]方向 X 射线镜面反射峰与 X 射线漫散射曲线中心的偏离只有 0.16°。有两个因素可以解释这一偏差:①台阶边沿并不如模型所说的那般陡峭。每一个台阶都是由三四个小台阶组成的。②台阶边沿也不是直的,而是蜿蜒弯曲的。蜿蜒弯曲的台阶边沿正是[1$\bar{1}$0]方向的 X 射线横扫描漫散射曲线呈高斯形状的原因。理论模拟表明该方向的相关长度为 620nm,得到的粗糙度指数为 $h=1.0$,暗示台阶边沿相对是比较光滑的(参照图 10.7)。图 13.12 是该样品的高分辨 TEM 截面像,证实了 X 射线结果的正确性。

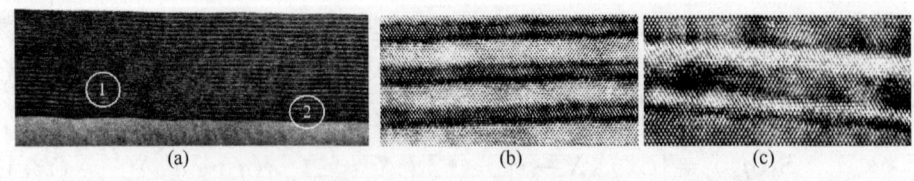

图 13.12　ZnTe/ZnS$_{0.8}$Te$_{0.2}$ 超晶格样品的高分辨 TEM 截面像
(a) 在介观尺度,界面台阶是相关的;(b) 在台阶上还有不规则的起伏;(c) 大台阶是由小台阶组成的

13.2.2 长周期 BeTe/ZnSe 超晶格界面台阶上的无规起伏[7]

如图 13.12 所示,一般情况下,在台阶上还有纳米尺度的小岛形成。当这些小岛引起的界面起伏与台阶尺寸相比可忽略时,13.2.1 节所用的模型是适用的。当小岛引起的界面起伏不可忽略时,可以用如下的相关函数对界面进行统计描述:

$$C_{jk}(X) = C_{jk}^{\text{Affine}}(X) + C_{jk}^{\text{Steps}}(X) \tag{13.6}$$

式中,第一项为台阶上的小岛引起起伏的自相关函数,这一项仍然采用自仿射模型;第二项为 13.2.1 节讨论的台阶的相关函数,即式(13.1)。式(13.6)写成两项和的形式,隐含地假设两种界面起伏是统计意义上相互独立的。下面的例子说明式(13.6)在界面结构分析中的应用。

样品为 MBE 生长的[BeTe(114Å)/ZnSe(232Å)]$_{20}$ 超晶格。X 射线反射测量得到的界面粗糙度为(7.6±0.6)Å。图 13.13 为[110]和[1$\bar{1}$0]方向的 X 射线漫散射曲线。因为生长该样品所用的衬底和条件与 13.2.1 节相同,可以认为该超晶格界面也存在台阶。这一猜测与 X 射线漫散射的各向异性相符。然而,在图 13.13(a)中没有看到次极大,说明台阶的规则性被台阶上的无规则小岛破坏了。而对图 13.13(b)的 X 射线漫散射曲线不能用一个简单函数拟合,仔细分析发现,该曲线可以分解为高斯曲线和洛伦兹曲线的叠加,用式(13.6)可以很好地模拟。理论上,既然存在台阶和小岛两种缺陷形式,在[110]方向测量的 X 射线漫散射曲线也应该由两部分组成。然而,在实验中却无法将它们区别开。一种解释是这两种缺陷的相关函数在数学上类似,小岛的尺寸与台阶宽度几乎相同。对[1$\bar{1}$0]方向 X 射线漫散射曲线的理论模拟表明,与小岛有关的自仿射相关函数的相关长度为 300nm,与台阶的宽度一致。另一个与蜿蜒弯曲的台阶边沿相联系的相关长度是 800nm,与 13.2.1 节得到的参数一致。

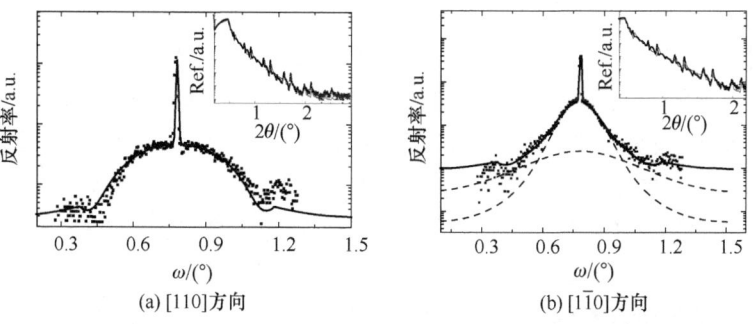

图 13.13 BeTe(114Å)/ZnSe(232Å)超晶格样品的 X 射线漫散射曲线

插图是对应的 X 射线反射曲线

13.2.3 短周期 BeTe/ZnSe 超晶格界面的化学键[7]

在半导体异质结生长中,经常遇到界面应变与晶格匹配问题。本小节结合界面 X 射线漫散射讨论短周期超晶格中由于界面键长不同而导致的匹配问题。样品为在 GaAs (001) 衬底上 MBE 生长的 BeTe/ZnSe 超晶格。为使超晶格的平均晶格常数与 GaAs 的相匹配,每一周期包含 4 个单原子层 BeTe 和 10 个单原子层 ZnSe,在生长中特别注意单原子层的沉积次序。BeTe 的生长起始于富 Zn 的 ZnSe 表面(c(2×2) 重构),原子生长顺序为…—Zn—Se—Zn—Se—Zn/Te—Be—Te—Be—Te—…。在 ZnSe 生长之前,在富 Te 的 BeTe 表面(2×1 重构)沉积 Zn,从而阻止 Se—Te 的交换。原子生长顺序为…—Be—Te—Be—Te/Zn—Se—Zn—Se—Zn—…(图 13.14)。很显然,界面由 Zn—Te 键连接。由于 II-VI 族化合物晶格常数的巨大差别,在计算该超晶格的平均晶格常数时必须将界面键的键长计算在内。

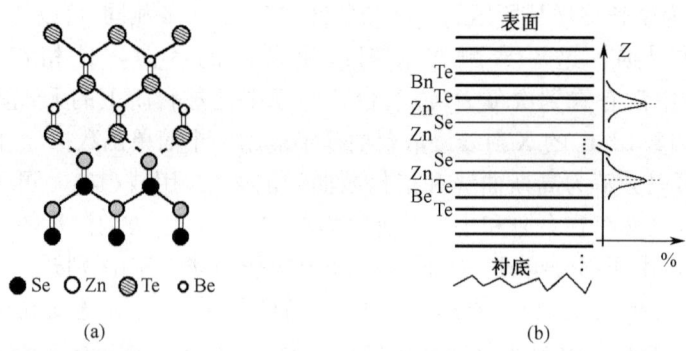

图 13.14　BeTe/ZnSe 超晶格
(a) 由 Zn—Te 键连接的理想界面原子模型;(b) 当存在界面扩散时的界面示意图,坐标系中的高斯曲线代表 Zn—Te 键在界面两边的分布概率

非对称 X 射线(115)衍射表明,超晶格为完全外延生长,水平方向的晶格常数与 GaAs 的相等。超晶格垂直方向的晶格常数可以根据弹性理论计算。图 13.15 是 BeTe/ZnSe 超晶格样品的(002)X 射线衍射曲线。可以看到,根据设计生长的超晶格参数计算的平均晶格常数与 X 射线(002)衍射实验结果不一致。特别是,如果假设界面是原子级平整的,理论模拟不仅超晶格的零级衍射峰的峰位与实验不一致,第一和第二级超晶格卫星峰的强度也太高。即使修正 Zn—Te 的键长也不能很好地解释所观察到的实验现象。

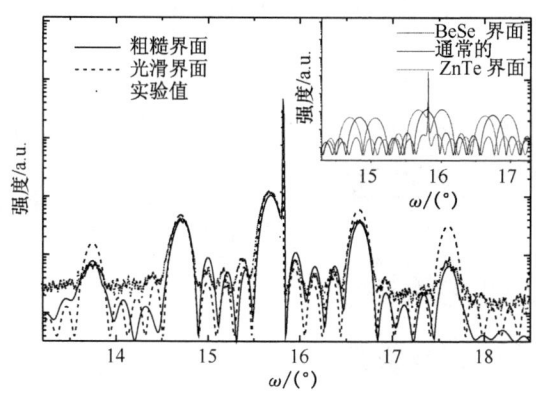

图 13.15　BeTe/ZnSe 超晶格样品的(002)X 射线衍射曲线

虚线为只计及界面 Zn—Te 键弥散分布时的模拟曲线,实线为考虑了 Zn—Te 键弥散分布以及界面台阶后的模拟曲线

一般来讲,超晶格卫星峰强度比理论预期弱可以用界面粗糙化来解释。可以假设 Zn—Te 键在界面分布比较弥散,满足高斯分布 $\exp(-0.5n^2\sigma^2)/(\sqrt{2\pi}\sigma)$,由此可以计算界面平均键长。如果假设 $\sigma=(2.6\pm0.3)$Å,理论模拟得到的超晶格零级峰位与实验一致。该粗糙度表明 Zn—Te 键的弥散宽度大约为两个原子层,与 HRTEM 结果一致(图 13.16)。尽管如此,理论计算得到的第一和第二级超晶格卫星峰的强度仍然被高估。必须假设 $\sigma=(4.4\pm0.7)$Å 才能得到合理的峰强,但这样又会低估了超晶格零级峰的位置。

图 13.17 为 BeTe/ZnSe 超晶格 X 射线反射曲线,对其理论模拟表明,界面的平均粗糙度为(4.2 ± 0.4)Å。在第一和第二级布拉格峰处的 X 射线横扫描曲线呈各向异性。图 13.17 中插图为用台阶模型模拟样品的 X 射线横扫描曲线。理论模拟结果表明,界面的正确模型应该是:界面由高度约为 11Å,平均间隔约 1100Å 的台阶组成。这些台阶等效于(4.1 ± 0.3)Å 的界面粗糙度。因此,大尺度的台阶使得超晶格的一级和二级衍射峰强度下降(粗糙度效应)。但这种纯几何粗糙并不改变超晶格的平均晶格常数。在每个台阶的平台上存在微观起伏(互扩散)(图 13.16(a)),微观尺度的互扩散改变短周期超晶格垂直于界面方向的平均晶格常数。

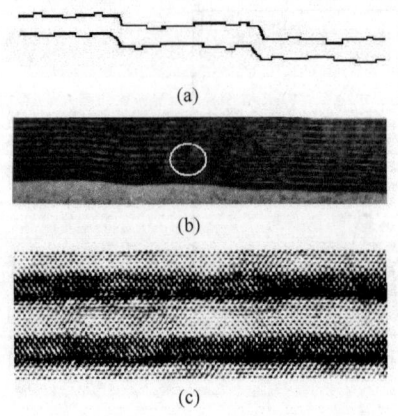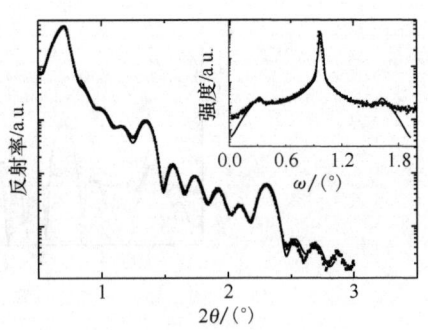

图 13.16 (a) 理论计算中所采用的界面模型;(b) TEM 像显示介观尺度界面起伏;(c) 高分辨 TEM 像(圆圈部分)显示表明存在原子尺度的微观起伏

图 13.17 BeTe/ZnSe 超晶格样品的 X 射线镜面反射曲线和 X 射线漫散射曲线

13.3 X 射线异常衍射精细结构

在第 8 章介绍了 X 射线异常衍射精细结构谱的相关理论、实验装置及数据分析,它具有原子位置选择性和元素选择性的优点,在体材料和薄膜的微结构研究中得到重要的应用。应该指出,由于实验过程需要调节入射 X 射线能量至对象元素吸收边附近,因此,需要应用同步辐射光源。

Meyer 等[8]利用超晶格$[\bar{1}11]$和$[\bar{1}\bar{1}1]$衍射峰的 X 射线异常衍射精细结构谱研究合金类 Ga(In)P 超晶格薄膜有序排列的畴,通过分析 Ga 原子的近邻结构,得到混合合金类薄膜中有序畴中晶格的变化以及原子的占位情况。Sorensen 等[9]通过测量一系列$(00l)$衍射峰的 X 射线异常衍射精细结构谱线,区分 YBaCuO 超导薄膜中不同占位的 Cu 原子。下面介绍 X 射线异常衍射精细结构分析技术在量子线和金属薄膜中的应用。

13.3.1 埋层量子线

Grenier 等[10]利用 X 射线异常衍射精细结构分析技术具有位置选择性、化学成分分辨和近邻结构分辨等特点,研究了在 InP$[1\bar{1}0]$衬底上自组织生长的 InAs 量子线结构,InAs 生长的名义厚度为 2.5 单原子层。图 13.18 是 InAs 量子线的 AFM 图。图 13.19 是量子线(440)对称衍射 X 射线衍射曲线,图 13.20 为分别从

(440)对称衍射和(420)掠入射非对称衍射量子线的第一级干涉峰得到的 X 射线异常衍射精细结构谱线。理论拟合 X 射线异常衍射精细结构谱线的光滑部分发现,在干涉峰中 P 和 As 比例大约是 1∶1。在干涉峰中存在 P 的贡献表明量子线中可能是 InAsP,也可能是由于量子线周围的 InP 中的 P 原子贡献,这个问题是 X 射线衍射实验本身无法区分的。当然,如果单凭 X 射线衍射曲线本身,由于无法得到足够多的量子线干涉峰,也无法确定干涉峰中是不是有 P 的贡献。

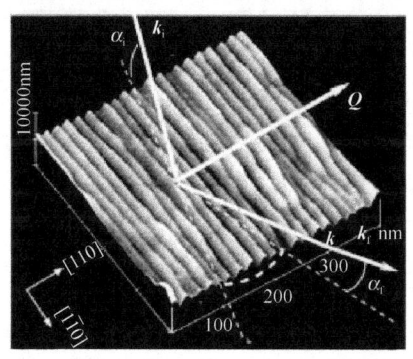

图 13.18　InP[1$\bar{1}$0]衬底上自组织生长的 InAs 量子线结构 AFM 图[10]

图中,α_i 是掠入射光与样品表面的夹角,α_f 是掠入射衍射光与样品表面的夹角,k_i 和 k_f 分别是入射波矢和衍射波矢,$Q=k_f-k_i$ 是掠入射衍射矢量

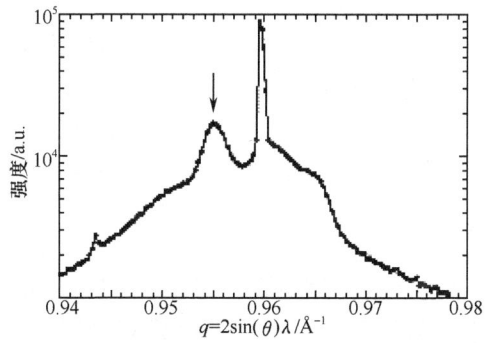

图 13.19　自组织生长的 InAs 量子线(440)X 射线衍射曲线[10]

图中箭头所示是量子线的衍射峰

对 X 射线异常衍射精细结构谱线的分析(图 13.21)表明,As 原子周围的最近邻原子是 In,次近邻原子中包含 As 和 P 原子,其中 P 原子大约占 40%。考虑到量子线的周围包围着 InP,可以肯定,量子线的内面应该是纯 InAs。另外,Grenier

等还比较了X射线异常衍射精细结构谱线分析结果和掠入射扩展X射线吸收精细结构谱分析结果,发现掠入射扩展X射线吸收精细结构谱中包含大量氧原子的贡献,以致在一定程度上掩盖了其他原子在次近邻位置上的贡献。这也表明X射线异常衍射精细结构具有很好的位置选择性。这是因为X射线异常衍射精细结构谱的信号主要来自量子线晶格干涉峰的贡献,表面吸附的氧原子不会参与晶格衍射。

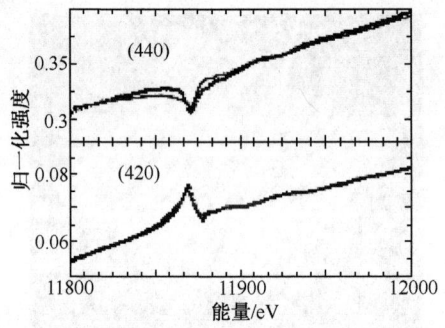

图 13.20　InAs 量子线(440)和(420)X射线衍射峰的X射线异常衍射精细结构曲线[10]

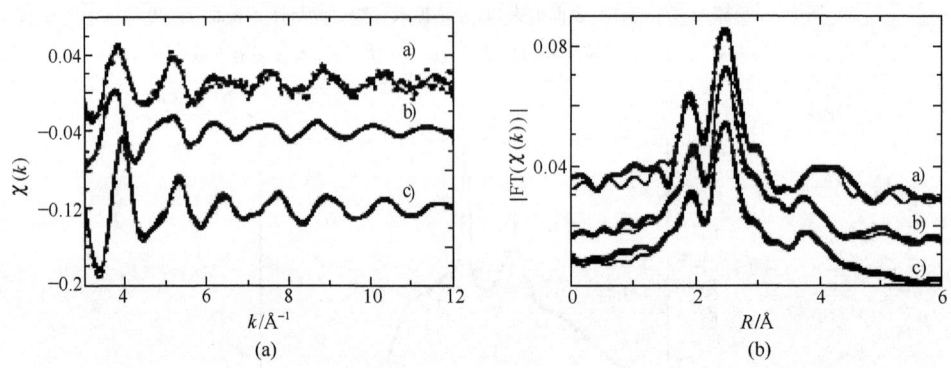

图 13.21　(420)X射线衍射峰的X射线异常衍射精细结构谱线中得到的近邻结构曲线[10]
(a)在 k 空间的曲线,k 为激发光电子的波数;(b)傅里叶变换后实空间曲线。图中,a)自组织生长的 InAs 量子线;b) InAs 体材料;c) InAs 体材料的扩展X射线吸收精细结构谱线中得到的近邻结构曲线

13.3.2　在金属多层膜中的应用

1988 年,Baibich[11]在 Fe/Cr 多层膜中发现巨磁电阻(GMR)效应后,磁性多层膜系统成了凝聚态物理和材料科学的一个研究热点。NiFe、Cu 和 FeMn 等材料

由于饱和场低、磁灵敏度高、材料简单等优点,成为自旋阀多层膜备受关注的材料。自旋阀多层膜是一种非周期的多层结构,由于薄膜磁性性能等原因经常选择原子序数相近的金属,如 Cr、Mn、Fe、Co、Ni、Cu 等,它们的原子散射因子 f_0 很接近,固体的原子密度也很靠近。因此,元素分辨、位置分辨、近邻序的分辨等在磁性金属薄膜研究中非常重要。由于磁性金属多层膜中金属键不像化学键那样有很强的方向性和较高的键能,金属原子在面内的迁移率很高,从而导致金属薄膜在面内密堆,一般不具有好的晶格排列,但在垂直膜面方向却有很好的层间结构。另外,异质金属间在界面处很容易出现扩散或合金化。因此,如何区分 NiFe 层和 Cu 层层内的变化,如何区分或确定界面和层内的变化,如界面互扩散和层内应力变化,结构的热稳定性等,是优化材料和器件性能非常关心的问题。但由于自旋阀多层膜各子层非常薄,相当于电子的平均逃逸深度[12],而且自旋阀中多数元素(如 Cu、Ni、Fe、Mn 等)的原子散射因子、晶体结构等很相近,用常规的 X 射线分析方法无法表征自旋阀多层膜的微结构。在第 8 章介绍,可以应用掠入射 X 射线异常衍射精细结构技术表征多层膜界面处的元素分布、界面微结构及热稳定性。

在第 8 章中,讨论了反射 X 射线衍射运动学理论极限下,理想界面情况下,[A/B]$_n$ 多层膜的 X 射线异常衍射精细结构的分析。当界面存在扩散或插入层时,由于一个周期中界面的数目增多,周期结构的结构因子 F_{cell} 中的几何结构因子不能整理在一起。扩散界面的处理可以想象为由很多成分和密度连续变化的非常薄的均匀层组成,这样,扩散界面的散射因子在 X 射线衍射运动学理论极限下可以写成

$$F_{\text{diff}} \propto \sum_i \Delta [\rho \cdot f]_i \cdot e^{iq_z \cdot z_i} \cdot e^{-q_z^2 \cdot \sigma^2} \tag{13.7}$$

式中,$\sum_i$ 为对所有界面求和;z_i 表示第 i 个界面在垂直膜面方向上的位置。式中假定所有界面处的界面几何粗糙度 σ 是一样的。这样,整个周期结构的结构因子就可以表示为

$$F_{\text{cell}}(q_z, E) = F_{\text{diff,B/A}} + F_{\text{diff,A/B}} \cdot e^{iq_z \cdot z_{A/B}} \tag{13.8}$$

式中,$z_{A/B}$ 表示 A/B 扩散界面在垂直膜面方向的开始位置。从式(13.7)和式(13.8)可以看出,这么多的几何结构因子从一条反射曲线中是难以确定的。但是,由于知道各种原子的散射因子随入射 X 射线能量变化的规律,并且随着入射 X 射线能量的变化,$\Delta[\rho \cdot f]$ 的相位也会发生变化。这样,结合不同能量下 X 射线反射曲线的理论模拟和 X 射线异常衍射精细结构曲线中平滑部分的拟合,就可以确定式(13.7)和式(13.8)中的几何结构因子,即界面处是否存在化学成分的混合以及厚度。另外,从 X 射线异常衍射精细结构谱线中振荡部分的分析,还可以得出原子的近邻序。

罗光明、麦振洪等采用和发展了 X 射线异常衍射精细结构谱技术对超薄

NiFe/Cu 界面处的元素分布、界面微结构及热稳定性进行分析[13~17]。

图 13.22 是[Cu(10Å)/Ni$_{0.8}$Fe$_{0.2}$(12.6Å)]$_{50}$多层膜不同能量下 X 射线反射峰强度随 X 射线能量变化曲线和理论模拟。X 射线异常衍射精细结构谱是在保持 X 射线反射率曲线的第一个布拉格峰位不变的情况下获取的。理论模拟结果表明,在 NiFe/Cu 界面处没有 NiFeCu 合金的存在,但存在约 4Å 厚的应变层。随着退火的进行,界面处 NiFe 的应力会逐渐消失。当退火温度高于 270℃时,沿层内晶界的扩散非常严重,从而减小甚至破坏多层膜的 GMR 效应。

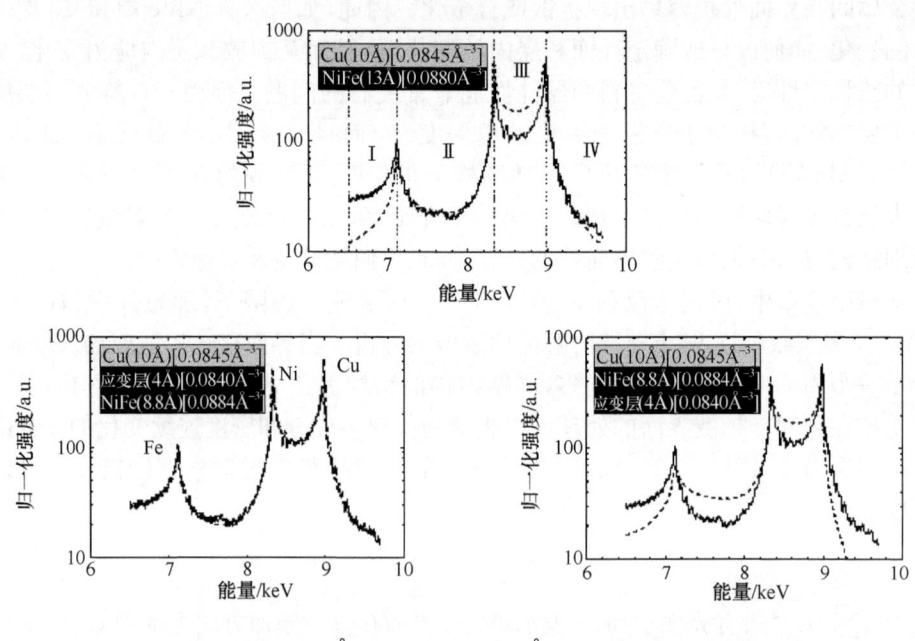

图 13.22　[Cu(10Å)/Ni$_{0.8}$Fe$_{0.2}$(12.6Å)]$_{50}$多层膜不同能量下
X 射线异常衍射精细结构谱和理论模拟

图 13.23(a)显示体材料的 NiFe 和 Cu 间的 $\Delta[\rho \cdot f]$ 随能量的变化曲线[13]。从图中可见,$\Delta[\rho \cdot f]$在 NiFe/Cu 界面 X 射线散射振幅的虚部和实部随着入射 X 射线能量变化很明显。图 13.23(b)显示对 NiFe/Cu 多层膜 X 射线异常衍射精细结构谱线平滑部分的理论拟合。结果显示,在 NiFe/Cu 界面存在的不是成分的混合,而是界面处 NiFe 受应力的影响而导致密度的变化,并且随着退火而改变。

图 13.24 是不同温度下退火的 NiFe/Cu 多层膜反射峰的 DAFS 曲线中获得的近邻结构曲线。通过 Ni 和 Cu 原子近邻结构的分析发现,Ni 原子的最近邻随着退火而发生变化,而 Cu 原子的最近邻没有明显变化。这也证实了靠近 Cu 的 NiFe 随着退火的变化。

罗光明、麦振洪等还研究了[FeMn(40Å)/Co(10Å)]$_{25}$多层膜界面处 Fe,Mn

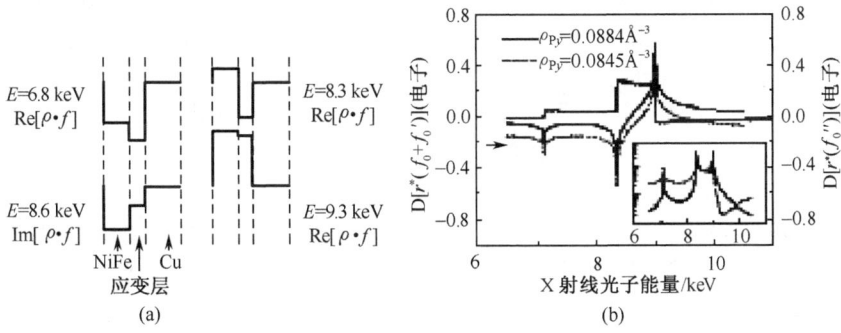

图 13.23 (a) 在 NiFe/Cu 界面处的应变 NiFe 层在不同 X 射线能量时，$\rho \cdot f$ 的实部和虚部在实空间的分布；(b) $\Delta[\rho \cdot f]$ 的实部和虚部在不同的界面应变 NiFe 层原子密度情况下随能量的变化

(b) 中插图是界面应变 NiFe 层不同原子密度情况下，X 射线反射峰强度随 X 射线能量变化曲线与实验曲线的比较

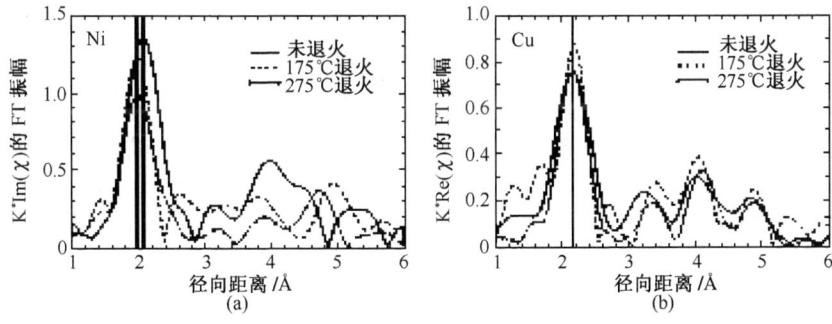

图 13.24 不同温度下退火的 NiFe/Cu 多层膜反射峰的 DAFS 曲线中获得的近邻结构曲线

和 Co 的分布[14]。图 13.25 是 [FeMn(40Å)/Co(10Å)]$_{25}$ 多层膜 X 射线反射曲线第一个布拉格峰强度随入射 X 射线能量的变化。可以看到，在界面上含有混合层的模型理论模拟实验最好。图 13.26 是图 13.25 拟合最好的理论模型得到的一个周期内 Fe，Mn，Co 元素分布。可以看到，FeMn/Co 界面上，Co 生长在 FeMn 子层上时，化学成分从 FeMn 到 FeMnCo$_2$ 线性变化，然后到 Co。当 FeMn 生长在 Co 子层上时，也存在 FeMnCo$_2$ 线性变化到 FeMn。过渡层 FeMnCo$_2$ 存在表明，Co 生长在 FeMn 子层时，Co 与 FeMn 起化学反应；而随后 FeMn 和 Co 互扩散，其扩散长度约 14Å。因此，对该样品 Co 层全扩散了。该结果证明了 FeMn/Co 系统中的不同原子的宏观磁矩变化是由界面处的成分混合导致的。

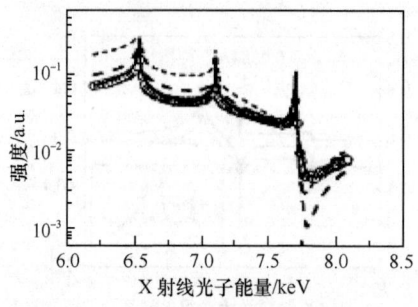

图13.25 [FeMn(40Å)/Co(10Å)]$_{25}$
多层膜不同能量下 X 射线异常衍射精细
结构谱和理论模拟
○ 是实验值；—是含有混合层的最好理论模拟；
--- 是没有混合层；
--- 是在混合区 FeMn 直接过渡到 Cu

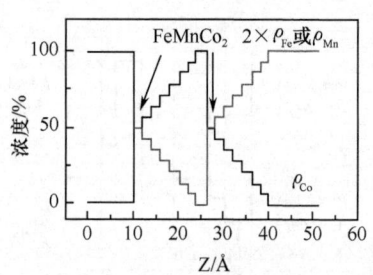

图13.26 图13.25拟合最好的
理论模型得到的一个周期内
Fe, Mn, Co 元素分布

对 NiMn/Co 磁性金属多层膜界面处 Ni, Mn 和 Co 分布的研究，罗光明、麦振洪等发现热处理对元素在界面处的分布有很大的影响[18]。样品为溅射法沉积在 Si(001) 衬底的 [NiMn(30Å)/Co(23Å)]$_{25}$ 多层膜，图13.27(a)和(b)分别是样品制备态和退火后 X 射线异常衍射精细结构谱分析得到的界面处 Ni, Mn 和 Co 的分布。从图13.27(a)可以看到，对制备态样品，在 Co/NiMn 界面存在一个混合层，其化学成分从 Co 逐步过渡为 CoMn，在这个区域，没有 Ni。然后为 Ni$_2$Mn。说明 NiMn 在 Co 层上沉积时，Co 与 Mn 起反应。相比之下，NiMn/Co 界面没有混合层存在，说明两个界面是不同的。图13.27(b)为样品经过250℃,10 h 退火后界面处元素分布。可以看到，Co/NiMn 界面变化不大，而 NiMn/Co 界面出现混合层，说明退火会引起界面处元素互扩散。

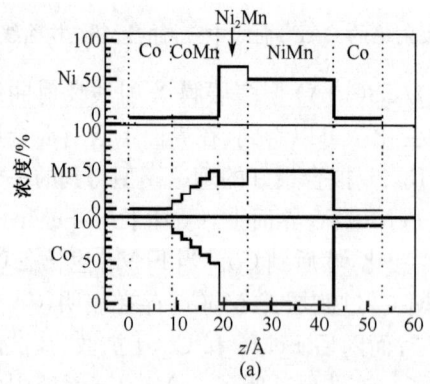
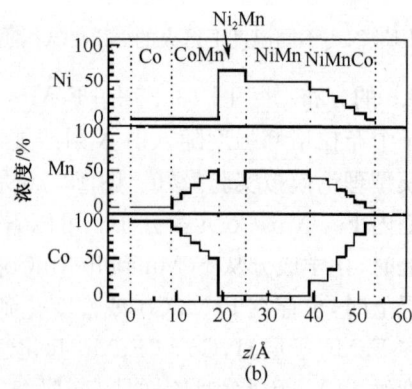

图13.27 [NiMn(30Å)/Co(23Å)]$_{25}$ X 射线异常衍射精细结构谱分析
得到的界面处 Ni, Mn 和 Co 的分布
(a) 制备态；(b) 退火后

总之，X射线异常衍射精细结构技术是一种多波长X射线衍射/反射技术与扩展X射线吸收精细结构甚至近边X射线吸收精细结构技术相结合的多层膜微结构分析技术，它具有元素分辨、位置分辨（包括空间和复杂晶胞内原子占位）的特点，能够在衍射的同时得到原子的近邻序。这些特点对于表面/界面的研究是非常有意义的，是研究半导体超晶格、超导异质膜、磁性金属多层膜以及各种多层膜结构材料界面结构的一种非常有用的工具。

李　明　麦振洪　罗光明

参 考 文 献

[1] Li X L, Xiang W F, Lu H B, et al. J. Applied Physics, 2005, (97): 124104.

[2] Yan M L, Lai W Y, Wang Y Z, et al. J. Appl. Phys., 1995, (77): 1816.

[3] Luo G M, Yan M L, Mai Z H, et al. Physical Review B, 1997, (56): 3290.

[4] Parker C B, Maria J P, Kingon A I. Appl. Phys. Lett., 2002, (81): 340.

[5] Li X L, Chen B, Jing H Y, et al. Applied Physics Letters, 2005, (87): 222905.

[6] Korn M, Li M, Tiong-Palisoc S, et al. Phys. Rev. B, 1999, (59): 10670.

[7] Li M. University of Wuerzburg, Ph. D. Thesis, 1998.

[8] Meyer D C, Richter K, Paufler P, et al. Phys. Rev. B, 1999, (59): 15253-15260.

[9] Sorensen B L, Cross O J, Newville M, et al. Diffraction anomalous fine structure: unifying X-ray diffraction and X-ray absorption with DAFS// Materlik G, Sparks C J, Fischer K. Resonant Anomalous X-Ray Scattering: Theory and Applications. Amsterdam: North-Holland, 1994: 389-420.

[10] Grenier S, Proietti M G, Renevier H, et al. Europhys. Lett., 2002, (57): 499.

[11] Baibich M N, Broto J M, Fert A, et al. Phys. Rev. Lett., 1988, (61): 2472.

[12] Hase T P A, Tanner B K, Ryan P, et al. IEEE Trans. Magnetics, 1998, (34): 831.

[13] Luo G M, Mai Z H, Hase T P A, et al. Phys. Rev. B, 2001, (64): 245404-1.

[14] Luo G M, Jiang H W, Liu C X, et al. J. Appl. Phys., 2002, (91): 150.

[15] Luo G M, Jiang H W, Cai J W, et al. J. Appl. Phys., 2002, (92): 5386.

[16] Luo G M, Yan M L, Mai Z H, et al. Phys. Rev. B, 1997, (56): 3290.

[17] An Y K, Dai B, Cai J W, et al. Thin Solid Film, 2006, (496): 571.

[18] Luo G M, Jiang H W, Cai J W, et al. J. Applied Physics, 2002, (92): 5386.

第 14 章　横向调制结构

随着量子效应在二维量子阱结构中的发现和研究，更低维数的量子结构从20世纪90年代起也得到了非常广泛的关注和研究，如一维量子线和零维量子点结构。从更广泛的角度来看，薄膜和多层膜，包括二维量子阱结构，都是在生长方向上实现对结构的调制和控制，而更低维的结构，则在水平或横向也存在成分、尺度及应变的调制。这些水平调制结构在早期主要通过光刻的技术获得，但由于技术上的限制，尺度一般在微米量级。更小的纳米结构则大多通过自组装的方法获得。下面介绍 X 射线对这些水平调制结构的分析。早期的研究主要采用双轴晶衍射的方法[1,2]，仅可以获得栅格的周期信息，对于栅格的形状及应变分布等则无能为力。所以在下面主要讨论更为有效的倒易空间二维衍射的方法。

14.1　表面栅格结构

首先讨论一维栅格结构，如图 14.1 所示。由于在 x 方向栅格的周期远大于晶体晶格结构的周期，所以在倒易空间任一布拉格点附近，沿 Q_x 方向会出现对应于该水平调制结构的衍射峰，即调制峰。这些调制衍射峰在 (Q_x, Q_z) 二维空间的强度可以表达为

$$I(Q_x, Q_z) = |f_g(Q_x, Q_z)|^2 \left[\frac{\sin(NQ_x\Lambda/2)}{\sin(Q_x\Lambda/2)}\right]^2 \tag{14.1}$$

式中，$f_g(Q_x, Q_z)$ 是一个栅格周期的散射振幅；$N\Lambda$ 是 X 射线的相干长度；Λ 是栅格周期。Q_x 和 Q_z 是衍射矢量沿 x 和 z 方向的分量。式(14.1)中括号的平方项给出 Q_x 方向的调制峰，峰间距为

$$\Delta Q_x = \frac{2\pi}{\Lambda} \tag{14.2}$$

$f_g(Q_x, Q_z)$ 项则对这些调制峰的强度进行调制，所以又称为轮廓函数。很明显，$f_g(Q_x, Q_z)$ 不但与制作栅格的晶体结构有关，也与栅格的形状有关，所以可以表达为

$$f_g(Q_x, Q_z) = \iint_{x\,z} u(x,z)\rho(x,z) e^{i(Q_x \cdot x + Q_z \cdot z)} dx dz \tag{14.3}$$

式中,$u(x,z)$是栅格的形状函数,如果(x,z)落在栅格内部,则$u(x,z)=1$,反之$u(x,z)=0$;$\rho(x,z)$是电子密度分布函数。如果栅格内部存在应力场或位移场,则主要影响式(14.3)中的相位项,从而影响到轮廓函数,进而影响到调制峰的强度分布。图14.2以GaAs为例,给出了两种不同形状栅格的X射线衍射在(004)附近的轮廓函数。从而根据衍射图形,可以推断栅格的尺度和形状。

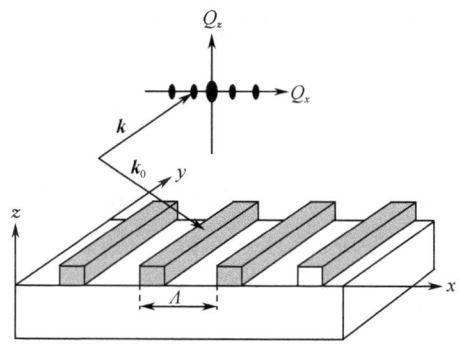

图14.1 一维表面栅格结构及衍射几何示意图
栅格周期为Λ;k_0和k分别为入射和散射X射线波矢

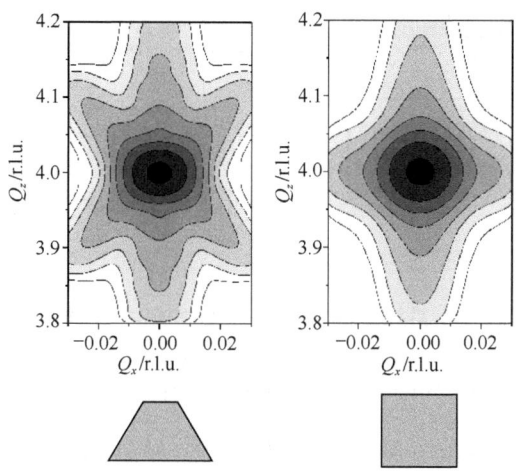

图14.2 两种不同形状的栅格所对应的二维轮廓函数
图中强度极大的条纹的取向分别垂直于栅格表面,所以在常见的梯形栅格的衍射图案中,一般都会观测到对应的交叉条纹,从而可以对栅格的形状作出判断

在以半导体应变外延薄膜制成的表面栅格中,由于栅格周围原子的消失,会有

一定的应变弛豫,导致从栅格中心至栅格边缘的应变梯度。正如在讨论式(14.3)时指出的那样,轮廓函数受到影响,从而影响到衍射峰形状和强度的分布。Shen 等研究了由外延生长在 GaAs(001)衬底上的 $In_{0.2}Ga_{0.8}As$ 薄膜经光刻制作的栅格结构[3],他们采用了如下的应变梯度函数:

$$a_z = a_0 \left[1 + \varepsilon_z^0 \left(\frac{2|x|}{w} \right)^p \right] \quad (14.4)$$

式中,a_z 为栅格晶体沿 z 方向的晶格参数;a_0 为栅格晶体在完全应变弛豫状态下的晶格参数;ε_z^0 为栅格中心与边缘处应变差的极大值;x 为偏离栅格中心的距离;w 为栅格宽度;p 为标度系数。他们发现,X 射线衍射图形对应变梯度函数非常敏感,通过理论模拟实验结果,可以准确获得应变在栅格内的分布。图 14.3 给出了他们的理论模拟结果。可见,应变梯度函数对衍射图形影响甚大。图 14.4 是他们的实验结果及对实验的模拟结果。

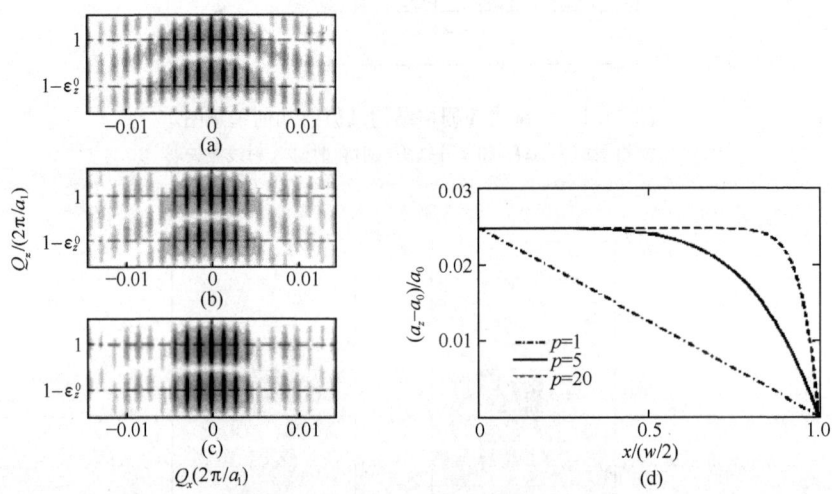

图 14.3 生长在 GaAs(001)衬底上的 $In_{0.2}Ga_{0.8}As$ 栅格,在不同应变梯度时衍射强度在倒易空间(001)附近的分布[3]

(a)~(c)分别对应于(d)中 $p=1,5$ 和 20 的应变分布曲线。其中 a_1 为衬底的晶格参数

采用类似的方法,还可以研究二维栅格结构,如图 14.5 所示。这时,式(14.1)应扩展为

$$I(Q_x, Q_y, Q_z) = |f_g(Q_x, Q_y, Q_z)|^2 \left[\frac{\sin(NQ_x\Lambda_x/2)}{\sin(Q_x\Lambda_x/2)} \right]^2 \left[\frac{\sin(NQ_y\Lambda_y/2)}{\sin(Q_y\Lambda_y/2)} \right]^2 \quad (14.5)$$

式(14.3)则变为

$$f_g(Q_x,Q_y,Q_z) = \iiint_{xzy} u(x,y,z)\rho(x,y,z)e^{i(Q_x \cdot x + Q_y \cdot y + Q_z \cdot z)}\mathrm{d}x\mathrm{d}y\mathrm{d}z \quad (14.6)$$

式中,Λ_x 和 Λ_y 分别为栅格沿 x 和 y 方向的周期。

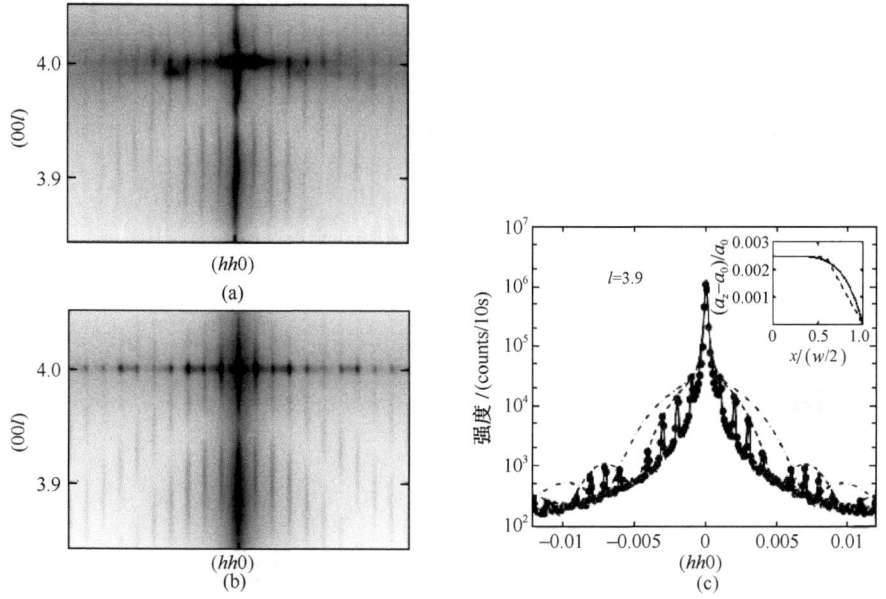

图 14.4 (a)生长在 GaAs(001)衬底上的 $In_{0.2}Ga_{0.8}As$ 栅格的 X 射线衍射实验结果;(b) 理论拟合;(c)横向线扫描结果(圆点)和理论拟合曲线(实线)[3]

虚线为与插图中实线所示的应变梯度函数对应的轮廓函数,点划线为与插图中虚线所示的应变梯度函数对应的轮廓函数。这里(hh0)对应于 Q_x,(00l)对应于 Q_z

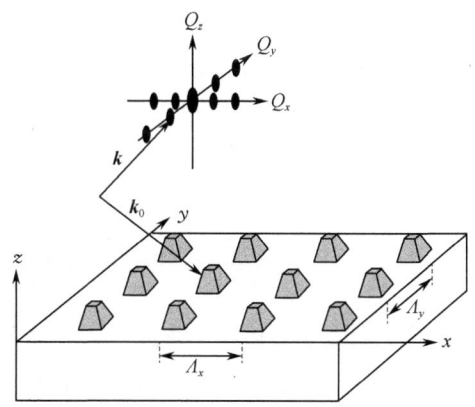

图 14.5 二维表面栅格结构及衍射几何示意图

栅格沿 x 和 y 方向的周期分别为 Λ_x 和 Λ_y,k_0 和 k 分别为入射和散射 X 射线波矢

同样,沿 Q_x 及 Q_y 方向的调制峰的峰间距分别为

$$\Delta Q_x = \frac{2\pi}{L_x}, \quad \Delta Q_y = \frac{2\pi}{L_y} \tag{14.7}$$

由衍射峰的峰间距,可以确定栅格的周期性。图 14.6 所示为 Shen 等对光刻制作的 Si(001)表面二维栅格的 X 射线(224)衍射实验图谱及理论模拟结果[4]。分别采用 Q_x 和 Q_y 扫描,由此得到沿 x 和 y 方向的栅格周期分别为 $\Lambda_x = (2290 \pm 10)$ Å 和 $\Lambda_y = (1450 \pm 100)$ Å。图 14.6 还给出了他们计算采用的结构模型和电镜测量的实际结构的示意图(虚线为实际结构,实线为计算采用的模型)。

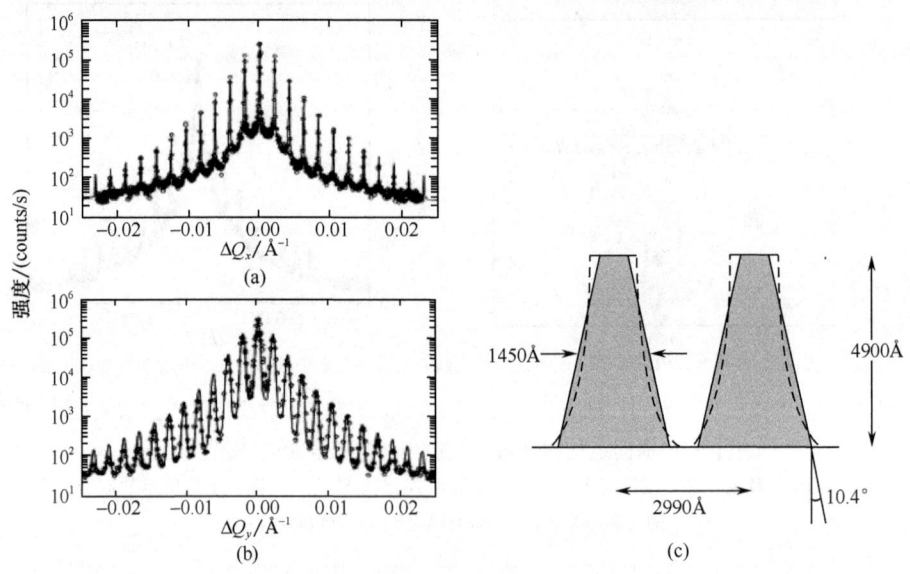

图 14.6 Si(001)二维表面栅格的高分辨 X 射线(224)衍射图谱[4]
(a)和(b)分别为 Q_x 和 Q_y 扫描,圆圈表示实验结果,实线为理论拟合结果;(c)为模拟采用的结构模型,虚线表示实际结构

14.2 横向成分调制结构

在薄膜外延生长的过程中,由于生长动力学或运动学的关系,薄膜表面形貌和成分是不稳定的[5~12],从而会导致宏观的结构调制。目前研究较多的就是所谓的自发形成的横向成分调制结构,如图 14.7(a)所示。这样的结构可以通过生长所谓的短周期超晶格,如 $(InAs)_m/(AlAs)_n$,$(InP)_m/(GaP)_n$ 来实现[13~15]。这里 m,n 为每层的单原子层数,一般在 1~3。图 14.7(b)所示是一个通过生长 $(InAs)_m/$

$(AlAs)_n$ 短周期超晶格实现的横向成分调制结构。

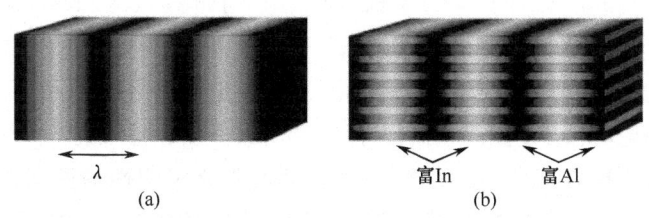

图 14.7　(a)横向成分调制结构示意图；(b)通过生长短周期$(InAs)_m/(AlAs)_n$超晶格来实现横向成分调制(亮区为富 In,暗区为富 Ga)

由于自发形成的横向成分调制结构的调制振幅一般比较小,所以采用常规的共面衍射几何常仅能观测到一级卫星峰,不利于研究[16,17]。由于调制结构的 X 射线散射振幅在其他条件相同时很大程度上取决于相位因子 $H \cdot u$,其中,H 为衍射矢量,u 为位移矢量。在横向成分调制结构中,u 是位置矢量 r 的函数,沿调制方向作周期性变化。所以,为了增强横向调制结构的 X 射线散射振幅,应当选取这样的衍射矢量,使其具有尽可能大的平行于调制方向的分量。在图 2.10 中可以看到,这样的衍射矢量在共面衍射几何下是不可能实现的。所以,可选的方法必须是非共面衍射几何。显然,掠入射衍射几何是最佳选择,如图 2.11 所示。但是,也可以选取介于共面衍射和掠入射衍射之间的非共面衍射几何,使衍射矢量的水平分量尽可能地大,例如,可以选取衍射矢量为[602]。这在非共面衍射几何条件下是可以实现的,如图 14.8 所示。

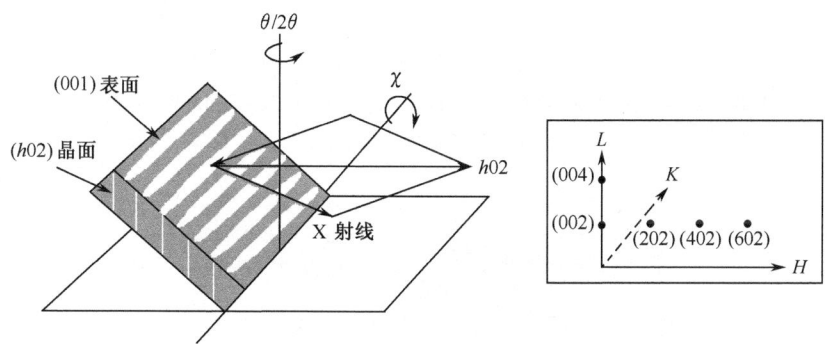

图 14.8　介于共面和掠入射衍射几何之间的非共面衍射几何

通过使用 χ 圆(图 2.7)可以实现共面衍射几何条件下不能实现的衍射

作为一个具体的例子,下面讨论用分子束外延生长在 InP(001)上,100 周期的 $(InAs)_{1.5}/(AlAs)_{1.5}$ 短周期超晶格(每一超晶格膜层的厚度为 1.5 个原子单层)。

在生长过程中,该样品形成了沿[100]方向的成分调制结构。分别选取了极端非共面的(602)衍射和掠入射的(400)衍射。结果分别如图 14.9 和图 14.10 所示。可见,在(602)衍射谱中,在 $Q_x < 6$ 的区域有 5 级的卫星峰出现,但在 $Q_x > 6$ 的区域则仅有 2 级的卫星峰可以分辨。这是由于在该衍射几何下,样品的调节非常困难,所以有一些衍射峰没能进入所用的点探测器所致。而在掠入射的(400)衍射谱中,卫星峰的分布则比较对称。但是两个实验都表明有周期性的横向调制结构的存在。X 射线掠入射小角散射的结果表明,横向成分调制具有三角函数的波形[18]。对非共面和掠入射衍射谱的分析,采用畸变波玻恩近似理论(见第 9 章)。取薄膜生长方向为 z 方向,横向成分调制的方向为 x 方向,则衍射强度可表达为

$$I(\boldsymbol{q}) = \left| \int_{-\infty}^{\infty} \mathrm{d}x \int_{-T}^{0} \mathrm{d}z \chi_h(x) \mathrm{e}^{-\mathrm{i}(q_x x + q_z z)} \mathrm{e}^{-\mathrm{i}\boldsymbol{h} \cdot \boldsymbol{u}(x,z)} \right|^2 \quad (14.8)$$

式中,T 为薄膜的总厚度;$\boldsymbol{q} = \boldsymbol{H} - \boldsymbol{h}$ 是衍射矢量 $\boldsymbol{H}$ 偏离倒易空间格点 $\boldsymbol{h}$ 的矢量;$\boldsymbol{u}(x,z)$ 为 (x,z) 平面内由于成分调制引起的位移场;χ_h 为 X 射线极化率。在 X 射线掠入射小角散射结果的基础上[18],取成分调制函数为

$$p(x) = p_0 + A\cos(Gx) \quad (14.9)$$

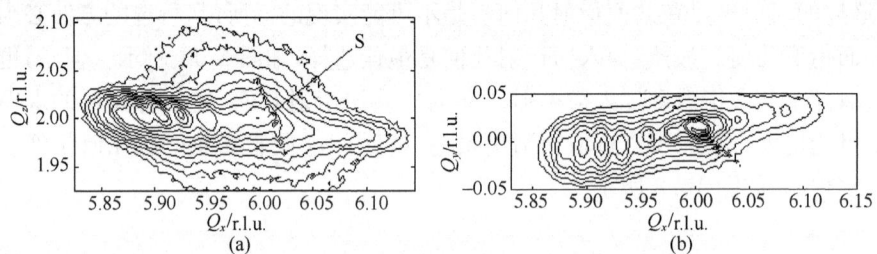

图 14.9 100 周期的 $(\mathrm{InAs})_{1.5}/(\mathrm{AlAs})_{1.5}$ 短周期超晶格的极端非共面(602)衍射谱
(a)衍射强度在 (Q_x, Q_z) 倒易空间面内的分布;(b)衍射强度在 (Q_x, Q_y) 倒易空间面内的分布。
S 所指为 InP 衬底峰

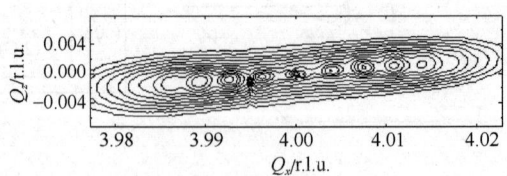

图 14.10 100 周期的 $(\mathrm{InAs})_{1.5}/(\mathrm{AlAs})_{1.5}$ 短周期超晶格的掠入射(400)衍射谱
衍射面为 (Q_x, Q_z) 倒易空间面

式中，$G=2\pi/L$，L 为成分调制的周期；A 为调制振幅；p_0 为成分平均值。这样，$\chi_h(x)$ 可以表达为

$$\chi_h(x)=p_0\chi_{h,\text{InAs}}+(1-p_0)\chi_{h,\text{AlAs}}+A\cos(Gx)(\chi_{h,\text{InAs}}-\chi_{h,\text{AlAs}}) \quad (14.10)$$

成分调制引起的位移场 $u(x,z)$ 则是晶格失配函数 $\delta(x)$ 的函数：

$$u_j(x,z)=\int_{-\infty}^{\infty}\mathrm{d}x\int_{-T}^{0}\mathrm{d}z'\delta(x')g_j(x-x',z,z'), \quad j=x,z \quad (14.11)$$

而

$$\delta(x)=\frac{p_0 a_{\text{InAs}}+(1-p_0)a_{\text{AlAs}}}{a_{\text{InP}}}-1+A\cos(Gx)\frac{a_{\text{InAs}}-a_{\text{AlAs}}}{a_{\text{InP}}} \quad (14.12)$$

g 为弹性格林函数，具体形式可参阅文献[19]，这里不再具体给出。图 14.11 给出了一个位移场函数 $u(x,z)$ 的计算结果的例子。

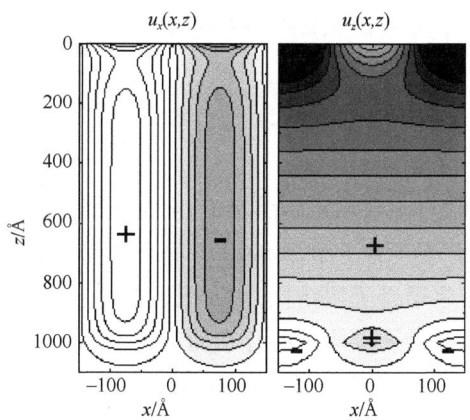

图 14.11　$(\text{InAs})_{1.5}/(\text{AlAs})_{1.5}$ 短周期超晶格中位移函数的计算结果
计算假设调制周期 $L=300$Å，薄膜厚度为 1000Å，调制振幅为 $A=0.2$

现在，可以比较由式(14.8)计算的卫星峰强度与实验结果。从而获得成分调制的具体函数表达式。图 14.12 所示是掠入射衍射测量的卫星峰强度(图 14.10)与采用不同成分振幅理论计算结果的比较，从中可以得到衍射振幅约为 16%。调制的周期则由实验卫星峰间距和式(14.2)确定。至此，已确定了成分调制函数的具体表达为

$$p(x)=0.5+0.16\cos(0.019x)$$

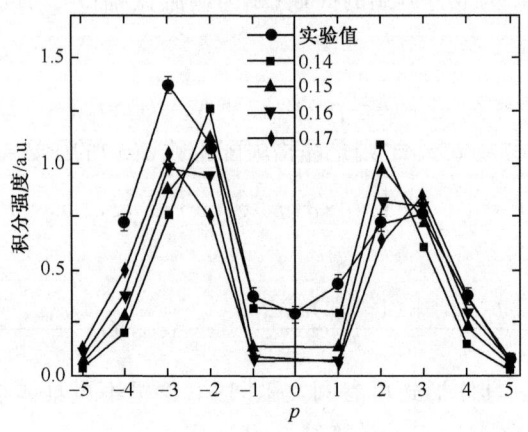

图 14.12 掠入射衍射测量的卫星峰强度(图 14.10)与采用不同成分振幅时计算结果的比较,从中得到衍射振幅为 16%

14.3 量子线结构

  半导体量子线材料的线宽及其横向排列周期可以调整材料的电子能态密度,量子线内晶格的横向应变弛豫对材料的电子能带带隙有所调控。内嵌式量子线(埋置于覆盖层之下或多层量子线结构)相对于直接生长在衬底表面上的量子线而言,其晶格应变弛豫状态因周围原子的存在而有所不同,从材料器件的应用角度考虑,多层结构可以提高器件的效率,而必要的保护层可以延长器件的寿命。因此,对内嵌式量子线及其周围环境应变状态的研究,具有实际的意义。由于晶格的应变弛豫状态受周围环境的影响,所以,测量位于样品内部量子线的应变弛豫不能采用破坏式的实验方法,X 射线衍射作为一种非破坏性实验手段,结合掠入射技术现已广泛应用于半导体薄膜材料的应变测量领域。

  大体说来,利用 X 射线掠入射衍射实验,可依以下步骤来表征横向周期排列的量子线的结构:

  (1) 在晶体的面内倒易阵点($hk0$)附近进行掠入射衍射实验;

  (2) 根据样品的制备条件,建立样品的结构模型,并利用有限元方法计算相应的应变场;

  (3) 由 X 射线掠入射衍射理论计算具有步骤(2)中得到的结构模型及应变场形式的样品的 X 射线衍射理论曲线,与实验曲线比较,以拟合出与实验曲线偏离最小的量子线形状参数;

  (4) 将得到的量子线形状参数作为初始条件重新构建样品结构模型,并利用有限元方法重新计算应变场。

重复步骤(3)和(4),直到理论计算的衍射曲线与实验曲线吻合很好。至此,得到量子线的形状以及应变分布。

下面先简单介绍用畸变波玻恩近似方法模拟内嵌式量子线样品掠入射衍射强度的计算公式,然后,作为一个例子,介绍 Ulyanenkov 等对 $In_xGa_{1-x}As$ 量子线应变分布的部分研究工作[20]。

不失一般性,假定量子线样品具有如图 14.13 所示的结构。

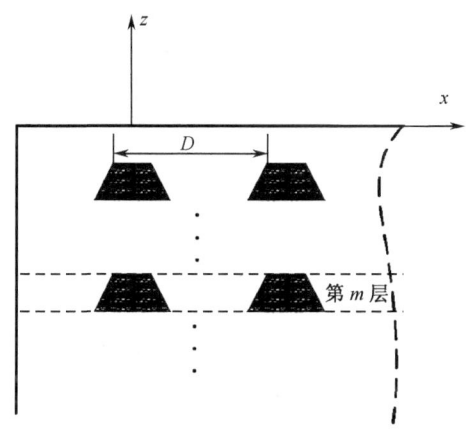

图 14.13　具有横向周期排列的多层量子线样品结构示意图
图中填充部分为量子线所在位置,坐标轴定义为样品表面法向为 z 轴方向,量子线的周期性排列方向为 x 轴的方向,y 轴沿着量子线取向
(垂直纸面向里)

对如图 14.13 所示结构的样品,可采用分层计算的方法求解衍射强度[21,22]。按第 9 章介绍的畸变波玻恩近似的讨论,在第 m 层膜中,无微扰散射势可以取为膜内平均散射势,即

$$V_A^{(m)} = -K^2 \langle \chi^{(m)} \rangle$$

相应的微扰散射势可取为

$$V_B^{(m)} = -K^2 \exp\{ih \cdot [r - u^{(m)}(r)]\}[\chi_{ha}^{(m)} \Omega_a^{(m)}(r_\parallel, z) + \chi_{hb}^{(m)} \Omega_b^{(m)}(r_\parallel, z)]$$

式中,"〈〉"表示求平均值;K 是入射 X 射线的真空波矢长度;h 是衬底的倒易点阵矢量;$\chi_{ha}^{(m)}$ 是第 m 层中量子线内电极化率 $\chi_a^{(m)}(r)$ 的傅里叶变换系数(对应于倒易矢量 h 的傅里叶变换系数);$\chi_{hb}^{(m)}$ 是第 m 层中量子线外电极化率的傅里叶变换系数;$u^{(m)}(r)$ 是位移场,表示为

$$u^{(m)}(r) = u_0^{(m)}(z) + \Delta u^{(m)}(r)$$

而 $u_0^{(m)}(z)$ 与 $\Delta u^{(m)}(r)$ 则分别为多层膜生长过程中以及量子线刻蚀过程中引入的

位移场，并且 $\Delta u^{(m)}(r)$ 具有与量子线相同的横向周期性；$\Omega_a^{(m)}(r_\parallel,z)$ 描述膜层 m 中量子线阵列的空间分布，$\Omega_b^{(m)}(r_\parallel,z)$ 描述膜层 m 内除去量子线阵列以外的空间形状和位置，分别表示为

$$\Omega_a^{(m)}(r_\parallel,z)=\Omega_{\mathrm{QW}}^{(m)}(r_\parallel,z)\Omega_{\mathrm{ML}}^{(m)}(z)$$

$$\Omega_b^{(m)}(r_\parallel,z)=(1-\Omega_{\mathrm{QW}}^{(m)}(r_\parallel,z))\Omega_{\mathrm{ML}}^{(m)}(z)$$

并且

$$\Omega_{\mathrm{SG}}^{(m)}(r_\parallel,z)=\begin{cases}1 & (\text{量子线内}) \\ 0 & (\text{量子线外})\end{cases}$$

$$\Omega_{\mathrm{ML}}^{(m)}(r_\parallel,z)=\begin{cases}1 & (\text{膜层 } m \text{ 内}) \\ 0 & (\text{膜层 } m \text{ 外})\end{cases}$$

于是，畸变波玻恩近似条件下，第 m 层介质原子衍射的 X 射线在衬底晶体倒易阵点 h 附近所贡献的电场强度表示为[22]

$$E_h^{(m)}(Q)=-K^2[T_o^m F_h^{(m)}(Q_1^{(m)})T_h^m+R_o^m F_h^{(m)}(Q_2^{(m)})T_h^{(m)}$$
$$+T_o^m F_h^{(m)}(Q_3^{(m)})R_h^m+R_o^m F_h^{(m)}(Q_4^{(m)})R_h^{(m)}] \tag{14.13}$$

式中，K 是 X 射线真空波矢的模；$T_o^{(m)}$ 和 R_o^m 分别是第 m 层内传播的透射波振幅和反射波振幅，是由以掠入射角 α_i 入射到样品表面的 X 射线引起的；T_h^m 和 R_h^m 分别是第 m 层内传播的衍射透射波振幅以及衍射反射波振幅，与以掠出射角 α_f 从样品表面出射的 X 射线相关；$T_{o,h}^{(m)}$ 和 $R_{o,h}^m$ 的具体形式可以参考第 9 章或参考文献[22]；$Q=K_h-K_o$ 称为衍射矢量，K_o 和 K_h 分别是真空入射波矢和真空衍射波矢；$Q_1^{(m)}=k_{ht}^{(m)}-k_{ot}^{(m)}$，$Q_2^{(m)}=k_{ht}^{(m)}-k_{or}^{(m)}$，$Q_3^{(m)}=k_{hr}^{(m)}-k_{ot}^{(m)}$，以及 $Q_4^{(m)}=k_{hr}^{(m)}-k_{or}^{(m)}\sqrt{b^2-4ac}$，其中，$k_{ot}^{(m)}$、$k_{or}^{(m)}$、$k_{ht}^{(m)}$ 和 $k_{hr}^{(m)}$ 分别对应于第 m 层内的透射波矢、反射波矢、衍射透射波矢和衍射反射波矢，并且有关系 $k_{ot}^{(m)}=(k_{o\parallel}^{(m)},-k_{oz}^{(m)})$，$k_{or}^{(m)}=(k_{o\parallel}^{(m)},k_{oz}^{(m)})$，$k_{ht}^{(m)}=(k_{h\parallel}^{(m)},k_{hz}^{(m)})$，以及 $k_{hr}^{(m)}=(k_{h\parallel}^{(m)},-k_{hz}^{(m)})$。

在此，重点讨论式(14.13)中的结构振幅 $F_h^{(m)}(Q)$，考虑到量子线的横向周期性，结构振幅的表达式表示如下：

$$F_h^{(m)}(Q)=4\pi^2\sum_g\delta(Q_\parallel-h_\parallel-g)\exp\{ih_z[z_m-u_0^{(m)}(z_m)]\}F_{hg}^{(m)}(Q_z)$$
$$\tag{14.14}$$

而

$$F_{hg}^{(m)}(Q_z)=(\chi_{ha}^{(m)}-\chi_{hb}^{(m)})\sum_{M\neq g}\int_{z_m}^{z_{m+1}}dz\exp[-iQ_z(z-z_m)]U_M^{(m)}(z)\Omega_{a(g-M)}^{(m)}(z)$$
$$+\int_{z_m}^{z_{m+1}}dz\exp[-iQ_g(z-z_m)]U_g^{(m)}(z)\langle\chi_h^{(m)}\rangle(z) \tag{14.15}$$

式中，g 和 M 分别为量子线阵列对应的横向倒易阵点，且有 $g=\dfrac{2\pi n}{D}$（其中 n 为整

数，D 为量子线阵列的横向周期），m 与 g 有相似的表示；$\chi_{ha}^{(m)}$ 是第 m 层中量子线内的电极化率 $\chi_a^{(m)}(\boldsymbol{r})$ 的三维傅里叶变换系数；$\chi_{hb}^{(m)}$ 是第 m 层中量子线外电极化率 $\chi_b^{(m)}(\boldsymbol{r})$ 的三维傅里叶变换系数；$\Omega_{a(H-M)}^{(m)}(z)$ 是第 m 层中量子线阵列的形状函数 $\Omega_a^{(m)}(\boldsymbol{r}_\parallel,z)$ 的二维傅里叶变换系数；$U_M^{(m)}(z)$ 对应于函数 $U^{(m)}(\boldsymbol{r})\equiv\exp[-\mathrm{i}\boldsymbol{h}\cdot\Delta\boldsymbol{u}^{(m)}(\boldsymbol{r})]$ 的二维傅里叶变换系数，其中 $\Delta\boldsymbol{u}^{(m)}(\boldsymbol{r})$ 是由量子线的结构引起的具有周期性变化的原子位移场，这种周期性与量子线阵列的周期性一致；$u_0^{(m)}(z)$ 则用于描述量子线周期性位移场 $\Delta\boldsymbol{u}^{(m)}(\boldsymbol{r})$ 以外的整个膜层的位移场，是在多层膜生长过程中引入的位移；式中的符号"$\langle\rangle$"表示在整个膜层内取平均值。

于是，倒易阵点 $\boldsymbol{h}$ 附近的 X 射线掠入射衍射强度可以表示为

$$I(\boldsymbol{Q})=\left|\sum_m F_h^{(m)}(\boldsymbol{Q})\right|^2$$

以上各式的详细推导，可以参考文献[20]~[24]。

从式(14.15)可以看出，一般情况下衍射波包含有量子线的形状信息 $\Omega_{a(H-M)}^{(m)}(z)$ 以及应变信息 $U_M^{(m)}$。但是，由于沿着平行于量子线取向（y 轴方向）的线度远大于沿量子线的周期排列方向（x 轴）以及沿层状生长方向（z 轴方向）的线度，所以由量子线引起的位移场 $\Delta\boldsymbol{u}^{(m)}(\boldsymbol{r})$ 沿着 y 轴方向的分量可以忽略，如果选取衬底晶体的倒易矢量 $\boldsymbol{h}$ 平行于 y 轴，这时将有 $U^{(m)}(\boldsymbol{r})\equiv\exp[-\mathrm{i}\boldsymbol{h}\cdot\Delta\boldsymbol{u}^{(m)}(\boldsymbol{r})]=1$，于是，在此条件下，量子线卫星峰 g 附近的结构振幅表达式(14.14)将简化为

$$F_h^{(m)}(\boldsymbol{Q})=4\pi^2\exp\{\mathrm{i}h_z[z_m-u_0^{(m)}(z_m)]\}(\chi_{ha}^{(m)}-\chi_{hb}^{(m)})$$
$$\cdot\sum_{g\neq 0}\delta(\boldsymbol{H}_\parallel-\boldsymbol{h}_\parallel-\boldsymbol{g})\int_{z_m}^{z_{m+1}}\mathrm{d}z\exp[-\mathrm{i}H_z(z-z_m)]\Omega_{ag}^{(m)}(z)$$
(14.16)

由式(14.16)看到，对应于平行 y 轴的倒易矢量 $\boldsymbol{h}$，结构振幅中只有量子线的形状信息 $\Omega_{aH}^{(m)}(z)$。

Ulyanenkov 等对如图 14.14 所示结构的 $In_{0.03}Ga_{0.97}As$ 量子线进行了研究[20]。量子线阵列沿着[110]方向横向周期性排列，约定 $q_\perp$ 平行于[110]方向，则倒易空间中在 GaAs 晶体倒易阵点(004)、(220)以及($\bar{2}20$)附近量子线一维栅格的卫星峰如图 14.15 所示。他们应用 X 射线掠入射衍射实验技术分别在 GaAs 晶体倒易阵点(220)、($\bar{2}20$)、(200)位置进行了 q_z-$q_\perp$ 的二维衍射实验。本节选取了如图 14.16 所示的不同掠入射角下 GaAs 晶体倒易阵点(220)附近的径向扫描曲线以及倒易阵点($\bar{2}20$)附近的横向扫描，入射 X 射线波长为 0.1218nm。按前述的数据分析过程，得到如表 14.1 所示的量子线形状尺寸以及如图 14.17 所示的位移场分布，相应的应变分布如图 14.18 所示。

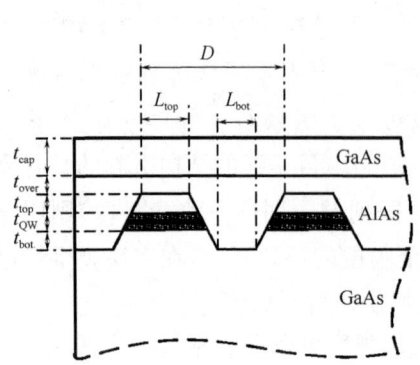
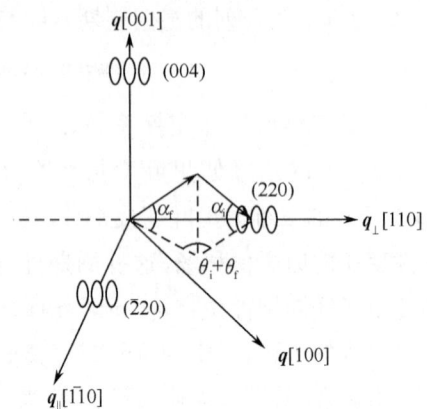

图 14.14　GaAs 衬底上刻蚀 $In_{0.03}Ga_{0.97}As$ 单层量子线，填充部分为量子线的位置，量子线周围介质为 AlAs，表面覆盖层为 GaAs，量子线沿着 $[\bar{1}10]$ 方向

图 14.15　$In_{0.03}Ga_{0.97}As$ 量子线一维栅格的卫星峰在 GaAs 晶体倒易阵点 (004)、(220) 和 $(\bar{2}20)$ 位置的分布示意图

其中，α_i、α_f、θ_i 和 θ_f 分别对应于掠入射角、掠出射角、入射 X 射线波矢的面内分量与晶面 (220) 的夹角以及衍射 X 射线波矢的面内分量与晶面

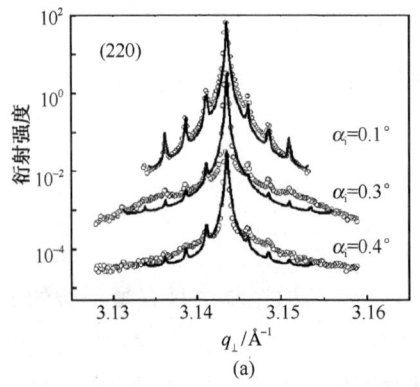
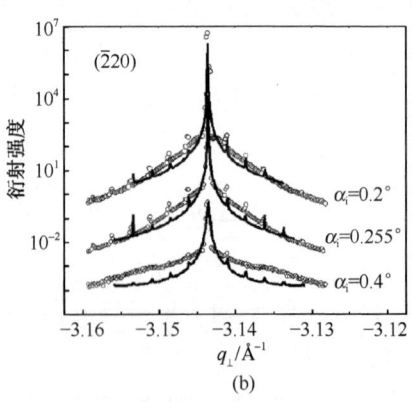

图 14.16　不同掠入射角下 $In_{0.03}Ga_{0.97}As$ 量子线的掠入射衍射实验曲线与理论模拟曲线[20] 实线是模拟曲线，空心点线是实验曲线。(a) 倒易阵点 (220) 的径向扫描曲线；(b) 倒易阵点 $(\bar{2}20)$ 的横向扫描曲线

表 14.1　$In_{0.03}Ga_{0.97}As$ 量子线理论拟合参数[20]

D/Å	L_{top}/Å	L_{bot}/Å	t_{top}/Å	t_{QW}/Å	t_{bot}/Å	t_{over}/Å	t_{cap}/Å
2568±55	840±14	980±44	205±15	50±3	331±11	～700	165±25

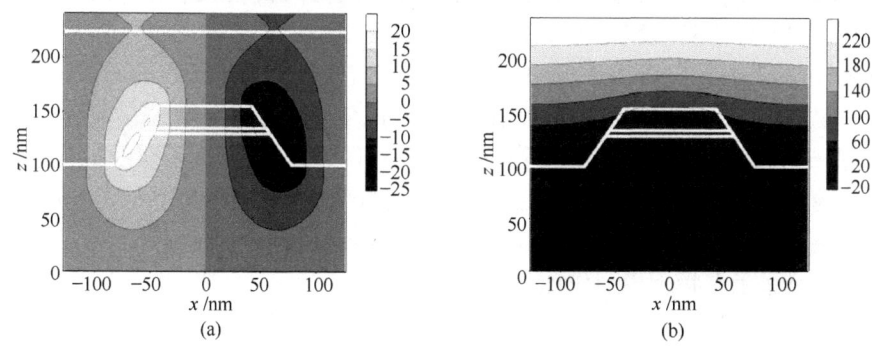

图 14.17 依据表 14.1 中参数用有限元方法得到的 $In_{0.03}Ga_{0.97}As$ 量子线及其附近的位移场分布[20]

灰度单位为 10^{-3} nm。(a) 位移场的 x 分量;(b) 位移场的 z 分量

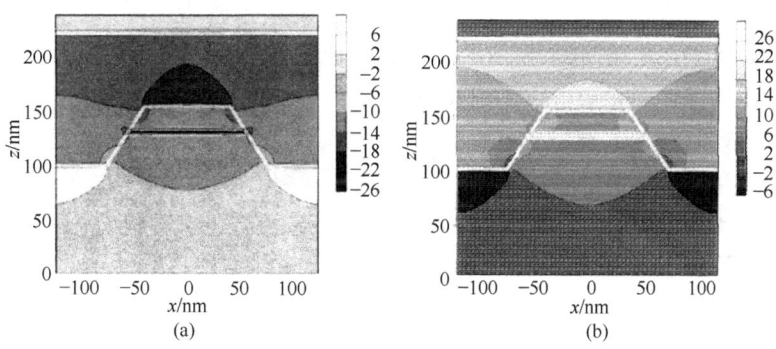

图 14.18 由位移场得到的量子线周围的应变分布[20]

(a) x 方向应变张量的正应变分量;(b) z 方向的正应变分量

上面给出的是刻蚀法制备的量子线形状及应变分布测量,对于自组织生长的多层量子线的结构表征,一般先是通过掠入射 X 射线小角散射方法得到量子线的形状信息,再用掠入射衍射方法获得应变分布以及元素成分分布,有兴趣的读者可以参阅文献[17],[25]~[27]。

14.4 量子点结构

大体说来,横向调制结构可以通过以下几种方法来获得。例如,①生长多层薄膜结构,然后对薄膜进行刻蚀;② 用刻蚀方法先对衬底进行处理,然后进行外延生长;③离子注入及退火处理;④自组织外延生长等。比较上述样品制备方法,自组织外延生长制备的横向调制纳米结构(如量子线、量子点)避免了样品处理过程中引入的缺陷,并且这种制备方式是在整个衬底片进行的自组织过程,便于大面积器件生产;但是,由于自组织过程受生长条件(如温度、生长速率、厚度、退火条件等)的影响较大,不容易制备出理想的纳米周期点阵,并且单个量子点的形状及尺寸分布有一定的范围。同时,量子点的内部也存在成分及应变的分布。在本节中,将以 GeSi 量子点为例,简单介绍一种近年发展的表征方法,它基于 X 射线掠入射异常衍射实验技术,可直接获得自组织生长量子点内部的成分及应变分布。本节介绍的内容主要是 Schülli 等的研究工作[28,29]。

首先对量子点物理模型作如下的假设:

(1) 假定由 X 射线掠入射衍射实验得到的衬底材料倒易阵点附近的衍射花样是反映量子点内部性质,忽略量子点之间的干涉效应。并且,量子点是统计均一的,亦即单一量子点模型。

(2) 忽略量子点内不同的等应变区域之间的干涉效应[30]。

(3) 假定量子点内部的应变弛豫随量子点的高度单调增加。

按照这些假设,可以近似地认为,在衬底倒易格点附近沿着倒格矢方向扫描(径向扫描)得到的 X 射线衍射曲线上各点的位置及强度,所反映的是某一等应变区域内的平均晶格参数以及其对应的布拉格衍射峰的强度;而沿着垂直于倒格矢方向的扫描(横向扫描)得到的 X 射线衍射曲线对应于这一等应变区域的尺寸。

下面简单介绍应用 X 射线异常衍射方法测量 GeSi 量子点内 Ge 组分的分布的原理。在第 8 章已介绍了 X 射线异常散射现象,由于原子核外电子在原子核库仑场的作用下被束缚在一定的能态,当入射 X 射线能量接近原子核外电子的束缚能时,也就是说,入射 X 射线的能量对应于原子的吸收边,这时,这种束缚电子对于 X 射线的散射能力会大大地偏离自由电子模型的解,这种现象称为异常散射。这时,物质原子对于 X 射线的相干弹性散射的总散射因子 f 可以表示为[31]

$$f(q,E) = f_0(q) + f'(E) + if''(E) \tag{14.17}$$

式中,$f_0(q)$ 为汤姆孙散射振幅,称为原子散射因子的正常部分,与能量无关;$f'(E)$ 为原子散射因子修正项的实部,是入射 X 射线能量 E 的函数,而与散射矢量的依赖关系可以忽略;$f''(E)$ 为原子散射因子修正项的虚部,也是入射 X 射线能量 E 函数,与散射矢量的依赖关系可以忽略。

图 14.19 是 Ge 原子 K 吸收边附近的原子散射因子修正项实部和虚部随入射 X 射线能量的变化曲线[28,29]。可以看到,原子散射因子修正项的实部和虚部在远离原子吸收边时随能量的变化比较平缓,而在吸收边处变化剧烈。因此,根据原子的这种"异常"特性,可以用不同能量的 X 射线入射,不同原子吸收边附近的散射不同,从而可得到不同原子的有用信息。

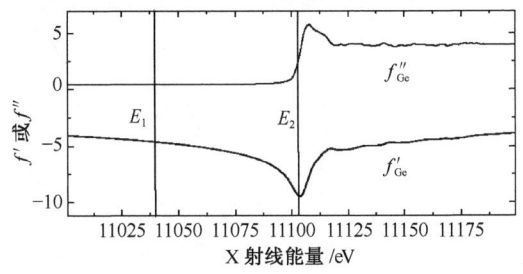

图 14.19 Ge 原子 K 吸收边附近散射因子修正项曲线[29]

根据 X 射线衍射运动学理论，特定指数面的布拉格衍射峰强度 I 正比于晶体结构因子 F 模的平方

$$I(Q) \propto |F(Q)|^2 \tag{14.18}$$

式中，Q 为散射矢量（$Q = k_f - k_i$，是衍射波矢 k_f 与入射波矢 k_i 之差）。对于单质材料，如单晶硅 Si，其结构因子 F 可以简单地表示为

$$F(Q) = f_{Si}(Q)A(Q)$$

式中，$f_{Si}(Q)$ 为 Si 原子散射因子；$A(Q)$ 由点阵类型以及晶面指数决定，与原子种类无关。同样，对于与单晶 Si 具有相同点阵结构的二元锗硅合金 Ge_xSi_{1-x}，其结构因子可以表示为

$$F(Q) = [xf_{Ge} + (1-x)f_{Si}]A(Q) \tag{14.19}$$

由式(14.18)和式(14.19)可以看到，对于二元合金晶体 Ge_xSi_{1-x}，其布拉格衍射峰位的强度包含有 Ge 原子组分 x 的信息，即有

$$I(Q) \propto |xf_{Ge}(Q) + (1-x)f_{Si}(Q)|^2 \tag{14.20}$$

于是，通过调整入射 X 射线的能量到 Ge 原子的 K 吸收边 E_2 以及吸收边前几十个电子伏位置 E_1 处，分别测量 GeSi 量子点对这两个能量入射的 X 射线衍射峰强度，然后根据式(14.20)以及前面的假设，可以直接求得衍射峰 Q 对应的晶格 a 处（$a = 2\pi/|Q|$）Ge 原子的组分。即

$$\frac{I(Q, E_1)}{I(Q, E_2)} = \frac{|x[f_{0Ge}(Q) + f'_{Ge}(E_1) + if''_{Ge}(E_1)] + (1-x)[f_{0Si}(Q) + f'_{Si}(E_1) + if''_{Si}(E_1)]|^2}{|x[f_{0Ge}(Q) + f'_{Ge}(E_2) + if''_{Ge}(E_2)] + (1-x)[f_{0Si}(Q) + f'_{Si}(E_2) + if''_{Si}(E_2)]|^2} \tag{14.21}$$

可以看到，式(14.21)中强度的测量误差直接影响组分 x 的精度。因此，为了有效地抑制衬底材料的热漫散射，需要采用掠入射衍射的实验技术。图 14.20 为圆顶状 GeSi 量子点分别在入射 X 射线为 E_1 和 E_2 两个能量下，沿着 Si(620)方向和 Si(800)方向的径向扫描曲线[29]；图 14.21 为由式(14.21)得到的 Ge 原子的成分分布曲线[29]，表示了面内点阵参数与 Ge 组分 x 的对应关系。

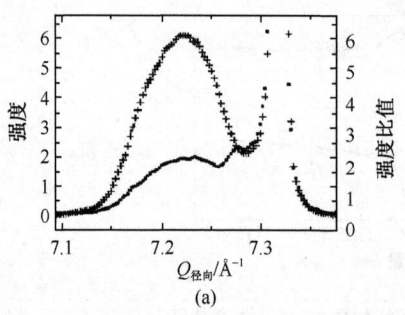
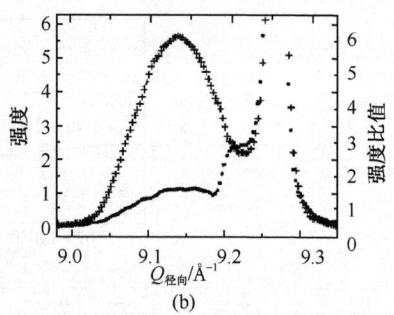

图 14.20 GeSi 量子点在 $E_1=11043\text{eV}$(+线)及 $E_2=11103\text{eV}$(·线)
两个入射 X 射线能量的径向扫描曲线[29]

沿着(a)Si(620);(b)Si(800)

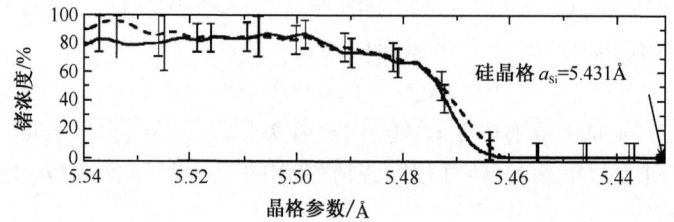

图 14.21 GeSi 量子点中 Ge 原子组分与点阵参数的对应关系[29]

其中虚线是根据(620)径向扫描曲线得到的结果,实线是根据(800)径向扫描曲线得到的结果

另外,在径向扫描曲线上选取各个固定的散射波矢 Q(对应于某一等应变区的点阵参数),测量量子点的 X 射线衍射摇摆曲线[29](图 14.22),通过对摇摆曲线的

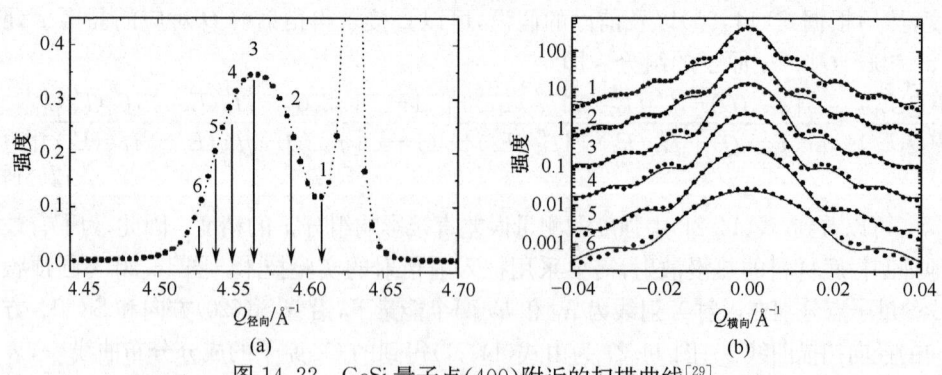

图 14.22 GeSi 量子点(400)附近的扫描曲线[29]

(a)径向扫描曲线;(b)对应(a)中各点的摇摆曲线。其中虚线是实验点,实线是拟合曲线

理论拟合和分析,就可以得到等应变区的大小,也就是面内点阵参数 a 与量子点横向尺寸 R 的对应关系。然后,结合 AFM 的测量结果,即量子点横向尺寸 R 与其高度 h 的关系[29],如图 14.23(a)所示,以及 Vegard 定理[32,33],就可以得到量子点内 Ge 组分 x 随量子点高度 h 的分布,以及量子点内面内应变随量子点高度 h 的分布[29],如图 14.23(b)所示。

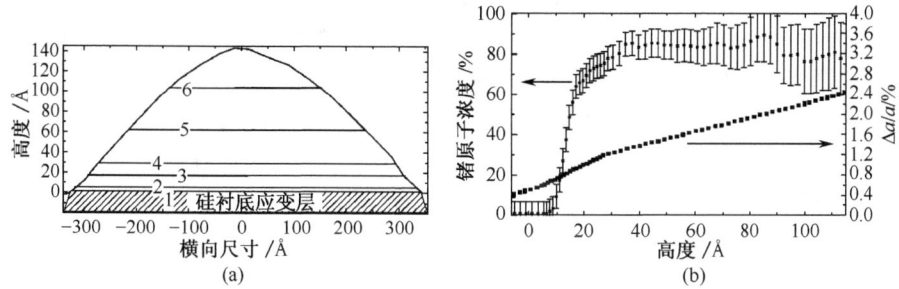

图 14.23 (a)量子点的 AFM 数据;(b)量子点 Ge 组分、面内应变与量子点高度的关系曲线[31]

下面讨论这种直接测量量子点内成分分布和应变分布的分辨率。由 X 射线衍射运动学理论,有限的晶体尺寸 R 引起布拉格衍射峰的展宽在倒易空间的表示近似为 $2\pi/R$,而点阵参数差别为 Δa 的两个不同应变区域的衍射在倒易空间的间隔为 $\frac{\Delta a}{a}Q$,其中,a 为 Si 衬底的晶体参数,Q 为对应于所选择的 Si 晶体的某一倒易矢量 Q 的模。由此可见,利用这种直接测量成分分布和应变分布的方法能够分辨的两相邻的等应变区点阵参数的差别满足如下关系:

$$\Delta a \sim 2\pi a/(RQ) \tag{14.22}$$

由式(14.22)可以看到,所选取的 Si 晶体倒易点阵矢量 Q 的模越大,相应的分辨率就越高。并且,考虑原子散射因子的正常部分 $f_0(Q)$ 随着散射矢量的增大而递减,则在大的倒易点阵矢量 Q 附近进行衍射还有利于增加散射因子修正项在式(14.21)中的权重,从而提高对组分 x 的测量精度。因此,前面介绍的 Schülli 等对 Ge/Si 量子点的研究中,他们选择在(620)以及(800)晶面进行掠入射异常衍射实验。

14.5 原子有序结构

早在 20 世纪 60 年代,原子有序及有序无序转变现象在体材料的金属合金中就得到了很广泛的研究,并给出了一些著名的有序结构,如 β-CuZn,Cu_3Au,CuAu 等。这些有序结构在一定的温度范围内是稳定态,即有序结构的形成是一个热力学过程。

20世纪80年代末,在研究为什么外延生长的GaInP发光二极管发出的光波波长与理论预测有偏离的过程中,日本NEC公司的研究员发现在GaInP三元半导体合金中也存在原子有序的现象。随后,在大部分但不是全部的三元和四元Ⅲ-Ⅴ族半导体合金及Ⅱ族的GeSi合金外延薄膜中也观测到了原子的有序现象。虽然偶尔也有不同的有序结构的报道,但几乎所有这些存在原子有序的半导体合金薄膜都主要存在一种称为CuPt的有序结构。这也是迄今为止研究最多的半导体有序结构。需要指出的是,在体材料的半导体合金当中并不存在原子有序结构,也就是说,在薄膜中观测到的有序结构是亚稳态的,或者说,有序结构的形成和薄膜生长的动力学过程有关。其次,CuPt有序只在有表面再构的晶面上生长的薄膜中存在。再次,CuPt有序是原子排列在⟨111⟩晶向上形成超结构。但是,虽然在闪锌矿结构的Ⅲ-Ⅴ族半导体和金刚石结构的GeSi合金外延薄膜中存在四个完全等价的⟨111⟩晶向。然而,在所有正常条件下生长的有序薄膜中,对只在两个特定的⟨111⟩晶向上观测到有序结构,而在另外两个⟨111⟩晶向上,晶体结构是无序的。这两个存在有序的⟨111⟩晶向即所谓的[111]B方向,而另外两个无序的⟨111⟩晶向即所谓的[111]A方向。所以这类有序结构又明确地称为CuPt-B结构,如图14.24所示。

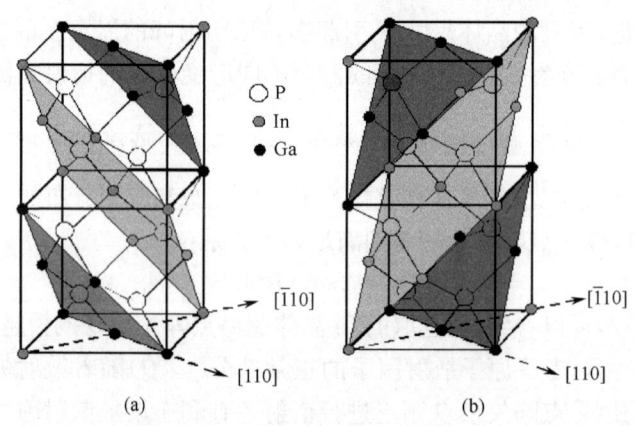

图14.24 GaInP/GaAs(001)外延薄膜中第一类CuPt-B(a)和第二类CuPt-B(b)有序结构示意图

第一类CuPt-B结构中有序沿[$\bar{1}$11]方向,第二类CuPt-B结构中有序沿[1$\bar{1}$1]方向。沿[111]和[$\bar{1}\bar{1}$1]方向不存在有序

实验和第一原理理论计算都表明[34],半导体外延薄膜中的原子有序结构是由Ⅲ-Ⅴ族表面的2×1或2×4结构所致。由于表面原子键沿[$\bar{1}$10]方向排列,如图14.24所示,表面以下4个原子层内存在可观的应变,直接位于表面原子键下面的原子位置受到压应力,而相邻的原子位置则受到张应力。所以,半径较小(或者

更准确一点，拥有较短共价键）的Ⅲ族元素趋向于扩散到直接位于表面原子键下面的晶格位置，而半径较大的Ⅲ族元素则选择位于受到张应力的晶格位置。从而形成了 CuPt-B 结构。

图 14.25 和图 14.26 所示是上述样品的一个典型的透射电子显微镜[$\bar{1}$10]晶带电子衍射谱和高分辨显微像。在电子衍射谱中，除了(002)，($\bar{1}$11)等典型衍射斑点外，还观测到了通常禁止的 $\left(\frac{\bar{n}}{2}, \frac{n}{2}, \frac{n}{2}\right), \left(\frac{n}{2}, \frac{\bar{n}}{2}, \frac{n}{2}\right)$（$n$ 为奇整数）等超结构衍射斑点。除此之外，这些超结构衍射斑点不仅沿某一方向拉长，而且形成规则的弯弯曲曲的图案。高分辨显微像则清楚地显示了有序的($\bar{1}$11)和(1$\bar{1}$1)晶面。但是，电子衍射的复杂过程使得定量研究很困难。尤其是对有序度的确定几乎无能为力。而后者对于理解有序半导体的能带结构和光学性能非常重要[34]。为此，采用了非共面的 X 射线衍射几何，使之具有电子衍射的能力，并且能进行定量的分析。采用类似图 14.8 的衍射几何，可以测量[$\bar{1}$10]晶带 X 射线衍射谱。图 14.27 是两个典型的 CuPt-B 有序半导体薄膜的[$\bar{1}$10]晶带 X 射线衍射谱，在图 14.27(a)中，第一类 CuPt-B 结构占主要部分，所以与它相对应的两个有序斑点 $\left(\frac{\bar{1}}{2}, \frac{1}{2}, \frac{5}{2}\right)$ 和 $\left(\frac{\bar{3}}{2}, \frac{3}{2}, \frac{7}{2}\right)$ 的强度远大于与第二类 CuPt-B 结构相对应的两个有序斑点 $\left(\frac{1}{2}, \frac{\bar{1}}{2}, \frac{7}{2}\right)$ 和 $\left(\frac{3}{2}, \frac{\bar{3}}{2}, \frac{5}{2}\right)$，且 $\left(\frac{\bar{1}}{2}, \frac{1}{2}, \frac{5}{2}\right)$ 和 $\left(\frac{\bar{3}}{2}, \frac{3}{2}, \frac{7}{2}\right)$ 斑点较小，而 $\left(\frac{1}{2}, \frac{\bar{1}}{2}, \frac{7}{2}\right)$ 和 $\left(\frac{3}{2}, \frac{\bar{3}}{2}, \frac{5}{2}\right)$ 斑点较大。在图 14.27(b)中，两类 CuPt-B 结构所占的比例比较接近，所以，与它们对应的衍射斑点的强度也比较接近。但所有斑点都很长，几乎从 $l=n$ 至 $l=n+1$（l 为米勒指数(hkl)的 l 分量）。另外，所有的有序衍射斑点都有规律地交替地向相反的方向倾斜。这与电子衍射的结果非常相似。但

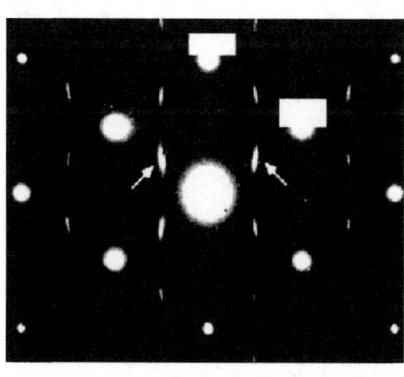

图 14.25　原子有序 GaInP 薄膜典型的透射电子显微镜[$\bar{1}$10]晶带电子衍射谱

是,在电子衍射谱中不太明显的是有序斑点的强度分布。这在 X 射线谱中清晰可见。图 14.28 是一个沿 $[\bar{1}11]$ 方向的线扫描,可以清楚地看到,具有较高阶米勒指数的 $\left(\frac{\bar{5}}{2}, \frac{5}{2}, \frac{5}{2}\right)$ 衍射的强度比较低阶的 $\left(\frac{\bar{3}}{2}, \frac{3}{2}, \frac{3}{2}\right)$ 衍射还要高。而通常由于原子的 X 射线散射因子随着衍射矢量的增加而减小,且德拜-沃勒因子随衍射矢量的增加而增加,所以高阶衍射的强度应较小。这一实验上的反常现象一定与有序所引起的特殊结构有关。下面将对此作进一步的分析。

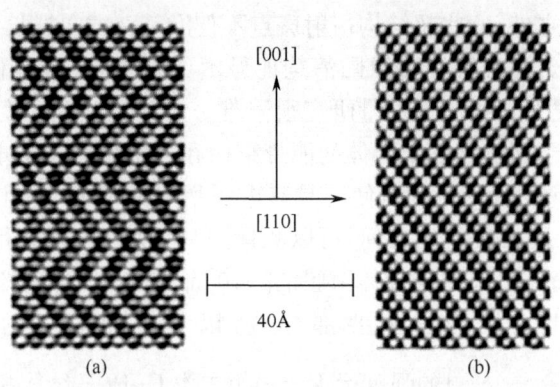

图 14.26 典型的原子有序 GaInP 薄膜的高分辨透射电子显微像
(a) 两类 CuPt-B 有序结构共存;(b) 单一 CuPt-B 有序结构

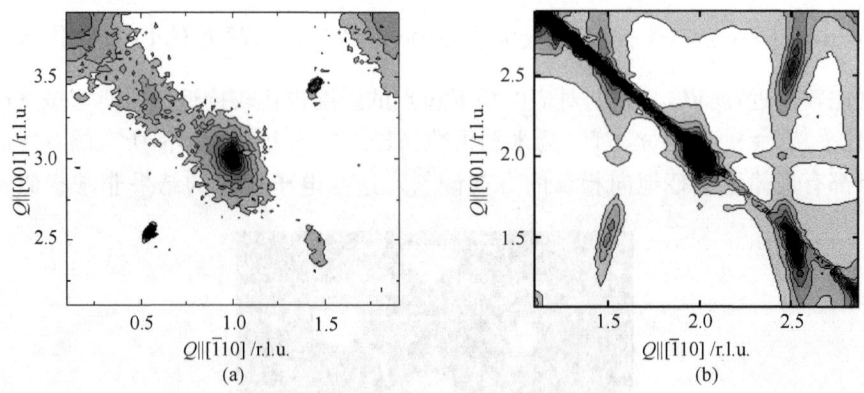

图 14.27 两个典型的 CuPt-B 有序半导体薄膜的 $[\bar{1}10]$ 晶带 X 射线衍射谱
(a)第一类 CuPt-B 结构占主要部分,所以与它相对应的两个有序斑点 $\left(\frac{\bar{1}}{2}, \frac{1}{2}, \frac{5}{2}\right)$ 和 $\left(\frac{\bar{3}}{2}, \frac{3}{2}, \frac{7}{2}\right)$ 的强度远大于与第二类 CuPt-B 结构相对应的两个有序斑点 $\left(\frac{1}{2}, \frac{\bar{1}}{2}, \frac{7}{2}\right)$ 和 $\left(\frac{3}{2}, \frac{\bar{3}}{2}, \frac{5}{2}\right)$;(b)两类有序结构的比例相近,衍射强度沿对角线的分布则是由有序结构中缺陷,如孪晶和层错所致

14.5 原子有序结构 · 207 ·

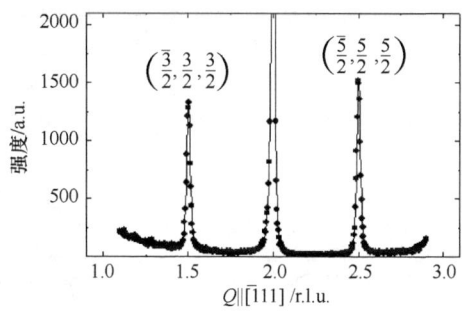

图 14.28 典型的 CuPt-B 有序半导体薄膜的 X
射线衍射强度沿 $[\bar{1}11]$ 倒易空间方向的分布

注意较高阶的 $\left(\frac{\bar{5}}{2},\frac{5}{2},\frac{5}{2}\right)$ 衍射峰比较低阶的 $\left(\frac{\bar{3}}{2},\frac{3}{2},\frac{3}{2}\right)$ 衍射峰还要强

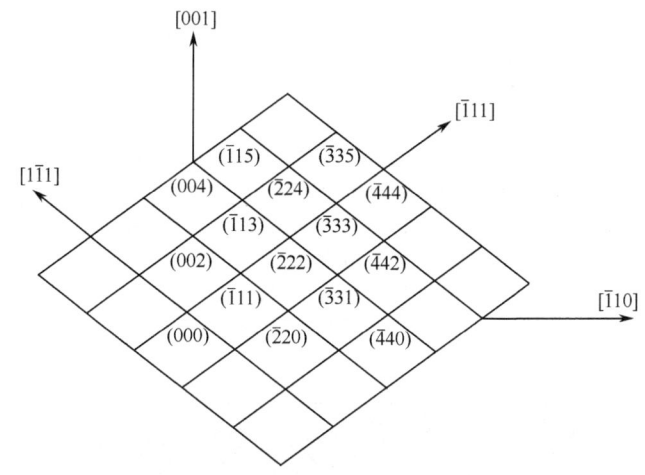

图 14.29 采用图 14.8 的衍射几何时可以选用的部分倒易空间范围
实线所指为 $[\bar{1}11]$ 或 $[1\bar{1}1]$ 方向,实线之交叉点为倒格子点,$[001]$ 轴线的右半
部分也是可及的,由于对称性,这里没有显示

  为了对 X 射线衍射结果进行定量分析,首先要建立一个合适的结构模型。在这里,首先必须考虑两类有序结构的共存。考虑一个 ABC_2(A,B 为 Ⅲ 族元素,C 为 Ⅳ 元素)混合 Ⅲ 族元素的有序结构。由于 A 和 B 具有不同的原子半径,A 和 B 形成 CuPt-B 有序结构。在电镜分析的基础上(图 14.25)可以知道,两类有序结构呈层状排列。图 14.30 所示是这样一个原子分辨率的结构示意图,(a)为 Ⅰ 类结构,(b)为 Ⅱ 类,(c)和(d)则分别考虑了每一层结构的厚度对整体结构的影响。在(c)中,夹在两个 Ⅰ 类有序结构之间的一个 Ⅱ 类层具有偶数个原子层,所以相隔的

两个Ⅰ类层在结构上是同相的。而在(d)中,夹在两个Ⅰ类有序结构之间的一个Ⅱ类层具有奇数个原子层,所以相隔的两个Ⅰ类层在结构上是反相的。实际薄膜中,每一类有序层的厚度是随机的。另外在(a)中,还考虑到横向的反相畴界面的存在。图14.31是在微观尺度上这样一个有序结构的示意图。

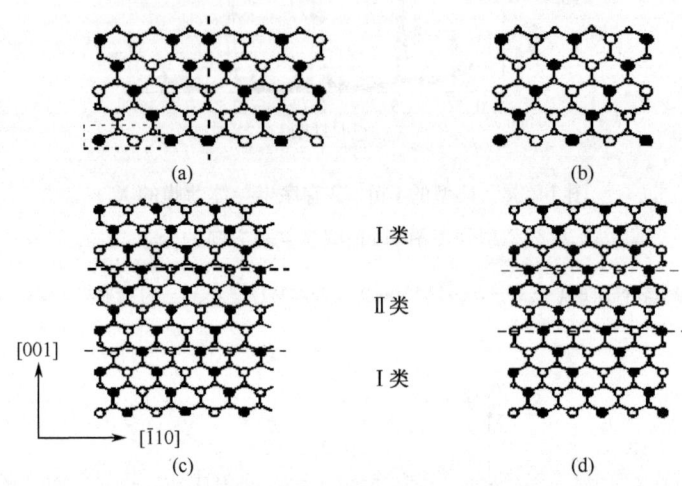

图 14.30　原子尺度上两类有序结构共存的结构示意图

(a)Ⅰ类有序结构。竖线所在为横向的反相畴界面。(b)Ⅱ类有序结构。(c)两类有序(分别记为Ⅰ类和Ⅱ类)呈层状排列。其中,夹在中间的Ⅱ类有序结构含偶数个原子层,相隔的两个Ⅰ类有序结构相位相反。(d)两类有序(分别记为Ⅰ类和Ⅱ类)呈层状排列。其中,夹在中间的Ⅱ类有序结构含奇数个原子层,相隔的两个Ⅰ类有序结构相位相同

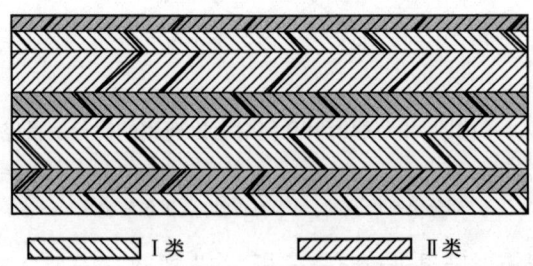

图 14.31　微观尺度上两类有序结构共存的结构示意图

同类有序的亮区与暗区在结构上反相,横向的粗线表示横向的反相畴界面

下面采用 X 射线衍射运动学理论来描述上述结构对 X 射线的衍射。首先考虑生长方向的层状结构,暂时忽略横向的反相畴结构。在图 14.30 中,注意到Ⅰ类有序结构中相邻两个原子层之间存在一个相位差:

$$\alpha = e^{\pi i(q_1 + q_3)} \tag{14.23}$$

式中,q_1 和 q_3 分别为衍射矢量 $\boldsymbol{Q} = (q_1, q_2, q_3)$ 沿 $[\bar{1}10]$ 和 $[001]$ 方向的分量。同样,在 II 类有序结构中相邻两个原子层之间也存在一个相位差:

$$\beta = e^{\pi i(-q_1 + q_3)} \tag{14.24}$$

现在,假设共有 N 对 I 类、II 类的有序层。其中第 j 对含有 $n_{\mathrm{A}j}$ 和 $n_{\mathrm{B}j}$ 个原子层($n_{\mathrm{A}j}$ 和 $n_{\mathrm{B}j}$ 为随机数)。若用 $F_{0\mathrm{A,B}}(\boldsymbol{Q})$ 表示 I 类和 II 类有序结构中一个原子层的 X 射线结构因子,则整个薄膜结构的结构因子可以表达为

$$F(\boldsymbol{Q}) = \sum_{j=1}^{N} \left[F_{0\mathrm{A}}(\boldsymbol{Q}) \frac{\alpha^{n_{\mathrm{A}j}} - 1}{\alpha - 1} + F_{0\mathrm{B}}(\boldsymbol{Q}) \beta \alpha^{n_{\mathrm{A}j}-1} \frac{\beta^{n_{\mathrm{B}j}} - 1}{\beta - 1} \right]$$
$$\cdot (\alpha\beta)^{j-1} \prod_{k=1}^{j-1} \alpha^{n_{\mathrm{A}k}-1} \beta^{n_{\mathrm{B}k}-1} \tag{14.25}$$

X 射线衍射强度则为

$$I(\boldsymbol{Q}) \propto \langle |F(\boldsymbol{Q})|^2 \rangle = \sum_{j=1}^{N} \left\langle \left| F_{0\mathrm{A}}(\boldsymbol{Q}) \frac{\alpha^{n_{\mathrm{A}j}} - 1}{\alpha - 1} + F_{0\mathrm{B}}(\boldsymbol{Q}) \beta \alpha^{n_{\mathrm{A}j}-1} \frac{\beta^{n_{\mathrm{B}j}} - 1}{\beta - 1} \right|^2 \right\rangle$$
$$+ 2\mathrm{Re} \left[\sum_{j=2}^{N} \sum_{r=1}^{j-r} (\alpha\beta)^{j-r} \left\langle \left(F_{0\mathrm{A}}(\boldsymbol{Q}) \frac{\alpha^{n_{\mathrm{A}j}} - 1}{\alpha - 1} + F_{0\mathrm{B}}(\boldsymbol{Q}) \beta \alpha^{n_{\mathrm{A}j}-1} \frac{\beta^{n_{\mathrm{B}j}} - 1}{\beta - 1} \right) \right.\right.$$
$$\left.\left. \times \left(F_{0\mathrm{A}}(\boldsymbol{Q}) \frac{\alpha^{n_{\mathrm{A}r}} - 1}{\alpha - 1} + F_{0\mathrm{B}}(\boldsymbol{Q}) \beta \alpha^{n_{\mathrm{A}r}-1} \frac{\beta^{n_{\mathrm{B}r}} - 1}{\beta - 1} \right)^* \prod_{k=r}^{j-1} (\alpha^{n_{\mathrm{A}k}-1} \beta^{n_{\mathrm{B}k}-1}) \right\rangle \right] \tag{14.26}$$

式中,$\langle \rangle$ 表示对所有可能的 $n_{\mathrm{A}j}$ 和 $n_{\mathrm{B}j}$ 求平均。记 $\zeta_\alpha = \langle \alpha^{n_{\mathrm{A}j}} \rangle$ 和 $\zeta_\beta = \langle \alpha^{n_{\mathrm{B}j}} \rangle$,式(14.26)可改写为

$$I(\boldsymbol{Q}) \propto 2N \left\{ |F_{0\mathrm{A}}(\boldsymbol{Q})|^2 \frac{1 - \mathrm{Re}(\zeta_\alpha)}{|1-\alpha|^2} + |F_{0\mathrm{B}}(\boldsymbol{Q})|^2 \frac{1 - \mathrm{Re}(\zeta_\beta)}{|1-\beta|^2} \right.$$
$$\left. - \mathrm{Re}\left[F_{0\mathrm{A}}(\boldsymbol{Q}) F_{0\mathrm{B}}^*(\boldsymbol{Q}) \frac{1-\zeta_\alpha}{1-\alpha} \frac{1-\zeta_\beta^*}{1-\beta^*} \right] \right\}$$
$$+ 2\mathrm{Re} \left\{ \left[|F_{0\mathrm{A}}(\boldsymbol{Q})|^2 \alpha \zeta_\beta \left(\frac{1-\zeta_\alpha}{1-\alpha} \right)^2 + |F_{0\mathrm{B}}(\boldsymbol{Q})|^2 \beta \zeta_\alpha \left(\frac{1-\zeta_\beta}{1-\beta} \right)^2 \right.\right.$$
$$\left.\left. + \left[F_{0\mathrm{A}}^*(\boldsymbol{Q}) F_{0\mathrm{B}}(\boldsymbol{Q}) \beta \zeta_\alpha \zeta_\beta + F_{0\mathrm{A}}(\boldsymbol{Q}) F_{0\mathrm{B}}^*(\boldsymbol{Q}) \alpha \right] \right.\right.$$
$$\left.\left. \times \frac{1-\zeta_\alpha}{1-\alpha} \frac{1-\zeta_\beta}{1-\beta} \right] \frac{\zeta_\alpha \zeta_\beta}{1 - \zeta_\alpha \zeta_\beta} \left[N - 1 - \frac{1 - (\zeta_\alpha \zeta_\beta)^{N-1}}{1 - \zeta_\alpha \zeta_\beta} \right] \right\} \tag{14.27}$$

如果假设 $n_{\mathrm{A}j}$ 和 $n_{\mathrm{B}j}$ 满足泊松(Poisson)分布,且平均值为 $\langle n_{\mathrm{A}j} \rangle = n_\alpha$,$\langle n_{\mathrm{B}j} \rangle = n_\beta$,则

$$\zeta_\gamma = e^{-n_\gamma(1-\gamma)}, \quad \gamma = \alpha, \beta \tag{14.28}$$

现在考虑横向的反相畴。假设反相畴的分布与生长方向的层状结构互不相关,则

反相畴的出现仅影响 $|F_{0A}|^2$，$|F_{0B}|^2$ 和 $F_{0A}^{*}F_{0B}$。因此，式(14.27)中的 $|F_{0A}|^2$，$|F_{0B}|^2$ 和 $F_{0A}F_{0B}^{*}$ 需要分别用 $\langle|F_{0A}|^2\rangle$，$\langle|F_{0B}|^2\rangle$ 和 $\langle F_{0A}\rangle\langle F_{0B}\rangle^{*}$ 来代替。第 p 个畴与第 $p-1$ 个畴之间存在一个位相差：

$$\phi = e^{\pi i(-q_1+q_2)} = e^{-2\pi i q_1} \tag{14.29}$$

这里，考虑了在 $[\bar{1}10]$ 散射面内，$q_1 = -q_2$。这时，一个原子层的结构因子可以表达为

$$F_{0S}(\boldsymbol{Q}) = \sum_{p=1}^{M} F_{0S}^{(p)} \phi^{p-1}, \quad S = A, B \tag{14.30}$$

式中

$$F_{0S}^{(p)} = F_{cS} \frac{\phi^{2m_p}-1}{\phi^2-1} \prod^{p-1} \phi^{2m_k}, \quad S = A, B \tag{14.31}$$

是第 p 个畴的结构因子；m_p 则是第 p 个畴所包含的原胞数；F_{cS} 则是图 14.30(a)中虚线所指的一个原胞的结构因子。

$$\langle|F_{0S}(\boldsymbol{Q})|^2\rangle = |F_{cS}(\boldsymbol{Q})|^2 \left[\sum_{p=1}^{M} \left\langle \left|\frac{\phi^{2m_p}-1}{\phi^2-1}\right|^2 \right\rangle \right.$$

$$\left. + 2\mathrm{Re}\left(\sum_{p=2}^{M}\sum_{k=1}^{p-1} \phi^{p-k} \left\langle \frac{\phi^{2m_p}-1}{\phi^2-1}\left(\frac{\phi^{2m_k}-1}{\phi^2-1}\right)^{*} \cdot \prod_{r=k}^{p-1}\phi^{2m_r} \right\rangle \right) \right]$$

$$= 2\frac{|F_{cS}(\boldsymbol{Q})|^2}{|\phi^2-1|^2}\left\{ M[1-\mathrm{Re}(\zeta_{\parallel})] - \mathrm{Re}\left[\phi^2\zeta_{\parallel}\frac{(1-\zeta_{\parallel})^2}{1-\phi\zeta_{\parallel}}\right.\right.$$

$$\left.\left. \cdot \left(M-1-\frac{(\phi\zeta_{\parallel})^{M-1}-1}{\phi\zeta_{\parallel}-1}\right)\right]\right\}, \quad S = A, B \tag{14.32}$$

式中

$$\zeta_{\parallel} = \langle \phi^{2m_p} \rangle \tag{14.33}$$

是第 p 个畴的平均相位移。同样，如果假设 m_p 遵循泊松分布，则

$$\zeta_{\parallel} = e^{-m(1-\phi^2)} \tag{14.34}$$

式中，$\langle m_p \rangle = m$ 是一个畴中平均的原胞数。

对一个无序的 $A_xB_{1-x}C$ 合金体材料，其平均晶格参数是 AC 和 BC 两个二元组元晶格参数的线性叠加，即满足所谓的维加定律。可以想象一个虚拟半导体晶体，其所有原子都位于这个虚拟晶体的晶格位置（称为 VC 近似）。其晶格参数可以表达为

$$a_{ABC} = xa_{AC} + (1-x)a_{BC} \tag{14.35}$$

但是，在一个有序的半导体合金薄膜中，由于 A—C 键和 B—C 键的长度不等，也可以说，由于 A, B 原子半径大小不一，最邻近原子的距离并不满足维加定律，所以必须

考虑局部结构,即采用所谓的 LSM 模型,考虑原子实际位置与 VC 近似的偏离。

假设位于位置矢量 r_i 的原子有一个位移 $\pmb{\delta}_i$,则一个原胞的结构因子为

$$F_{cS} = \sum_i f_i(\pmb{r}_i) e^{2\pi i \pmb{Q}\cdot(\pmb{r}_i+\pmb{\delta}_i)} \tag{14.36}$$

式中

$$f_i(\pmb{r}_i) = \bar{f}_i + f(\pmb{r}_i) \tag{14.37}$$

也就是说,由 VC 近似的平均结构因子 $\bar{f}_i$ 和有序引起的偏离 $f(\pmb{r}_i)$ 组成。假设 $f(\pmb{r}_i)$ 和 $\pmb{\delta}_i$ 互不相关(事实上,r_i 处原子的位移只与最邻近原子有关,主要由半导体本身的特性决定,而不是由有序决定)。经过一定的推导,式(14.36)可以写为

$$\begin{aligned} F_{cS} &= \sum_i \langle f_i(\pmb{r}_i) e^{2\pi i \pmb{Q}\cdot(\pmb{r}_i+\langle\pmb{\delta}_i\rangle)} \rangle \\ &= \sum_i \{\bar{f}_i + \langle f(\pmb{r}_i)\rangle + 2\pi i \pmb{Q}\cdot\langle\pmb{\delta}_i\rangle(\bar{f}_i + \langle f(\pmb{r}_i)\rangle)\} \cdot e^{2\pi i \pmb{Q}\cdot\pmb{r}_i} \\ &= F_0 + F_s + F_d \end{aligned} \tag{14.38}$$

其中

$$\begin{aligned} F_0 &= \sum_i \bar{f}_i e^{2\pi i \pmb{Q}\cdot\pmb{r}_i} \\ F_s &= \sum_i \langle f(\pmb{r}_i)\rangle e^{2\pi i \pmb{Q}\cdot\pmb{r}_i} \\ F_d &= 2\pi i \sum_i \pmb{Q}\cdot\langle\pmb{\delta}_i\rangle(\bar{f}_i + \langle f(\pmb{r}_i)\rangle) e^{2\pi i \pmb{Q}\cdot\pmb{r}_i} \end{aligned} \tag{14.39}$$

从而,有序峰的强度可以表达为

$$I_{\text{order}} \propto |F_s|^2 + 2\text{Re}(F_d F_s^*) + |F_d|^2 \tag{14.40}$$

也就是说,由与有序有关的散射因子 $f(\pmb{r}_i)$ 和局域位移 $\pmb{\delta}_i$ 决定。另外,散射因子中必须考虑德拜-沃勒效应。

下面,需要考虑有序度的影响。定义有序度因子为

$$s = \gamma_A + \gamma_B - 1 = \gamma_A - \omega_B = \gamma_B - \omega_A \tag{14.41}$$

其中,$\gamma_{A,B}$ 和 $w_{A,B}$ 分别为完全有序时的 A 和 B 位置被正确和错误的原子占据的概率。于是对一个 ABC_2 合金薄膜,其平均原子散射因子为

$$\begin{aligned} \bar{f}(A) &= \frac{1}{2}(f_A + f_B) + \frac{s}{2}(f_A - f_B) \\ \bar{f}(B) &= \frac{1}{2}(f_A + f_B) + \frac{s}{2}(f_B - f_A) \end{aligned} \tag{14.42}$$

原子位移矢量 $\pmb{\delta}_i$ 可由 Valence-Force Field (VFF) 理论[35]计算求得,这里不作详细讨论。计算结果发现,A—C 键和 B—C 键长度的不等主要通过 C 原子沿 $\langle 111 \rangle$ 方向的位移来调节[18]。如图 14.32 所示。C 原子的平均位移与有序度原子 s 有关。

$$|\delta| = \left[\left(\frac{1+s_\tau}{2}\right)^4 - \left(\frac{1-s_\tau}{2}\right)^2\right]d_t + \left(\frac{1+s_\tau}{2}\right)\left(\frac{1-s_\tau}{2}\right)\left[\left(\frac{1+s_\tau}{2}\right)^2 \left(\frac{1-s_\tau}{2}\right)^2\right]d_s \tag{14.43}$$

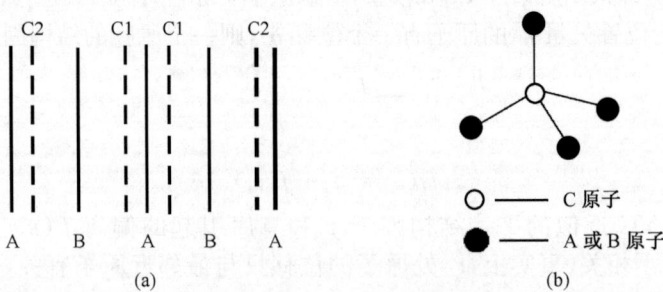

图 14.32 (a)ABC_2 中 A,B 有序时 C 原子面位移示意图;(b)闪锌矿半导体中成四面体的共价键结构

图 14.33 所示是以 $GaInP_2$ 为例的计算结果,清楚地显示了原子位移对有序峰强度的影响。与图 14.28 所示实验结果定性地符合。

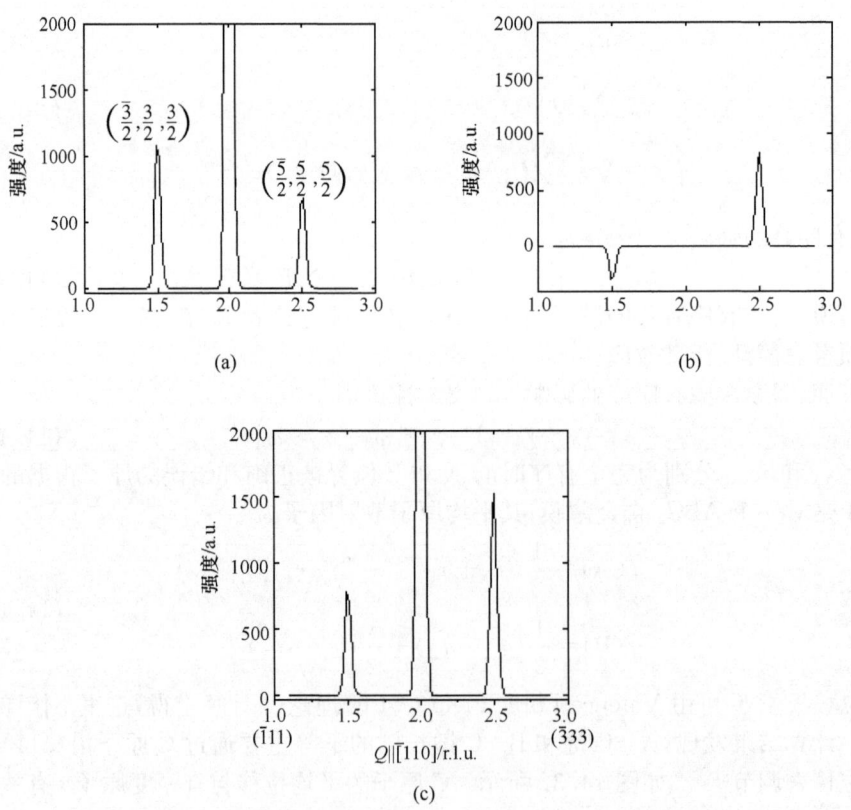

图 14.33 计算所得的 $(\bar{1}11)\sim(\bar{3}33)$ 的 X 射线衍射谱
(a)不考虑原子位移;(b)原子位移所引起的对衍射峰强度的调制;(c)考虑原子位移和的结果

图 14.34(a)所示是一个 $2\mu m$ 厚的 $GaInP_2/GaAs(001)$ 薄膜的 X 射线衍射结果[34]。两个衍射峰 $\left(\frac{7}{2},\frac{7}{2},\frac{7}{2}\right)$ 和 $\left(\frac{7}{2},\frac{7}{2},\frac{5}{2}\right)$ 分别对应于一类和二类有序结构。图 14.34(b)是理论模拟结果,与实验基本符合。图 14.35 所示则是在 $Q\|[001]=2.5$ 和 3.5 时的横向线扫描谱线(点)和理论模拟结果(实线)。注意图 14.34 中衍射斑点略有倾斜且沿 001 方向明显展宽。从理论模拟中发现,Ⅰ类和Ⅱ类有序结构的衍射斑点的大小和倾角完全取决于其相应膜层的厚度和横向反相畴的平均尺寸(参考图 14.27 和图 14.28 的结果)。从对斑点展宽和倾斜的理论模拟,可以得到该样品中Ⅰ类和Ⅱ类有序结构膜层的平均厚度分别为 7 个原子层和 8 个原子层。横向反相畴的平均尺寸为 60 个晶格。从式(14.33)也可以看到,有序峰的强度取决于有序度。从对有序峰强度的理论模拟(图 14.35),得到Ⅰ类和Ⅱ类有序结构的有序度分别为 0.35 ± 0.05 和 0.45 ± 0.05。

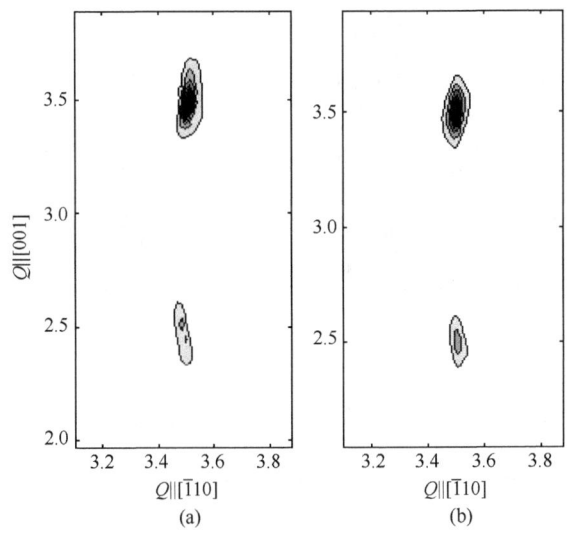

图 14.34 (a)一个 $2\mu m$ 厚的 $GaInP_2/GaAs(001)$ 薄膜的 X 射线衍射结果;(b)理论模拟结果

图 14.36(a)所示是一个 $2\mu m$ 厚的 $AlInAs_2/InP(001)$ 薄膜的 X 射线衍射结果[35],图 14.36(b)是理论模拟结果。图 14.36(a)中沿反对角线上的强度为位错所致,在计算时没有考虑。除了倾斜的有序峰外,模拟也再现了沿[001]方向的条纹。图 14.37 所示是在 $Q\|[001]=1.5$ 和 2.5 时,穿过 $\left(\frac{\bar{3}}{2},\frac{3}{2},\frac{3}{2}\right)$ 和 $\left(\frac{\bar{5}}{2},\frac{5}{2},\frac{5}{2}\right)$ 峰的 $Q\|[\bar{1}10]$ 横向扫描。可以看到,理论与实验符合得很好。从理论模拟可得到Ⅰ类和Ⅱ类有序结构膜层的平均厚度都为 4 个原子层。横向反相畴的平均尺寸为 20 个晶格,Ⅰ类和Ⅱ类有序结构的有序度都为 0.30 ± 0.05。

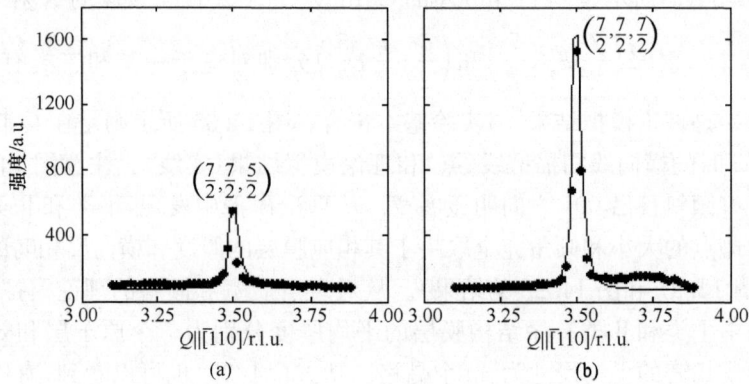

图 14.35　图 14.34 中 $Q\|[001]=2.5$ 和 3.5 时的横向扫描谱线
(a) $Q\|[001]=2.5$；(b) $Q\|[001]=3.5$

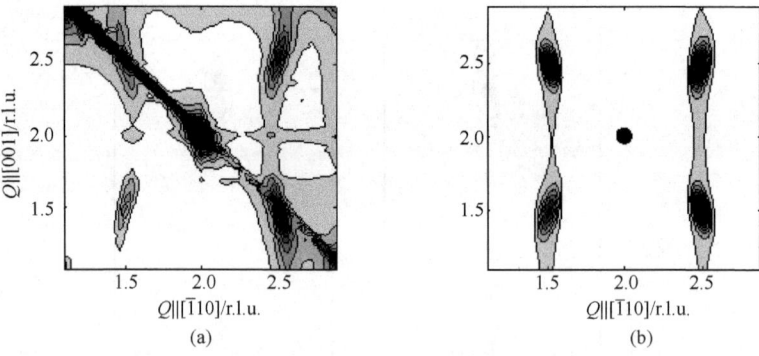

图 14.36　(a) 一个 $2\mu m$ 厚的 $AlInAs_2/InP(001)$ 薄膜的 X 射线衍射结果；(b) 理论模拟结果

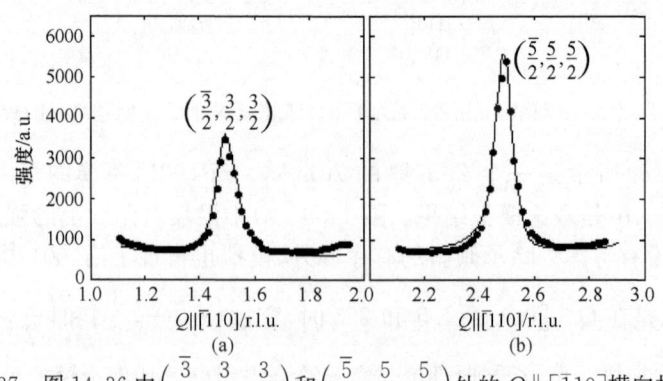

图 14.37　图 14.36 中 $\left(\dfrac{\bar{3}}{2},\dfrac{3}{2},\dfrac{3}{2}\right)$ 和 $\left(\dfrac{\bar{5}}{2},\dfrac{5}{2},\dfrac{5}{2}\right)$ 处的 $Q\|[\bar{1}10]$ 横向扫描谱线
(a) $Q\|[001]=1.5$；(b) $Q\|[001]=2.5$

14.5 原子有序结构

图 14.38 和图 14.39 所示是以 $2\mu m$ 厚的 $GaInP_2/GaAs$ (001)薄膜为模型,在不同的结构参数时的一系列计算结果[34]。可以看到,有序峰的形状和倾斜由两类有序结构的厚度及横向畴结构共同决定。在图 14.38 的计算中,Ⅰ类和Ⅱ类有序层的厚度固定在 8 个原子层,横向畴的大小变化。可以看到,当横向畴很小时,对应于(a),衍射斑点分裂。横向畴尺寸增加,分裂很快消失,过渡为一个倾斜的斑点 (b,c,d)。横向畴尺寸进一步增加时,斑点的倾斜也逐渐消失。在图 14.39 的计算中,横向畴的尺寸固定在 20 晶格,Ⅰ类和Ⅱ类有序层的厚度变化。厚度较小时,衍射斑点的倾斜很明显。随着厚度的增加,倾斜逐渐消失。由此可见,衍射图案完全由Ⅰ类和Ⅱ类有序层的厚度及横向畴的大小确定。

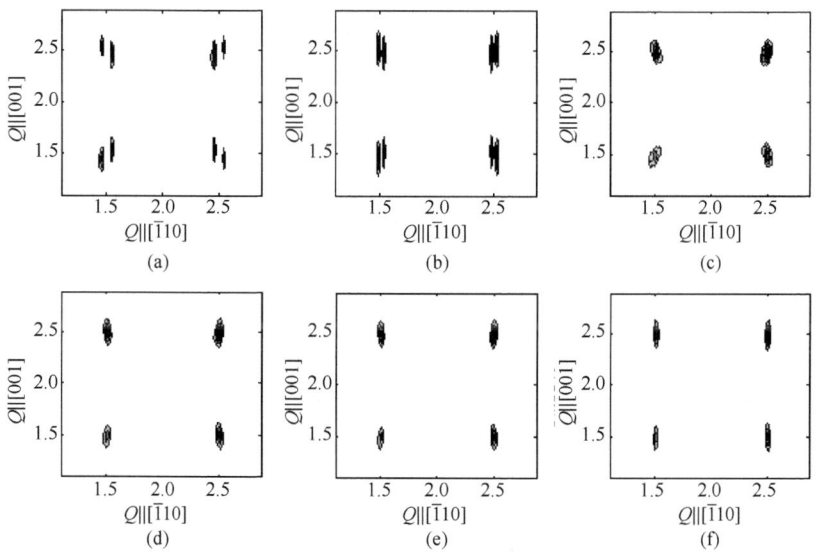

图 14.38 以一个 $2\mu m$ 厚的 $GaInP_2/GaAs$ (001)薄膜为模型,
采用不同结构参数时的一系列计算结果

其中 $n_\alpha=n_\beta=8$。(a)$m=5$;(b)$m=10$;(c)$m=20$;(d)$m=40$,(e)$m=60$;(f)$m=200$

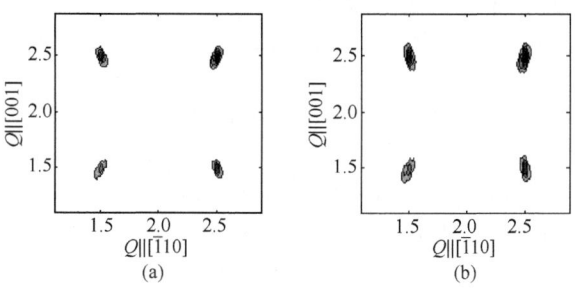

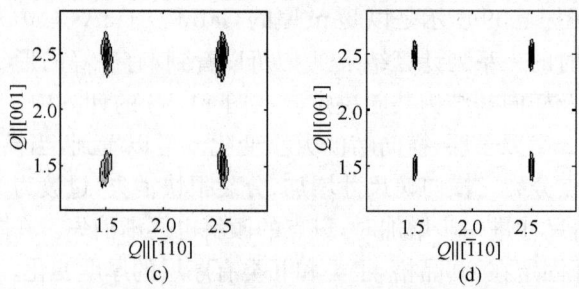

图 14.39 以一个 $2\mu m$ 厚的 $GaInP_2/GaAs$ (001) 薄膜为模型，
采用不同结构参数时的一系列计算结果

其中 $m=20$。(a) $n_\alpha=n_\beta=12$；(b) $n_\alpha=n_\beta=8$；(c) $n_\alpha=n_\beta=4$；
(d) $n_\alpha=n_\beta=8$，没有反相畴

从以上的分析可以看到，采用非共面的衍射几何，可以分析一些在共面几何下难以实现的工作。因而对于一个具体的问题，应当根据其特点，选择最为合适的方法。

李建华　贾全杰

参 考 文 献

[1] Tapfer L, La Rocca G C, Lage H, et al. Surf. Sci., 1992, (267): 227.

[2] Tapfer L, La Rocca G C, Lage H, et al. Appl. Surf. Sci., 1992, (60/61): 517.

[3] Shen Q, Kycia S. Phys. Rev. B, 1997, (55): 15791.

[4] Shen Q, Umbach C C, Weselak B, et al. Phys. Rev. B, 1993, (48): 17967.

[5] Srolovitz D J. Acta. Metall., 1989, (37): 621.

[6] Spencer B J, Davis S H, Voorhees P W. Phys. Rev. B, 1993, (47): 9760.

[7] Guyer J E, Voorhees P W. Phys. Rev. Lett., 1995, (74): 4031.

[8] Leonard F, Desai R C. Phys. Rev. B, 1998, (57): 4805.

[9] Ipatova I P, Malyshkin V G, Maradudin A A, et al. Phys. Rev. B, 1998, (57): 12968.

[10] Venezuela P, Tersoff J. Phys. Rev. B, 1998, (58): 10871.

[11] Shilkrot L E, Srolovitz D J, Tersoff J. Phys. Rev. B, 2000, (62): 8397.

[12] Glass F. Phys. Rev. B, 2000, (62): 7393.

[13] Millunchick J M, Twesten R D, Follsteadt D M, et al. Appl. Phys, Lett., 1997, (70): 1402.

[14] Twesten R D, Follsteadt D M, Lee S R, et al. Phys. Rev. B, 1999, (60): 13619.

[15] Li J H, Holy V, Zhong Z, et al. Appl. Phys. Lett., 2001, (78): 219.

[16] Millunchick J M, Twesten R D, Lee S R, et al. J. Elec. Mater., 1997, (26): 1048.

[17] Lee S R, Millunchick J M, Twesten R D, et al. J. Mater. Sci.: Mater. In Elec., 1999, (10): 191.

[18] Li J H,Holy V,Meduna M,et al. Phys. Rev. B,2002,(66):115312.
[19] Hu S M. J. Appl. Phys.,1989,(66):2741.
[20] Ulyanenkov A,Darowski N,Grenzer J,et al. Phys. Rev. B,1999,(60):16701
[21] 玻恩 M,沃尔夫 E. 光学原理(上册)北京:科学出版社,1978:82-101.
[22] Pietsch U,Holy V,Baumbach T. High-resolution X-ray Scattering. New York:Springer-Verlag 2004.
[23] Baumbach G T,Lübbert D,Pietsch U,et al. Physica B,1998,(248):343.
[24] Baumbach G T,Tixier S,Pietsch U,et al. Phys. Rev. B,1995,(51):16848.
[25] HolyV,Roch T,Stangl J,et al. Phy. Rev. B,2001,(63):205318.
[26] Roch T,Holy V,Hesse A,et al. Phys. Rev. B,2002,(65):245324.
[27] Li J H,Holy V,Mèduna M,et al. Phys. Rev. B,2002,(66):115312.
[28] Schülli T U. Anomalous X-ray diffraction from semiconductor nanostructures. Johannes Kepler Universitä Linz,Ph. D. Thesis,2003.
[29] Schülli T U,Stangl J,Zhong Z,et al. Phys. Rev. Lett.,2003,(90):066105
[30] Kegel I,Metzger T H,Lorke A,et al. Phys. Rev. B,2001,(63):035318.
[31] Templeton D. // Brown G,Moncton D E. Handbook on Synchrotron Radiation. Elsevier Science Publishers,1991.
[32] Vegard L. Z. Phys.,1921,(5):17.
[33] Thorpe M F,Garboczi E J. Phys Rev. B,1990,(42):8405.
[34] Mascarenhas A. Spontaneous Ordering in Semiconductors Alloys. New York:Kluwer Academic,2002.
[35] Keating P N. Phys. Rev.,1966,(145):637.

第 15 章　外延膜中的缺陷

在材料制备和器件应用中，都希望获得高度完美的异质外延薄膜，但实际上是很困难的。一般情况下，异质外延薄膜与衬底材料有不同的晶格参数，所以，只有在薄膜较薄时，才可能与衬底材料共格生长。即使这样，薄膜也会有一定浓度的点缺陷，如空位等，但线缺陷和面缺陷基本上不存在。但是，在薄膜达到一定厚度时，其所储存的应变能超过临界值，这时就会发生应变弛豫。在应变不太大的情形下，一般薄膜首先会通过表面形貌的变化释放掉一部分的应变能。接着，会产生失配位错，位错线可以在薄膜中延伸。如果位错密度太高，就会引起薄膜的物理性能下降。因此，薄膜缺陷的研究对于提高薄膜材料和器件的性能非常重要。本章主要分析薄膜材料最常见的，也是最重要的一类缺陷，即失配位错。其他类型的缺陷，如反相畴，已在第 14 章作了详细讨论，这里就不再重复。本章中，首先讨论如何应用 X 射线衍射对应变弛豫进行定量分析，然后对位错的 X 射线散射进行分析。

15.1　倒易空间 X 射线散射强度分布

如图 3.1 所示，倒易空间 X 射线散射强度二维图通常是指 X 射线散射在倒易空间等强度分布(mapping)图，换言之，是沿 Ewald 球面 X 射线散射强度分布的积分[1,2]。测定样品在倒易点附近 X 射线散射强度二维分布可研究样品的取向差，晶格失配及应力弛豫等。与测量 X 射线漫散射技术类似，可以有两种方法：①固定探测器的位置，即 2θ 保持不变，θ 进行扫描，也就是在 q_z 的一个数值，进行 q_x 扫描。然后改变 q_z 值，再扫描 q_x，如此重复，直至覆盖所需测量的区域；②样品位置保持一定值，探测器 2θ 进行扫描，即在 q_x 的一个数值，而进行 q_z 扫描，然后改变 q_x 值，再扫描 q_z，如此重复，直至覆盖所需测量的区域。下面，介绍方法②的实验步骤[3]：

（1）将样品及探测器都调至各自衍射的布拉格角度；

（2）设定样品偏离其布拉格角度一个角度 $\Delta\omega$ 处；

（3）探测器进行 2θ 扫描，记录其扫描时 X 射线散射强度 I 随角度 2θ 的变化；

（4）改变 $\Delta\omega$，重复(3)，直到完成所需测量的角度范围。

在实际测量中，偏离倒易阵点的矢量分量与实空间中样品的角度关系由下式给出：

$$(q_x, q_z) = \frac{2\pi}{\lambda}(\cos\theta_1 - \sin\theta_2, \sin\theta_1 + \cos\theta_2) \tag{15.1}$$

式中，θ_1 和 θ_2 分别为 X 射线入射角和出射角。因此，测量 X 射线散射强度随 θ_1 和 θ_2 的变化关系，就可以绘出倒易空间中所测样品倒易阵点附近的 X 射线散射强度的二维分布图。

另外，从 X 射线衍射实验可知，固定探测器在严格的布拉格角，而样品扫描，可得到的是沿倒易空间水平方向的信息，反映衬底与外延膜之间的取向差，如嵌镶结构等信息。同理，当样品和探测器以 1∶2 的速度扫描，得到的是沿倒易空间径向分布的信息，可得到衬底与外延膜晶面间距变化的信息，从而确定外延膜晶格应变、晶格失配等信息。

15.2 应变弛豫

15.2.1 晶格失配应变

外延薄膜的应变弛豫是引起薄膜产生位错类缺陷的根本原因，因此，首先讨论 X 射线衍射对应变弛豫的分析。15.1 节已介绍，记录 X 射线散射强度在倒易空间的分布，即倒易空间 X 射线散射强度分布图，是研究薄膜应变弛豫、应力分布和缺陷等的有效手段之一。在研究薄膜的应变和应变弛豫时，如果采用对称衍射几何，即衍射矢量垂直于薄膜表面，所得结果仅对垂直于薄膜表面的晶格的变化敏感。如果要研究平行于薄膜表面的变化，通常选择非对称衍射。在微电子和光电半导体的实际应用中，大多数的半导体薄膜材料为(001)取向。假设衬底的晶格参数为 a_s，薄膜的晶格参数为 a_f，薄膜在完全没有应变时的晶格参数为 a_{f0}，则两者之间的晶格失配为

$$\xi = \frac{a_f - a_s}{a_s} \tag{15.2}$$

如果薄膜的晶格参数大于衬底的晶格参数，ξ 为正，即薄膜承受压应变。相反，如果薄膜的晶格参数小于衬底的晶格参数，ξ 为负，即薄膜承受张应变。对一个半导体合金薄膜，如 $A_x B_{1-x} C$，其晶格参数可用维加定律来计算(式(7.36))。这时，切应变分量为零，轴向应变分量分别为

$$\varepsilon_{xx} = \varepsilon_{yy} = \varepsilon_\parallel = \frac{a_{f\parallel} - a_{f0}}{a_{f0}}, \quad \varepsilon_{zz} = \varepsilon_\perp = \frac{a_{f\perp} - a_{f0}}{a_{f0}} \tag{15.3}$$

从弹性力学知道

$$\varepsilon_\perp = -\frac{2c_{12}}{c_{11}}\varepsilon_\parallel \tag{15.4}$$

式中，c_{11}和c_{12}为弹性系数。图15.1所示是一个(001)取向的晶格与衬底有失配的薄膜的(004)对称衍射和(224)非对称衍射的倒易空间X射线散射强度分布图的示意图。有两种可能的情形，即薄膜晶格参数大于和小于衬底晶格参数。从图15.1可以看到，如果薄膜晶格参数大于衬底晶格参数，则不论有无应变弛豫，薄膜的衍射峰都应当位于小于衬底峰的$Q_z \| [001]$轴处。而如果薄膜的晶格参数小于衬底，即在张应变的情形下，薄膜的衍射峰应当位于大于衬底峰的$Q_z \| [001]$轴处。如果没有应变弛豫，由于薄膜和衬底材料具有相同的横向晶格参数，薄膜和衬底峰在(224)衍射的倒易空间X射线散射强度分布图中具有相同的$Q_x \| [110]$值。如果有应变弛豫，那么薄膜和衬底材料的横向晶格参数就会有所不同，从而与它们对应的衍射峰出现在不同的$Q_x \| [110]$值处。而在(004)衍射的倒易空间图中，由于横向衍射矢量分量为零，所以只对生长方向的晶格参数敏感。在非对称的(224)倒易空间图中，由虚线和实线所围的三角形称为弛豫三角。在没有应变弛豫时，薄膜峰位于沿[001]方向的实线上，而在有应变弛豫时，薄膜峰则沿着虚线向沿[224]方向的实线移动。在完全应变弛豫时，薄膜峰位于沿[224]方向的实线上。在这两种极端情形之间是部分应变弛豫的情形，薄膜峰位于介于两条实线之间的虚线上，其位置取决于应变弛豫的程度。应变弛豫度可以定义为

$$R = \frac{a_{f\|} - a_s}{a_{f0} - a_s} \tag{15.5}$$

式中，$a_{f\|}$是薄膜的晶格参数；a_{f0}是薄膜体材料的晶格参数；a_s是衬底的晶格参数。完全应变时，$a_{f\|} = a_s$，所以$R = 0$。完全应变弛豫时，$a_{f\|} = a_{f0}$，所以$R = 100\%$。

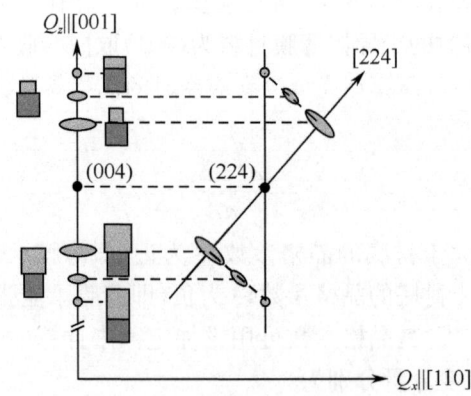

图15.1　一个(001)取向的晶格与衬底有失配的薄膜的(004)对称衍射和
(224)非对称衍射的倒易空间X射线散射强度分布图的示意图
分别考虑了薄膜在完全应变，部分应变弛豫和完全应变弛豫时的情形

在很多情况下，尤其是在半导体外延薄膜的情形下，应变弛豫所引起的失配位

错通常都不是纯刃型位错,而是混合型位错。所以,有一个垂直于薄膜表面的伯格斯矢量分量。这一分量可以引起薄膜晶格相对于衬底晶格的倾斜,如图 15.2 所示。这时,在倒易空间 X 射线散射强度分布图中,薄膜峰与衬底峰的相对位置有一漂移,如图 15.3 所示。这一倾斜在非对称衍射倒易空间 X 射线散射强度分布图中并不明显,因为衍射斑点位置的变化也可能是由应变弛豫所致。但是在分析薄膜的应变状

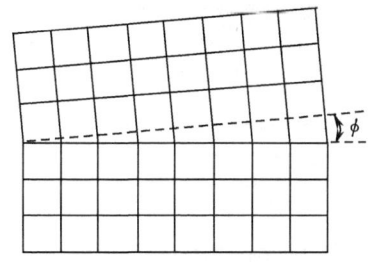

图 15.2 应变弛豫时外延膜与衬底晶格之间相对倾斜的示意图

态时,这一倾斜所引起的位移必须考虑,否则,分析结果将会是不准确或者错误的。所以,一般的分析是首先测量一个对称衍射的倒易空间 X 射线散射强度分布图,如图 15.3 中的(004)倒易空间 X 射线散射强度分布图。这时,薄膜峰偏离(004)轴的大小就是薄膜晶格相对于衬底晶格的倾斜度,或称取向差,图中记为 ϕ。应变弛豫的分析则通过对非对称衍射倒易空间 X 射线散射强度分布图来进行,如图 15.3 中的(224)倒易空间 X 射线散射强度分布图。但是,薄膜峰的位置要采用(004)倒易空间 X 射线散射强度分布图获得的取向差来修正。

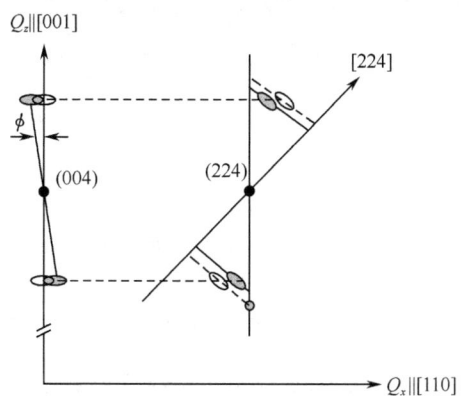

图 15.3 一个(001)取向的晶格与衬底有失配的薄膜的(004)对称衍射和(224)非对称衍射的倒易空间 X 射线散射强度分布示意图
这里考虑了薄膜晶格与衬底晶格之间存在取向差

图 15.4 所示是一个 ZnCdSe 量子阱激光器结构的示意图。整个结构生长于 $In_{0.01}Ga_{0.99}As$ 衬底上,由 $1\mu m$ 的 $In_{0.04}Ga_{0.96}As$ 过渡层(B1),$1.5\mu m$ 的 ZnSe 过渡层(B2),两个 $0.5\mu m$ 的 $Zn_{1-x}Cd_xSe$ 梯度层(x 分别从 0 连续变化到 0.05 和从 0.05 连续变化到 0),以及夹在这两个梯度层之间的一个 $Zn_{0.8}Cd_{0.2}Se$ 量子阱组

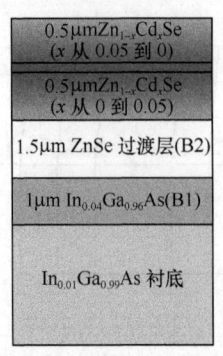

图 15.4 ZnCdSe 量子阱激光器结构的示意图
整个结构由两个过渡层 B1,B2 和两个梯度层及夹在其间的量子阱层组成

成。过渡层的应变状态最终决定量子阱的应变状态,所以在器件设计和生长时需要加以控制。图 15.5 所示是该器件结构的 X 射线衍射(004)和(224)倒易空间 X 射线散射强度分布图[4]。图中 $q_\parallel$ 和 $q_\perp$ 分别平行于[110]和[001]。在(004)图中,两个过渡层的衍射峰叠加在一起,但可以看到没有相对于衬底的取向差。在(224)图中,两个过渡层的衍射峰出现在不同的位置。$In_{0.04}Ga_{0.96}As$ 过渡层(B1)仍然处于完全应变状态,其衍射峰位于衬底峰的正下方。但 ZnSe 过渡层(B2)则完全应变弛豫,其衍射峰位于[224]方向。两个梯度层和量子阱则相对于 ZnSe 过渡层(B2)处于完全应变状态。所以 ZnSe 过渡层实际上起到了量子阱实际衬底的作用。

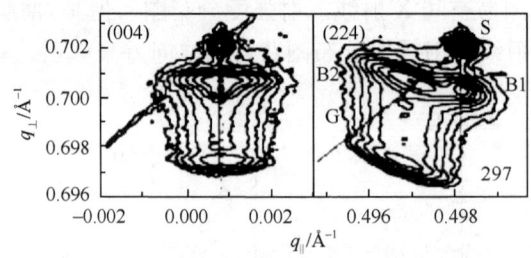

图 15.5 图 15.4 所示 ZnCdSe 量子阱激光器结构的 X 射线(004)和(224)倒易空间 X 射线散射强度分布图
B1,B2 和 G 分别对应于过渡层 B1,B2 和梯度层。图中 $q_\parallel$ 和 $q_\perp$ 分别平行于[110]和[001]方向

图 15.6 所示是另外一个类似的样品的 X 射线衍射(004)和(224)倒易空间 X 射线散射强度分布图。可能由于生长参数的波动,该样品的应力分布与前一样品比较略有不同。注意在(004)倒易空间 X 射线散射强度分布图中,薄膜峰和衬底峰并不在同一轴线上,所以薄膜和衬底晶格之间有取向差。这一取向差在 B1 过渡层之后是均匀的,倾角在 B1 和衬底间就形成了。(004)倒易空间图显示薄膜峰都有沿 $q_\parallel$ 增大的方向漂移 $\Delta q_\parallel$。在(224)倒易空间 X 射线散射强度分布图中,需要作同样的修正,即薄膜的实际峰位应向 $q_\parallel$ 减小的方向移动 $\Delta q_\parallel$。这样,可以看到 B1 实际上是部分弛豫,而 B2 则是 100% 弛豫。对于(部分)弛豫的薄膜,其横向和纵向的晶格参数可由修正后的衍射峰位直接确定。一个非对称衍射倒易空间 X

射线散射强度分布图中,若衬底峰的坐标为$(Q_{s\parallel}, Q_{s\perp})$,薄膜峰经取向修正后的坐标为$(Q_{f\parallel}, Q_{f\perp})$,则薄膜的横向和纵向晶格参数分别可由下面的关系获得:

$$a_{f\parallel} = \frac{Q_{s\parallel}}{Q_{f\parallel}} a_s, \quad a_{f\perp} = \frac{Q_{s\perp}}{Q_{f\perp}} a_s \tag{15.6}$$

由式(15.3)和式(15.4),有

$$\frac{a_{f\perp} - a_{f0}}{a_{f0}} = -\frac{2c_{12}}{c_{11}} \frac{a_{f\parallel} - a_{f0}}{a_{f0}} \tag{15.7}$$

所以

$$a_{f0} = \frac{a_{f\perp} + \frac{2c_{12}}{c_{11}} a_{f\parallel}}{1 + \frac{2c_{12}}{c_{11}}} \tag{15.8}$$

如果薄膜是合金,如 $A_x B_{1-x} C$,由式(15.8)和式(7.36),就可以确定其成分。

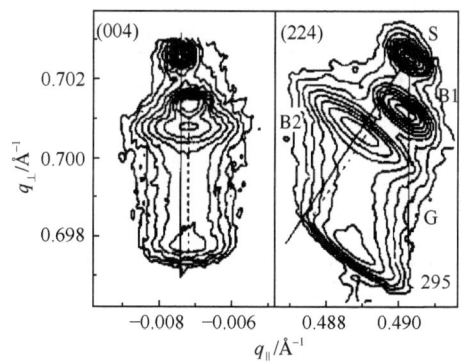

图 15.6 另一个 ZnCdSe 量子阱激光器结构的 X 射线(004)和(224)倒易空间 X 射线散射强度分布图
B1,B2 和 G 分别对应于过渡层 B1,B2 和梯度层。图中 $q_\parallel$ 和 $q_\perp$ 分别平行于[110]和[001]方向

15.2.2 成分梯度应变

图 15.7 所示是一个 $Si_{1-x}Ge_x$ 成分梯度层,用作高 Ge 含量 SiGe 合金薄膜的过渡层。高 Ge 含量 SiGe 合金薄膜或者 Ge 单晶薄膜与 Si 相比具有高的载流子迁移率,适合于制作高频高速电子器件。但是 Si 和 Ge 之间存在约 4.2% 的晶格失配,这一失配应变在薄膜厚度超过临界厚度后便会通过失配位错来释放掉,即发生应变弛豫。位错的产生显然不利于器件的性能和稳定,因而希望得到控制。一个有效的办法就是采用 $Si_{1-x}Ge_x$ 成分梯度层。由于其应变弛豫的特点,失配位错可

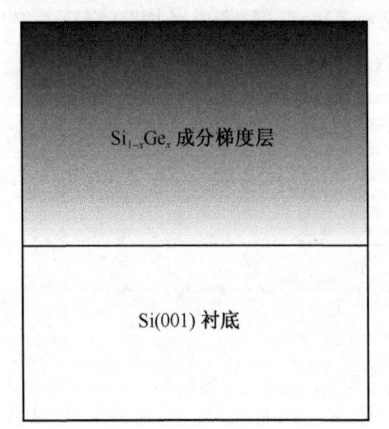

图 15.7　分子束外延生长的 $Si_{1-x}Ge_x$ 成分梯度层示意图

以被控制在梯度层靠近衬底的部分,从而可在其上生长高质量的高 Ge 含量 SiGe 合金薄膜,甚至纯 Ge 薄膜。下面讨论采用倒易空间 X 射线散射强度分布图的方法来研究其应变弛豫的状况,并与热力学平衡条件下的弛豫理论进行比较。

表 15.1 列出了用分子束外延生长的五个 $Si_{1-x}Ge_x$ 成分梯度层的结构参数,包括最小和最大 Ge 含量,梯度层的厚度及成分梯度。一些分析结果也同表列出,并将在下面讨论。

表 15.1　用分子束外延生长的五个 $Si_{1-x}Ge_x$ 成分梯度层的结构参数

样品	x_{min}/%	x_{max}/%	厚度/μm	$\Delta x/\Delta t$/(%/mm)	ε_{max}^{E}/%	ε_{max}^{T}/%
#1	7.1	13.3	0.4	15.0	0.23	0.131
#2	6.9	16.8	0.7	14.1	0.22	0.127
#3	7.3	21.6	1.0	14.3	0.22	0.128
#4	7.2	14.3	1.7	4.2	0.12	0.069
#5	8.5	22.8	2.2	6.5	0.15	0.086

注:x_{min} 和 x_{max} 分别为初始和最终 Ge 含量;t 为薄膜厚度;$\Delta x/\Delta t$ 为 Ge 含量的成分梯度;ε_{max}^{E} 和 ε_{max}^{T} 分别为 X 射线实验和理论计算的最大残余应变

图 15.8 所示是其中三个典型样品的(004)和(224)衍射倒易空间 X 射线散射强度分布图[5],其 $Si_{1-x}Ge_x$ 成分梯度层厚度分别为 0.4μm,0.7μm 和 1.0μm。从弛豫三角可以直观地看到,1 号样品的厚度仅为 0.4μm,所以仅靠近衬底的薄膜有部分弛豫,而其余部分相对于这一部分弛豫的薄膜底层保持完全应变的状态。随着厚度的增加,2 号样品的最底层已经完全应变弛豫,但其余部分相对于这一弛豫的底层仍然保持完全应变的状态。也就是说,应变弛豫发生在薄膜与衬底的界面处。随着薄膜厚度的进一步增加,靠近完全应变弛豫的最底层的薄膜开始发生部分弛豫,但位于其上的薄膜相对于这一部分弛豫层保持完全应变的状态。当薄膜厚度进一步增加时,更多的靠近衬底的薄膜发生完全或部分弛豫,但是,最顶层的薄膜总是保持完全应变的状态。与成分均匀层的应变弛豫比较,在此情况下,弛豫是在整个薄膜发生,位错出现在所有的地方。而在成分梯度层的情形下,靠近表面的薄膜是不参与弛豫的,所以,可以有效地减少表面附近的位错密度,从而适合器件制造。

图15.9(a)所示是从倒易空间X射线散射强度分布图所得到的横向应变的深度分布图。清楚地显示了上面讨论的结果。下面把这一结果与弛豫理论进行比较。Tersoff[6]从理论上研究了成分梯度层的应变弛豫,考虑了平衡态条件下系统能量最低的位错分布。

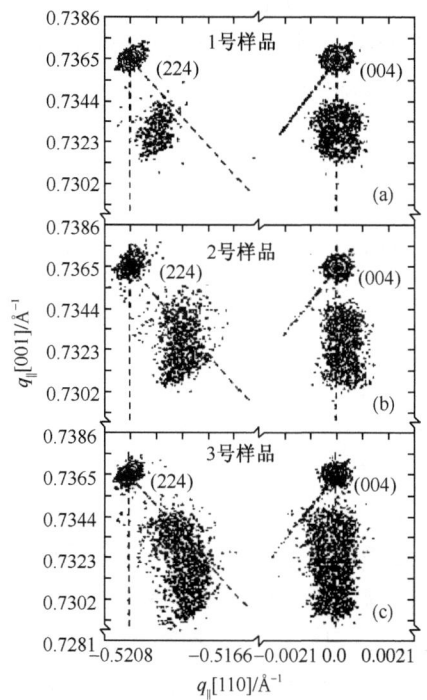

图15.8 厚度分别为 $0.4\mu m$, $0.7\mu m$ 和 $1.0\mu m$ 的三个 $Si_{1-x}Ge_x$ 成分梯度层的(004)和(224)倒易空间X射线散射强度分布图

从图可见,随着厚度的增加,梯度层的弛豫也增加,但是表面层保持应变状态

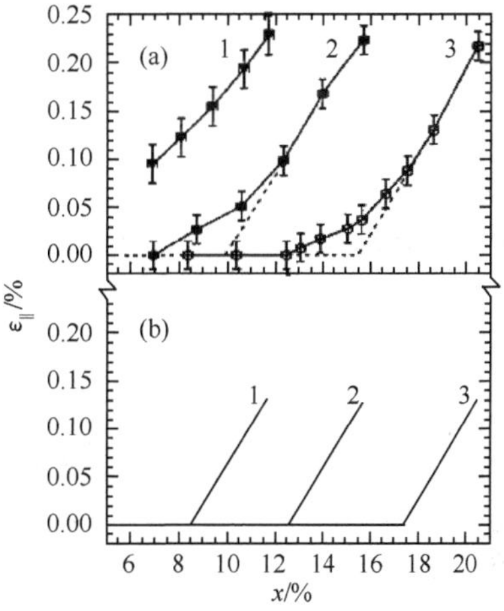

图15.9 (a)从图15.8所获得的应变的深度分布图。曲线1,2,3分别对应于图15.8中的1号样品,2号样品和3号样品。(b)理论计算得到的应变的深度分布图

对成分梯度薄膜,其成分 x 是纵向位置 z 的函数 $x(z)$,因此,失配也是 z 的函数

$$\varepsilon(z) = \frac{a(z)}{a_0} - 1 \tag{15.9}$$

式中, $a(z)$ 为位置 z 处的薄膜晶格参数; a_0 为衬底的晶格参数。假设位错密度的分布函数为 $\rho(z)$,则系统的总能量可以表达为

$$E = 2E_d \int_0^T \rho(z)\mathrm{d}z + c\int_0^T \left[\varepsilon(z) - b\int_0^z \rho(\zeta)\mathrm{d}\zeta\right]^2 \mathrm{d}z \tag{15.10}$$

式中，E_d 为单位长度位错的能量；c 为弹性系数；b 为与位错相关的伯格斯矢量的横向分量；T 为薄膜的总厚度。如果薄膜成分是单向连续变化的，则位错密度函数 $\rho(z)$ 可以写为

$$\rho(z) = b^{-1} \varepsilon'(z), \quad 0 \leq z \leq z_c \tag{15.11}$$

式中，z_c 是临界厚度，在这一厚度以内，位错密度不为零，超过这一厚度，位错密度为零；$\varepsilon' = d\varepsilon/dz$ 是晶格失配梯度。在平衡态条件下，弛豫产生的位错仅足够释放临界厚度以下薄膜中的应变能，所以有

$$2E_d b^{-1} \varepsilon'(z_c) = c \left[\varepsilon(z_c) \right]^2 \tag{15.12}$$

在实际中，通常成分梯度是线性的，所以

$$\varepsilon(z) = \varepsilon' z \tag{15.13}$$

式中，晶格失配梯度 ε' 是恒定的。求解式(15.11)和式(15.12)，可得到

$$z_c = T - \sqrt{\frac{2E_d}{bc\varepsilon'}} \tag{15.14}$$

也就是说，总晶格失配为 $T\varepsilon'$，其中一部分 $z_c\varepsilon'$ 通过位错得到弛豫。这样，在靠近表面的薄膜中有一个大小为

$$\bar{\varepsilon} = T\varepsilon' - z_c\varepsilon' = \sqrt{\frac{2E_d\varepsilon'}{bc}} \tag{15.15}$$

的残余应变。换句话说，在成分梯度层中，靠近表面处总有一个相对于其下面弛豫了的薄膜完全应变层，其中位错密度为零。可以比较上述实验结果和 Tersoff 的理论。在图15.9中，给出了 Tersoff 的理论预计的应变分布，与实验结果大致相符，但在定量上有一些区别。实验测量的残余应变明显高于理论值，这是由于 Tersoff 理论是平衡态近似，而实际的分子束外延生长是在非平衡态下进行的。这也是为什么实验测量的残余应变明显高于理论值。另外，实验曲线中，在完全弛豫和完全应变区之间有一个部分弛豫的薄层。很显然，样品并不是处于平衡态，所以运动学效应限制了弛豫的进行。其结果就是这一部分弛豫层的出现，并导致较高的残余应变。

15.3 失配位错

应变弛豫会引发失配位错，导致X射线漫散射。通过倒易空间X射线散射强度分布图的分析可以获得失配位错密度及其分布的信息[7,8]。本节首先介绍外延膜X射线漫散射计算的一般理论，然后将其分别应用到低密度和高密度位错两种情形。

15.3.1 位错的 X 射线漫散射

令 $u(r)$ 为位错引起的晶格相对其平均格点位置的偏离,薄膜的 X 射线散射强度为

$$I(k) \propto \left\langle \left| \sum_i \exp(2\pi i k \cdot r_i) \exp(2\pi i H \cdot u(r_i)) \right|^2 \right\rangle \tag{15.16}$$

因为 $u(r)$ 是缓变函数,在计算布拉格点附近($q = k - H$)的强度分布时可以将式(15.16)的求和变成积分:

$$I(q) = \iint G(r_1, r_2) \exp[2\pi i q \cdot (r_1 - r_2)] dr_1 dr_2 \tag{15.17}$$

式中,$G(r_1, r_2)$ 是相关函数,定义为

$$G(r_1, r_2) = \langle \exp\{2\pi i H \cdot [u(r_1) - u(r_2)]\} \rangle \tag{15.18}$$

在弹性范围内,$u(r)$ 可以写成所有位错引起的畸变的叠加:

$$u(r) = \sum_R v(r - R) \tag{15.19}$$

其中,$v(r - R)$ 为位于 R 处的位错在 r 处引发的形变,求和只对所有位错芯进行。引入一个占据态函数 $c(R)$,如果 R 处有一位错则该函数等于 1,否则为 0。式(15.19)变为

$$u(r) = \sum_R c(R) v(r - R) \tag{15.20}$$

式中,尺寸求和对薄膜中的所有格点进行。将式(15.20)代入式(15.18),有

$$G(r_1, r_2) = \left\langle \prod_R e^{2\pi i c(R) H \cdot [v(r_1 - R) - v(r_2 - R)]} \right\rangle \tag{15.21}$$

根据位错的线弹性理论[9],位于泊松比为 γ 的晶体表面以下 $R = (0, 0, -d)$ 处伯格斯矢量为 $b = (b_x, 0, b_z)$ 的线位错(图 15.10)周围的应变场由三部分构成:

$$v(x, z) = v_\infty(x, z) + v_m(x, z) + v_c(x, z) \tag{15.22}$$

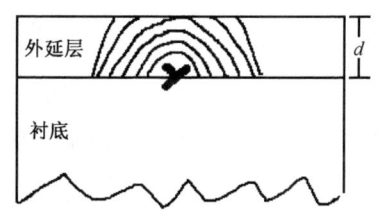

图 15.10 外延膜界面失配位错示意图
由于薄膜表面的限制,弹性畸变场局限在位错附近很小范围内。界面下方的畸变场没有标出

本小节只考虑 004 对称衍射,所以只写出式(15.22)中的 z 分量。它们分别是 $u_\infty(x, z)$,代表无限大晶体中单个位错的畸变场:

$$u_\infty(x, z) = \frac{b_x}{2\pi} \left[\frac{1-\gamma}{2} \ln(x^2 + (z-d)^2) + \frac{\gamma x^2}{x^2 + (z-d)^2} \right]$$

$$+ \frac{b_z}{2\pi} \left[\arctan \frac{x}{z-d} + \frac{\gamma x(z-d)}{x^2 + (z-d)^2} \right] \tag{15.23}$$

$u_m(x,z)$,界面附近位错的镜像位错(位于 $R=(0,0,d)$ 处)产生的畸变场:

$$u_m(x,z) = -\frac{b_x}{2\pi}\left[\frac{1-\gamma}{2}\ln(x^2+(z+d)^2)+\frac{\gamma x^2}{x^2+(z+d)^2}\right]$$
$$-\frac{b_z}{2\pi}\left[\arctan\frac{x}{z+d}+\frac{\gamma x(z+d)}{x^2+(z+d)^2}\right] \quad (15.24)$$

以及 $u_c(x,z)$,表面对位错的反作用引起的畸变场:

$$u_c(x,z) = -\frac{b_x d}{\pi}\left\{\frac{z+d}{x^2+(z+d)^2}+\frac{\gamma z((z+d)^2-x^2)}{[x^2+(z+d)^2]^2}\right\}$$
$$-\frac{b_z d}{\pi}\left\{\frac{(1-\gamma)x}{x^2+(z+d)^2}+\frac{2\gamma xz(z+d)}{[x^2+(z+d)^2]^2}\right\} \quad (15.25)$$

15.3.2 低密度位错

当位错密度较低时可以不考虑位错芯位置之间的关联,式(15.21)可以写成各项平均的乘积,其中的每一项为

$$\langle e^{2\pi ic(R)H\cdot[v(r_1-R)-v(r_2-R)]}\rangle = ce^{2\pi iH\cdot[v(r_1-R)-v(r_2-R)]}+1-c \quad (15.26)$$

这里用到了函数 $c(R)$ 的性质:只取两个值 1 或 0。等于 1 的概率为 c,等于 0 的概率为 $1-c$。可以看出,$c=\langle c(R)\rangle$ 是位错的平均数密度。于是

$$G(r_1,r_2) = \prod_R \{ce^{2\pi iH\cdot[v(r_1-R)-v(r_2-R)]}+1-c\} \quad (15.27)$$

假设位错引起的晶格畸变在统计上是均匀的,相关函数只与两点间的距离有关:

$$G(r,0) = \prod_R \{ce^{2\pi iH\cdot[v(r-R)-v(-R)]}+1-c\} \quad (15.28)$$

位错密度极低时,$c\ll 1$,有

$$G(r,0) = \prod_R \exp\{-c(1-e^{2\pi iH\cdot[v(r-R)-v(-R)]})\}$$
$$= \exp\{-c\sum_R(1-e^{2\pi iH\cdot[v(r-R)-v(-R)]})\} \quad (15.29)$$

在这种极限条件下,X 射线漫散射的计算只涉及单个位错的形变场。值得注意的是,式(15.29)不一定如在大多数情况下所预期的是实函数,也不必是对称的。这很容易理解,因为位错并不是位于外延膜的中心。只考虑位于界面且垂直于纸面的失配位错,式(15.29)中的求和只沿 x 方向进行,且求和可用积分代替。

图 15.11 是在 GaAs(001)衬底上外延生长的 240nm ZnSe 薄膜的倒易空间 X 射线散射强度分布图[9]。(004)衍射倒易空间图测得 ZnSe 的(004) X 射线衍射峰位于 $q_z=3.9750 a_{sub}^{-1}$,其中 a_{sub}^{-1} 是 GaAs 晶体的倒易空间单位矢量的大小。(444) X 射线衍射倒易空间图中 ZnSe 和 GaAs 的衍射峰在水平方向的投影在误差范围内($\delta q_\parallel = 1.3\times 10^{-4} a_{sub}^{-1}$)处于同一位置。根据 15.1 节的知识,可判断 ZnSe/GaAs 处于完全共格状态。这一点也可从(004)X 射线衍射倒易空间 X 射线散射强度分布图中心轴上清晰的薄膜干涉条纹得到佐证。尽管如此,仍看到薄膜的(004)X 射

线衍射附近有清晰的漫散射信号。有趣的是,X 射线漫散射的极大值不在 $q_x=0$ 处,而是在两边呈蝴蝶状分布。仔细比较 X 射线漫散射极大值,发现它们比 ZnSe 膜的主衍射峰上移了 $\Delta q_z = 1.6 \times 10^{-3} a_{\text{sub}}^{-1}$。图 15.12 是 ZnSe 的(004)衍射峰处的横扫描曲线,它更细致地给出了 X 射线漫散射在 q_x 方向的分布:曲线由一个尖锐的中心峰和漫散射背底组成。中心峰的宽度由仪器的分辨率确定。X 射线漫散射曲线由一个中心极大和两个次极大峰构成。这种规则的倒易空间强度分布容易使人误认为在平行于界面方向有某周期性的扰动。另外,由(444) X 射线衍射得到的薄膜处于完全应变状态的结论也容易使人忽略位错的存在。仔细的理论分析却表明,图 15.11 中的 X 射线漫散射完全是由界面位错引起的。

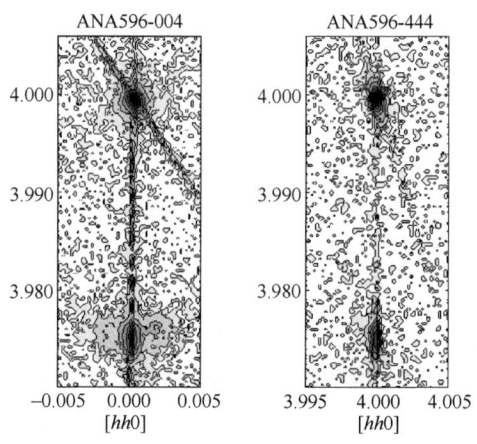

图 15.11 ZnSe/GaAs 样品的(004)和(444)倒易空间 X 射线散射强度分布图

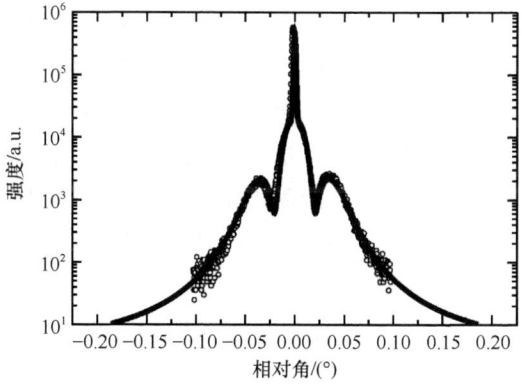

图 15.12 GaAs 衬底上 ZnSe 外延膜(004)X 射线衍射峰处的横扫描实验曲线与理论模拟

分析式(15.22),可计算伯格斯矢量为 $b=(0,0,a_{sub}/2)$ 的位错产生的畸变场。图 15.13(a)是不同厚度薄膜中的畸变场。可以看到,薄膜越薄,场的变化越快。图 15.13(b)是根据式(15.17)和式(15.29)计算的 X 射线漫散射强度分布。可以看到,X 射线散射强度的分布不是左右对称的,这与应力场的非左右对称一致。图中每一条散射曲线都有一宽度不同的肩膀。计算表明,伯格斯矢量为 $b=(0,0,-a_{sub}/2)$ 的位错引起的 X 射线散射强度有类似的分布。

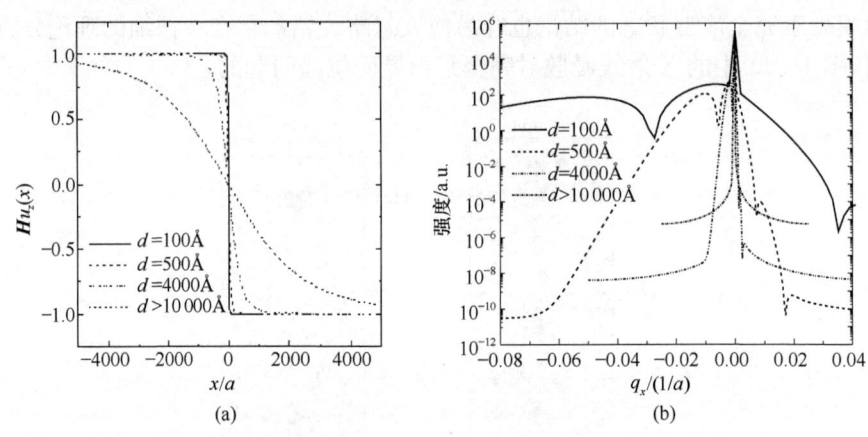

图 15.13 (a) 位于界面的伯格斯矢量为 $b=(0,0,b_z)$ 的失配位错周围的畸变场;
(b)根据式(15.17)和式(15.29)计算的 X 射线漫散射强度

不同曲线代表不同膜厚。计算时取 $z=-d/2, b_z=a_{sub}/2, a$ 是衬底的晶格常数,H 是倒易矢量

下面分析伯格斯矢量为 $b=(b_x,0,0)$ 的失配位错。如图 15.14 所示,这类位错产生的畸变场左右对称,即 $u_z(-x)=u_z(x)$。与此对应,X 射线漫散射强度分布也是左右对称的。但与图 15.13 不同,散射强度分布没有次极大。这并不是说,伯格斯矢量的 x 分量不重要。仔细观察(004)倒易空间 X 射线散射强度分布图,还发现 X 射线漫散射次极大的位置比 ZnS 外延膜(004)衍射点的位置更靠近衬底峰。图 15.15(a)是(004)附近倒易空间 X 射线散射强度分布的放大图,图中的三角形清楚地表明了这种相对移动。计算表明,该相对移动的大小主要是由伯格斯矢量的 x 分量 b_x 决定的。图 15.15(b)是模拟得到的 X 射线漫散射强度分布,是一个非常漂亮的蝴蝶状分布。该分布主要由四个参数决定:外延膜的厚度 d,伯格斯矢量的两个分量 b_x 和 b_z,以及位错密度。伯格斯矢量的 z 分量和膜厚决定 X 射线漫散射次极大在 q_x 方向的位置,而伯格斯矢量的 x 分量决定 X 射线漫散射次极大在 q_z 方向的位置。位错密度决定 X 射线漫散射的强度。在计算图 15.15(b)时,使用的参数分别为:$d=241\text{nm}, c=1.25\times 10^4\text{cm}^{-1}$,

$b_x = \frac{1}{2\sqrt{2}} a_{\text{sub}}, b_z = \frac{1}{2} a_{\text{sub}}$。结果表明,界面的失配位错主要为 60°部分位错。

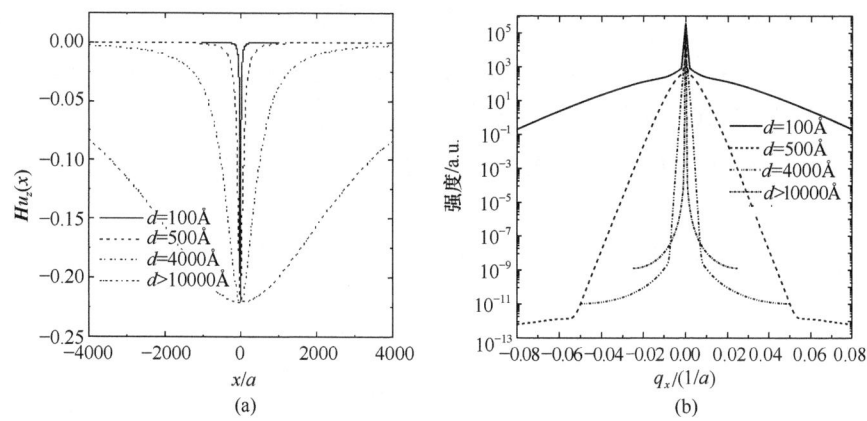

图 15.14　(a)位于界面的伯格斯矢量为 $\boldsymbol{b}=(b_x,0,0)$ 的失配位错周围的畸变场;
(b)根据式(15.17)计算的 X 射线散射强度

不同曲线代表不同膜厚。计算时取 $z=-d/2$。$b_x=a_{\text{sub}}/(2\sqrt{2})$,$a$ 是衬底的晶格常数,$\boldsymbol{H}$ 是倒易矢量

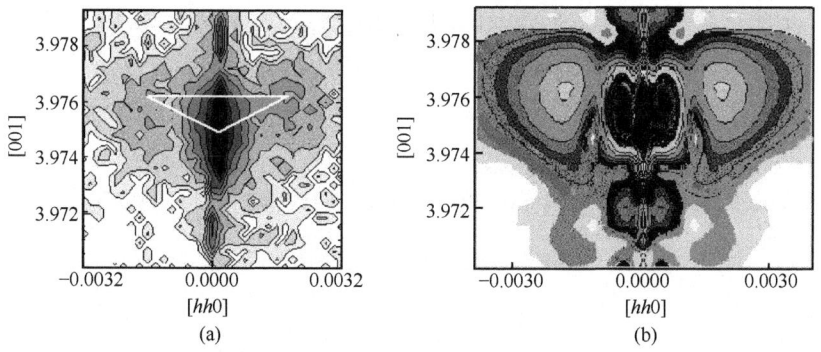

图 15.15　ZnSe 外延膜(004)衍射蝴蝶形倒易空间散射强度分布(a)及理论模拟(b)
(a)中的三角形标出主极大与次极大的相对位置

15.3.3　高密度位错

当位错密度较高时,式(15.29)不再成立。这时随机量 $\Psi(\boldsymbol{r},\boldsymbol{r}') = \boldsymbol{H} \cdot [\boldsymbol{u}(\boldsymbol{r}) - \boldsymbol{u}(\boldsymbol{r}')]$ 服从正态分布,所以式(15.18)可以写为

$$G(\boldsymbol{r},\boldsymbol{r}') = \langle \exp[-2\pi \mathrm{i} \Psi(\boldsymbol{r},\boldsymbol{r}')] \rangle = \exp\left[-2\pi^2 \langle \Psi^2(\boldsymbol{r},\boldsymbol{r}') \rangle \right] \quad (15.30)$$

一般情况下，只对离布拉格点较远处的 X 射线漫散射强度分布感兴趣，因为太靠近布拉格点处的 X 射线漫散射很难与 X 射线衍射信号分开。于是可以在计算 $G(r,r')$ 时可以只考虑 $|r-r'|$ 较小的情形。这时 $u(r)$ 可以展开为泰勒级数[7]。在一级近似下，有

$$\psi(r',r)=2\pi H \cdot [u(r)-u(r')]=(r-r') \cdot \nabla [2\pi H \cdot u(r)] \quad (15.31)$$

这样，应用式(15.20)，相关函数 G 可以表达为

$$G(r,r')=\exp[-2\pi^2(r'_j-r_j)(r'_s-r_s)\beta_{js}(r)] \quad (15.32)$$

式中

$$\beta_{js}(r)=h_i h_p b_k b_n \sum_R \sum_R w_{ik,j}(r-R)w_{pn,s}(r-R')\langle c(R)c(R') \rangle \quad (15.33)$$

$$w_{i,j}=\frac{\partial v_i}{\partial x_j} \quad (15.34)$$

其中，下标代表矢量的分量，例如，$i=1,2,3$ 分别代表矢量的 x,y,z 分量。注意式(15.32)和式(15.33)中隐含了对相同下标自动求和的约定。下面计算 $\langle c(R)c(R') \rangle$，假设位错的位置是不相关的，则有

$$\langle c(R)c(R') \rangle = p(R)\delta_{R,R'}+p(R)p(R')(1-\delta_{R,R'}) \quad (15.35)$$

前面已经假设位错线是在(001)面内，则概率 $p(R)$ 取决于位错线密度 $\rho^{\text{Lin}}=p/a$，其中 a 是晶格参数。所以，围簇线间的平均距离为 $l=2/\rho^{\text{Lin}}$。在常见的半导体外延膜中，位错线密度的典型值为 $3\times 10^{-3}\text{Å}^{-1}$，所以 p 一般为 0.01 左右。另外，也可以分析位错位置不相关这一假设对 $\langle c(R)c(R') \rangle$ 的影响[8]。通过计算，发现它所引起的偏离在 10% 以内，因而假设成立。

假设畸变场在 xy 平面内是各相同性的，X 射线散射强度可以表达为

$$I(q_x,q_z)=AT^2\int_{-\infty}^{\infty}d\kappa_z \tilde{G}(q_x-q_{x0},\kappa_z)|\text{sinc}[\pi T(q_z-q_{z0}-\kappa_z)]|^2 \quad (15.36)$$

式中，T 是薄膜厚度；A 是取决于材料的一个常量；定义函数 $\text{sinc}(x)=\sin(x)/x$；$\tilde{G}$ 是 G 的二维傅里叶变换

$$\tilde{G}(q_x,q_z)=\int_{-\infty}^{\infty}\int_{-\infty}^{\infty}dxdz\, G(x,0,z)\exp[2\pi i(xq_x+zq_z)] \quad (15.37)$$

图 15.16 所示是对厚度为 $0.4\mu m$ $Si_{1-x}Ge_x$ 成分梯度层的 X 射线(004)和(224)倒易空间 X 射线散射强度分布图和理论模拟结果。理论模拟采用的薄膜横向和纵向晶格参数的深度分布如图 15.17 所示。在此样品中，位错仅存在于薄膜和衬底的界面处，位错线密度约为 $1.9\times 10^{-3}\text{Å}^{-1}$。可以看到，计算结果与实验基本符合。图 15.18 所示是对厚度为 $1.0\mu m$ 样品 $Si_{1-x}Ge_x$ 成分

梯度层的(004)和(224)倒易空间 X 射线散射强度分布图和理论模拟结果。模拟采用的晶格参数和位错密度的深度分布如图 15.19 所示。为了便于比较，图 15.20 给出了这两个样品的(004)和(224)衍射在不同 q_z 处，沿 q_x 方向的实验和模拟强度曲线。可以看到，在定量上理论与实验结果也符合得较好。从而，从对位错引起的 X 射线漫散射的分析，可以对位错的分布及密度进行定量的分析。

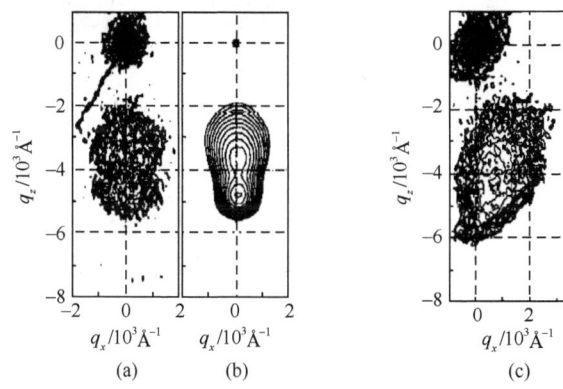

图 15.16　(a)厚度为 $0.4\mu m$ 的 $Si_{1-x}Ge_x$ 成分梯度层的(004)倒易空间 X 射线散射强度分布图；(b)(a)对应的理论 模拟结果；(c)(224)倒易空间图；(d)(c)对应的理论模拟结果

在计算中没有考虑衬底衍射

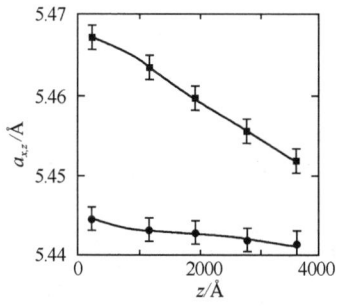

图 15.17　图 15.16 中模拟选用的 $Si_{1-x}Ge_x$ 成分梯度层的横向(圆点)和纵向晶格参数的深度分布

可见，位错仅存在于衬底与薄膜的界面，其线密度为 1.9×10^{-3} Å^{-1}

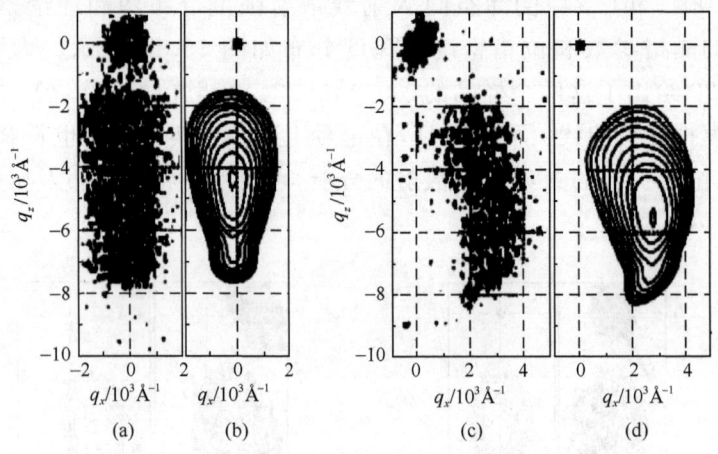

图 15.18 (a)厚度为 1.0μm 的 $Si_{1-x}Ge_x$ 成分梯度层的(004)倒易空间 X 射线散射强度分布图;(b)(a)对应的理论模拟结果;(c)(224)倒易空间图;(d)(c)对应的理论模拟结果
在计算中没有考虑衬底衍射

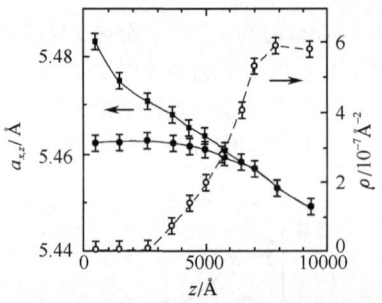

图 15.19 图 15.12 中模拟选用的 $Si_{1-x}Ge_x$ 成分梯度层的横向(圆点)和纵向(方块)晶格参数的深度分布及位错密度(圆圈)的深度分布

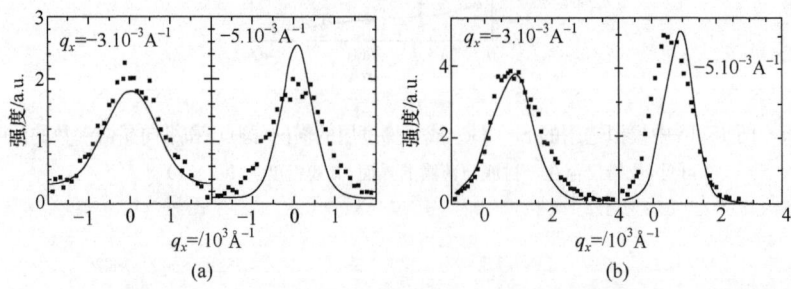

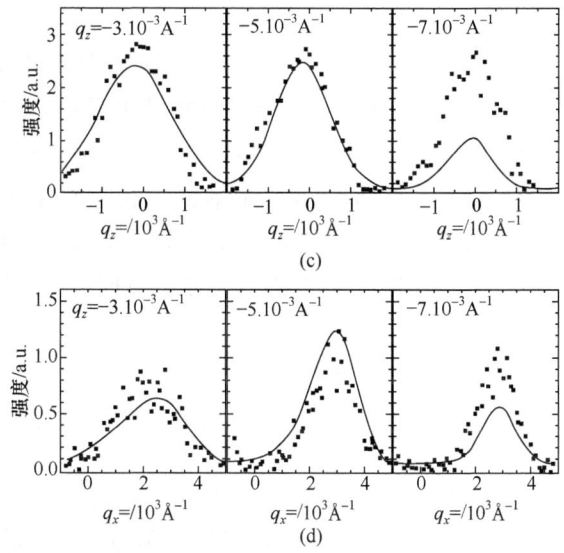

图 15.20 (a)图 15.16(a)倒易空间图中不同 q_z 值处的 q_x 强度曲线;(b)图 15.16(c)倒易空间图中不同 q_z 值处的 q_x 强度曲线;(c)图 15.18(a)倒易空间图中不同 q_z 值处的 q_x 强度曲线;(d)图 15.18(c)倒易空间图中不同 q_z 值处的 q_x 强度曲线

点线代表实验数据,实线为计算结果

15.4　X 射线反射形貌术

　　X 射线形貌技术是探测和研究近完美晶体和薄膜缺陷非常有用的方法,它是应用 X 射线在晶体中动力学衍射理论和运动学衍射理论,根据晶体中完美与不完美区域衍射衬度变化及消像规律,来检查晶体材料及器材表面和内部微观缺陷的方法。与其他缺陷研究方法相比,X 射线形貌技术具有图像直观,非破坏检测;通过对缺陷衍射强度分析,可判断缺陷性质;样品制备方便;观察部位重复性好,可与其他实验穿插进行等优点。从实验几何上 X 射线形貌技术可分透射法和反射法,对于薄膜和多层膜材料主要应用反射法。本节着重介绍常规的 Berg-Barrett 方法和同步辐射单色光反射形貌技术,有关透射 X 射线形貌技术可以参阅有关文献[10],[11]。

15.4.1 Berg-Barrett 反射形貌术

1931 年，Berg 用单色 X 射线拍摄了岩盐解理面的表面反射衍射像[12]，但这一方法没引起重视。1943 年，Barrett[13] 进行了改进，才得到较广泛的应用。

Berg-Barrett 法是实验室最简单的反射形貌技术，它是应用发散的标识 X 射线，在样品特定的晶面上产生反射而获得样品表面形貌图的方法。其衍射几何示意图如图 15.21 所示。从图 15.21 可以看到，其入射 X 射线束与衍射 X 射线束位于衍射面的同侧，属布拉格几何。所得形貌图的垂直方向没有畸变，而水平方向是一个缩小像，其像宽为

$$W = P\sin\beta \tag{15.38}$$

式中，P 为水平方向晶体表面被照射的线度，$P = \dfrac{W_0}{\sin\alpha}$，$\alpha$ 为入射束与样品表面的夹角，W_0 为入射束宽；β 为衍射束与晶体表面的夹角。从式(15.38)可知，若要用小的 W_0，获得大的照射面积，即要求 α 小，也就是说采用掠入射不对称衍射。为了减少形貌像的畸变和提高分辨率，记录底片或 CCD 探头应尽量靠近并平行于晶体表面。

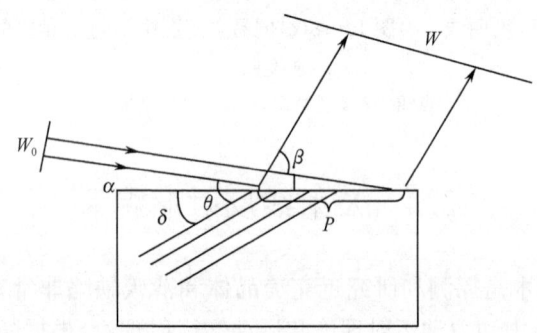

图 15.21 Berg-Barrett 反射形貌术示意图

设入射 X 射线强度为 I_0，在样品表面下 t 处的衍射强度为

$$I = I_0 e^{-\mu(\csc\alpha + \csc\beta)t} \tag{15.39}$$

式中，μ 为样品的 X 射线线吸收系数。对 $\mu t = 1$ 情况，最大穿透深度为

$$t_1 = \dfrac{1}{\mu(\csc\alpha + \csc\beta)} \tag{15.40}$$

由于反射形貌术的衍射几何,α 值很小,β 值趋于 $90°$,故式(15.39)可简化为

$$t_{\max} \approx \frac{1}{\mu \csc\alpha} = t_1 \sin\alpha$$

从式(15.40)可知,X 射线束穿透深度很浅,只有样品表面下一定厚度的晶面参与衍射,因此,反射形貌术适用于研究晶体表面层缺陷,其位错密度可达 $10^6\ \mathrm{cm}^{-2}$。其形貌图衬可应用 X 射线衍射运动学理论来解释。

图 15.22 是 $ZnSe/ZnS_{0.665}Te_{0.335}/ZnSe$ 量子结构(224)衍射反射形貌图[14],利用旋转阳极 X 射线发生器,铜靶辐射和实验室 Lang 形貌相机,分别在样品不对称(224)衍射摇摆曲线的衬底峰和膜峰上拍摄反射形貌图。样品是用 MBE 生长,衬底为在 GaAs(001)向[011]方向斜切 $2°$,从图 15.22 可以看到,在衬底上有位错存在,但外延膜相当完美。样品的生长条件很好地抑制位错从衬底向外延膜延伸。

图 15.22　$ZnSe/ZnS_{0.665}Te_{0.335}/ZnSe$ 量子结构(224)衍射反射形貌图
(a) 衬底峰;(b) 膜峰

15.4.2　双轴晶形貌术

对于单层膜和多层膜样品,各层膜之间及膜与衬底之间点阵参数的差别很小,要求高空间分辨、高应力敏感的探测技术,双轴晶形貌术能满足要求。20 世纪 50 年代,Bond 和 Bonse 研究天然水晶表面和锗单晶单个位错露头应力场时,独立发展了双轴晶形貌技术[15,16]。

双轴晶形貌技术是应用高度完美的参考晶体(又称单色器),使入射的 X 射线单色化而获得样品形貌图。图 15.23 是双轴晶反射形貌术衍射几何示意图,在第 1 章已经介绍了,由参考晶体与样品的相对排列,分为 $(+n,-n)$(图 15.23(a))和 $(+n,+n)$(图 15.23(b)),如果参考晶体和样品的衍射级数不同或材料不同,则称为 $(m,-n)$ 或 (m,n)。对 $(+n,-n)$ 排列,凡满足参考晶体衍射条件的 X 射线均能在第二晶体上得到衍射,称为无色散排列。双轴晶形貌术可根据样品的情况和要求,拍摄反射形貌图或透射形貌图,从 X 射线衍射动力学理论可知,当 X 射线入

射束具有高度单色性和平行性时,可近似平面波衍射,根据衍射条件不同,可得到缺陷的动力学衍衬像或运动学衍衬像。由此可见,X 射线双轴晶衍射和形貌技术,是近似平面波衍射技术,可检测薄膜和多层膜中微小的点阵参数或取向差的变化。为了进一步提高空间分辨率和 X 射线单色性,采用 DuMond-Hart 单色器,它为四晶排列(图 15.24)。当然,根据参考晶体与样品的相对排列,还有其他的排列,但它们应用不广,本节不作叙述。这些排列几何都可以在双轴晶衍射仪上实现。

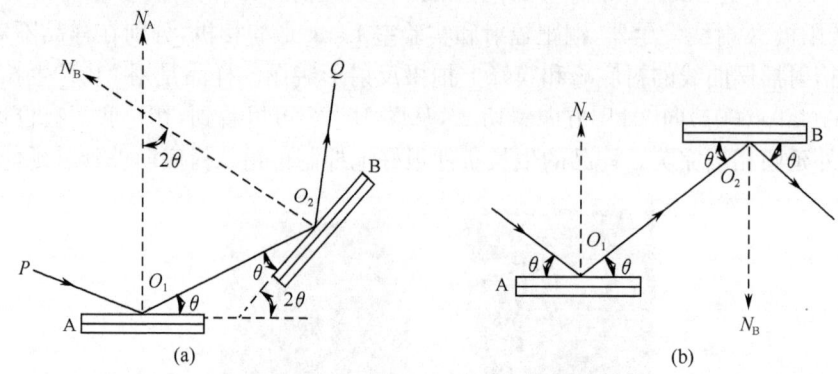

图 15.23 双轴晶反射形貌术示意图
(a) $(+n,+n)$ 排列;(b) $(+n,-n)$ 排列

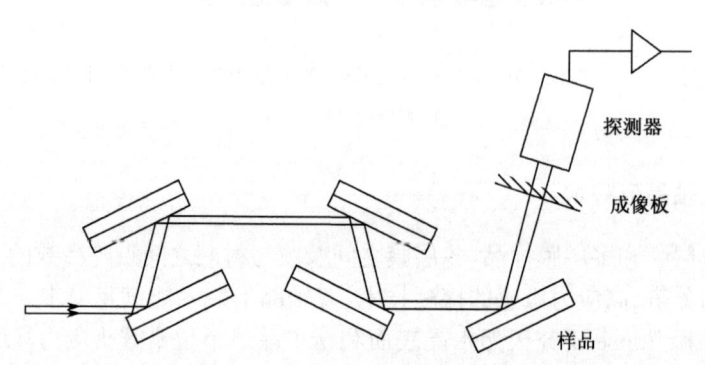

图 15.24 DuMond-Hart 单色器示意图

对单层薄膜和多层膜材料,由于衬底与膜层或膜层之间材料不同,晶格参数的微小差异引起的应变可能在界面处产生位错,衬底的缺陷也可能延伸到膜层,研究单层薄膜和多层膜结构完美性,有必要分别研究衬底和膜层的缺陷及其发展。双轴晶形貌术具有非常高的空间分辨率和应变灵敏度,可以实现衬底和膜层分层拍照形貌像,逐层研究其缺陷的状况和发展。崔树范和麦振洪等研究[17],图 15.25 为 (220) 和 ($\bar{2}$20) 衍射异常透射形貌图,应用实验室双轴晶 X 射线衍射仪,旋转阳

极 X 射线发生器,铜靶辐射拍摄。可以清晰地看到两组各自垂直于衍射矢量的位错,即 GaAs 衬底和超晶格都存在沿[110]和[$\bar{1}$10]的网格位错。根据位错衬度消光法则:$g \cdot b=0$ 和 $g \cdot b \times u=0$,式中,g 为衍射矢量;b 为伯格斯矢量;u 为位错单位矢量。拍摄了(220)、($\bar{2}$20)、($\bar{2}\bar{2}$0)、(004)、(0$\bar{4}\bar{4}$)、(044)和(404)衍射异常透射形貌图,测定出所观察到的网络位错是位于(001)面沿两个正交[110]方向的刃型位错,其伯格斯矢量为 $\frac{1}{2}a$[110]。

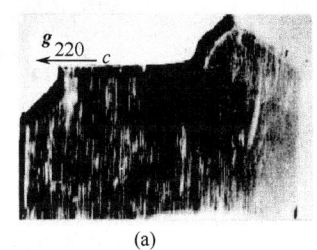 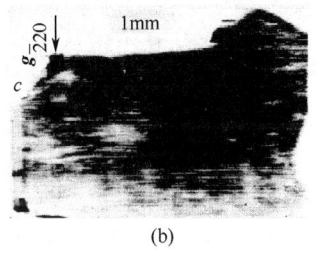

图 15.25 [In$_x$Ga$_{1-x}$As/GaAs]$_{150}$ 应变超晶格结构异常透射形貌图

(a) (220)衍射;(b) ($\bar{2}$20)衍射

双轴晶形貌术具有很高的空间分辨率和高应力敏感,结合双轴晶衍射和摇摆曲线的测量,在摇摆曲线不同位置上拍摄样品的形貌图,可以应用于研究衬底与膜层的晶格失配、缺陷(如位错、层错和包裹物等)以及研究缺陷如何从衬底向膜层延伸和复制。麦振洪等应用双轴晶反射形貌术研究用 MBE 方法在 InP(001)衬底上生长的 In$_{0.53}$Ga$_{0.47}$As/In$_{0.52}$Al$_{0.48}$As 异质结构生长条件与层厚、成分的关系以及衬底的完美性对外延膜的影响[18]。他们在衬底(224)衍射摇摆曲线两侧及膜峰半峰高处拍摄反射形貌图,如图 15.26 所示。从图 15.26 可见,沉淀物 j 在图 15.26(b)中出现,但在图 15.26(a)中消失,而沉淀物 i 却相反。由于这两张形貌图分别拍照于衬底两侧,其角度差为 50″,主要反映衬底的完美性。由微分形式布拉格方程得知,沉淀物 i 的晶格参数比母体大,$\frac{\Delta d}{d} \sim 1.96 \times 10^{-4}$,而沉淀物 j 的晶格参数比母体小,$\frac{\Delta d}{d} \sim -1.96 \times 10^{-4}$。在图 15.26(c)中,除观察到由衬底延伸到外延膜的缺陷(它们在图 15.26(a)和(b)也出现)外,沉淀物 k 只在图 15.26(c)出现,由于图 15.26(c)是在膜峰上拍摄,可以认为,沉淀物 k 是在外延膜上的缺陷,其点阵参数差为 $\frac{\Delta d}{d} \sim -6.79 \times 10^{-3}$。缺陷 m 在图 15.26(a)中运动学衍衬(黑色),而在图 15.26(c)为动力学衍衬(白色)。

由于实验室 X 射线光源的限制,在实验室条件拍摄双轴晶衍射形貌图非常耗时,一般需要几小时,甚至几十小时。因此,要求实验条件特别稳定,而且无法研究动

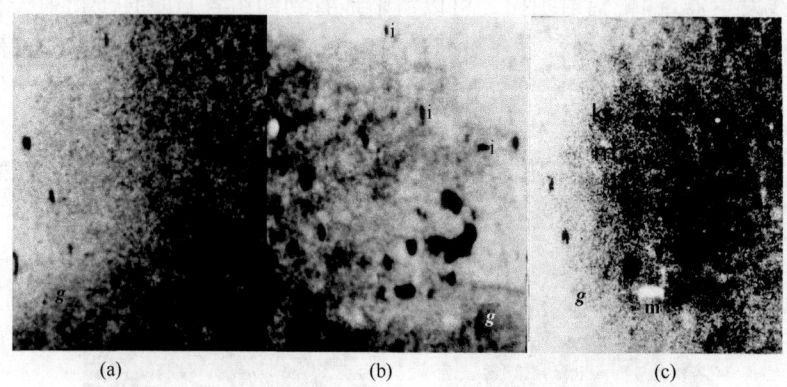

图 15.26 $In_{0.53}Ga_{0.47}As/In_{0.52}Al_{0.48}As$ 异质结构反射形貌图

(a)和(b)是在衬底峰两侧拍摄,(c)是在外延膜峰上拍摄

态过程。同步辐射光源显示出其优越性:①同步辐射强度很高,因此实验时间可以大大缩短,甚至可以进行动态过程的研究。②同步辐射 X 射线发散度很小,样品距光源很远,因此,空间分辨率很高,可以研究晶格参数和晶格取向的微小变化。对于薄膜和多层膜结构,可以对衬底和薄膜分别拍摄形貌图,研究各自的缺陷状态及缺陷延伸。③对$(+n,-n)$,$(+n,+n)$或$(+n,\pm m)$排列所获得的像的差别不大,并且,由于参考晶体与样品不是相同晶体引起的形貌像差别很小,故可用高度完美的硅单晶作参考晶体。另外,由于参考晶体和样品离光源都很远,对两者的几何分辨率都很好,这样,参考晶体中任何缺陷都可能形成衬度相当锐的像,这也是用高度完美的硅单晶作参考晶体的另一个理由。图 15.27 为$[In_xGa_{1-x}As/GaAs]_{150}$应变超晶格结构同步辐射 X 射线双轴晶(224)衍射形貌图,分别拍摄于超晶格零级峰((a)),衬底峰((b))[17]。可以看到,应变引起的位错网络从超晶格膜延伸到衬底,其位错走向沿$[110]$和$[\bar{1}10]$。

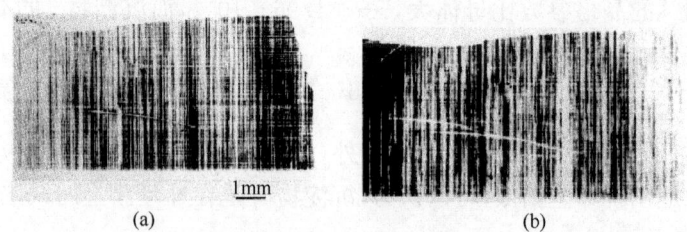

图 15.27 $[In_xGa_{1-x}As/GaAs]_{100}$应变超晶格结构同步辐射 X 射线双轴晶(224)衍射形貌图

拍摄于(a) 超晶格零级峰,(b)衬底峰

李建华 李 明 麦振洪

参 考 文 献

[1] Iida A, Kohra K. Phys. Status Solidi A, 1979, (51):553.
[2] Lomov A, Zaumseil P, Winter U. Acta Crystallogr. A, 1985, (41):223.
[3] 李超荣,麦振洪. 物理学报,1993,(42):1479.
[4] Li J H, Bauer G, Stangl J, et al. J. Appl. Phys, 1996, (80):81.
[5] Li J H, Koppensteiner E, Bauer G, et al. Appl. Phys. Lett., 1995, (67):223.
[6] Tersoff J. Appl. Phys. Lett. 1993, (62):693.
[7] Holy V, Li J H, Bauer G, et al. J. Appl. Phys., 1995, (78):5013.
[8] Kaganer V M, Kohler R, Schmidbauer M, et al. Phys. Rev. B, 1997, (55):1793.
[9] Li M. University of Wuerzburg, Ph. D. Thesis, 1998.
[10] 许顺生,冯端. X 射线衍衬貌相学. 北京:科学出版社,1987.
[11] Bowen D K, Brian K. Tanner B K. High Resolution X-ray Diffractometry and Topography. Taylor & Francis Ltd, 1998.
[12] Berg W F. Naturwissenschaften, 1931, (19):391.
[13] Barrett C S. Trans. A. I. M. E., 1945, (161):15.
[14] Mai Z H, Sou I K, Luo G M. J. Appl. Phys., 1996, (80):2518.
[15] Bond W L, Andrus J. Am. Mineralogist, 1952, (37):622.
[16] Bonse U, Kappler E Z. Naturforschung, 1958, (13a):348.
[17] Cui S F, Wang G M, Mai Z H, et al. Physical Review B, 1993, (48):8797.
[18] 麦振洪,王超英,吴兰生,等. 中国科学(A 辑),1994,24(1):44.

第 16 章 软物质薄膜与界面

软物质物理作为新的研究领域,已在国际上受到普遍重视。软物质薄膜(包括液体薄膜、液晶膜、聚合物膜、表面活性剂多层膜以及磷脂膜等)具有特殊的物理和化学性能,在基础研究和应用研究领域都具有重要价值。软物质的基本特征之一是对外界扰动敏感。软物质薄膜界面的统计特征,即界面相关函数,主要由热起伏决定,并且可以通过统计物理方法得到。本章将讨论 X 射线散射在软物质薄膜和界面研究中的应用。

16.1 液体薄膜与界面

软物质界面研究的一个重要的问题是如何确定液体界面的分子结构和分子结构的有序性。液体界面在许多化学和生物系统中起着至关重要的作用。液体表面实际上是液体与空气或其自身蒸气的界面。在研究界面或生物膜的统计物理问题时也经常将液体界面作为一个模型系统来研究。同步辐射源和中子源及其相关技术的发展为软物质界面研究提供了新的探测手段,它以独特的高分辨率优势赢得了研究人员的青睐。本节着重介绍同步辐射 X 射线在液体表面与界面研究方面取得的进展。

16.1.1 实验方法

在第 3 章中已经指出,由于液体界面的特殊性,实验装置与固体界面有所不同。在 X 射线散射实验过程中,液体界面在重力作用下是保持水平的。因此,只能通过改变入射 X 射线的偏转来改变入射角 θ_i,这可以通过入射光路上的一块单晶偏转镜来实现,如图 16.1 所示。水平方向的同步辐射 X 射线经单色器单色化,入射到偏转镜上。偏转镜绕着与入射 X 射线重合的水平轴(图 16.1 中的虚线)转动,改变从偏转镜射出的 X 射线束的方向,使之以 θ_i 角入射到水平的液体界面并在界面被反射。衍射仪设计中还有两个技术问题需要克服:①入射束偏转时,X 射线在液体界面上的入射点会移动,样品台必须随 X 射线束的偏转上下移动,以保证入射 X 射线落在界面的同一位置;②测量过程中不可避免会引入机械振动,这对于流体界面是非常严重的,必须考虑用主动阻尼系统,消除界面波动。另外,界面张力引起液体界面弯曲，严重时甚至得不到界面反射信号，这一点在样品池设计时也必须考虑到。

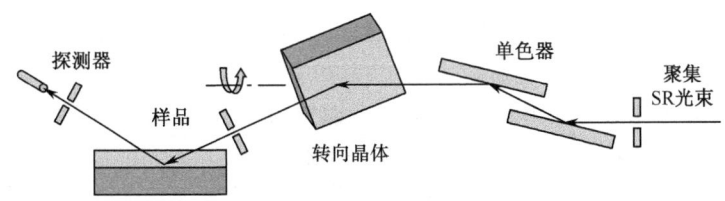

图 16.1　液体界面 X 射线散射实验光路示意图

偏转镜的作用是将水平 X 射线束以 θ_i 投射到液体界面，偏转镜实际上是一块硅或锗单晶

16.1.2　液体薄膜

将液体 A 滴到与之不互溶的液体 B 表面时会发生三种现象：①A 完全浸润 B，A 在 B 表面形成厚液体膜；②A 不浸润 B，A 在 B 表面形成宏观大小的液滴；③A 部分浸润 B，A 在 B 表面形成液体薄膜。利用部分浸润性质，可以在液体表面构造一个热力学稳定的液体薄膜。由于这种液体薄膜的厚度一般只有几纳米，可以用 X 射线反射和漫散射研究其界面性质。例如，将聚乙二醇（PEG）、磷酸钾和水混合，在一定条件下会分离成不互混的两相。一相富含 PEG，一相富含盐。取富含 PEG 的溶液少许滴到富含盐的溶液表面，可形成部分浸润的水溶液薄膜。图 16.2 是在制备这种部分浸润液体膜时看到的表观现象。制备这种含水薄膜的目的是构建一个蛋白质二维组装的载体，因为蛋白质在其他液体界面如油/水界面可能会失去活性。X 射线很容易穿透这种只有几纳米厚的液体薄膜，从而可以用 X 射线掠入射衍射技术研究蛋白质的结构。

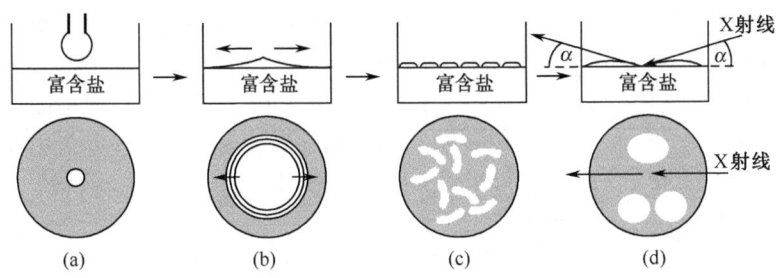

图 16.2　(a)取富含 PEG 的溶液少许滴到富含盐的溶液表面制备水溶液薄膜（上排是侧视图，下排为视俯视图）；(b)大约 1s 后可以看到薄膜铺展时薄膜的等厚干涉条纹；(c)10s 后自发形成岛状结构；(d)小岛合并成大岛，岛之间是大约 4nm 的薄膜

第 13 章介绍了如何用 X 射线反射和漫散射技术研究固体薄膜的界面结构，

在本节,将把这种技术推广到液体薄膜的研究上。首先,讨论如何用 X 射线反射和漫散射技术研究液体薄膜的界面性质,包括测量液体界面宽度及液体薄膜上下两个界面之间的相互作用。上面提到的浸润现象实际上由液体薄膜上下界面之间的相互作用决定。图 16.3 是发生部分浸润时界面相互作用势函数的典型形式。液体薄膜界面之间相互作用势这一概念在 20 世纪 50 年代就由物理学家提出来了[1],最近,Li 等用 X 射线散射结合宏观界面张力测量确定了该势函数的参数[2]。当液体薄膜的两个界面相互靠近时,由于界面相互作用,界面的热起伏在某种程度上是耦合在一起的。反之,测量界面热起伏的耦合强度可以得到界面相互作用的信息。液体薄膜的界面总自由能可以表述为

$$H = \frac{1}{A}\int d^2r\left\{\sum_{i=1,2}\left[\gamma_i(1+0.5h_{ix}^2+0.5h_{iy}^2)+0.5g\Delta\rho_{mi}\zeta_i^2\right]+0.5B(h_1-h_2)^2\right\}$$
(16.1)

式中,$h_i(r)$ 是界面 i($i=1$ 为液体/空气界面;$i=2$ 为液体/液体界面)的起伏量,$h_x=\partial h/\partial x$;$\Delta\rho_m$ 是界面处的质量密度差;g 是重力加速度;A 是液体界面的面积。式中第一项是界面起伏增加的界面能,系数 γ 是单位面积的自由能,也就是界面张力;第二项是与重力有关的能量;第三项是两界面的相互作用势能,只展开到二次项,如图 16.3 所示。将 $h_i(r)$ 展开为傅里叶级数

$$h_i(r) = \sum_q \alpha_i(q_\parallel)\exp[iq_\parallel \cdot r]$$

其中,α_i 是波矢为 $q_\parallel$ 的界面波的振幅,并代入式(16.1),有

$$H = \sum_{i=1,2}\left\{\gamma_i + \sum_q \frac{1}{2}(B+g\Delta\rho_{mi}+\gamma_i q^2)\alpha_i(q)\alpha_i(-q)\right\}$$
$$-\frac{1}{2}B\sum_q[\alpha_1(q)\alpha_2(-q)+\alpha_1(-q)\alpha_2(q)]$$
(16.2)

可以看出,在 q 空间,系统能量只包含二次项,其中交叉项系数不为零,表明上下表面波之间存在耦合。利用简单的变量代换,可以去除耦合,然后利用能量均分定理得到

$$\langle \alpha_k(q)\alpha_l(-q)\rangle = \frac{2}{A}\frac{k_B T X_{kl}}{4M_1M_2-B^2}$$
(16.3)

其中,$X_{11}=M_2$,$X_{22}=M_1$,$X_{12}=B$,而 $M_i=(B+g\Delta\rho_{mi}+\gamma_i q^2)/2(i=1,2)$。众所周知,相关函数的傅里叶变换等于函

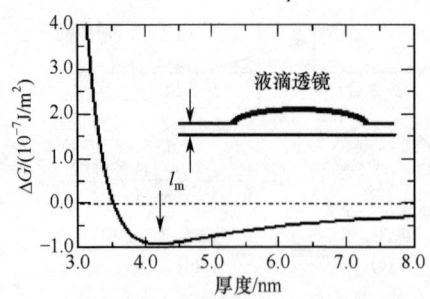

图 16.3 部分浸润薄膜的界面相互作用势能
ΔG 在某一厚度 l_m 处有一极小值
将 $\Delta G(l)$ 在此处作泰勒展开得到 $\Delta G(l)=-C+0.5B(l-l_m)^2$,其中的二阶展开系数 B 在文中定义为耦合常数

数傅里叶变换的积。因此,对式(16.3)作逆傅里叶变换可以得到界面起伏的自相关函数 $C_{11}(r)$ 和 $C_{22}(r)$,以及互相关函数 $C_{12}(r)$。在式(16.3)中,只有 B 是未知参数,其余两个参数即质量密度差和界面张力很容易测量。从第 13 章已知,通过理论模拟 X 射线漫散射可以得到界面起伏的相关函数。注意与第 13 章介绍的界面模型不同,这里的相关函数是从系统哈密顿出发,用统计物理方法直接推导出来的。相关函数中只有一个自由参数,即耦合参数 B。

Li 等采用图 16.1 所示的实验装置测量了图 16.2 中薄膜的 X 射线镜面反射和漫散射[2]。图 16.4 是该薄膜的 X 射线镜面反射率曲线。理论模拟该 X 射线镜面反射曲线表明,图 16.2 中所形成的液体薄膜的厚度为 4.2nm,表面和界面粗糙度分别为 2.9Å 和 7.9Å。图 16.5 是图 16.2 中所示薄膜的 X 射线漫散射曲线。注意,与第 13 章中的漫散射曲线不同,这里的漫散射曲线是固定入射角于某一位置,通过扫描出射角 β 来测量的。从式(16.3)得到相关函数,代入漫散射强度计算公式(10.41),拟合图 16.5 中的曲线即可得到式(16.1)中的耦合常数 $B=1.4\times 10^{11} \text{J/m}^4$。

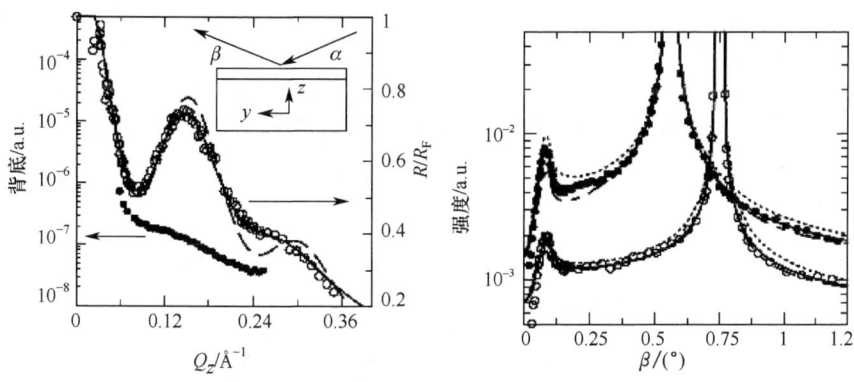

图 16.4 用图 16.2 所示方法制备的液体薄膜的 X 射线反射率曲线

注意,由于 X 射线反射率曲线的干涉条纹振幅太小,图中显示的曲线用菲涅耳反射进行了重整。图中左坐标轴为纵向 X 射线漫散射背底

图 16.5 用图 16.2 所示方法制备的液体薄膜的 X 射线横向漫散射曲线

圆圈是实验点,实线是最佳拟合曲线,虚线是假设界面没有耦合的计算曲线

前面指出,制备图 16.2 中水溶液薄膜的目的是在界面承载自组装的蛋白质单分子膜。这是因为聚乙二醇(PEG)具有生物相容性,蛋白质在 PEG 溶液中能保持其自然构型。同时,图 16.2 中制备的 PEG 水溶液薄膜的厚度与蛋白质尺寸相当,蛋白质分子的运动在空间受到限制,容易自组装。为了验证这一想法,Li 等将铁蛋白组装到图 16.2 所示溶液的界面[3]。在盐溶液表面铺展 PEG 的水溶液,然后

用注射器将一滴蛋白质-PEG 混合溶液注入亚相盐溶液中。在浮力作用下混合溶液上浮到界面,并在界面快速铺展,自组装成蛋白质单分子膜。这一组装过程很慢,可以用时间分辨的 X 射线反射率测量监控,实验结果如图 16.6 所示。

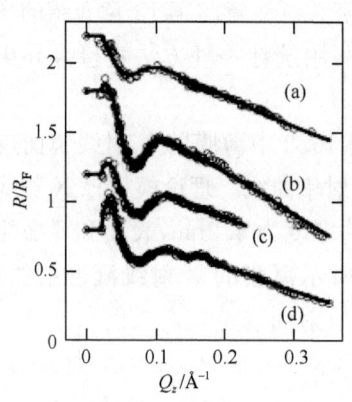

图 16.6 往图 16.2 所示的液体薄膜的亚相中加入蛋白质-PEG 混合溶液后,薄膜的 X 射线反射率随时间的演化
(a)加入前只观察到单层水溶液膜;(b)加入后 1h;(c)加入后 18h;(d)36h 后在水溶液膜界面已经形成了堆积比较好的铁蛋白单分子膜

图 16.7 是通过理论模拟图 16.6 中曲线(d)得到的电子密度分布。图中圆圈是界面处电子密度分布的理论期待值。其值是假设蛋白质在界面紧密排列,根据铁蛋白的自然结构计算的。从图 16.7 可看到,理论曲线与模拟曲线符合较好,说明蛋白质确实在液体界面形成了有序结构。

以上实验表明蛋白质或其他生物分子可以在含水溶液的界面排列。而且,由于液体薄膜厚度为纳米量级,可以用 X 射线表征其结构。这一点非常重要,因为很多蛋白质难以长成三维晶体,但可以相对容易地在液体表面或界面结晶。蛋白质在水溶液界面聚集时往往会失去生物活性,本节介绍的实验方法可以使蛋白质在界面保持其自然构型。另外,这种界面聚集形式很有可能在技术上有潜在应用前途,例如,二维聚集体系可以在化学传感器或催化方面有应用价值。

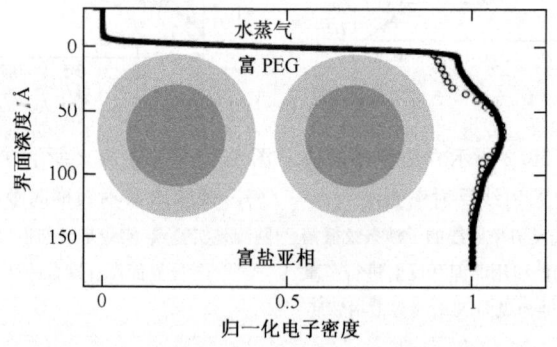

图 16.7 单分子层铁蛋白吸附在水溶液界面时的电子密度分布
实线是根据 X 射线反射得到的电子密度分布,圆圈是理论期待值;
图中的深灰色圆代表铁蛋白的核心,浅灰色圆代表铁蛋白的壳层

16.2 固/液界面的磷脂多层膜

16.1 节讨论了液体表面与界面以及吸附在液体界面的单分子膜的结构,本节讨论固/液界面的生物膜。图 16.8(a) 是一个生物膜模型的示意图,可以把生物膜简单地看成磷脂双分子层,其中磷脂分子可以在膜内自由移动,而蛋白质和酶分子镶嵌在脂双层中。为了更好地研究生物膜的结构,可以在适当的条件下将磷脂分子在溶液中自组装成多层膜结构(图 16.8(b)),根据 X 射线布拉格衍射峰的位置可以推断磷脂双层之间的距离,还可以根据衍射峰强度的变化计算出沿磷脂双层中水层的厚度、磷脂头之间的距离以及尾链的长度等重要参数。

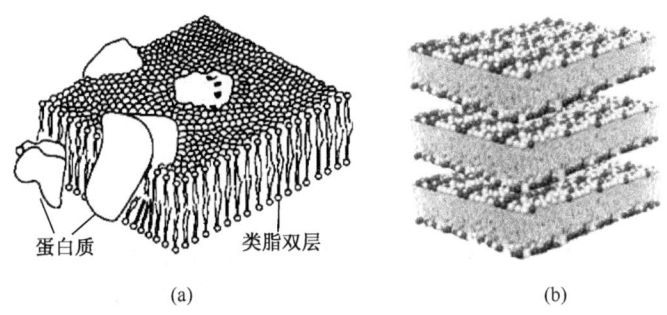

图 16.8 (a)生物膜结构示意图;(b)由脂双层堆垛成的磷脂多层膜

16.2.1 磷脂多层膜结构的 X 射线散射研究

本小节讨论磷脂多层膜结构分析的基本原理。用 X 射线衍射研究磷脂膜的结构是一个经典课题,由于存在强烈的热起伏,磷脂膜的结构研究一直十分困难。X 射线反射技术发明以后,人们认识到如果将脂膜置于固/液界面处,就可以利用 X 射线的界面敏感性来研究其结构。这样做的优点是:所有磷脂膜取向一致,理论分析相对容易;多层膜散射信号在布拉格峰处相干叠加,衍射信号大大增强。取向磷脂多层膜的 X 射线散射原则上可以用第 10 章给出的公式计算。但由于人们更关心脂双层的电子密度分布 $\rho(z)$,所以引入了脂双层的形状因子 $f(q_z)$。在玻恩近似下,固/液界面处磷脂多层膜对 X 射线的微分散射截面是

$$\frac{d\sigma}{d\Omega} = r_e^2 \sum_{m,n=0}^{N} f_m f_n^* e^{iq_z(m-n)d} \int_{-\infty}^{\infty} d^2 r e^{iq_\parallel \cdot r} G_{mn}(r) \tag{16.4}$$

式中,$r_e = e^2/(mc)^2$ 是电子的汤姆孙散射半径;N 是总的双分子层数;$G_{mn}(r) = \exp[-0.5 q_z^2 g_{mn}(r)]$,$g_{mn}(r) = \langle [u_m(r) - u_n(0)]^2 \rangle$ 是高度差相关函数;$f_0 =$

$\int_{-\infty}^{0} \rho_0 \exp(iqz) dz$ 和 $f_n(q) = \exp[-iq_z d/2] \int_{-d/2}^{d/2} \rho(z) \exp(iqz) dz$ 分别是衬底和膜的形状因子；ρ_0 是衬底的电子密度；d 是周期；q_z 和 $q_\parallel$ 分别是垂直和平行于界面方向的 X 射线动量传输；r 是两点间距。

与前面关于散射强度的计算一样，式(16.4)中最关键的还是相关函数，其具体形式由多层膜体系的热力学决定。为了量化热起伏效应并将其融入 X 射线散射分析中，考虑磷脂多层膜体系的自由能

$$H = \int d^3 r \left[\frac{1}{2} B (\partial u/\partial z)^2 + \frac{1}{2} K (\nabla_{xy}^2 u)^2 \right] \quad (16.5)$$

式中，$u(x,y)$ 是双分子层中心相对于其平均位置的偏离；B 和 K 分别是体系的体压缩模量和弯曲模量[4]。将 $u(x,y)$ 在傅里叶空间展开，引入边界条件后，根据能量均分定理可以得到一个相关函数[5]：

$$g_{ij}(r) = 2\eta \left[\ln\left(\frac{r^2}{4\lambda^2}\right) - \frac{1}{2}\ln\left(\frac{r^2}{8\lambda z_i}\right) - \frac{1}{2}\ln\left(\frac{r^2}{8\lambda z_j}\right) + E_i\left(\frac{r^2}{4|z_i - z_j|\lambda}\right) - E_i\left(\frac{r^2}{4(z_i + z_j)\lambda}\right) \right] \quad (16.6)$$

式中，$\eta = k_B T/(8\pi \sqrt{KB})$；$\lambda = \sqrt{K/B}$；$E_i(x) = \int_x^{\infty} t^{-1} e^{-t} dt$。为说明此式的物理意义，在图 16.9 绘出了根据式(16.6)计算的几个关联函数。其中曲线是没有衬底时多层膜的相关函数，它们的高度差关联函数是发散的。这与根据传统液晶理论[4]得到的结果一致。当衬底存在时，可以看到，高度差关联函数趋于饱和，这主要归因于衬底对薄膜热起伏的抑制作用，因为衬底上薄膜的热起伏幅度不可能无限制增长。

从第 10 章已知，当高度差关联函数趋于饱和时 X 射线在界面的镜面反射不为零。但在那里因为界面粗糙度很小，X 射线镜面反射占主导地位，在 X 射线反射率测量中一般不考虑漫散射的影响。在研究磷脂膜时，由于热起伏相当大，X 射线漫散

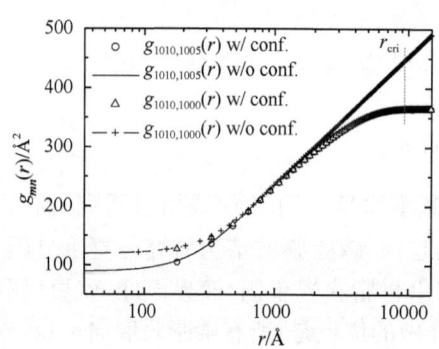

图 16.9　磷脂多层膜高度差相关函数在有无衬底影响下的对比

计算中所选参数取自实验中拟合数据，在由于衬底的影响，相关函数当 $r > r_{cri}$ 时趋于饱和

射信号非常强。在以往的研究中人们误以为只要磷脂膜的总厚度足够大，衬底表面对磷脂膜起伏的抑制作用就会减弱，X 射线镜面反射强度可以忽略。但从图 16.9 可以看出，即使离衬底 1000 层（约 6μm）处衬底的影响还存在。这一点直

到最近才由李明等明确指出来[6]。他们研究了二油酰磷脂酰胆碱(DOPC)构成的多层膜的结构。样品制备过程如下：将磷脂溶于氯仿/甲醇(体积比1∶1)混合溶剂中，配成50mg/mL的溶液，用移液器取一定量滴于硅衬底上(4mm×10mm)，静置12h，待溶剂挥发后将样品置于真空干燥器中室温下保持24h。根据样品量、铺展面积和单个分子的截面积估计出样品中磷脂双分子层层数约为2000层(约12μm厚)。X射线实验所用的样品池如图16.10所示。样品固定在样品池底部，整个样品池固定在X射线衍射仪的测角头上，这种设计使固/液界面的X射线反射测量可以如同前面几章介绍的固体界面测量一样方便。当然，由于X射线必须穿过一定厚度的水，这种测量一般只在同步辐射装置上才能实现。

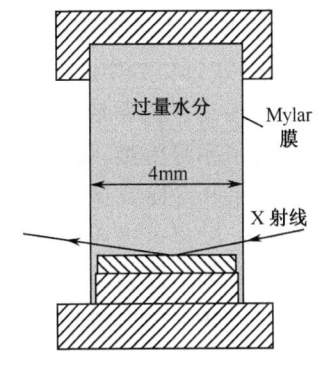

图16.10　固/液界面结构研究的样品池截面图

窗口用Mylar膜，样品固定在底部

图16.11为30℃下DOPC取向多层膜的X射线反射率曲线。根据布拉格峰的位置可以得到膜的周期为64.4Å。由于强烈的热起伏，高阶布拉格峰非常弱，这使传统上通过布拉格峰强度来确定薄膜结构的方法失去实际意义。幸运的是可以通过理论模拟整条反射曲线，比较精确地获得膜的电子密度分布。该方法的可靠性强烈依赖于X射线反射强度计算的精确性。但实践中人们发现，低角度部分X射线衍射峰的强度总是高于理论预期。

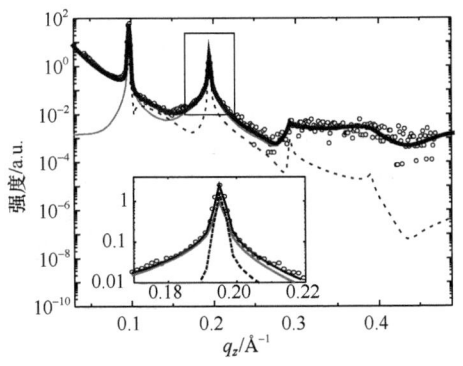

图16.11　30℃水中多层膜的纵向扫描得到的反射率曲线(圆圈)和理论计算结果(实线)

插图所示为第二级布拉格峰处的理论拟合情况；实线：最好的拟合结果；虚线：计算得到的镜面反射部分；灰实线：计算得到的漫散射部分

从式(16.6)和图 16.9 可以清楚地看出这一偏离的来源。由于固体表面对热起伏的抑制作用,高度差相关函数随 r 的增大会趋于一个定值。因此,实验中得到的 X 射线散射强度由两部分组成,即 X 射线镜面反射和漫散射。在有衬底的情况下,相关函数偏离了传统模型所预言的结果,但却能解释为什么会观察到 X 射线镜面反射:式(16.4)中的 $G_{nn}(r)$ 并不会在 $r\to\infty$ 时衰减到 0,从而在 X 射线散射强度中有镜面反射的贡献。图 16.11 表明,考虑镜面反射的贡献后,X 射线反射率曲线理论模拟不再困难,可以由此得到双分子层的电子密度分布 $\rho(z)$(图 16.12)。$\rho(z)$ 的傅里叶变换就是式(16.4)中的形状因子 $f(q)$。

式(16.6)还可以用于 X 射线漫散射曲线的计算。人们对磷脂多层膜的漫散射感兴趣有两个原因:①溶致液晶的统计物理。从漫散射信号可以推测溶致液晶的热力学性质并导出磷脂双分子层的弹性模量以及双分子层之间的相互作用(分别对应于式(16.5)中的 K 和 B)。②得到更精确的电子密度分布。用反射率测得的电子密度分布是磷脂双分子层真实电子密度分布与热起伏函数的卷积,只有在式(16.4)中的相关函数 $G(r)$ 已知的情况下才能得到图 16.12 中那样精确的电子密度分布。图 16.13 是 30℃下 DOPC 取向多层膜的 X 射线漫散射实验曲线。可以看到,X 射线漫散射曲线可粗略地分为两个部分:以临界波矢的大小 q_{cri} 为界,大 $q_x(q_x>q_{cri})$ 部分的漫散射强度比小 $q_x(q_x<q_{cri})$ 部分的衰减得快。q_{cri} 对应于实空间里的临界尺度 $r_{cri}(=2\pi/q_{cri})$,q_{cri} 以下的漫散射部分主要是由衬底对双分子膜的几何限制所造成的。理论模拟漫散射曲线,可以得到式(16.6)中参数 η 和 λ,从而计算弹性模量 B 和 K。这些结果在应用式(16.4)来模拟图 16.11 中的 X 射线反射曲线时是重要的输入参数。

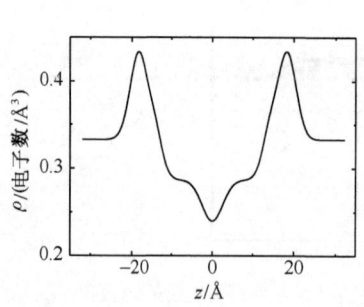

图 16.12 根据图 16.11 用式(16.4)拟合得到的脂双层的电子密度分布 $\rho(z)$

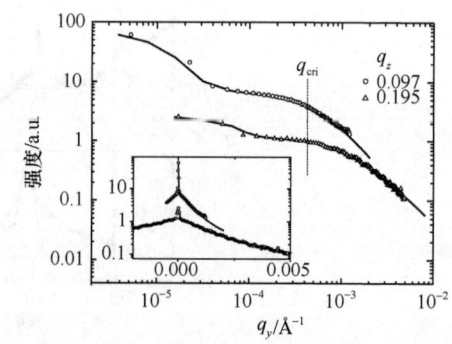

图 16.13 DOPC 取向多层膜的 X 射线漫散射实验曲线(注意为了体现 X 射线漫散射曲线的特征,采用双对数坐标作图)

插图:坐标换成线性-对数坐标,以强调中心的 X 射线镜面反射峰;符号为实验数据;实线为最好的拟合结果

固体支撑的多层膜对于磷脂膜的结构研究非常重要,特别是其生理条件下的结构研究。在固体支撑的多层膜对 X 射线的散射信号中,X 射线镜面反射在低 q_z 区占主导,而在高 q_z 区则是 X 射线漫散射占主导。绝大多数情况下,仅从实验曲线上很难将二者区分开。式(16.5)合理地考虑了衬底的影响,从而使这两部分得以统一处理,获得接近生理条件下脂双层的更可靠的材料参量和结构信息。

16.2.2 磷脂多层膜的溶胀

16.2.1 节讨论了应用同步辐射 X 射线研究固/液界面磷脂多层膜结构的方法。在没有同步辐射实验条件时,往往要将磷脂多层膜沉积在固体衬底上,再置于密闭饱和水蒸气环境中以达到充分水合状态。但是,在过去很长一段时间内,人们发现在这种条件下脂多层膜的层间距往往小于将同样的样品浸于水中时所能达到的层间距。人们把这一现象称为蒸气压佯谬(VPP),它的存在致使人们对以固体基样品作为研究对象的有效性提出了质疑。上述现象令人费解的原因是:根据热力学理论,饱和水蒸气跟与之平衡的水体两者的化学势应该是相等的。最近的一个实验结果为解释这一现象提供了明确线索[7]。

图 16.14 是一个典型的实验结果。实验前将 DOPC 的有机溶液滴在亲水处理后的硅片表面,利用溶液沉积法制备硅基 DOPC 多层膜。在 30℃下饱和蒸气中溶胀过程的实验结果如图 16.14(a)所示。从图中可以看到,实验开始后约 6h,层间距逐渐增至 63.0Å,并在此状态下保持 5~12h,然后继续增加。最终,多数样品层间距达到了 68.1Å(参见图(a)中的插图),但也有些样品层间距增加到 $d \leqslant 65.0$Å 时布拉格峰就消失了,无法再继续测量。这一结果表明,系统自由能在

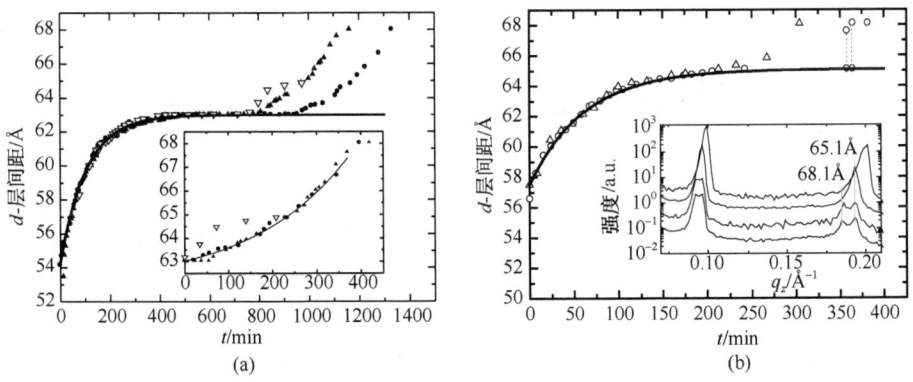

图 16.14 (a)饱和蒸气中 DOPC 磷脂多层膜层间距随时间的变化(插图:将曲线作了相对平移,表明多数样品在溶胀的第二阶段层间距呈指数增大);(b)水中多层膜层间距随时间的变化(插图:双峰显示出两相共存的状态)

$d=63.0\text{Å}$ 处有一个极小值。但是，在该极小值处饱和水蒸气中的层间距小于浸于水中的样品的层间距(图 16.14(b))。饱和水蒸气中与水中样品的显著差别在于样品与其所在介质间的界面张力。水中样品在热起伏作用下会产生波浪式的界面，界面张力为零。而水蒸气与多层膜表面之间的界面张力则抑制了波浪界面的产生。这一效应会从表面延伸到多层膜中，从而使得层间距达不到其在水中的程度。Parsegian 和 Podgornik[8] 用热力学理论阐述了上述观点。当多层膜的第一层紧束缚于光滑衬底上时，平均每个脂双层的总能量为

$$E_{\text{total}}(a) = E(a) + \frac{k_B T q_{\text{Max}}^2}{8\pi N} \ln\left[1 + \frac{\gamma}{\sqrt{K(a)B(a)}}\right] \quad (16.7)$$

式中，k_B 是玻尔兹曼(Boltzmann)常量；q_{Max} 是截止波矢，以保证连续模型仅用于描述介观尺度下的脂双层结构，一般令 $2\pi/q_{\text{Max}}$ 为分子间距离($\sim 1\text{nm}$)；体压缩模量 B 是层间距中水层厚度 a 的函数，其值可通过 $B(a) = -a(\partial \Pi_{\text{osm}}/\partial a)$ 从渗透压的测量中得到；K 是单位体积的弯曲模量，与单个脂双层的弯曲模量 K_c 的关系为 K_c/d。在没有表面张力的情况下，单个脂双层自由能为

$$E(a) = P_h \lambda e^{-a/\lambda} - \frac{H}{12\pi}\left(\frac{1}{a^2} - \frac{2}{a^2+t^2} + \frac{1}{a^2+2t^2}\right) \quad (16.8)$$

式中，P_h 和 λ 分别是水合作用的强度因子和衰减长度；H 是层间范德瓦尔斯相互作用的 Hamaker 常数；t 是碳氢链长度。这些参数的值可以在文献中找到[8]。

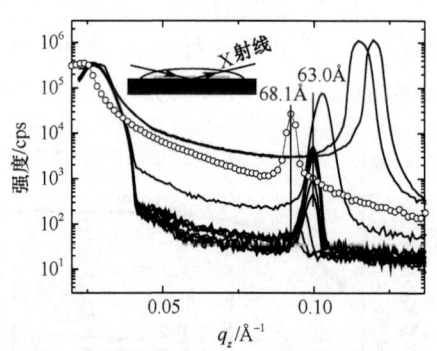

图 16.15 对蒸气中 DOPC 样品作的一系列随时间变化的 X 射线反射率测量，可以看到衍射峰位向小角移动，说明含水量逐渐增加。当层间距大于 63Å 以后，X 射线衍射布拉格峰迅速减弱，甚至低于水中样品 X 射线反射率(空圈)
插图：当达到充分水合状态时 X 射线穿过表面水层的示意图

没有表面张力时，式(16.7)的极小值所在的水层厚度 $a=21\text{Å}$，在有表面张力时(取近乎于水的值 $\gamma=70\text{dyn/cm}$ ($1\text{dyn}=10^{-5}\text{N}$))，式(16.8)的极小值所在的水层厚度 $a=23\text{Å}$。两者之差即为图 16.14 中测量所得到的差值。

不过，DOPC 多层膜可以继续从蒸气中把水分吸收到其外表面，以降低其自由能，直至脂双层可以自由波动。水在 DOPC 多层膜最外层凝结形成厚厚的水层，这一点可以从以下三个现象确定：①在 $2\theta=0$ 时，作 z 扫描可以估计样品表面的位置。结果发现溶胀前后样品表面升高了 $(0.5\pm 0.2)\mu\text{m}$。溶胀引起的变化只占了其中的一部分，另一部分只能是样品表面积累的大量水分所造成的。

②当层间距超过 63.0Å 后，X 射线衍射布拉格峰强突然减小（图 16.15），这是由于 X 射线前后两次穿过水层。③在稍大于临界角处镜面反射也减弱了，原因是水层表面是弯曲的。

在溶胀过程的第二个阶段，层间距随时间呈指数增加（图 16.14(a)中的插图），说明层间距与凝结水层的厚度之间存在正反馈。一旦克服了势垒，会有更多的水积累到膜表面，使得脂双层更容易波动，层间距更大。后一个过程反过来又促使更多的水凝结到 DOPC 多层膜的表面。这些实验结果表明不存在所谓的"蒸气压佯谬"。只是因为当蒸气/多层膜界面没有液态水时，靠近蒸气和衬底两侧的界面束缚会抑制脂双层的波动，导致层间产生的排斥力减小，所以在饱和水蒸气中测到的层间距小于样品在水中的层间距离。一旦 DOPC 样品表面积累了足够的液态水，在饱和水蒸气中测量与在水中测量就没有区别了。

16.3 表面活性剂多层膜

组装在固体表面的脂类多层膜有可能成为新型分子材料中的关键成分。与无机薄膜相比，有机薄膜具有韧性强、可弯曲、易于大面积成膜及低成本的优势。最为重要的是，有机材料的分子结构可以设计，具有某些无机材料所无法实现的功能和特性。X 射线很早就被用于测量 LB 膜的周期以及表征 LB 膜质量的好坏。关于这一部分的工作本节不多讨论，读者可以在相关的书籍中找到感兴趣的内容。本节将主要介绍与界面分析有关的两个问题，即水对脂类多层膜结构的影响以及如何由界面结构推断 LB 膜的生长动力学。

16.3.1 水对硬脂酸膜界面起伏的影响

双亲分子聚集体如何从固态相转变为液晶相是一个非常有意义的问题。水分子渗透到双分子层的亲水层间，使得相邻两层头部基团之间的库仑力减小。随着水含量的进一步增加，亲水头部基团发生离子化，分子链的排列变得越来越疏松，出现溶致液晶相[9]。通过跟踪界面起伏的变化，可以得到水分子进入引起的结构转变。李明等对这一转变过程进行了研究[10]。把硬脂酸溶解到异丙醇中，配成浓度为 2mmol/L 的溶液。用微量移液器取一定量的溶液滴到亲水的衬底表面，溶液在衬底表面自动铺展开，形成大约有 50 个双分子层的膜。在 40℃下把样品浸泡到超纯水中，浸泡时间为 6 天。图 16.16 为硬脂酸多层膜在水中浸泡前后的 X 射线反射率曲线对比。从图中可看到，浸泡前膜具有很好的层状结构，层间距约为 $d=3.98$nm。硬脂酸膜在水中浸泡 6 天后，膜的层间距发生了很明显的变化，层间距变为 $d=4.97$nm。浸泡后膜的 X 射线布拉格峰比浸泡前的明显窄。这是因为浸泡前硬脂酸多层膜中存在许多小的畴，导致 X 射线布拉格峰宽化；浸泡后膜的分子发生重排,畴在水的作用下融合,使 X 射线布拉格峰变窄。

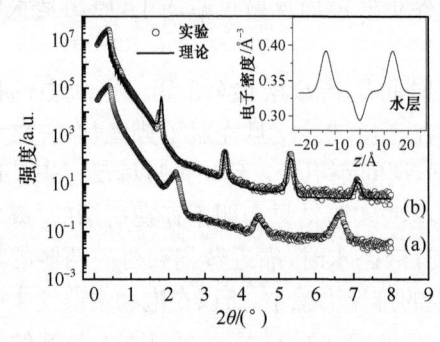

图 16.16　硬脂酸多层膜在水中浸泡前后的 X 射线反射率曲线及理论拟合曲线

(a) 浸泡前;(b) 浸泡后。插图中是拟合得到的浸泡后样品一个周期内的电子密度图。

X 射线反射率只给出多层膜中沿界面法线方向的平均信息,而在界面研究中,平行于界面的结构信息能揭示更多的物理内涵。对于不同类型的界面,计算 X 射线漫散射强度的公式在第 10 章中已有所表述。图 16.17 为浸泡前后硬脂酸膜的 X 射线漫散射强度随 q_x 的变化情况(图中采用双对数坐标)。可以看出,浸泡前硬脂酸多层膜的 X 射线漫散射曲线具有幂律衰减的趋势;浸泡后样品的 X 射线漫散射曲线发生了较大的变化,不再呈现出幂律衰减的趋势。样品表面 AFM 形貌测量得到了样品在水中浸泡前后表面起伏的关联函数,如图中插图所示,从中可以看出:沉积态膜的表面起伏遵循 $g(r) \propto r^{0.40}$ 的关系,并且在 $\xi \sim 9000 \text{Å}$ 开始达到饱和;浸泡后样品的表面具有对数标度行为,$g(r) \propto \ln(r)$。AFM 的局限性在于只能得到样品表面的信息,无法获得样品界面上的信息,而 X 射线散射恰好可以弥补这个缺陷。

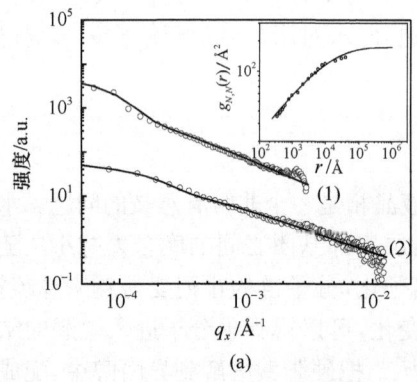
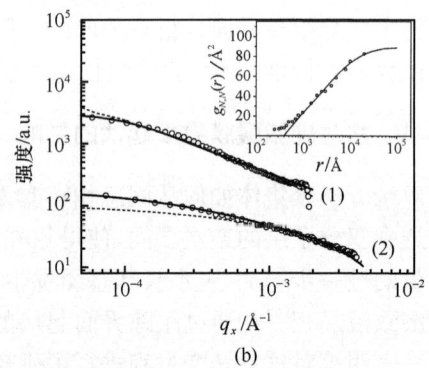

图 16.17　浸泡前(a)和浸泡后(b)硬脂酸膜的 X 射线漫散射曲线(圆圈)及其理论拟合曲线(实线)

图中的数字代表布拉格峰的级数,插图为从 AFM 得到的表面自关联函数 $g_{N,N}(r)$(圆圈)及相应的拟合曲线(实线)

在硬脂酸膜制备时,是把溶液沉积到亲水的硅衬底表面,并让有机溶剂缓慢挥发而得到的。样品表面具有自仿射分形特征,表明膜的生长动力学可能与固体膜相似[11],可以用第 10 章介绍的关于固体多层膜的相关函数描述界面起伏的统计性质。于是,第 i 和 j 个界面之间的垂直关联可以用一个交叉关联函数来描述:

$$g_{ij}(r)=\sigma_i^2+\sigma_j^2-2\sigma_i\sigma_j\exp[-(r/\xi_\parallel)^{2h}]\exp[-|z_i-z_j|/\xi_\perp] \quad (16.9)$$

其中,σ_i 和 σ_j 分别是第 i 和 j 个界面的粗糙度;h 是分形指数;z_i 和 z_j 分别是第 i 和 j 个界面的位置;$\xi_\parallel$ 和 $\xi_\perp$ 分别是水平和垂直关联长度。图 16.17 表明,式(16.9)可以很好地描述浸泡前样品的 X 射线漫散射曲线。相应的理论拟合参数为 $\sigma_1=4.4\text{Å},\sigma_N=9.2\text{Å},\xi_\parallel=8000\text{Å},\xi_\perp=3000\text{Å},h=0.20$。第 j 个界面的粗糙度 σ_j 可以根据第一层和最后一层的粗糙度值利用线性内插来求得。把这些参数代入式(16.9),可以得到沉积态膜表面的自关联函数(self-correlation function),与 AFM 得到的结果相比较,发现符合得较好(如图 16.17 插图所示)。

浸泡后硬脂酸多层膜的关联函数与磷脂多层膜的关联函数相同,即式(16.6)。图 16.17(b)为浸泡后硬脂酸多层膜的 X 射线漫散射曲线及理论模拟。模拟时所用的参数为 $\lambda=60\text{Å},\eta=13\text{Å}^2$。拟合过程中,所用的衬底参数可通过拟合衬底的 X 射线漫散射曲线来得到(所用的衬底参数为 $\sigma_0=4.4\text{Å},\xi_0=800\text{Å},h=0.4$)。值得注意的是,为了使理论拟合与浸泡后样品的漫散射曲线符合得好,需要考虑衬底对膜中界面起伏的影响。图 16.17 虚线是没有考虑衬底影响的理论计算曲线,可看到虚线偏离了实验数据,表明衬底对浸泡后膜的界面起伏有一定影响。

16.3.2 LB 膜的界面粗糙化与生长动力学

本章前面几节讨论的基本上都是已经形成的软物质薄膜的界面性质。本小节以 LB 膜为例,讨论如何用 X 射线散射研究软物质薄膜的生长动力学。LB 膜的制备是将水表面的 Langmuir 单分子膜逐层转移到衬底上实现的。转移过程通常用转移率这个参数来表征,定义为转移过程中水表面单分子层减少的面积与转移到衬底上的膜面积之比。在非理想转移的情况下,脱附现象常会发生,导致膜表面出现一些缺陷和孔洞,这时转移率小于 1。这些缺陷和孔洞是 LB 膜界面粗糙化的来源。但与固体薄膜的生长不同,Langmuir 单分子膜是作为一个整体被转移到 LB 膜表面的,随后沉积的单分子膜会覆盖前一层沉积膜的孔洞,使得界面粗糙化的速度远低于同等条件下的固体薄膜。李明等在对界面粗糙化定量研究的基础上提出了一个 LB 膜的生长动力学方程[12]:

$$\frac{\partial h(r)}{\partial z}=\frac{\zeta^2}{d}\nabla^2 h(r)-\frac{Y^4}{d}\nabla^4 h(r)+\frac{\eta(r,t)}{r_D} \quad (16.10)$$

其中,h 是膜界面相对于其平均位置的偏离;d 是层间距;$r_D=z/t$ 是膜的平均生长速度。式(16.10)左边是膜的表面粗糙随膜厚的变化率。右边的 $\eta(r,t)$ 是随机项,表示随机的缺陷和孔洞使膜的表面变粗糙。右边前两项与随机项的作用相反,使膜的表面变平整。ζ 和 Y 是与膜的表面张力和弯曲应力有关的材料参数。在平行于界面方向,Y^4/d 引起的效应在纳米尺度才能观察到,对于 LB 膜的 X 射线漫散射可以忽略。该方程中的随机项 $\eta(r,t) = -\sum_{i=1}^{N}\delta(t-t_i)f_i(r-r_i)$,代表一系列形状为 f_i 的膜碎片在 t_i 时刻 r_i 处的脱附,即孔洞的形成。N 是在生长时间 t 内发生脱附事件的总数。描述形状的函数 $f(r-r_i)$ 可以是某个给定的函数,也可以是概率函数的叠加。若令 $f_i = d\exp[-(r-r_i)^2/(2a)^2]$,且从式(16.10)中除去与 Y^4/d 有关的项,微分方程(16.10)可以得到解析解。根据定义 $g_{ij}(r) = \langle [h_i(r)-h_j(0)]^2 \rangle$,可以得到高度差关联函数

$$g_{ij}(r) = g_{ij}^{(0)}(r) + \pi c \frac{a^2 d}{\nu_2}\left[g_{ij}^{(\infty)}(r) - \frac{1}{2}g_{ij}^{(i)}(r) - \frac{1}{2}g_{ij}^{(j)}(r)\right] \quad (16.11)$$

其中,$c = (Na^2 d)/(r_D TA)$ 是膜中缺陷的浓度;$1-c$ 是平均转移率;A 是膜的面积,其余各项分别为

$$g_{ij}^{(0)}(r) = \int \frac{d^2 q_{xy}}{2\pi^2} e^{-\nu_2(z_i+z_j)q_{xy}^2}|u(0,q_{xy})|^2(1-e^{iq_{xy}r})$$

$$g_{ij}^{(\infty)}(r) = 2\gamma_E + Ei\left(\frac{r^2}{4(a^2+|z_j-z_i|\nu_2)}\right) + \ln\left(\frac{r^2}{4a^2}\right)$$

$$g_{ij}^{(j)}(r) = 2\gamma_E + Ei\left(\frac{r^2}{4[a^2+(z_j+z_i)\nu_2]}\right) + \ln\left[\frac{r^2}{4(a^2+2z_j\nu_2)}\right]$$

式中,$\nu_2 = \zeta^2/d$;$z_i = id$ 是第 i 界面的位置;γ_E 是欧拉常数;$Ei(x) = \int_x^{\infty} t^{-1}e^{-t}dt$。式(16.11)的第一项代表衬底的影响,若衬底的表面是分形的,那么

$$|u(0,q_{xy})|^2 = \int d^2 r \sigma_0^2 \exp[-(r/\xi_\parallel)^{2h}]\exp(iq_{xy}r)$$

为了验证式(16.10)以及由此导出的相关函数式(16.11),李明等用 X 射线反射和漫散射测量了不同厚度的硬脂酸镉 LB 膜[13]。图 16.18 是不同层数硬脂酸镉 LB 膜的 X 射线反射率曲线。从图中可看到,在沉积 5 个单分子层之后,膜的 X 射线反射率曲线开始出现清晰的布拉格峰。他们还用原子力显微镜测量了样品的表面形貌,结果表明在膜沉积过程中伴随有孔洞的生成,且随着膜层数的增加,表面变得越来越粗糙。对 1,3,5 和 7 层硬脂酸镉 LB 膜,表面粗糙度分别为 1.7Å,4.4Å,5.3Å 和 5.7Å,

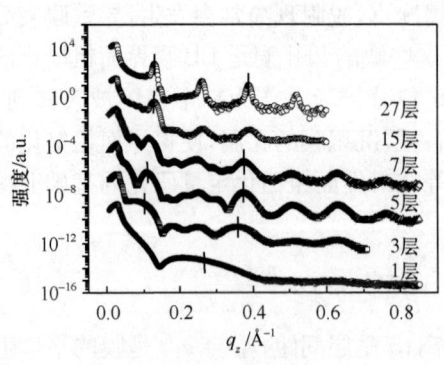

图 16.18 不同层数硬脂酸镉 LB 膜的 X 射线反射率曲线

与用 X 射线反射率得到的结果一致。通过对不同尺度上的 AFM 表面形貌图进行统计,可以得到不同尺度对应的粗糙度,由此推出 1,3,5 和 7 层硬脂酸镉 LB 膜表面起伏的关联函数 $g_{N,N}(r)$ (图 16.19),其结果与理论计算吻合。从图 16.19 可以看到,1 个单分子层的 LB 膜的表面起伏与一个无任何特征的平整表面相类似,与其他三个膜的表面起伏存在明显的差别。这是因为实验中所用的硅衬底的横向关联长度 $\xi_{\parallel}$ 大约为 80nm,在大于 $\xi_{\parallel}$ 的尺度,硅衬底表面可视为光滑的。因此,沉积于其上的单分子层的表面也是光滑的。对于 3,5 和 7 层硬脂酸镉 LB 膜,其表面起伏的关联函数 $g_{N,N}(r)$ 在小 r 区域以对数方式线性增加,当达到一定的 r 值后趋于饱和。并且,$g_{N,N}(r)$ 趋于饱和处对应的 r 值随着膜层数的增加而增加。这表明在衬底上沉积一个单分子层之后,随后沉积层的界面起

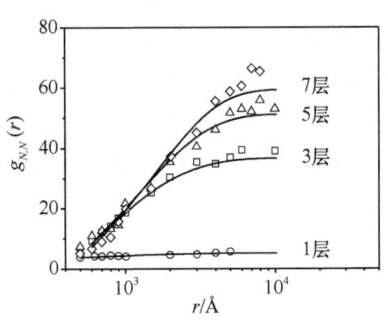

图 16.19 不同层数硬脂酸镉 LB 膜的表面自关联函数 $g_{N,N}(r)$

◇为从 AFM 形貌图中得出的实验数据,实线是用式(16.10)得到的理论拟合曲线

伏便开始呈现出对数关联特征。这与从 X 射线漫散射曲线中得到的信息是一致的。

图 16.20 是不同层数硬脂酸镉 LB 膜及衬底的 X 射线漫散射曲线(圆圈为实

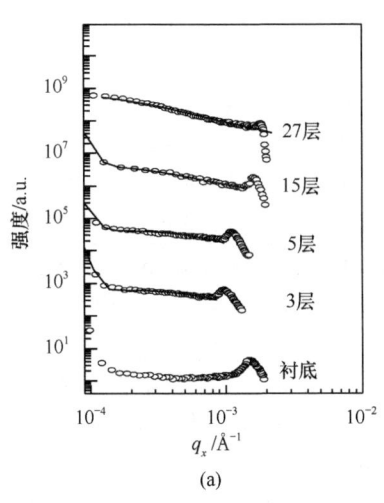

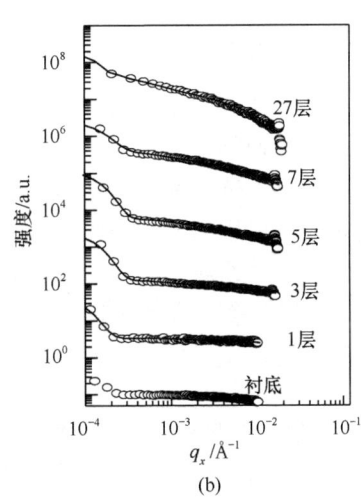

图 16.20 不同层数硬脂酸镉 LB 膜及衬底的 X 射线漫散射曲线及其理论拟合曲线
(圆圈代表实验数据,实线为拟合曲线)

(a)在第一个布拉格峰处作的 X 射线漫散射曲线;(b)在第三个布拉格峰处作的 X 射线漫散射曲线。衬底的 X 射线漫散射曲线也在图中画出

验曲线)。从图中可看到,1 层 LB 膜的 X 射线漫散射曲线与衬底的很相似,而 27 层 LB 膜的 X 射线漫散射曲线与 1 层的存在明显不同的特征。3~15 层样品的 X 射线漫散射曲线由两个区域组成。在小 q_x 区域,曲线与衬底的比较相似;在大 q_x 区域,曲线与 27 层 LB 膜的 X 射线漫散射曲线比较相近,具有幂定律衰减的趋势。这说明,沉积 3 个单分子层之后由孔洞引起的膜的本征界面起伏就开始体现,并且随着沉积层数的增加,膜的界面起伏最终呈现出对数标度行为。实线是根据式(16.10)得到的拟合曲线。可以看到,理论拟合曲线与实验曲线符合得很好。值得指出的是,所有的模拟中只有两个参数,即转移率 $1-c$ 和膜的张力 ζ。

16.4 小分子及离子相关液体界面

前面介绍了聚合物、表面活性剂、磷脂等分子量较大的有机分子形成的薄膜结构研究。除此之外,由于界面对称性破缺特点,分子或者离子在界面区域的自由能与其在体相结构中不同,从而会导致沿界面垂直方向上的密度变化,如界面吸附或者分离现象。这一现象在固/液[14]、液态金属/空气[15,16]等界面得到证实。但是,在水表面[17]和一些水/油(如烷烃类)界面[18,19]则没有观察到类似的水分子和油分子在界面的有序排列结构。与电中性的小分子相比较,带电离子在界面结构则要丰富得多。这主要是因为带电离子间的静电相互作用较强,而且作用距离较远。下面我们介绍利用 X 射线方法研究电化学不相容液体界面结构以及高价态离子在水溶液/空气界面所形成的特殊结构。

电化学不相容液体界面

不相容液体界面是指两种不能相互混合液体(如水和油)在一起所形成的界面。当两种溶剂分子都具有电极性时,界面两侧液体都可以溶解电解质。由于各种离子在两种液体中的标准化学势不一样,会在界面形成界面电荷和电压差,并且可以通过外加电压的方式调控界面两侧的偏置电压。电化学中一般采用庚醇(2-Heptanol)、二氯乙烷(1,2-dichloroethane, DCE)或者硝基苯(nitrobenzene, NB)做油相溶剂[20],介电常数分别为 11.9、16.7 和 34.8,可以溶解有机电解质,形成有机电解液。

早在 20 世纪初,Gouy[21] 和 Chapman[22] 提出了描述电化学界面离子分布的简单理论,即所谓的 Gouy-Chapman 理论。该理论考虑带电荷为 q 的离子在界面区域的分布受界面平均静电势 V 影响,$n(z) = n_0 \cdot \exp[-qV(z)/(KT)]$。式中,$n$ 是离子浓度;n_0 是该离子在体相中的浓度;而平均静电势 V 可以通过泊松方程获得:$\nabla(\varepsilon\nabla V) = -\sum_i n_i q_i$。利用该模型可以很容易计算出界面电荷 Q 以及电容 C:

$$Q = \int \sum_i n_i(z) \cdot q_i \cdot dz, \quad C = \frac{\partial Q}{\partial V_{Bias}} (V_{Bias} \text{ 代表加在界面两端的偏置电压})$$

可以看出,该模型将离子考虑为简单点电荷,将界面考虑为理想几何平整界面。换言之,该模型忽略了真实界面的各种具体情况,例如,界面处分子及离子尺度的大小、电荷间的相互作用对离子自由能的影响等。该模型所获得的界面电容往往大于实际测量值。因此,电化学研究中提出了各种对该理论的修正模型,例如,考虑界面处局域介电常数 ε 变化,离子在界面区域的扩散,离子间相互作用、界面镜像电荷效应以及离子尺寸(包括离子水包层(hydration shell))对自由能的影响,界面两侧离子间配对等。这些界面修正模型都是建立在分子尺度界面结构模型猜测的基础上。这也就直接提出了对不相容溶液界面分子尺度结构的认知需求,如界面两侧的电极性溶剂分子是否混合、离子在界面处分布的直接测量等。以下介绍利用 X 射线散射技术,测量电化学不相容液体界面处溶剂分子间是否混合,以及离子在界面的分布情况。在此基础上分析不同电化学模型的正确性,并且与电化学电容测量结果对比。

1. 电化学不相容液体界面-电极性溶剂分子的界面结构

在不相容液体电化学的发展过程中,由于水和油分子(如硝基苯等)都具有明显的电极性,界面区域一定程度的混合曾经被认为是很有可能的[23~25]。尽管水油两相的相互溶解度很低,实验测量也证实了两相确实可以发生很低浓度的相互溶解[26]。

由于电化学不相容液体界面区域偏置电压变化主要发生在界面区域 1nm 左右,并且在越靠近界面的区域电场越强,电压变化越大。这一界面电场变化特点充分显示界面纳米区域的结构(包括溶剂和离子)对正确理解电化学测量结果的重要性。因此界面区域溶剂分子是否存在混合是界面模型建立的一个重要基石。

X 射线反射技术可以有效地测量界面分子尺度混合。对于简单界面结构,界面反射率可以写成[27]
$$R(q_z) = R_F(q_z) \cdot \exp[-q_z^2 \cdot \sigma^2]$$
其中,R_F 代表理想平整界面的菲涅耳反射;q_z 是反射矢量。液体界面由面内几何起伏导致沿垂直方向的密度涨落(或者说粗糙度)可以有效地用 capillary wave 理论描述[27]:
$$\sigma_{cap}^2 = [k_B T/(2\pi)] \int \frac{q \mathrm{d}^2 q}{\gamma q^2 + \kappa q^4 + \Delta \rho_m g}$$
其中,q 是 capillar wave 的面内几何起伏波矢的大小;γ 代表界面张力;κ 代表界面弯曲刚度系数;$\Delta \rho_m$ 代表界面两侧液体的质量密度差;g 代表地球重力加速度。当界面弯曲刚度系数可以忽略时,$\sigma_{cap}^2 \approx [k_B T/(2\pi\gamma)] \ln(q_{max}/q_{min})$,其中,$q_{min} = (2\pi/\lambda)\sin\alpha \cdot \Delta\beta$ 是所测量的面内几何起伏最小波矢的大小,由入射角度 α 和探测器前狭缝的几何张角 $\Delta\beta$ 决定;q_{max} 是所测量的面内几何起伏最大波矢的大小,取决于面内起伏的最小尺度,如溶剂分子的大小或者有机分子内部稳定结构的最小尺寸。液体界面 capillary wave 理论对界面粗糙度描述的正确性,在很多类型的液体界面中得到证实。

界面处溶剂分子的相互混合,会增加界面垂直方向的电子密度涨落。这时,X 射线测量的界面粗糙度将可以描述为:$\sigma_{total}^2 = \sigma_{cap}^2 + \sigma_{mix}^2$。对庚醇/水和二氯乙烷/水界面的测量证实了界面粗糙度与 capillary wave 导致的粗糙度一致[19,28,29]。这说明界面溶剂分子混合是可以忽略的。

硝基苯/水界面的 X 射线测量结果则要相对复杂一些。分子动力学模拟[30]显示,由于硝基苯分子结构的各向异性以及分子电偶极矩各向异性的特点,界面处硝基苯分子电偶极矩与水分子的电偶极矩存在平行排列的取向性(图 16.21)。这一效应会导致界面弯曲刚度系数增大(图 16.22),从而导致界面粗糙度明显降低。

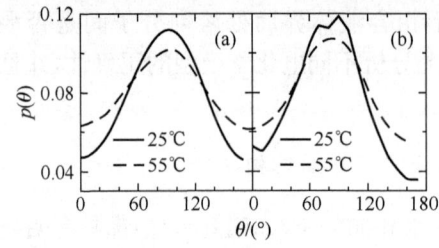

图 16.21 分子动力学模拟 25℃和 55℃ 情况下,硝基苯/水界面处水分子(a)以及硝基苯分子(b)的电偶极矩与界面垂直方向夹角的分布情况

图 16.22 界面处溶剂分子电偶极矩平行排列会导致界面弯曲时面内电偶极矩间的距离变化,也就是弯曲刚度系数会增大

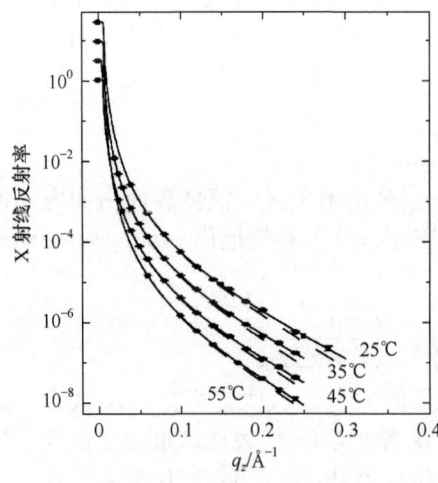

图 16.23 硝基苯/水界面在不同温度下 X 射线反射测量曲线

图中符号为实验点,实线为模拟曲线,虚线为不考虑界面弯曲刚度系数情况下 capillary wave 理论所预期的界面反射曲线

图 16.23 显示硝基苯/水界面在不同温度下的 X 射线反射曲线。对测量曲线模拟发现,实验获得的界面粗糙度(从 25℃ 到 55℃ 分别为 4.5Å,4.5Å,4.8Å 和 5.1Å),要明显小于利用表面张力获得的 capillary wave 粗糙度(分别为 5.17Å,5.24Å,5.42Å 和 5.62Å)[27]。这说明,硝基苯/水界面确实存在由于分子取向导致的结构变化。该结果表明硝基苯/水界面不存在溶剂分子混合。

2. 电化学不相容液体界面-界面单价态离子分布以及模型

在电化学研究中,为了解释界面电容与 Gouy-Chapman 理论预期的区别而提出很多不同的电化学界面模型以及相关理论修正。因此特别需要对界面区域离子分布情况直接测量来验证这些模型和理论的正确性。下面介绍利用 X 射线反射测量 0.01M TBATPB(NB) ‖ xM TBABr(水)电化学界面单价态离子分布以及与界面模型对比。当 0.01M TBATPB (tetra butyl ammonia tetra pheny borate)硝基苯电解液与 xM TBABr (tetra butyl ammonia bromide)水电解液混合形成界面(x 分别为 0.01,0.04,0.05,0.057,0.08),由于离子标准化学势在硝基苯和水中不同,热力学平衡后会在界面自发形成 $-0.245V$,$-0.270V$,$-0.273V$,$-0.274V$ 和 $-0.277V$ 的界面静电势(水溶液中的电势-硝基苯溶液中的电势),以及所谓的双层(double layer)界面结构[31,32]。

图 16.24 显示 Gouy-Chapman 理论所预期的界面离子分布情况。可以清楚看出,该模型给出在非常靠近界面处的离子富集浓度非常高,达到 10M 左右。考虑到实际离子大小,这样高浓度的局域离子浓度是不可能存在的。图 16.25 显示 X 射线测量结果与 Gouy-Chapman 理论预期结果的对比。可以看出,水溶液离子浓度增加,实验曲线与 Gouy-Chapman 理论预期结果差别逐渐增大。

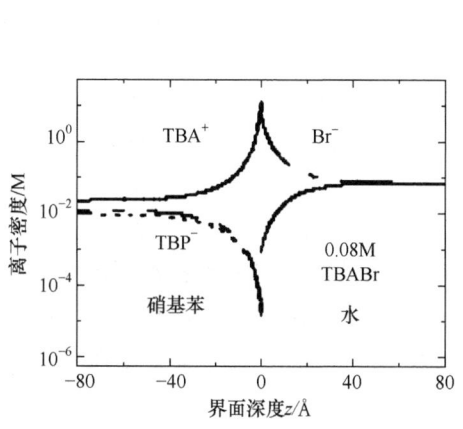

图 16.24 Gouy-Chapman 理论所预期的 0.01M TBATPB(NB) ‖ 0.08M TBABr(水)界面处离子分布情况

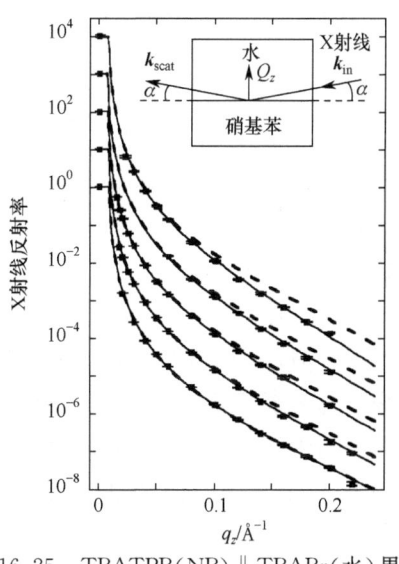

图 16.25 TBATPB(NB) ‖ TBABr(水)界面 X 射线反射测量结果(点)与 Gouy-Chapman 理论预期结果对比(虚线)

图中实线代表修正后理论模型预期结果;图中反射曲线从上往下所对应的样品中水溶液 TBABr 浓度分别为 0.08M,0.057M,0.05M,0.04M 和 0.01M

由于实验曲线 q_z 测量范围的限制,很难从实验曲线直接获取精确的界面处离子浓度分布情况。但可以将实验曲线与不同界面理论模型的预期结果比较,从而验证理论模型的正确性。图 16.26 显示两种界面模型：修正的 Verwey-Niessen 模型和修正的 Poisson-Boltzmann(MPB5)模型预期结果与实验结果的对比。前者考虑界面处存在一层布满溶剂分子的薄层。同时也考虑离子大小，并且离子不能透过界面到相邻相中。后者以解析近似的方式考虑了离子间静电相互作用（包括界面镜像电荷）对离子自由能的影响。为了显示模型预期结果与实验数据之间的差别，图 16.26 显示 $(R_{exp}-R_{model})/S_{exp}$（$R_{exp}$ 代表实验数据，R_{model} 代表模型预期结果，S_{exp} 代表实验数据误差）。可以看出，这些模型与实验结果的差别非常明显。

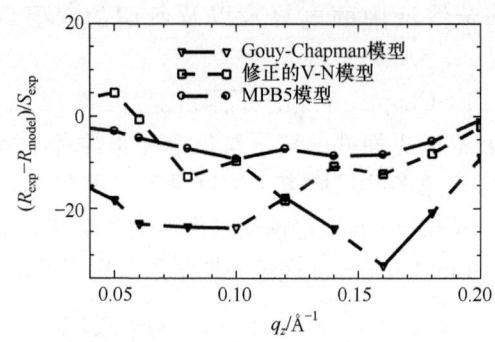

图 16.26　0.01M TBATPB(NB)‖0.08M TBABr(水)
界面 X 射线反射测量结果与不同界面模型预期结果的区别

为了从分子尺度理解离子在液体界面分布，Benjamin[33]利用分子动力学模拟方法给出了单价态离子在液体界面区域的自由能变化曲线。该曲线反映了离子穿过界面过程中由于离子与界面两侧溶剂分子的相互作用导致的自由能变化（这一自由能变化也可以称为 potential of mean force，PMF）。对于单价态离子这一类强电解溶液，由于离子与溶剂分子以及其他离子间不存在结构耦合关联，所以可以将离子与溶剂相互作用、离子与离子间相互作用分别考虑。或者说，离子浓度变化仅改变离子间相互作用导致的自由能，不会改变离子与溶剂分子相互作用导致的自由能(PMF)。在这一假设的基础上，离子在界面分布的玻尔兹曼方程可以改写为

$$n(z)=n_o \cdot \exp\left[-\frac{qv+f(z)+w(z)}{kT}\right]$$

其中，$f(z)$ 代表离子与溶剂分子相互作用的 PMF，$w(z)$ 代表离子间相互作用导致的自由能。前者与离子浓度无关，后者与离子浓度及界面分布情况相关。

对于单价态电解溶液，Luo 等发现在忽略离子间相互作用对自由能贡献的情况下，利用分子动力学模拟获得的 PMF 曲线，所有不同 TBABr 浓度样品所获得的预期结果与实验结果吻合得很好（如图 16.25 中实线所示）[32]。为了验证离子

间相互作用导致的自由能对结果分析的影响,Luo 等[31]利用积分方程方法计算离子间相互作用自由能 $w(z)$,并且通过与泊松-玻尔兹曼方程迭代的方法,获得自洽的离子分布曲线,结果与忽略 $w(z)$ 的结果非常相似(图 16.27)。图 16.27 中没有显示 TBP^- 的分布曲线。实线是忽略离子间相互作用 $w(z)$ 所获得的结果,虚线是利用迭代方法考虑离子间相互作用获得的自洽离子分布曲线。可以看出,对于单价态强电解溶液,离子间相互作用对双层结构的影响很小,可以忽略。最主要的影响因素是离子与溶剂分子相互作用的贡献,即界面 PMF 的变化情况。

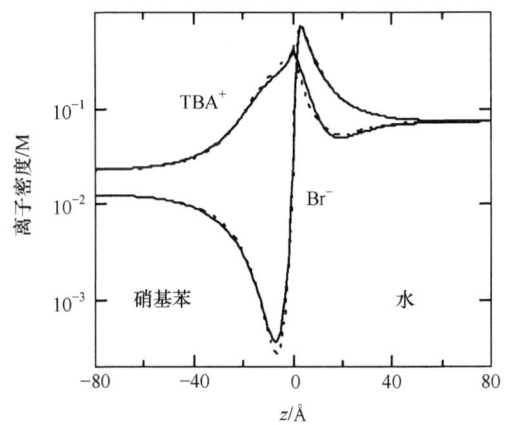

图 16.27 利用离子 PMF 获得的 0.01M TBATPB
(NB) ‖ 0.08M TBABr(水)界面离子分布情况
从离子分布情况可以计算出图 16.25 中的 X 射线反射曲线(实线)

在此基础上,Luo 等还提出[31],利用 PMF 与离子浓度无关的特点,用解析方程描写离子在界面 PMF 曲线,从实验曲线直接获离子在界面的 PMF 曲线。该方法获得结果与分子动力学模拟的结果很相似。利用这种方法,Hou 等[29]分析了 BTPPATPFB (DCE) ‖ NaCl(水)等界面,通过模拟不同外加界面偏置电压的 X 射线反射曲线,获得离子 PMF 以及界面离子分布情况。在此基础上,Hou 等进一步计算界面电荷,并与表面张力测量结果比较,发现两种方法获得的结果符合得很好。

16.5 三价态离子在水/空气界面的结构

高价态离子在水溶液中结构研究显示[34],由于高价态离子周围的强静电势以及水分子的电极化效应等,离子与周围水分子能够形成很稳定的紧邻配位结构,在次近邻甚至更远距离仍然存在有序的水分子包层结构,即所谓的水包层(hydration shell)结构。在这种强静电相互作用的情况下，高价态离子在界面区域的结构是否仍然能够像单价态离子那样忽略离子间相互作用、忽略界面镜像电荷效应？高价态离子与溶剂分子所形成的结构是否仍然能够与离子之间的结构相互独立考虑？这些问题对于理解重金属元素在液体表面的吸附非常重要，例如，磷脂分子的吸附与重构、重金属元素的环境污染与分离等。

关于离子在水溶液表面吸附问题的研究，早在 20 世纪初，Wagner[35]，Onsager 等[36]就发现大部分溶液的表面张力随浓度增加而增大。在此基础上，他们提出表面镜像电荷效应会导致在水溶液与空气的界面出现埃量级厚度的离子分离效应。在后续的研究中，人们又逐渐证实了水溶液表面卤素等一些极化系数较高的离子的表面吸附效应[37,38]。但是，在这一类工作的实验测量中，所采用的实验方法虽然对界面结构敏感，但是不具有界面垂直方向的空间分辨能力。利用 X 射线反射的结构空间分辨优势，可以从玻尔兹曼分布公式直观获得离子在不同界面深度的自由能变化。从而可以直观理解界面结构形成机制，特别是针对界面处离子分子相互变化在界面结构形成过程中的重要作用。下面介绍 Luo 等利用该方法分析 $ErCl_3$ 水溶液/空气的界面结构[39]。

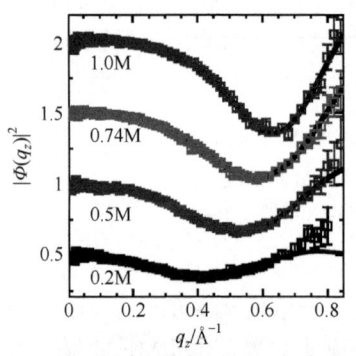

图 16.28 不同浓度 $ErCl_3$ 水溶液/空气界面的 X 射线反射曲线（符号）为了区分曲线，图中实验曲线从上往下分别平移了 1, 0.5, 0 和 -0.5。图中实线是基于结构模型拟合的曲线

图 16.28 显示不同浓度 $ErCl_3$ 水溶液/空气界面的 X 射线反射曲线。为了突出界面结构信息，该图显示 $|\Phi(q_z)|^2 = R(q_z)/R_F(q_z) \cdot \exp(-q_z^2 \sigma_{cap}^2)$。通常把这种去掉 capillary wave 导致的界面起伏后的结构称为本征结构。从图中可以很明显看出，随着 $ErCl_3$ 浓度的增加，界面结构发生了明显的变化。

对于未知结构，可以先采用 Patterson 函数方法粗略分析。对于单个界面，当入射角远大于临界角时，反射曲线与结构 $\rho(z)$ 的关系可以写成

$$R(q_z)/R_F(q_z) = \frac{1}{\rho_\infty^2} \left| \int \frac{\partial \rho(z)}{\partial z} \cdot e^{iq_z z} dz \right|^2$$

式中，ρ_∞ 代表体相电子密度。因此，Patterson 函数可以写为

$$P(s) \equiv \frac{1}{\rho_\infty^2} \int dz \frac{\partial \rho(z)}{\partial z} \frac{\partial \rho(s+z)}{\partial z} = \frac{1}{2\pi} \int dQ_z \frac{R(q_z)}{R_F(q_z)} e^{-iq_z s}$$

可以看出，Patterson 函数实际上是 $\frac{\partial \rho(z)}{\partial z}$ 的自关联函数。对于单个液体界面，可以以一个已知结构 $\rho^0(z)$ 为参照，例如，同样 capillary wave 的理想界面：

$$(1/\rho_\infty)[\partial \rho^0(z)/dz] = G_{cap}(z)$$

其中，$G_{cap}(z) = (\sqrt{2\pi}\sigma_{cap})^{-1}\exp[-z^2/(2\sigma_{cap}^2)]$。这样，未知界面结构可以写为
$$\rho(z) = \rho^0(z) + \rho^\delta(z)$$
Patterson 函数可以写为 $\rho^0(z)$ 和 $\rho^\delta(z)$ 的自关联函数，以及它们之间的相互关联：

$$P(s) = P^{0,0}(s) + 2P^{0,\delta}(s) + P^{\delta,\delta}(s)$$

$$P^{0,0}(s) = \frac{1}{\rho_\infty^2}\int dz \cdot \frac{\partial \rho^0(z)}{\partial z} \cdot \frac{\partial \rho^0(s+z)}{\partial z} = \frac{1}{2\sqrt{\pi}\sigma_{cap}}\exp[-s^2/(4\sigma_{cap}^2)]$$

$$P^{0,\delta}(s) = \frac{1}{\rho_\infty^2}\int dz \cdot \frac{\partial \rho^0(z)}{\partial z} \cdot \frac{\partial \rho^\delta(s+z)}{\partial z}$$

$$P^{\delta,\delta}(s) = \frac{1}{\rho_\infty^2}\int dz \cdot \frac{\partial \rho^\delta(z)}{\partial z} \cdot \frac{\partial \rho^\delta(s+z)}{\partial z}$$

图 16.29 显示从实验曲线获得的 $ErCl_3$ 溶液/空气界面结构的 Patterson 函数以及扣除 $P^{0,0}(s)$ 之后的结果。从图 16.29(a)可以看出，界面存在明显的电子密度振荡变化结构。随着 $ErCl_3$ 浓度的增加，该结构变得逐渐明显，振幅增加的同时，振荡周期逐渐减小。

由于所研究的结构 $\rho^\delta \ll \rho^0$，$P^{\delta,\delta}(s)$ 可以忽略不计。这样 $P(s) - P^{0,0}(s) \approx P^{0,\delta}(s)$。考虑到 $\frac{\partial \rho^0(z)}{\partial z}$ 是一个以零点为中心的高斯函数，图 16.29(b)显示 $\frac{\partial \rho^\delta(z)}{\partial z}$ 在零点附近是负值，并且随着界面深度增加逐渐发生正负符号的变化。考虑到 $\frac{\partial \rho^\delta(z)}{\partial z}$ 和 $\rho^\delta(z)$ 在界面两侧远端为零，ρ^δ 从空气一侧开始，在界面区域逐渐从负值开始增加，并且随深度变化振荡。由于反射方法测量的是电子密度导数的傅里叶变化，该界面结构电子密度的变化应该是由于 Er^{3+} 的密度变化导致的。

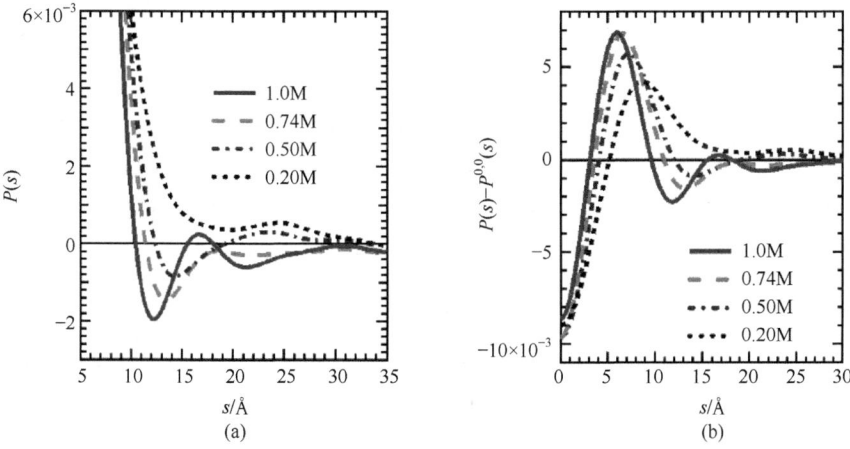

图 16.29 (a)从实验曲线获得的 $ErCl_3$ 溶液/空气界面结构的 Patterson 函数；
(b)Patterson 函数扣除 $P^{0,0}(s)$ 之后的结果

在以上分析的基础上,考虑到界面结构只是由于离子富集/分离导致,可以用以下模型来描述对溶液体相电子密度归一化后的界面本征电子密度变化(去除 capillary wave 效应):

$$\tilde{\rho}^\delta = \tilde{\rho}_1^\delta \Pi(z,d) + \tilde{\rho}_{osc}^\delta \cdot \sin[2\pi(z-d)/\Lambda] \cdot e^{-(z-d)/\Gamma} \theta(z-d)$$

其中,$\Pi(z,d)$ 是矩形函数。

$$\Pi(z,d) = \begin{cases} 0 & (z<0, z>d) \\ 1 & (0<z<d) \end{cases}, \quad \theta(z-d) = \begin{cases} 0 & (z<d) \\ 1 & (z>d) \end{cases}$$

利用该界面模型模拟反射曲线可以获得图 16.30 所表示的界面结构。从图 16.30 可以看出,在界面外层存在 5~8Å 厚的 Er^{3+} 析出层,其电子密度与水的电子密度一致。该层厚度随着 $ErCl_3$ 浓度增加而减小,其最小厚度大约与 Er^{3+} 的次近邻包层半径相同。在深层区域会存在 Er^{3+} 富集现象,并且在更深区域出现密度的振荡。$ErCl_3$ 浓度越高,振幅越强。

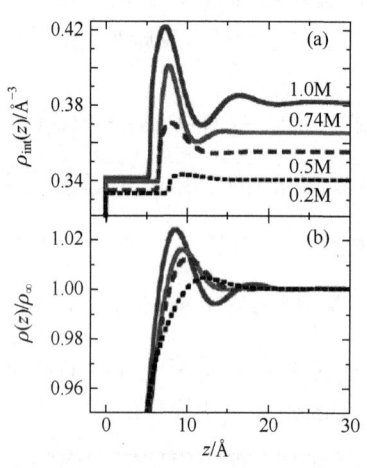

图 16.30 (a)模拟获得的 $ErCl_3$ 溶液/空气界面的本征电子密度变化;(b)界面归一化的电子密度变化曲线

通过粗糙色粒(coarse-grained)分子动力学模拟发现[39],界面最外层(Er^{3+} 析出层)厚度随 $ErCl_3$ 浓度变化是由于界面镜像电荷效应导致的。$ErCl_3$ 浓度高时,Er^{3+} 周围近邻 Cl^- 总数量增加,所形成的 $Er^{3+}[Cl^-]_x$ 团簇结构的总电荷数量减少。这样镜像电荷效应减弱,团簇结构与镜像电荷之间的排斥作用减弱,Er^{3+} 析出层的厚度减小。分子动力学模拟获得的厚度变化与图 16.30 的外层厚度变化非常吻合。当 $ErCl_3$ 浓度增加到 1.0M 时,$Er^{3+}[Cl^-]_x$ 团簇结构的总电荷数已经很小,这时,外层厚度基本上是 Er^{3+} 水包层的半径。

分子动力学模拟结果也显示,三价态离子体系中离子间静电相互作用对自由能的影响是很大的。当离子靠近界面时,镜像电荷效应会导致离子间的相互吸引作用增强,Er^{3+} 在靠近界面区域自由能会降低,这就导致了图 16.30 中观察到的深层 Er^{3+} 富集现象,并且表现出密度沿垂直界面方向的振荡。并且在浓度越高的情况下,振荡现象越明显。当然,利用 coarse-grained 分子动力学模拟时得到的振荡振幅要远小于图 16.30 中显示的振荡振幅[39]。

以上结果也说明,相对单价态离子体系而言,高价态离子在界面的吸附是一个比较复杂的现象。越靠近界面,离子间的有效相互作用会越强(也就是所谓的界面镜像电荷效应)。这一效应甚至有可能改变高价离子近邻溶剂分子的结构,出现近邻溶剂分子和负离子的配位重构。也就是说,对高价态离子的界面吸附效应描述不能再简单套用类似单价态离子双层界面结构的描述方法。在界面深度小于 1 nm 的区域,近邻结构的重构是吸附现象的主要结构变化。这一现象已经用表面扩展 X 射线吸收精细结构谱(EXAFS)测量在 $ErCl_3$ 溶液/空气界面观察到。界面结构重组现象也在界面有机分子吸附高价态离子的结构测量中观测到。

软物质薄膜的种类繁多,本章只讨论了其中的三种。其他如聚合物薄膜、水表面的单分子膜等也是近几年来比较活跃的研究领域,由于篇幅的关系,本章没有介绍。感兴趣的读者可以参考文献[40]。通过本章的讨论可以看到,在软物质研究领域,X 射线散射不仅是一种简单的结构分析工具,它还是研究软物质物理性质的有效手段。可以预期,随着同步辐射技术的发展,X 射线散射在软物质物理研究中将发挥更大的作用。

李 明 罗光明

参 考 文 献

[1] Derjaguin B V, Churaev N V, Muller V M. Surfaces Forces. New York: Consultants Bureau, 1987.

[2] Li M, Tikhonov A M, Chaiko D J, et al. Phys. Rev. Lett. , 2001, (86):5934.

[3] Li M, Chaiko D J, Schlossman M L. J. Phys. Chem. B, 2003, (107):9079.

[4] de Gennes P G, Prost J. The Physics of Liquid Crystals. 2nd ed. Oxford: Clarendon Press, 1993.

[5] Hu S X, Li X H, Jia Q J, et al. J. Chem. Phys. , 2005, (122):124712.

[6] Li D P, Hu S X, Li M. Phys. Rev. E, 2006, (73):031916.

[7] 李大鹏. 中国科学院物理研究所博士学位论文, 2006.

[8] Parsegian V A, Podgornik R. Colloids Surf. A, 1997, (129):345.

[9] Petrov A G. The Lyotropic State of Matter. Amsterdam: Gordon and Breach Science Publishers, 1999.

[10] Li X H, Li M, Mai Z H. J. Phys. Chem. B, 2004, (108):8338.

[11] Barabasi A L, Stanley H E. Fractal Concepts in Surface Growth. New York: Cambridge University Press, 1995.

[12] Li M, Li X H, Huang L, et al. Europhys. Lett. , 2003, (64):385.

[13] Li X H, Li M, Mai Z H. Pgys. Rev. B, 2004, (69):235407.

[14] Cheng L, Fenter P, Nagy K L, et al. Phys. Rev. Letts. , 2001, (87):156103.

[15] Magnussen O M, Ocko B M, Regan M J, et al. Phys. Rev. Letts. , 1995, (74):4444.

[16] Regan M J, Kawamoto E H, Lee S, et al. Phys. Rev. Letts. , 1995, (75):2498.

[17] Schwartz D K, Schlossman M L, Kawamoto E H, et al. Phys. Rev. A, 1990, (41):5687.

[18] Mitrinovic D M, Zhang Z J, Williams S M, et al. J. Phys. Chem. B, 1999, (103):1779.

[19] Luo G, Malkova S, Pingali S V, et al. Electrochemistry Communications, 2005, (7): 627.
[20] Vanysek P. Electrochemistry on Liquid/Liquid Interfaces. Berlin: Springer-Verlag, 1985.
[21] Gouy G. C. R. Acad. Sci., 1910, (149): 654.
[22] Chapman D L. Philos. Mag., 1913, (25): 475.
[23] Girault H H. Electrochim. Acta, 1987, (132): 383.
[24] Girault H H, Schiffrin D H. J. Electroanal. Chem., 1983, (150): 43.
[25] Girault H H, Schiffrin D H. J. Electroanal. Chem., 1988, (244): 15.
[26] Pepelyaev S N, Shilnikov V A, Uglev N P. Russ. J. Appl. Chem., 1990, (62): 1854.
[27] Luo G, Malkova S, Pingali S V, et al. J. Phys. Chem. B, 2006, (110): 4527.
[28] Luo G, Malkova S, Pingali S V, et al. Faraday Discuss., 2005, (129): 23.
[29] Hou B, Laanait N, Yu H, et al. J. Phys. Chem. B, 2013, (117): 5365.
[30] Michael D, Benjamin I. J. Electroanal. Chem., 1998, (450): 335.
[31] Luo G, Malkova S, Yoon J, et al. J. Electroanal. Chem., 2006, (593): 142.
[32] Luo G, Malkova S, Yoon J, et al. Science, 2006, (311): 216.
[33] Benjamin I. Science, 1993, (261): 1558.
[34] Habenschuss A, Spedding F H. J. Chem. Phys., 1979, (70): 2797.
[35] Wagner C. Phys. Z., 1924, (25): 474.
[36] Onsager L, Samaras N N T. J. Chem. Phys., 1934, (2): 528.
[37] Garrett B C. Science, 2004, (303): 1146.
[38] Mucha M, Frigato T, Levering L M, et al. J. Phys. Chem. B, 2006, (109): 7617.
[39] Luo G, Bu W, Mihaylov M, et al. J. Phys. Chem. C, 2013, (117): 19082.
[40] Tolan M. X-ray Scattering from Soft-Matter Thin Films//Springer Tracts in Modern Physics. Vol. 148. Berlin: Springer, 1999.

第17章 薄膜晶体结构的表征和测定

复杂过渡金属氧化物外延薄膜的研究近年引起人们广泛的兴趣。这类薄膜展现出丰富的物理现象,如铁磁性、铁电性、压电性、超导电性和多铁性[1]。这些物理性质的研究对于研发新的电子器件有着重要意义。由于在这类薄膜中,电荷、自旋、轨道和晶格的强关联作用,它们的物理性能与晶体结构的畸变有着密切的关系[2~4]。利用高分辨 X 射线衍射术测定外延薄膜的晶体结构,包括晶体的对称性,精确的点阵参数,化学键长与键角,离子位置的移动等,对于研究过渡金属氧化物体系结构和性能的关系有着至关重要的作用[5]。

晶体结构的对称性对于外延薄膜的铁电和压电性有着很大的影响。晶体的对称性决定了晶胞中离子可能的偏移方向,从而决定了铁电极化矢量的方向。例如,在 $BaTiO_3$(BTO)的三方相中,铁电极化矢量沿着体对角线[111]方向,而在四方相中沿着[001]轴方向,在正交相中沿着面对角线[110]方向[6,7]。压电性能同样与晶体结构的对称性密切相关。在压电固溶体 $Pb(Zr,Ti)O_3$(PZT)体系中,最大的压电效应来自三方相和四方相的准同型相界(morphotropic phase boundary, MPB)[5,7]。

外延薄膜的点阵参数决定于其应力状态。通过选择单晶衬底及其点阵参数可以调节薄膜的应力状态,从而达到优化物理性能的目的。这种方法在过渡金属氧化物外延薄膜中被广泛应用,并取得了显著的成效[2~4]。例如,通过增大 $LaCoO_3$ 薄膜的面内点阵参数,其磁性相变温度也随着提高[8]。在 $La_{1.9}Sr_{0.1}CuO_4$ 超导外延薄膜中,面内点阵参数从 3.78Å 到 3.76Å 的微小变动,导致了超导相变温度两倍的提高[9]。在 $SrTiO_3$(STO)薄膜中,顺电相可以通过点阵参数的调节而变为铁电相[10]。

如上所述,晶体结构对其物理性能影响是至关重要的。本章分为五个方面讨论薄膜晶体结构的表征和测定,首先介绍薄膜布拉维晶胞和点阵参数测定的倒易矢量(reciprocal space vector,RSV)法,进一步讨论孪晶组态和点阵参数的计算,应用半指数晶面衍射法测定氧八面体的转动,表面衍射的 COBRA 法,最后探讨了用于外延薄膜晶体结构分析的改进单晶结构分析方法,各节均有实际工作的例子。

17.1 布拉维晶胞和点阵参数的测定

在晶体结构测定中,晶胞类型和尺寸总是第一步的工作,即开始于布拉维晶胞和点阵参数的测定。图 17.1 为简化的框图,概述了薄膜或块体材料一般晶体结构测定的步骤。

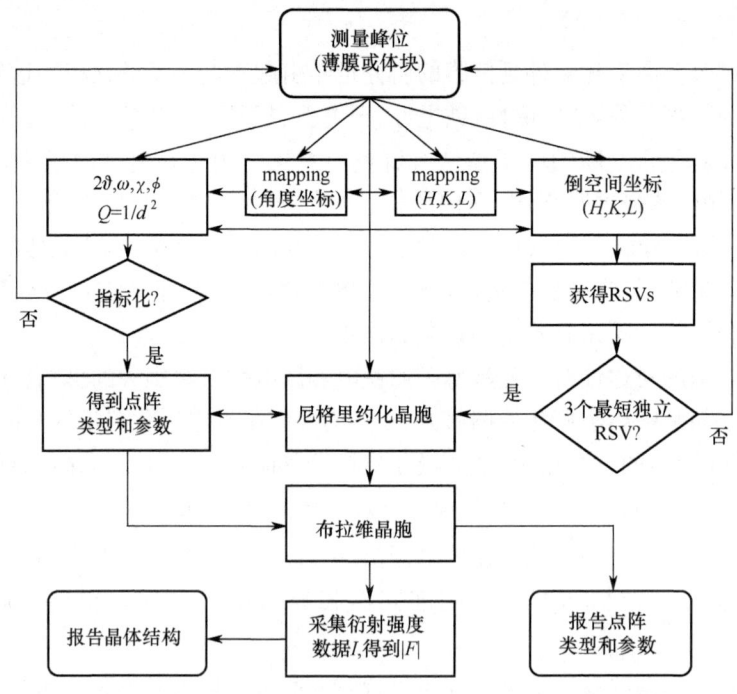

图 17.1 晶体结构测定的一般步骤

图 17.1 中左半部所示,衍射峰的位置数据可以用 $2\theta,\omega,\chi$ 和 ϕ 的角度采集,对于块体状单晶或单晶外延薄膜材料可以用角度坐标的 mapping 图的方法采集,对于多晶材料甚至单独用 2θ 角度采集。然后从指标化过程开始,获得可能的点阵类型及其参数;另外,衍射数据也可以使用二维(2D)的倒易空间衍射强度分布图(reciprocal space mapping, RSM)和三维(3D)的 RSV 采集,米勒指数 H,K 和 L 为坐标,如图中右半部所示。至少有三个最短的、独立的向量应该得到,选为基矢。下一步,尼格里(Niggli)约化晶胞被导出,布拉维晶胞类型和点阵参数就可以得出。其结构测定所用到的整套衍射数据随后可以被收集,晶体结构解出并报告。指标化所用到的软件 TREOR,DICVOL 和 ITO 的具体算法,参见文献[11]第 399 页。

对于多晶薄膜,采用粉末衍射技术,通过衍射峰指标化,可以得到其点阵参数[11]。一些软件是从头开始(ab initio)进行指标化,例如,TREOR 和 DICVOL 应用"尝试和误差"法,ITO 用区域搜索(zone searching)法加上 Delaunay-Ito 技术(参见文献[11]第 399 页)。

对于块体状单晶或单晶外延膜,在一些单晶结构测定的软件包,如 SMART APEX II,Bruker AXS[12]中,以上步骤原则上可以使用。在正常情况下,如衍射图有约 25 个衍射峰(倒易空间点数)即可以用来推断初始的晶格参数。然而,对于生长在衬底上的薄膜,在实际工作中由于以下原因,它经常失灵:

(1) 分别来自薄膜和衬底的两套衍射斑点,混淆了衍射花样,引起不相容的结果而得不到正确的薄膜点阵参数。

(2) 薄膜衍射峰强度较弱。衍射峰通常具有较宽的宽度,只能给出较少的有用的衍射峰和不精确的峰值位置,甚至改进的 Bond 方法也只能提供不甚满意的峰值位置[13,14]。在高分辨 X 射线衍射实验中,对于块体状单晶,如衬底,布拉格角 θ_B 典型的位置准确度大约为 $0.002° = 3.5 \times 10^{-5}$ rad;但对于薄膜的衍射峰,其准确度显著地变差[14]。

例如,BTO 四方相在顺电-铁电的相变点(130℃)时,布拉格角 θ_B 位置约 0.01° 的偏差能导致单斜角(β)的计算误差达到 0.2°,据此很难判断它属于四方晶系或单斜晶系。这个例子是使用 002,013 和 103 的衍射峰来计算的,参见文献[15]。单斜角 β 的误差对判别晶体对称性和所属的晶系在上述一些多铁薄膜的 MPB 附近是非常关键的[16]。

(3) 由于通常波长的 X 射线不能穿透衬底,绝大多数实验采用反射的衍射几何,可以采集到薄膜衍射峰的数量有限,再次减少获得精确点阵参数的机会。

(4) 孪晶的存在引起衍射峰峰位的移动和宽化,致使错误的峰值定位,导致错误,甚至得不到点阵参数。

上述问题,不准确的布拉格角 θ_B 位置和衍射峰的数目较少,难以得到准确的点阵参数。弱的衍射峰强度,又使 Bond 方法不太有效。更难办的是,仅较少的 d 值可以在起初得到(无论精确与否),导致使用 d 值公式时引起点阵参数(尤其是轴间角 α,β 和 γ)有效位数减少,误差很大,很难推断晶体的布拉维晶胞类型。在这种情况下,依靠运气的"猜测和检验"法是经常用的方法。

与图 17.1 类似,尤其在步骤"布拉维晶胞"以后,最近发展了一种适用于薄膜点阵参数,晶体结构解析和精修的方法,砷化镓上生长的 CuMnAs 薄膜作为一个示范例子[17],另一个例子是成功地得到 10nm 厚氧化物薄膜的键长和键角[18]。

为了克服上述困难,本节专于晶胞类型和尺寸的测定,提出了 RSV 方法,即使用高分辨 X 射线衍射术在倒易空间测定单晶外延薄膜的点阵参数[19]。具体地说,以衬底的点阵参数为参照,首先准确地获得薄膜的尼格里约化晶胞,然后可以得到薄膜的布拉维晶胞类型和点阵参数。在 RSV 方法中,薄膜与衬底晶格的关系清晰展现,从而可以得到点阵参数,其步骤显示在图17.1的右半边,下面分两种方法介绍。

17.1.1　RSV法

在外延膜的结构表征中,二维的RSM已被广泛用于获得RSV或布拉格角θ_B的位置[20~28],从而测定点阵参数、薄膜取向和晶格失配(参见第15章),甚至残余应力(参见第12章)。

二维RSM实验,其垂直mapping图平面的方向X射线的分辨率通常较差,所得到的mapping图在此方向的衍射强度是积分的或者不予注意。这个方法有一个预设假定,即薄膜的晶轴在RSM平面内。换句话说,在扫描RSM的数据时,总是沿着衬底晶轴方向进行的。这样一来,薄膜的两个晶轴之间的角度就由两个RSM平面相互之间的夹角决定了,其数值取决于具体实验条件,例如,取决于实验所使用的坐标系和衬底的晶系,通常是90°。这显然不是一般适用的外延情况,因为薄膜的斑点或它的晶轴不一定是在以衬底晶轴为坐标系的RSM平面内。

在本节,引进三维倒易空间RSV方法。该方法没有任何预先的假设,比二维RSM方法更加一般和准确。该方法分别测量衬底和外延薄膜的三维RSV的坐标,然后以衬底的RSV为参照对外延薄膜的RSV进行缩放和旋转校正,就像在粉末衍射术中应用内标法来修正2θ值那样(参见文献[29]第355页)。在尼格里约化晶胞导出后,布拉维晶胞类型和点阵参数就可以确定和计算。

1. 倒易空间中的基矢

在三维倒易空间中,RSV或者q一般表达为(HKL)或矩阵:

$$q = Ha^* + Kb^* + Lc^*$$

$$= (HKL) = \begin{bmatrix} H \\ K \\ L \end{bmatrix} \qquad (17.1)$$

式中,H,K和L是选定坐标系中分别沿H,K和L方向的坐标,其坐标系如图17.2所示。4.3节指出,如果倒易基矢是从其正空间基矢a,b和c转化而来,RSV就会落到倒易点阵的格点上,H,K和L是整数(米勒指数),即图17.2所示的q_0;如果倒易基矢是其他正矢量(非a,b和c)转化而来的,H,K和L是非整数。例如,在衬底的坐标系下,薄膜的RSV一般不会落到倒

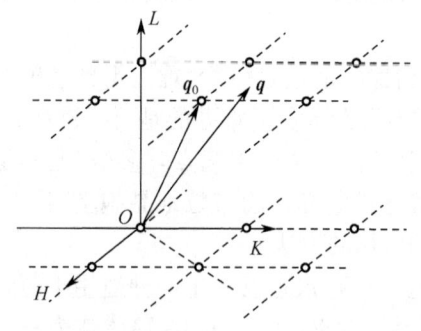

图17.2　三维倒易空间点阵和坐标系H,K和L

坐标原点在O;a^*,b^*和c^*为三个分别沿着H,K和L方向的倒易基矢(没有画出)。q和q_0分别是指向一般位置和倒易点阵结点的RSV

易点阵的格点上,即图 17.2 所示的 q。请注意:RSV 及以后讨论的散射矢量另有定义为: $Q=2\pi q$。为简单起见本处仅讨论 q。

在实际工作中,RSV 可以用衍射仪测量衍射峰的位置得到。如果衍射仪使用样品倒易空间的坐标系,可以直接读得衍射峰对应的 RSV 的坐标(HKL);如果使用角度坐标系得到了衍射峰的角度位置(如四圆衍射仪的欧拉角 $2\theta, \omega, \chi$ 和 φ),可以使用 17.1.3 节中式(17.27)和式(17.28)换算得到 RSV 的坐标(HKL)。

通过合理地选择三个独立的 RSV,例如,($00L$),($H0L$) 和 ($0KL$),三个倒易基矢 a^*,b^* 和 c^* 可以由这三个 RSV 线性组合得到:

$$\begin{cases} a^* = \dfrac{1}{H}[(H0L)-(00L)] \\ b^* = \dfrac{1}{K}[(0KL)-(00L)] \\ c^* = \dfrac{1}{L}(00L) \end{cases} \quad (17.2\text{a})$$

或写为

$$\begin{cases} a^* = \dfrac{1}{H}\left[\begin{pmatrix} H \\ 0 \\ L \end{pmatrix} - \begin{pmatrix} 0 \\ 0 \\ L \end{pmatrix}\right] \\ b^* = \dfrac{1}{K}\left[\begin{pmatrix} 0 \\ K \\ L \end{pmatrix} - \begin{pmatrix} 0 \\ 0 \\ L \end{pmatrix}\right] \\ c^* = \dfrac{1}{L}\begin{pmatrix} 0 \\ 0 \\ L \end{pmatrix} \end{cases} \quad (17.2\text{b})$$

这样得到的倒易空间基矢可能不一定是初基,取决于晶格的类型。它们在实验测量和方法上也一定存在系统误差,这些误差可以通过 RSV 的修正来校正。

2. RSV 的修正

由于测量得到的 RSV 可能在长度和取向上与正确的 RSV 不同,理应修正。修正可以分为缩放部分(比例因子 s)和旋转部分(旋转矩阵 R)。正如上面指出的,这样的系统误差可能来自实验中选用的光阑宽度,不准确的波长,以及测量系统的准直偏差等所引起的不准确的角度测量。比例因子为正确的 RSV 长度与测量的 RSV 长度之比;旋转矩阵 R 可以分解成分别绕 H 轴和 K 轴旋转的两个部分(参见文献[30]第 76 页),其右手笛卡儿坐标系 H,K 和 L(图 17.2)。在其他情况下,非笛卡儿坐标系可以转换成正交坐标系然后进行旋转校正(参见文献[30]第 74 页)。

由于薄膜的 RSV 通常是在衬底的 RSV 附近,有理由认为:只要实验条件相同,测量薄膜 RSV 所产生的系统误差应相同于或非常接近测量衬底 RSV 所产生的系统误差,因为系统误差来源相同。其修正的基本思路是先找到衬底的修正,然后对薄膜作同样的修正。

对于衬底,若修正后的 RSV($H_1K_1L_1$)与测量的 RSV($h_1k_1l_1$)有如下关系:

$$\begin{bmatrix} H_1 \\ K_1 \\ L_1 \end{bmatrix}_{\substack{\text{corrected}\\\text{for sub}}} = s\boldsymbol{R} \begin{bmatrix} h_1 \\ k_1 \\ l_1 \end{bmatrix}_{\substack{\text{measured}\\\text{for sub}}} \quad (17.3a)$$

那么,比例因子 s 和旋转矩阵 $\boldsymbol{R}$ 就可以从式(17.3a)得出。然后,对薄膜作同样的修正:

$$\begin{bmatrix} H_2 \\ K_2 \\ L_2 \end{bmatrix}_{\substack{\text{corrected}\\\text{for film}}} = s\boldsymbol{R} \begin{bmatrix} h_2 \\ k_2 \\ l_2 \end{bmatrix}_{\substack{\text{measured}\\\text{for film}}} \quad (17.3b)$$

比例因子 s 是式(17.3a)中衬底的 RSV($H_1K_1L_1$)与 RSV($h_1k_1l_1$)长度之比。s 的作用是使衬底测量的 RSV($h_1k_1l_1$)长度修正为正确的 RSV($H_1K_1L_1$)长度。旋转矩阵 $\boldsymbol{R}$ 可以表示为

$$\boldsymbol{R} = \boldsymbol{R}_H(\alpha) \cdot \boldsymbol{R}_K(\beta) \quad (17.4a)$$

$$\boldsymbol{R}_H(\alpha) = \begin{bmatrix} 1 & 0 & 0 \\ 0 & \cos\alpha & -\sin\alpha \\ 0 & \sin\alpha & \cos\alpha \end{bmatrix} \quad (17.4b)$$

$$\boldsymbol{R}_K(\beta) = \begin{bmatrix} \cos\beta & 0 & \sin\beta \\ 0 & 1 & 0 \\ -\sin\beta & 0 & \cos\beta \end{bmatrix} \quad (17.4c)$$

其中,α 和 β 是 RSV($h_1k_1l_1$)分别绕 H 轴和 K 轴旋转的角度,逆时针方向为正。从而使衬底测量的 RSV($h_1k_1l_1$)与正确的 RSV($H_1K_1L_1$)方向重合,即修正了旋转误差。

修正 RSV(013)的例子:对 STO 衬底上生长的 $BiFeO_3$(BFO)薄膜,分别测量得到衬底的(-0.0007 0.9996 3.0006)和薄膜的(-0.0011 1.0065 2.9002)两个 RSV。使用式(17.3a),$s=0.9999$ 和 $R_H(2.333\times10^{-4})$,$R_K(-1.800\times10^{-4})$ 修正衬底的 RSV 为(013),对应绕 H 轴和 K 轴旋转的角度分别为 $0.01337°$ 和 $-0.01031°$。使用式(17.3b),对薄膜的 RSV 作同样的计算,它修正为(-0.0004 1.0069 2.8996)。

3. 正空间中的基矢

适当选择式(17.2)的 RSV,经式(17.3)修正后,原始的和初基的正空间晶胞

可以由下式得到

$$\begin{cases} \boldsymbol{a} = \dfrac{\boldsymbol{b}^* \times \boldsymbol{c}^*}{V^*} \\[6pt] \boldsymbol{b} = \dfrac{\boldsymbol{c}^* \times \boldsymbol{a}^*}{V^*} \\[6pt] \boldsymbol{c} = \dfrac{\boldsymbol{a}^* \times \boldsymbol{b}^*}{V^*} \end{cases} \tag{17.5}$$

$$V^* = \frac{1}{V} = \boldsymbol{a}^* \times \boldsymbol{b}^* \times \boldsymbol{c}^* \tag{17.6}$$

$\boldsymbol{a}, \boldsymbol{b}$ 和 $\boldsymbol{c}$ 是最短的且独立的正空间基矢。如上面指出的,它的倒易空间的基矢可能不一定是初基的。V^* 和 V 分别是原始的倒易空间晶胞和正空间晶胞体积。将式(17.5)应用于衬底和薄膜,可以分别得到它们正空间中的基矢。

4. 薄膜的尼格里晶胞和布拉维晶胞

薄膜原始的正空间基矢 $\boldsymbol{a}, \boldsymbol{b}$ 和 $\boldsymbol{c}$ 可从式(17.5)得到,如果它们满足如下两种类型的条件,这样的原始晶胞可以转化为标准的尼格里晶胞:

$$\boldsymbol{a} \cdot \boldsymbol{a} \leqslant \boldsymbol{b} \cdot \boldsymbol{b} \leqslant \boldsymbol{c} \cdot \boldsymbol{c}, \quad T = (\boldsymbol{a} \cdot \boldsymbol{b})(\boldsymbol{b} \cdot \boldsymbol{c})(\boldsymbol{c} \cdot \boldsymbol{a}) \tag{17.7}$$

$$\text{I 型}: T > 0; \boldsymbol{a} \cdot \boldsymbol{b} > 0, \boldsymbol{b} \cdot \boldsymbol{c} > 0, \boldsymbol{c} \cdot \boldsymbol{a} > 0 \tag{17.8}$$

$$\text{II 型}: T \leqslant 0; \boldsymbol{a} \cdot \boldsymbol{b} \leqslant 0, \boldsymbol{b} \cdot \boldsymbol{c} \leqslant 0, \boldsymbol{c} \cdot \boldsymbol{a} \leqslant 0 \tag{17.9}$$

其他的主要条件和特殊条件可以在《国际结晶学表》中查到(参见文献[31]第9.2章750页或文献[32],[33]第19页)。

使用文献[34]表4和文献[35]表1,运用矩阵乘法,原始晶胞可以转化为标准的尼格里晶胞。正如17.1.2节所详述,这其实是一种在 G^6-空间向(标准型尼格里晶胞)子空间的投影,得到标准的尼格里晶胞基矢 $\boldsymbol{a}, \boldsymbol{b}$ 和 $\boldsymbol{c}$,或写成 $\begin{bmatrix} \boldsymbol{a} \\ \boldsymbol{b} \\ \boldsymbol{c} \end{bmatrix}_{\text{Niggli}}$ (参见17.1.2节的内容和式(17.18))。

使用《国际结晶学表》中表9.2.5.1和文献[31]第9.2章753页,运用转化矩阵 $\boldsymbol{M}_{\text{N} \to \text{B}}$,从标准型尼格里晶胞可以得出常规的布拉维晶胞类型,从而点阵参数(基矢)可以求出:

$$\begin{bmatrix} \boldsymbol{a} \\ \boldsymbol{b} \\ \boldsymbol{c} \end{bmatrix}_{\text{Bravais}} = \boldsymbol{M}_{\text{N} \to \text{B}} \begin{bmatrix} \boldsymbol{a} \\ \boldsymbol{b} \\ \boldsymbol{c} \end{bmatrix}_{\text{Niggli}} \tag{17.10}$$

例如,单斜晶系 mC(No.10)的转化矩阵为

$$M_{N \to B} = \begin{bmatrix} 1 & 1 & 0 \\ 1 & -1 & 0 \\ 0 & 0 & -1 \end{bmatrix} \quad (17.11)$$

测定布拉维晶胞的例子：其 RSV(013) 如 17.1.1 节 2. 的例子所示。使用式(17.3)，对同一样品的其他 RSV 进行类似的修正：STO 衬底测得的 RSV (0.0000 0.0000 1.9992)和(−0.9996 0.0000 2.9993)分别修正为(002)和($\bar{1}$03)；BFO 薄膜测得的(0.0000 0.0034 1.9374)和(−1.0000 0.0080 2.9002)分别修正为(0.0000 0.0034 1.9382)和(−1.0004 0.0080 2.9009)。这样修正得到薄膜的原始晶胞为：$a = 3.898$Å, $b = 3.904$Å 和 $c = 4.030$Å, $\alpha = 90.36°$, $\beta = 90.34°$ 和 $\gamma = 90.19°$。在误差范围内，这是单斜晶系 mC(No. 10)的点阵，如文献[31]表 9.2.5.1。使用文献[34]表 4 或文献[35]表 1，原始晶胞转化为标准的尼格里晶胞：$a = b = 3.901$Å 和 $c = 4.030$Å, $\alpha = \beta = 90.35°$ 和 $\gamma = 90.19°$。使用文献[31]表 9.2.5.1，第 9.2 章 753 页或式(17.11)，布拉维晶胞参数可以求出为：$a = 5.507$Å, $b = 5.526$Å 和 $c = 4.030$Å, $\alpha = 90°$, $\beta = 90.50°$ 和 $\gamma = 90°$。

因为入射 X 射线在垂直于散射平面的方向有较差的分辨率(较大的发散角)，上述的 γ 角有较大的误差，这将在 17.1.2 节 3. 和 17.1.3 节讨论。上述转换还可以使用作者开发的 ACCEL 计算程序 DeFLaP(determination of film lattice parameters，薄膜点阵参数的测定)进行计算。

17.1.2 六维矢量法(G^6-空间法)

在本节，处理六维 G^6-空间矢量以及阐述它如何代表一个晶胞。与 17.1.1 节的修正方法相比，以衬底作为参照，类似的校正也可以做，但更为简单，而且没有缩放和旋转的区分。用投影方法，标准尼格里晶胞的基矢可以导出，布拉维晶胞的类型从而可以确定。

1. 晶胞在 G^6-空间中的表示

一个晶胞可以表示为六维欧几里得空间(记为 G^6-空间)中的一个矢量(一个点)[34]。实际上，度规张量矩阵中

$$\begin{bmatrix} a \cdot a & a \cdot b & a \cdot c \\ b \cdot a & b \cdot b & b \cdot c \\ c \cdot a & c \cdot b & c \cdot c \end{bmatrix} \quad (17.12)$$

仅有六个分量是独立的[36]，形成所谓的尼格里矩阵：

$$\begin{bmatrix} a \cdot b & b \cdot b & c \cdot c \\ b \cdot c & a \cdot c & a \cdot b \end{bmatrix} \quad (17.13)$$

它们在 G^6-空间形成一个矢量 g：

17.1 布拉维晶胞和点阵参数的测定

$$\boldsymbol{g} = \begin{bmatrix} g_1 \\ g_2 \\ g_3 \\ g_4 \\ g_5 \\ g_6 \end{bmatrix} = \begin{bmatrix} \boldsymbol{a} \cdot \boldsymbol{a} \\ \boldsymbol{b} \cdot \boldsymbol{b} \\ \boldsymbol{c} \cdot \boldsymbol{c} \\ 2\boldsymbol{b} \cdot \boldsymbol{c} \\ 2\boldsymbol{c} \cdot \boldsymbol{a} \\ 2\boldsymbol{a} \cdot \boldsymbol{b} \end{bmatrix} = \begin{bmatrix} a^2 \\ b^2 \\ c^2 \\ 2bc \cdot \cos\alpha \\ 2ac \cdot \cos\beta \\ 2ab \cdot \cos\gamma \end{bmatrix} \tag{17.14}$$

这样,任何一个 G^6-空间的矢量唯一地对应一个晶胞,其具有式(17.14)的点阵参数 a,b 和 c 及 α,β 和 γ。这样的表示对得到点阵参数带来方便,其修正也变得更为简单。

2. G^6-空间中薄膜点阵参数的修正

在实际工作中,衬底和薄膜的点阵参数从式(17.5)转换到正空间得到,正如在 17.1.1 节 2. 讨论的,当然不可避免地存在系统误差。如果 G^6-空间修正矢量 $\Delta\boldsymbol{g}$ 是获得衬底的标准点阵参数所需要的,它应该可以从式(17.15)得到

$$\boldsymbol{g}_{\text{sub}} = \begin{bmatrix} a^2 \\ b^2 \\ c^2 \\ 2bc \cdot \cos\alpha \\ 2ac \cdot \cos\beta \\ 2ab \cdot \cos\gamma \end{bmatrix}_{\substack{\text{standard} \\ \text{for sub}}} = \Delta\boldsymbol{g} + \begin{bmatrix} a^2 \\ b^2 \\ c^2 \\ 2bc \cdot \cos\alpha \\ 2ac \cdot \cos\beta \\ 2ab \cdot \cos\gamma \end{bmatrix}_{\substack{\text{measured} \\ \text{for sub}}} \tag{17.15}$$

$\Delta\boldsymbol{g}$ 可以表示为

$$\Delta\boldsymbol{g} = \begin{bmatrix} \Delta g_1 \\ \Delta g_2 \\ \Delta g_3 \\ \Delta g_4 \\ \Delta g_5 \\ \Delta g_6 \end{bmatrix} \tag{17.16}$$

由于衬底和薄膜在 G^6-空间对应的矢量接近,正如在 17.1.1 节 2. 所讨论的,实验测量中的系统误差,对于两者也会相同或非常接近。同样的修正矢量式(17.16)应用在薄膜 G^6-空间矢量的修正,即

$$\boldsymbol{g}_{\substack{\text{raw} \\ \text{film}}} = \begin{bmatrix} g_1 \\ g_2 \\ g_3 \\ g_4 \\ g_5 \\ g_6 \end{bmatrix}_{\substack{\text{raw} \\ \text{corrected}}} = \begin{bmatrix} a^2 \\ b^2 \\ c^2 \\ 2bc \cdot \cos\alpha \\ 2ac \cdot \cos\beta \\ 2ab \cdot \cos\gamma \end{bmatrix}_{\substack{\text{raw} \\ \text{corrected}}} = \Delta\boldsymbol{g} + \begin{bmatrix} a^2 \\ b^2 \\ c^2 \\ 2bc \cdot \cos\alpha \\ 2ac \cdot \cos\beta \\ 2ab \cdot \cos\gamma \end{bmatrix}_{\substack{\text{measured} \\ \text{for film}}} \tag{17.17}$$

通过以上计算，薄膜原始的点阵参数可以通过对测得的点阵参数修正得到。从式(17.17)修正的原始晶胞可以转化(投影)为标准的尼格里晶胞，或称尼格里约化晶胞，公式如下：

$$g_{\text{Niggli-reduced}} = \begin{bmatrix} a^2 \\ b^2 \\ c^2 \\ 2bc \cdot \cos\alpha \\ 2ac \cdot \cos\beta \\ 2ab \cdot \cos\gamma \end{bmatrix}_{\text{Niggli-reduced}} = M_{\text{R}\to\text{N}} \cdot g_{\text{film}}^{\text{raw}} = M_{\text{R}\to\text{N}} \begin{bmatrix} a^2 \\ b^2 \\ c^2 \\ 2bc \cdot \cos\alpha \\ 2ac \cdot \cos\beta \\ 2ab \cdot \cos\gamma \end{bmatrix}_{\text{raw corrected}} \quad (17.18)$$

这里，原始晶胞向 G^6-空间的子空间投影为尼格里约化晶胞，$M_{\text{R}\to\text{N}}$ 是投影矩阵，可以在文献[34]表4和文献[35]表1中查到。将得到的尼格里约化晶胞的基矢转变为矩阵表示 $\begin{bmatrix} a \\ b \\ c \end{bmatrix}_{\text{Niggli}}$，使用转换矩阵 $M_{\text{N}\to\text{B}}$，常规的布拉维点阵的基矢 $\begin{bmatrix} a \\ b \\ c \end{bmatrix}_{\text{Bravais}}$ 和点阵参数可以依次求出，如式(17.10)所示。

3. 误差估计

尼格里晶胞的点阵参数 a,b 和 c 及 α,β 和 γ 可以表示为 G^6-空间投影的矢量(尼格里约化晶胞)加/减误差矢量 δg。请注意，这个误差矢量 δg 不同于上面的修正矢量 Δg：δg 是一种不确定的误差范围估计值，而 Δg 则是有倾向的系统误差值，即测量衬底时由于某些偏差引起的系统误差。尼格里晶胞表达为

$$\begin{bmatrix} a^2 \\ b^2 \\ c^2 \\ 2bc \cdot \cos\alpha \\ 2ac \cdot \cos\beta \\ 2ab \cdot \cos\gamma \end{bmatrix} = \begin{bmatrix} a^2 \\ b^2 \\ c^2 \\ 2bc \cdot \cos\alpha \\ 2ac \cdot \cos\beta \\ 2ab \cdot \cos\gamma \end{bmatrix}_{\text{Niggli-reduced}} \pm \delta g \quad (17.19)$$

在 G^6-空间，约化后的尼格里晶胞的误差矢量 δg 可以用投影矢量(尼格里约化晶胞，式(17.18))和它的原始矢量(用矢量 Δg 修正后的原始晶胞，式(17.17))之间的距离来估计如下：

$$\delta \boldsymbol{g} = \begin{bmatrix} a^2 \\ b^2 \\ c^2 \\ 2bc \cdot \cos\alpha \\ 2ac \cdot \cos\beta \\ 2ab \cdot \cos\gamma \end{bmatrix}_{\substack{\text{Niggli-}\\ \text{reduced}}} - \begin{bmatrix} a^2 \\ b^2 \\ c^2 \\ 2bc \cdot \cos\alpha \\ 2ac \cdot \cos\beta \\ 2ab \cdot \cos\gamma \end{bmatrix}_{\substack{\text{raw}\\ \text{corrected}}} \quad (17.20)$$

按照式(17.18),如果 $\boldsymbol{E}$ 是单位矩阵,式(17.20)可以写成

$$\delta \boldsymbol{g} = (\boldsymbol{M}_{R \to N} - \boldsymbol{E}) \cdot \begin{bmatrix} a^2 \\ b^2 \\ c^2 \\ 2bc \cdot \cos\alpha \\ 2ac \cdot \cos\beta \\ 2ab \cdot \cos\gamma \end{bmatrix}_{\substack{\text{raw}\\ \text{corrected}}} \quad (17.21)$$

误差估计的例子1:对于17.1.2节2.和4.中的例子所示的BFO薄膜尼格里约化晶胞,可以计算出误差矢量

$$\delta \boldsymbol{g} = \begin{bmatrix} 3.901^2 \\ 3.901^2 \\ 4.030^2 \\ 2\times 3.901 \times 4.030 \times \cos 90.35° \\ 2\times 3.901 \times 4.030 \times \cos 90.35° \\ 2\times 3.901 \times 3.901 \times \cos 90.19° \end{bmatrix}_{\substack{\text{Niggli-}\\ \text{reduced}}} - \begin{bmatrix} 3.898^2 \\ 3.904^2 \\ 4.030^2 \\ 2\times 3.904 \times 4.030 \times \cos 90.36° \\ 2\times 3.898 \times 4.030 \times \cos 90.34° \\ 2\times 3.898 \times 3.903 \times \cos 90.19° \end{bmatrix}_{\substack{\text{raw}\\ \text{corrected}}}$$

$$= \begin{bmatrix} 0.021 \\ -0.021 \\ 0.000 \\ 0.008 \\ -0.008 \\ 0.000 \end{bmatrix} \quad (17.22)$$

从式(17.22)的前两个分量,使用式(17.19),可以得到

$$2 \cdot (a^2 - 3.901^2)^2 = 0.021^2 + (-0.021)^2$$
$$a^2 - 3.901^2 = \pm 0.021$$
$$a = (3.901 \pm 0.00269) \text{Å}$$

又从式(17.22)中的第四和第五两个分量,使用式(17.19),可以得到

$$(2bc \cdot \cos\alpha - 2\times 3.901 \times 4.030 \times \cos 90.35°)^2$$
$$+ (2ac \cdot \cos\beta - 2\times 3.901 \times 4.030 \times \cos 90.35°)^2 = 0.008^2 + (-0.008)^2$$

在上式中代入约化晶胞的点阵参数 $a=b=3.901$Å, $c=4.030$Å, $\alpha=\beta=90.35°$

和 $\gamma=90.19°$，可得

$$2\times3.901\times4.030\times\sin90.35°\times\text{Radians}(\beta-90.35°)=\pm0.008$$
$$2\times[2\times3.901\times4.030\times(\cos\beta-\cos90.35°)]^2=2\times0.008^2$$
$$2\times3.901\times4.030\times(\cos\beta-\cos90.35°)=\pm0.008$$
$$\beta=90.35°\pm0.015°$$

上面的计算过程忽略了有效数字。点阵参数的误差最终表示为：$a=(3.901\pm0.003)$Å 和 $\beta=90.35°\pm0.02°$。其他点阵参数的误差可以用 RSV 测量的精确度来估计，参考 17.1.3 节。

误差估计的例子 2：ITO(tin-doped indium oxide)薄膜（重量百分比为 60% In_2O_3：40% SnO_2）的原始晶胞，$a=5.0683$Å，$b=5.0698$Å 和 $c=5.0694$Å，$\alpha=89.994°$，$\beta=89.958°$ 和 $\gamma=89.992°$。这是尼格里约化晶胞 No.3 的情况，立方晶系 cP 点阵（参见文献[31]中表 9.2.5.1）。使用文献[34]中表 4 或文献[35]中表 1，可以投影得到尼格里约化晶胞 $a=b=c=5.0691$Å，$\alpha=\beta=\gamma=90°$。计算出误差矢量：

$$\delta\boldsymbol{g}=\begin{bmatrix}5.0691^2\\5.0691^2\\5.0691^2\\0\\0\\0\end{bmatrix}_{\text{Niggli-reduced}}-\begin{bmatrix}5.0683^2\\5.0698^2\\5.0694^2\\2\times5.0698\times5.0694\times\cos89.994°\\2\times5.0683\times5.0694\times\cos89.958°\\2\times5.0683\times5.0698\times\cos89.992°\end{bmatrix}_{\text{raw}}=\begin{bmatrix}0.0090\\-0.0062\\-0.0027\\-0.0050\\-0.0374\\-0.0073\end{bmatrix}_{\text{corrected}}$$
(17.23)

应用式(17.19)，上述立方晶胞可以表示为

$$\begin{bmatrix}a^2\\a^2\\a^2\\2a^2\cdot\cos\alpha\\2a^2\cdot\cos\beta\\2a^2\cdot\cos\gamma\end{bmatrix}=\begin{bmatrix}5.0691^2\\5.0691^2\\5.0691^2\\0\\0\\0\end{bmatrix}\pm\begin{bmatrix}0.0090\\-0.0062\\-0.0027\\-0.0050\\-0.0374\\-0.0073\end{bmatrix}$$
(17.24)

从上式中的前三项可得

$$3\cdot(a^2-5.0691^2)^2=0.0090^2+(-0.0062)^2+(-0.0027)^2=(0.0112)^2$$

至此，立方 ITO 薄膜点阵参数表示为：$a=(5.0691\pm0.0006)$Å。

17.1.3 实验条件和分辨率

使用衍射仪，衍射峰的角度或位置可以精确测量，从而得到精确的散射矢量 $\boldsymbol{q}$

或 RSV 坐标 (HKL)。

1. 衍射仪坐标系中的散射矢量

例如,使用一个标准的四圆衍射仪,其坐标系统如图 17.3 所示,坐标系统的约定如 SPEC 软件所定义(参见文献[37],第 163 页)。建立三个正交右手坐标系:①实验室坐标系(固定于实验室中的参考系,如图 17.3(a)所示);②衍射仪坐标系(欧拉角 $2\theta, \omega, \chi$ 和 φ,如图 17.3(a)所示);③样品坐标系(与样品自然晶轴有固定的联系,如图 17.3(b)中的 q_x, q_y 和 q_z)。$2\theta, \omega$ 和 φ 诸圆,被定义为右手旋转,χ 为左手旋转。其他坐标系和旋转的定义参见文献[38]。

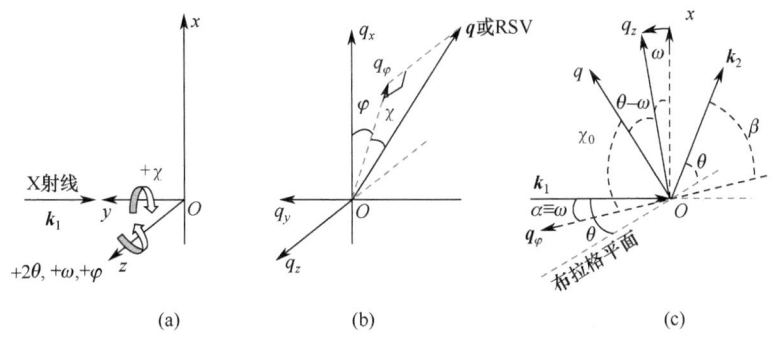

图 17.3 标准四圆衍射仪的三个坐标系统

坐标系统的约定如 SPEC 软件所定义,参见文献[37],第 163 页。当全部旋转角度为零时,三个坐标系重合。(a)实验室坐标系(固定于实验室中的参考系)和衍射仪坐标系(标出了欧拉角 $2\theta, \omega, \chi$ 和 φ 的转轴和旋转正方向)。(b)样品坐标系(与样品自然晶轴固定)。散射矢量 q(或倒易空间矢量 RSV),在旋转它满足布拉格条件之前其取向角为 χ 和 φ。q 可以分解为沿 z 方向的 q_z 和在 xy 平面内的 q_φ 两个分量。(c)满足布拉格条件的一种情况。散射矢量 q 首先旋转到散射平面,即 xy 平面上,这时它与 q_z 轴成 $\theta - \omega$ 角,然后旋转 ω 角满足布拉格条件。它的大小是等于某个倒易矢量长度,即等于 $1/d$,布拉格平面间距的倒数。$q = k_2 - k_1$,入射 X 射线的波矢 k_1 与 q_φ 成 α 角($\equiv \omega$),散射 X 射线波矢 k_2 成 β 角。如果 $\omega \neq \theta$,这是不对称设置的衍射情况,$\alpha \neq \beta$。当 $\omega = \theta$ 时,$\alpha = \beta = \theta$,这是对称设置的衍射情况,ω 需要旋转 θ 角满足布拉格条件

正如上面指出,散射矢量 $Q = 2\pi q = K_2 - K_1$。q 可以表示为

$$q = k_2 - k_1 \tag{17.25}$$

其取向角 χ, φ 如图 17.3(b)所示。K_1 是入射 X 射线的波矢,K_2 是散射 X 射线的波矢,$|K_1| = |K_2| = 2\pi/\lambda$。相应地,$k_1$ 是入射 X 射线的波数矢量,k_2 是散射 X 射线的波数矢量,$|k_1| = |k_2| = 1/\lambda$,如图 17.3 所示。$q$ 可以分解为沿 z 方向的 q_z 和在 xy 平面内的 q_φ 两个分量。如果 q 恰好落在某个倒易点阵的格点上,这时它严

格满足布拉格条件,衍射强度极大;如果 q 落在倒易点阵格点的周围,这时它反映了该格点周围衍射或漫散射的情况。改变衍射条件,如调整晶体方位,变换入射X射线和接收散射X射线的方向,就会使得 q 遍历整个倒易空间。因此,本节不区分散射矢量 q 和倒易空间矢量 RSV,就像在图 17.2 和图 17.3(c) 中所示的那样。

图 17.3(c) 所示的情况,散射矢量 q 先旋转到散射平面,即 xy 平面上,这时它与 q_z 轴夹角为 $\theta-\omega$,然后旋转 ω 角,令满足布拉格条件。例如,BFO(103),整个晶体可以绕 χ 轴先旋转 $-90°$,q_z 这时是沿 x 方向。然后再绕 φ 轴(即绕 q_z)旋转 $90°$,(103) 是在 xy 平面内,这时它与 q_z 轴成一定的角度,记为 $\theta-\omega$。在散射平面内绕 z 轴再旋转 ω 角,令其满足布拉格条件,得到衍射。这时,入射X射线束与 q_φ 成 α 角($\equiv\omega$),衍射X射线束与 q_φ 成 β 角。q 的大小可以得到

$$q=2k \cdot \sin\frac{\alpha+\beta}{2} \tag{17.26}$$

式中[①],$k=1/\lambda$;$\theta=(2\theta)/2$;$\alpha\equiv\omega$;$\beta=2\theta-\omega$ 或 $\alpha+\beta=2\theta$。如果 $\omega=\theta$,则为对称设置,$\alpha=\beta=\theta$,这种情况下,ω 需要旋转 θ 角就可以得到衍射;如果 $\omega\neq\theta$,则为不对称设置,$\alpha\neq\beta$,这种情况下,ω 只需要旋转 $\theta-\omega$ 角就可以得到衍射。后一种情况如图 17.3(c) 所示。

如果样品的 ω,χ 和 φ 进行与上述相反方向的旋转,可追溯得到原先的坐标系中的散射矢量 q,即散射矢量 q 在旋转到布拉格角前的坐标分量:

$$\begin{bmatrix}q_x\\q_y\\q_z\end{bmatrix}=q\begin{bmatrix}\cos\varphi\cos\chi\cos(\theta-\omega)+\sin\varphi\sin(\theta-\omega)\\-\sin\varphi\cos\chi\cos(\theta-\omega)+\cos\varphi\sin(\theta-\omega)\\-\sin\chi\cos(\theta-\omega)\end{bmatrix} \tag{17.27}$$

相似的结果参见文献[39]第 154 页和文献[40]第 284 页。对正交晶系,可以表示为

$$\begin{bmatrix}H\\K\\L\end{bmatrix}=\begin{bmatrix}q_x/a^*\\q_y/b^*\\q_z/c^*\end{bmatrix} \tag{17.28}$$

其中,a^*,b^* 和 c^* 是倒易空间的点阵参数。对于其他对称性低于正交的晶系,应使用 B 矩阵转换式(17.27)换为式(17.28)[38~40]。如果选 $k=1$ 和 $\omega=\theta$,式(17.27)正是四圆衍射仪中常用的对称设置情况下散射矢量 q 或倒易空间矢量 RSV 的坐标。

在许多同步辐射衍射站,衍射仪的控制软件使用式(17.27)和式(17.28)得到散射矢量或倒易矢量的坐标,可以直接使用样品倒易空间的坐标系,如 SPEC 软件

---

① 这里的 α 和 β 与式(17.4)中的角度不相关,也与晶体点阵参数中的轴间角度意义不同。

(参见文献[37]第163页);而在普通实验室,衍射仪通常情况下只能使用角度坐标系(欧拉角 $2\theta,\omega,\chi$ 和 φ,如图 17.3(a)所示,即上述的衍射仪坐标系)。不过在使用角度坐标系得到 RSV 的角度位置以后,仍然可以使用式(17.27)和式(17.28)换算得到散射矢量或倒易矢量的坐标(HKL),从而方便地进行计算。

2. X 射线发散角度和 RSV 测量中的分辨率

上海同步辐射装置(SSRF,上海光源)X 射线衍射站(光束线 BL14B1)典型的实验条件如表 17.1 所示。$\Delta\alpha$ 和 $\Delta\chi$ 分别为入射 X 射线的垂直和水平发散角度,由两个方向摇摆扫描测量的半高宽(FWHM)估计得到,$\Delta\beta$ 从 2θ 扫描得到,衬底为 $LaSrAlO_4$(LSAO)。值得注意,所测半高宽是仪器展宽与晶体衍射宽度的卷积。由于 LSAO 晶体本征衍射宽度很小(约弧秒量级),故卷积宽度可用于表示入射 X 射线的发散角度,参见 1.2 节和 22.3 节以及文献[41]~[43]。

表 17.1 上海光源 X 射线衍射站典型的实验条件(BL14B1 光束线)

六圆 Huber 衍射仪(核心:四圆衍射仪)	
常用波长(光子能量)	1.2398Å (10keV 光子能量)
样品-探测器距离	660mm
光斑尺寸	0.300mm×0.300mm
探测器光阑	0.400mm×0.400mm
*入射 X 射线竖直发散角度	$\Delta\alpha=\Delta\omega=0.0050°$(在散射平面内)
*入射 X 射线水平发散角度	$\Delta\chi=0.060°$(垂直散射平面)
*探测器光阑竖直张角	$\Delta\beta=0.019°$(由 2θ 扫描得到)

* 数据来自 SSRF 的测量,LSAO(002)衬底,衍射仪坐标系

对一般 RSV 的测量,峰值角度位置最差误差用 $\delta\alpha,\delta\chi$ 和 $\delta\beta$ 组合来表示。它们一般不会超过光束发散度的一半,分别表示为:$|\delta\alpha|\leqslant|\pm\Delta\alpha/2|$,$|\delta\chi|\leqslant|\pm\Delta\chi/2|$ 和 $|\delta\beta|\leqslant|\pm\Delta\beta/2|$。这些误差被认为是对衍射峰位置描述的准确度。更进一步,采用 $\delta\alpha,\delta\chi$ 和 $\delta\beta$ 一半作为估计的标准偏差(estimated standard deviation,ESD)。这些标准偏差比衍射仪测角精度大得多,因此有时会低估实验误差的精确度。

对式(17.27)微分,可以得到散射矢量或 RSV 偏差。对于 RSV(200),对称设置,$\chi=0°$ 和 $\phi=0°$,$\omega=\theta$,偏差为

$$\delta\boldsymbol{q}=\begin{bmatrix}\delta q_x\\ \delta q_y\\ \delta q_z\end{bmatrix}=\delta q\cdot\begin{bmatrix}1\\0\\0\end{bmatrix}+q\cdot\begin{bmatrix}0\\-\delta\phi\\-\delta\chi\end{bmatrix}=\delta q\cdot\begin{bmatrix}1\\0\\0\end{bmatrix}+q\cdot\begin{bmatrix}0\\-\delta\alpha\\-\delta\chi\end{bmatrix} \quad (17.29)$$

显然摇摆 α 角度(或现在的 ϕ)和 χ 角度测量的半高宽 $\Delta\alpha$ 和 $\Delta\chi$ 分别直接给出

这两个方向的发散度,这里 $\delta\phi=\delta\alpha$。

对于 RSV(013),非对称设置,$\chi=90°$ 和保持 $\phi=0°$,$\chi_0=90°-(\theta-\omega)$,这是 ϕ 固定的情况(SPEC 所定义的模式 3)。RSV 的偏差可以得到

$$\delta\boldsymbol{q}=\begin{bmatrix}\delta q_x\\ \delta q_y\\ \delta q_z\end{bmatrix}=\delta q\cdot\begin{bmatrix}0\\ \cos\chi_0\\ \sin\chi_0\end{bmatrix}+q\cdot\begin{bmatrix}\delta\phi\cdot\cos\chi_0+\delta\chi\cdot\sin\chi_0\\ \delta(\theta-\omega)\cdot\sin\chi_0\\ -\delta(\theta-\omega)\cdot\cos\chi_0\end{bmatrix} \quad (17.30)$$

H,K 和 L 的偏差可以表达为

$$\begin{bmatrix}\delta H\\ \delta K\\ \delta L\end{bmatrix}=\begin{bmatrix}q\delta_x/a^*\\ \delta q_y/b^*\\ q\delta_z/c^*\end{bmatrix} \quad (17.31)$$

在上述公式中,q 为式(17.26)所示,$\delta q=2k\cdot\cos\theta\cdot(\delta\theta)$,$\delta\theta=(\delta\alpha+\delta\beta)/2$,$\delta\omega=\delta\alpha$。在不对称设置的情况下,$\delta\omega=\delta\alpha$ 和 $\delta\phi=\delta\chi$。对于 STO($a=3.9053$Å),在上述模式 3 下测量(013),使用式(17.30)和式(17.31),取其每一项的绝对值相加,H,K 和 L 平均的最大误差可以小于 0.001。选择其半值,即用 0.0005 计算点阵参数的标准偏差 ESDs。至于 STO{200}型 RSV,用式(17.29),由于对称衍射条件,它的误差甚至小于这个值。实际测量中所得到 H,K 和 L 平均的均方根误差都在 0.0005 以下。

在上面立方晶系 ITO 薄膜的例子中,从式(17.20)的投影误差估计点阵参数的误差是 0.0006Å。其点阵参数的测定好于其他薄膜,是由于 ITO 薄膜具有较强的衍射强度和尖锐的衍射峰形。这时,用本节的测量偏差会高估点阵参数的误差。

17.1.4 外延薄膜结构实例

在本节,举铁电薄膜的两个例子,一个是单晶薄膜,另一个存在孪晶,以介绍如何确定点阵类型和测定点阵参数。

1. $Pb(Zr_{0.52}Ti_{0.48})O_3$(PZT 52/48)薄膜晶系和点阵参数的测定

PZT52/48,PZT 薄膜生长在 STO 衬底上,SRO($SrRuO_3$)层作为底电极长在 PZT 薄膜和 STO 衬底之间。这样的 PZT 薄膜接近准同型相界(MPB)的组分,其困惑是:其结构是单斜还是四方晶系?

在新加坡同步辐射光源(SSLS)和上海光源(SSRF)测量了 PZT52/48 样品的 RSV,两处得到的坐标值非常接近。在实验中,先调好样品的切光和衍射仪的零点,再调出衬底 STO 的 002 和 $\bar{1}03$ 衍射峰的角度位置输入 SPEC,得到方位矩阵,以衬底为参照的倒易空间的坐标系就建立了。在此坐标系下,分别调节得到所需要的分属衬底和薄膜的三个衍射峰,读出其位置,即得到下面分属衬底和薄膜的两

套 RSV 的坐标值(HKL)。

图 17.4 为 RSMs,其坐标系为三维倒易空间坐标系(HKL),显示了所有 RSV 由一个单一的中心点形成,说明薄膜和衬底中没有孪晶存在。在上海光源测量了 STO 衬底(002),($\bar{1}$03)和(013)的三维倒易空间坐标(HKL)分别为

$$(0.0004 \quad -0.0011 \quad 2.0001)$$
$$(-1.0005 \quad 0.0011 \quad 3.0001)$$
$$(0.0034 \quad 0.9986 \quad 3.0004)$$

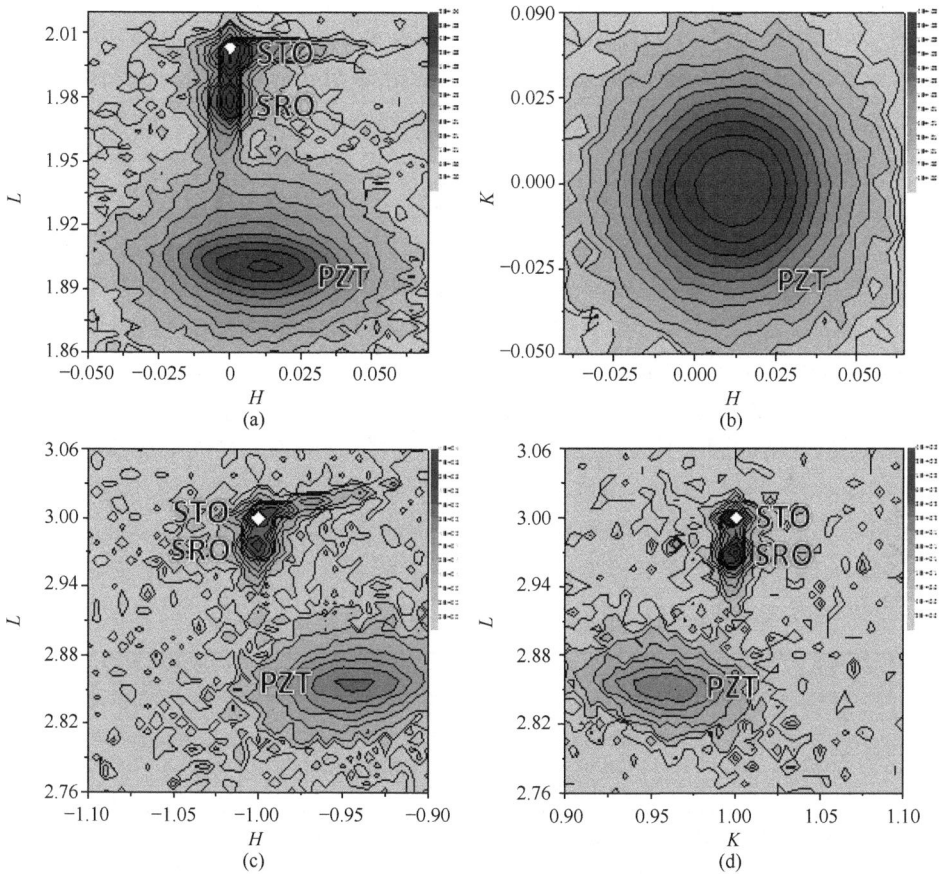

图 17.4　STO 衬底上 PZT(52/48)薄膜的 RSM 图

实验数据在新加坡同步辐射光源收集,X 射线的波长 $\lambda=1.5405$Å,对数衍射强度灰度级如图所示。(a)(002) HL mapping 图;(b)(002)HK mapping 图,$L=1.901$;(c)($\bar{1}$03)HL mapping 图;(d)(013)KL mapping 图。SRO 层作为底电极长在 PZT 薄膜和 STO 衬底之间,其斑点处于 STO 的正下方,显示出与衬底是完全应变状态。PZT 薄膜在所有的 mapping 图上都是单个斑点,表明没有孪晶存在

使用式(17.2)和式(17.5)得到 STO 衬底原始晶胞的点阵参数:$a=3.9005$Å,

$b=3.9043$Å，$c=3.9048$Å，以及 $\alpha=89.984°$，$\beta=90.015°$，$\gamma=90.007°$。得到的衬底点阵参数精确度较高，是因为上面测量得到的三维倒易空间矢量 RSV 坐标的精确度较高，达到小数点后第四位。例如，对于完美晶体衬底，RSV 坐标（HKL）的测量精确度可以达到 0.0002。当然薄膜 RSV 坐标（HKL）的测量精确度比衬底差几倍，其原因正如在 17.1 节开头和 17.1.3 节 2. 所讨论的。

测量得到 PZT 薄膜相应的 RSV 如下：

$$\begin{pmatrix} 0.0095 & -0.0011 & 1.9010 \\ -0.9422 & 0.0001 & 2.8544 \\ 0.0154 & 0.9578 & 2.8504 \end{pmatrix}$$

H，K 和 L 不同方向的扫描没有超结构的衍射峰出现，可以证明衬底和薄膜的晶体晶胞都是初基的，由于倒易矢量 RSV 选择合适，所得的衬底和薄膜晶体原始晶胞接近其尼格里晶胞。使用式（17.18）得到标准尼格里晶胞，再使用式（17.10）得到布拉维晶胞。使用与上述衬底一样的修正（STO 衬底标准的点阵参数：$a=3.9053$Å），PZT 薄膜修正后的原始晶胞：$a=4.0873$Å，$b=4.0710$Å，$c=4.1085$Å，以及 $\alpha=89.917°$，$\beta=90.097°$，$\gamma=89.963°$。由此可以导出四方布拉维晶胞：$a=(4.079\pm0.008)$Å 和 $c=(4.109\pm0.002)$Å，其中 a 的误差是从投影偏差计算得到，c 的误差是从 RSV 的测量精度估计得到。

为了肯定 PZT52/48 为四方晶系的结果，还进行了对称性测试。{103}晶面族的衍射数据和结构因子列于表 17.2。四个衍射的 2θ 值非常接近，说明衍射矢量长度相同。虽然 PZT52/48 薄膜不规则的形状对衍射强度的校正是不完美的，但仍然可以看出，推导的结构因子对于晶面族中的各个晶面是非常接近的。因此，PZT52/48 薄膜具有四方对称性，点阵参数如上所示。

表 17.2　PZT 52/48 薄膜四方晶系对称性测试

HKL	2θ	积分强度* I/a.u.	结构因子* $\|F_g\|$/a.u.
($\bar{1}03$)	56.96(1)°	1.866(7)×10^6	1.366(2)
(013)	56.95(1)°	1.777(7)×10^6	1.333(3)
(103)	56.97(1)°	1.681(6)×10^6	1.296(2)
(0$\bar{1}$3)	56.97(1)°	1.805(6)×10^6	1.343(2)

注：*括号内的数字是估计的标准偏差(ESD)，仅从积分强度和结构因子的统计误差得到
　　X 射线波长：$\lambda=1.2381$Å（光子能量≈10keV）。衍射强度数据来自上海光源的测试，2011 年 6 月 19 日

2. 具有孪晶的 BFO 薄膜晶系和点阵参数的测定

17.1.4 节 1. 表明，RSV 方法可用于单晶外延膜，导出其点阵参数。对于具有孪晶的薄膜，如果孪生变体可以分辨出一套彼此相容的 RSV，也有可能获得晶体结构参数。值得指出的是：这里所说的孪晶其实是具有不同或相同结构的亚晶粒（sub-grain），它们的结构也许具有结晶学关系，见下一节的讨论。

17.1 布拉维晶胞和点阵参数的测定

图 17.5 为采用(脉冲激光沉积 PLD)在 LaSrAlO$_4$(LSAO)衬底上生长 BFO 薄膜的 RSM(参见文献[44]~[46])。如图 17.5(a)所示,我们判断在 BFO 薄膜中没有类似 a-畴和 c-畴的孪晶存在,但沿竖直方向可以发现四个不同的 L 值,即四个 c^* 值(或 c 值),意味着薄膜中至少有四个相共存,即类块体三方相(标记为

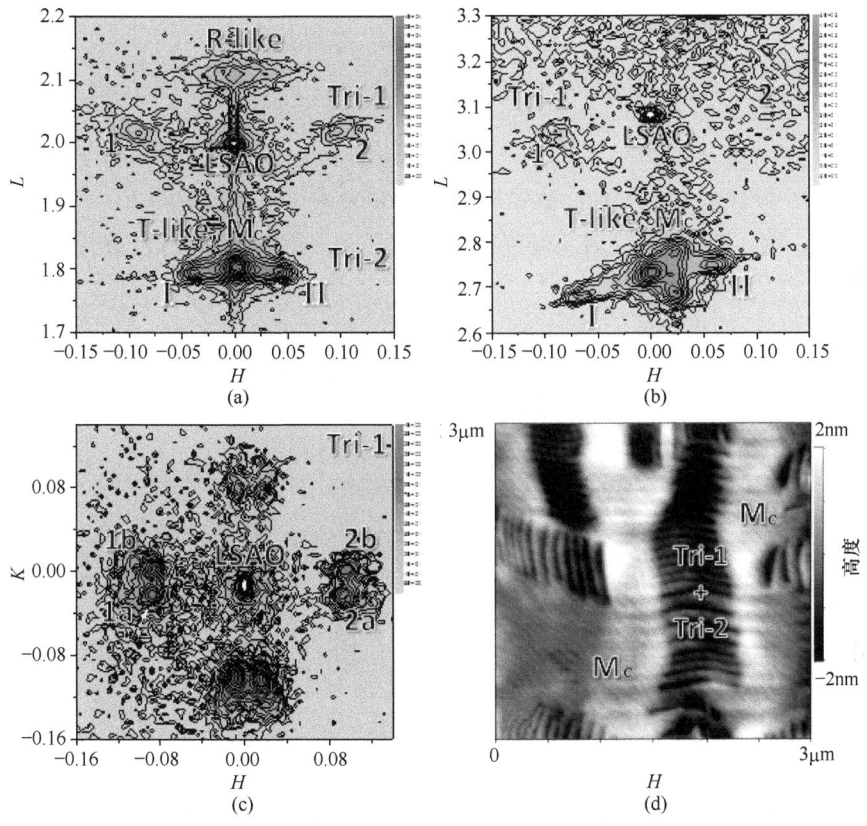

图 17.5 LSAO 衬底上 BFO 薄膜的 RSM 图

数据在上海光源收集,X 射线的波长 $\lambda=1.2398\text{Å}$,对数衍射强度灰度级如图所示。(a)(002) HL mapping 图。表明 BFO 薄膜至少有四个相,即类块体三方相(标记为 R-like),类四方的单斜 M$_C$ 相(标记为 T-like,M$_C$),倾斜的类三方相(标记为 Tri-1,1 和 2)和倾斜的类四方相(标记为 Tri-2,Ⅰ 和 Ⅱ)。Tri-1 相的点 1 和 2 较弱,因为 mapping 图平面穿过"1a"和"1b","2a"和"2b"之间。对于 Tri-2 相的"Ⅰ"和"Ⅱ"点也是这样。(b)($\bar{1}03$)HL mapping 图。Tri-1 相和 Tri-2 相比(a)中的更弱,因为它们彼此分得更开。其后果是,点"2"的位置只能估计,正如图中所示。(013)mapping 图也显示出类似的强度分布(没有显示)。(c)(002)HK mapping 图,$L=2.017$,Tri-1 相,有八个呈四次对称的孪生变体。Tri-2 相的孪晶也有类似的强度分布($L=1.795$,没有显示)。(d)薄膜的 AFM 形貌标明了各个相。平坦的区域对应于 T-like,M$_C$ 相,条纹状区域对应于倾斜的类三方相和倾斜的类四方相,即 Tri-1 相 Tri-2 相的混合,类块体三方 R-like 相可能隐藏于一些倾斜相之间,与 LAO 衬底上的 BFO 薄膜相似[46]

R-like),类四方的单斜 M_C 相(标记为 T-like,M_C),倾斜的类三方相(标记为 Tri-1,1 和 2)和倾斜的类四方类相(标记为 Tri-2,Ⅰ和Ⅱ)。图 17.5(d)为 AFM 形貌图,显示了其中的三个相,而类块体三方相(R-like)则隐藏其中。

衬底在 RSM 图上标记为 LSAO,其 RSV 测量为
$$(-0.0003 \quad 0.00034 \quad 1.9999)$$
$$(-1.0001 \quad 0.00041 \quad 3.0000)$$
$$(-0.00027 \quad 0.99983 \quad 2.9999)$$

从以上 RSV,可以以很高的的精确度得到衬底的原始晶胞:$a=3.7577$Å,$b=3.7590$Å,$c=12.637$Å 和 $\alpha=90.00°$,$\beta=89.99°$,$\gamma=90.02°$,如同在 PZT 薄膜所得到的那样。这样的点阵参数应修正到 LSAO 标准的四方晶胞:$a=3.7564$Å 和 $c=12.636$Å。为了算出 BFO 薄膜倾斜的类三方 Tri-1 相的点阵参数,选择八个孪生变体中的一套 RSVs,在图 17.5(a)和图 17.5(b)中被标记为"1",在图 17.5(c)中被标记为"1a",测量相应的 RSV 为
$$(-0.0881 \quad -0.0084 \quad 2.0170)$$
$$(-1.0872 \quad -0.0061 \quad 2.9680)$$
$$(-0.1371 \quad 0.9710 \quad 3.0463)$$

以上 RSV 坐标是经仔细辨认后确认和测量的,因为倾斜的类三方 Tri-1 相的斑点不位于衬底的坐标系统平面上。例如,它在图 17.5(a)和图 17.5(b)上只能看到一个痕迹像,标记为"1"或"2"。同样的原因,对于 Tri-2 相,标记为"Ⅰ"或"Ⅱ"。

Tri-1 相原始晶胞的点阵参数计算为:$a=3.9265$Å,$b=3.8163$Å,$c=4.1717$Å,以及 $\alpha=90.817°$,$\beta=90.297°$,$\gamma=89.359°$,这里已用了与上述 LSAO 衬底同样的修正。至此,三斜晶胞就得到了:$a=3.927(3)$Å,$b=3.816(3)$Å,$c=4.172(1)$Å 和 $\alpha=89.18(4)°$,$\beta=89.70(4)°$,$\gamma=89.36(6)°$,其中的误差是从 RSV 的测量精度估计的。

同理得知其他的相为:类块体三方 R-like 相为单斜的 M_A 相,类四方 T-like 的相为单斜的 M_C 相,倾斜的类四方 Tri-2 相为三斜相。对于 $LaAlO_3$(LAO)衬底上生长的 BFO 薄膜有相似的结果,参见文献[46]。

17.1.5 讨论

合金、金属间化合物或氧化物薄膜中经常有类马氏体的孪晶共存,它们的晶胞畸变可能很大,衍射峰可能发生重叠。为了得到一套正确的 RSV,应该小心辨别和分离衍射峰,如应用超高分辨率和高光强的同步辐射衍射装置。图 17.5 所示的变形相 BFO 薄膜,就是应用同步辐射光源,得到一套 RSV,最终得到正确的点阵参数;应用分离衍射峰的强度,可以计算出孪晶分量的分数比,如在四方相 PZT 薄膜中 a-畴和 c-畴的比例[47,48]。否则,得到的只能是其平均结构。对于存在孪晶的薄膜晶体结构,像在常规的晶体结构分析中所做的[49],还可以选择合适的孪晶模

型进行解析和精修,也许能得到单体的晶体结构和孪晶分量的分数比。

基于 RSV,我们发展了本节所述的新方法用来测定外延膜的布拉维晶胞型式和点阵参数。首先得到三个独立的(非共面)倒易矢量(00L),(H0L)和(0KL),使用衬底作为修正的参考。修正后得到三个最短的正空间矢量导出了尼格里约化晶胞,布拉维晶胞类型由此确定,所得点阵参数误差可以达到 0.001Å 甚至更好。同样的步骤也可以选择在倒易空间中进行。使用本节的方法,多铁性薄膜的一些结构已被成功地测定,参见文献[23],[28],[44]~[46],[50]~[57]。

RSV 方法具有以下优点:

(1) 方法简捷。直接从三个倒易空间矢量或一个 G^6-空间六维矢量计算点阵参数,并且无需任何结构信息和假定。然而在其他的方法中,指标化和最小二乘法精修需要更多的衍射数据和繁琐算法,如图 17.1 所示。因此,RSV 方法大大缩短了实验和计算花费的时间。

(2) 结果准确。以衬底作为参考,不依赖 X 射线的波长和系统准直偏差。在其他方法中,如果使用同步辐射 X 射线,波长校准非常必要;虽然可以使用更准确的布拉格角 θ_B,例如,使用 Bond 方法,d 值可以更准确地获得,但是在测定晶格类型时仍感困难;这时,只能使用"猜测和检验"方法。此外,这种 d 值方法可能导致点阵参数的测定误差,特别是当薄膜衍射强度较低和单斜角度接近 90°的情况,见本节开始时的讨论,更多的内容参见文献[58]~[61]。

(3) 不仅测定点阵参数大小,也能给出基矢 a,b 和 c,从而得到薄膜和衬底的取向信息。从薄膜和衬底的基矢相对长度和取向,得到薄膜晶格错配的应变状态等信息,晶面倾斜(如图 11.5 的 InGaAs 外延膜的例子)和台面上的台阶汇聚(step bunching)的情况[62]。值得一提的是,这些基矢的取向分析可以用来理解薄膜与衬底之间界面结构的形成。例如,一个晶格网络绕表面的法向旋转将导致薄膜与衬底之间产生一个扭转的相界(inter-phase boundary);旋转轴在薄膜平面内将产生一个倾侧的小角度相界。RSV 方法应用于界面的研究还在进一步探索中。

17.2 晶粒,孪晶,调制结构和点阵参数

外延膜是由晶粒组成,其尺寸可能是亚晶粒或者纳米微晶(nano-meter grain)的大小。相同结构(同相)的亚晶粒之间形成亚晶界,不同结构(不同相)的亚晶粒之间形成类似亚晶界的相界。外延膜与衬底之间也会形成相界。如果界面两侧的晶体点阵存在明显的结晶学对应关系,这样的晶粒称为孪晶。孪晶界面上的原子如果坐落在两晶体的点阵上,这样的孪晶界面是共格(coherent)界面,如铁电、铁磁和铁弹畴界。这些孪晶在特定的条件下,还会形成周期性的重复结构,即超晶格,如一些铁电晶体中的纳米电畴(nano-domain)在薄膜较薄的情况下可以形成类似超晶格的调制结构。

若外延膜与衬底的结构相同,只是点阵参数不匹配,外延膜中会产生弹性应变。在外延膜较薄时(如小于10nm),其弹性能较小,外延膜可以完全容纳这样的弹性应变,相界是共格的界面,这是完全应变的情况。这时,外延膜与衬底在界面平面内的点阵参数大小相同。如图17.4(a),(c)和(d)所示,四方相SRO的斑点位于衬底斑点的正下方,SRO的H和K同衬底一致,即完全应变,SRO在界面内的点阵参数与衬底STO一致:$a=3.9053$Å。

当外延膜的厚度增加时,其弹性能增大,外延膜不能完全容纳这样的弹性应变,这时界面上位错引入可以弛豫弹性应变和降低弹性能,这是部分应变弛豫的情况。如果位错的伯格斯矢量有垂直于界面的刃型分量,界面上就会形成小角度相界,外延膜相对衬底有取向差;如果位错的伯格斯矢量有平行于界面的刃型分量,弹性应变就会集中于位错线附近。这两种情况都能弛豫部分应变,相界是半共格(semi-coherent)的界面。当外延膜的厚度继续增加时(如超过了临界厚度),其弹性能很大,外延膜完全不能容纳这样的弹性应变,这是应变完全弛豫的情况。相界完全失配,界面成为非共格(non-coherent)界面。这时,外延膜的点阵参数与块体材料非常接近。

由于历史和习惯的原因,这些薄膜中的晶粒在许多场合被笼统地称为"孪晶"。如在17.1.4节2.中所说的孪晶其实是这里不同结构的亚晶粒,它们之间形成非共格的相界。关于应变弛豫,请参考11.1节和第15章的内容;关于晶粒和界面,参考文献[63]第九章第416页。

17.2.1 晶粒和相界

图17.6为BFO薄膜的透射电子显微镜高分辨点阵像,LSAO衬底,a沿着衬

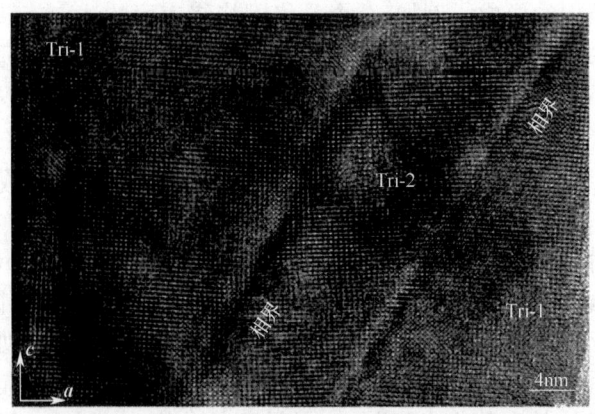

图17.6 LSAO衬底上BFO薄膜的透射电子衍射高分辨点阵像

a指向衬底平面方向,c指向衬底的法向。Tri-1相和Tri-2相之间形成了相界,它们的取向也与图17.5(a)mapping图上的结果一致[64]

底平面的方向，c 沿着衬底的法向，这是薄膜中晶粒形成相界的一个例子。它们的晶胞型式，点阵参数和 RSM 图已在 17.1.4 节 2. 介绍，并在图 17.5 中讨论过。

图 17.6 所示的是其中倾斜的类三方相（标记为 Tri-1）和倾斜的类四方相（标记为 Tri-2）。由电镜的仪器常数算得的点阵参数与 17.1.4 节 2. 的结果相近，它们的取向也与图 17.5(a) mapping 图上的结果一致：Tri-1 相偏离中心 2.6°，而 Tri-2 相则向相反方向偏离 1.3°。

Tri-1 相和 Tri-2 相之间形成的相界在图 17.6 上清晰可辨，这个相界属于较大角度的界面，是非共格的。界面范围内的原子点阵参数和取向在两相之间呈连续变化，图 17.5(a) 上 Tri-1 相的斑点"2"和 Tri-2 相的斑点"Ⅰ"之间相连的散射斑迹线也说明了这一点。另外，在 LAO 衬底上生长的 BFO 薄膜 Tri-1 相和 Tri-2 相之间也形成类似的散射斑迹线[46]。

17.2.2 单斜孪晶在 RSM 图上的行为

17.2.1 节所提的孪晶，其界面两侧的晶体点阵存在些许结晶学对应关系。本节讨论单斜晶系的 M_C 和 M_A 相形成的孪晶在 RSM 图上的行为，其分布和性质甚至可以帮助得到点阵参数。研究其行为也能帮助理解四方相的 a-畴和 c-畴，以及三方相的孪晶。

图 17.7 为单斜孪晶晶粒示意图，在一个四方或接近四方衬底点阵上（如立方

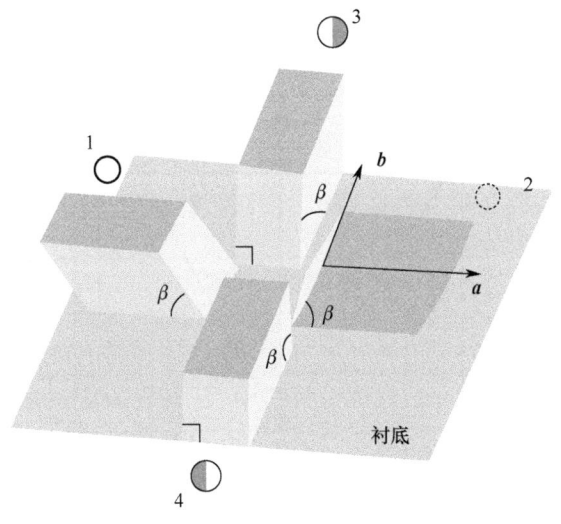

图 17.7 单斜孪晶晶粒的分布

在一个四方或接近四方衬底点阵上分布着四个变体（分量）的单斜孪晶晶粒，呈四次或接近四次对称，用四个圆圈和数字 1，2，3 和 4 区分。a 和 b 为单斜晶胞的基矢示意，β 为单斜角，c 的方向如图 17.8 所示

晶系的 STO,或三方晶系的 LAO,晶轴间角度接近 90°)分布着四个变体(分量)的单斜孪晶晶粒,呈(或接近)四次对称,用四个圆圈区分,并标明数字 1,2,3 和 4。a 和 b 为单斜晶胞基矢,β 为单斜角,c 的方向如图 17.8 所示。实际中孪晶晶粒的分布可能不尽如此,但其取向是如图显示的那样。这样的四个孪晶变体在倒易空间平面的分布,即 mapping 图上的行为分别讨论于图 17.8 中。

如果孪晶变体没有相对衬底的转动,即它们的 ab 平面平行于衬底表面,其倒易空间 HL 平面和正空间侧视图如图 17.8(a)所示,O,H 和 L 构成倒易空间的坐标系。孪晶变体之间存在空隙,通常为角度晶界(角度~$90°-\beta$)。a^*,b^* 和 c^* 为倒易基矢的长度,倒晶胞的单斜角为 $\beta^*=180°-\beta$。

如果孪晶变体没有转动,其($H0L$)mapping 图如图 17.8(a)右上角虚线框图所示,如 $H=+1$,这些斑点都处于 HL 平面内。其中斑点 1 和 2 分别由($H0L$)和($-H0L$)产生;而斑点 3 和 4 重合,分别由($0HL$)和($0-HL$)产生的,这也是为什么通常($H0L$)mapping 图上这个斑点比 1 或 2 强。这种分布在($-H0L$)图上是反的,相对 L 轴呈 180°旋转对称。类似的分布也可以在{$H00$}型的 mapping 图上发现。但在{$00L$}型的 mapping 图上,四个孪晶变体重合,只有一个很强的斑点。

从图 17.8(a)的($\pm H0L$)mapping 图上斑点 1 和 2 对 L 点(或($\pm H00$)mapping 图上对 O 点)所成的角度 δ,可以算出:$\beta^*=90°+\delta/2$。值得注意:在有些薄膜中,由于单斜角 β 很大(如 VO_2 薄膜,可以达到 107°),一些高阶或低阶 L 指标的斑点会出现在 mapping 图中,需要小心判别。

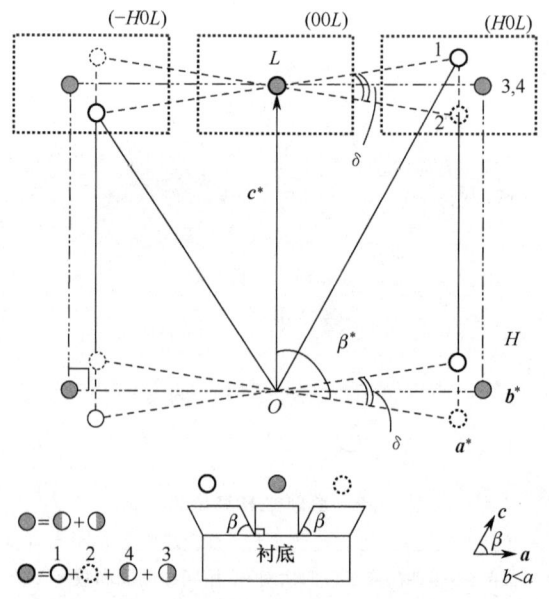

(a) 孪晶变体没有相对衬底转动情况下 HL 平面的 mapping 图

17.2 晶粒,孪晶,调制结构和点阵参数

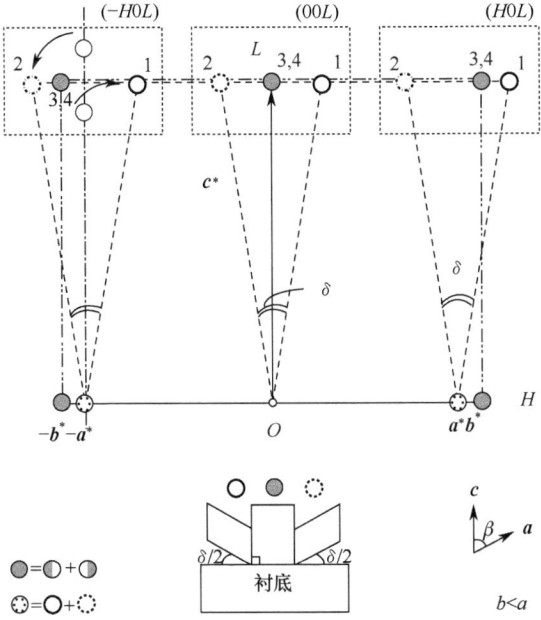

(b) 孪晶变体相对衬底完全转动情况下 HL 平面的mapping图

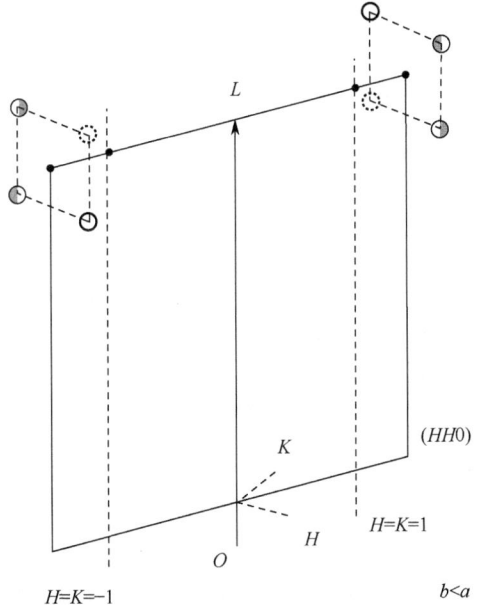

(c) 没有转动的孪晶变体在 (HHL) 平面mapping图上的立体分布

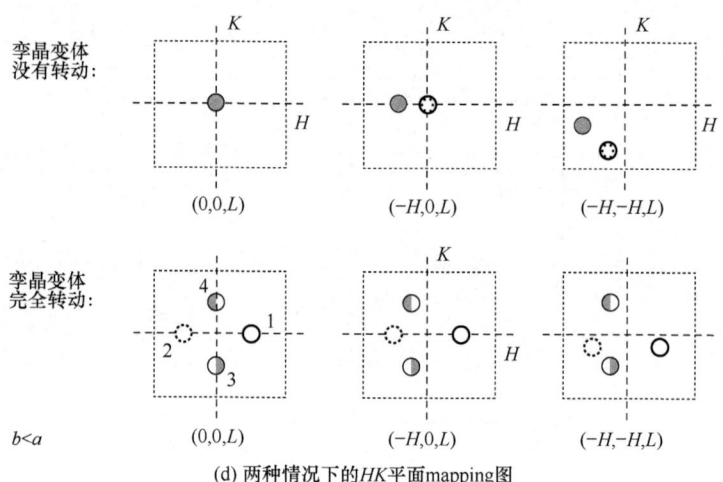

(d) 两种情况下的 HK 平面 mapping 图

图 17.8 单斜孪晶的 mapping 图

单斜孪晶四个变体在倒易空间分布和在 mapping 图上的行为显示在图中,四个圆圈及数字 1,2,3 和 4 的区分与图 17.7 中一致。a,b 和 c 为单斜晶胞的基矢示意表示($b<a$),a^*,b^* 和 c^* 为单斜倒易晶胞基矢的长度,β 和 β^* 分别为其单斜角,H,K 和 L 则构成倒易空间的坐标系,O 为原点。(a) 孪晶变体没有相对衬底转动情况下 HL 平面的 mapping 图。图的下半部显示了孪晶变体的侧面图,它们的 ab 平面平行于衬底表面,孪晶变体之间空隙的角度为 $\delta/2 (\sim 90°-\beta)$。图的上半部显示了孪晶四个变体在 $(H0L)$,$(00L)$ 和 $(-H0L)$ mapping 图上的分布,这些斑点都处于 HL 平面上。(b) 孪晶变块体对衬底转动的角度为 $\delta/2(\sim 90°-\beta)$ 情况下 HL 平面的 mapping 图。图的下半部显示了孪晶变体的侧面图,它们的 ab 平面与衬底表面成角度为 $\delta/2$,孪晶变体之间没有空隙。图的上半部显示了孪晶四个变体在 $(H0L)$,$(00L)$ 和 $(-H0L)$ mapping 图上的分布。斑点 1 和 2 处于 HL 平面上,而斑点 3 和 4 被转出 HL 平面。如果 X 射线在 K 方向的分辨率较差,斑点 3 和 4 有可能被采集到,相当于它们向 HL 平面作了投影。注意:在 $(H0L)$ 和 $(-H0L)$ mapping 图上,斑点 1 和 2 比 3 和 4 要低一点,即其 L 值要略小一点,在大多数实验中很难看出。左上角 $(-H0L)$ mapping 图上细虚线的圆圈显示了斑点 1 和 2 被转动前的位置。(c) 没有转动的孪晶变体在 (HHL) 平面 mapping 图上的立体分布。(d) 两种情况下的 HK 平面 mapping 图

在图 17.8(a) 上,从 $(H0L)$ mapping 图斑点 1 或 2 的横坐标测得 a^*,它们的横坐标应该相同。如在实际测量中有微小不同,可以取它们横坐标的平均值;从斑点 3 和 4 的横坐标测得 b^*,它们是重合的;从斑点 3 和 4 的纵坐标测得 c^*。这些坐标测量也可以从 $(-H0L)$ mapping 图得到,其中的 c^* 也可以从 $(00L)$ mapping 图中的纵坐标得到。从测得的 a^*,b^* 和 c^*,得到

$$\beta = 90° - \delta/2 \tag{17.32}$$

$$a = 1/(a^* \cdot \sin\beta) \tag{17.33}$$

17.2 晶粒，孪晶，调制结构和点阵参数

$$b = 1/b^* \tag{17.34}$$

$$c = 1/(c^* \cdot \sin\beta) \tag{17.35}$$

如果孪晶变体有相对衬底的转动，如图17.8(b)下半部所示，其变体1和2向相反方向各自转了$\delta/2$角（另两个变体3和4在垂直于纸面的KL平面内向相反方向各自转$\delta/2$角），这样的转动使各个孪晶变体的a面垂直于衬底表面，孪晶变体之间的空隙被填满，称为完全转动。孪晶变体和衬底之间存在空隙，为角度相界（角度$\sim 90°-\beta$）。其$(H0L)$平面 mapping 图分布如图17.8(b)右上角虚线框图所示，如$H=+1$。其中斑点1和2还是由$(H0L)$和$(-H0L)$产生的，只不过被转到平行于H轴的位置，但仍然处于HL平面内。而斑点3和4还是由$(0HL)$和$(0-HL)$产生的，不过现在并不重合，它们因相反转动离开了HL平面，斑点3和4现在的位置是它们在HL平面上的投影。$(-H0L)$图上的分布与$(H0L)$相比相对L轴是反的，也呈现出180°旋转对称。$\{H00\}$型的 mapping 图上则只看见两个斑点，对应了a^*和b^*的长度。在$\{00L\}$型的 mapping 图上，四个孪晶变体完全分开，形成的分布与未转动变体时大不相同，如$(00L)HK$平面 mapping 图17.8(d)所示。

同样，从图17.8(b) $(00L)$ mapping 图上斑点1和2对O点（或$(H0L)$ mapping 图上对a^*点）所成的角度δ，与式(17.32)~式(17.35)类似，可以算出：$\beta^*=90°+\delta/2$ 和 $\beta=90°-\delta/2$。与图17.8(a) mapping 图中类似的测量，得a^*，b^*和c^*，从而得到

$$\beta = 90° - \delta/2 \tag{17.36}$$

$$a = 1/(a^* \cdot \sin\beta) \tag{17.37}$$

$$b = 1/b^* \tag{17.38}$$

$$c = 1/(c^* \cdot \sin\beta) \tag{17.39}$$

其中，a^*可以从$(H0L)$或$(-H0L)$ mapping 图上斑点1和2的H坐标平均得到；b^*和c^*可以从斑点3和4的K和L坐标分别得到。应该注意：必须是完全转动的情况才能这样得到点阵参数，而且c^*已被转动$\delta/2$角。

没有转动的孪晶变体（$b<a$时）在(HHL)平面 mapping 图上的立体分布如图17.8(c)所示，它们向$(HH0)$平面的投影只留上、下两个斑点。读者可以自行推导在有转动情况下的分布。

有无转动两种情况下的HK平面 mapping 图如图17.8(d)所示。

单斜M_C相BFO薄膜中没有相对衬底转动的孪晶如图17.9的(103) mapping 图所示，衬底为LAO。斑点花样分布与图17.8(a)中的$(H0L)HL$平面 mapping 图一致，从强度灰度级的颜色估计，(013)和(0$\bar{1}$3)重叠斑点的衍射强度大约是(103)或($\bar{1}$03)的两倍。图的中心有些凹状分布是受BFO另外一个Tri-2相的影响（图17.5）。

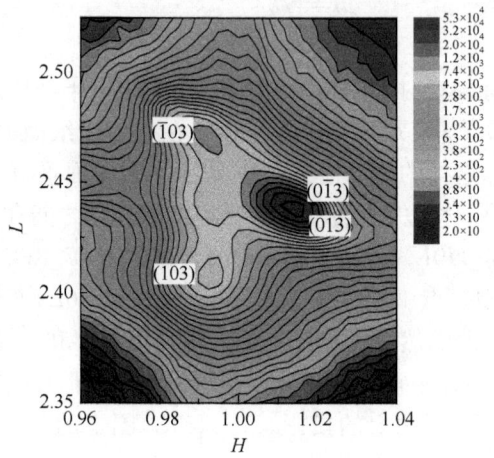

图 17.9　单斜 M_C 相 BFO 薄膜中的孪晶

(103) HL 平面 mapping 图的数据在上海光源收集，X 射线的波长 $\lambda=1.2378$Å，倒易空间坐标系 H,K 和 L 以 LAO 衬底为基准，对数衍射强度灰度级如图所示。斑点花样分布与图 17.8(a)中的($H0L$) HL 平面 mapping 图一致。从图中可以看出，(013)和($0\bar{1}3$)重叠斑点的衍射强度大约是(103)或($\bar{1}03$)的两倍

由图 17.9 得到各个斑点的(H,L)坐标，$K=0$，衬底：(0.99495,3.0001)，(可靠的点阵参数为：$a=3.7900$Å，$\alpha=90.093°$（参见文献[65]））；(013)和($0\bar{1}3$)为：(1.0083,2.4389)；($\bar{1}03$)为：(0.9875,2.4704)；(103)为：(0.9878,2.4052)。这些坐标可以利用式(17.3)的方法修正，也可以简单地将衬底的坐标与(1,3)差值加到上面的薄膜坐标上进行修正。在小误差时，这两种方法差别不大，从而得到修正后坐标(013)和($0\bar{1}3$)为：(1.0134,2.4388)；($\bar{1}03$)为：(0.9926,2.4703)；(103)为：(0.9929,2.4051)，由此可得 a^*,b^*,c^* 和 β^*。用式(17.5)或本节的方法得到这个单斜 M_C 相的点阵参数：$a=3.820(4)$Å，$b=3.742(4)$Å，$c=4.662(2)$Å 和 $\beta=91.88(6)°$，与 Chen 等的结果在误差的范围内一致[44,45]，这里点阵参数的误差是从(H,L)坐标测量误差估计的，实际精度小于这里估计的误差。

另外一个例子是 720nm 厚的单斜 M_A 相 BFO 薄膜，其完全转动的孪晶如图 17.10 的 mapping 图所示，STO 衬底。三个(002)mapping 图如图 17.10(a)~(c)所示，其中(a)和(b)使用 STO 立方坐标系(h,k,l)。若将坐标系换为 STO 四方坐标系(H,K,L)(如图 17.10(b)的箭头所示)，即 H 和 K 沿着 hk 平面的对角线方向，L 仍然沿着 l 方向，则斑点花样分布与图 17.8(b)~(d)中完全转动情况下的 mapping 图一致。注意，立方坐标系 hk 平面倒易基矢长度是四方坐标系 HK

平面倒易基矢的 $\sqrt{2}$ 倍。

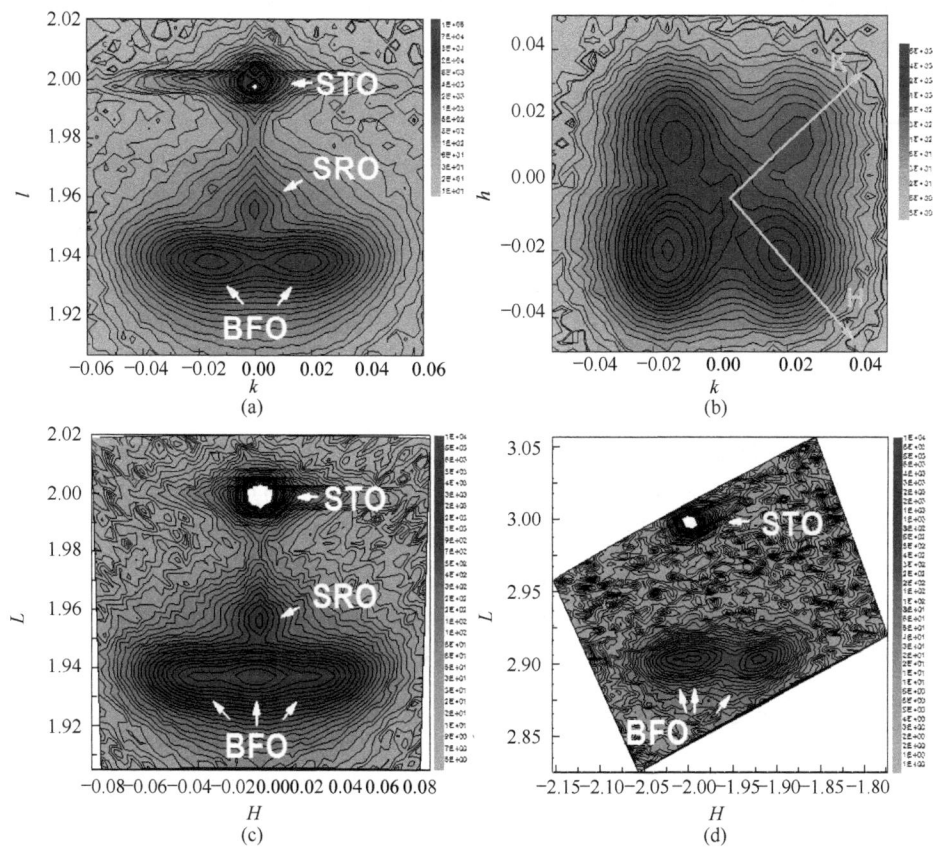

图 17.10 单斜 M_A 相 BFO 薄膜中的孪晶

mapping 图的数据在新加坡同步辐射光源收集，STO 衬底，SRO 为电极层，X 射线的波长 $\lambda=1.5405\text{Å}$，对数衍射强度灰度级。(a)(002)kl mapping 图和 (b)(002)hk mapping 图，使用 STO 立方坐标系(h,k,l)；(c)(002)HL mapping 图和(d)$(\bar{2}03)HL$ mapping 图，使用 STO 四方坐标系(H,K,L)。(b)显示 H 和 K 沿着 hk 平面的对角线方向，L 仍然沿着 l 方向

按照图 17.8(b)，$(\pm H0L)$ mapping 图上斑点 1 和 2 对 a^* 点或 $-a^*$ 点所成的角度 δ，可以算出：$\beta^*=90°+\delta/2$。又在 mapping 图上测得 a^*，b^* 和 c^*，利用式(17.32)～式(17.35)，可以算得点阵参数。这里的 a^* 可以从$(H0L)$或$(-H0L)$ mapping 图上斑点 1 和 2 的 H 坐标平均得到，也可以直接从$(\pm H00)$ mapping 图上量得，b^* 和 c^* 可以从斑点 3 和 4 的 H 和 L 坐标分别得到。因此由图 17.10(d)得到各个斑点的(H,L)坐标，$K=0$，衬底：$(-1.9990, 2.9990)$；薄膜：$(-1.9197, 2.9032)$，$(-2.0158, 2.9032)$ 和 $(-1.9907, 2.9040)$，分布对应图 17.8(d)中$(-H0L)$的 mapping 图。将上述薄膜的坐标用衬底的坐标进行校正，并考虑

BFO 薄膜对衬底有 0.05°的微小转动(参见图 17.10(c)的中心斑点),仿照上面的 M_C 相的情况,在孪晶有完全转动的情况下可以计算出点阵参数,列于表 17.3 中(孪晶法)。

表 17.3 单斜 M_A 相 BFO 薄膜的点阵参数

使用方法	a	b	c	β
孪晶法	5.609(4)Å	5.553(4)Å	4.032(2)Å	90.67(6)°
RSV 法	5.609(4)Å	5.553(4)Å	4.032(2)Å	90.60(6)°
d-值法*	5.610Å	5.529Å	4.031Å	90.66°

注:* 括号内的数字是估计的标准偏差(ESD)
衍射数据来自新加坡同步辐射光源的测试,X 射线波长:$\lambda=1.5394$Å(光子能量:~8keV)

RSV 法得到的点阵参数与这里的孪晶法在精确到小数点后第三位一致,单斜角 β 在误差范围内也一致,说明这两种方法是等价和可靠的。利用单斜孪晶一张 mapping 图的数据就能得到完全转动或没有转动情况下的点阵参数,大大缩短了实验时间和简化了计算。反观 d-值法,由于使用了晶面 d-值与点阵参数的联立方程组,求解过程中丢失有效位数,b 的误差很大。在有的实验中,a 和 b 都存在很大的误差。如果不得不使用 d-值法,应该尽量准确地测量衍射峰的 2θ 角度以增加有效位数。

17.2.3 四方相 a-畴和 c-畴的行为

17.2.2 节所述的大角度晶界的例子只在像 BFO 这类较"软"的薄膜中容易见到,铁电材料中更为常见的是所谓 a-畴和 c-畴的孪晶。在本节,以压电固溶体 $0.91Pb(Zn_{1/3}Nb_{2/3})O_3$-$0.09PbTiO_3$(PZN-9%PT) 的四方相为例[66],讨论 a-畴和 c-畴的行为,其孪晶模型如图 17.11 所示。其中 a-畴和 c 畴的孪晶结合面(composition plane)为{101}型,a-面和 c-面相对(001)面分别以 $\Delta\omega_{(a\text{-畴})}$、$\Delta\omega_{(c\text{-畴})}$ 角度差指向上,$\alpha=\Delta\omega_{(a\text{-畴})}+\Delta\omega_{(c\text{-畴})}$ 为 a-畴和 c-畴之间的取向差。a-畴和 c-畴的厚度分别为 d_a 和 d_c。如果畴的厚度在微米量级,称为微米畴或粗畴(coarse domain);如果为纳米量级,称为纳米畴(nano-domain)。也可以用各个畴体积占晶体体积总量的份额表示,如 ω 代表 a-畴总的份额,而 c-畴总的份额为 $1-\omega$。

畴的衍射行为依赖它们的点阵类型、畴的尺寸,以及应力状态,可以分为通常衍射和自适应衍射两部分(图 17.12)。值得注意,这里说的通常衍射对应畴的布拉格衍射部分,而所谓的自适应衍射对应了两部分畴相干叠加后的效应。X 射线运动学衍射强度的计算将所有畴的散射振幅叠加,得到总的衍射强度分布,参见文献[67],[68]。假设孪晶结合面两边倒易点阵的倒易矢量(衍射矢量)为 $\boldsymbol{g}_a$ 和 $\boldsymbol{g}_c$,分别对应 a-畴和 c-畴(图 17.11(b)),总的衍射强度沿着 $\Delta\boldsymbol{g}=\boldsymbol{g}_a-\boldsymbol{g}_c$ 示意分布,如

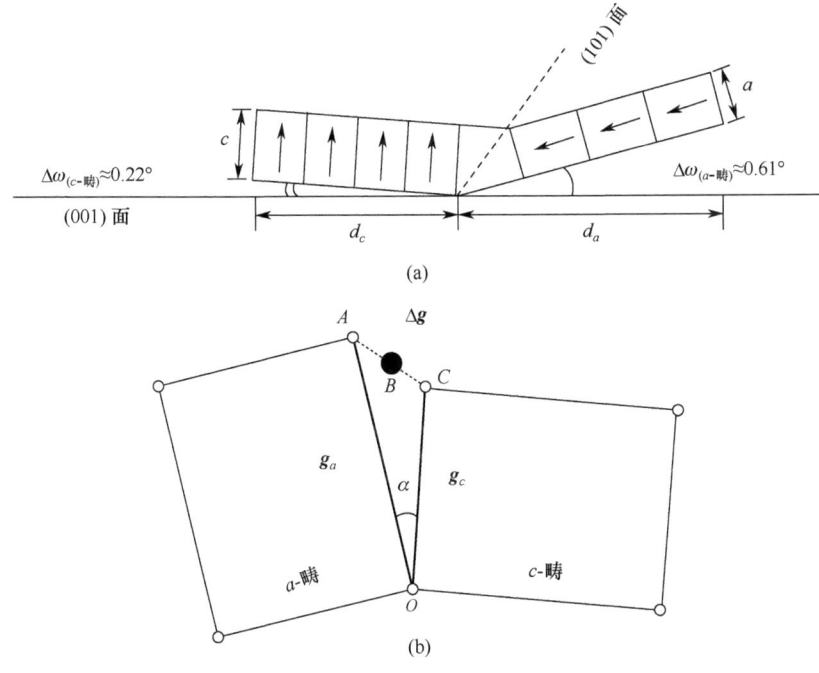

图 17.11 四方相 PZN-9%PT 的 a-畴和 c-畴

四方相 a-畴和 c-畴的孪晶模型。(a) a-畴和 c-畴正空间的取向差,孪晶结合面(composition plane) 为(101)面,a-畴和 c-畴对(001)面分别呈 $\Delta\omega_{(a\text{-}畴)}$ 和 $\Delta\omega_{(c\text{-}畴)}$ 角度。$\alpha = \Delta\omega_{(a\text{-}畴)} + \Delta\omega_{(c\text{-}畴)}$ 为 a-畴和 c-畴之间的取向差。(b) a-畴和 c-畴倒易矢量之间的取向差,相应倒易矢量 g_a,g_c 的取向差。a-畴和 c-畴的厚度分别为 d_a 和 d_c,a 和 c 为四方相的点阵参数,晶胞中的箭头为自发极化矢量

图 17.12(a)~(c)所示。

对于微米畴,相干性较差,畴的布拉格衍射强度相加,是通常衍射的情况,其衍射强度如图 17.12(a)所示。不管两种畴之间有无相对转动 α,这时,(002)mapping 图上有分别对应 a-畴和 c-畴两个分立的斑点(图 17.12(d)$\alpha=0$ 和(e)$\alpha\neq0$)。

对于纳米畴,相干性好,畴的布拉格衍射相干相加,是自适应衍射的情况,其衍射强度如图 17.12(b)所示。这时 mapping 图上只有一个强的峰,位于消失的原先两个分立的斑点之间,其所对应的衍射矢量位于 $g_0 = \omega \cdot g_a + (1-\omega) \cdot g_c = \omega \cdot \Delta g + g_c$,视 a-畴和 c-畴所占的份额而定,如图 17.12(f)和(g)所示。这实际上是两种畴衍射斑痕(streak)相干叠加的结果,当纳米畴的尺寸越小时,这种斑痕效应越明显。在 a-畴和 c-畴形成类似超晶格的调制结构时(图 17.13),这种效应更加明显,甚至可以出现高级的卫星峰,其卫星峰的衍射强度决定于畴的尺寸和调制结构,即超晶格的相干性。

当畴的尺寸介于微米和纳米之间时,调制结构属性变差,即超晶格相干性较

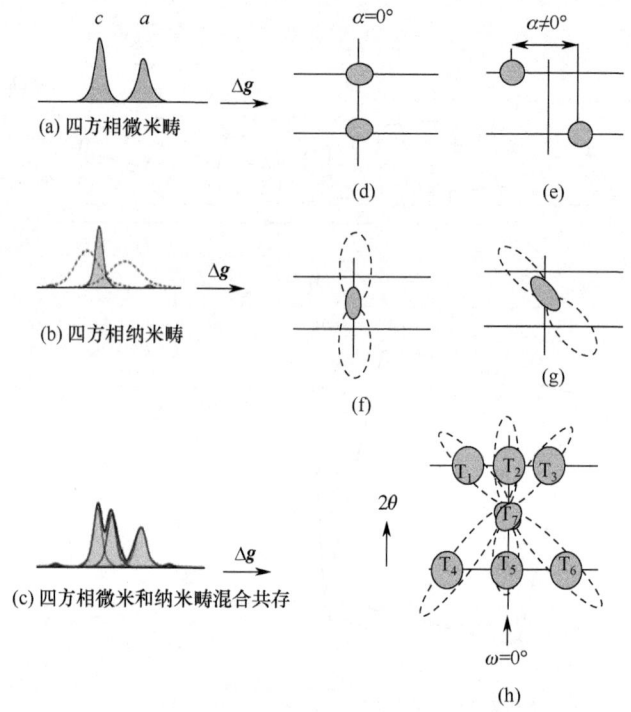

图 17.12 四方相 a-畴和 c-畴的尺寸和衍射行为

衍射强度沿着 $\Delta \boldsymbol{g} = \boldsymbol{g}_a - \boldsymbol{g}_c$ 示意分布。(a)微米畴,a 和 c 对应 a-畴和 c-畴的衍射强度,为通常衍射;(b)纳米畴,a 和 c 峰消失,在 a 和 c 峰之间出现较强的峰,为自适应衍射;(c)畴的尺寸介于微米和纳米之间,通常衍射和自适应衍射共存;(d)和(e)微米畴在 mapping 图上的行为;(f)和(g)纳米畴在 mapping 图上的行为;(h)微米畴和纳米畴混合共存在 mapping 图上的行为,$T_1 \sim T_3$ 对应 a 畴,$T_4 \sim T_6$ 对应 c-畴,而 T_7 则对应自适应衍射峰。注意:这里的 T_7 并非是图 17.13 中的三方相 d_7,那里不是自适应衍射峰而是通常衍射峰

差,这时通常衍射和自适应衍射共存,其衍射强度如图 17.12(c)所示。mapping 图上显示出复杂的花样,如图 17.12(h) $T_1 \sim T_7$ 的分布所示:$T_1 \sim T_3$ 对应 a-畴,$T_4 \sim T_6$ 对应 c-畴,而 T_7 则对应自适应衍射峰。由于晶体存在四次对称性,T_2 和 T_5 是对应垂直于纸面方向的 a-畴和 c-畴的叠加(图 17.11),它们也可能是存在于晶体中没有取向差的母块体[66]。$PbTiO_3$ 薄膜沿着 $DyScO_3$(DSO)衬底方向调制的铁电纳米畴是另一个通常衍射和自适应衍射共存的例子[20]。

图 17.13 是 PZN-9%PT 的(002)mapping 图,实验在新加坡同步辐射光源进行,X 射线的波长为 1.5405Å,温度范围从室温到超过 180℃。在 25℃时,图 17.13(a)显示 $d_1 \sim d_7$ 7 个衍射峰,分别对应 3 个布拉格角:$2\theta = 44.95°(d_1 \sim d_3)$,$44.28°(d_4 \sim d_6)$

和 $44.70°(d_7)$,前两者对应于 a-畴和 c-畴。计算得到:$a=4.029$Å 和 $c=4.087$Å。由 $\alpha=90°-2·\arctan(a/c)$,可计算得两种畴之间相对转动角 $\alpha=0.82°$,与实验值 $\alpha=0.61°+0.22°=0.83°$ 一致,参考图 17.11。

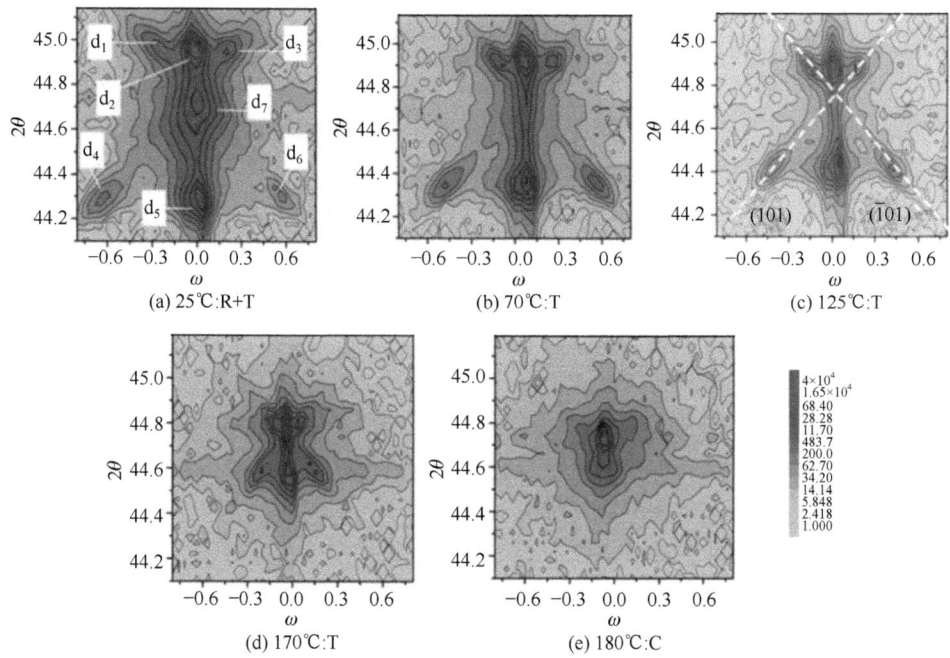

图 17.13 四方相 PZN-9%PT 中 a-畴和 c-畴(002)mapping 图

PZN-9%PT 的实验在 SSLS 进行,X 射线的波长为 1.540Å,温度范围从室温到超过 180℃,强度为对数显示,其灰度级如图所示。(a)25℃,T:四方相,$d_1 \sim d_6$ 6 个衍射峰对应于 a-畴和 c-畴,d_7 是另外一个共存的三方相 R,$\Delta \omega_{(c-畴)}=\pm 0.61°$,$\Delta \omega_{(a-畴)}=\pm 0.22°$;(b)70℃,三方相 R 消失;(c)125℃,虚线所示为(101)和(-101)或($\bar{1}$01);(d)170℃;(e)180℃。a 和 c 非常接近立方相的值(C:立方相)。在温度超过 180℃时,四方相转变为立方相

初看起来,d_7 像是前面讨论过的自适应衍射峰,因为它位于 d_1 和 d_6、d_3 和 d_4 的连线上。仔细研究指出:a-畴和 c-畴的斑痕没有那么强,尤其是 c-畴的 d_4 和 d_6,难以形成自适应衍射峰。d_7 实际上是另外一个共存的三方相,这个相在 70℃ 就消失了,而从高温再回到 70℃ 以下时又出现,证明这一点。温度超过 180℃ 时,四方相转变为立方相,图 17.13(e)只有一个衍射斑点。

值得指出:d_1、d_3、d_4、d_6 和 d_7 在早期的研究中被误认为是一种单斜相[66]。其实,如果其孪晶组态导致自适应衍射为主时,它们很容易被认为是单斜相,这可以从图 17.11(b)看出,因为在 a-畴和 c-畴的四方倒易点阵中,任何对于它们倒易结点 A 或 C 的偏离(如出现于 Δg 上的 B 点),都会导致对其四方点阵的偏离,致使 a 和 c 轴的夹角不等于 90°,从而得到单斜相。参见 17.2.4 节调制结构自适应衍射

的计算模拟结果和图 17.15。

17.2.4 调制结构

17.2.3 节讨论了孪晶晶粒或 a-畴和 c-畴,在特定的条件下(如在薄膜较薄的情况)可以形成周期性的交替重复结构,即类似超晶格的调制结构。不同于晶体结构中组装单元(模块)的堆垛方式调制(参见文献[69]第 429 页),也不同于公度/无公度调制中的波动函数分布调制[70],本节讨论的是两种孪晶结构单元 A 和 B 组合,交替重复形成的周期调制结构,其分界面为孪晶界或相界,交替重复单元 A+B 分布如图 17.14 所示。可以看到,在衬底的平面内调制方向选为坐标系 x 轴,衬底平面的法向为 z 轴,原点在 O 点,薄膜的厚度 t 沿着 z 方向。

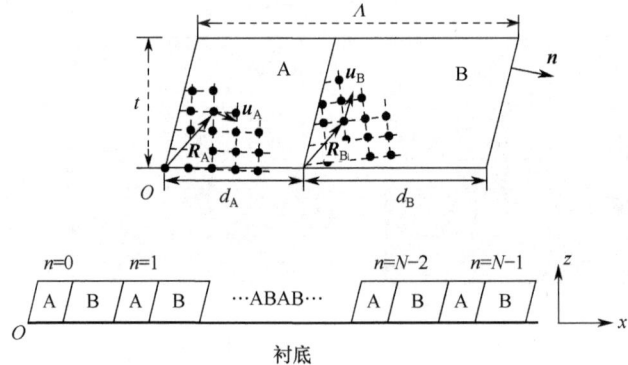

图 17.14 孪晶结构单元 A 和 B 形成的周期调制结构示意图
调制结构中总共有 N 对孪晶结构单元,从 O 点起记为 $n=0$,交替重复,止于 $n=N-1$。调制结构的周期为 Λ, $\Lambda=d_A+d_B$,为 A 和 B 沿着 x 轴方向的厚度之和。坐标系的 x 轴在衬底平面内调制方向,衬底平面的法向为 z 轴,原点在 O 点。薄膜的厚度 t 沿着 z 方向。A 和 B 之间的界面法向为 $\boldsymbol{n}$。A 和 B 点阵的位置矢量分别为 $\boldsymbol{R}_A$ 和 $\boldsymbol{R}_B$,$\boldsymbol{u}_A=\boldsymbol{u}_A(\boldsymbol{R}_A)$ 和 $\boldsymbol{u}_B=\boldsymbol{u}_B(\boldsymbol{R}_B)$
表示了它们的位移场

调制结构中共有 N 对重复单元,从 O 点起记为 $n=0$,交替重复,止于 $n=N-1$。调制结构的周期为 $\Lambda=d_A+d_B$,为两种孪晶结构单元 A 和 B 沿着 x 轴方向的厚度之和,d_A 和 d_B 可以是随机厚度。孪晶结构单元 A 和 B 之间的界面法向为 $\boldsymbol{n}=\boldsymbol{n}$ $(n_1,0,n_3)$。孪晶结构单元 A 和 B 由各自的晶体点阵(晶胞)组成,其点阵的位置矢量分别为 $\boldsymbol{R}_A$ 和 $\boldsymbol{R}_B$:

$$\boldsymbol{R}_A = l_1\boldsymbol{a}_1 + m_1\boldsymbol{b}_1 + n_1\boldsymbol{c}_1 \tag{17.40a}$$

$$\boldsymbol{R}_B = l_2\boldsymbol{a}_2 + m_2\boldsymbol{b}_2 + n_2\boldsymbol{c}_2 \tag{17.40b}$$

(l_1,m_1,n_1) 为单元 A 点阵中的坐标,其点阵的基矢为 $(\boldsymbol{a}_1,\boldsymbol{b}_1,\boldsymbol{c}_1)$;$(l_2,m_2,n_2)$ 为单元 B 点阵中的坐标,其点阵的基矢为 $(\boldsymbol{a}_2,\boldsymbol{b}_2,\boldsymbol{c}_2)$。

这些点阵中可能存在位移场，用 $u_A = u_A(R_A)$ 和 $u_B = u_B(R_B)$ 表示，分别代表 A 单元 R_A 处结点（晶胞）位移了 u_A 和 B 单元 R_B 处的结点（晶胞）位移了 u_B，其方向如图 17.14 所示。

一个晶胞内的电子密度 $\rho_c(r)$ 可以表示为各原子中电子密度 $\rho_i(r)$ 与 δ 函数的卷积（参见文献[71]第 98 页），即

$$\rho_c(r) = \sum_i \rho_i(r) * \delta(r - r_i) \tag{17.41}$$

其中，r_i 是各个原子的位置矢量，对晶胞内所有的原子求和。根据卷积定理，式(17.41)的傅里叶变换给出：

$$F(q) = \mathscr{F}(\rho_c(r)) = \sum_i \mathscr{F}(\rho_i(r)) \cdot e^{2\pi i q \cdot r_i} = \sum_i f_i \cdot e^{2\pi i q \cdot r_i} \tag{17.42}$$

其中，$q = (q_x, q_y, q_z)$ 是倒易空间矢量，也就是上面常用的散射矢量；f_i 是原子 i 的原子散射因子，为原子 i 电子密度 $\rho_i(r)$ 的傅里叶变换 $F(\rho_i(r))$。当 q 等于某个倒易点阵矢量 $g = (h, k, l)$ 时，满足布拉格衍射条件，式(17.41)为结构因子的表达式：

$$F(g) = \sum_i f_i \cdot e^{2\pi i g \cdot r_i} \tag{17.43}$$

如果单元 A 和 B 一个晶胞内的电子密度分别为 $\rho_{c,A}(r)$ 和 $\rho_{c,B}(r)$，则它们的结构因子分别为

$$\begin{cases} F_{hkl,A} = F_{g,A} = \mathscr{F}(\rho_{c,A}(r)) = \sum_i f_{i,A} \cdot e^{2\pi i g \cdot r_i} \\ F_{hkl,B} = F_{g,B} = \mathscr{F}(\rho_{c,B}(r)) = \sum_i f_{i,B} \cdot e^{2\pi i g \cdot r_i} \end{cases} \tag{17.44}$$

同样地，$f_{i,A}$ 和 $f_{i,B}$ 分别是单元 A 和 B 晶胞内原子 i 的原子散射因子，为原子 i 电子密度的傅里叶变换。

结构单元 A 和 B 的电子密度分布依赖于其中的晶体点阵类型，仿照式(17.42)，它们的电子密度可以表达如下：

$$\begin{cases} \rho_A(r) = \left[\sum_{R_A} \rho_{c,A}(r) * \delta(r - R_A) \right] \cdot S_A(r) \\ \rho_B(r) = \left[\sum_{R_B} \rho_{c,B}(r) * \delta(r - R_B) \right] \cdot S_B(r) \end{cases} \tag{17.45}$$

其中，晶胞内的电子密度分布 $\rho_{c,A}(r)$ 和 $\rho_{c,B}(r)$ 正如式(17.42)所表达，R_A 和 R_B 求和是对 A 和 B 各自晶体点阵空间内的所有格点；$S_A(r)$ 和 $S_B(r)$ 是形状函数，决定于结构单元 A 和 B 在调制结构中所分布的形状，可以表示为

$$S_A(r) = \begin{cases} 1, \text{在单元 A 内：} t \geq z \geq 0, d_A - \dfrac{n_3}{n_1}z > x \geq \dfrac{-n_3}{n_1}z \\ 0, \text{在单元 A 外} \end{cases} \tag{17.46a}$$

$$S_B(r) = \begin{cases} 1, \text{在单元 B 内：} t \geq z \geq 0, d_A + d_B - \dfrac{n_3}{n_1}z > x \geq d_A - \dfrac{n_3}{n_1}z \\ 0, \text{在单元 B 外} \end{cases} \tag{17.46b}$$

有了上面的结构单元 A 和 B 的电子密度 $\rho_A(r)$ 和 $\rho_B(r)$，整个调制结构的电子密度 $\rho(r)$ 可以表达如下：

$$\rho(r) = \sum_{n=0}^{N-1}[\rho_A(r)+\rho_B(r)] * \delta(r-n\Delta i) \qquad (14.47)$$

此处求和是对所有的结构单元，从第 0 对到第 $N-1$ 对，总共有 N 对。$n\Delta i$ 是第 n 对结构单元在调制方向上的位置矢量。仿照式(17.42)，对式(17.47)进行傅里叶变换就可以得到整个调制结构的衍射振幅，它们衍射行为和结构信息就可以展现在倒易空间中：

$$F(q) = \mathscr{F}(\rho(r)) = \mathscr{F}([\rho_A(r)+\rho_B(r)]) \cdot \mathscr{F}\left(\sum_{n=0}^{N-1}\delta(r-n\Delta i)\right) \qquad (17.48)$$

$$F(q) = \mathscr{F}(\rho(r)) = \mathscr{F}([\rho_A(r)+\rho_B(r)]) \cdot \frac{\sin(\pi N\Delta q_x)}{\sin(\pi \Delta q_x)} \qquad (17.49)$$

应用 X 射线衍射运动学理论(参见式(5.3)以及第 4 章和第 5 章的内容)，另一种得到整个调制结构衍射振幅的方法是将所有晶胞的散射振幅叠加起来，可以得到

$$F(q) = \sum_{n=0}^{N-1}\sum_{r_A}\sum_{r_B}(F_{g,A} \cdot e^{2\pi i q \cdot r_A} + F_{g,B} \cdot e^{2\pi i q \cdot r_B}) \qquad (17.50)$$

其中，$F_{g,A}$ 和 $F_{g,B}$ 分别是单元 A 和 B 的结构因子；r_A 和 r_B 是第 n 对结构单元中晶胞的位置矢量：

$$r_A = n\Delta i + R_A + u_A(R_A) \qquad (17.51a)$$
$$r_B = (n\Delta + d_A)i + R_B + u_B(R_B) \qquad (17.51b)$$

此处和式(17.40)一样，R_A 和 R_B 是理想点阵的位置矢量，$u_A = u_A(R_A)$ 和 $u_B = u_B(R_B)$ 表示了它们的位移场。整理式(17.50)得到

$$F(q) = \left(\sum_{r_A}F_{g,A} \cdot e^{2\pi i q \cdot [R_A+u_A(R_A)]} + \sum_{r_B}F_{g,B} \cdot e^{2\pi i q \cdot [d_A i+R_B+u_B(R_B)]}\right) \cdot \sum_{n=0}^{N-1}e^{2\pi i q_x \cdot n\Delta} \qquad (17.52)$$

$$F(q) = \left(\sum_{r_A}F_{g,A} \cdot e^{2\pi i q \cdot [R_A+u_A(R_A)]} + \sum_{r_B}F_{g,B} \cdot e^{2\pi i q \cdot [d_A i+R_B+u_B(R_B)]}\right) \cdot \frac{\sin(\pi N\Delta q_x)}{\sin(\pi \Delta q_x)} \qquad (17.53)$$

它们与式(17.49)非常相似，其模的平方即第 11 章多层膜情况的式(11.5)或式(11.14)；如果上面式中 $\rho_B(r)$ 或 $F_{g,B}$ 为零，则是表面栅格结构的情况，其模的平方即式(14.1)。注意：第 11 章和第 14 章的倒易空间矢量 q 与本节相差 2π 倍。式(17.53)和式(17.49)忽略了常数位相因子。

对不同的界面，上面的公式可以简化：

(1) 层错调制结构。界面两边的晶体点阵 R_A 和 R_B 相同，仅有相对位移常量 u(如 $u_A=0$ 和 $u_B=u$)，而且单元 A 和 B 的结构因子 $F_{g,A}$ 和 $F_{g,B}$ 也相等。

(2) 孪晶调制结构。界面两边的晶体点阵不同,但有结晶学变换关系,相对位移常量可能不为零,单元 A 和 B 的结构因子一般不相等,即 $F_{g,A} \neq F_{g,B}$。

(3) 反相畴界调制结构。界面两边的晶体点阵相同,相对位移常量可能为零($u=0$),单元 A 和 B 的结构因子的位相相反,即 $F_{g,A} = |F_g| \cdot e^{i\phi}$ 和 $F_{g,B} = |F_g| \cdot e^{-i\phi}$。

(4) 一般畴界调制结构。界面两边的晶体点阵可能相同,相对位移常量可能为零($u=0$),单元 A 和 B 的结构因子与畴界的性质有关,如电畴的夹角。对某些衍射矢量,如满足 $\boldsymbol{g} \cdot \Delta \boldsymbol{p} = 0$(参见文献[72]第 242 页),其中 $\Delta \boldsymbol{p} = \boldsymbol{p}_2 - \boldsymbol{p}_1$ 为畴界两侧电畴极化矢量的差值,这时结构因子 $F_{g,A}$ 和 $F_{g,B}$ 相等(极化没有引起界面两边衍射矢量对应的结构因子有差别),调制的衍射强度为零,畴界调制结构消光。如 17.2.4 节 a-畴和 c-畴的情况,可以使用式(17.53)进行模拟,其结果显示在图 17.15 中。

17.2.5　四方相 a-畴,c-畴的模拟和三方相纳米孪晶的讨论

图 17.15 为 PZN-9%PT 的 002 衍射 mapping 图,使用式(17.53)可以计算模拟,其实验数据如图 17.13 所示,温度为 70℃,$a=4.032$Å 和 $c=4.078$Å,X 射线的

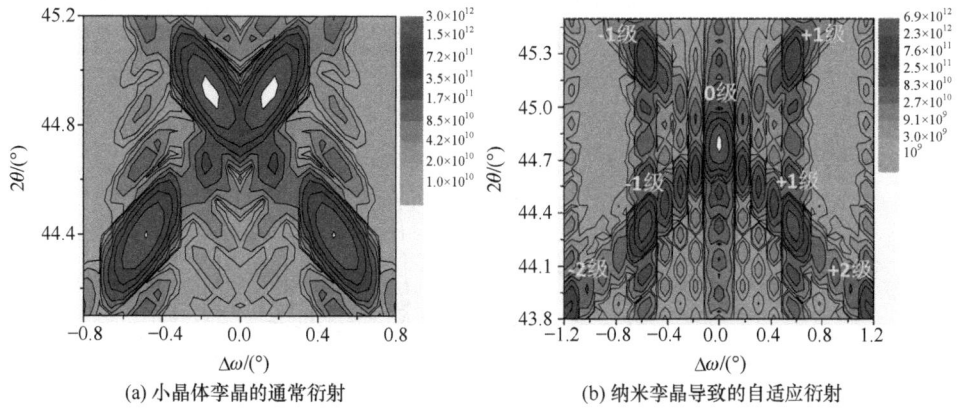

(a) 小晶体孪晶的通常衍射　　　　(b) 纳米孪晶导致的自适应衍射

图 17.15　四方相 a-畴和 c-畴孪晶的模拟

PZN-9%PT 的 002 衍射模拟 mapping 图,X 射线的波长为 1.5405Å,温度为 70℃,强度为对数显示,其灰度级如图所示。(a)单个小晶体孪晶的通常衍射:厚度 50nm,水平宽度 50nm。白色截断的斑点显示了 a-畴和 c-畴衍射的中心位置。由于 a-畴和 c-畴的分界面为{101},所以衍射斑点在垂直方向拉长。(b)纳米孪晶导致的自适应衍射:5 个调制周期,厚度 50nm 和水平宽度 10nm 的 a-畴和 c-畴,其分界面为{101},水平方向为图 17.14 中的 x 方向。白色截断的斑点为零级衍射峰(0 级),强度为其他±1 级峰的 3~7 倍。其他次级极大峰由总厚度引起。为了清楚起见,图(b)的角度范围比图(a)略大,图(a)的角度范围与图 17.13 相当

波长为1.5405Å。当畴的尺寸较大时,自适应衍射效应较弱,其衍射行为与微米畴或粗畴类似。图17.15(a)为厚度50nm和水平宽度50nm分立的小晶体孪晶通常的衍射强度分布,其中白色截断的斑点为衍射中心的位置,恰好是微米畴衍射的位置,可以分辨出a-畴和c-畴,其对mapping图中心分别转了大约$0.16°$和$-0.50°$,与图17.13(b)一致。注意:图17.13上位于中心的上下两个斑点是其他斑点绕竖直轴线旋转$90°$投影叠加而成的。

当畴的尺寸缩小时,如水平宽度为10nm,自适应衍射效应明显。图17.15(b)为5个调制周期,厚度50nm和水平宽度10nm的a-畴和c-畴的衍射强度分布,白色截断的斑点显示了零级衍射中心(0级)的位置,a-畴和c-畴的通常衍射完全消失。0级衍射峰的强度为其他± 1级衍射峰的$3\sim 7$倍,它很容易被误认为是晶体通常的衍射峰(在超晶格相干性更好,周期更多时更加明显),导致错误地测定衍射峰的位置,从而错误地推断了晶体的晶系,如误为单斜相。这里的模拟结果能说明自适应衍射效应,但对于0级衍射峰的位置与其份额ω的关系却不能反映出。这方面的计算结果请参考文献[67],[68]。$PbTiO_3$薄膜中铁电纳米畴是一个通常衍射和自适应衍射共存的例子[20]。

上面模拟了a-畴和c-畴的情况,给出了它们所导致的伪单斜相自适应衍射强度的分布。如果把17.2.4节的结果用于三方晶系中的纳米孪晶,同样也能得到它们所导致的伪单斜晶系的衍射分布。图17.16显示三方结构单体(R),正交坐标系(a和c)和其单斜坐标系(a_m,b_m和c_m)的关系。

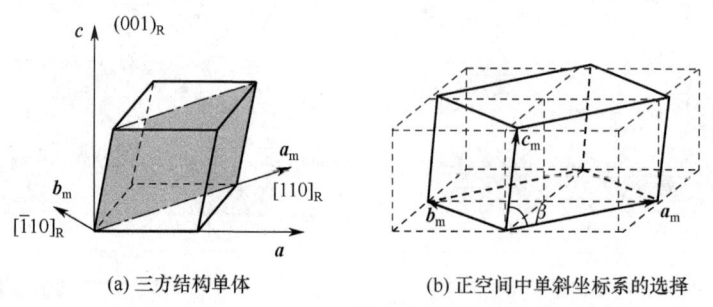

(a) 三方结构单体　　　　(b) 正空间中单斜坐标系的选择

图17.16　三方结构单体(R),正交坐标系(a和c)和其单斜坐标系(a_m,b_m和c_m)
a_m沿三方结构单体(R)的面对角线方向,c_m沿三方结构单体(R)棱边的方向,b_m垂直于$a_m c_m$平面,a沿三方结构单体(R)棱边的方向,c沿三方结构单体(R)的菱面法向,即$(001)_R$法向

有两种孪晶组态导致了伪单斜相的形成。在图17.17(a)中,孪晶界面为$(001)_R$,ω代表三方结构和其体积份额,$1-\omega$代表绕c轴旋转的另一个孪晶变体和其体积份额。在图17.17(b)倒易空间的单斜坐标系(a_m^*,b_m^*和c_m^*)中,孪晶变体ω和$1-\omega$所产生的衍射峰分别位于圆圈ω和$1-\omega$处,所对应的两套单斜晶系的点阵参数应该可以转换为原先三方结构所具有的三方点阵参数,图中画出的是ω变

体的坐标轴,单斜角为 $180°-\beta$。在圆圈 ω 和 $1-\omega$ 之间产生了自适应衍射,即 B 处的斑点。如果 a'^*_m 是这个新的倒易结点矢量,即产生新的单斜晶轴,而单斜晶轴 c^*_m 轴保持不变,单斜角变为 $180°-\beta'$。从图上得到:倒易晶胞的体积不变,即

$$a'^*_m \cdot \sin\beta' = a^*_m \cdot \sin\beta \tag{17.54}$$

从而正空间的 a_m 轴长度和方向不变:

$$a'_m = 1/(a'^*_m \cdot \sin\beta') = 1/(a^*_m \cdot \sin\beta) = a_m \tag{17.55}$$

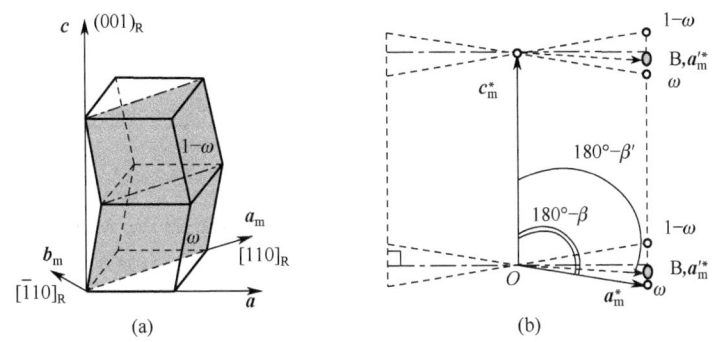

图 17.17 三方结构中的孪晶,孪晶界面 $(001)_R$

(a) 三方结构中的绕 c 轴旋转的孪晶,结合面为 $(001)_R$。ω 代表其体积份额,$1-\omega$ 代表另一个孪晶变体的体积份额。(b) 倒易空间的单斜坐标系,a^*_m、b^*_m 和 c^*_m 为基矢量(b^*_m 未画出)。如果在 B 处出现 adaptive 衍射,新的单斜晶轴 a'^*_m 产生,取代了位于 ω 处或 $1-\omega$ 处的 a^*_m 晶轴,从而导致单斜系 M_B 的结果

另外,尽管倒易空间的 c^*_m 轴长度和方向保持不变,但其正空间的 c_m 轴长度变为

$$c'_m = 1/(c^*_m \cdot \sin\beta') \tag{17.56}$$

由于 β' 比 β 更接近 $90°$,这样的自适应衍射(即 B 处)所导致正空间单斜晶轴 c_m 轴比三方结构所对应的 c_m 轴长度变短,即得到的单斜点阵参数为 M_B 类型。特殊情况:孪晶变体等量时,$\omega=1/2$,B 处于两个孪晶变体倒易结点中间,$\beta'=90°$,得到是正交晶系的点阵参数。

另一种孪晶组态,其界面为 $(110)_R$,如图 17.18(a)所示。同样,ω 代表三方结构和其体积份额,$1-\omega$ 代表另一个孪晶变体和其体积份额。上述两个孪晶变体分别绕 $[\bar{1}10]_R$ 轴旋转了正反角度,使得 $(110)_R$ 面重合(结合面)。如果有自适应衍射,c^*_m 轴变为 c'^*_m,而 a^*_m 轴不变。作类似上面对 $(001)_R$ 孪晶界面的图解分析,可以得到 c_m 轴长度和方向不变,a_m 轴变短,因此得到的是 M_A 型的点阵参数。同样,如果孪晶变体等量,$\omega=1/2$,得到正交晶系的点阵参数。这里用倒易空间图解描述的 M_A 和 M_B 型的点阵,与早先的计算结果相反[68]。

本节讨论晶界和孪晶,表明单斜晶系的孪晶组态可能得到其点阵参数;另外,四

方晶系 a-畴和 c-畴组成的孪晶,上述三方晶系中的两个孪晶组态,自适应衍射的存在,可能导致晶系判断和点阵参数计算的错误,在实际工作中要格外注意。

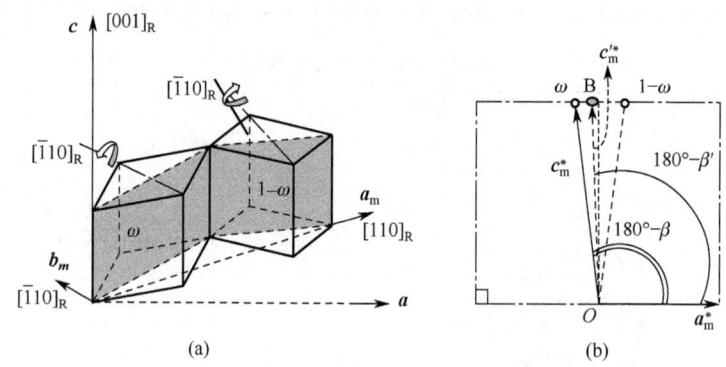

图 17.18　三方结构中的孪晶,孪晶界面 $(110)_R$

(a) 三方结构中的绕 $[\bar{1}10]_R$ 轴旋转的孪晶,结合面为 $(110)_R$。ω 代表其体积份额,$1-\omega$ 代表另一个孪晶变体的体积份额。(b) 倒易空间的单斜坐标系,a_m^*,b_m^* 和 c_m^* 为基矢量(b_m^* 未画出)。如果在 B 处出现自适应衍射,新的单斜晶轴 c'^*_m 产生,取代了位于 ω 处或 $1-\omega$ 处的晶轴,从而导致单斜晶系 M_A 的结果

17.3　氧八面体转动的测定

17.3.1　钙钛矿结构

很多物理性能优异的氧化物晶体材料都拥有同一类晶体结构——钙钛矿结构[73],化学通式为 ABO_3。B 离子周围有六个氧离子,形成氧八面体 BO_6,这些氧八面体通过顶点相连形成整个结构的骨架。八个氧八面体之间的空隙由离子半径较大的 A 离子填充(图 17.19),通常为三价的稀土离子或二价的碱土金属离子,B 离子多为过渡金属。Goldschmidt 容忍因子 t 是判断钙钛矿结构稳定性的依据[74]:

$$t=\frac{r_A+r_O}{\sqrt{2}(r_B+r_O)} \tag{17.57}$$

其中,r_A,r_B 和 r_O 分别为 A 离子,B 离子和氧离子的半径。

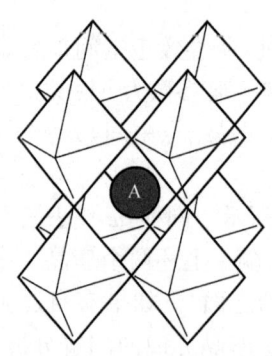

图 17.19　钙钛矿结构 ABO_3
B 离子周围有六个氧离子,形成氧八面体 BO_6,B 占据八面体中心,A 占据八个氧八面体之间的空隙

当 $t=1$ 时,为理想立方相钙钛矿结构;

当 $t<1$ 时,晶体的对称性降低为四方,正交,三方或单斜。其结构变化的原因是 A 离子的半径

较小,不足以填充氧八面体之间的空隙,导致氧八面体的倾斜或转动[75];

当 $t>1$ 时,由于 A 离子半径大于氧八面体之间的空隙,氧八面体从共顶点结构变为共面结构,从而晶体结构变为六方相[76,77]。

钙钛矿结构晶体的大多数物理性能主要由 B 位的过渡金属离子决定,A 位的稀土离子或碱土金属离子一般对费米面附近的电子态没有贡献。其电子能带结构主要取决于 B 离子和氧离子的化学键合。例如,稀土镍氧化物的金属-绝缘体转变温度与 Ni—O—Ni 的键角密切相关[78,79]。当键角变小时,氧和镍的轨道重叠变少,导致材料更加绝缘。这种变化在晶体结构上体现为氧八面体 BO_6 的倾斜或转动,键角偏离 180°越大,氧八面体的倾斜越显著。钙钛矿结构晶体的磁学性能也与 B 位的离子相关。稀土锰氧化物中 Mn^{3+} 都表现为反铁磁相,而不取决于 A 位是何种稀土离子[80]。所以,对于钙钛矿中氧八面体 BO_6 的结构表征,是理解晶体结构和物理性能联系的重要因素。氧八面体转动的精确测定对于理解这类关联电子体系中晶体结构和物理性能的联系有着不可或缺的重要意义。

17.3.2 氧八面体转动的 Glazer 分类

氧八面体转动方式的分类由 Glazer 在 1972 年的经典论文中系统地总结[81]。由于 Glazer 分类符号在钙钛矿结构的研究中被广泛采用,已经形成描述氧八面体转动的晶体学语言,所以有必要对其有充分的理解。Glazer 分类的基本精神是将任一氧八面体的转动分解到赝立方晶胞的三个轴的方向。所以,对于一个氧八面体的转动描述需要三个符号。如图 17.20 所示,一般定义左上角的第一个氧八面体转动沿着[001],[100]和[010]三个轴的转动都为正,故标记为+++。这里的"正"是人为规定的,顺时针或者逆时针转动都可以定义为正。与这个氧八面块体相反的转动定义为负,不转动定义为零。在此基础上,作两点合理的假定:第一,如果一个氧八面体的转动沿着某个轴为正,则沿着与这个轴垂直的两个方向最近邻的氧八面体的转动必须为负。例如,第一个氧八面体沿着[001]轴转动为+,在[100]和[010]方向与它最近邻的两个氧八面体的转动沿着[001]轴的转动必须为-。由此可以断定出第一个氧八面体周围的转动情形,如图 17.20 所示。第二,只考虑周期为两个氧八面体的情况,即沿着任意方向第三个氧八面体的转动与第一个完全相同。这两个假定限制了可能的转动情况,如图 17.20 所示,图中问号表示不能确定的转动。这种不确定是由于沿着某个轴方向,相邻的氧八面体的转动沿着这个轴的分量可能相同也可能相反。例如,第一个氧八面体沿着[001]轴转动为+,在[001]方向与它最近邻的两个氧八面体沿着[001]轴的转动可以为+,也可以为-。

用+的上标表示沿着某个轴方向所有八面体的转动相同,-的上标表示轴向相邻八面体的沿着这个轴方向的转动相反。例如,a^+ 代表沿着 a 轴方向的转动为

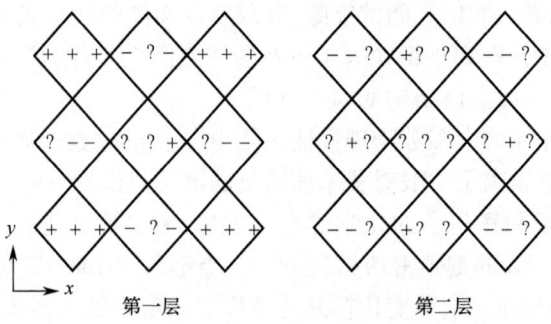

图17.20 由 Glazer 假定得到的相邻两层氧八面体转动情况

图中的平面为 ab 面,第二层是沿着 c 轴方向的上一层氧八面体。正负号代表氧八面体的转动方向,问号代表转动方向未知。定义左上角的第一个氧八面体转动沿着[001],[100]和[010]三个轴的转动都为正,故标记为+++。与这个氧八面块体反的转动定义为负,不转动定义为零

++++++…,a^- 代表沿着 a 轴方向的转动为+-+-+-…。由此,得到总共存在 23 种不同的氧八面体转动的情况(表 17.4)。

表 17.4 氧八面体的可能转动情况对应的 Glazer 符号和空间群

Glazer 符号	空间群	Glazer 符号	空间群	Glazer 符号	空间群
$a^+b^+c^+$	$Immm$	$a^+a^-c^-$	$P2_1/m$	$a^0b^+c^-$	$Bmmb$
$a^+b^+b^+$	$Immm$	$a^+b^-b^-$	$Pnma$	$a^0b^+b^-$	$Bmmb$
$a^+a^+a^+$	$Im\bar{3}$	$a^+a^-a^-$	$Pnma$	$a^0b^-b^-$	$F2/m$
$a^+b^+c^-$	$Pmmm$	$a^-b^-c^-$	$F\bar{1}$	$a^0b^-b^-$	$Imcm$
$a^+a^+c^-$	$P4_2/nmc$	$a^-b^-b^-$	$I2/a$	$a^0a^0c^+$	$C4/mmb$
$a^+b^+b^-$	$Pmmm$	$a^-a^-a^-$	$R\bar{3}c$	$a^0a^0c^-$	$F4/mmc$
$a^+a^+a^-$	$P4_2/nmc$	$a^0b^+c^+$	$Immm$	$a^0a^0a^0$	$Pm\bar{3}m$
$a^+b^-c^-$	$P2_1/m$	$a^0b^+b^+$	$I4/mmm$		

17.3.3 半指数晶面衍射法

上述氧八面体的转动,会导致晶胞沿着某些方向加倍。如图 17.21 所示,氧八面体的转动导致晶胞 a 加倍,形成超晶格。如果氧八面体沿着[100],[010]和[001]方向的转动角分别为 Φ_1,Φ_2 和 Φ_3,在不考虑氧八面体自身畸变的情况下,新的赝立方晶胞的晶格常数为

$$a_p = a_0 \cos\Phi_2 \cos\Phi_3 \qquad (17.58)$$

$$b_p = a_0 \cos\Phi_1 \cos\Phi_3 \qquad (17.59)$$

$$c_p = a_0 \cos\Phi_1 \cos\Phi_2 \quad (17.60)$$

式中，a_0 为没有氧八面体转动的理想钙钛矿立方相的晶格常数。对上式进行简单的变换，可得

$$\frac{a_p}{b_p} = \frac{\cos\Phi_2}{\cos\Phi_1} \quad (17.61)$$

$$\frac{b_p}{c_p} = \frac{\cos\Phi_3}{\cos\Phi_2} \quad (17.62)$$

$$\frac{c_p}{a_p} = \frac{\cos\Phi_1}{\cos\Phi_3} \quad (17.63)$$

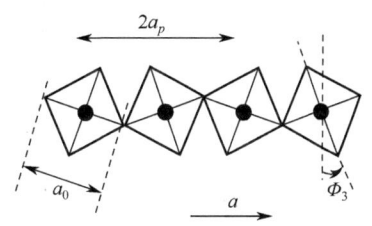

图 17.21 由于氧八面体的转动而形成的超晶格

以 a 方向为例，由于相邻氧八面体的转动相反，从而形成周期为 $2a_p$ 的超晶格。这里假定氧八面体是刚性的，自身没有畸变产生。图中的四个点为 B 离子，占据氧八面体的中心位置。a_0 为没有氧八面体转动的理想钙钛矿立方相的晶格常数，Φ_3 为氧八面体沿着 [001] 方向的转动角（角度有所夸大）

所以，当沿着两个轴的转动角度相等时，对应的赝立方晶胞在这两个轴方向的长度相同。例如，在 Glazer 分类符号中，aac 表示晶胞的边长 $a = b \neq c$，转动角度 $\Phi_1 = \Phi_2 \neq \Phi_3$。

不仅是转动角度，晶胞参数的夹角 α, β 和 γ 也可以从 Glazer 分类符号中方便地得到。任意两个轴都为同相转动（＋＋），或者一个同相和一个反相转动（＋－）时，夹角为 $90°$。而当两个轴都为反相转动时（－－），夹角不为 $90°$。这对于判断晶胞类型和晶系很有帮助。例如，对于 $\boldsymbol{a^+ b^- c^-}$，$a \neq b \neq c$，$\beta = \gamma = 90°$，$\alpha \neq 90°$，故为单斜晶系，且由氧八面体的排列方式（根据 a 轴同相，b, c 轴反相可填充完整图 17.20 中的问号），得到晶胞为 P 格子。其空间群为 $P2_1/m$，如表 17.4 所示。

以上讨论了氧八面体转动导致的晶胞大小和角度的变化。实验中，从晶胞加倍导致的半指数晶面衍射峰的出现情况，可以逆推得到 Glazer 分类符号，称为半指数晶面衍射法[82]。用加倍的晶胞中衍射峰 hkl 指标的奇偶情况，可以判定氧八面体的转动类型。如果沿着某个轴的方向有同相转动（＋），那么沿着这个轴方向晶胞不加倍，因而这个轴方向的指标为偶数。同时又由 17.3.2 节中的第一条假定可知，另外两个方向都加倍，因而指标都为奇数。所以，对于同相转动（＋），衍射峰指标 hkl 中有两个奇数和一个偶数。类似的分析可知，对于反相转动（－），衍射峰指标 hkl 三个都必须为奇数。具体的衍射峰指标的奇偶情况和 Glazer 分类符号的对应关系列于表 17.5。

表 17.5　衍射峰指标 hkl 奇偶情况与 Glazer 符号对应表

Glazer 符号	衍射峰 hkl	例子	Glazer 符号	衍射峰 hkl	例子
a^+	偶奇奇 $k\neq l$	013,031	a^-	奇奇奇 $k\neq l$	113,131
b^+	奇偶奇 $h\neq l$	103,301	b^-	奇奇奇 $h\neq l$	113,311
c^+	奇奇偶 $h\neq k$	130,310	c^-	奇奇奇 $h\neq k$	131,311

17.3.4　结构分析实例

以下介绍半指数晶面衍射法的实验步骤和结构分析实例。实验中,根据 RSV 方法(见 17.1 节)寻找所有半指数衍射峰。一般固定 H 和 K 的值,作 L 方向的四组扫描:$(0.5\ 0\ L),(0\ 0.5\ L),(0.5\ 0.5\ L)$ 和 $(0.5\ 1.5\ L)$。这里(HKL)是没有加倍晶胞的晶面指数,与 17.3.3 节中的(hkl)关系为 $H=h/2, K=k/2, L=l/2$。L 范围一般要包含两个半指数和一个整数指数。图 17.22 是 SRO 外延薄膜的实验结果。从$(0.5\ 0\ 1.5)$和$(0.5\ 0\ 2.5)$面的衍射峰可知,存在 b^+ 转动。从$(0.5\ 0.5\ 1.5)$和$(0.5\ 0.5\ 2.5)$面的衍射峰可知,存在 a^- 转动。从$(0.5\ 1.5\ 1.5)$和$(0.5\ 1.5\ 2.5)$面的衍射峰可知,存在 c^- 转动。因此,Glazer 分类符号为 $a^-\ b^+\ c^-$。又由 RSV 方法得到的薄膜的晶格常数可知,$a=b\neq c$。所以,最终的 Glazer 分类符号为 $a^-a^+c^-$,空间群为单斜晶系的 $P2_1/m$。这种氧八面体的转动情况导致了磁性和磁阻的变化[83]。应该注意,在 Glazer 分类规则中,假定氧八面体为刚性的八面体,而没有考虑氧八面体自身的畸变。在有应力的外延薄膜中,为了与衬底的晶格相匹配,氧八面体往往自身会有畸变[84]。这种畸变可能会导致由于转动而产生的半指数衍射峰出现的规律有所变化。所以在表征外延薄膜中氧八面体转动时,用 Glazer 判断规则有时不能完全确定转动方式或者有违背规则的衍射峰出现,需要结合其他表征结果综合判断。

根据半指数衍射峰的衍射强度,还可以进一步定量计算氧八面体的转动角 Φ_1, Φ_2 和 Φ_3,氧离子在晶胞中的位置和 B—O—B 的键长、键角[85,86]。积分衍射强度可以由下式计算:

$$I = I_0 A \frac{1}{\sin 2\theta} \frac{1}{\sin\omega} \left(\sum_j D_j \mid F_{hkl} \mid^2\right) \quad (17.64)$$

式中,I_0 为入射 X 射线强度;A 为吸收校正系数;$\dfrac{1}{\sin 2\theta}$ 为洛伦兹因子;$\dfrac{1}{\sin\omega}$ 为 X 射线投影因子;D_j 为不同结构畴的比例系数;F_{hkl} 为氧离子的结构因子,与氧离子在晶胞中的位置(uvw)关系为

$$F_{hkl} = \sum_n \exp[2\pi i(hu_n + kv_n + hw_n)] \quad (17.65)$$

在 $LaNiO_3$ 外延薄膜的例子中[85],Ni—O—Ni 的键长和键角影响了氧和镍的

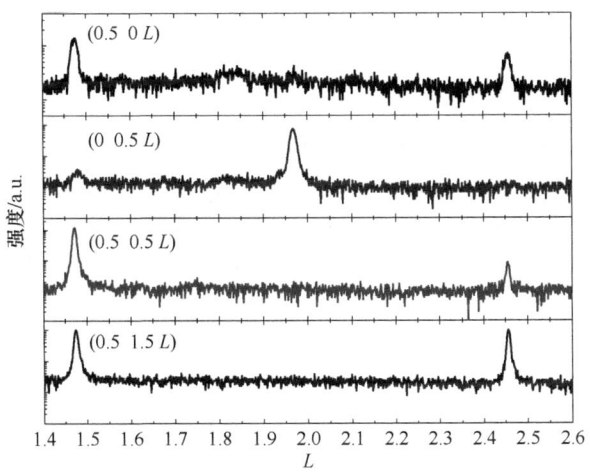

图 17.22　SRO 外延薄膜的半指数 X 射线衍射数据

轨道重叠,这对于理解不同应力状态下电子输运性质的改变及金属-绝缘块体变的机制至关重要。假设 La 和 Ni 处在理想钙钛矿的位置。由 O 和 Ni 离子位置,可以计算出 Ni—O—Ni 的键长和键角,其变化规律解释了电子输运的机制。

综上所述,由半指数衍射峰的出现规律,可以判定氧八面体的转动类型,即 Glazer 分类符号。通过衍射强度可以定量地计算出氧八面体的转动角度以及钙钛矿结构中 B—O—B 的键长和键角。由这些结构信息,可以研究结构变化与物理性能的相关性,从而揭示过渡金属氧化物所展现的丰富物理现象的机制。同时,通过系统地控制这种结构的转动与畸变,达到物理性能的优化和调控,甚至产生新的物理现象。

17.4　COBRA 界面结构分析方法

薄膜的表面与界面对电子和光电器件的影响非常重要。诺贝尔奖得主 Herbert Kroemer 在 2000 年指出,对于半导体材料,界面即是器件[87]。对于复杂过渡金属氧化物异质结,界面处产生新的电荷,自旋,轨道和晶格的相互作用,同样是新的电子器件的重要源泉[88]。因而界面结构的分析对于过渡金属氧化物外延薄膜异质结有重要意义。有很多方法可以分析薄膜界面结构,如高分辨电子显微镜,X 射线吸收谱,X 射线驻波法和表面衍射等。本节介绍 COBRA(coherent Bragg rod analysis)界面结构分析方法[89~93]。其特有的优势是,不依赖任何模型,可以直接得到界面处每一原子层的三维电子密度分布和原子位置,而不是其他方法得到的平均结构。

17.4.1 表面衍射与晶体截断杆

二维晶体,如外延薄膜,在二维面内有完整的周期性,而在第三维(厚度)方向被限制在纳米数量级而失去完整的周期性。二维晶体产生的衍射为晶体截断杆(crystal truncation rod,CTR),即面内衍射为正常的三维晶体衍射,而在面外方向为连续的杆状[94](也可参见图 2.9)。为了理解晶体截断杆产生的物理图像,考虑一个孤立的单原子层,如图 17.23(a)所示。对于单原子层,面外 Z 方向的原子数为 1,所以衍射与垂直面外方向的 $q.c$ 无关,在倒易空间中 L 方向有连续衍射,表现为二维的杆状晶格,如图 17.23(b)所示。每一个衍射杆,在 HK 面内方向很窄,而在 L 方向连续展开。下面考虑在某个方向被截断的三维晶体,如图 17.23(c)所示。截断后,由于表面重构等原因,晶体表面原子层与块体晶体结构不完全相同。所以,被截断的三维晶体产生的衍射为孤立的单原子层与三维晶体衍射的叠加,如图 17.23(d)所示。对于沉积在单晶衬底上的外延薄膜体系,由于薄膜每一原子层都对衍射有贡献,衍射为图 17.23(f)所示的晶体截断杆。通过拟合晶体截断杆 L 方向的衍射曲线,可以得到薄膜的厚度与表面粗糙度等信息[94,95]。

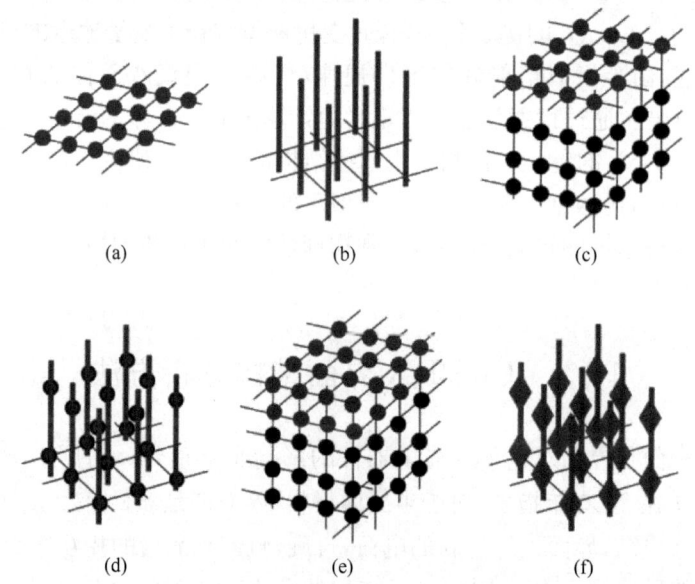

图 17.23 二维晶体产生的衍射花样

孤立的单原子层(a)及其产生的衍射(b),被截断的三维晶体(c)及其产生的衍射(d),外延薄膜和衬底(e)及其产生的衍射(f)。(b),(d)和(f)为倒易空间衍射花样分布图

17.4.2 COBRA 原理与方法

COBRA 方法通过测量沿着晶体截断杆方向的衍射强度,计算薄膜的结构因子[96]。实验测量得到的总散射因子 T 是衬底的散射因子 S 和薄膜散射因子 U 之和。取任意沿着晶体截断杆 Z 方向相近的两点 k_z 和 $k_z+\Delta k_z$,得

$$S_1+U_1=|T_1|e^{i\Phi_1}$$
$$S_2+|Q|e^{i\Phi_Q}U_1=|T_2|e^{i(\Phi_1+\Delta)}$$
(17.66)

式中,$S=|S|e^{i\Phi_S}$ 为衬底的散射因子;$U=|U|e^{i\Phi_U}$ 为薄膜的散射因子;Q 为位置 k_z 和 $k_z+\Delta k_z$ 的散射因子复数比例。由于两点相近,假设 $|Q|\approx 1$。Δ 为总散射因子的相位差,可由双光束衍射干涉法测得[89]。沿着晶体截断杆方向每取两个点,由这两个方程求解三个未知数 U_1、Φ_1 和 Φ_Q。每个点可得到两个解,正确的 U_1 需要满足沿着晶体截断杆方向的连续光滑变化。这样可以得到 U_1 沿着 Z 方向的分布函数 $U_1(Z)$。通过 $U_1(Z)$ 得到更加准确的 Q,从而迭代求得最终的薄膜散射因子。

由散射因子的傅里叶变换得到三维电子密度分布的尝试解。这个尝试解应该满足在薄膜范围内都为正,薄膜外都为零,在衬底范围内为接近已知的衬底结构。从解得的电子密度出发,计算结构因子和衍射强度,与实验结果相比较,迭代得到准确的结构。COBRA 方法最后得到的是一列由衬底决定的晶胞中电子密度分布。这里取沿着薄膜面外法线 Z 方向的晶胞参数 c 等于薄膜厚度,从而薄膜界面处每一原子层的电子密度分布都包含在这个大的晶胞中。

17.4.3 结构分析实例

Fong 等采用 COBRA 方法,分析了生长在 $SrTiO_3$ 单晶衬底上的 $PbTiO_3$ 铁电薄膜界面结构[96]。在四个晶胞厚度的 $PbTiO_3$ 超薄薄膜中,电子密度分布显示其具有铁电性的离子位移,且为单畴。沿着薄膜厚度方向的离子位置分布,表明 Pb 离子在界面处产生位移,Ti 离子和 O 离子由于衬底的束缚,在一两个晶胞厚度之后才产生位移。总之,COBRA 方向可以提供沿着厚度方向,薄膜界面处原子层的精确结构,对于理解外延薄膜界面处物理性能的变化有着重要意义。

17.5 外延薄膜的单晶结构分析

17.1.1 节介绍了通过测量高分辨 X 射线衍射峰的位置,得到外延薄膜精确晶格常数的方法(图 17.1)。本节介绍在测到晶格常数的基础上,通过收集 X 射线衍射峰的强度,由单晶结构分析方法获得外延薄膜的晶体结构,即电子密度分布、离子位置、化学键长及键角等信息。这些结构数据为理解外延薄膜的物理性能提供了重要的结构信息。

17.5.1 单晶结构分析方法

单晶结构分析是一种无损分析块体单晶样品的方法,可以提供晶体内部原子结构的信息,包括原子位置、化学键长及键角等[40]。单晶结构分析方法测定单晶体的实验一般分为八个步骤[97]。第一步,晶体的培养与挑选。一般要求单晶体的尺度为 0.1~1mm。第二步,收集衍射强度,测定晶胞参数。第三步,衍射图的指标化和空间群的测定。根据某些衍射峰的消光规律,可以判断其对称操作,再结合点群,定出晶体的空间群。第四步,强度的测定、归一、修正和还原。这一步,将原始收集的衍射强度还原为结构因子的振幅$|F_{hkl}|$。第五步,相角的测定。这是最困难的一步,可通过直接法、重原子法或同晶置换法等方法解出实验中的相角问题。第六步,电子密度的计算和结构的精修。第七步,晶体结构的表达,包含晶胞参数、原子坐标参数、键长和键角等。第八步,探讨晶体结构和物理性能的联系。晶体结构决定晶体的物理性质,同时物理性质也反映了晶体的内部结构。

17.5.2 薄膜分析的困难

由于外延薄膜不是块体的单晶体,应用单晶结构分析方法解析薄膜的晶体结构,存在以下几点困难:

首先,由于衬底的存在,很多透射几何的衍射峰无法收到。如图 17.24 所示,由于衍射几何的限制,对于外延薄膜体系可以收集到的衍射峰只能处于大的半圆与两个小的半圆之间的阴影区域。大半圆之外的区域由于波长的限制,$\lambda/(2d)>1$,

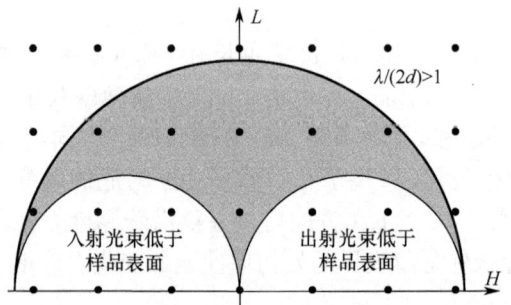

图 17.24 外延薄膜体系可收集衍射峰的范围

图中,位于大的半圆之外区域的衍射峰,由于波长的限制($\lambda/(2d)>1$)而超出可收集范围;左边的小半圆区域内的衍射峰,由于入射 X 射线低于样品表面而无法收集;右边的小半圆区域内的衍射峰,由于出射 X 射线低于样品表面而无法收集。因而可以收集的衍射峰范围为处于大的半圆与两个小的半圆之间的阴影区域

超出了收集范围。两个小半圆的区域内,由于入射或者衍射光束低于样品表面而收集不到。实验中,外延薄膜可以收集到的衍射峰数目远小于块体的单晶样品。不完整的数据为精确的结构分析带来困难。

其次,薄膜衍射峰位置和衬底的衍射峰通常很接近,因此需要很高的分辨率,用二维面探测器或者成像板来收集数据很难将薄膜的衍射峰分离出来。而且由于薄膜的衍射峰比衬底的衍射峰弱很多,当使用较长收集时间时,衬底的峰很强,可能会损坏面探测器。

最后,为了应用 SHELX 程序[49]解决相位问题和结构精修,收集的强度数据需要进行修正、归一和还原。由于薄膜样品特殊的二维形状,X 射线在样品内传播的路径与块体单晶有很大不同。根据数据收集中采用的不同扫描方式,需要重新计算吸收校正因子和体积因子等。数据处理后得到结构因子的振幅及其相关的晶面指数、衍射角及误差等。

17.5.3 实验方法与数据处理

为了解决上述困难,需要一套适应薄膜单晶分析的实验方法与数据处理步骤。首先,为了尽可能多地收集衍射峰数据,应采用短波长的 X 射线,从而扩大图 17.24 中大的半圆的范围。在上海光源 BL14B1-X 射线衍射光束线实验站,衍射实验可使用最短的波长为 0.564Å(相当于光子能量~22keV),对于一般外延薄膜,可以收集到上千个衍射峰。这可与单晶样品的数据量相媲美,求得精确的晶体结构。其次,使用高分辨的点探测器,帮助分开衬底和薄膜的衍射峰。对于上千个峰的数据收集,需要在已知点阵参数的基础上,运用方位矩阵(orientation matrix),编写程序,从而自动收集衍射峰数据。

收集到的原始数据需要修正。衍射峰的强度与结构因子的关系为

$$I = K \cdot P \cdot L \cdot T \cdot A \cdot |F|^2 \tag{17.67}$$

$$K = \left(\frac{I_0 N^2 \lambda^3 V}{\omega}\right)\left(\frac{e^4}{m^2 c^4}\right) \tag{17.68}$$

其中,K 为比例常数,与入射光强度 I_0、参与衍射的晶体体积 V 和其他常数有关;P 为入射 X 射线的偏振因子,对于入射面垂直于同步辐射 X 射线偏振面的情况(σ 偏振)$P=1$;L 为洛伦兹因子,$L = \dfrac{1}{\sin 2\theta}$;$T$ 为温度因子;A 为吸收因子。由于薄膜的准二维形状,晶体体积 V 和吸收因子 A 需要重新计算。

参与衍射的晶体体积 V 与 X 射线的截面积 S,薄膜厚度 t,衍射角度 θ 和 χ 的关系(图 17.25):

$$V = \frac{S \cdot t}{\sin\theta \cdot |\sin\chi|} \tag{17.69}$$

吸收因子 A 与 X 射线在晶体中的路径 $(x+x')$ 及吸收系数 μ 有关:

$$A = \frac{1}{V}\int_V e^{-\mu(x+x')} dv = \frac{1}{S \cdot t}\int_0^t e^{-\mu\frac{2t}{\sin\theta|\sin\chi|}} S dt = \frac{\sin\theta|\sin\chi|}{2\mu t}(1 - e^{-\mu\frac{2t}{\sin\theta|\sin\chi|}}) \tag{17.70}$$

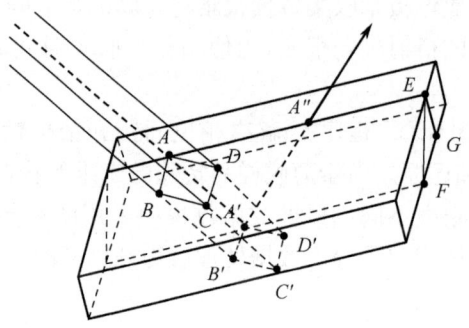

图 17.25 X 射线在薄膜样品中传播路径

$AA'A''$ 为 X 射线在样品中传播的路径。X 射线在样品表面的截面积 S 为 $ABCD$, $ABCDA'B'C'D'$ 包含的体积表示参与衍射的晶体

至此,除了温度因子 T 之外的所有因子都可以通过实验参数求得,修正后的衍射强度 I' 为

$$I' = \frac{I}{V \cdot P \cdot L \cdot A} = c \cdot \exp\left[-2B\left(\frac{\sin\theta}{\lambda}\right)^2\right] \cdot |F|^2 \tag{17.71}$$

其中,c 为常数。为得到结构因子振幅 $|F^2|$,需要用威尔森统计的方法[97,98]。当衍射点的数目足够多时,从统计意义上,结构因子振幅的平均值为

$$\sum_i \langle |F|^2 \rangle = \sum_j f_j^2 \tag{17.72}$$

从式(17.71)可得

$$\ln\left(\frac{\langle I' \rangle}{\Sigma}\right) = \ln c - 2B\frac{\sin^2\theta}{\lambda^2} \tag{17.73}$$

以 $Y = \ln\left(\frac{\langle I' \rangle}{\Sigma}\right)$ 对 $x = \frac{\sin^2\theta}{\lambda^2}$ 作图,可由线性拟合的截距与斜率求得常数 c 和 B。这样,可以最后求得结构因子振幅 $|F^2|$,导入 SHELX 程序中,完成结构的解析和精修,从而得到薄膜样品的单晶结构分析结果。

17.5.4 结构分析实例

下面介绍 BFO 铁电薄膜单晶结构分析的实例。采用磁控溅射沉积技术在 STO(111) 单晶衬底上生长 BFO 外延薄膜,其结构为三方相的铁电单畴膜。衍射

数据在上海光源 X 射线衍射实验站收集,波长为 0.6887 Å,收集范围,H:-9~$+9$; K:-9~$+9$;L:0~$+27$;共收集 2026 个衍射峰。通过以上的数据处理公式,得到结构因子振幅$|F^2|$,再由 SHELX 程序得到单晶结构。表 17.6 给出了解得的晶胞中各个原子的位置。由此推算出化学键长和键角。图 17.26 是晶胞的电子密度图。Fe 原子沿着 c 方向偏离理想钙钛矿的位置(图 17.26(b)),导致铁电的极化矢量完全沿着薄膜法线的方向。同时,Bi 原子周围的电子密度分布显示 6s 孤电子对存在的迹象,导致 Fe 原子较大的位移,正是它造成了 BFO 薄膜拥有大的铁电极化[99]。

表 17.6　单晶结构分析方法求得的 BFO 外延薄膜晶胞中的原子位置

	x	y	z
Bi	0.0000	0.0000	$-0.0015(7)$
Fe	0.0000	0.0000	0.2191(18)
O	0.445(6)	0.019(6)	$-0.058(7)$

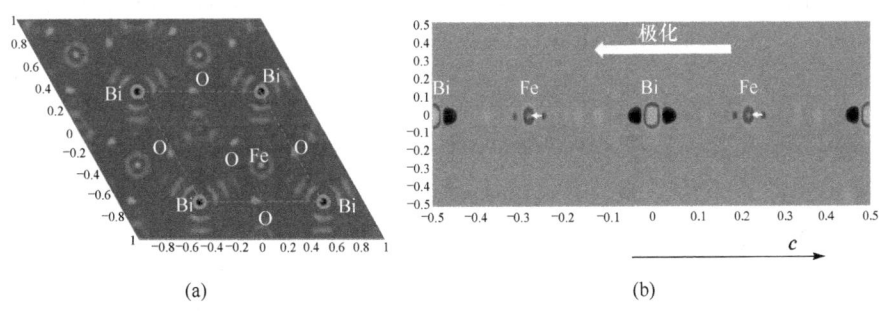

图 17.26　BFO 外延薄膜晶胞中的电子密度分布图
(a) ab 面内的电子密度分布;(b) c 方向的电子密度分布

17.6　结　　语

在前人工作的基础上,我们尝试和发展倒易矢量法(RSV 法)用于薄膜的布拉维晶胞和点阵参数的测定。通常会涉及薄膜存在孪晶,可以利用其组态进行点阵参数的计算。对于晶胞内原子的位置,应用半指数晶面衍射法可以测定氧八面体的转动;应用表面衍射 COBRA 法可以得到界面处晶体结构,尤其可以为二维电子气材料的研究提供结构信息;改进的单晶结构分析方法适用于外延薄膜晶体衍射数据的收集,探讨真正意义上的薄膜晶体结构分析。

刘华俊　杨平

参 考 文 献

[1] Zubko P,Gariglio S,Gabay M,et al. Annual Review of Condensed Matter Physics,2011,(2):141-165.
[2] Schlom D G,Chen L Q,Eom C B,et al. Annual Review of Materials Research,2007,(37):589-626.
[3] Hwang H Y,Iwasa Y,Kawasaki M,et al. Nat Mater. ,2012,11(11):103-113.
[4] Dagotto E. Science,2005,(309):257-262.
[5] Cao W,Cross L E. Physical Review B,1993,(47):4825.
[6] Kay H F,Vousden P. Philosophical Magazine Series 7,1949,(40):1019-1040.
[7] Jaffe B,Cook W R,Jaffe H. Piezoeletric Ceramics. New York:Academic Press,1971.
[8] Fuchs D,Arac E,Pinta C,et al. Physical Review B,2008,(77):014434.
[9] Locquet J P,Perret J,Fompeyrine J,et al. Nature,1998,(394):453-456.
[10] Haeni J H,Irvin P,Chang W,et al. Nature,2004,(430):758-761.
[11] Pecharsky V K,Zavalij P Y. Fundamentals of Powder Diffraction and Structural Characterization of Materials. 2nd ed. Kluwer Academic Publishers,2003.
[12] APEX2. (version 2009. 11-0). Program for Bruker CCD X-ray Diffractometer Control. Madison:Bruker AXS Inc. ,2009.
[13] Bond W L. Acta Cryst. ,1960,(13):814-818.
[14] Schmidbauer M,Kwasniewski A,Schwarzkopf J. Acta Crystallographica Section B,2012,(68):8-14.
[15] Yang P. Lecture Notes,Autumn School on X-ray diffractometry. Shanghai Synchrotron Radiation Facility (SSRF),2012:369-394.
[16] Zeches R J,Rossell M D,Zhang J X,et al. Science,2009,(326):977-980.
[17] Wadley P,Crespi A,Gazquez J,et al. Journal of Applied Crystallography,2013,(46):1749-1754.
[18] Rayan S C,Liu J,Heron J T,et al. Physical Review B,2013,(87):085121.
[19] Yang P,Liu H,Chen Z,et al. Journal of Applied Crystallography,2014,(47):402-413.
[20] Catalan G,Vlooswijk A H G,Janssens A,et al. Integrated Ferroelectrics,2007,(92):18-29.
[21] Chu Y H,He Q,Yang C H,et al. Nano Letters. ,2009,(9):1726-1730.
[22] Daumont C J M,Farokhipoor S,Ferri A,et al. Physical Review B,2010,(81):144115.
[23] Liu H J,Yao K,Yang P,et al. Physical Review B,2010,(82):064108.
[24] Qi X,Wei M,Lin Y,et al. Applied Physics Letters,2005,(86):071913.
[25] Noheda B,Zhong Z,Cox D E,et al. Phys. Rev. B,2002,(65):224101-224107.
[26] Bai F M,Wang N G,Li J F,et al. J. Appl. Phys. ,2004,(96):1620-1627.
[27] Liu H,Yang P,Kui Y,et al. Applied Physics Letters,2010,(96):012901-012903.
[28] Saito K,Ulyanenkov A,Grossmann V,et al. Jpn. J. Appl. Phys. Part 1 -Regul. Pap. Brief

Commun. Rev. Pap. ,2006,(45):7311-7314.
[29] Cullity B D,Stock S R. Elements of X-ray Diffraction. Upper Saddle River:Prentice Hall,2001.
[30] Giacovazzo C,Monaco H L,Artioli G,et al. Fundamentals of Crystallography. 2nd ed. Oxford:Oxford University Press,2002.
[31] Hahn T. International Tables for Crystallography,Vol. A. Berlin:Springer,2006.
[32] Ma Z S,Shi N C. X-ray Crystallography:Basic Theory and Experimental Technique for Crystal Structure Determination. Wu han:Zhong Guo Di Zhi Da Xue Chu Ban She (in Chinese),1995.
[33] 马喆生,施倪承. X射线晶体学:晶体结构分析基本理论及实验技术. 武汉:中国地质大学出版社,1995.
[34] Andrews L C,Bernstein H J. Acta Cryst. A,1988,(44):1009-1018.
[35] Paciorek W A,Bonin M. Journal of Applied Crystallography,1992,(25):632-637.
[36] Niggli P,Krystallographische und Strukturtheoretische Grundbegriffe. Akad. Verl. -Ges. ,1928.
[37] Certied Scientific Software,PO Box 390640 Cambridge,Massachusetts,02139,(617) 576-1610. FAX:(617) 497-4242 spec@certif. com,http://www. certif. com,2008.
[38] Busing W R,Levy H A. Acta Crystallographica,1967,(22):457-464.
[39] Aslanov L A,Fetisov G V,Howard J A K. Crystallographic Instrumentation. International Union of Crystallography,1998.
[40] Bennett D W. Understanding Single-Crystal X-ray Crystallography. Hoboken:John Wiley & Sons,2010.
[41] Holy V,Pietsch U,Baumbach T. High Resolution X-ray Scattering from Thin Films and Multilayers. Berlin:Springer Verlag,1999.
[42] Bowen D K,Tanner B K. High Resolution X-ray Diffractometry and Topography. Taylor & Francis,1998.
[43] 麦振洪,等. 薄膜结构X射线表征. 第一版. 北京:科学出版社,2007.
[44] Chen Z,Luo Z,Huang C,et al. Advanced Functional Materials,2011,(21):133-138.
[45] Chen Z,Luo Z,Qi Y,et al. Applied Physics Letters,2010,(97):242903.
[46] Chen Z,Prosandeev S,Luo Z L,et al. Physical Review B,2011,(84):094116.
[47] Lee K S,Baik S. Journal of Applied Physics,1999,(85):1995-1997.
[48] Nagarajan V,Jenkins I G,Alpay S P,et al. Journal of Applied Physics,1999,(86):595-602.
[49] Sheldrick G. Acta Crystallographica Section A,2008,(64):112-122.
[50] Chukka R,Cheah J W,Chen Z,et al. Appl. Phys. Lett. ,2011,(98):242902.
[51] Chen W,Ren W,You L,et al. Applied Physics Letters,2011,(99):222904.
[52] Chen Z,You L,Huang C,et al. Applied Physics Letters,2010,(96):252903.
[53] Chen Z,Zou X,Ren W,et al. Physical Review B,2012,(86):235125.
[54] Kumar V S,Chukka R,Chen Z,et al. AIP Advances,2013,(3):052127.
[55] Liu H,Yang P,Yao K,et al. Adv. Funct. Mater. ,2012,(22):937-942.

[56] Liu H, Yang P, Yao K, et al. Applied Physics Letters, 2011, (98): 102902.
[57] Liu H, Yang P, Fan Z, et al. Physical Review B, 2013, (87): 220101.
[58] De Caro L, Tapfer L. J. Appl. Cryst., 1998, (31): 831-834.
[59] Shilo D, Lakin E, Zolotoyabko E. Journal of Applied Crystallography, 2001, (34): 715-721.
[60] Karmazin L, James W J. Acta Cryst. A, 1972, (28): 183-187.
[61] Fatemi M. Acta Crystallographica Section A, 2005, (61): 301-313.
[62] Kim T H, Baek S H, Jang S Y, et al. Appl. Phys. Letts., 2011, (98): 022904-022903.
[63] 冯端, 等. 金属物理学（第一卷结构和缺陷）. 北京: 科学出版社, 1998.
[64] Chen Z, Chen L. 私人通信, 2010.
[65] Lehnert H, Boysen H, Schneider J, et al. Zeitschrift für Kristallographie, 2000, (215): 536-541.
[66] Chang W S, Lim L C, Yang P, et al. Appl. Phys. Lett., 2009, (94): 202907.
[67] Wang Y U. Physical Review B, 2006, (74): 104109.
[68] Wang Y U. Physical Review B, 2007, (76): 024108.
[69] Vaĭnshteĭn B K, Chernov A A, Shuvalov L A. Modern Crystallography: Structure of Crystals, Vol. 2. Berlin: Springer, 2000.
[70] van Smaalen S. Incommensurate Crystallography. OUP Oxford, 2007.
[71] Cowley J M. Diffraction Physics. Amsterdam: North-Holland Pub. Co., 1981.
[72] 许顺生, 冯端. X 射线衍射貌相学. 北京: 科学出版社, 1987.
[73] Mitchell R H. Perovskites: Modern and Ancient. Thunder Bay: Almaz Press, 2002.
[74] Goldschmidt V M. Geochemistry. Oxford: Clarendon Press, 1970.
[75] Lelieveld R, Ijdo D J W. Acta Crystallographica Section B, 1980, (36): 2223-2226.
[76] Donohue P C, Katz L, Ward R. Inorganic Chemistry, 1965, (4): 306-310.
[77] Katz L, Ward R. Inorganic Chemistry, 1964, (3): 205-211.
[78] Medarde M L. Journal of Physics: Condensed Matter, 1997, (9): 1679.
[79] Catalan G. Phase Transitions, 2008, (81): 729-749.
[80] Goodenough J B. Physical Review, 1955, (100): 564-573.
[81] Glazer A M. Acta Crystallographica Section B: Structural Crystallography and Crystal Chemistry, 1972, (28): 3384-3392.
[82] Glazer A M. Acta Crystallographica Section A: Crystal Physics, Diffraction, Theoretical and General Crystallography, 1975, (31): 756-762.
[83] Lu W, Yang P, Song W D, et al. Physical Review B, 2013, (88): 214115.
[84] Zayak A T, Huang X, Neaton J B, et al. Physical Review B, 2006, (74): 094104.
[85] May S J, Kim J W, Rondinelli J M, et al. Physical Review B, 2010, (82): 014110.
[86] Rotella H, Luders U, Janolin P E, et al. Physical Review B, 2012, (85): 184101.
[87] Kroemer H. Nobel Lecture. Quasi-Electric Fields and Band Offsets: Teaching Electrons New Tricks. Nobelprize.org., 2000.
[88] Hwang H Y, Iwasa Y, Kawasaki M, et al. Nature Materials, 2012, (11): 103-113.

[89] Yacoby Y. Solid State Communications,1994,(91):529-533.
[90] Baltes H,Yacoby Y,Pindak R,et al. Physical Review Letters,1997,(79):1285.
[91] Sowwan M,Yacoby Y,Pitney J,et al. Physical Review B,2002,(66):205311.
[92] Yacoby Y,Sowwan M,Stern E,et al. Nature Materials,2002,(1):99-101.
[93] Yacoby Y,Pindak R,MacHarrie R,et al. Journal of Physics:Condensed Matter,2000,(12):3929.
[94] Robinson I K,Tweet D J. Reports on Progress in Physics,1992,(55):599.
[95] Fong D D,Thompson C. Annu. Rev. Mater. Res. ,2006,(36):431-465.
[96] Fong D D,Cionca C,Yacoby Y,et al. Physical Review B,2005,(71):144112.
[97] 周公度. 晶体结构测定. 北京:科学出版社,1981.
[98] Wilson A J C. Nature,1942,(150):152.
[99] Neaton J B,Ederer C,Waghmare U V,et al. Physical Review B,2005,(71):014113.

第18章 钙钛矿结构氧八面体畸变的 X 射线表征

氧是自然界中含量最多的元素之一,而氧很容易与其他元素构成氧化物,因此氧化物便成为自然界一个庞大的家族,无处不在。在这个庞大的氧化物体系中,有一类具有类钙钛矿结构(原型材料是钛酸钙,分子式是 $CaTiO_3$)的过渡金属氧化物大家族引起人们的普遍关注。它们表现出丰富的物理性能,如电极化(电荷有序、轨道有序)、磁极化(自旋有序、轨道有序)等,电极化、磁极化与原子晶格序耦合,展现许多新颖奇特的电、磁、光、力等性能:如高温超导电性、巨铁电性、巨磁致伸缩、巨离子迁移、庞磁电阻、多铁性耦合等特性相继为人们发现,深入研究,并寻求其应用。钙钛矿体系中的奇特物理性能与该体系的核心组成单元氧八面体密切相关。由于氧八面体的旋转、倾斜、扭曲及不同类型氧八面的连接和连接方式,影响体系中过渡金属电子轨道占据态的变化,导致晶格、轨道、电荷、自旋的强烈耦合,不同的耦合基态决定了材料不同的物理性能。

18.1 钙钛矿氧化物的特殊电子结构

考虑由 N 个电子组成的系统,系统总能量由电子动能 T 和相互作用势能 V 构成,其哈密顿量可写成

$$H = T + V \tag{18.1}$$

其中,体系电子动能为

$$T = \sum_{i=1,2,\cdots,N} \frac{\hbar k_i^2}{2m} \tag{18.2}$$

而相互作用势包括电子与离子背景的相互作用 $V_{e\text{-}b}$ 以及电子-电子之间的相互作用 V_{ee},即

$$V = V_{e\text{-}b} + V_{ee} \tag{18.3}$$

暂时忽略离子背景与电子之间的相互作用,只考虑电子-电子之间相互作用

$$V_{ee} = \frac{1}{2} \sum_{i \neq j} \frac{e^2}{\varepsilon(R_i - R_j)} \tag{18.4}$$

其中,R_i 和 R_j 为电子的坐标;ε 为材料的介电常数。因为动能和相互作用势能不可对易,$[T, V_{ee}] \neq 0$,所以这两个算符不能同时对角化,而体系的物理性质则决定于二者之间的竞争。

若相互作用能可忽略(当 $\varepsilon \to \infty$ 时),上式则退化为无相互作用电子气问题,系统基态为简单平面波的 Slater 行列式,激发态为电子-空穴对。每个电子的能量约 $T_0 = \hbar^2/(2ma^2)$ 量级,其中 a 是粒子间的平均距离。若相互作用能很大,则动能项可忽略($m \to \infty$),问题转化为经典静电学问题。系统基态为电子的有序排列结构,称为 Wigner 晶体。在 Wigner 晶体中电子之间的距离趋向最大值。基态能量是一常数乘以 $I_0 = e^2/(\varepsilon a)$。因此,可以用参数 $r_s = I_0/T_0$ 来衡量体系的特性:

$$r_s = \frac{I_0}{T_0} = \frac{2m\varepsilon e^2 a}{\hbar^2} \tag{18.5}$$

由式(18.5)可以看出,当电子的浓度较高(a 较小)时,r_s 较小,材料电子性质由动能主导;而当电子浓度较低(a 较大)时则相反,材料电子性质由相互作用能主导。数值研究表明,在二维的情况下,r_s 的临界值为 35。当 r_s 大于这个值时,基态为 Wigner 晶体。

本章中所讨论的过渡金属氧化物钙钛矿材料的晶格效应很强,因此动能和势能均不能以简单的电子气形式写出。其中很多材料中电子间的相互作用能相对于动能来说比较大,这类材料称为"强关联"材料。

钙钛矿氧化物的基本结构为 ABO_3,其中 A、B 均为金属元素,而 O 为氧。以对称性最高的立方相为例,金属离子 A 位于立方单胞的顶角处,B 离子位于单胞的中心位置,而 O^{2-} 则位于立方单胞的各个面心位置。B 位离子与其最近邻的 6 个 O^{2-} 构成 BO_6 氧八面体。钙钛矿氧化物的大部分物理性质都与氧八面体有着直接的关系。

位于中心 B 位的金属离子一般为过渡金属元素,其电子填充未满的 d 轨道与氧的 2p 轨道成键,从而形成结构稳定的氧八面体。相邻的氧八面体通过顶角连接在晶体中形成周期延展的 d 轨道。由于大部分过渡金属元素都具有变价的性质,所以通过调节中心原子的价态就能实现对材料的电子结构进行调控。实现这种调控一般最常用的实验手段是掺杂,掺杂主要分为 A 位离子掺杂和 B 位离子掺杂两个大类。

对 A 位离子的掺杂是间接的,其目的是通过改变 A 位离子的价态或电负性,由此改变氧离子从 A 位离子中得到的电子数,从而间接地改变氧八面体中心 B 位离子的价态以及整个体系的电子结构。例如,常见的 $La_xCa_{1-x}MnO_3$(LCMO)体系,其中心 Mn 原子可表现出 Mn^{3+}、Mn^{4+} 两种不同价态。因此通过调整 La^{3+} 及 Ca^{2+} 的比例,可以使材料发生从金属到绝缘体、从铁磁到反铁磁等一系列相变。而对 B 位离子的掺杂则是直接对氧八面体 d 轨道进行调控。仍以 LCMO 体系为例,当 B 位的 Mn 原子被替换为 Fe、Co、Ni 等传统 3d 过渡金属元素时,其 d 轨道的占据数改变可以通过测量费米面的相对位置观测出来。再例如,被广泛应用的压电陶瓷 PZT(Pb($Zr_{1-x}Ti_x$)O_3)正是通过对 B 位离子的掺杂来改变氧八面体 B—O 键的离子共价性质,从而使材料获得良好的压电性能。

除了对体材料进行掺杂,构造界面及表面是另一种调控电子结构的重要方法。研究发现,钙钛矿的界面和表面会出现异于其体内的电子性质。这是因为在界面和表面处,氧八面体在一个维度上的平移对称性中断而缺失,形成特殊的二维结构。在这种低维的结构中,钙钛矿材料表现出很多新颖的物理现象,并且随着制备技术的飞跃提升,其可控性非常高,成为设计氧化物器件的首选材料。下面将以 $SrTiO_3$ 表面、$LaAlO_3/SrTiO_3$ 界面以及 $SrRuO_3/SrTiO_3$ 超晶格界面为例,分别介绍由表面和界面带来的特殊电子结构。

钛酸锶 $SrTiO_3$(STO)是一类极为重要的电子材料,具有多种特殊物理性能。由于其适中的晶格常数(3.905Å)、较宽的带隙(~3.2eV)以及优良的热稳定性和介电性能,它非常适合作为其他钙钛矿材料的衬底。在 xy 面内旋转 45°后 STO 与硅的晶格失配仅为 1.7%,这意味着,基于 STO 的物理器件有望与当今产业化的硅基电子器件紧密结合起来。可以说,STO 在氧化物半导体中的地位正如 Si 在传统半导体中的地位[1,2]。

STO 是良好的绝缘体。在很多 STO 与其他氧化物的界面以及它的表面中发现了明显异于体性质的二维导电性,即二维电子气(2DEG)。实验观测发现二维电子气主要分布在界面/表面附近五个单胞厚度中,其载流子浓度为每单胞面积中约 0.33 个电子。这二维电子气是由钛酸锶 d 轨道在界面/表面上的不连续性导致的。在立方 $I/m3m$ 结构的体材料中,导带底由三个非占据的 $3d$-t_{2g} 轨道组成(d_{xy},d_{yz},d_{zx})。这三个轨道在 Γ 点处是简并的。沿着任一方向,这三个带中电子的有效质量是不一样的:以沿 k_y 方向为例,d_{xy}、d_{yz} 轨道电子的有效质量较小,电子局域性强;而 d_{zx} 轨道的电子有效质量较大,电子局域性较强。而在材料表面,由于表面层在 z 方向上的连续性消失,t_{2g} 轨道发生退简并:面内轨道 d_{xy} 能量降低,而另外两个轨道(d_{yz} 与 d_{zx})也会由于自旋轨道耦合、表面重构、八面体畸变等原因而发生劈裂。这一系列的综合效应使在 STO 表面形成奇特的表面态。Santander-Syro 等利用角分辨光电子能谱以及第一性原理计算细致地研究了这个表面态[3],他们发现这个表面态在外界偏压下对电子能起到束缚作用,从而在绝缘体的表面产生二维导电性。

体材料的铝酸镧 $LaAlO_3$(LAO)在室温下也为绝缘体。钙钛矿 LAO_3 结构可以看成 AlO_2 与 LaO 两种不同端面堆垛而成。由于 LAO 中的 La 与 Al 均为+3 价离子,所以 LAO 的两种堆垛面($(LaO)^+$ 和 $(AlO_2)^-$)是以正负极性的形式交替出现的。而 STO 中 Sr 是+2 价,而 Ti 为+4 价,因此(SrO)和(TiO_2)面均呈电中性。当这两种材料沿着(001)方向生长组成异质结时,可能出现$(LaO)^+/TiO_2$ 和 $(AlO_2)^-/SrO$ 两种具有不同电极化的界面。其中$(LaO)^+/TiO_2$ 由于多出来的额外电子,所以是 n 型界面;而(AlO$_2$)$^-$/SrO 则相反,是 p 型界面。

研究发现在 n 型界面中存在二维的金属型导电性(2DEG)[4~8]。这个二维电子气的来源一般认为是材料表面极化导致的电子转移。首先考虑没有电子转移的理想情况。LAO 可以看成由具有正负电荷的原子面堆积而成的,虽然材料总体的电荷呈现电中性,但是沿着生长方向的电势会随着厚度的增加而积累,最终导致电势的发散,如图 18.1(a)所示。因此,为了避免这种由极化导致的电势发散,材料的两端会出现 1/2 电子的转移,如图 18.1(b)所示。这 1/2 电子的转移可由 STO 层中 Ti 离子的变价或者界面中的氧空位提供,也可能由此导致界面两边的离子发生相互扩散。这也给实验中很难生长出完全平整的异质界面提供了一个理论解释。在 n 型界面中,从 LAO 中转移到 STO 的 1/2 电子填充到 STO 的面内 d_{xy} 轨道中,使正好在费米面附近的空能带部分填充。同时由于界面的对称性降低,晶场劈裂导致 d_{yz} 和 d_{zx} 轨道能量上升到费米面以上,所以这两个轨道仍然为空轨道。二维非空的 d_{xy} 轨道是构成 LAO/STO 二维电子气的来源。

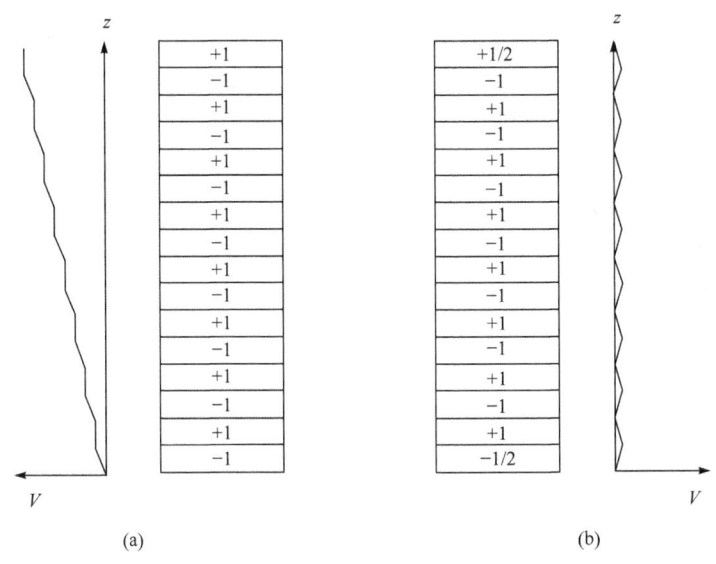

图 18.1 具有交替电荷层组成的材料的电势发散示意图

上述静电学模型也在理论模拟中得到了验证。Bristowe 等利用密度泛函对 LAO/STO 进行模拟[9],通过电势的逐层变化得到材料内部的内建电场,发现模拟所得电场大小(~57.1mV/Å)与根据静电学模型 1/2 电子转移计算得出的电场(~57.4mV/Å)吻合得非常好。Chen 等也通过计算模拟[10],发现 p 型界面与 n 型界面虽然都是转移了 1/2 个电子,但是电荷分布上有着本质的区别。Janicka 等进一步揭示了在 n 型界面中二维电子气的量子本质,表明这个二维电子气是一个金属导致的带隙态(metal induced gap states,MIGS)[11]。实验利用角分辨光电子能谱(ARPES)对界面能带结构直接观测,最终证实了此二维电子气的确由STO-d_{xy}轨道引起[12]。

而此系统的奇特性质并不仅限于二维电子气。一般来说,磁性与超导电性是不能共存的,但是在LAO/STO系统中却观测到奇特的磁性-超导电性共存的现象。Reyren等首先发现此界面在200mK以下具有超导电性[13]。而Brinkman则在磁电阻测量中发现此界面在外磁场下表现出特殊的响应[14]。由于STO与LAO均不具有磁性,所以界面中磁性的来源也成为研究热点。密度泛函模拟的结果表明,p型界面中有可能出现轨道序,但是该轨道磁性在定量上与实验观测到的磁矩结果不吻合[15]。进一步的变温磁电阻以及磁矩测量发现在温度低至130mK时,体系既表现出磁性也有超导电性[16]。这表明在该温度下该体系可能存在相分离,或者出现奇特的超导电性。Fidkowski从理论上认为在LAO/STO界面结构中会出现一维的磁序以及超导序[17]。而Michaeli则建立了一个新的有限动量配对模型,认为磁性及超导电性的共存来源于体系的库珀对进入了Fulde-Ferrell-Larkin-Ovchinikov型的凝聚状态,并指出这个凝聚状态在强无序的情况下存在[18]。关于磁性与超导电性共存的原因仍没有确切的定论,有待进一步深入理解。

层状钙钛矿钌酸盐在近十多年以来逐渐成为了凝聚态物理中的一个关注热点。其中$SrRuO_3$(SRO)由于其良好的热及化学稳定性,且容易与其他钙钛矿结构材料组成异质外延结构,现已成为一种成熟的电极材料,其电磁性质引起人们广泛的兴趣,并在众多的氧化物结构中得到了应用,如约瑟夫森结[19]、磁隧道结[20]、肖特基结[21]、场效应器件[22]、铁电容器以及多铁器件[23~25]等。最近的研究发现,将SRO外延生长在STO衬底上,在厚度仅几纳米的超薄尺度以下时,SRO失去其金属性变成绝缘体[26]。人们在理论和实验上尝试对此现象作出理解,有人认为电子的强关联行为在此时可能扮演重要角色[27],另外的研究组认为[28]这是在超薄尺度下的轨道选择性量子受限行为导致的。并且,研究中发现,伴随着该金属-绝缘体相变出现的还有其磁性质的显著变化:居里温度的突变[28]以及自旋重新组合为反铁磁序[29]。

Rondinelli等认为4d电子的强关联行为及Ru—O八面体的扭转是可能导致金属-绝缘体相变的原因之一[27]。他们分别利用pseudo-SIC和LSDA+U的理论计算方法对此猜测进行验证,但最终只能得到自旋极化的半金属态,并不能获得绝缘态。Mahadevan等认为,在薄膜SRO表面Ru的自旋排列从铁磁性变为反铁磁性,并且可能出现简并的表面反铁磁/体内铁磁态[29]。这也成为解释此系统中出现交换偏置现象的可能方案[30]。Chang等[28]从理论和实验出发,重新对此现象进行论证。他们制备出高质量的SRO薄膜,并从居里温度变化出发,认为金属-绝缘体相变出现的基本厚度为2uc(uc为单胞),而不是之前普遍认为的4uc。他们用

LSDA 的方法计算了此时的电子态密度,认为其在 Stoner 模型下与实验结果吻合。

STO 作为一个常用的衬底材料,是人们熟知的介电绝缘体。但当 STO 与 SRO 组成超晶格时,根据衬底应变大小的不同,超晶格既可能表现为导体也可能表现出绝缘性[31]。因为超晶格外延生长在衬底上时会将衬底的面内晶格常数保留,所以可以通过选择不同衬底来控制超晶格的结构参数,随着外加应变改变而呈现出的物理特性。第一性原理模拟结果表示,在高应变区(张应变),超晶格会从铁磁基态转变为反铁磁,并且伴随着一个金属-绝缘体相变。该相变是 Mott 相变。超晶格中的氧八面体的结构也会随着应变的改变而发生相应倾斜。而在低张应变以及压应变区,氧八面体的倾斜角消失,体系对称性增加。分析发现,钌原子的三个 t_{2g} 轨道中的电子数的变化是导致上述这些相变的原因。在相变区附近,RuO_6 氧八面体的转动力常数为 16meV/(°),而 TiO_6 的该参数只有 4meV/(°)。同时随结构变化,超晶格中 Ru 的磁性也会相应地有所变化,这点已经在实验中被观测得到。

正如本章开始提到,当电子关联性较强时,电子-电子之间的库仑排斥能就不能忽略。而 SRO 正好处于强关联与弱关联二者的边缘,是否存在此金属-绝缘体相变取决于体系中电子关联的实际大小。计算的结果证实了此观点:当库仑排斥能 U 减小时,此相变发生的临界应变增加;而当 U 减小至 0 时,此相变消失。

本节通过三个例子介绍了钙钛矿结构氧化物中的特殊电子结构。可以看出,其基态电子性质能从绝缘体转变为导体(STO 表面、SRO/STO 超晶格),甚至能从导体转变为超导体(LAO/STO 界面),并且这些性质还能通过诸如改变温度、应力应变、掺杂浓度、构建界面或超晶格等不同的手段进行控制。这些调控实际上是对氧八面体结构的调控,从而为人们设计出有用的物理器件提供非常广阔的前景。

18.2 过渡金属钙钛矿氧化物中八面体畸变的 X 射线表征方法

氧八面体在钙钛矿氧化物中起着极为重要的作用,其旋转、倾斜等畸变形态决定了氧化物的基态物理性能。因此无损获得氧八面体畸变的性质,对理解其氧化物物理性能、设计有用的物理器件有重要意义。本章节讨论利用 X 射线的几种方法对氧八面体畸变的表征。

结构精修

X 射线是波长在 0.01~100Å 范围的电磁波,能够被材料吸收和散射。材料对 X 射线的散射分为相干散射和非相干散射。散射 X 射线携带着材料结构方面的信息,可以用来分析材料的结构特征。

材料对 X 射线的衍射来源于晶体结构的周期性和 X 射线的波动性,通常用衍射几何理论和衍射强度理论处理 X 射线衍射问题。衍射几何理论解决的是衍射线的方向问题，用著名的布拉格方程来描述，另外几种等效的表达形式是劳厄方程和 Ewald 图解方法。衍射几何理论包含了晶胞对称性和晶胞参数等结构信息，根据晶体结构完美程度的不同，可以分别用 X 射线运动学理论和 X 射线动力学理论来处理晶体对 X 射线衍射的强度问题。

对常规的 X 射线衍射实验，$\theta/2\theta$ 扫描记录的是倒易空间的衍射强度在实空间的一维投影。衍射谱可以提供三个信息：衍射峰的峰位、强度和线形。对衍射谱的分析可以给出诸如晶体材料的物相种类和含量、晶胞参数、晶格应力与应变以及织构等方面的信息，应用 X 射线衍射还能描述非晶态物质的结构特征。X 射线粉末衍射谱的 Rietveld 拟合方法是一种有效的晶体结构和微结构分析方法。具体的拟合方法在近年来多有著述，如梁敬魁先生的《粉末衍射法测定晶体结构》中有详细描述，并包含很丰富的事例。这里只简单叙述并针对特定的钙钛矿氧化物体系进行案例处理。

对于多晶平板试样，X 射线衍射运动学理论给出某一物相的 (HKL) 衍射峰的强度为

$$I_{HKL} = \frac{1}{32\pi R} I_0 \frac{e^4}{m^2 c^4} \frac{\lambda^3}{V_0^2} VF_{HKL}^2 P \frac{1+\cos^2 2\theta}{\sin^2\theta\cos\theta} e^{-2M} \frac{1}{2\mu} \quad (18.6)$$

式中，I_0 和 λ 分别是入射 X 射线强度和波长；V_0 是试样的晶胞体积；V 是试样受 X 射线辐照的体积；F_{HKL} 是不包括温度因子的结构因子；P 是多重性因子；$(1+\cos^2 2\theta)/\sin^2\theta\cos\theta$ 是洛伦兹偏振因子；e^{-2M} 是温度因子，也称为德拜-沃勒因子；μ 是试样的线吸收系数。

Rietveld 方法设定：倒易空间各点的衍射峰强度由样品中所有倒易点散射强度按一定的权重叠加而成，任一倒易点的衍射布满整个倒易空间（或衍射谱范围）。衍射峰可近似用一个解析函数加以描述，由式(18.6)可以把各数据点的衍射强度表示为

$$Y_{c,i} = \sum_{k,j} S_j L_{k,j} |F_{k,j}|^2 \Phi_{k,j}(2\theta_{i,j} - 2\theta_{k,j}) P_{k,j} A_j + Y_{b,i} \quad (18.7)$$

式中，求和遍及试样中各已知物相的全部衍射峰；S_j 是第 j 相的比例因子（标度因子），可用于无标样定量分析；k 表示某一 (HKL) 衍射；$L_{k,j}$ 包括第 j 相第 k 衍射峰的洛伦兹-偏振因子和多重性因子；$\Phi_{k,j}(2\theta_{i,j} - 2\theta_{k,j})$ 表示面积归一化的峰形函数，其参数值可用于微结构分析，如晶粒大小、微观应变、堆垛层错、反相畴和显微双晶层错等；$2\theta_{k,j}$ 表示第 j 相 (HKL) 衍射面的布拉格角；$P_{k,j}$ 是择优取向修正因子；A_j 是第 j 相的微吸收校正因子；$Y_{b,i}$ 是背景强度；$F_{k,j}$ 是第 j 相第 k 衍射峰的结构因子（包含温度因子），其表达式为

$$F_k = \sum_{n=1}^{N} N_n f_n e^{i2\pi(Hx_n+Ky_n+Lz_n)} e^{-B_n \sin^2\theta/\lambda^2} \quad (18.8)$$

式中，N_n、f_n 和 (x_n, y_n, z_n) 分别为晶胞中第 n 个原子的位置占有率、原子散射因子和分数坐标；$B_n = 8\pi^2 \langle u_n^2 \rangle / 3$，$\langle u_n^2 \rangle$ 是第 n 个原子偏离其平衡位置的均方位移。

每个衍射峰的峰形函数的调整会使所有阵点基元的结构参数随之变化，从而可以自洽地计算材料的结构参数，具体做法是：将计算强度数据以一定的峰形函数与实验强度数据拟合，拟合过程中不断调整峰形参数和结构参数的值，直到计算强度和实验强度间的差别达到收敛要求，表述为数学算式便是

$$M = \sum_i W_i (Y_i - Y_{c,i})^2 \tag{18.9}$$

使 M 最小的过程也就是峰形和晶体结构的精修过程。上式中，求和遍及所有强度数据点；Y_i 是测量强度；$Y_{c,i}$ 由式(18.7)给出，$W_i = 1/Y_i$ 为按泊松统计得到的权重因子。

用于粉末衍射数据全谱拟合的 Rietveld 方法是利用 X 射线衍射运动学理论进行结构精修的分析方法，不仅适用于常规的无机材料和有机材料的晶体结构及微结构分析，还可用于薄膜材料的结构分析。Rietveld 结构精修中可修正的参数分为两类：系统参数和材料结构相关参数(包括晶体结构参数和峰形参数)，晶体结构参数主要反映晶体结构，如晶胞参数、原子位置占有率和温度因子等；峰形参数主要反映仪器的几何设置和样品的微结构对衍射强度分布的影响，包括半高峰宽、衍射峰的非对称因子及混合因子等。这些参数值可以通过使 M 最小化的自洽过程经不断修正而得到。

目前，Rietveld 计算程序有多种版本。主要有：由 Larson 和 von Dreele 编制的 GSAS[31]，即综合结构分析系统，可用于多套来源不同的数据，能提供微结构分析结果；Wiles，Sakthivel 和 Young 编制的 DBWS 系列[32]，是标准的 Rietveld 分析程序；Izumi 编制的 RIETAN[33]，能提供不同的算法；Baerlocher 编制的 XRS-82[34]，包括了 Rietveld 计算、晶体结构计算以及晶体学限制条件。GSAS 由于操作方便、界面友好、更新迅速而得到广泛使用。本节以此软件的应用为例分析钙钛矿氧化物的精细结构参数。

作为强关联体系的钙钛矿结构氧化物，对其性质的研究必须考虑其结构的变化。而其中的八面体结构无疑主导着材料的性质，如八面体的形状、大小、连接方式等。Rietveld 结构拟合的结果能够给出晶体结构的详细信息，通过对这些参数的分析，可以得到晶体的结构信息。下面将以 Fe 掺杂的 $LaMnO_3$ 为例具体介绍 XRD 结构精修方法对晶体结构的研究。本节将以 GSAS 为例具体说明结构精修的过程。

GSAS 有两个版本的软件，一个叫 PC-GSAS[35]，另外一个叫 EXPGUI[36]。PC-GSAS 是基于人机对话的方式，操作起来稍显复杂。在此主要介绍 EXPGUI。EXPGUI 是在 GSAS 的基础上编写的图形用户界面(Graphical User Interface)程

序,可以说 EXPGUI 囊括了经常用到的 GSAS 的功能。

软件主页 http://www.ccp14.ac.uk/solution/gsas/,下载地址 ftp://ftp.lanl.gov/public/gsas/。EXPGUI 可以运行在多种平台,在 Windows 操作系统下面只要运行 gsas+expgui.exe,按照提示就可以顺利完成安装。

结构精修过程主要包括以下几个步骤:①数据导入与模型建立;②结构精修过程(包括背景函数,晶格参数,峰形参数,原子位置,温度因子,择优取向等拟合过程);③数据导出与处理。

1) 数据导入与模型建立

GSAS 可以处理中子衍射(飞行时间数据和固定波长数据)和 X 射线衍射。关于中子衍射可以参考 GSAS Manual 的实例,也可以随时按 F1 获得在线帮助。这里只关注 X 射线粉末衍射数据的 Rietveld 拟合。由于不同的衍射仪商业公司都有自己的数据格式,所以需要把不同公司的数据格式转换为 GSAS 的数据格式。Powder4 程序可以完成数据转化。用 Powder4 打开衍射数据,然后保存为 GSAS CW ESD 格式即可完成数据转化。

2) 结构模型的建立

$LaMn_{1-x}Fe_xO_3$ 的晶体结构如图 18.2 所示,下面一步一步建立结构模型。六角对称性 $R\bar{3}c$ 的 $LaMnO_3$ 晶胞参数为 $a=b=5.53\text{Å},c=13.34\text{Å}$。掺 Fe 之后的 $LaMn_{1-x}Fe_xO_3$ 发生从六角到正交相的结构相变,具有 $Pbnm$ 的空间群,晶胞参数 $a \neq b \neq c$。利用 GSAS 软件建立结构模型,有手动输入和使用 CIF(Crystallographic Information File)文件两种不同的方法。例如,手动输入时点击 Add Phase 按钮,出现 add new phase 窗口,输入 Phase title,空间群,晶格常数 $a,b,c,\alpha,\beta,\gamma$,点 Add 按钮即可,如图 18.3 所示。

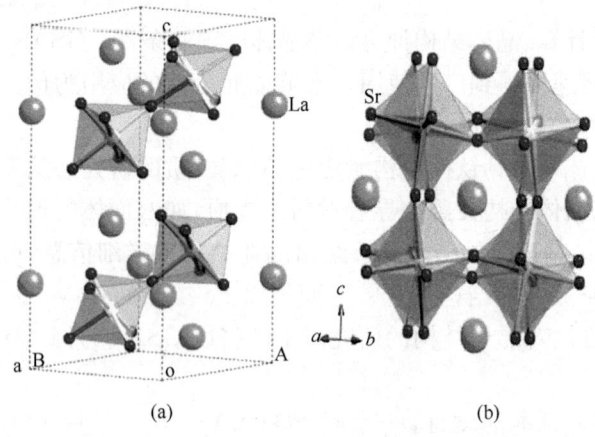

图 18.2 $LaMn_{1-x}Fe_xO_3$ 的晶体结构示意图

(a) $R\bar{3}c$;(b) $pbnm$ 空间群

18.2 过渡金属钙钛矿氧化物中八面体畸变的 X 射线表征方法

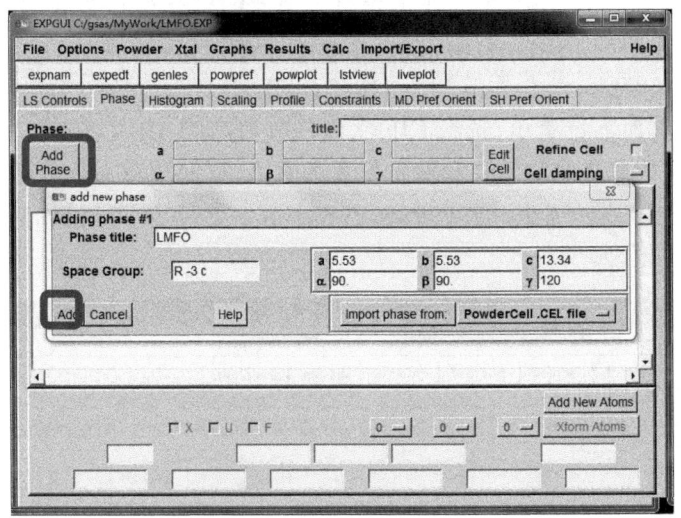

图 18.3 利用 GSAS 软件手动建立结构模型

接下来,点 Add Atoms 按钮,出现 add new atom 对话框。输入每个原子的元素符号,名称,原子位置,占有率,温度因子,最后点 Add Atoms 按钮完成输入。一般来讲,所有原子的温度因子设为默认值,占有率的初值可设为化合物中原子的名义含量。对于掺杂体系,如 $LaMn_{0.9}Fe_{0.1}O_3$,由于 Fe 取代 Mn 的位置,所以可设 Fe 的原子位置与 Mn 相同,其占有率也设为相应的名义组分,如图 18.4 所示。

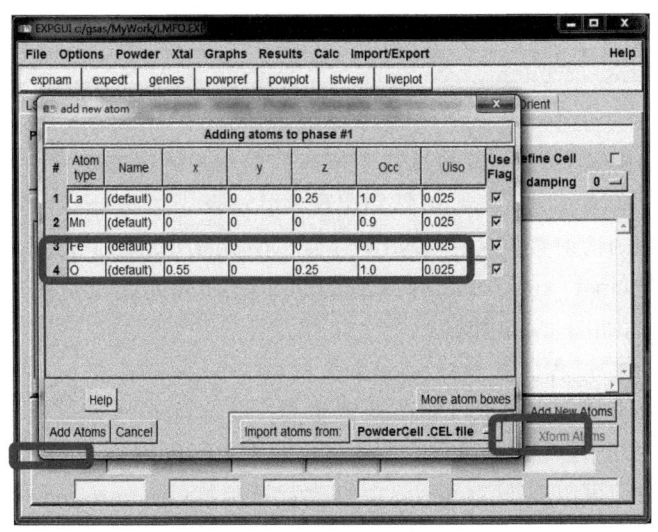

图 18.4 GSAS 软件中设定初始原子坐标、占有率及温度因子

CIF 文件包含了晶体结构的所有信息。因此如果有 CIF 文件，可以从 CIF 文件直接导入建立结构模型。CIF 文件可以从 ICSD 数据库下载。

如图 18.5 所示，点击 Add Phase 按钮，出现 add new phase 窗口，点击 Import phase from：出现下拉菜单，选择 CIF 文件，然后找到 CIF 文件存放的地址，打开 CIF 文件就可以完成晶格结构和原子信息的输入，同时也可对输入的晶体结构进行一定的修改，如原子坐标、原子种类、占有率等。另外也可以使用其他几个格式文件输入晶体模型。

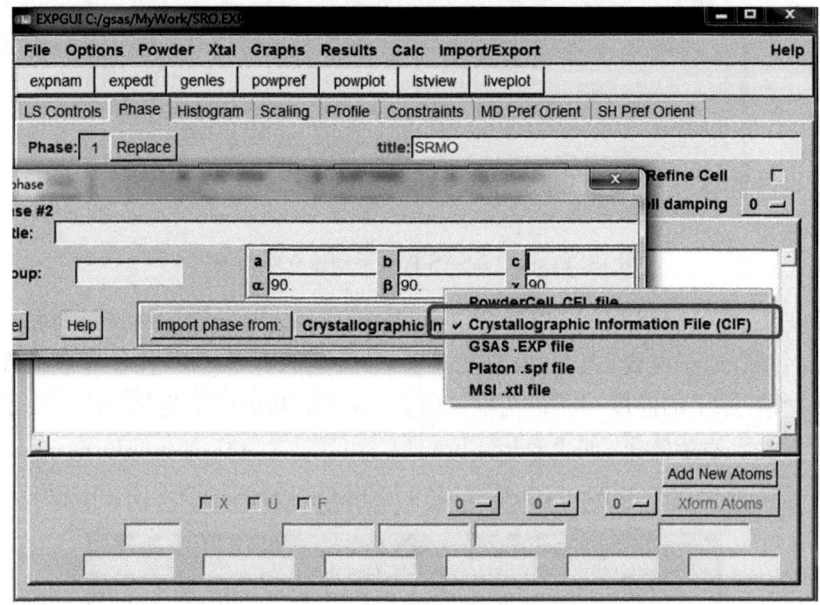

图 18.5　GSAS 软件中使用 CIF 文件建立结构模型

建立好结构模型之后，就可以输入衍射数据与相关仪器参数。点击 Histogram 按钮，再点 Add New Histogram 按钮出现 add new histogram 对话框，在 Data file 中选择转化好的衍射数据文件 LMFO.gsa。在 Instrument Parameter file 中选择仪器参数文件，inst_xry.prm 文件对应于 Cu 靶的 X 射线衍射数据参数，点 Add 即可完成输入，如图 18.6 所示。

3）结构精修过程

完成以上步骤后就可以开始结构精修了。点击 Genles 就进行拟合，出现拟合结果窗口。一开始默认拟合的有 4 个变量，一个是标度因子（Scale factor），另外三个是背景函数。可以在 Histogram 中修改背景函数（background）的类型和阶数。一般选用 6 阶多项式就足够。如果背景非常复杂，无法用函数拟合，还可以用 Fit background graphically 来手动设定背景。初始情况下得到的 Rwp 和 Rp 因子分别较大，接下来需要增加所需要拟合的变量。

18.2 过渡金属钙钛矿氧化物中八面体畸变的 X 射线表征方法

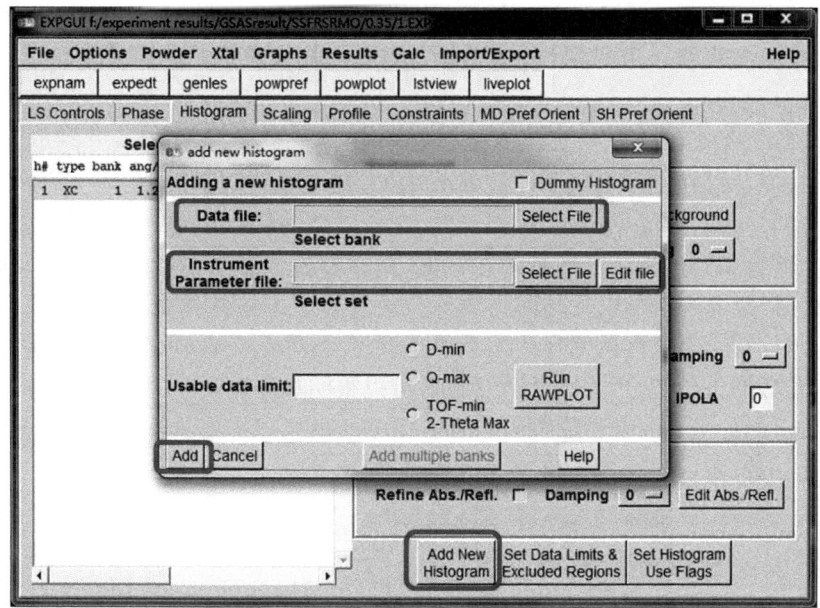

图 18.6 GSAS 软件中导入 XRD 测量数据及仪器参数文件

首先可以把 Phase 选项中 Refine cell 打钩,这样就开始拟合晶格常数。接下来可以把 Profile 选项中拟合峰形函数。GSAS 提供 5 种峰形函数,默认是 type 2：pseudo-Voigt 函数,它比较适合非对称 X 射线衍射峰形。主要参数有 GU,GV,GW,trns(透射系数),asym(非对称系数),shift(样品偏移)等。其他几种峰形函数可以参考说明书 CW profile functions 部分。利用这几个参数的拟合可以使 Rwp 降到 20% 以下。

在拟合中点工具栏 liveplot 查看拟合的结果,这时的拟合结果还是比较粗糙的,实验值和计算值差别比较大。点击 LS Controls 选项,可以修改循环迭代的次数(Number of Cycles)。如果发现拟合的结果比较跳跃,考虑把 Marquardt Damping 值改大一点,这样会减缓收敛的速度,但不会出错。接下来拟合原子位置。在 Phase 选项中选中需要拟合的原子,在 Refinement Flags 中,X 表示原子位置,U 表示温度因子,F 表示占有率,打钩表示参与拟合。一般来讲,X 射线衍射数据中较轻的原子不参与占有率的拟合。

这些变量参与拟合后,Rwp 一般能够下降到 10% 以下,已经得到较好的拟合结果。有些样品中存在择优取向,可以在 MD Pref Orient 中加入择优取向的面参与精修。另外有些样品存在限制条件,如掺杂替代的样品,可以限制掺杂位置不变,这可以在 Constraint 选项中实现。

4) 数据导出与处理

Liveplot 画出的图形可以导出形成 EPS 文件,但是这样的图形不大适合文章发表的要求。需要获得原始的计算数据,然后在第三方软件(如 Origin)作图再发表。点击菜单栏 Results,在下拉菜单中选择 hstdmp,弹出对话框后按回车可以查看每个选项的含义,然后输入 L,表示 copy the entire profile to the＊＊.LST file,再输入 1,表示输出第一个相,如果有多个相,可以继续输入,最后输入 0 结束。

这样就可以在工作目录下面找到 LMFO.LST 文件,用写字板打开,所有的信息都包括在里面,如晶格常数、峰形函数、背景函数、温度因子以及它们的误差。需要注意,所有拟合过程中的数据都在里面,所以要选取最后的拟合数据,包括原始 XRD 数据、拟合的结果以及晶面指数等。通过第三方软件作图,很直观地看到实验数据与计算结果之间的对比。本节中选取了 $LaMn_{1-x}Fe_xO_3$ 在发生结构相变前后的实验数据进行拟合,如图 18.7 所示,可以很明显地看到,实验数据与计算结果符合得比较好。表明拟合结果是可信的,下一步就可以提取具体的拟合参数,如特定原子间的键角、键长、原子位置等信息。

点击菜单栏 Results,在下拉菜单中选择 reflist,分别按提示输入相应的指令,然后就可以在 LMFO.RFL 文件中找到晶面指数和位置。点击菜单栏 Results,在下拉菜单中选择 disagl,软件计算给出所有的键长和键角,进而提取结构的相关信息。点击菜单栏 Import/Export,在下拉菜单中选择 CIF export,再选择 gsas2cif,然后按照提示就可以完成 CIF 文件的制作。

根据上述的结构拟合结果,可以直接得到如晶格常数、原子距离、键长、键角等结构信息。此外,通过第三方软件如 Crystalmaker、Diamond 等直接打开结构精修输出 CIF 文件,能够从晶体结构图上直接得到所需的所有原子距离、键长、键角等信息。

需要指出的是,Rietveld 结构拟合认为掺杂原子与被掺杂原子处于等效的位置,在拟合中并不予以区分,因此

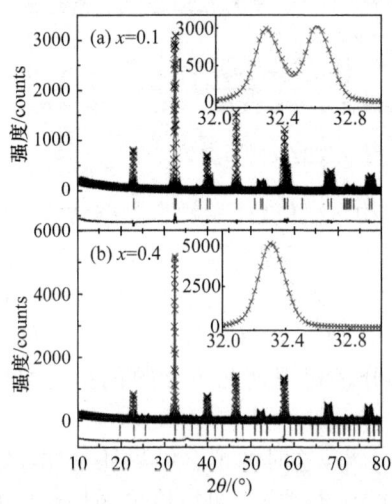

图 18.7 样品 $LaMn_{0.9}Fe_{0.1}O_3\ x=0.1$ 空间群 $R\bar{3}c$(a),样品 $LaMn_{0.6}Fe_{0.4}O_3\ x=0.4$ 空间群 $Pbnm$(b)的 X 射线衍射数据(×)与结构精修数据(线条)的对比

竖线(|)表示布拉格衍射峰的峰位,实验数据与计算结果之差显示在图的底部。插图显示衍射峰 32°附近的详细信息[37]

其输出结果是一个平均的结果。我们通过对特定键长、键角的分析来得到氧八面体结构的信息。表 18.1 所示为 $LaMn_{1-x}Fe_xO_3$ 晶体结构的 XRD 拟合结果[37]。如 $Mn—O_{ab}$ 代表八面体在 ab 面内的结构,$Mn—O_c$ 代表八面体在 c 方向的结构,键角 Mn—O—Mn 代表八面体之间的相对旋转、倾斜等变化。上述结果与不同含

量的 Fe 掺杂 LaMnO$_3$ 的结果对比就能得到八面体在掺杂过程中发生的拉伸、压缩、旋转、倾斜等变化。

表 18.1 LaMn$_{1-x}$Fe$_x$O$_3$ 晶体结构的 XRD 拟合结果

x	空间群	a/Å	b/Å	c/Å	Mn—O—Mn/(°)	Mn—O$_{ab}$—Mn/(°)	Mn—O$_c$—Mn/(°)
0	$R\bar{3}c$	5.5279		13.3448	163.41		
0.05	$R\bar{3}c$	5.5274		13.3537	164.03		
0.1	$R\bar{3}c$	5.5301		13.3613	163.36		
0.15	$R\bar{3}c$	5.5310		13.3676	163.10		
0.2	$R\bar{3}c$	5.5238		13.4070	162.78		
0.3	$Pbnm$	5.5398	5.5141	7.8083		163.0	158.3
0.4	$Pbnm$	5.5343	5.5215	7.8170		161.2	158.0
0.5	$Pbnm$	5.5377	5.5267	7.8268		159.1	157.9
0.6	$Pbnm$	5.5398	5.5314	7.8332		157.8	157.4

注：分别给出了结构相变前后空间群、晶胞参数、夹角等信息[37]

定义 180°与 ab 面内的 B—O$_{ab}$—B 角之差为八面体之间的旋转角，定义 180°与沿着 c 方向的 B—O$_c$—B 角之差为倾斜角，如图 18.8 所示。可以看到，当 $x<0.2$ 时，倾斜角与旋转角都随着 Fe 含量 x 的增大而增大，在结构相变之后，倾斜角变得稳定而旋转角随着 x 的增大开始快速增大，如图 18.9 所示。同时，还明显看出，在掺杂过程中晶格的体积一直在增大。这样，通过 X 射线衍射结构精修的方法，就可以得到晶体的详细结构信息，进而得到八面体的倾斜、旋转等重要的结构变化信息。

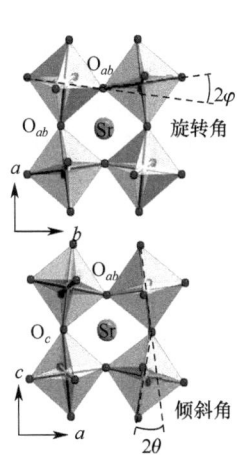

图 18.8 定义的钙钛矿结构氧化物中八面体的旋转角和倾斜角[37]

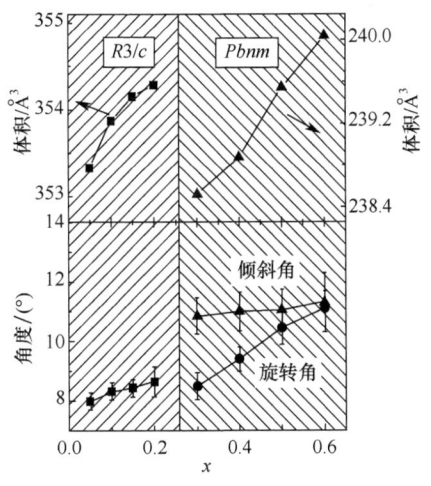

图 18.9 （上）LaMn$_{1-x}$Fe$_x$O$_3$ 晶体体积随掺杂量 x 的变化关系；（下）钙钛矿结构中八面体之间的倾斜角、旋转角随掺杂量 x 的变化关系[37]

需要指出的是，尽管 XRD 结构拟合能够给出晶体结构的详细信息，但是由于其给出的是平均的结果，无法给出特定的原子周围的结构，如 Fe 元素掺杂的钙钛矿结构氧化物 $LaMnO_3$，掺杂元素周围的结构信息变化可能对于氧化物的性质变化至关重要，对于这种情况 XRD 结构拟合就无能为力了，扩展 X 射线吸收精细结构谱（EXAFS）提供了一个很好的方法来解决这个问题。

18.3 扩展 X 射线吸收精细结构方法

从原子理论可知，当入射光子能量 $h\nu$ 高于原子内电子的束缚能 E_0 时，产生光电吸收。原子吸收 X 射线光子，束缚电子（如 K 壳层电子）被打出原子外，成为光电子，K 壳层出现一个空穴，原子处于激发态。被入射光子激发的原子退激发有两种方式：一是次外层（L 壳层）电子跃向 K 层，同时发射荧光光子，称为荧光效应；二是当次外层的一个电子跃入内层填空时所释放的能量被该原子内部次外层电子吸收而逸出，这种过程称为俄歇效应，逸出的电子为俄歇电子。俄歇电子的能量由原子的能级结构决定，具有元素分辨特征。

一束 X 射线通过均匀介质时，其强度衰减服从线性衰减定律：

$$dI = -\mu_x I dx \text{ 或 } I = I_0 e^{-\mu x} \tag{18.10}$$

其中，μ_x 称为线性衰减系数。X 射线的衰减由吸收、散射、电子对的产生三种原因造成。一般情况下，主要由光电吸收造成，散射可以忽略。X 射线的吸收系数不仅与具体的原子有关，还与 X 射线的波长有关。随着 X 射线波长的变化，X 射线的吸收曲线出现一些强烈的陡变。吸收曲线的这些陡变，对应着原子各壳层或亚壳层的吸收限（激发限），是由强烈的光电吸收造成的，这种吸收陡变，常称为吸收边。对应于原子的各个壳层电子的激发，各吸收边相应地称为 K 吸收边、L 吸收边等。图 18.10 所示为 $LaMn_{0.6}Fe_{0.4}O_3$ 样品分别在 Mn K 边和 Fe K 边的 X 射线吸收谱。

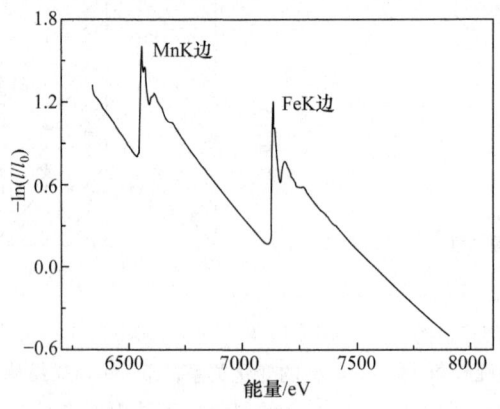

图 18.10　$LaMn_{0.6}Fe_{0.4}O_3$ 分别在 Mn K 边和 Fe K 边的 X 射线吸收谱

18.3 扩展 X 射线吸收精细结构方法

20 世纪 20 年代,研究人员发现凝聚态物质对 X 射线的吸收系数 $\mu(E)$,在吸收边附近存在量级为 10^{-2} 的分立的峰或波动起伏,这一振荡称为 X 射线吸收精细结构(XAFS),其分布从吸收边前至吸收边后高能一侧约 1000eV。XAFS 目前已成为受多种科学领域科学家欢迎的结构测定工具,因为它具有以下特点[38]:

(1) XAFS 来源于吸收光原子周围近邻的几个配位层的作用,决定于短程有序的作用,与研究对象的原子是否周期排列无关。XAFS 能在原子尺度定量给出特定原子周围的结构信息,包括近邻配位原子的种类及其与中心原子的距离、配位数、键长涨落(无序度)等,且精度较高,其测量原子间距的精度一般为 0.01Å,配位数和原子均方位移的相对误差约为 10%。

(2) 各种元素的吸收边能量位置不同,可通过调节入射 X 射线能量对化合物或混合物中各种原子分别进行研究。另外,样品的要求比较简单,不需要单晶,无论被测样品是固体(晶态或者非晶态)、液体还是气体;数据采集时间较短。

(3) 利用高强度的同步辐射 X 射线源和荧光 XAFS 技术可以测定样品中含量很少的元素的原子近邻结构。利用同步辐射光源的偏振性,可以对有取向样品的键角进行测量,可测表面吸附原子的取向。

与其他实验方法一样,XAFS 在研究局域结构方面具有其他方法难以相比的优点的同时,也具有局限性[39]。XAFS 只能提供吸收原子周围的平均径向结构信息;只对吸收原子周围几层近邻原子敏感;且对轻元素的测量和分析相对困难。为了克服这些缺陷,研究人员一方面不断完善 XAFS 分析理论,提高数据分析准确性,在实验上不断开发新的实验技术,扩展研究的领域,如偏振 XAFS、微区 XAFS、能量色散 XAFS 和衍射 X 射线吸收精细结构(diffraction X-ray absorption fine structure,DXAFS)等;另外,与其他实验方法相结合、相互补充,得到准确可信的结果。

依据形成机制及处理方法的不同,通常可将 XAFS 谱分为两个明显不同的部分:X 射线吸收近边结构(XANES)和扩展 X 射线吸收精细结构(EXAFS)。XANES 谱指吸收边附近 30~50eV 以内的区域,EXAFS 谱指从吸收边高能侧 30~50eV 到近 1000eV 的范围内元素的 X 射线吸收系数的振荡,如图 18.11 所示。

XANES 谱的特点是连续的强振荡,它包含丰富的近邻结构信息,例如,近邻原子的键角,探测元素原子的电子态、价态等。一般来讲,XANES 可分为三部分:边前(pre-edge)、吸收边(edge)以及近吸收边结构(XANES)。边前源于内层电子到外层空轨道的跃迁,跃迁遵循偶极选择法则,包含体系的对称性、轨道杂化等信息,依赖于中心原子的氧化态及其化学位移。常用的分析方法有分子场理论,配位场理论,以及能带理论。吸收边起源于电离阈值,吸收边之后为连续态。它包含的信息为原子的氧化态,氧化态越高吸收边向高能方向移动。XANES 来源于内层电子被激发成低能光电子,经近邻配位原子多次散射回吸收原子与出射波干涉而改变的光电子终态。它包含近邻原子的立体空间的结构信息。常用的分析方法为多重散射从头计算理论。在吸收谱的位能部分,光电子的单次散射图像失效,是出射光电子被周围配位原子多次散射的复杂过程,因此 XANES 谱的定量分析非常复杂。

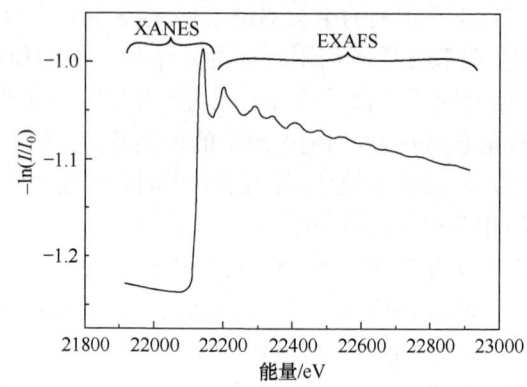

图18.11　Sr_2RuO_4 在 Ru K 边的 X 射线吸收精细结构谱

1920 年,Friche 和 Hertz 首次从实验上发现 EXAFS 现象[40,41]。1931 年和 1932 年,Kronig 先后用长程有序理论和短程有序理论来分别解释凝聚态物质和气体分子产生的 EXAFS[42,43]。后来,Peterson[44] 和 Kostarev 等[45]进一步发展了短程有序理论。至 1963 年年底,影响 EXAFS 振幅的电子平均自由程[46]和德拜-沃勒因子[47]等各种因素均已提出。但是人们对 EXAFS 的产生机理还不大清楚,无法对长程有序理论和短程有序理论作出孰对孰错的判断[48]。直到 1971 年,Sayers、Stern 和 Lytle 基于单电子的单次散射理论推出了可接受的理论表达式,并将此公式进行傅里叶变换[49],得出傅里叶变换振幅曲线的峰位对应于配位近邻原子的位置,峰的强度对应于近邻原子的种类和数量,并得到实验的验证。这时才证明短程有序理论的正确性,改变了 EXAFS 理论中的混乱局面,开创了用 EXAFS 来测定物质结构的新纪元。

近三十年来,EXAFS 技术的理论、实验和数据分析的发展已趋于成熟。EXAFS 振荡被认为来源于内层电子被激发成光电子,被近邻配位原子单次背散射回吸收原子,与出射波干涉而改变光电子终态。它包含小范围内原子簇结构的信息,包括近邻原子的配位数、原子间距配位种类,热扰动等吸收原子周围的近邻几何结构信息。由于 X 射线吸收精细结构只决定于短程序相互作用,不需要样品具有长程有序结构,并且元素的 X 射线吸收具有元素特征,通过调节 X 射线的能量,可对凝聚态物质的复杂体系中各种元素的原子周围环境分别进行研究,给出吸收原子的种类、距离、配位数和无序度因子等结构信息。通常,EXAFS 谱可以只考虑很少数量散射路径的信号来解释,即单散射和若干低次多重散射就足以分析 EXAFS 谱,并能对局域原子结构给出很好的解释。

18.3 扩展 X 射线吸收精细结构方法

基于单电子单散射模型,吸收系数 $\Delta\mu(E)$ 中相对于背底 $\mu_0(E)$ 归一化后的振荡部分可表达为[50]

$$\chi(k) = \frac{\mu(E) - \mu_0(E)}{\mu_0(E)}$$
$$= \sum_j \frac{N_j^* F_j(k)}{k r_j^2} e^{-2k^2 \sigma_j^2} e^{-2r_j/\lambda(k)} \sin[2kr_j + \Phi_j(k)] \quad (18.11)$$
$$k = \sqrt{\frac{k^2 - 2m\Delta E_{0j}}{h^2}}$$

其中,$f(k)$ 是散射振幅;$\lambda(k)$ 是平均自由程;σ^2(德拜-沃勒因子)是散射原子距离 r 的均方差;$e^{-2k^2\sigma_j^2}$ 表示无序造成的振幅衰减,包括热无序与结构无序。XAFS 的数据处理及结构拟合都将在式(18.11)基础上进行[50]。

由于受光源限制,X 射线吸收精细结构的研究发展缓慢,20 世纪 70 年代以来,同步辐射光源提供了一个高强度、连续波长、准直性好、有偏振性、有时间结构的性能优良的 X 射线,为 X 射线吸收精细结构的研究注入了新的活力。目前同步辐射 XAFS 实验采用透射模式或荧光模式。一般来说,若样品中待测元素含量较高,则采用透射法。在透射法的测量中,一般应尽量选取合适样品的厚度,使之在吸收边处有较强的跳高。然而,对于待测吸收边原子在样品中的含量比较少的情况下,由于荧光产额正比于吸收系数,采用荧光法测量更为适合,如图 18.12 所示。对于透射模式,吸收系数 $\mu(E) = \ln(I_0/I_t)$,荧光模式 $\mu(E) = I_f/I_0$。I_0 是入射 X 射线光强,I_t 和 I_f 分别是透射光强和荧光光强。

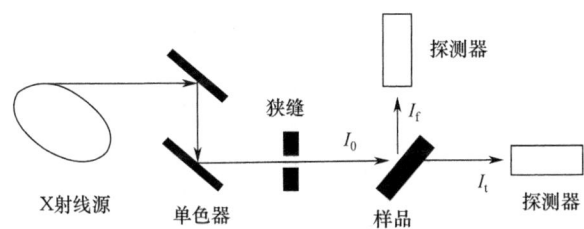

图 18.12 XAFS 实验示意图:通过单色器,强度为 I_0 的同步辐射 X 射线照射到样品上,探测器分别得到透射光的强度 I_t 和荧光强度 I_f

无论 XAFS 数据是采用透射模式还是荧光模式得到,数据的处理与分析过程一致。一般采用 XAFS 数据处理软件可以很容易完成数据的分析处理,常用处理软件包括德国 Hamburg 大学开发的 Win XAS 分析软件包和美国 Washington 大学开发的 FEFF 软件包等。具体流程如图 18.13 所示,包括实验数据与理论数据的处理与拟合。

首先使用 ATHENA 程序对吸收数据进行一定的处理,处理过程包括[51]:

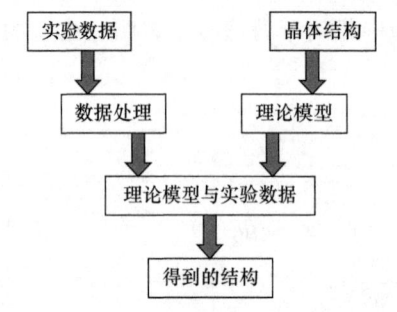

图 18.13　XAFS 数据的分析与处理流程

(1) 扣除异常数据点：实验谱有时会包含一些异常数据点，它们可能来自于样品中的衍射或者多电子激发等。

(2) 将测量到的光强（I_0、I_t、I_f）转化为 $\mu(E)$，修正测量系统误差，如自吸收效应和探测器的空载时间，通过能量参考校正测量系统能量。

(3) 背底扣除和归一化：得到 $\mu(E)$ 曲线以后，需要将特定元素的吸收从其他元素的吸收中分离出来。如果其他元素在此能量范围内没有吸收边，则对吸收系数贡献一个背景。背景的大小随能量升高而单调地下降，这一平滑的背底，并不影响精细结构，但将会对归一化过程有影响，从而对 $\chi(k)$ 的振幅产生影响。该背景可以从总吸收中扣除，而分解出感兴趣的元素的吸收，背景的扣除并不影响谱的精细结构。一般通过从 $\mu(E)$ 中去掉边前函数 $\mu_b(E)$ 修正测量数据的背底，通过经验的 Victoreen 函数 $\mu_b(\lambda)=A+C\lambda^3+D\lambda^4$ 拟合和外推边前函数。通过对 $\mu(E)$ 求导确定吸收阈值 E_0，将边前背底函数 $\mu_0(E)$ 去掉。归一化的具体做法是将边前拟合出平滑曲线外推到吸收边位置 E_0 处，再将边后的曲线也拟合出一条平滑曲线并外推到 E_0 处，两者之差 $\Delta\mu_0(E_0)$ 就是归一化常数。图 18.14 所示为背底扣除和归一化前后吸收系数 $\mu(E)$。

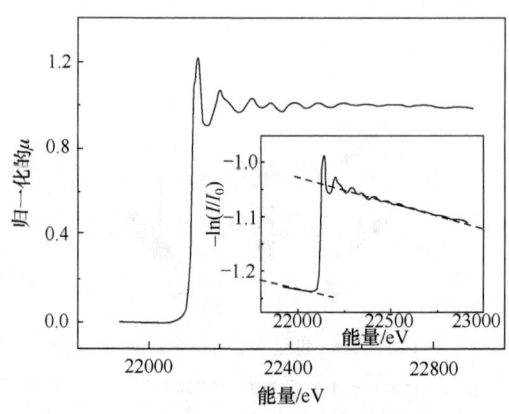

图 18.14　归一化的 Sr_2RuO_4 在 Ru K 边的 X 射线吸收精细结构谱
右下角为未归一化的数据

(4) 计算 $\chi(k)$，$\chi(k)=[\mu(k)-\mu_0(k)-\mu_b(k)/\mu_0(k)]$，其中，$k=[2m(E-E_0)/\hbar^2]^{1/2}$；$E_0$ 是吸收边能量；$\mu_0(k)$ 是中心散射原子处于孤立状态下的吸收，是一个随能量变化的平滑函数，因此可以将其从全吸收振荡部分中分离出；$\mu_b(k)$ 是边前吸收函数。在处理过程中必须从吸收数据中扣除来自单个原子的平滑背底才能得到

$\chi(k)$,目前的理论计算仍不能用于实际的数据分析。ATHENA 程序采用傅里叶分析的基本概念来帮助理解隐藏在 XAFS 信号和背底分离中的基本物理思想,从而获得背底函数。由于 $\chi(k)$ 振幅随 k 的增大衰减得很快,这对高 k 部分的数据处理不利,为了补偿 EXAFS 振荡在高 k 值处的衰减,采取将 $\chi(k)$ 乘以权重因子 k^n,即 $k^n\chi(k)$ 的方法来保证数据的质量。n 可取为 1,2,3,n 的取值不仅与吸收原子、散射原子有关,而且与具体的体系、数据的信噪比等有关。通常可依据吸收原子的原子序数来定,在原子序数 $z<36, 36<z<57$,以及 $z>57$ 三种情况下,n 分别取 3,2,1。图 18.15 为 Sr_2RuO_4 在 Ru K 边的 X 射线吸收精细结构的 k 空间数据,可以看到,未补偿振幅的 $\chi(k)$ 的数据在高 k 部分振荡振幅衰减得非常明显,在乘以权重因子 k^2 之后,高 k 部分振荡振幅非常清晰。一般来讲,对于 k 空间的 EXAFS 数据,其频率反映散射原子之间的距离,振幅反映该位置原子坐标的数目,其衰减反映体系无序的程度。

(5) 将 $k^n\chi(k)$ 通过傅里叶变换转化到 R 空间。$\chi(k)$ 是由不同 R_j 处各配位层对散射波的共同调制叠加形成的,即 $\chi(k) = \sum_j \chi_j(k)$。$\chi_j(k)$ 是由该配位层的配位数、键长和德拜-沃勒因子等决定的。可以通过傅里叶变换将 k 空间的振荡函数变换为 R 空间的径向结构函数,即将样品中各配位层的分布在 R 空间中显示出来,通常采用的傅里叶变换公式为

$$\chi(R) = \mathrm{FT}(\chi(k))$$
$$= \frac{1}{\sqrt{2\pi}} \int_0^\infty k^n \chi(k) W(k) \mathrm{e}^{\mathrm{i}2kR} \mathrm{d}k$$

(18.12)

其中,$W(k)$ 是窗口函数。理论上要求 k 取 $(-\infty, \infty)$,但是,由于一方面 EXAFS 数据截去了 XANES 的数据,另一方面 EXAFS 数据采集到无限远,k 的取值有限而不能趋近于无穷。在这种情

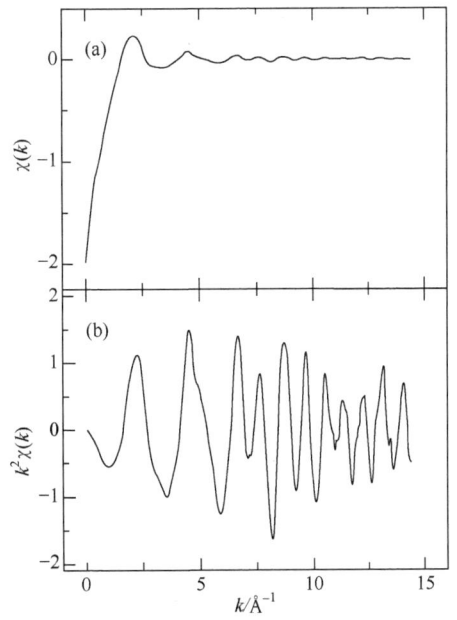

图 18.15 Sr_2RuO_4 在 Ru K 边的 X 射线吸收精细结构的 k 空间数据

(a) 未补偿 $\chi(k)$ 振幅随 k 的增大而衰减的 $\chi(k)$ 数据;(b) 乘以权重因子的 $k^2\chi(k)$ 的 $\chi(k)$ 数据

况下,需要在 $\chi(k)$ 中加入窗口函数,使 k 两端缓慢地变为零,消除 k 数据截断所产生的不利影响。目前采用的窗口函数有 Hanning 窗函数、Gauss 窗函数等。图 18.16

所示为 Sr_2RuO_4 在 Ru K 边的 EXAFS 数据 $\chi(k)$ 通过傅里叶变换转化为 $\chi(R)$。

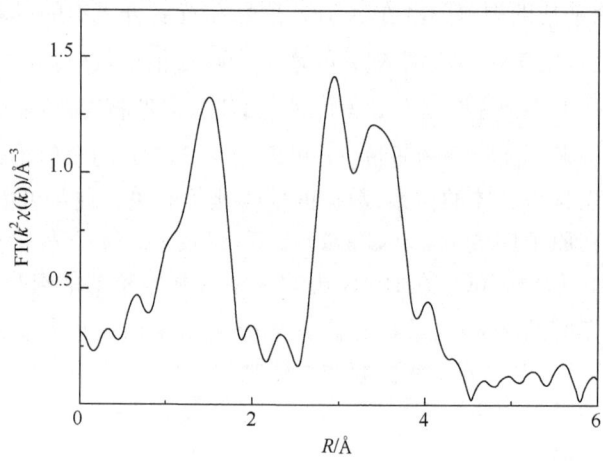

图 18.16　Sr_2RuO_4 在 Ru K 边的 EXAFS 数据 $\chi(k)$ 通过傅里叶变换转化为 $\chi(R)$

这样，使用 ATHENA 程序对原始实验数据进行了必要的处理，输出的 $\chi(R)$、$\chi(k)$ 数据就可以进一步拟合分析。FEFF 软件利用多重散射理论为 EXAFS 分析提供理论拟合标准。在计算过程中，它主要分为 4 个独立的部分[52,53]：

(1) 计算散射势和相移。每种原子的势能通过相对论 Dirac-Fock 方法计算，散射原子势通过 muffin-tin 近似来计算，对于激发态考虑 Hedin-Lundqvist 自能。muffin-tin 半径从计算得到的 Norman 半径自动确定，由此来决定相移。

(2) 通过给定的原子坐标寻找所有可能的散射路径，并且考虑路径的简并度。对于每个散射路径依据其幅度大小判定其重要性，振幅比低于预先设定阈值的路径将被舍弃。

(3) 利用 Rehr 和 Albers 的散射矩阵方法计算每一个路径散射振幅和其他 EXAFS 参数。

(4) 利用一条或多条路径的 EXAFS 参数来构造出 EXAFS 谱。单重或多重散射德拜-沃勒因子用德拜模式或爱因斯坦模式来计算。

FEFFIT 利用 FEFF 程序计算出来的有效散射振幅和相移函数[53]，对每一条散射路径使用 Levenberg-Marquardt 方法通过调整路径参数（如配位数、键长改变和德拜-沃勒因子等）来寻找一组变量能够使采用的理论数据与实验数据差的平方和最小，再将所有路径的贡献求和得到总的 EXAFS 信号，因而在这里单重、多重散射路径被同等处理，并没有什么概念上的差别，拟合既可在 R 空间也可在 k 空间进行。

FEFFIT 根据路径来确定结构参数。每条路径容许的可调整的参数包括与峰强有关的参数：配位数 N，无序度因子 σ^2（德拜-沃勒因子），振幅衰减因子 S_0^2，四阶累积量 C_4，以及与峰位有关的参数：原子间距 R，三阶累积量 C_3，能移展宽 E_1，能

量原点的位移 ΔE_0。对于有多个路径需要拟合的情况,并不能对每条路径都独立地拟合互不相关的参数,否则将导致拟合参量个数远大于独立变量数而使拟合失去意义,独立变量的个数 $N=2\Delta R\Delta k/\pi$。因此,根据所研究的体系特点,在不同路径的变量之间建立合理的联系以减少待拟合参数是非常必要的,在 FEFFIT 中通过编程式的语言可以实现。

因为在拟合过程中通常要同时改变多个变量,这就可能造成所得到的结果是局域的极小而不是全局的最小。此外,如果拟合模型与实际的结构相差太大也不能达到合理的结果,因此需要有一定的标准来判断拟合的合理性。FEFFIT 综合利用 χ_v^2 和 R 因子来表征拟合结果的好坏。χ_v^2 是最常用的表征拟合品质的量,它是模型和实验数据之差的平方和,反映数据中随机波动的偏差。R 因子是测量拟合值相对于实验数据的偏差,给出拟合品质的可信度。将 χ_v^2 因子和 R 因子结合起来考虑,可以估计其偏差来源于模型或实验数据各有多少。

通过以上步骤对实验数据的分析处理,就可以得到吸收原子的种类、相互距离、配位数和无序度因子等结构信息。下面以 Sr_2RuO_4 为例具体说明如何使用 EXAFS 方法来研究钙钛矿结构氧化物八面体的结构。例如,在 Mn 掺杂的 Sr_2RuO_4 中,由于 Mn、Ru 原子半径、化学价态的不同,毫无疑问掺入的 Mn 会明显改变八面体周围的晶体结构,使 Mn 周围出现一定的结构畸变。EXAFS 方法可以给出特定元素,如 Mn 元素、Ru 元素周围的局域结构信息,通过对原子间距离的分析,如不同方向 Ru—O 键长,Mn—Ru 和 Ru—Ru 之间距离等,间接获得八面体的结构畸变信息。

图 18.17 为 Ru K 边的 $Sr_2Ru_{0.75}Mn_{0.25}O_4$ EXAFS 数据拟合结果与实验数据的对比,虚线中间的区域为理论拟合的区域。可以看到,拟合结果与实验数据符合较好,可以分析输出的结构参数。图 18.18 为不同掺杂比例的 $Sr_2Ru_{1-x}Mn_xO_4$ 的

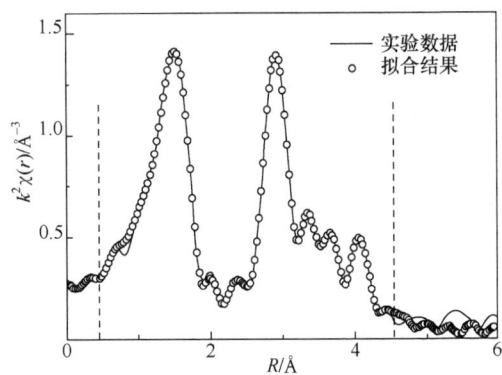

图 18.17　Ru K 边的 $Sr_2Ru_{0.75}Mn_{0.25}O_4$ EXAFS 数据拟合结果与实验数据的对比
虚线中间的区域为理论拟合的区域

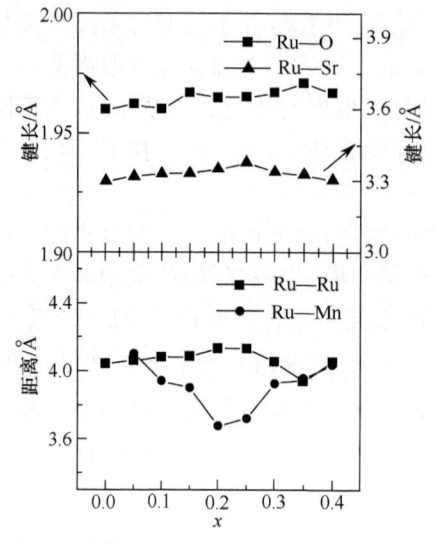

图 18.18　不同掺杂比例的 $Sr_2Ru_{1-x}Mn_xO_4$ 的 EXAFS 数据拟合结果

EXAFS 数据拟合结果,给出了 Ru—O 键长,Ru—Sr、Mn—Ru 和 Ru—Ru 之间距离等信息。可以看到,Ru—O 键长、Ru—Sr 和 Ru—Ru 之间距离随着掺杂变化不大,表明 Mn 的掺入对 RuO_6 八面体附近的结构影响不大,但是 Mn—Ru 之间的距离随着掺杂变化较大,表明 MnO_6 八面体周围的结构随掺杂变化明显。Mn—Ru 之间的距离先减小再增大,表明 MnO_6 八面体的体积先减小后增大,其他的实验结论也支持了 EXAFS 的结论。因此,EXAFS 方法能很好地实现特定元素周围的结构表征,对 X 射线结构精修方法研究结构是一个很好的补充。

18.4　掠入射反射在界面氧八面体结构畸变中的应用

随着低维薄膜材料制备技术的进步,具有类似结构的不同过渡金属钙钛矿氧化物的异质结构或超晶格体系因其特有的物理性能得到人们的普遍关注。当组分不同的钙钛矿复杂氧化物组合成特定界面体系时,界面处会出现其对应体材料从来没有的物理性质。这里所指的界面既包含衬底与薄膜之间的界面,也包括超晶格中层与层之间的界面以及薄膜与真空的界面(也称为表面)。最简单的界面就是样品的表面。表面处原子重构所伴随的结构对称性改变一直是人们研究的热点课题。如 $SrTiO_3$ 表面[54],$SrRuO_3$ 表面[55]等。当不同氧化物组成内部界面体系后,界面应力对八面体结构物性的调控引起了人们的广泛关注,可以实现对氧化物的铁电性[56]、铁磁性[57]、压电以及多铁等的有效调控。薄膜沉积在衬底上后,为了释放衬底与薄膜间因晶格失配所存在的应力,薄膜晶格参数会发生相应的改变。利用 X 射线衍射方法可以得到薄膜的面外和面内晶格参数[58~60],与相应体材料晶格参数相对比,进而分析薄膜的应变弛豫。这样的分析思路在以往过渡金属氧化物薄膜的研究中有着广泛的应用,也成功解释了众多应变诱导的物性改变。

晶格参数的变化体现了氧八面体大小(如图 18.19(a)所示,影响 B—O 键长)的改变,但最近的研究证明仅考虑键长的变化是不够的,还需要进一步分析氧八面体倾斜或旋转的变化[61](如图 18.19(b)所示,影响 B—O—B 键角)。B—O 键长的变化主要改变晶体场劈裂能的大小,而 B—O—B 键角的改变直接影响磁相互作用,对物性的影响更大,因而定量表征界面氧八面体倾斜或旋转的变化显得尤为重要。此外,除了应力诱导氧八面体结构变化外,衬底的几何限制对氧八面体结构所带来的影响也不能忽略。换句话说,界面处的氧八面体间存在近邻效应,衬底自身存在的氧八面体畸变会越过界面转移到薄膜的结构中来[62,63],从而对物理性质起调制作用。就目前来说,界面处八面体微结构的定量表征仍是一个艰巨的任务,一方面来自于八面体中氧原子的散射能力非常弱,另一方面薄膜的体积有限,使得薄膜的信号往往被衬底所掩盖,这都给界面结构定量表征带来不少难度。随着研究技术手段的发展,实验上,先进的透射电子显微术和同步辐射 X 射线衍射技术已充分地将氧化物结构表征上升到原子层面,配合第一性原理计算,人们对氧化物界面物理性质的理解取得显著成绩,与透射电子显微术相比,同步辐射表征具有非破坏、应变敏感、可重复以及高效率等优点,得到了广大科研工作者的青睐。下面将分别介绍掠入射反射横向漫散射技术以及横向截断杆技术在界面氧化物中的应用。

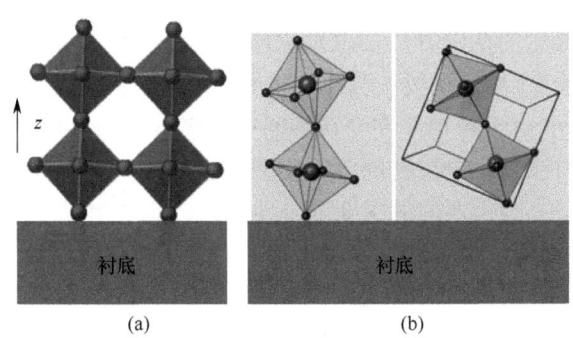

图 18.19　当薄膜沉积在衬底上,薄膜中氧八面体会出现晶格参数伸缩(a)
以及氧八面体倾斜和扭转的变化(b)

18.4.1　掠入射反射确定膜厚

对界面占主导的氧化物,新现象和新物性通常发生在界面几纳米厚的薄层内,因而薄膜或超晶格的厚度以及每一层的粗糙度都是非常重要的参数。随着厚度的增加,应变会发生弛豫,逐渐呈现体材料的性质。而粗糙度的增加则会大大削弱界面八面体之间的耦合,影响宏观物性。在 X 射线薄膜测量技术中,掠入射反射(X-ray reflectivity,XRR)技术是一种对表面和界面的粗糙度极其敏感的测量手段,测量对薄膜的结晶度无特别要求,可广泛适用于单晶、多晶以及非晶薄膜的厚度和粗糙度等参数的表征。掠入射 X 射线反射方法是一种小角度($2\theta<10°$)的 $\theta/2\theta$ 扫描方式,探测样品垂直于表面方向的电子浓度一维分布。通过测量掠入射 X 射线的反射强度分布,基于菲涅耳迭代计算对薄膜和多层膜的掠入射 X 射线反

射率进行数值模拟,可以得到薄膜的厚度、密度和表面/界面粗糙度等信息(见第 10 章)。X 射线是一种电磁波,在空气或真空中折射率为 1,在通常介质中的折射率略小于 1(>0.97,与具体材料有关),当 X 射线以小于某一个临界角度从空气或真空入射到薄膜表面时,X 射线在薄膜表面有可能发生全反射。而当掠入射角度高于临界角后,X 射线会进入薄膜样品,反射强度迅速下降,理论计算表明反射强度会遵循 $1/\theta^4$ 规律衰减。但对于在衬底上生长的薄膜,存在薄膜与真空以及薄膜与衬底两个界面,界面处的反射 X 射线产生干涉,因而反射率曲线出现 Kiessing 振荡条纹[64]。干涉条纹之间的间距包含了薄膜总厚度信息。界面处两边物质的电子密度差异影响干涉条纹的振幅。反射率强度的衰减幅度反映粗糙度信息。对于多层膜,各层介质对 X 射线的折射率不同,其反射率曲线和单层膜的反射率曲线有所不同。出现两组间距不同的振荡峰,其中间距密集且强度低的 Kiessig 条纹来自于薄膜表面与基片表面的两束反射线之间的干涉,条纹间距对应着总的多层膜厚度信息,而间距稀疏但强度较高的布拉格峰来自于多层膜界面的反射线互相干涉,布拉格峰的间距对应着多层膜重复周期厚度。

图 18.20 是典型的在(001)LaAlO$_3$ 单晶衬底上生长 60nm 厚 SrTiO$_3$ 薄膜的 X 射线反射率实验谱,X 射线波长为 1.238Å。从反射率谱中,可以初步判断出以下重要信息。首先,由于 X 射线在介质中的折射率略小于 1,所以当 X 射线以小于某个临界角入射时会发生全反射现象。从图中就可以判断出临界角度为 0.226°,也就是反射强度最高点所对应的 X 射线入射角。当入射角高于临界角后,X 射线开始进入薄膜内,使得反射强度下降。当掠入射角小于临界角时,原则上所有的 X 射线都被全反射,从而强度保持不变,但从图 18.20 中可以看到,如果 X 射线入射角小于临界角,反射强度也会有所下降,这是由于在掠入射角度下 X 射线从样品边缘溢出(样品尺寸效应)。在图 18.20 中,还可以看到,在相对较高的掠入射,如

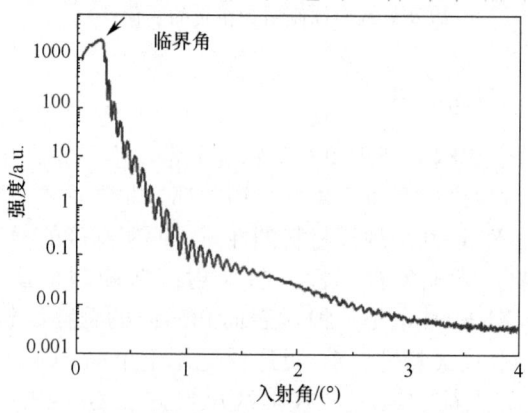

图 18.20 (001)LaAlO$_3$ 单晶衬底上生长的 60nm 厚 SrTiO$_3$ 薄膜的 X 射线反射率实验谱

18.4 掠入射反射在界面氧八面体结构畸变中的应用

2°~3°范围内，反射率曲线仍存在一些微弱的振荡峰，这就提醒我们在构建模型对曲线拟合时，除了考虑 $SrTiO_3$ 薄膜层外，还需要在衬底与薄膜间再插入一个薄膜层，才有可能得到更好的拟合曲线。应该知道，反射率谱的理论拟合是需要在一个合适的模型基础上进行的，因此，实验需要获得信噪比大的 X 射线反射率谱。在实验采集过程中应注意以下两点：①使用发散度小、光通量大的光源，从而更好地分辨主级及次级干涉条纹，同步辐射光源是最好的选择；②在低角度扫描时，光源在样品的投影面积增大，需要增大薄膜样品尺寸大小或者利用狭缝减小光斑的大小，以保证扫描过程中光源都照射在样品上。在获得较好的 X 射线反射率谱后，建立不同的模型对反射率谱进行拟合，进而得到最合理的结构。

掠入射反射技术除了能够表征氧化物薄膜的厚度外，对掩埋层如过渡层或者"死层"的厚度信息也非常敏感。在钙钛矿锰氧化物研究中，"死层"吸引着人们的广泛兴趣，主要源于该层的物理性质表现出异常，如金属性和铁磁性等被大大抑制，同时还存在非线性效应、相分离等有趣的物理现象。对于特定衬底上所生长的锰氧化物死层厚度的确定，人们通常所采用的方法是生长一系列不同厚度的薄膜，测量其磁电输运性质，从而得到"电死层"和"磁死层"的厚度的间接证据。这里，介绍 X 射线反射率方法推测锰氧化物薄膜死层的厚度。这种方法不需要生长一系列样品，简单且行之有效。实验是在上海同步辐射装置 BL14X 射线衍射实验站采集了分别在(001)$SrTiO_3$，(001)$LaAlO_3$ 和(001)掺 Y 的 ZrO_2 衬底上生长的42nm 厚度 $La_{2/3}Ca_{1/3}MnO_3$ 薄膜的反射率谱[65]。得到了较好的实验谱后，利用合理的模型对实验谱进行拟合。我们发现只有当把 $La_{2/3}Ca_{1/3}MnO_3$ 看成三层结构堆垛时，拟合曲线和实验曲线才能吻合得非常好，如图 18.21 插图所示。其中第 1 层和第 2 层正好对应着薄膜的表面和界面，将软件拟合所得到的这两层厚度相加所得的总厚度与输运性质测量估算的"死层"厚度非常吻合。因此，X 射线反射率方法在氧化物薄膜厚度的研究特别是氧化物表面/界面"死层"厚度的估算上是可行的。对 X 射线反射率曲线数据处理的方法与普通光学类似，即基于菲涅耳公式，详细可参阅第 10 章。目前国际上已开发了多款可以对反射率曲线进行拟合的商业软件，如 Bede Refs，Reflect，TER，TRDS 等。

谭伟石等[66]应用 XRR 研究了在(001)取向 $SrTiO_3$ 单晶衬底上生长铁磁 $La_{2/3}Ca_{1/3}MnO_3$ 和超导 $YBa_2Cu_3O_7$($YBCO$)异质结的微结构，如图 18.22 所示(对应的样品 C 和样品 E 分别是 $YBa_2Cu_3O_{7-\delta}$(40Å)/$La_{0.67}Ca_{0.33}MnO_3$(300Å)/$SrTiO_3$，$YBa_2Cu_3O_{7-\delta}$(125Å)/ $La_{0.67}Ca_{0.33}MnO_3$(300Å)/ $SrTiO_3$)，发现在 YBCO/LCMO 和 LCMO/STO 界面各存在一个厚度约为 30Å 的过渡层，过渡层是由于原子的互扩散引起的，其结果已为俄歇电子能谱实验所证实。

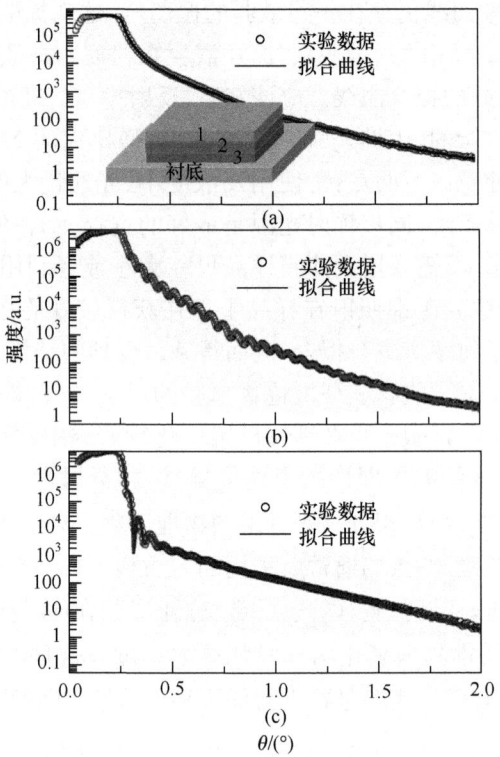

图 18.21 衬底(001)SrTiO$_3$(a),(001) LaAlO$_3$(b)和(001)掺 Y 的 ZrO$_2$(c)上生长的 La$_{2/3}$Ca$_{1/3}$MnO$_3$ 薄膜的 X 射线反射率谱和理论拟合曲线

薄膜厚度为 42nm

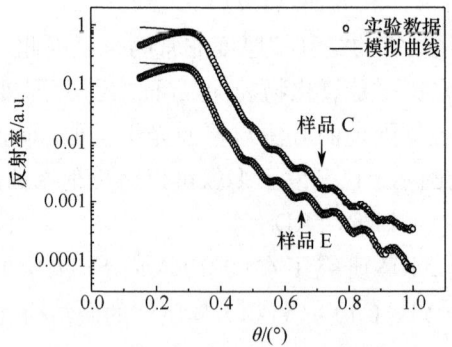

图 18.22 样品 C 和 E 的掠入射 X 射线反射率曲线及其理论模拟曲线

样品 C 和样品 E 对应的结构分别是 YBa$_2$Cu$_3$O$_{7-\delta}$(40Å)/La$_{0.67}$Ca$_{0.33}$MnO$_3$(300Å)/SrTiO$_3$ 和 YBa$_2$Cu$_3$O$_{7-\delta}$(125Å)/La$_{0.67}$Ca$_{0.33}$MnO$_3$(300Å)/SrTiO$_3$

18.4.2 X 射线漫散射技术

薄膜、多层膜表面和界面的几何粗糙度起伏会使在镜面反射方向以外的其他方向产生 X 射线散射强度,这就是 X 射线漫散射。如果用衍射语言来表述,X 射线漫散射就是指表面和界面的傅里叶变换谱在 $q_x \neq 0$ 的倒易空间(衍射空间)有强度分布。处理 X 射线漫散射的关键是如何用数学语言描述表面和界面的形貌,并从理论上与漫散射强度联系起来,通过对漫散射强度数据的处理给出表面和界面在介观尺度上的无序、涨落和不均匀性等统计的定量信息。目前大多采用玻恩近似(BA)或畸变波玻恩近似(DWBA)处理 X 射线漫散射问题,文献[67]~[72]详细地讨论了相关的理论要点和处理方法,本书第 10 章作了详细介绍,此处不再重复叙述,仅说明两个参数的含义:横向相关长度 ξ 和分形指数 h。玻恩近似以高-高相关函数(height-height correlation function)描述表面和界面的粗糙度涨落在二维平面内的分布情况,引入指数 ξ 表征粗糙度的横向相关长度。ξ 越大,表示表面和界面的高度起伏越平缓。分形指数 h 与表面的分形维数 D 的关系为 $D=3-h$。所以指数 h 决定表面是否粗糙(smooth or jagged),一般说来,小的 h 值意味着极其粗糙的表面,而 h 趋于 1 时表明表面具有平滑的起伏。

实验中漫散射[73]分为横向漫散射和纵向漫散射两种。其中纵向漫散射主要探测不平整界面对镜面反射的贡献,即镜面反射中包含的漫散射成分,因此在镜面对称数据分析中要扣除。而横向漫散射是在掠入射反射的 Keissing 峰位置测量样品的摇摆曲线(即保持 2θ 不变,进行 θ 扫描)而得到,通过 DBWA 对实验数据进行模拟计算,获得表面和界面粗糙度的横向相关长度信息。图 18.23 是一个应用 DWBA 计算得到的漫散射曲线,可以看出,在入射角和出射角等于临界角时出现两个散射峰,通常称为 Yoneda 散射峰,最早是由 Yoneda 在实验中发现并因此而得名[74],这是由于在临界角附近,X 射线对介质的穿透深度小,在表面的电场达到入射电场的极大值,导致一个极大的漫散射。Yoneda 散射峰相对于镜面反射峰对称出现是倒易原理的一种表现[75]。

吴小山等[76]利用横向漫散射技术研究生长在不同衬底上 La$_{2/3}$Ca$_{1/3}$MnO$_3$ 薄膜的粗糙度信息,如图 18.24 所示。图中给出了探测器分别位于 1.2°和 1.5°时,在 SrTiO$_3$(STO)衬底上生长的 50nm 厚度 La$_{2/3}$Ca$_{1/3}$MnO$_3$ 薄膜对应

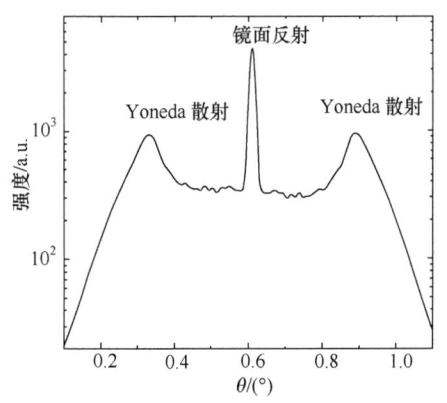

图 18.23 应用 DWBA 计算得到的漫散射曲线

的横向漫散射扫描曲线及其理论拟合。拟合结果显示,薄膜的界面或表面粗糙度都是完全纵向关联,其关联分数为 1.0。而在面内,粗糙度的关联长度与衬底的材料有关,如对 STO 衬底,其关联长度约为 950Å,而对 YSZ 和 ALO 衬底则分别为 70Å 和 45Å。

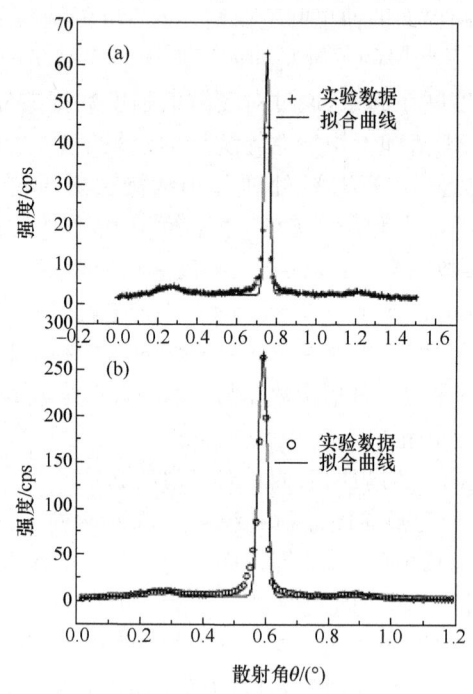

图 18.24　在 SrTiO$_3$(STO)衬底上生长的 50nm 厚 La$_{2/3}$Ca$_{1/3}$MnO$_3$ 薄膜对应的
横向漫散射扫描曲线及其理论拟合
探测器分别位于(a)1.5°和(b)1.2°

18.4.3　晶体截断杆技术

在了解了薄膜的厚度、粗糙度等基本信息后,需要继续深入研究氧八面体的微结构。对界面效应起主导作用的氧化物微结构,表面/界面的 X 射线衍射能力非常弱,因而必须应用同步辐射光源。同步辐射晶体截断杆(CTR)技术对表面和界面处原子的结构非常敏感,对氧化物超薄膜体系微结构表征表现出广阔的应用前景。4.3.1 节和 4.5 节介绍了正空间的薄膜在倒易空间对应为杆状,这样,当薄膜厚度降低到几个单胞尺度时,体系会出现杆状衍射而没有很明显的布拉格衍射,通常称为 CTR 散射。CTR 的散射振幅与体系的表面/界面结构直接相关,因此用来研究钙钛矿氧化物超薄膜结构非常有效。CTR 可以看成三维衍射的一个特例,也就是干涉函数沿着其中一个晶格基矢方向突然截止,由此,CTR 的强度表

达式为

$$I(q_1,q_2,q_3) \propto \frac{\sin^2(N_1 q_1 a_1/2)}{\sin^2(q_1 a_1/2)} \frac{\sin^2(N_2 q_2 a_2/2)}{\sin^2(q_2 a_2/2)} \frac{\sin^2(N_3 q_3 a_3/2)}{\sin^2(q_3 a_3/2)} \quad (18.13)$$

当 $q_1 a_1 = 2\pi h, q_2 a_2 = 2\pi k$，但 $q_3 a_3 \neq 2\pi l$ 且 $N_3 \to \infty$ 时，考虑到 $\sin^2(N_3 q_3 a_3/2)$ 的强烈衰减，近似用平均值 $1/2$ 取代。由此推出 CTR 的强度[77]

$$I_{CTR} \propto N_1^2 N_2^2 \frac{1}{2\sin^2(q_3 a_3/2)} \quad (18.14)$$

CTR 信号叠加后，会给衍射强度分析带来一定的难度。但正是由于 CTR 信号中包含了晶格畸变等重要结构信息，所以需要关注。

　　无论是表面粗糙度还是晶格畸变都会诱导 CTR 信号强度下降。区分粗糙度和晶格畸变贡献的依据是看相对于布拉格衍射，其强度是否对称下降。如果是非对称的，则对应的是晶格畸变。利用 CTR 分析晶体结构必须要解决的问题是如何从 CTR 振幅中获得相位信息，只有同时得到相位和振幅信息，再利用傅里叶变化才能得到界面电子浓度分布信息。目前广为认可用来分析相位的理论方法主要有三种[78]：一是借助原子形状因子中的异常散射项；二是纯粹利用计算机进行重复取样技术分析；三是利用半解析的相干布拉格杆分析法，这一方法在钙钛矿氧化物界面研究中应用较多。当采用半解析法时，必须要先知道一个参考波的相位。对 CTR 实验，这一条件很容易满足，因为衬底就可以为参照物，衬底产生的布拉格衍射很容易确定，在此基础上，考虑薄膜与衬底产生衍射之间的干涉作用，从而分析出薄膜的散射振幅。许多钙钛矿族 ABO_3 过渡金属氧化物的共同特征是，即使结构变化 0.1Å 甚至更小的尺度[79]，都可能诱导出物性的巨大变化。因此需要采用对微小晶体畸变高度敏感且高精确度的表征技术，以探索复杂物理图像。同步辐射光源表面 X 射线散射技术正是测量微弱结构畸变的一种表征方法。开展表面 X 射线衍射实验时，为了减小误差，一般在某一个散射矢量周围需要收集数十个非等价 CTR 谱。利用上述三种相位分析方法得到平均电子密度分布图。再从结构精修的角度出发对 CTR 谱进行拟合，最后得到最合理的结构模型，如界面原子位置、界面组分等。钙钛矿氧化物界面研究中很典型的实例就是利用 CTR 表征 $LaAlO_3$ 和 $SrTiO_3$ 的界面微结构。Willmott 等[80]利用表面 X 射线衍射并结合相干布拉格杆相位分析法分析了 n 型导电 LAO/STO 界面，发现界面原子互混形成 $La_{1-x}Sr_xTiO_3$ 层，从而从结构上解释了 LAO/STO 界面产生二维电子气的原因。Pauli 等[81]基于表面 X 射线衍射并结合相干布拉格杆相位分析法进一步分析了随着 $LaAlO_3$ 层厚度的变化，LAO/STO 的界面原子组态变化。

　　本节重点介绍了掠入射 X 射线反射、漫散射以及表面 X 射线衍射在表征过渡金属氧化物界面结构畸变中的应用。与传统的半导体器件类似，新型氧化物电子器件也是基于界面效应而发展的。X射线技术在界面晶体畸变表征显示出独有的优势,发展界面氧化物八面体畸变的X射线表征方法对理解其新颖的物理性能具有重要意义。

18.5 高分辨衍射技术

18.5.1 高分辨衍射

1.2.2节和2.1节介绍了双轴晶衍射仪的结构,指出它是具有较高分辨率的X射线衍射装置,入射的X射线束由第一晶体(单色器晶体)的设定晶面衍射后,照射到第二晶体(样品晶体)。若将第一晶体固定在某一位置,入射X射线束中只有一定波长的X射线能够在很小的角度范围内符合布拉格定律而发生衍射,因而获得近单色、近平行及偏振化的窄小入射X射线束。测量时,探测器固定在2θ位置,并将接收光阑充分打开,第二晶体在衍射位置附近以$\Delta\theta$角度摆动,测量得到摇摆曲线。X射线双轴晶衍射技术可有效测量应变层厚度、应变层体系中应变弛豫情况且不损伤样品的方法,在半导体异质结构的研究中得到广泛应用。

随着半导体薄膜制备技术的提高和对薄膜应变研究的深入,普通双轴晶衍射仪已难以胜任人们对角度和强度分辨率的要求。因此,近年来高分辨衍射仪及相关实验技术得到了快速发展。如图18.25所示,高分辨衍射仪使用了双晶四反射单色器来取代普通双轴晶衍射仪的单一单色器晶体,提高了入射X射线的平行性和单色性。单色器的排列形式为$(+n,-n,-n,+n)$。在普通双轴晶衍射仪中,单色器晶体的布拉格角与样品晶体的布拉格角相差越大,由于色散的影响,衍射仪的分辨率就越差。在高分辨衍射仪中,双晶四反射的单色器排列可以消除这一缺点,样品和衍射晶面的变化一般不会影响衍射仪的分辨率。高分辨衍射仪常使用Ge(220)或(440)以及Si(111)作为单色器晶体。

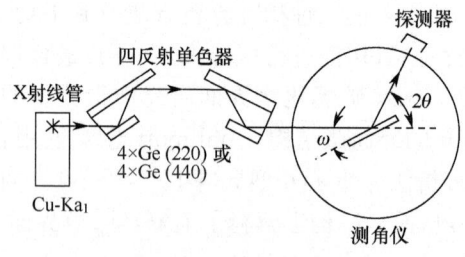

图18.25 高分辨衍射仪装置示意图

晶体对X射线的衍射服从布拉格定律$2d\sin\theta=n\lambda$。当d和θ满足上述关系,所得的X射线衍射波又完全符合聚焦条件时,探测器收集到的X射线衍射强度应

该与衍射角 θ 严格对应。但通常所得的衍射强度在 $\theta \pm \varepsilon$ 范围内有一个分布，因而实验结果不是明晰的衍射线，而是有一定形状和宽度的衍射峰，这是由衍射仪的设计几何无法达到聚焦条件和调试不理想等外在因素以及样品内在的物理因素造成的。

1. 影响衍射峰宽化的外在因素

（1）光源因素：光源为线焦点，但不是几何线。当视角为 $3°\sim 6°$ 时，射出光束的截面积为 $0.1\mathrm{mm}\times 10\mathrm{mm}$，因而使衍射峰变宽。

（2）平板样品：样品呈平板状，其中相当多的晶面不在聚焦圆上，因而降低了聚焦效果，并导致峰形不对称。另外，样品有一定厚度，外表面与聚焦圆相切，其内部的晶面偏离聚焦圆较远。对于弱吸收的轻原子或衍射角大的衍射，入射光穿入样品较深，影响更为严重。

（3）光束的垂直发散度：尽管有 Soller 狭缝限制，但其平行金属片间有一定距离，因而光束仍有一定程度的垂直发散，它使得衍射峰宽化而且不对称。当 $2\theta<90°$ 时，这个因子基本不起作用。

（4）接收狭缝因子：接收狭缝不是几何线。

（5）入射光非单色：入射 X 射线虽经滤波或单色器处理，但波长的单一程度仍不理想。

（6）仪器未调好：测量时，光源线、样品平面、入射与接收狭缝应严格平行，光源和接收狭缝的中心点应在扫描圆周上，Soller 狭缝应严格平行于扫描平面，样品位于扫描圆的中心。如不调整到上述水平，衍射方向和衍射强度都会受影响。

上述诸因素的影响可能使实验获得的衍射强度 $I(2\theta)$ 的分布不对称，在一般情况下，$2\theta<90°$ 时，衍射峰重心表现前倾不对称，$2\theta>90°$ 时，衍射峰加宽，并有重心为后倾的不对称。X 射线衍射仪测量 X 射线衍射强度，是将光信号变为电信号。应用现代光电技术，通过检波放大所得的衍射强度数据准确而可靠。近年来，电子学、计算技术的发展与普及，使得 X 射线衍射仪有条件向着高精度、自动化方向发展。

2. 影响衍射峰宽度的物理因素

（1）晶粒大小。

根据著名的谢乐公式 $\beta=\dfrac{K\lambda}{T\cdot\cos\theta}$（其中，$\beta$、$\lambda$、$\theta$ 分别为衍射角宽度的积分宽度、入射 X 射线波长、衍射角度），我们知道，衍射线宽度与垂直于反射面方向的晶体厚度有关，$\beta\infty 1/T$ 是 X 射线衍射运动学近似下的结论。它实质上是倒易体积效应的反映——晶体越小，hkl 倒格点的选择反射区越弥散，导致 β 增加。粉末衍射中,如晶粒度过细,就会出现衍射线条宽化现象。值得注意的是,晶粒度的宽化效应还与 $1/\cos\theta$ 成正比。这可用来区别其他因素(如应力)引起的线宽。(注意:β 包括晶体本征宽度,晶体衍射,晶体不完美性,以及 X 射线衍射仪仪器宽度。)

(2) 点阵畸变。

晶体的各种不完美性,点阵的不均匀应变对 X 射线衍射峰的宽度影响最大。除生长应力外,晶体经过冷加工(如制备样品中的切、磨、抛等工艺),即使外力取消,晶体内部仍留存残余应力。这种应力的分布不均匀,不仅各晶粒不一样,而且同一晶粒的各部分也不相同。这种微观尺度不均匀的应力称为微观应力,它所引起的应变为微观应变。

另外,也存在较大范围内保持均匀的应力(如热膨胀引起),称为宏观应力,它引起的应变称为宏观应变。通常所指的点阵畸变由微观应变和宏应变组成。点阵的非均匀应变引起衍射峰变宽,这是因为各晶粒的 hkl 衍射峰彼此有相对位移,使叠加后的 hkl 峰宽化,而宏观应变只均匀地改变了晶面间距,使布拉格角变化引起峰位移动,并不使衍射峰变宽。

以上所讨论的是一般意义上衍射峰的宽化因素。具体对外延薄膜,影响摇摆曲线峰形宽化的主要因素包括以下几个方面:样品内在的本征宽度 β_i、衍射仪引入的宽化 β_d、微应变引起的宽化 β_ε、样品晶面与衬底晶面之间的倾斜引起的宽化 β_a、薄膜中的颗粒度引起的宽化 β_L、薄膜弯曲引起的宽化 β_r。所以,实际测得的摇摆曲线的宽度 β_m 可以表述如下[82]:

$$\beta_m^2 = \beta_i^2 + \beta_d^2 + \beta_\varepsilon^2 + \beta_a^2 + \beta_L^2 + \beta_r^2 \tag{18.15}$$

晶体的摇摆曲线本征宽度通常只有几十弧秒(arcsec),经常可以忽略不计[83]。由于样品的厚度与衬底相比很薄,薄膜弯曲引起的宽化也很小,一般也可以忽略不计。若样品具有很完整的外延特性,晶面倾斜引起的宽化和小颗粒引起的宽化也可以不予考虑。因此,仅考虑位错引起的微应变对摇摆曲线宽化的影响。则式(18.15)可以简化如下:

$$(\Delta\beta)^2 = \beta_m^2 - \beta_i^2 - \beta_d^2 = \beta_\varepsilon^2 \tag{18.16}$$

Gay 等给出计算位错密度的简化公式[84]:

$$D_{\mathrm{dis}} \approx (\Delta\beta)^2 / (9b^2) \tag{18.17}$$

其中,b 为伯格斯矢量的大小。所以,只要能得到微应变引起的摇摆曲线的宽化,就可以大致计算出薄膜中的位错密度。

另外,薄膜中某种类型的位错将会导致特定的晶格面的扭曲变形[85]。假设一个沿[001]方向生长的薄膜,包含沿[001]线方向的刃位错或螺旋位错。对这种几何,刃位错只会使(hkl)晶面中 h 或 k 非零的面产生扭曲。对称(00l)晶面的摇摆曲线对薄膜中的纯刃位错部分不灵敏,因为这些面没有受到刃位错的扭曲影响。非对称(hkl)晶面的摇摆曲线则会受到纯刃位错的影响。而[001]线方向的纯螺旋位错具有纯剪切应变场,将使所有(hkl)晶面中 l 非零的晶面产生扭曲。因此,($00l$)摇摆曲线仅对薄膜中的纯螺旋位错灵敏。所以,通过测量对称面和非对称面摇摆曲线半高宽(FWHM)就可以定量获知薄膜中的刃位错、螺位错和混合位错密度。

我们采用一种简化对比的方法:先测出薄膜的摇摆曲线宽度,然后在同一台X射线衍射仪上测出一块同质单晶的摇摆曲线,将两个宽度的平方相减,就可以扣除由于仪器和本征宽度引起的宽化,从而仅剩微应变引起的宽化。将这个宽化值代入式(18.17)就可以计算出位错密度。

我们测量了 $SrTiO_3/DyDcO_3$ 薄膜和一块 STO 单晶薄片的对称面(002)面和非对称面(103)面的摇摆曲线,如图 18.26 所示[86]。测到薄膜的对称面和非对称面的 FWHM 值分别为 144arcsec 和 288arcsec,而晶片的对称面和非对称面 FWHM 值分别为 75arcsec 和 58arcsec。考虑到晶片的非对称面 FWHM 值相对较小,根据上面的讨论,可以得出结论:薄膜中的螺旋位错密度相对较小,总的位错表现为螺旋位错、刃位错或者混合位错三者的结合。总的位错密度通过式(18.17)计算,为 $10^8 cm^{-2}$ 量级,表明薄膜的质量很好,可以与半导体材料相比拟。

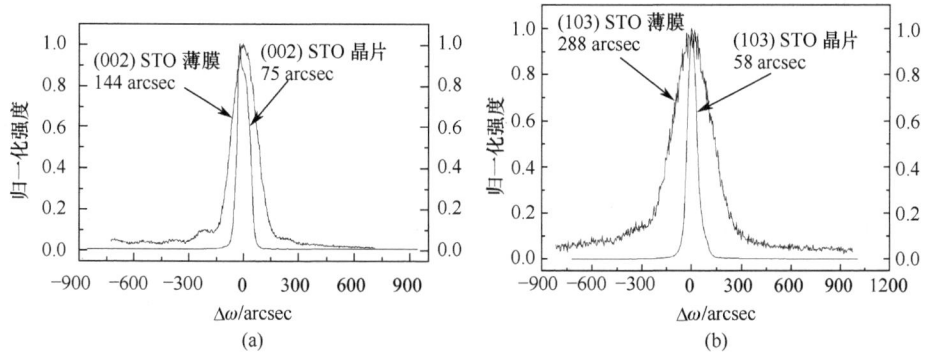

图 18.26　$SrTiO_3$ 薄膜和 $SrTiO_3$ 晶片的对称面(002)(a) 和非对称面(103)(b) 的摇摆曲线
图中还给出了各峰的 FWHM 值

上述简化计算方法在半导体薄膜位错类型和密度分析中同样适用。样品 A 和样品 B 是在两种不同条件下在 α-Al_2O_3 衬底上生长的 GaN 薄膜[85]。图 18.27 显示样品 A 中的缺陷结构导致对称和非对称摇摆曲线的严重展宽,(002)和(102) 面的 FWHM 分别为 269arcsec 和 413arcsec,测量结果证实,在 GaN 薄膜中包含大量纯刃位错、纯螺位错和/或混合位错。另外,非对称反射比对称反射的 FWHM 大很多,说明纯刃位错密度也较大。这是因为(002)对称面只由纯螺位错和/或混合位错导致展宽,而(102)对称面由所有类型的位错导致展宽。

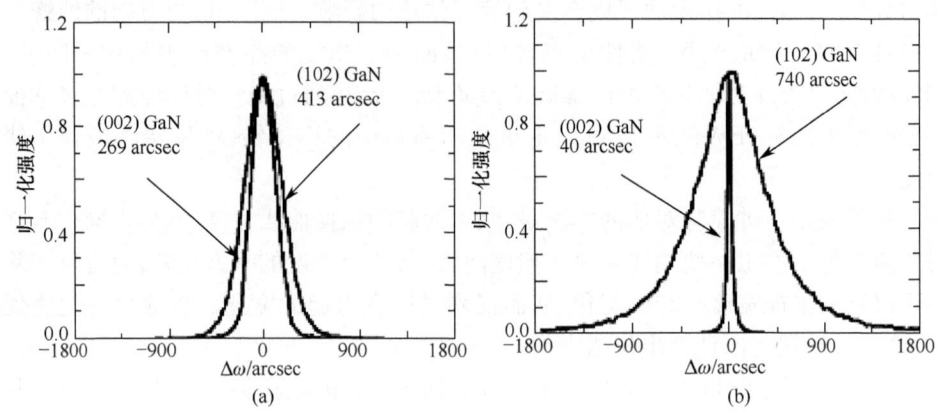

图 18.27　GaN/α-Al₂O₃ 薄膜的对称(002)面和非对称(102)面摇摆曲线
(a) 样品 A;(b) 样品 B

样品 B 中为缺陷结构导致非对称面衍射峰展宽,而对称面衍射峰几乎没有展宽。(002)面的摇摆曲线半高宽只有 40arcsec,与高质量薄膜的(001)反射相当(近完美 Al₂O₃ 的对称反射 FWHM 为 29arcsec)。如此低的(002)反射摇摆曲线半高宽说明薄膜中纯螺位错和/或混合位错密度非常小。而非对称面的摇摆曲线半高宽为 740arcsec,证明薄膜中刃位错密度非常大。

图 18.28(a)为电子束沿 $g=110$ 方向入射双电子束剖面 TEM 图,表明观察到纯刃位错和混合位错,而看不到纯螺位错。图 18.28(b)为电子束沿 $g=002$ 方向入射,观察到纯螺位错和混合位错,而看不到纯刃位错。由样品 A 的明场双束剖面和面内 TEM 可以看到,其含有纯刃位错、纯螺位错和/或混合位错。比较图 12.28(a)和(b)可以看到,纯刃位错和纯螺位错(或混合位错)密度基本相等。图 18.28(c)为面内明场 TEM 图,定量分析可以估算出样品 A 中的位错密度约为 $7×10^8 cm^{-2}$。该结果与 XRD 基本一致。

样品 B 中的缺陷结构和密度与 A 完全不同。图 18.28(d)为材料 B 的双电子束沿 $g=110$ 方向暗场剖面 TEM 图,表明刃位错密度非常大。而如双束沿 $g=002$ 方向暗场剖面 TEM 图(图 18.28(e))所示,几乎看不到位错,表明(002)面只被纯螺位错和混合位错扭曲,因此,$g=002$ 方向观察的实空间中薄膜与衬底的高度共格性生长,其结果与 XRD 摇摆曲线半高宽只有 40arcsec 一致。证明螺位错和混合位错密度很低。从面内暗场 TEM 图(图 18.28(f))可以确定位错密度约为 $2.5×10^{10} cm^{-2}$。由此可以假定位错全部为纯刃位错。这也是非对称(102)面 XRD 摇摆曲线半高宽高达 740arcsec 的原因。

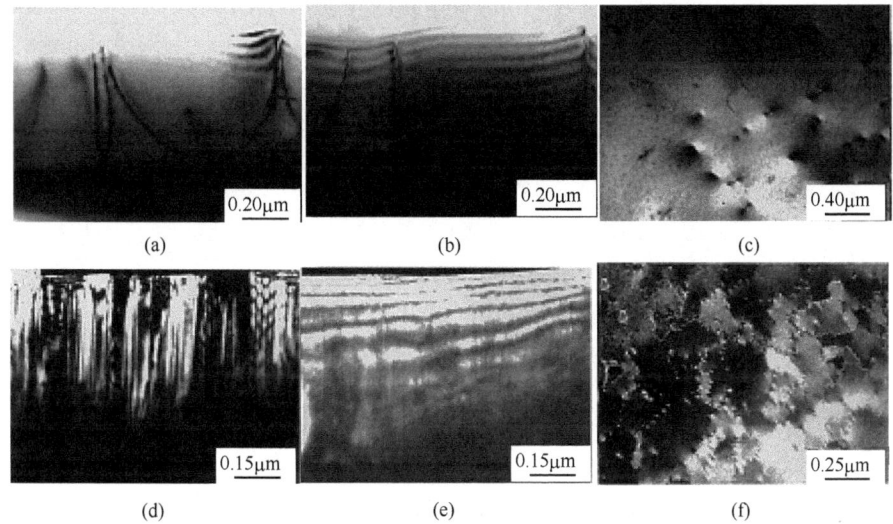

图 18.28　样品 A(a)~(c)和样品 B(d)~(f)的双束 TEM 图
(a) 亮场剖面 $g=110$；(b) 亮场剖面 $g=002$；(c) 亮场面内 $g=100$；(d) 暗场剖面 $g=110$；
(e) 暗场剖面 $g=002$；(f) 暗场面内 $g=100$

将(102)面摇摆曲线 FWHM 代入式(18.17)，可以算得样品 A 和 B 中的位错密度分别约为 10^8 cm^{-2} 和 10^9 cm^{-2} 量级，与 TEM 测量结果大致符合。

一种较为准确的计算位错密度的方法[87]是，不可忽略样品晶面与衬底晶面之间的倾斜引起的宽化 β_α，则式(18.15)可以表达为

$$(\Delta\beta)^2 = \beta_m^2 - \beta_i^2 - \beta_d^2 = \beta_\varepsilon^2 + \beta_\alpha^2$$
$$= K_\alpha + K_\varepsilon \tan^2\theta \tag{18.18}$$

其中，K_α 和 $K_\varepsilon \tan^2\theta$ 表达式如下：

$$\beta_\alpha^2 = 2\pi\ln 2 b^2 D = K_\alpha$$

$$\beta_\varepsilon^2 = 0.16 b^2 D |\ln(2\times10^{-7}(\mathrm{cm})\sqrt{D})|\tan^2\theta$$
$$= K_\varepsilon \tan^2\theta \quad (60°位错) \tag{18.19}$$

$$\beta_\varepsilon^2 = 0.09 b^2 D |\ln(2\times10^{-7}(\mathrm{cm})\sqrt{D})|\tan^2\theta$$
$$= K_\varepsilon \tan^2\theta \quad (螺位错) \tag{18.20}$$

式中，b 为伯格斯矢量的大小；D 为位错密度；θ 为衍射角度。

如果能够测出三个或者更多的 (hkl) 晶面的摇摆曲线半高全宽(FWHM)(例如，表 18.2)，那么就可以画出 $(\Delta\beta)^2$ 与 $\tan^2\theta$ 之间的关系，它是一条直线，截距为 K_α，斜率为 K_ε，如图 18.29 所示。这样就可以间接地从倾斜和微应变展宽得出位错密度如下：

$$\text{倾斜宽化 } D = K_\alpha/(4.36b^2) \tag{18.21}$$

$$微应变宽化 D = K_\varepsilon / [0.09b^2 |\ln(2\times10^{-7}(\text{cm})\sqrt{D})|] \quad (18.22)$$

表 18.2 不同 (hkl) 晶面的摇摆曲线 FWHM 值

(hkl)	$\theta/(°)$	$\tan^2\theta$	β_m/arcsec	β_0/arcsec
(002)	15.8	0.080	220	0.5
(113)	26.9	0.257	205	1.5
(004)	33.0	0.422	220	8.7
(224)	41.9	0.805	210	2.4
(115)	45.1	1.007	210	3.5
(044)	50.4	1.461	235	2.0
(006)	54.9	2.02	220	0.3
(026)	59.5	2.88	235	5.4
(444)	70.7	8.15	295	4.7
(117)	76.7	17.90	385	7.7

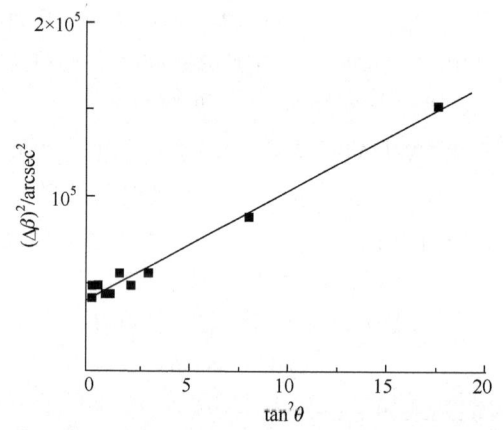

图 18.29 GaAs/Si(001) 样品的 $(\Delta\beta)^2$ 随 $\tan^2\theta$ 变化关系
数据采用表 18.2

由式 (18.21) 和式 (18.22) 得到的位错密度 D 还可以相互验证，理论上这两者应该具有相同的值，而实际上可能略有偏差。图 18.29 得出的位错密度分别为 $1.4\times10^8\,\text{cm}^{-2}$ 和 $1.5\times10^8\,\text{cm}^{-2}$。

18.5.2 倒易空间 X 射线散射强度分布图

应用 X 射线动力学衍射理论分析高分辨 X 射线衍射峰，可以获得薄膜完美性、倒易点结构、缺陷组态等信息，可以获得钙钛矿氧化物氧八面体形变的更确切信息。如通过采集倒易空间 X 射线散射强度分布图 (RSM)，然后比较薄膜和衬底的晶面倒易点的形状和位置，就可以获得沉积层的共格性、倾斜、应变、弛豫、晶格参数的演变、马赛克(mosaicity)和弯曲等信息[88]。

第 4 章指出,根据布拉格定律,只有落在半径为 $2/\lambda$ 的限制球范围内的倒易点才能被 X 射线探测到(λ 为入射 X 射线波长)。因此,对某个以 hkl 标记的倒易格点,它对应的晶面间距 d_{hkl} 值必须大于 $\lambda/2$。落在限制球内倒易格点可以分为上下两个半球,一个可以通过反射探测,另一个则通过透射观测。现在的衍射仪均采用前者,因此,本节仅讨论反射几何,即上半球面。虽然限制球是三维结构,但是实际测量过程中一般选取该球的一个切面(对应于衍射仪的衍射面),即二维截面图,如图 18.30 所示。

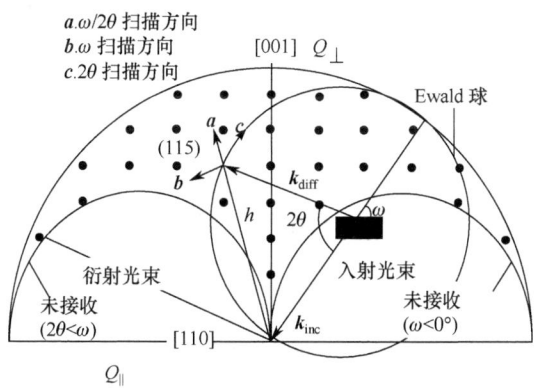

图 18.30 倒易点与 Ewald 球示意图[89]

对一定厚度的样品,入射或反射 X 射线束的吸收进一步限制了可探测的倒易格点的数目,在图 18.30 中形成两个以 $1/\lambda$ 为半径的禁区,左边 $2\theta<\omega$,而右边 $\omega<0$(ω 为 X 入射束与样品表面的夹角,2θ 为入射与出射 X 射线束的夹角),禁区内均不满足衍射仪几何而无法探测。X 射线衍射仪本身的结构(如 $2\theta<160°$)也会使限制圆半径缩小。限制半圆外的倒易格点与 Eward 球相交处都可以发生布拉格衍射。图中以(115)晶面的倒易格点衍射矢量图为例。其中,a 代表 $\omega/2\theta$ 扫描方向,b 代表 ω 扫描方向,c 代表 2θ 扫描方向。通常沿 a,b 方向扫描就可以得到倒易点二维图。具体方法为:在衬底或薄膜的某一倒易格点对应的 $2\theta_B$ 和 ω_0 处,通过改变一系列 $\omega=\omega_0\pm n\Delta\omega(n=0,1,2,\cdots)$,并作 $\omega/2\theta$ 扫描,即可获得一张相应倒易格点的 RSM 图。倒易格点的位置可用 $Q_\parallel$ 和 $Q_\perp$ 表示,其中 $Q_\perp$ 表示垂直于样品表面方向,而 $Q_\parallel$ 表示平行于样品表面方向。这些倒易格点可分为两类:一类为 $Q_\parallel=0$,而 $Q_\perp\neq 0$,称为对称反射,代表平行于样品表面的晶面对应的倒格点;另一类为 $(Q_\parallel,Q_\perp)$,称为非对称反射,代表与样品表面交叉的晶面对应的倒格点。根据布拉格公式,$Q_\parallel=\dfrac{2}{\lambda}\sin\theta\sin(\theta-\omega)=\dfrac{1}{d_{hkl}}\sin(\theta-\omega)$,$Q_\perp=\dfrac{2}{\lambda}\sin\theta\cos(\theta-\omega)=\dfrac{1}{d_{hkl}}\cos(\theta-\omega)$。因此,$Q_\parallel$ 和 $Q_\perp$ 实际上表示的是倒易空间(K 空间)中某倒格点的倒易矢量在 $Q_\parallel$

和 $Q_\perp$ 方向上的分量,而 $\psi=\theta_B-\omega_0$ 在 K 空间中表示倒易矢量与 $Q_\perp$ 之间的夹角,在实空间则表示薄膜或衬底待测(hkl)晶面与样品表面平行晶面的夹角。由图 18.30 还可以看出,以($\omega,\omega/2\theta$)作为坐标轴与以($Q_\parallel,Q_\perp$)作为坐标轴之间的区别除了单位不同外,还在于:在对称情况下方向一致,而在非对称情况下旋转了一个角度 ψ。

关于 RSM 在 15.1 节已有介绍,本节只举例介绍 RSM 图在薄膜中的应用。

1. 晶格参数测定

根据布拉格定律,只需在 RSM 图中测出衬底和薄膜的某(hkl)晶面倒易点到倒易原点的间距即可测出其 d_{hkl} 值。对四方结构(立方结构的薄膜由于应变经常发生四方畸变)情况,只需测出一个对称面和一个非对称面的 RSM 就可确定其晶格参数。对正交结构则需测三个不同晶面的 RSM 图,才能确定其三个晶格参数。

图 18.31 为实测 $NdGaO_3$(NGO)基片上生长的(Pb,Sr)TiO_3(PST)薄膜的非对称 RSM 结果示意图。由衬底 PST(001)和薄膜 NGO(110)对称峰的 RSM 可以看出,薄膜和衬底所对应 ω 轴的偏差 $\Delta\omega=0$,说明 PST 的(001)面平行于衬底 NGO 的(110)面,垂直于薄膜表面方向上没有倾斜。而从 PST(013)和 NGO(420)的非对称 RSM 测量可以看出,薄膜和衬底间存在 $\Delta\omega$ 和 $\Delta\theta$ 偏差,分别为 0.087°和-0.891°。当把 ϕ 转动 90°后,得到 PST(103)和 NGO(332)的 RSM 图,但这时相对应的 $\Delta\omega$ 和 $\Delta\theta$ 改变成-0.022°和-0.711°。PST(013)和(103)倒易点位置的不同,说明薄膜在面内两个垂直方向上的晶格参数存在差异,体现出各向异性的面内应变。

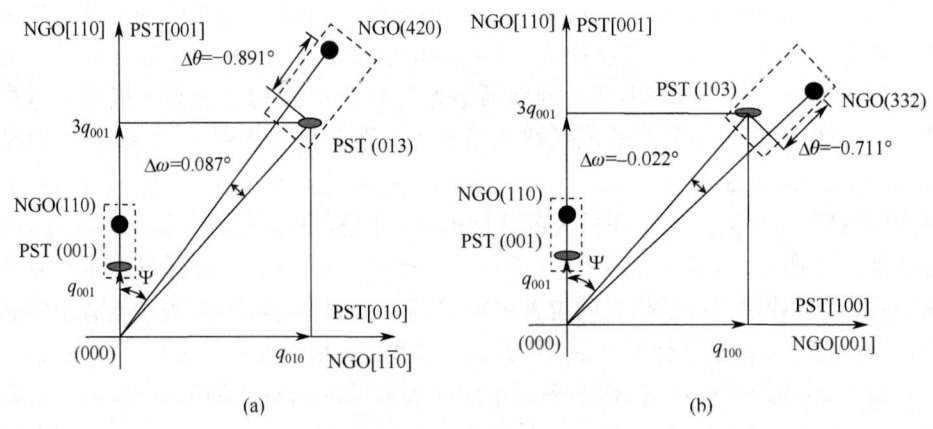

图 18.31 RSM 结果示意图
(a) 对称 RSMPST(001)/NGO(110),非对称 RSMPST(013)/NGO(420);
(b) 对称 RSMPST(001)/NGO(110),非对称 RSMPST(103)/NGO(332)[90]

2. 应变和弛豫

根据非对称 RSM 图可以定性地判断薄膜的应变和弛豫状态，若薄膜与衬底晶体结构相同，且晶格参数相近，则可以在较大的厚度范围（约几十纳米）内保持完全应变（即薄膜的面内晶格参数与衬底一致）。在 RSM 图中表现为衬底和薄膜的倒易点中心连线与 $Q_\perp$ 平行，而当薄膜厚度达到很厚时则可能处于完全弛豫状态，在 RSM 图中表现为衬底和薄膜的倒易点中心连线通过倒易原点。部分弛豫则表现为薄膜的倒易点处于上述两条线之间的某个位置。图 18.32 显示，随着 InGaN 厚度增加，薄膜从完全应变（图 18.32(a)60nm）逐渐变为部分弛豫（图 18.32(b)120nm），然后变为完全弛豫状态（图 18.32(c)240nm）。

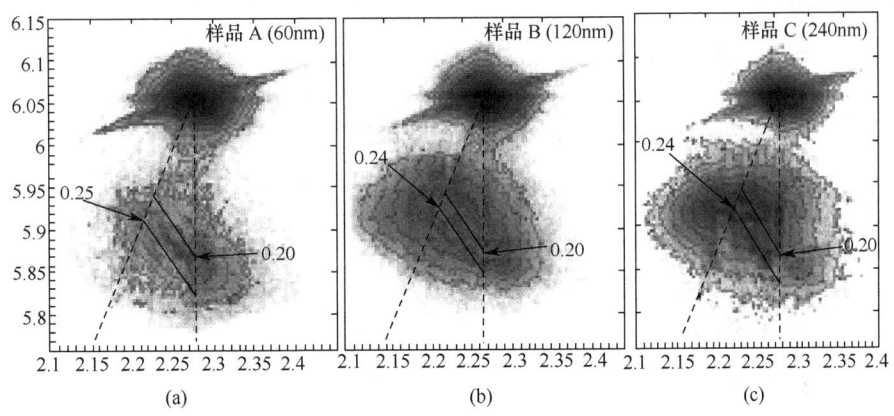

图 18.32　三个不同厚度 InGaN/GaN 薄膜(105)晶面 RSM 图

InGaN 厚度：(a) 60nm；(b) 120nm；(c) 240nm[91]

3. 晶格参数的演变

图 18.33 所示为在 Si 衬底上生长的系列不同 x 的 $GaAs_xP_{1-x}$ 多层膜，其中 Si 衬底有倾向于[111]方向 6°的斜切角[92]。为了表征衬底的斜切角带来的各向异性弛豫现象，作者分别沿着正交的$[1\bar{1}0]$和[110]方向测量得到 RSM 图，如图 18.33 所示，其中$[1\bar{1}0]$对应着沿着斜切产生的台阶边，而[110]方向垂直于台阶边沿。晶格参数不同则其同样晶面的倒易点在 RSM 中的位置也不同。根据维加定律，随着 x 增大，则其晶格参数也随之变大，在 RSM 图中表现为距离倒易原点逐渐变近。此外，由对称面扫描还可以看出，沿着台阶方向薄膜和衬底间没有倾斜，但在垂直方向可以看到很明显的倾斜角，倾斜角随着 $GaAs_xP_{1-x}$ 多层膜的膜厚发生相应的改变。

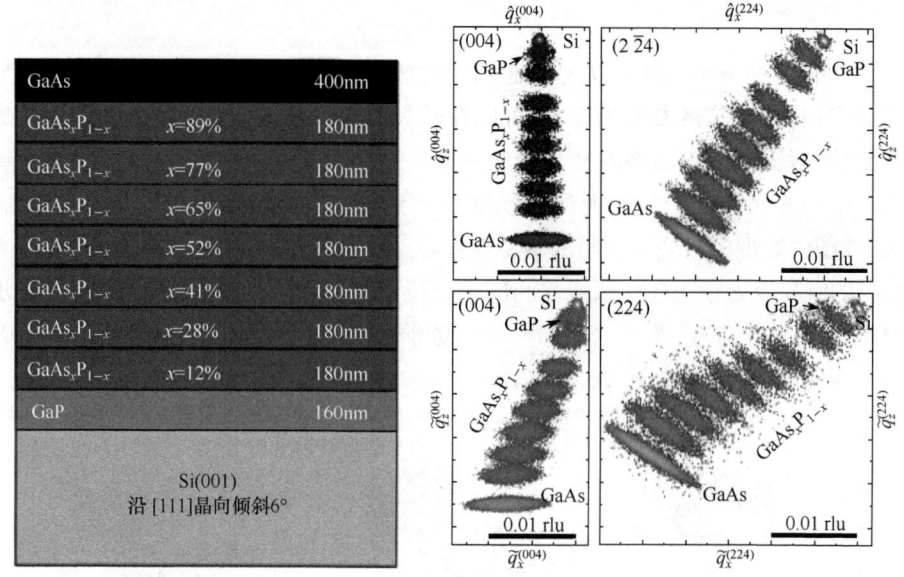

图 18.33 Si 基片上生长的 $GaAs_xP_{1-x}$ 多层膜示意图以及对称面(004)和非对称面(224)RSM
右面上下两栏 RSM 图分别是沿着 $[1\bar{1}0]$ 和 $[110]$ 晶向得到的[92]

4. 共格性、马赛克、缺陷

若薄膜在衬底上共格生长、结构完美、界面清晰,则在 RSM 图中表现为衬底与薄膜的相应倒易点之间的连线上出现系列指纹环,若薄膜含有大量的马赛克或位错等缺陷结构,RSM 图一般不会出现指纹环。因此,根据指纹环的有无和多少可以定性判断薄膜质量。图 18.34 为 SiGe 的 RSM 图。样品采用 MBE 方法首先在 600℃下,Si 衬底上生长一层 150nm 的 Si,接着先后在 150℃和 200℃低温下分别生长 30nm $Si_{0.74}Ge_{0.26}$(SiGe),然后再在 550℃下生长 60nm SiGe。两块 SiGe 薄膜厚度皆为 90nm。图 18.34(b)为两块样品的非对称面(113)RSM 图,在 200℃低温下生长的薄膜和衬底的倒易点连线方向上可以清晰地看到很多指纹环。证明该薄膜质量很好,但其倒易点的 RSM 图沿 ω 方向有所展宽,证明膜中存在一定数量的缺陷。且根据前面讨论,SiGe 处于完全应变状态。而对于 150℃低温下生长的薄膜,虽然跟前面薄膜厚度一样,但其处于完全弛豫状态。且沿 ω 方向展宽很大,说明该薄膜中存在大量的马赛克或缺陷结构。

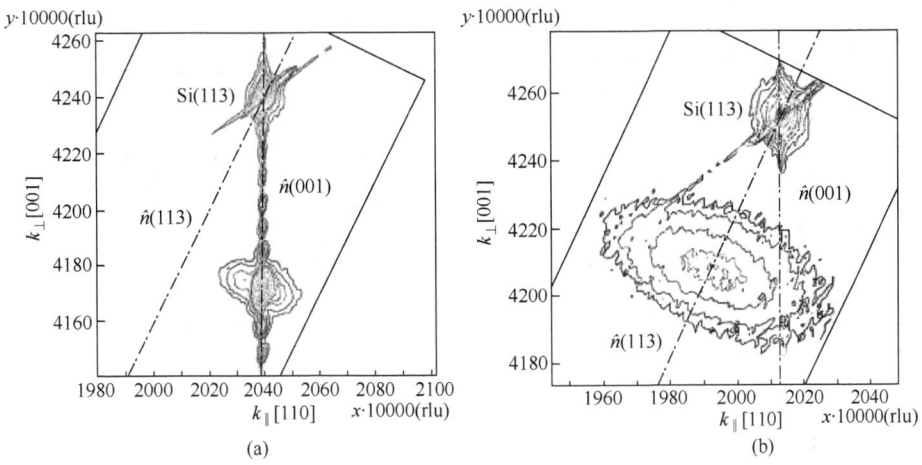

图 18.34　$Si_{0.74}Ge_{0.26}$(90nm)/Si 薄膜的非对称(113)RSM 图[93]
(a) 第一层 30nm SiGe 在 200℃低温下生长；(b) 第一层 30nm SiGe 在 150℃低温下生长

5. 倾斜

在对称 RSM 图中，如果衬底和薄膜的倒易点中心连线与 $Q_\perp$ 平行，则证明两者沿样品表面方向晶格平行排列，反之则证明有倾斜。而对于非对称面的倾斜的测定，则需作非对称面 RSM。图 18.35 是 $BiFeO_3$(200nm)/$SrRuO_3$(500nm)/$SrTiO_3$ 样品的对称(002)和非对称(103)RSM 图[94]。这一厚度的 $BiFeO_3$ 薄膜和 $SrRuO_3$ 缓冲层都处于完全弛豫状态。从对称(002)RSM 图中可以发现 $SrTiO_3$ 衬底、$SrRuO_3$ 缓冲层和 $BiFeO_3$ 薄膜的(002)倒易点中心连线平行于 $\omega/2\theta$ 轴向，证明面内方向三者晶格平行排列。由于缓冲层完全弛豫，非对称面 $SrTiO_3$ 衬底(103)和 $SrRuO_3$ 缓冲层(103)倒易点中心连线基本平行于 $\omega/2\theta$ 轴，证明两者非对称面也基本平行。而 $BiFeO_3$ 薄膜(103)和($\bar{1}$03)则分散于 ω 轴零点左右两边，说明其非对称面存在两种不同取向的倾斜。实验结果说明，$BiFeO_3$ 薄膜虽然沿着 c 取向生长，但是由于其晶体结构属于菱方结构，与立方结构不匹配，所以难以共格生长。为了释放应力，产生位错结构，面内存在两种 180°取向的畴，图 18.36 为其外延取向关系示意。

本节介绍了利用不同 X 射线衍射技术包括表面衍射可以观测薄膜深度应变信息；结合 X 射线精细吸收谱可以获得不同厚度上氧八面体畸变信息；利用超快 X 射线衍射，可以获得氧八面体弛豫的动力学过程；利用共振 X 射线吸收可以获得关于自旋的相关信息等。这些结构信息提供了理解该体系电磁性质及相变过程依据。

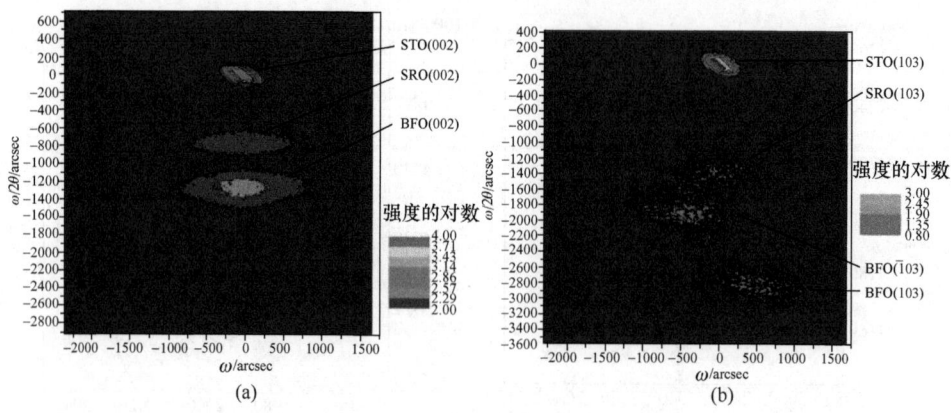

图 18.35　BiFeO$_3$/SrRuO$_3$/SrTiO$_3$ 样品的对称(002)(a)和非对称(103)(b)RSM 图

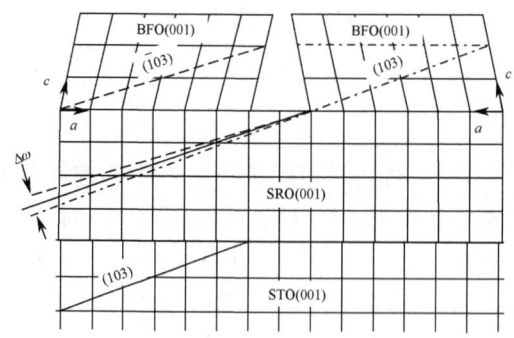

图18.36　BiFeO$_3$/SrRuO$_3$/SrTiO$_3$ 外延取向关系示意图

吴小山

参 考 文 献

[1] Ramirez A P. Science,2007,315:1377,1378.
[2] Cen C,Thiel S,Mannhart J & Levy. Science,2009,323:1026-1030.
[3] Santander-Syro A F,et al. Nature (London),2011,469:189-193.
[4] Ohtomo A,Hwang H Y. Nature (London),2004,427:423-426.
[5] Okamoto S, Millis A J. Nature (London),2004,428:630-633.
[6] Nakagawa N,Hwang H Y, Muller D A. Nat. Mater. ,2006,5:204-209.
[7] Okamoto S,Millis A J,Spaldin N A. Phys. Rev. Lett. ,2006,97:056802.
[8] Thiel S, Hammerl G,Schmehl A,et al. Science,2006,313:1942-1945.
[9] Bristowe N C,Artacho E,Littlewood P B. Phys. Rev. B,2009,80:045425(1-4).
[10] Chen H,Kolpak A M,Ismail-Beigi S. Phys. Rev. B,2009,79:161402(R)(1-4).

[11] Janicka K,Velev J P,Tsymbal E Y. Phys. Rev. Lett. ,2009,102:106803(1-4).
[12] Berner G,et al. Phys. Rev. Lett. ,2013,110:247601(1-4).
[13] Reyren N,et al. Science,2007,317:1196-1199.
[14] Brinkman A,et al. Nat. Mater. ,2007,6:493-496.
[15] Pentcheva R,Pickett W E. Phys. Rev. B,2006,74:035112.
[16] Li L, Richter C,Mannhart J,et al. Nat. Phys. ,2011,7:762-766.
[17] Fidkowski L,Jiang H C,Lutchyn R M,et al. Phys. Rev. B,2013,87:014436 (1-7).
[18] Michaeli K,Potter A C,Lee P A. Phys. Rev. Lett. ,2012,108:117003(1-4).
[19] Gausepohl S C,et al. Appl. Phys. Lett. ,1995,67:1313(1-4).
[20] Takahashi K S,et al. Phys. Rev. B,2003,67:094413(1-5).
[21] Fujii T,et al. Appl. Phys. Lett. ,2005,86:012107(1-4).
[22] Ahn C H,Triscone J M,Mannhart J. Nature (London),2003,424:1015-1018.
[23] Junquera J,Ghosez P. Nature (London),2003,422:506-509.
[24] Jo J Y,et al. Phys. Rev. Lett. ,2006,97:247602(1-4).
[25] Ramesh R,Spaldin N A. Nature Mater. ,2007,6:21-29.
[26] Toyota D,et al. Appl. Phys. Lett. ,2005,87:162508(1-4).
[27] Rondinelli J M,et al. Phys. Rev. B,2008,78:155107 (1-15).
[28] Chang Y J,et al. Phys. Rev. Lett. ,2009,103:057201(1-4).
[29] Mahadevan P,Aryasetiawan F,Janotti A,et al. Phys. Rev. B,2009,80:035106 (1-4).
[30] Gu M,Xie Q,Shen X,et al. Phys. Rev. Lett. ,2012,109:157003 (1-4).
[31] Parratt L G. Phys. Rev. ,1954,95:359-369.
[32] Névot L,Croce P. Rev. Phys. Appl. ,1980,15:761-779.
[33] Vidal B,Vincent P. Appl. Optics,1984,23:1794-1801.
[34] Wormington M,Panaccione C,Matney K M,et al. Phil. Trans. R. Soc. Lond. A,1999,357:2827-2848.
[35] Larson A C,von Dreele R B. General Structure Analysis System (GSAS). Los Alamos National Laboratory Report LAUR,1994:86-748.
[36] Toby B H. EXPGUI, a graphical user interface for GSAS. J. Appl. Cryst. , 2001, 34:210-213.
[37] Zheng L,Wu X S. Chin. Phys. B,2013,22:107806(1-4).
[38] Rehr J J,Albers R C. Rev. Mod. Phys. ,2000,72:621-654.
[39] 朱三元. 铁掺杂二氧化钛的 XAFS 和穆斯堡尔谱研究. 中国科学技术大学博士学位论文,2007.
[40] Friche H. Phys. Rev. ,1920,16:202-216.
[41] Hertz G Z. Z. Phys. ,1920,3:19-25.
[42] Kronig R de L. Z. Phys. ,1931,70:317-323.
[43] Kronig R de L. Z. Phys. ,1932,75:468-475.
[44] Peterson H Z. Z. Phys. ,1932,76:768-776.

[45] Kostarev A I. Zh. Eksper, F. Tear,1941,11:60-73.
[46] Sawada M. Pep. Sci. Works Osaka Univ. ,1959,7:1.
[47] Shmit V V. Bull. Acad. Sci. USSR Ser. Phys. ,1961,25:996-998.
[48] Azaroff L V, Pease D M. X-ray Spectroscopy. New York:Mograw-Hill,1974.
[49] Sayers D E, Stern E A, Lytle F W. Phys. Rev. Lett. ,1971,27:1204-1207.
[50] 王其武,刘文汉. X射线吸收精细结构及其应用.北京:科学出版社,1994.
[51] Ankudinov A L,Ravel B,Rehr J J,et al. Phys. Rev. B,1998,58:7565-7576.
[52] Hao B,Gong C D. Phys. Rev. B,1995,52:299-304.
[53] Rehr J J,Albers R C. Rev. Mod. Phys. ,2000,72:621-654.
[54] Wang J L,Fu M,Wu X S,et al. J. Appl. Phys. ,2009,105:083526 (1-8).
[55] Matzdorf R,Fang Z,Ismail,et al. Science,2000,289:746-748.
[56] Gu M Q,Wang J L,Xie Q Y,et al. Phy. Rev. B,2010,82:134102 (1-9).
[57] Gu M Q,Wang J L,Wu X S,et al. J. Phys. Chem. C,2012,116:24993-24998.
[58] Zhai Z Y,Wu X S,Jiang Z S,et al. Appl. Phys. Lett. ,2006,86:262902(1-4).
[59] Wang J L,Wu X S,Zhou J,et al. Chemical Physics,2009,360:79-84.
[60] Cai H L,Wu X S,Gao J. Chem. Phys. Lett. ,2009,467:313-317.
[61] May S J,Rondinelli J M,Freeland J W. MRS Bulletin,2012,37:261-270.
[62] Borisevich A Y,Chang H J,Huijben M,et al. Phys. Rev. Lett. ,2010,105:087204(1-4).
[63] He J,Borisevich A,Kalinin S V,et al. Phys. Rev. Lett. ,2010,105:227203(1-4).
[64] Kiessig H. Ann. Phys. ,1931,10:715-768.
[65] Xie Q Y,Wu X S,Li J,et al. Thin Solid Films,2013,545:89-93.
[66] Tan W S,Wu X S,Du J,et al. J. Appl. Phys. ,2003,93:8215-8217.
[67] Sinha S K,Sirota E B,Garoff S,et al. Phys. Rev. B,1988,38:2297-2311.
[68] Mandelbrot B B. The Fractal Geometry of Nature. New York:Freeman,1982.
[69] Newton R G. Scattering Theory of Waves and Particles. New York:McGraw-Hill,1966.
[70] Holý V,Kuběna J,Ohlídal I,et al. Phys. Rev. B,1993,47:15896-15903.
[71] Holy V,Baumbach T. Phys. Rev. B,1994,49:10668-10676.
[72] Schlomka J P,Tolan M,Schwalowsky L,et al. Phys. Rev. B. ,1995,51:2311-2321.
[73] Vineyard G H. Phys. Rev. B. ,1982,26:4146-4159.
[74] Yoneda Y. Phys. Rev. ,1963,131:2010-2013.
[75] 姜晓明,景毓辉,郑文莉,等. 高能物理与核物理,1996,20:460-467.
[76] Wu X S,Cai H L,Xu J,et al. J. Appl. Phys. ,2004,95:7109-7111.
[77] Robinson I K. Phys. Rev. B,1986,33:3830-3836.
[78] Wakabayashi Y. J. Phys. :Condens. Matter,2001,23:483001(1-19).
[79] Dagotto E. Science,2005,309:257-262.
[80] Willmott P R,Pauli S A,Herger R,et al. Phys. Rev. Lett. ,2007,99:155502(1-4).
[81] Pauli S A,Leake S J,Delley B et al. Phys,Rev. Lett. ,2011,106:036101(1-4).
[82] Huet F,di Forte-Poisson M A,Romann A,et al. Materials Science and Engineering B,1999,

59:198-201.
- [83] Yoshimura J,Sakamoto T,Yamanaka J. Jpn. J. Appl. Phys. ,2001,40:6536-6542.
- [84] Gay P,Hirsch P B,Kelly A. Acta Metallurgica,1953:1:315-319.
- [85] Heying B,Wu X H,Keller S,et al. Appl. Phys. Lett. ,1996,68:643-645.
- [86] Zhai Z Y,Wu X S,et al. J. Phys. D:Appl. Phys. ,2009,42:105307(1-6).
- [87] Ayers J E,et al. J. Crystal Growth,1994,135:71-77.
- [88] Kennedy R J,Stampe P A. J. Crystal Growth,1999,207:200-205.
- [89] Bauer G,et al. J. Crystal Growth,1995,157:61-67.
- [90] Lin Y,et al. Appl. Phys. Lett. ,2004,84:577-579.
- [91] Pereira S,et al. Appl. Phys. Lett. ,2002,80:3913-3915.
- [92] Roesener T,et,al. J. Crystal Growth ,2013,368:21-28.
- [93] Ni W X,et al. J. Crystal Growth,2001,227/228:756-760.
- [94] Qi X D,et al. Appl. Phys. Lett. ,2005,86:071913 (1-3).

第 19 章 有机半导体薄膜晶体结构的表征

19.1 有机半导体简介

虽然大多数有机/高分子材料都是不导电的,甚至是很好的绝缘材料,但是有部分有机/高分子材料具有一定的导电性。在这类材料中,一些材料还具有半导体性质,有特定的光、电、磁性质,能够用于制备大面积柔性电子器件,这类材料被称为有机半导体[1~8]。有机半导体材料的特殊性质来源其比较大的 π-π 共轭分子结构,如图 19.1 中典型有机半导体材料并五苯的 22 个共平面的碳原子都为 sp^2 杂化,相邻碳原子间形成 σ 键,每个碳原子多余的一个电子参与形成 22 个电子组成的分子内 π-π 共轭结构。而且在并五苯晶体中,这些共轭平面还会紧密堆砌形成分子间的 π-π 共轭[9]。

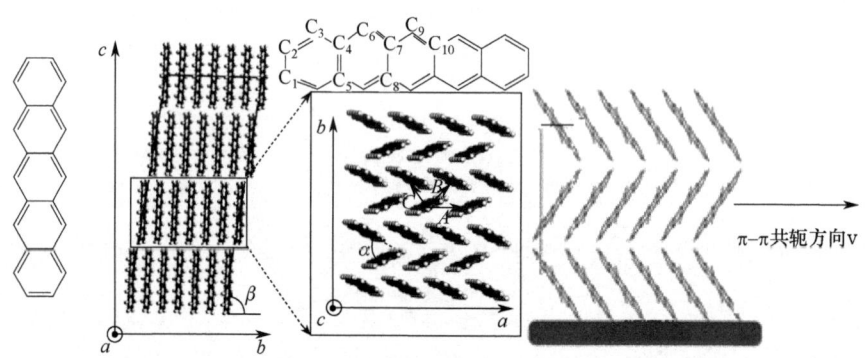

图 19.1 并五苯分子结构、晶体结构及薄膜堆砌结构示意图

其他的有机半导体材料一般都具有比较大的 π-π 共轭分子结构,如图 19.2 中所列举的典型有机半导体材料。有机半导体一般可以分为小分子和聚合物两大类,前者多为多环芳香族化合物,如并五苯、酞菁铜、红荧烯等;后者是由具有共轭结构的单体聚合而成的聚合物,如聚己基噻吩、聚苯撑乙烯撑、聚芴等,亦被称为共轭聚合物。

有机半导体材料可用于制备有机电致发光二极管(OLED)、有机薄膜晶体管(OTFT)、有机太阳能电池以及传感器等电子器件[1~8]。因为有机半导体材料可以通过分子结构的改进容易地改变发光波长,如含有不同基团的聚芴类材料可以实现蓝光、绿光、红光以及白光的发射[5,10~13],而且 OLED 器件在不工作时是不耗电的(液晶显示器的背光源是一直加电工作的),所以 OLED 得到了越来越多的重视,目前已经应用在很多手机、电视等的显示屏[14,15]。基于有机半导体的太阳能电池和薄膜晶体管的性能也接近或达到了非晶硅器件的水平。正是因为有机半导体的广泛应用前景,2000 年的诺贝尔化学奖授予了艾伦·J·黑格、美国宾夕法尼亚大学的艾伦·G·马克迪尔米德和日本筑波大学的白川英树教授[16]。

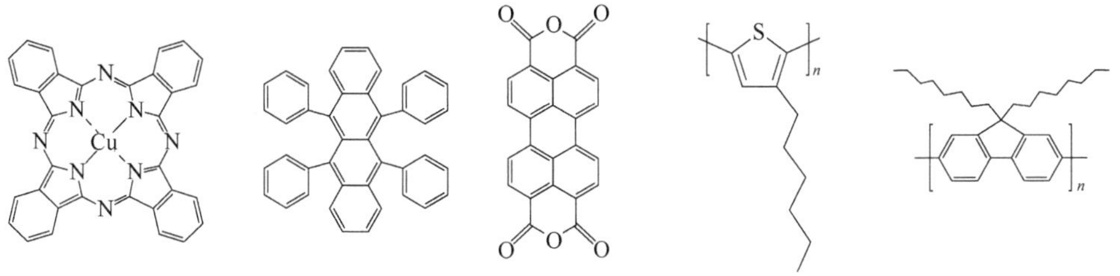

图 19.2 典型有机半导体分子结构示意图
(a) 酞菁铜;(b) 红荧烯;(c) 苝酐;(d) 聚己基噻吩;(e) 聚辛基芴

19.2 有机半导体薄膜的受限结晶

19.2.1 有机半导体材料的结晶结构

有机半导体因其比较大的 π-π 共轭分子结构而具有比较强的刚性,而且通常分子或分子链间还存在着 π-π 共轭作用,因此比较容易结晶。但是值得注意的是,有机半导体晶态都是分子晶体,除了某一方向上有 π-π 共轭作用外,其他方向上分子与分子间的作用力是很弱的范德瓦尔斯力。这也造成了有机半导体经常形成很多结构类似的晶型结构,而且晶体的稳定性较低,很容易转化成其他晶型。如经典的有机半导体材料酞菁铜,它有 α、β、γ、ε 等多种晶型(结构如图 19.3 所示),一定条件下可以相互转换[17]。

一般有机半导体分子结构复杂,尺寸较大,其晶体的晶胞参数都比较大。如酞菁铜晶体中最长的 a 轴为 2.6nm 左右,最短的 b 轴也为 0.38nm 左右。因此,有机半导体晶体的衍射峰一般都出现在角度比较低的范围内,对于铜靶 X 射线衍射仪,大多数衍射峰位置都不超过 30°。而且大的平面型分子结构也使得有机半导体晶体形成的晶体对称性较低,一般只能形成正交、单斜或三斜晶系的晶体结构。

值得注意的是,在有机半导体晶体中只有在某些晶面方向上有 π-π 共轭结构,而在其他方向上,分子间的距离很远,所以,有机半导体晶体导电性能各向异性突出。尤其是有些有机半导体材料为了能实现溶液加工而引入烷基侧链,这种侧链是不导电的,这样会进一步降低相应晶面方向的导电性。

共轭聚合物类有机半导体材料的晶体还具有高分子结晶的特点,即不是以整个分子链,而是以分子链的一部分为重复单元,而在一个晶区(微晶)内也存在着分

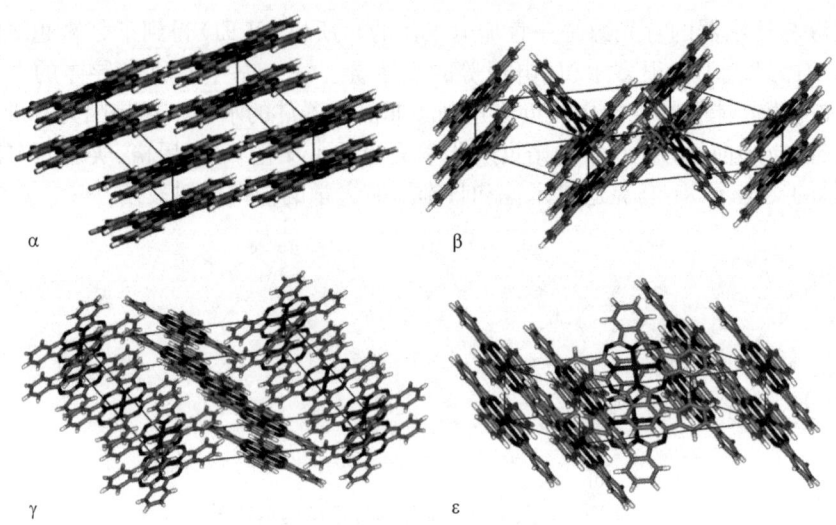

图 19.3　不同相态酞菁铜晶体结构图

子链的一部分(链段)[18]。如对于聚己基噻吩晶体(结构示意图如图 19.4 所示)，其主链方向(c 轴方向)的一个重复单位为两个噻吩，一般整条分子链只有十几个噻吩环处于微晶内[19]。而在整个材料内部除了微晶区外还有很多非晶区存在，因此，共轭高分子是半晶性材料，一般结晶度都低于 50%，甚至(如 β 相聚辛基芴材料)有时只有百分之几左右[20]。

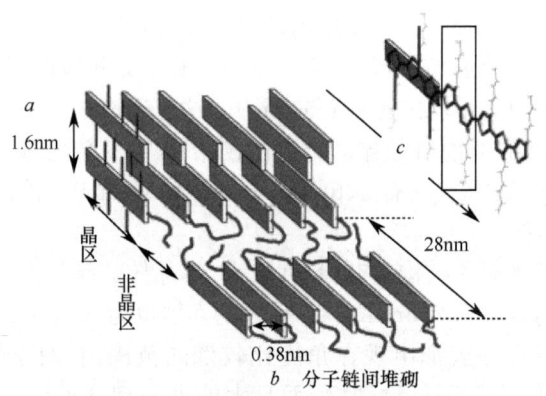

图 19.4　聚己基噻吩结晶结构示意图

19.2.2　有机半导体材料在薄膜中的受限结晶

在有机半导体器件中，材料通常以厚度小于 100nm 的薄膜形式存在。在此情况下，由于受厚度的限制，有机半导体薄膜的结晶行为与体相不同。如并五苯等材料，真空沉积形成薄膜时，因分子间 π-π 共轭而形成鱼骨刺(herringbone)结构，分子斜立于基底而生长，整体形成大片的晶畴。在这种情况下，分子的堆砌在垂直于薄膜平面方向（面外方向）是有取向（orientation）的（即存在类似无机材料中的织构现象），而在薄膜平面方向（面内方向）由于晶畴的生长一般没有方向性，所以其他垂直于 c 轴晶向的分布是无规的。而对于共轭聚合物，由于薄膜制备时采用旋涂、刮涂等方法，其剪切力的作用使分子链更倾向于平行于薄膜平面的方式堆砌，所以形成的薄膜一般具有分子主链（一般都定义为 c 轴）平行于薄膜的取向结构。

如 19.2.1 节中所述的有机半导体不同晶面方向的导电性有很大的差别，因此有机半导体薄膜这种取向性对器件的性能有很大的影响。对发光器件或太阳能电池器件需要载流子垂直于薄膜平面方向传输，而对于薄膜晶体管器件需要载流子平行于薄膜平面方向传输。因此，不同类型的器件要求的择优取向不同，促进了有机半导体薄膜取向调控的研究。目前，已经发现除了上述的取向外，还可以用界面层诱导、成膜速度等方法改变有机半导体的优势取向，达到提高相应器件性能的目的。

除了取向外，比较薄的薄膜厚度还会造成有机半导体薄膜的结晶度下降。对于小分子有机半导体，在与基底及空气的界面处，分子都会形成一些不规整的堆砌结构。对体相材料，这些不规整的堆砌结构相对含量少，可以忽略不计，但是对只有几十纳米厚的薄膜，这些不规整堆砌结构就相对比较多了，对薄膜的性能有很大的影响。2002 年，Dürr 等用 X 射线衍射和 X 射线反射率表征二茚并苝（diindenoperylene, DIP）薄膜，发现用衍射峰旁边的劳厄振荡求出的薄膜层厚度小于反射率曲线中 Kiessig 振荡求出的薄膜厚度，后来用电子显微镜证实了这个差异来源于界面处的不规整堆砌结构（图 19.5）[20]。

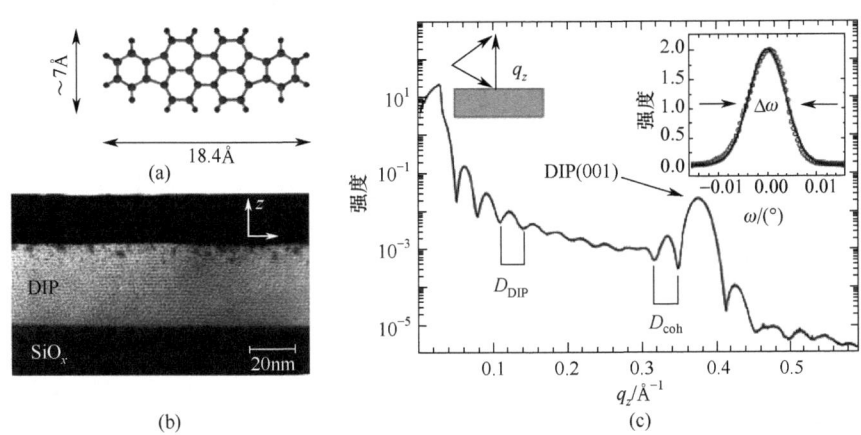

图 19.5　有机半导体 DIP 结构式（a），断面扫描电子显微镜图（b）和对称偶合模式 X 射线衍射图（c）

共轭聚合物由于厚度薄，薄膜制备速度一般比较快（秒级），分子链很难形成很规整的排列，所以结晶度很低。有些材料如聚辛基芴旋涂得到的薄膜甚至是非晶的，经过后续处理才能进一步结晶，某些处理方法如溶剂蒸气熏蒸退火得到的结晶度也只有百分之几。

因为晶态的有机半导体堆砌紧密,导电性好,所以同种材料的有机半导体薄膜的结晶度越高,相应的载流子迁移率也越高,器件的效率也越高。因此,为了提高器件性能,很多研究组应用多种方法来提高薄膜的结晶度。对真空沉积制备的有机半导体,通常通过降低沉积速率、提高基片温度等方法来获得大晶畴的高质量薄膜。对溶液法制备的有机半导体,通常在制备过程中通过选用高沸点溶剂、使用添加剂、控制环境气氛等手段来使有机半导体获得更多的机会形成高结晶度的薄膜,或者在成膜后通过热退火、溶剂蒸气熏蒸退火等方法进一步促进薄膜内的有机半导体结晶。

然而有些情况下,不是结晶度越高越好。如在基于聚辛基芴 OLED 器件中,由于结晶会产生空位缺陷,所以当结晶度较低时,自掺杂效应器件性能会得到提高,但是随着结晶度进一步增高,器件光致发光和电致发光效率都反而下降。如我们发现用甲苯溶剂熏蒸退火处理旋涂成的非晶薄膜,可以得到的 β 相聚辛基芴薄膜。处理时间越长,衍射峰越高(图 19.6(a)),表明结晶度越高,但是如图 19.6(b)和(c)所示其光致发光和电致发光性能反而下降[21]。

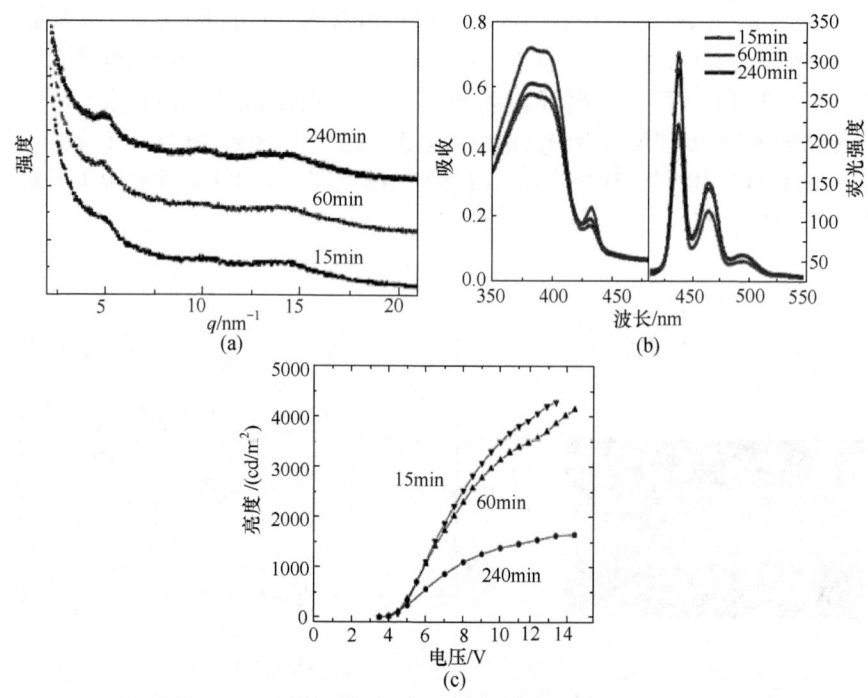

图19.6 不同处理时间溶剂熏蒸退火得到的聚辛基芴薄膜一维面外掠入射 X 射线衍射(a),紫外吸收光谱和荧光光谱(b),以及相应电致发光器件的电压~亮度曲线(c)

19.3 有机半导体薄膜结晶结构的 X 射线衍射表征技术

有机半导体薄膜的结晶结构对其器件性能影响很大,因此,薄膜结晶结构表征十分重要。常用的表征手段包括 X 射线衍射、透射电子显微镜附属的选区电子衍射以及低能电子衍射等。其中 X 射线衍射以对辐射损害小,可以原位测试等优点而得到了最广泛的使用。

19.3.1 常规 X 射线衍射技术

由于有机半导体薄膜都很薄,所以需要配备专门的薄膜样品台对样品的位置进行精确对准,使样品处于光路中,且在 0°时与光束平行。这个对准对于后续的测试很关键,关系到数据的准确性。为了更好地阐述位置对准过程,首先介绍样品相关位置参数。如图 19.7 所示,一般定义垂直于样品的方向为 z 方向(即样品高度方向);沿着 X 射线入射和反射的方向定义为 x 方向;垂直于这两个方向的则为 y 方向;而样品水平旋转(即以 z 轴为中心旋转)为 ϕ 方向;以 y 轴为中心旋转正好相当于入射角变化,定义为 ω 方向;以 x 轴为中心旋转则定义为 χ 方向。

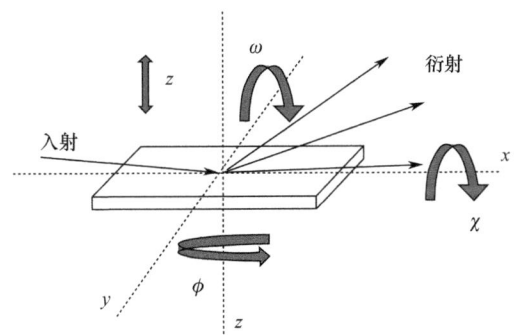

图 19.7 对准时样品的 z、x、y、ω、χ、ϕ 方向示意图

对准时需要对样品的 z、x 和 y 方向以及 ω 和 χ 进行精确调节(图 19.8),一般具体步骤如下:

(1) 将样品高度降低到光路下,用探测器确定其零点处于光束中心;

(2) 在样品水平($\omega=\chi=0°$)时,固定探测器于 0°进行样品高度扫描,会出现台阶状曲线,其半高处就是薄膜表面处于光束中心的位置;

(3) 固定样品高度,保持探测器在 0°,进行 ω 方向扫描(摇摆曲线),其峰值对应样品与光束完全平行时的角度(此时光束被遮挡得最少);

(4) 固定样品高度,保持探测器(2θ)在 0.4°或其他角度,进行 ω 方向扫描(摇摆曲线),其峰值对应样品与光束的夹角恰好处于 0.2°或 2θ 的一半;

(5) 固定样品高度,保持样品台和探测器在 0.2°和 0.4°或者其他对称角度,进行 χ 方向水平性扫描,其峰值对应样品与光束完全平行时的角度。

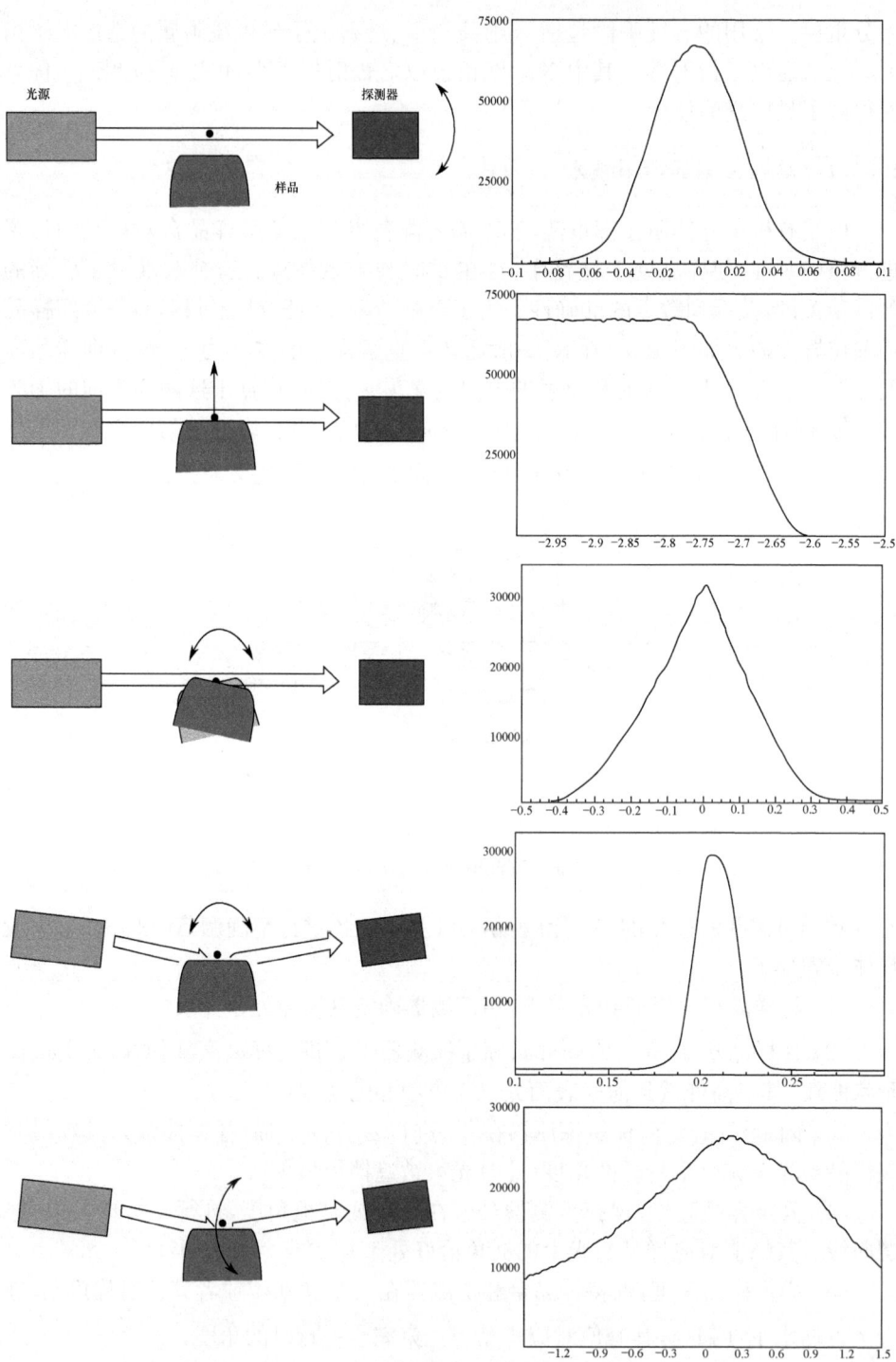

图 19.8 对准时样品位置调节示意图及相应的仪器扫描结果

值得注意的是，如果 ω 和 χ 扫描的结果是其峰值不处于零点，那么在高度扫描时实际上不是用样品平面而是用样品的一端进行的，在调平后，样品将不处于光束中心了，因此以上调节步骤需要循环多次进行，以保证最终样品完全平行于光束且处于光束中心。

常规的 X 射线衍射一般采用对称偶合模式进行测试，只能表征垂直于薄膜平面的结晶信息，而有机半导体薄膜通常是有取向的，因此这种方法常只能观测到有机半导体一个晶面方向的衍射信息。如图 19.9 所示，粉末状态下的 α 相聚辛基芴能观测到很多晶面的衍射峰，但是在薄膜状态下就只能观测到 (200) 和 (008) 两个衍射峰了。值得注意的是，因为有机半导体的晶胞参数较大，对应的衍射峰出现的角度比较小，而在低角度时对称偶合模式下会出现 X 射线反射率引起的与厚度相关的 Kiessig 干涉条纹，这两者会同时出现。更有甚者，当薄膜中晶体结构比较规整时，小角度的衍射峰旁边还会出现与薄膜厚度相关的劳厄干涉条纹，使得整个衍射图中出现多个峰（例如，图 19.5）。

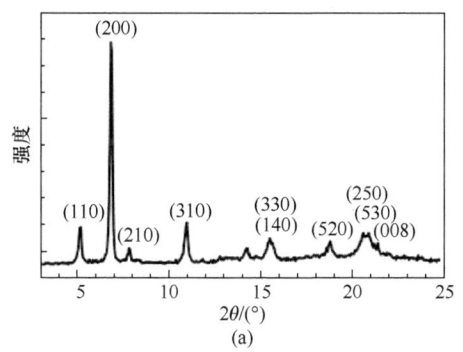
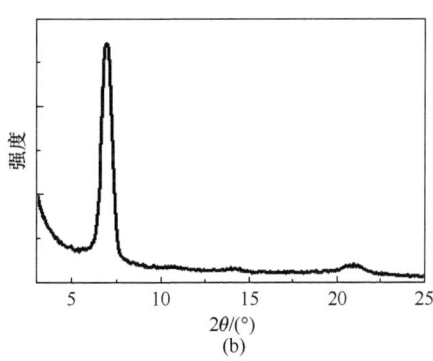

图 19.9　α 相聚辛基芴粉末 X 射线衍射 (a) 和 100 nm 薄膜的一维面外掠入射 X 射线衍射图 (b)

常规 X 射线衍射的另一问题是有机半导体薄膜厚度只有几十纳米，使相应的 X 射线衍射强度较低。一些有机半导体材料结晶度低，会进一步降低衍射强度。有机半导体薄膜通常制备在玻璃或单晶硅等衍射信号很强的衬底上，因此用常规的 X 射线衍射方法表征时，有机半导体薄膜的衍射信号很容易淹没到背景信号中。如台湾清华大学陈寿安教授等的研究发现，荧光光谱表明通过改变端基的方法可以直接形成 β 相聚辛基芴薄膜，但是使用常规 X 射线衍射表征时，只能观测到玻璃衬底的衍射峰，观测不到 β 相聚辛基芴的衍射峰（图 19.10）[22]。

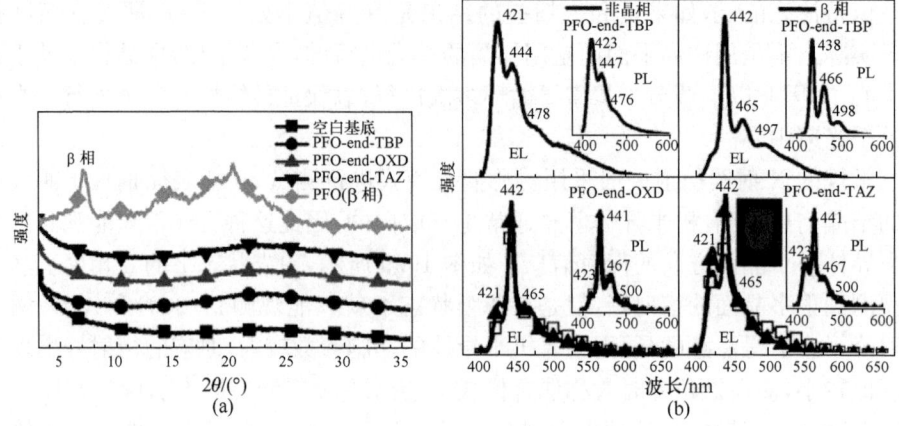

图 19.10　β 相聚辛基芴粉末及不同端基聚辛基芴薄膜的常规 X 射线衍射(a)及相应的荧光光谱(PL)和电致发光光谱(EL)(b)

综上可见,应用常规 X 射线衍射表征有机半导体薄膜结晶结构时会遇到很多困难,因此需要采用 X 射线掠入射衍射方法。

19.3.2　X 射线掠入射衍射技术

1. X 射线掠入射衍射基本原理[18,23~25]

X 射线掠入射衍射技术理论及应用分别在第 9 章、第 10 章和第 12 章讲述,本节只作简单的介绍。

X 射线掠入射技术是实验时 X 射线以很小的角度入射到样品表面,在测量时有两种模式:对称偶合模式和非偶合模式。前者实验时入射角与反射角同步等步长增加,也称反射率的测量,常用于测量薄膜的密度、厚度、粗糙度以及密度分布等信息。后者实验时入射角不变,在大角区扫描测量衍射信息,也称 X 射线掠入射衍射,常被用来表征薄膜的结晶信息,如晶型、取向、结晶度、结晶尺寸等。与常规的 X 射线衍射技术(对称偶合模式)相比,掠入射 X 射线衍射的优点为:①入射的深度很浅,可以避免或减小衬底信号的影响;②小角度入射时被照射面积很大,可以产生较多的衍射信号;③入射深度与入射角相关,可以进行分层分析。它的基本原理如下:

在 X 射线范围内,折射率可表示为复数形式

$$n(r)=1-\delta(r)-i\beta(r) \tag{19.1}$$

式中,n 为折射率;δ 为色散因子;β 为吸收因子。在掠入射条件下,X 射线由光介质(n_1)入射到光介质(n_2)时,根据光学中的 Snell 定律,有

$$n_1 \sin\alpha_i = n_2 \sin\alpha_t \tag{19.2}$$

式中,α_i 为入射角;α_t 为反射角。X 射线在真空或空气中的 $n=1$,而一般物质的 n

值略大于1,因此,当入射角小于一定角度时会发生全外反射,这个角度称为全反射角。

当入射角大于全反射的临界角时,X射线入射到物质内,不考虑界面粗糙度影响时其入射深度可以近似为

$$\Lambda = \frac{\lambda}{\sqrt{2}\pi}\left[\sqrt{(\alpha_i^2-\alpha_c^2)^2+4\beta^2}-(\alpha_i^2-\alpha_c^2)\right]^{-\frac{1}{2}} \quad (19.3)$$

式中,Λ 为入射深度;α_i 为入射角;α_c 为临界角;β 为吸收因子。

当增大入射角度时,X射线可以进入薄膜样品,但到达薄膜与衬底的界面时,如果入射角(按Snell定律,此入射角小于X射线入射到样品表面的角度)小于薄膜与衬底间的全反射临界角,则X射线不能入射到衬底中,X射线只照射到薄膜,故只能探测到关于薄膜中结晶的衍射信息。

X射线照射在样品表面的面积为

$$S = H \times L_0 / \sin\alpha_i \quad (19.4)$$

其中,H 为X射线照射宽度;L_0 为X射线光束宽度;α_i 为入射角。由式(19.4)可知,入射角很小时,样品被照射面积很大。对于很薄的薄膜,相当于有更多的物质被照射,能产生更多的衍射信号。然而,由于X射线的通量是一定的,照射面积大的同时单位面积上的强度就会降低,导致衍射信号下降。这二者互相影响,对不同的样品,最佳的入射角不同。值得注意的是,X射线照射面积不能大于样品表面,否则,测量数据需要修正。

2. X射线掠入射衍射实验

掠入射X射线衍射采用非偶合模式(图19.11),因此可以在面外/面内方向进行扫描,也可以在其他方向扫描,得到不同方向的衍射信号,进而分析出不同方向的结晶信息,即能够进行薄膜三维微结构表征。

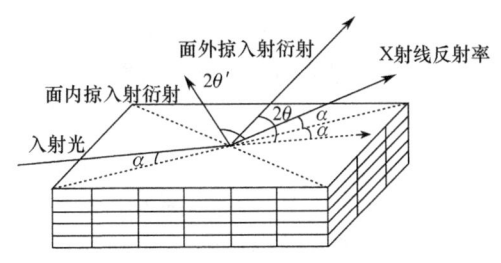

图19.11 X射线掠入射衍射实验几何图

X射线掠入射衍射实验时入射角很小,通常只有零点几度,因此要求X射线

具有很高的平行度。对实验室的商用 X 射线衍射仪需要在 X 射线源后面加装多层膜反射镜,使光束平行,如德国 Bruker 公司的 Göbel 镜、Panalytic 公司的 Mirror 镜和日本 Rigaku 公司的 CBO 镜都可以使 X 射线平行度优于 $0.03°$。此外同步辐射光源由于具有高亮度、高准直性的优点,成为 X 射线掠入射衍射实验的首选。

由于有机半导体薄膜都很薄,所以还需要配备专门的薄膜样品台对样品的位置进行精确对准,使得样品处于光路中且在 $0°$ 时与光束平行。一般需要能够对样品的高度(Z)、X 和 Y 方向的水平性(ω 和 χ)进行精确调节,步骤与前面常规 X 射线衍射测试的对准步骤相同。

进行 X 射线掠入射衍射实验时,保持入射角在一定的掠入射角,可以选用点探测器扫描模式进行测量。一般为了消除衬底的影响,入射角选择在薄膜的临界角和基底的临界角之间。高分子材料密度较小,临界角也较小,而常用的硅片或玻璃衬底的临界角为 $0.21°\sim0.23°$,所以在实验中,入射角通常选用 $0.2°$ 或更小。根据探测器的扫描方向可以分成一维面外 X 射线掠入射衍射和一维面内 X 射线掠入射衍射,分别对应着薄膜面外和面内的结晶性信息。除此之外,如 SmartLab、Huber 等衍射仪还可以在其他方向进行扫描。

然而用点探测器进行扫描的方法虽然分辨率高,但是比较耗时,而且不能全面地得到薄膜的三维微结构信息,因此,很多时候常采用面探测器直接进行二维掠入射 X 射线衍射测量。实际上,最早的 X 射线衍射测试都是采用照相法来获得二维 X 射线衍射图案,但早期使用的照片信噪比差、分辨率低,在计算机控制的高精度衍射仪出现后很少被使用了。随着科学技术的发展,出现了很多新型的二维 X 射线探测器,使得二维 X 射线衍射测试技术重新得到了重视和应用。如比较常用的 Mar345 探测器,采用了改进的成像板进行曝光照相,其有效面积为直径 345mm 的圆,点分辨率最高可达 $100\mu m\times100\mu m$;曝光后由机器用约 3min 的时间自行读出数据。而最近出现的 CCD 面探测器具有更好的信噪比和分辨率,如 MarCCD225,其面积为 3072 像素$\times$3072 像素,每个像素的面积为 $72\mu m\times72\mu m$,其读出时间缩短到 1s。此外最新的 Pliatus 系列面探测器读出速度进一步提高到 0.1s,面积也从最小 10 万像素到最大 600 万像素均有(单像素 $172\mu m\times172\mu m$)。

在用二维探测器进行掠入射模式测量时也需要先对样品的位置进行对准,因此这样的测试系统一般都配有点探测器,图 19.12 为上海光源 X 射线衍射站(SSRF14BL)和北京光源 X 射线漫散射站(BSRF1W1A)搭建的二维掠入射 X 射线衍射测试平台,分别采用了电离室和闪烁计数器作为辅助探测器。

与透射模式得到的二维 X 射线衍射图不同的是,由于薄膜样品自身的遮挡,

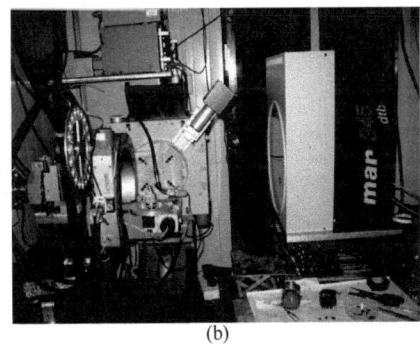

图 19.12　上海光源衍射站(a)和北京光源漫散射站(b)搭建的二维掠入射 X 射线衍射测试平台

二维掠入射 X 射线衍射图只能反射上半部分衍射(图 19.13)。也就是说,即使样品没有取向,也只能得到半圆的衍射图案而不是整圆的图案。但是这种情况下很容易判断薄膜中的晶体取向,例如,图 19.13 中的二维掠入射 X 射线衍射图其衍射图案主要出现在上面,而且在水平方向可以观测到一个强度明显不同的分界线,说明样品是水平放置的,即水平分界线方向是面内方向,其垂直方向是面外方向。在这种二维掠入射 X 射线衍射图除了衍射点/弧的位置代表了晶面间距外,衍射点的位置以及衍射弧的分布还与晶体的取向相关。如图 19.13(a)所示,只在面外方向有一个 P3HT 的(100)衍射点,说明其微晶在薄膜中是以 a 轴垂直于基底的方式取向的;而图 19.13(b)中除了面外方向的衍射点外,在其他方向还存在着(100)衍射弧,且在面内方向强度较强,说明在这个样品中存在多种取向。这与对应的一维面外/面内掠入射 X 射线衍射数据的结果是一致的,但一维数据的采集近 4h,而这两张二维数据的采集时间不到 20min,大大缩短了测试时间,而且对取向度的解析更加全面。

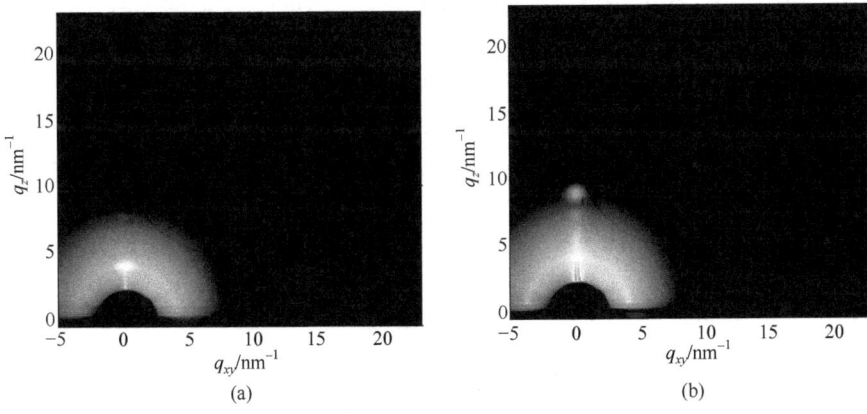

图 19.13　ITO/PEDOT:PSS(a)和 ITO/CuI2(b)基底上旋涂的 P3HT/PCBM 薄膜的二维掠入射 X 射线衍射图[26]

二维掠入射 X 射线衍射数据分析,包括指标化、d 值求解等,与透射模式二维 X 射线衍射的方法是基本相同的。如图 19.14 所示,衍射点与直通光间的距离 L 和探测器与样品之间的距离 L_0 的比值正好是衍射角 2θ 的正弦值,即

$$\tan2\theta = L/L_0 \tag{19.5}$$

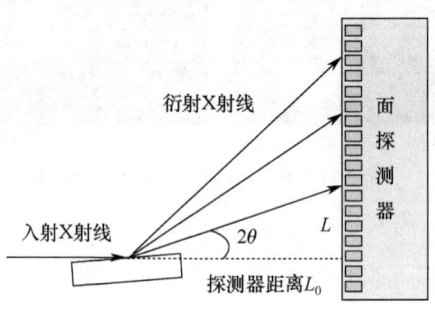

图 19.14　入射及衍射 X 射线,样品和探测器间的位置示意图

因此根据衍射点的位置能够求出其对应的 2θ 值,而根据布拉格公式则能够进一步求出衍射点相应的晶面间距:

$$2d\sin\theta = n\lambda \tag{19.6}$$

式中,d 为晶面间距;λ 为 X 射线波长。

由于二维掠入射 X 射线衍射通常采用同步辐射光源进行实验,而不同的同步辐射线站的 X 射线波长不同(如上海光源衍射站为 0.124nm,而北京光源漫散射站为 0.154nm),加上二维探测器的距离通常是可调的,所以即使同一样品在不同线站得到结果中衍射点到直通光位置的距离都不同。为了更方便地进行比较,一般二维掠入射 X 射线衍射均采用衍射矢量的大小 q 为坐标,其计算公式如下:

$$q = 4\pi\sin\theta/\lambda \tag{19.7}$$

式(19.7)计算时波长 λ 为分母,所以 q 是与波长无关的一个物理量,即以 q 为坐标的衍射图与测试波长无关,因此,在分析薄膜晶体结构时方便得多。通常将面外方向定义为 q_z 方向,面内方向定义为 q_{xy} 方向。实际上由式(19.6)和式(19.7)可以推出 q 与 d 的关系为

$$q = 2\pi/d \tag{19.8}$$

根据 X 射线衍射原理(图 19.15),q 空间等同于倒易空间。这样,在二维 X 射线衍射图上的衍射点就等同于倒易空间上的点,因此,可以根据晶体的对称性很方便地指标化各个衍射点。在 19.4.2 节中我们简单介绍了指标化的方法。

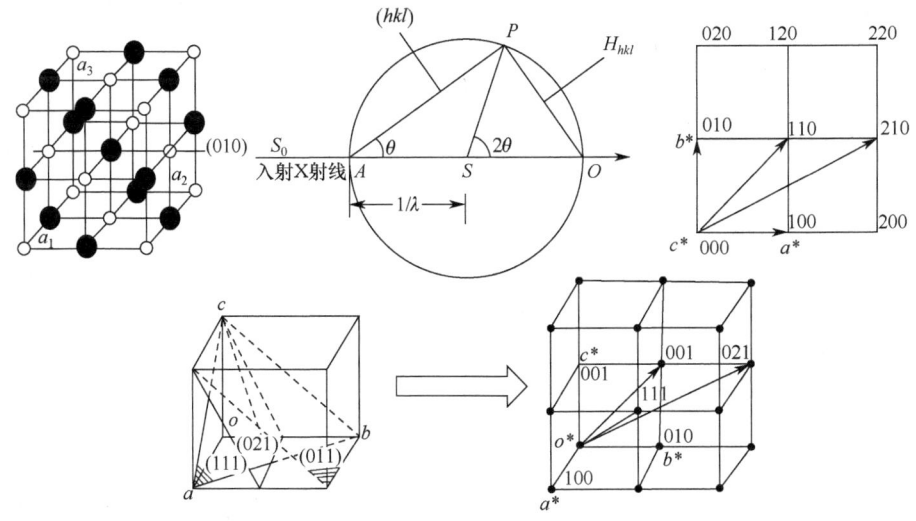

图 19.15　晶体结构、晶面、Edwald 球以及倒易空间点阵示意图

19.4　有机半导体薄膜结晶结构的 X 射线衍射表征

19.4.1　有机半导体薄膜的三维结晶结构

大多数有机半导体分子在薄膜平面方向排列是没有取向的,因此旋转 ϕ 角得到的 $q_z \sim q_y$ 二维衍射图是一样的,可以从二维衍射图直接推出有机半导体薄膜的三维结晶信息。如果能够得到足够多的衍射点,就可以对有机半导体薄膜的三维晶体结构进行解析。如果有单晶数据,可以先认为二者的晶胞参数一样,归属各个衍射点,然后再根据实际衍射点位置的偏移进行结构精修,得到真实的薄膜态的晶胞参数。如果没有单晶数据,也可以使用类似的已知化合物的晶体结构进行近似归属,再精修晶体结构。

因为 q 空间等同于倒易空间,所以如果衍射图中的衍射点分布很规整且不成较大的圆弧,除了像粉末衍射一样应用衍射点相应的 d 值来进行晶面归属外,还可以根据晶体的对称性进行指标化。如图 19.15 所示,对于立方晶系,在原点的正上方出现了(010)的衍射点,则在其两倍的距离的正上方位置出现的会是(020);而在其垂直的方向则会出现(100)、(200)衍射点。值得注意的是,有机半导体薄膜通常是多晶的,而这些晶体在面内方向是没有择优取向的,因此实际上除了(h00)系列衍射点外还能观测到(0k0)系列衍射点。因此,可以在二维衍射图中将处在一条直线上(尤其是平行于 q_z 或 q_x 或 q_y 的直线上)的衍射点粗略估算为一个晶带的衍射点,然后,再根据 d 值以及对称关系进行精细归属。这样,将大大降低指标化过程的工作量。

下面我们以 α 相聚辛基芴薄膜为例(其二维掠入射 X 射线衍射图如图 19.16

所示)阐述薄膜结晶结构的解析过程:

(1) 从图中可以看到,面外 q_z 方向有一个很强的衍射点(图 19.16(a)中左侧黑色方框内),其他方向则出现了很多规则排列的衍射点(图 19.16(b)),可将点用直线连接形成互相垂直的网格,因此猜测其属于正交晶系。基于这个猜想可以进一步作下面的解析。

(2) 根据与估算的分子尺寸对比发现,面外方向上很强的衍射点(左上方黑框

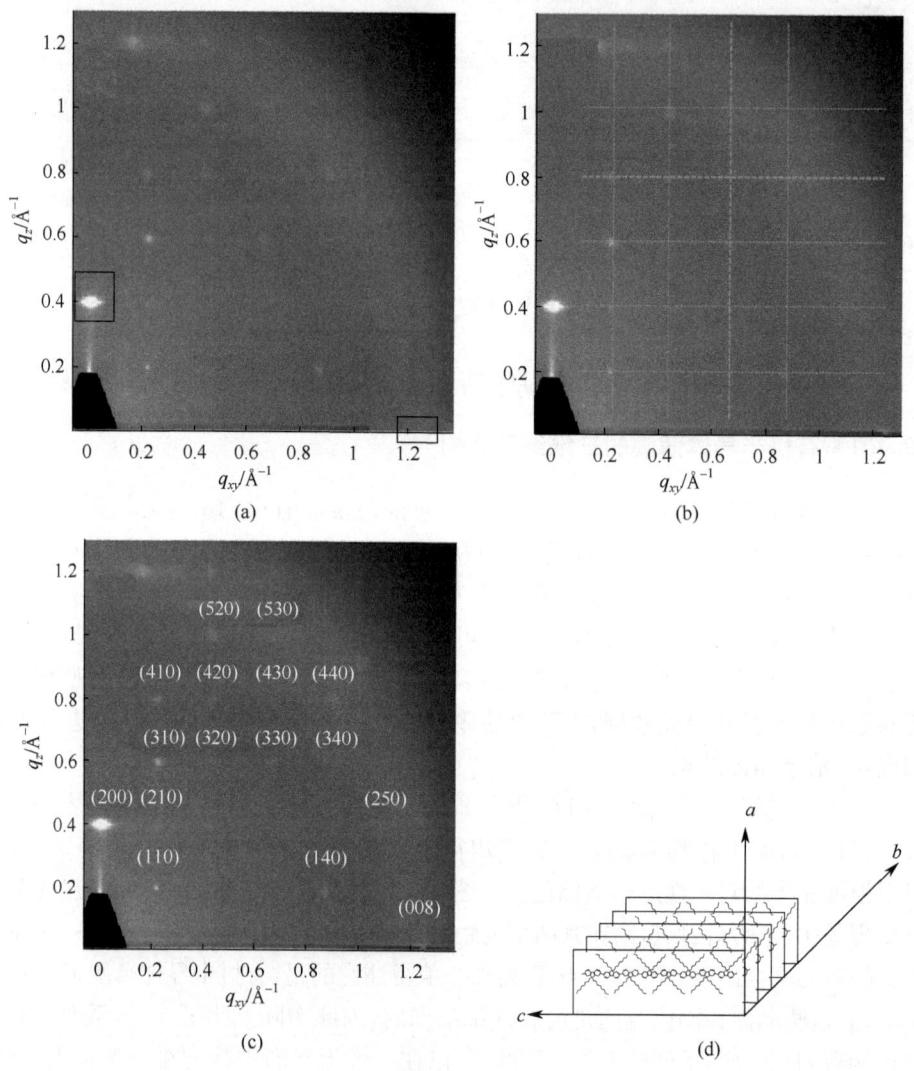

图 19.16　(a) 聚芴分子二维掠入射 X 射线衍射图;(b) 二维掠入射 X 射线衍射图网格线示意图;(c) 二维掠入射 X 射线衍射点归属晶面示意图;(d) 聚芴分子薄膜堆砌示意图

内)相应的 d 值聚芴分子侧链长度尺寸相近,因此根据聚芴定义晶体结构的习惯,确定面外方向上的衍射点对应(200)晶面;在面内方向上的衍射点(右侧黑色方框内),其相应的 d 值与其单体单元长度基本一致,根据习惯将其定义为(008)晶面。这两个衍射点的确定说明了面外方向为分子 a 轴方向,面内方向为 c 轴方向,符合正交晶系的情况(实际上如果是单斜晶系也可能有类似情况)。

(3) (200)衍射点右边的网格很规整(图 19.16(b)),距离原点最近的衍射点其 q_z 方向的距离正好是(200)的一半,因此可以猜测其 h 值为1;而其在 q_{xy} 方向的距离与(008)的不成整数比,因此判断其与 c 轴无关而可能与没有出现的 b 轴相关,可以假定这个衍射点为(110)。那么根据一条线上的衍射点很有可能处于同一个晶带,很容易归属出纵向的衍射分别为(110)、(210)、(310)、(410);其他的衍射点如(140)、(330)等也很容易被归属出来(图 19.16(c))。因为[h10]与[2k0]晶带是垂直的,因此可以判断出 a 轴与 b 轴是垂直的,这进一步证实了薄膜的晶体结构确实属于正交晶系。

(4) 根据归属出的正交晶系的(200)、(008)和(110)可以求解出具体的晶胞参数,与文献[19]中报道过的聚芴相正交晶系晶胞参数是一致的($a=2.59$nm,$b=2.38$nm,$c=3.32$nm,$\alpha=90°$,$\beta=90°$,$\gamma=90°$)。

(5) 用上面得到的晶胞参数去对应归属出来的其他衍射点,发现 d 值都是一致的,这样就确定了 α 相聚辛基芴薄膜的晶体结构。

(6) 根据薄膜结晶结构以及二维掠入射 X 射线衍射图中衍射点的位置,可以获得分子在薄膜内部排列的方式为主链平行于基底排列,如图 19.16(d)所示。

图 19.17(b)为烷基取代酞菁氧钒的二维 X 射线掠入射衍射图,其分子式以及分子薄膜堆砌示意图如图 19.17(a)所示。从二维 X 射线掠入射衍射图中可以看到,面外方向有一个很强的衍射点(标注为 002 晶面),其他方向则出现了很多规则排列的衍射点。但是在面内方向并没有衍射点,而且其他衍射点连线,会发现只有平行于 q_z 方向的直线,而没有平行于 q_{xy} 方向的直线(出现在其他方向上了)。因此可以判断薄膜中烷基取代酞菁氧钒的晶体结构为三斜晶系。然后根据估算的分子尺寸发现,面外方向上很强的衍射点(图 19.17(b)中黑色框中的衍射点)相应的 d 值与盘状分子的尺寸相近,因此根据酞菁类材料定义晶体结构的习惯,确定面外方向上的衍射点对应(002)晶面;然后,根据纯酞菁氧钒的晶胞参数($a=1.2032$nm,$b=1.2579$nm,$c=0.8712$nm,$\alpha=96.15°$,$\beta=94.88°$,$\gamma=68.16°$)大致归属其他方向上的衍射点,再通过进一步精修得到晶胞参数[27]为 $a=1.323$nm,$b=1.459$nm,$c=3.293$nm,$\alpha=85.7°$,$\beta=112.34°$,$\gamma=101.77°$[28]。对于其他构型相似的烷基取代酞菁氧钒也可以通过此方法获得三维结晶结构信息。通过对结构信息的整合,可以获得分子在薄膜内部排列的方式如图 19.17(a)所示,以及分子之间 π-π 共轭间距信息。

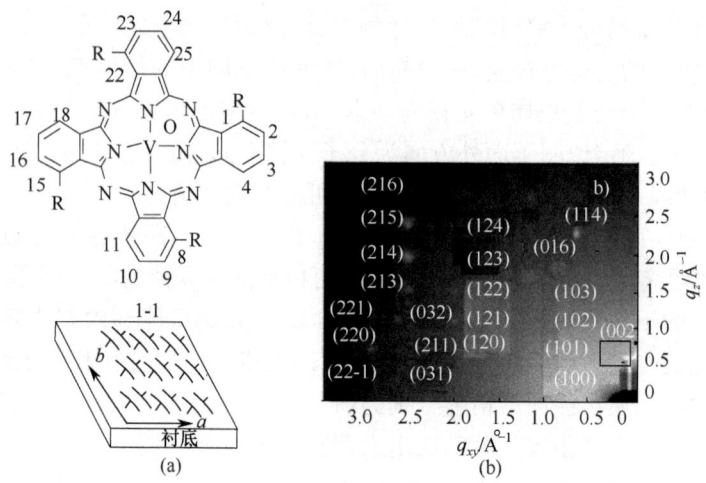

图 19.17 (a) 烷基取代酞菁氧钒结构式、薄膜堆砌示意图;(b) 二维掠入射 X 射线衍射图

分子排列的方式以及间距大小都对器件性能影响很大,薄膜三维结晶结构信息对于器件的制备有着重要意义,因此,利用 X 射线掠入射衍射方法解析有机半导体薄膜的三维结晶结构对研究有机半导体器件性能是不可或缺的。

19.4.2 归属有机半导体薄膜的晶型

从 20 世纪开始,有机半导体材料的研究由几种单一的材料发展到现在各种各样具有不同性质的材料以及其衍生物。如此繁多的有机半导体材料的晶体结构归属就成为一项重要的工作,而且同一材料在不同条件下通常会出现不同的晶体结构,使其归属工作变得复杂而繁重。其中一些有机半导体材料的晶体结构已经被解析归属并发表,因此,在研究工作中对于已知晶体结构的材料可以通过 X 射线掠入射衍射信息确定其晶型。如研究酞菁氧钒的有机薄膜晶体管时,发现用聚甲基丙烯酸甲酯(PMMA)和聚乙烯醇(PVA)做第二介电层,相应器件的载流子迁移率不同,在 PMMA 介电层上制备的酞菁氧钒薄膜晶体管表现出双极型特性,电子和空穴迁移率分别为 $7.8×10^{-3} cm^2/(V·s)$ 和 $12.7×10^{-3} cm^2/(V·s)$,而在介电层 PVA 上制备的酞菁氧钒薄膜晶体管则只出现了 n 型晶体管信号,电子迁移率只有 $2.9×10^{-3} cm^2/(V·s)$,两者表现出的器件性能差别很大。探究影响其器件性能因素,利用二维 X 射线掠入射衍射方法表征二者薄膜的结晶结构,发现二者的衍射图有很大差别[28,29](图 19.18)。通过对比酞菁氧钒不同晶型的晶胞参数,如三斜晶系为 $a=1.203nm, b=1.257nm, c=0.869nm, α=96.04°, β=94.80°, γ=68.20°$,单斜晶系为 $a=1.42nm, b=1.31nm, c=1.27nm, α=90°, β=103.2°, γ=90°$。在衍射图中根据衍射点的位置计算出衍射点对应的 d 值,再依照不同晶型归属衍射点,找出符合衍射图归属的晶系,发现在 PMMA 上酞菁氧钒薄膜为三斜晶系的 Ⅱ

相晶体,而 PVA 上则是单斜晶系的 I 相晶体[28]。根据不同的晶系结构,可得到分子在薄膜内部排列方式的信息,如图 19.18 所示。分子排列方式的不同,直接影响分子的电学结构,使其器件性能出现了较大的差别。可见,利用 X 射线掠入射衍射数据归属有机半导体薄膜的晶型是比较简单快捷的一种方法,能直观地给出不同晶系的衍射信息,是研究有机半导体材料结构排列的有效手段。

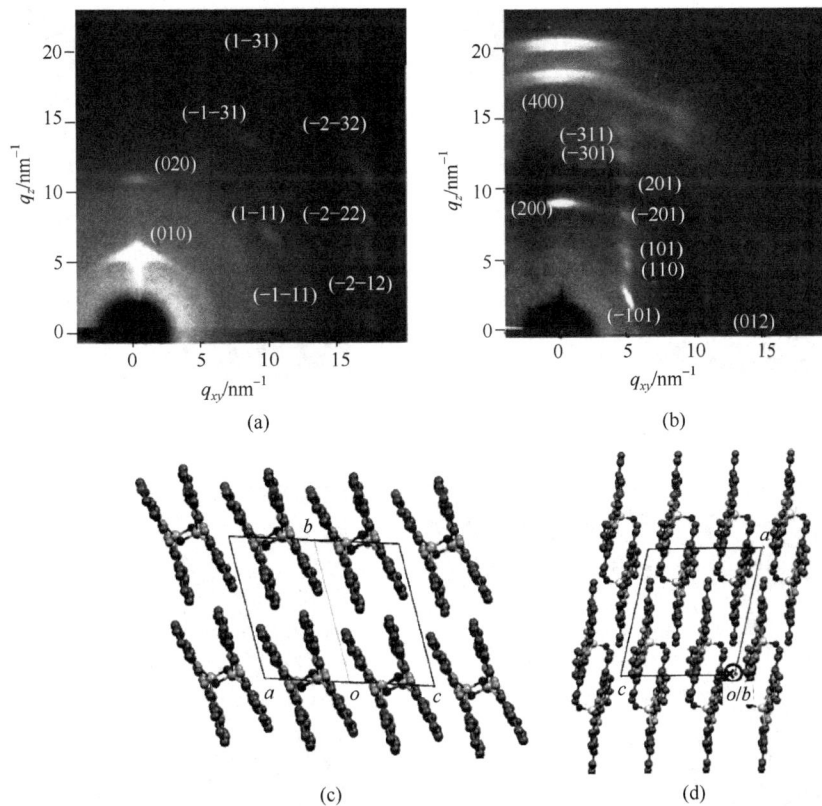

图 19.18 (a) PMMA 衬底生长的酞菁氧钒薄膜二维掠入射 X 射线衍射图;(b) PVA 衬底上生长的酞菁氧钒薄膜的二维掠入射 X 射线衍射图;(c) PMMA 衬底生长的酞菁氧钒分子堆砌示意图;(d) PVA 衬底上生长的酞菁氧钒分子堆砌示意图

除了归属已知晶体结构材料在不同条件下的不同晶系结构,利用 X 射线掠入射衍射数据还可以归属已知晶体结构材料的衍生物结构。如图 19.19 所示,BP3T 为已知的单斜晶系,晶胞参数为 $a=0.752\text{nm}, b=0.578\text{nm}, c=6.0\text{nm}, \alpha=90°, \beta=92.8°, \gamma=90°$。通过 X 射线掠入射衍射方法得到的 BP3T 衍射图对应衍射点归属与单斜晶系相同,而其他氟代 BP3T 衍生物得到的衍射图中衍射点出现的位置与形状基本与 BP3T 衍射图一致,只是在衍射点对应的 d 值上略有差异。因此可以参照 BP3T 的衍射图归属其氟代衍生物的衍射图,将其衍射点对应的 d 值进行精确计算,进而得到其晶体结构。如各个样品在面外方向都有(002)的衍射点,根据它的位置很容易计算出晶胞参数 c 的值,相对 BP3T 用 4 个 F 取代后,c 由 60.00Å 增大到 60.65Å,而用两个 F 取代到不同位置时,c 进一步增大到 61.04Å(m 型)和 62.31Å(p 型)。其他的晶胞参数也可以通过相同的方法求得,具体的晶胞参数[29]如表 19.1 所示。

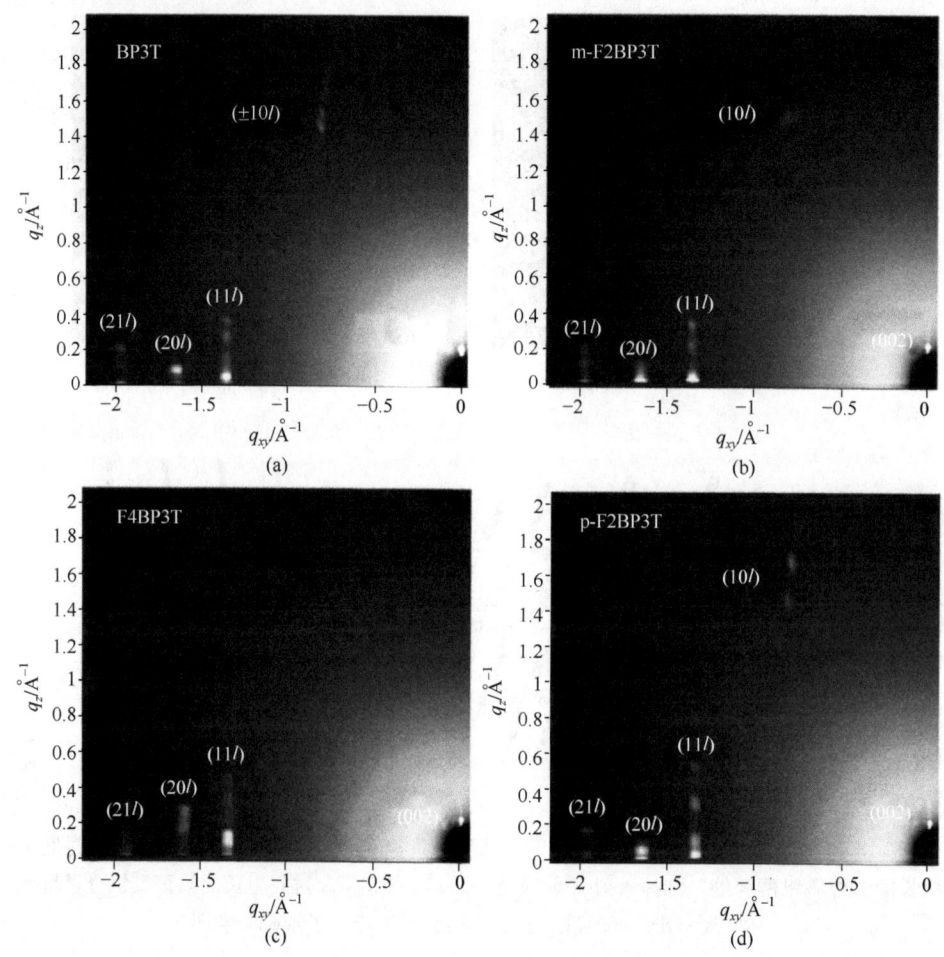

图 19.19 BP3T 衍生物二维掠入射 X 射线衍射图

表 19.1 BP3T 的晶胞参数以及从二维 X 射线衍射图得到的其衍生物的晶胞参数

	a/Å	b/Å	c/Å	α	β	γ
BP3T	7.53	5.78	60.00	90°	92.81°	90°
m-F2BP3T	7.66	5.85	61.04	90°	90°	90°
F4BP3T	7.76	5.87	60.65	90°	90°	90°
p-F2BP3T	7.50	5.89	62.31	98.4°	90°	90°

19.4.3 有机半导体薄膜的精细结构差别

X 射线衍射的分辨率高于电子衍射,可以用于分析差别很小的结晶结构。例如,BP2T(其分子式和堆砌分别如图 19.20(a)和(b)所示)薄膜生长研究中发现,单层与多层薄膜的形态结构有差别,开始怀疑其结晶结构出现变化,但是透射电子显微镜选区电子衍射观测得到的衍射花纹类似(图 19.20(d)和(e)),很难观测出结构上的差异。而且该选区电子衍射采用照相法,分辨率比较低,很难确定不同花纹中衍射点的位置是否有变化。图 19.20(c)是不同厚度的薄膜样品采用一维面内 X 射线掠入射衍射图,实验在上海同步辐射光源 X 射线衍射站(SSRF BL 14B)进行。由于同步辐射光源的亮度比普通 X 射线衍射仪高得多,且分辨率也好一些,所以可以清晰地观测到硅片上单分子层 BP2T 分子的衍射峰,分别对应(110)、(020)和(120)晶面,正好与电子衍射的图案相对应。随着层数的增加,衍射峰的强度明显地增加,而且由一套变成两套,证实了以前的猜想[30]。

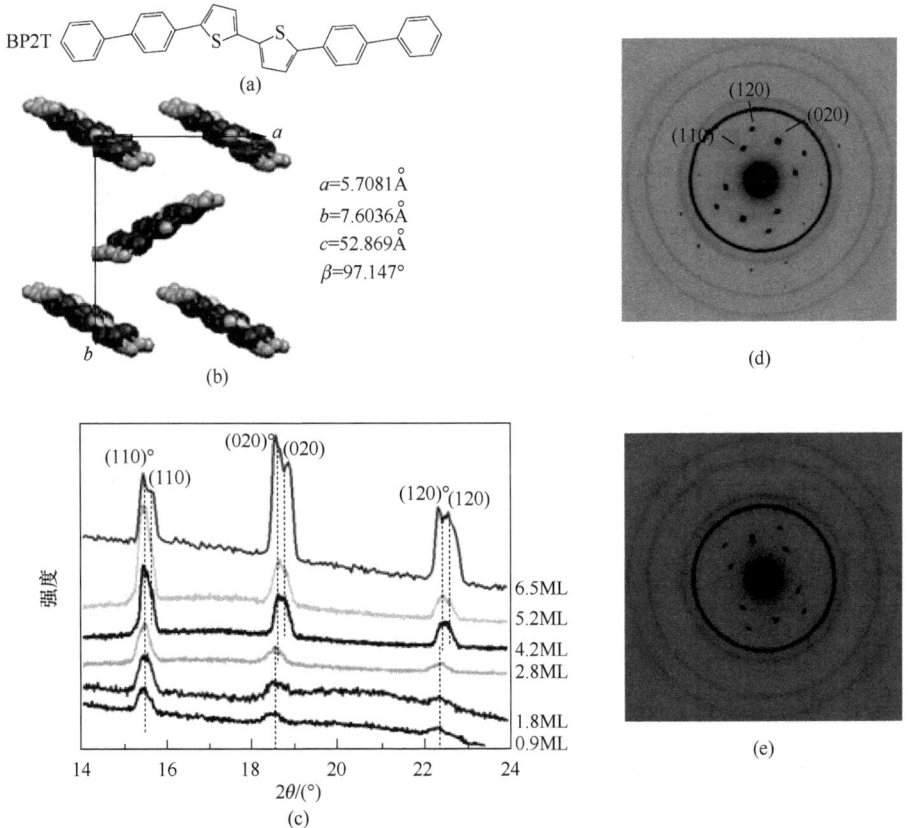

图 19.20 BP2T 分子式(a)、堆砌示意图(b)、不同层数薄膜一维面内掠入射 X 射线衍射图(c)以及单层(d)和五层分子(e)的薄膜的选区电子衍射图

虽然二维X射线掠入射衍射比一维掠入射X射线衍射的分辨率低,但它可以直观地观测到二维衍射点,因此可以区分精细结晶结构的差别。如聚噻吩-苯嵌段共聚物热退火后薄膜的一个面外掠入射X射线衍射图(图19.21(a)),可以明显地观测到噻吩段和苯段的两个衍射峰。但对刚旋涂后以及溶剂蒸气熏蒸退火的薄膜衍射图,由于噻吩段和苯段的衍射峰位置比较接近,很难区分5°左右的衍射峰是由一个峰还是两个峰组成。衍射峰的宽度一般与仪器宽化、微晶尺寸、应力等相关,上述现象明显是由后两个条件得到的薄膜中的微晶尺寸较小造成的,不能由改变仪器测试条件来解决。然而在二维掠入射X射线衍射图中,衍射点是中间宽两边窄的椭圆形,因此只要两个衍射点有一定的位置差别,即使在中间部分叠加在一起,其边缘部分还是能够分立存在。从图19.21(b)和(c)可以明显地观察到刚刚旋涂以及溶剂蒸气熏蒸退火得到的薄膜有两个衍射点,分别对应聚噻吩和聚苯的(100)晶面。虽然它们中间部位重合到一起,但是从边缘部位以及整体形状还是能清楚地看出是两个衍射点[31]。

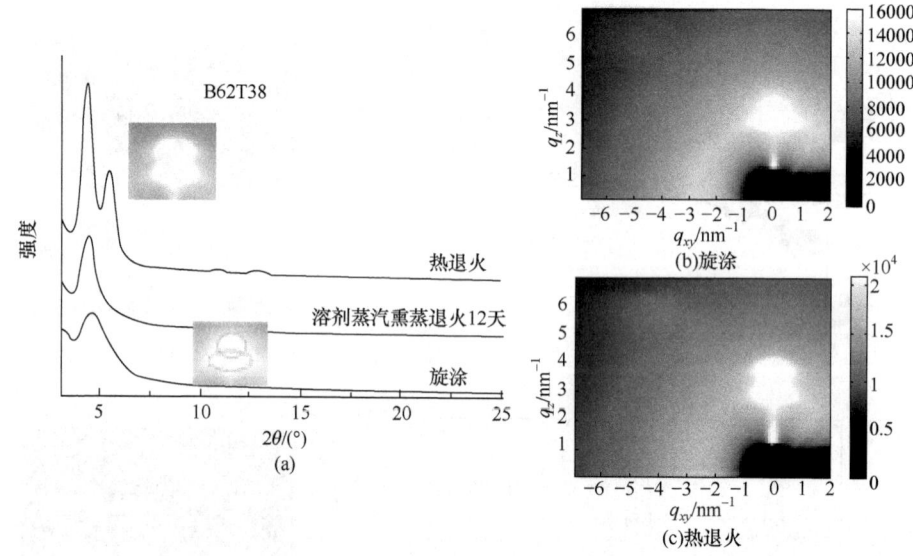

图19.21　聚噻吩-苯嵌段共聚物的一维面外X射线掠入射衍射(a)和
二维X射线掠入射衍射图旋涂(b),热退火(c)

19.4.4　有机半导体薄膜的结晶度

一般来说,小分子有机半导体的结晶性比较好,而共轭聚合物类有机半导体材料的结晶度比较低,而且由于共轭聚合物薄膜成膜速度快,刚刚旋涂后或刮涂得到的薄膜往往是非晶。但经过热退火或者溶剂蒸气熏蒸退火处理可以提高材料的结晶度,从而提高器件的性能,因此,共轭聚合物薄膜结晶度的表征是十分必要的。

共轭聚合物薄膜的衍射峰数目比较少,而且一般不出现非晶衍射峰,因此很难用常规的方法定量求解其结晶度。通常认为,X射线衍射峰的强度与结晶物质的量成正比,因此,可以通过衍射峰的强度定性或半定量地评价有机半导体的结晶度。(由于有机半导体很难形成单晶或完全结晶的薄膜,而且很少出现非晶峰,所以一般无法定量地计算结晶度。)

图19.22为不同温度退火得到的聚辛基芴的一维和二维X射线掠入射衍射图。从图中可见,只有退火温度高于80℃,薄膜(100)衍射峰才出现,说明此时有结晶相生成。随着退火温度的进一步升高,衍射峰的强度由520cps增加到4490cps和6190cps,说明结晶度增加了8.63倍和11.9倍。当退火温度为120℃时,在二维X射线掠入射衍射图中出现了(h10)衍射峰(图中黑色箭头所示),说明结晶结构变得更规整[32]。通过退火处理的薄膜器件性能也得到提高,但随着温度进一步升高,虽然薄膜结晶度提高,却对薄膜的光电性质有不利的影响,通过退火处理对薄膜结晶度的控制,能够优化薄膜的器件性能。

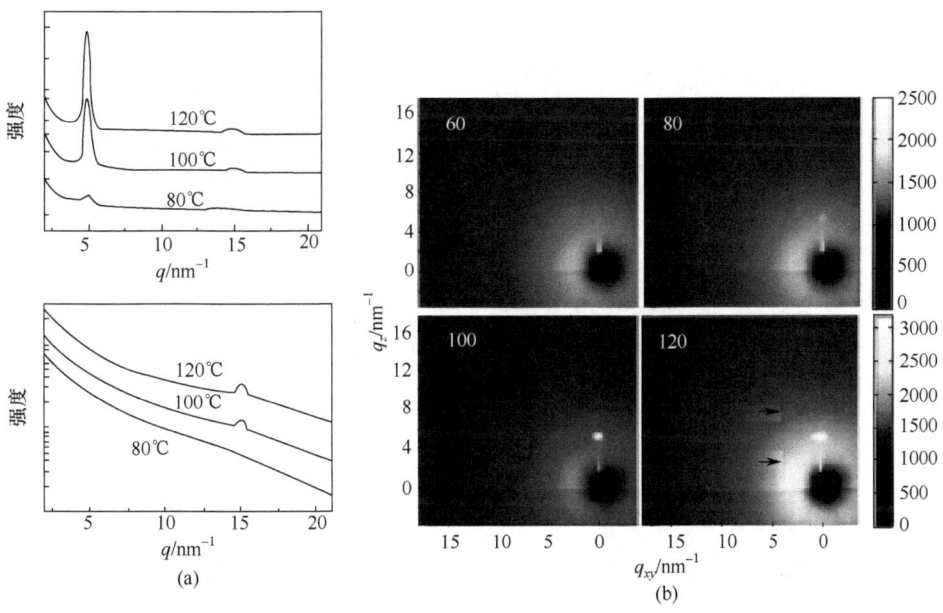

图19.22 不同温度退火得到的聚辛基芴薄膜一维(a)和二维(b)X射线掠入射衍射图

19.4.5 有机半导体薄膜的取向表征

如19.2.2节中所述,有机半导体分子在薄膜中经常出现不同的排列方向,这些不同的排列取向所相应的器件性能也不同。X射线掠入射衍射可以探测薄膜三维结构结晶信息,已被广泛应用到有机半导体薄膜取向的表征。闫东航研究组[33]研究酞菁铅薄膜弱外延生长时发现,在不同衬底上生长的酞菁铅的取向不同。从图 19.23 可以看到,在以 m-F2BP3T 单层为诱导层,175℃生长 PbPc 时得到的薄膜在面外方向出现了(001)晶面相应的衍射点,在面内方向出现了(020)、(200)等晶面的衍射点(图 19.23(a)),说明酞菁铅分子以 c 轴垂直于基底的取向生长(图 19.23(c));而在 m-F2BP3T 双层为诱导层,150℃生长 PbPc 时得到的薄膜在面外方向出现(100)晶面的衍射点,在其他位置还出现了($1\bar{2}1$)、(102)晶面相应的衍射点(图 19.23(b)),说明酞菁铅分子以 a 轴垂直于基底的取向生长(图 19.23(d))。两种不同的分子排列取向方式,使分子在平面内部的电子结构发生变化,从而影响晶体管器件性能。两者在迁移率数值有很大差别,以 c 轴垂直于基底的取向方式(图 19.23(c)),使得 π-π 堆积方向平行于基底,有利于载流子在平面内传输,器件迁移率在 $0.3 cm^2/(V·s)$ 左右,而以 a 轴垂直于基底的取向方式(图 19.23(d)),π-π 堆积方向并不平行于基底方向,对载流子出传输有一定的限制作用,使其器件迁移率有所下降,在 $0.05 cm^2/(V·s)$ 左右,降低了一个数量级。

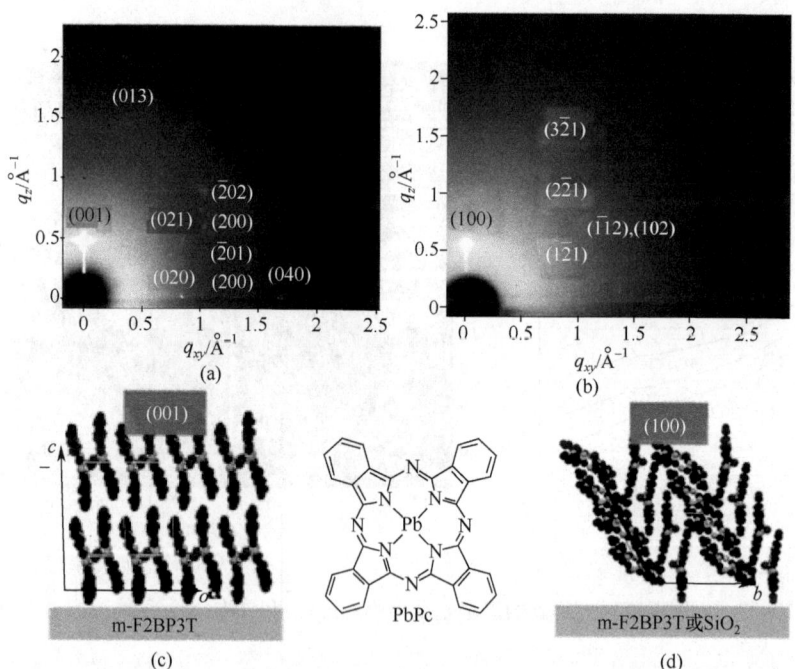

图 19.23 酞菁铅在单层 m-F2BP3T(a),双层 m-F2BP3T(b)或 SiO$_2$ 基底上的二维掠入射 X 射线衍射图,以及 m-F2BP3T 分子在(001)方向(c)和(100)方向(d)堆砌示意图

X射线掠入射衍射技术除了可分析薄膜不同取向度外,也能分析有机半导体薄膜材料取向一致情况下完整程度的差别。图 19.24 是 PBTTT 薄膜热退火处理前后的二维 X 射线掠入射衍射图,可以看出,退火处理前很多微晶的取向不完全垂直于衬底(图 19.24(c)),因此,(100)晶面衍射是由多个小衍射点组成的衍射弧(图 19.24(a)),而退火处理后微晶基本都垂直于衬底(图 19.24(d)),对应的衍射变成一个大的衍射点[34](图 19.24(b))。有时为了进行定量分析,还对衍射弧进行积分,得到强度~取向角曲线,然后计算出取向度。此外,可以通过固定探测器在衍射峰位置测量摇摆曲线来计算取向度(图 19.24(e))。

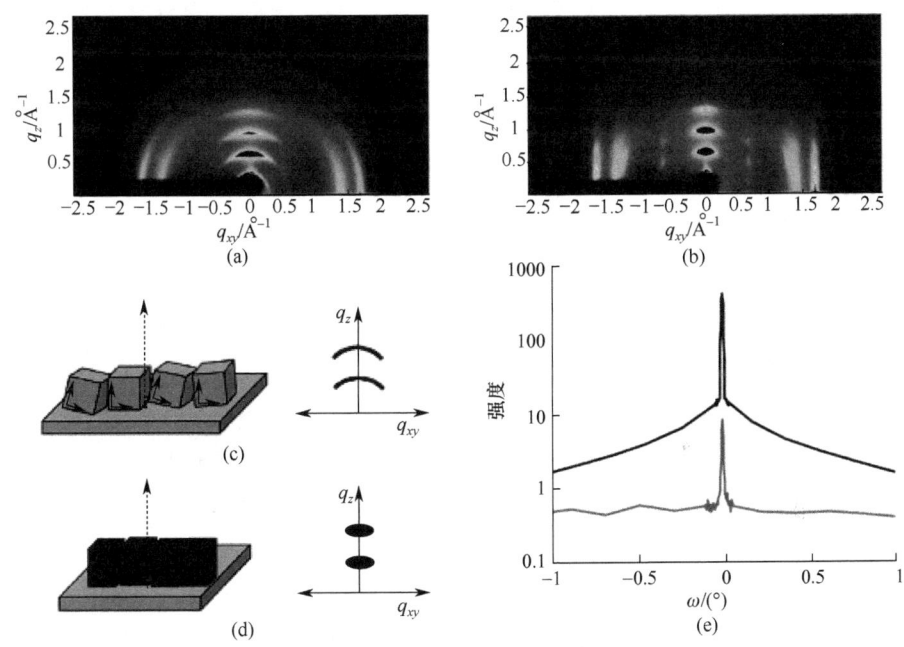

图 19.24 退火前后 PBTTT 薄膜(100)晶面二维掠入射 X 射线衍射图
((a)退火前,(b)退火处理后)及相应的微晶堆砌示意图(c)和(d),摇摆曲线(e)

有机半导体薄膜除了取向和取向度差别外,还可能存在晶畴或微晶择优生长。谢志元小组研究衬底对 P3HT/PCBM 薄膜结晶结构影响时发现,在 PEDOT:PSS 衬底上 P3HT 薄膜的二维掠入射 X 射线衍射图(图 19.25(e))中只在面外方向出现(100)衍射峰,说明分子链均采用烷基侧链及共轭平面垂直于基底(edge-on)的取向生长,而在 CuI 衬底上的 P3HT 薄膜的二维掠入射 X 射线衍射图(图 19.25(f))中则出现(100)衍射弧,说明部分 P3HT 采用烷基侧链及共轭平面平行于基底(face-on)的取向生长[26]。这一结果与一维面外/面内掠入射 X 射线衍射图(图 19.25(a)和(b))是对应的。对于太阳能电池的器件构型,face-on 的取向更有利于载流子的传输,因此不同的择优生长直接影响器件的性能。进一步研究还发现,在 CuI 基底上形成的薄膜中 P3HT 无论在面内还是面外方向都有(010)衍射峰,而在 PEDOT:PSS 衬底上生长 P3HT 却没有上述现象(图 19.25 中(a)与(b)的对比),说明除了取向差别外,薄膜中 P3HT 微晶在 CuI 衬底沿(010)面生长得更完美,形成更好的三维载流子传输结构,对器件性能的改善有利。因此,以 CuI 衬底制备的太阳能电池各项性能指标都优于以 PEDOT:PSS 为衬底制备的器件(表 19.2)。

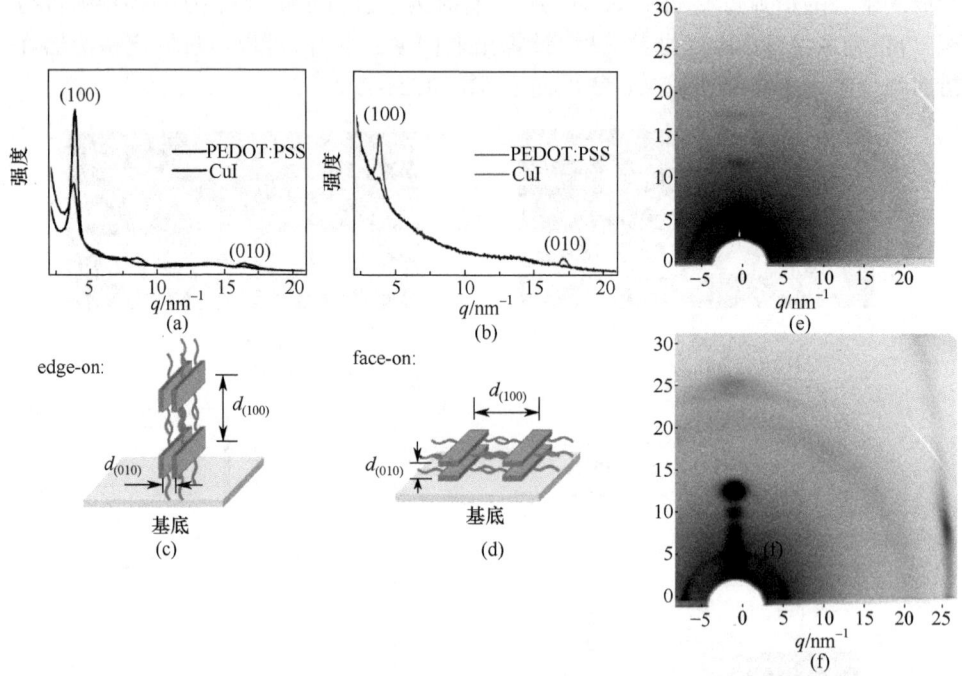

图 19.25　PEDOT:PSS 及 CuI 衬底上旋涂的 P3HT/PCBM 薄膜的一维面外(a)、面内(b)及 PEDOT:PSS 衬底(e)和 CuI 衬底(f)的二维掠入射 X 射线衍射图(c)和(d)分别为对应 P3HT 分子链取向示意图

表 19.2　不同电极缓冲层制备的太阳能电池的性能

电极缓冲层	V_{OC}/V	I_{SC}/(mA/cm²)	FF/%	PCE/%
PEDOT:PSS	0.69	2.85	42	0.83
CuI-A	0.57	6.06	59	2.02
CuI-B	0.58	8.21	65	3.10
CuI-C	0.58	7.10	57	2.02

19.4.6　有机半导体薄膜结晶结构演变的实时表征

X 射线对有机半导体薄膜的辐射损伤很小,而且 X 射线衍射仪,尤其是同步

辐射装置衍射线站,有足够的空间搭建变温装置、溶剂熏蒸装置或薄膜刮涂装置等原位测试设备,因此,X射线衍射可用来原位表征薄膜的形成及后续处理过程中结晶结构的变化。

目前比较常用的是原位加热退火过程中薄膜结晶结构变化的表征。图19.26为聚辛基芴薄膜退火过程实时X射线掠入射衍射曲线[35],从图19.26(a)可以看到,温度在80℃以下,非晶薄膜没有任何明显的衍射峰出现,而80℃以上随着温度的升高开始出现(110)、(200)、(310)等衍射峰,说明薄膜开始由非晶相转变成结晶相。随着温度的升高,衍射峰的强度越来越高,说明越来越多的非晶相转变为晶相。当退火温度升高到160℃时,衍射峰消失(图19.26(b)),说明此时聚辛基芴转变成近晶液晶相。由图19.26(b)可见,当温度降到120℃时,(200)衍射峰又出现,表明重新形成结晶相。图19.26(c)和(d)分别是衍射峰强度及晶面间距随温度变化曲线,可以发现,80℃前后衍射峰强度和相应d值都有所变化,说明可能是聚辛基芴薄膜的相转变点,这解释了为什么需要80℃以上退火处理才会生成α相聚辛基芴薄膜。

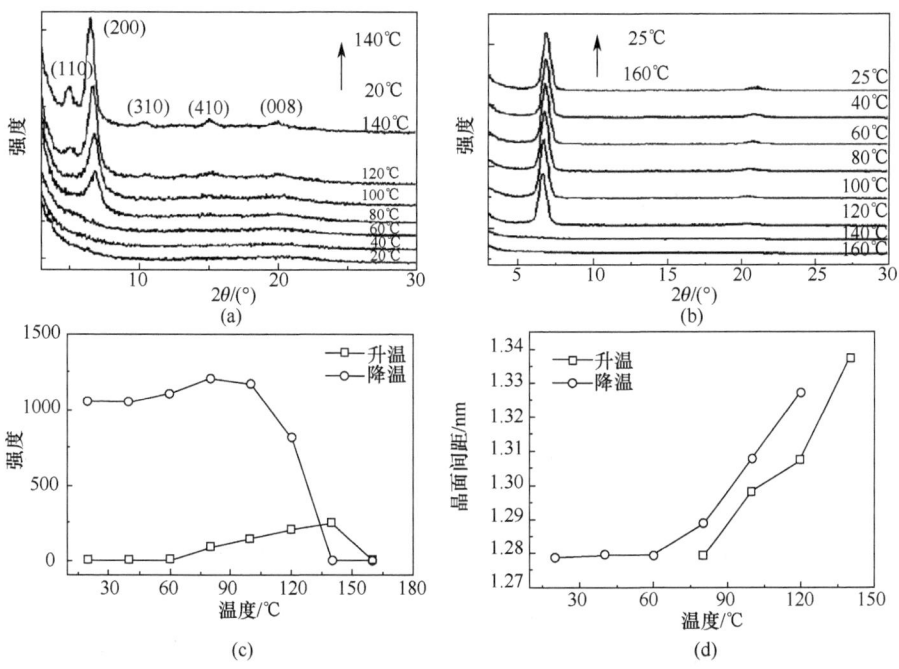

图19.26 聚辛基芴薄膜的变温实时X射线掠入射衍射曲线((a)升温,(b)降温)以及(200)衍射峰峰强~温度曲线(c)和晶面间距~温度曲线(d)
(升降温曲线的温度间隔为20℃)

应用同步辐射光源的高亮度、配备高速响应的面探测器,可对有机半导体薄膜结构变化的动态过程实时观测。图 19.27 为 P3EHT 薄膜在加热熔融、再淬冷到室温不同时间测得的二维 X 射线掠入射衍射图[36]，实验在斯坦福光源 11-3 线站用 Mar345 探测器获得。从图中可以清晰地观测到 P3EHT 的结晶过程。5min P3EHT 开始结晶，随着时间的推移，衍射斑点的强度越来越大，说明结晶程度越来越高。同时，衍射斑点也越来越多，说明晶体越来越完美。大约 1h 后不再明显变化，说明结晶过程结束。由于结晶程度越来越高，分子排列越来越规整，相应的器件性能也有大的提高，同时对其他光电性质也有很大的影响。

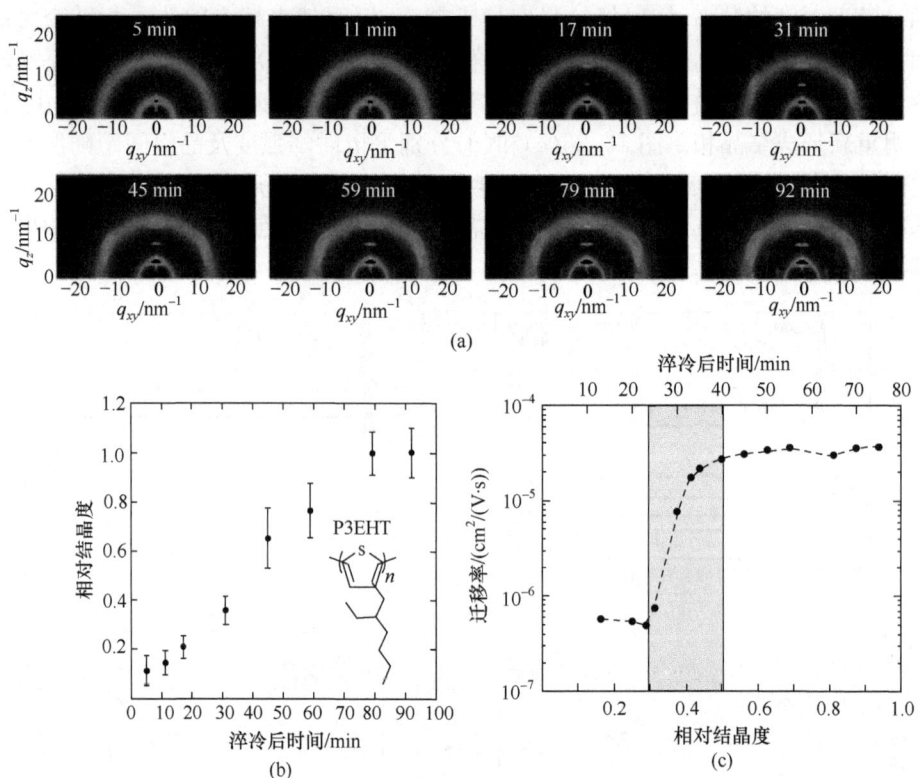

图 19.27　P3EHT 薄膜加热熔融、再淬冷到室温不同时间的二维掠入射 X 射线衍射图(a)及其结晶度(b)和相应载流子迁移率与时间的关系图(c)

Sanyal 等[37]将刮涂设备搭建在 ESRF 同步辐射光源 ID10B 线站，成功地观测到 P3HT/PCBM 薄膜中微晶形成过程。图 19.28(a)为实验光路图，他们将刮膜机放置在光源与 MarCCD 探测器中间，当刮刀刮过后，在基底表面形成一层液膜，之后马上用探测器以 3s 每张以及 50s 间隔的速度不断地收集二维掠入射 X 射线衍射图。图 19.28(b)为不同比例的 P3HT/PCBM 刮涂处理后薄膜不同干燥时间的实时二维掠入射 X 射线衍射图。可以看到，每种比例下，薄膜随着时间的增加由非晶排列逐渐向规整的结晶相排列转变,并且,随着比例的不同,P3HT 的(100)以及(200)还有 PCBM 晶体相应的衍射峰的出现时间也不同。因此,可以根据不同的比例结构变化来调控薄膜的生长,从而获得光电性质好的器件。

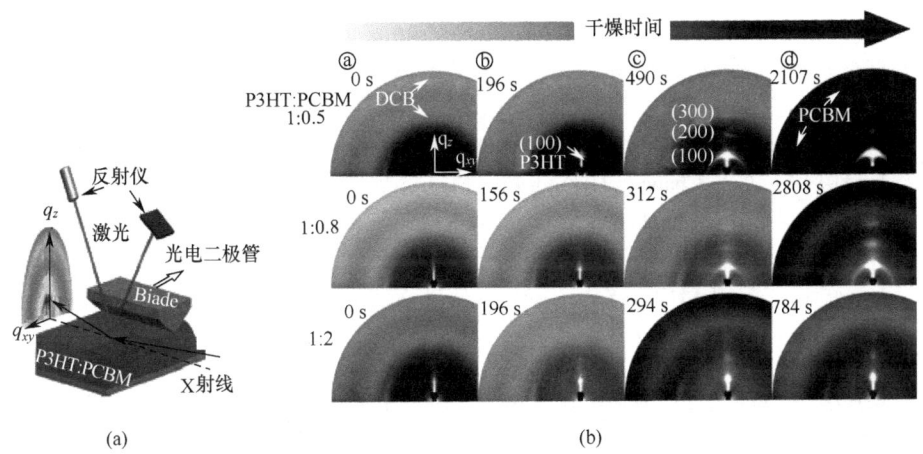

图 19.28 (a) 实验光路示意图;(b) 不同比例的 P3HT/PCBM 刮涂处理后薄膜不同干燥时间的实时二维掠入射 X 射线衍射图
ⓐ初始;ⓑP3HT(100)衍射点刚出现;ⓒP3HT(200)、(300)衍射点刚出现;ⓓPCBM 相应衍射弧出现

张吉东

参 考 文 献

[1] 黄维,密保秀,高志强. 有机电子学. 北京:科学出版社,2011.
[2] 闫东航,王海波,杜宝勋. 有机半导体异质结:晶态有机半导体材料与器件. 北京:科学出版社,2012.
[3] 贺庆国,胡文平,白凤莲,等. 分子材料与薄膜器件. 北京:科学出版社,2011.
[4] 刘云圻,等. 有机纳米与分子器件. 北京:科学出版社,2010.
[5] 黄春辉,等. 有机电致发光材料与器件导论. 上海:复旦大学出版社,2005.
[6] Holmes R J,Brutting W,Adachi C. Physics of Organic Semiconductors. Weiheim:Wiley-VCH Verlag,2012.
[7] Heeger A J,Sariciftci N S,Namdas E B. Semiconducting and Metallic Polymers. Oxford:Oxford University Press,2010.
[8] Bao Z,Locklin J. Organic Field Effect Transistors. Boca Raton:CRC Press,2007.
[9] Wang L J,Li Q K,Shuai Z G,et al. Phys. Chem. Chem. Phys. ,2010,(12):3309;Scerf U,et al. Advance in Polymer Science (212) Polyfluorenes. Berlin:Springer,2008.
[10] Liu J,Tu G L,Zhou Q G,et al. J. Mater. Chem. ,2006,16:1431-1438.
[11] Peng Q,Lu Z Y,Huang Y,et al. Macromolecules,2004,37:260-266.

[12] Liu J, Xie Z Y, Cheng Y X, et al. Adv. Mater, 2007, 19: 531-535.
[13] http://www.samsung.com/cn/consumer/mobile-phones/mobile-phones/smart-phone/.
[14] http://www.samsung.com/cn/consumer/televisions/televisions/oled-tv/.
[15] http://www.nobelprize.org/nobel_prizes/chemistry/laureates/2000/.
[16] Erk P, Hengelsberg H, Haddowb M F, et al. Cryst. Eng. Comm., 2004, 6: 474-483.
[17] 莫志深, 张宏放, 张吉东. 晶态聚合物结构和 X 射线衍射(第二版). 北京: 科学出版社, 2010.
[18] Brinkmann M. J. Appl. Polym. Sci. B, 2011, 49: 1218.
[19] Lu H H, Liu C Y, Chang C H, et al. Adv. Mater., 2007, 19: 2574-2579.
[20] Dürr A C, Schreiber F, Münch M, et al. Appl. Phys. Lett., 2002, 81: 2276-2278.
[21] Wan H, Bai S S, Li H D, et al. J. Lumin., 2011, 131: 1393-1396.
[22] Hung M C, Liao J L, Chen S A, et al. J. Am. Chem. Soc., 2005, (127): 14576, 14577.
[23] Tolan M. X-ray Scattering from Soft-matter Thin Films. New York: Springer, 1999.
[24] 麦振洪, 等. 薄膜结构 X 射线表征. 北京: 科学出版社, 2007.
[25] 郑伟涛, 等. 薄膜材料与薄膜技术. 北京: 化学化工出版社, 2007.
[26] Shao S Y, Liu J, Zhang J D, et al. ACS Appl. Mater. Interfaces, 2012, 4: 5704-5710.
[27] Dong S Q, Tian H K, Huang L Z, et al. Adv. Mater., 2011, 23: 2850-2854.
[28] Wang H B, Zhou Y, Roy V A L, et al. Org. Electron., 2014, 15: 1586-1591.
[29] Qiao X L, Huang L Z, Zhang J D, et al. J. Phys. Chem. B, 2012, 116: 1812-1818.
[30] Huang L Z, Liu C F, Yu B, et al. J. Phys. Chem. B, 2010, 114: 4821-4827.
[31] Yu X H, Yang H, Wu S P, et al. Macromolecules, 2012, 45: 266-274.
[32] Chen X, Wan H, Li H D, et al. Polymer, 2012, 53: 3827-3832.
[33] Qiao X L, Huang L Z, Chen W C, et al. Org. Electron., 2012, (13): 2406-2411.
[34] Chabinyc M L, Toney M F, Kline R J, et al. J. Am. Chem. Soc., 2007, 129: 3226-3237.
[35] Zhang J D, et al. Submitted to Polymer.
[36] Boudouris B W, Ho V, Jimison L H, et al. Macromolecules, 2011, 44: 6653-6658.
[37] Sanyal M, Schmidt-Hansberg B, Klein F G M, et al. Macromolecules, 2011, 44: 3795-3800.

索　引

B

半导体探测器　15,17
半指数晶面衍射法　269,310～312,319
本征半峰宽　80,81
本征函数　117
玻恩近似　105,110,112,114,115,124,125,192,195,196,247,351
伯格斯（Burgers）矢量　142,221,226,227,230,231,239,290,356,359
薄晶体衍射强度　52
薄膜X射线衍射仪　1,21,25
薄膜单晶结构分析　318
薄膜峰　140,152,161～163,220～223
薄膜厚度　31,56,137,138,142,144,159,168,170,193,223,224,232,246,315,317,349,350,352,363,364,373,377
薄膜微结构　3,4,135
不相容液体界面　258～260
布拉格方程　43,48,49,52,65,151,239,330
布拉格几何　77～79,236
布拉维晶胞　269～272,275,276,286,289,319
布洛赫波　66,83,84,113

C

残余应变　97,224,226
残余应力　153,158,272,356
衬底峰　99,140,148,151,152,161～163,192,220～223,230,237,240
成分调制函数　192,193
成分混合/合金化　56,57,61
成分梯度应变　223
穿透深度　21,27,28,112,119,125,160～162,236,237,351
垂直粗糙度关联　131
磁性多层膜　135,180
粗糙度指数（Hurst 参数）　131

D

单电子散射　49
单色器　1,7,10,12～15,21～24,29,32,35,49,56,107,140,142,143,145～147,237,238,242,341,354,355
单斜孪晶　291,292,294,298
蛋白质　7,163,243,245～247
倒易点阵　44～47,53,59,84,94,116,195,203,272,281,282,298,301,303
倒易空间　9,19,22,23,25～29,31～33,43～47,52,53,69,70,72,74,83,108,112,116,130,133,138,153,172,186,188,192,197,203,207,218～226,228～235,270～273,275,281,282,284～286,289,292,294,296,303,304,306～308,314,330,351,352,360,361,382,383
倒易空间衍射强度分布（mapping）　31,32
倒易矢量法　319
德拜-沃勒因子　104,138,206,330,340,341,343,344

低密度层 167
点阵参数 93,97,135,152,201～203, 237,238,269～272,275～280,282,284～286,288～291,295～299,306～308,317,319
电化学模型 259
电离室 15～17,380
电子结构 324～326,329,392
都平(Taupin)方程 85
对称衍射几何 96,138,219
多层膜 10,22,29,32,33,39,56～62,65,88～90,102,105～107,110,112,113,115,116,119,120,122～124,128,129,131～133,135,137～140,144,150,152,158,169,170,180～186,195,197,235,237,238,240,242,247～255,304,347,348,351,363,364,380
多层膜界面 31,32,57,58,61,120,129,131,169,181,182,184,253,348
多晶单色器 10,13,14
多量子阱结构 151

E

二维电子气 319,326～328,353

F

反射系数 34,81,105,117,121～124,126
反射形貌技术 235,236
反射振幅 78,80,90,91,123,129
反相畴 208～210,213,216,218,305,330
非共面衍射几何 22,26,191
非色散排列 24
菲涅耳公式 121,349
分辨率 1,4,5,11～13,15～17,19,21～24,28～30,32,107,108,137,138,147,150,203,207,229,236,238～240,242,272,276,280,283,288,294,317,354,380,389,390
分析晶体 1,10,21,23,24,29,146,147,353
分形指数 h 351
分子动力学 260,262,263,266
封闭式 X 射线管 4,5

G

钙钛矿结构 135,308,309,313,324,328,329,331,337,338,345
钙钛矿结构氧化物 329,331,337,338,345
干涉峰 59,140,151,166,169,179,180
干涉条纹 29,137～139,228,243,245,348,349,377
高度差关联函数 124,131,248,256
高角 X 射线衍射 31,32
高密度层 167
高木(Takagi)方程 84～89
高斯分布 59,60,124,173,177
共轭聚合物 370,371,373,390,391
共格生长 92～94,96,218,364,365
共面衍射 21,22,25～29,112,113,191
共面衍射几何 22,26,28,191
共振漫散射 133
关联函数 124,125,130～132,248,254～257,264,265
过渡金属元素 325

H

横向成分调制结构 190,191
横向畴 215
横向相关长度 ξ 174,351
缓变函数 84,85,227

J

索 引

畸变波玻恩近似(DWBA) 112,114,115,192,195,196,351

畸变晶体 83,85,86

结点 70~75,78,79,272,301,303,307

结构因子 12,51,52,54,56~58,92,94,95,106,107,109,144,181,201,209~211,286,303~305,312,315~319,330

结晶度 347,372~374,377,378,390,391,396

界面粗糙度 31,105,107,129,135,166,169,174,175,177,245,248,259,260,348,351,379

界面粗糙化 177,255

界面合金化 57,58,60

界面键长 176

界面起伏 121,130,131,175,178,244,245,253,255,257,258,264

金属多层膜 39,56,61,62,110,150,169,180,181,184,185

近完美晶体 83,89,137,235

浸润现象 244

晶格参数 39,43,92~94,97,98,150,170,176,188,200,210,218~220,222,223,225,232~234,238~240,271,332,346,347,362,363

晶格失配弛豫 153

晶格失配梯度 226

晶粒 32,56,58,153,154,156,157,286,289~292,302,330,355,356

晶体点阵 43~47,282,289,291,302~305

晶体结构归属 386

晶体结构解析 271

晶体截断杆(CTR) 26,28,29,314,315

晶体截断杆技术 352

精细结构函数 103~106,108

精细结构谱 102,103,105~110,166,178~182,184,267,338,340,342

聚噻吩-苯嵌段共聚物 390

聚己基噻吩 370~372

聚芴 370,384,385

均方根粗糙度 122,124

K

扩展X射线吸收精细结构谱(EXAFS) 107,180,267,338

L

劳厄点 71

劳厄方程 41~43,46,48,49,52,54,330

劳厄几何 74,75,77,78,84

类马氏体 288

量子点 21,29,112,119,120,150,162,186,199~203

量子阱结构 89,140,141,147,151,186

量子线 21,29,112,119,120,178~180,186,194~199

钌酸锶($SrRuO_3$) 284,326,328,346,365,366

临界厚度 92,94,223,226,290

磷脂多层膜 247,248,250,251,255

六维矢量法 276

铝酸镧($LaAlO_3$) 326

孪晶 206,269,271,284~292,294~299,301,302,305~308,319

掠入射X射线衍射 112,374,377~390,392~394,396,397

掠入射衍射 1,21,22,27~29,39,112~114,116,118~120,160~164,179,

191～195,197～201,243,378～380,385
～391,393,395,396
掠入射衍射振幅　118
轮廓函数　186～189
螺旋位错　356,357
洛伦兹点　71

M

埋层量子线　178
面缺陷　171,218
面探测器　19,317,380,395

N

纳米畴　298～300,306
尼格里晶胞　275,276,278,286

Q

倾斜角　174,329,337,363
倾斜宽化　359
取向差　32,99,100,153,218,219,221,
222,238,290,298～300,394
取向度　381,393

R

刃位错　356～358
轫致辐射　3,4

S

栅格结构　119,186～189,304
三维光栅　41,42
散射势　114～118,195,344
色散方程　69,71
色散面　47,68～80
色散排列　24,92,237
闪烁体探测器　15～17
上海光源　35,283～287,296,317,319,
380～382
生长台阶　171,172
失配位错　29,92,94,97,100,141,142,
150,218,223,226～228,230,231

失配应变　97,139,219,223
双光束近似　67,70,71,86,118
双晶单色器　10,12,13,32
双轴晶形貌术　237～239
双轴晶衍射　23,80,81,89,91,92,138,
140～143,150～152,186,238,239,354
双轴晶衍射摇摆曲线　80,81,140～
143,151,152
死层效应　170
四方畸变　89,92～95,99,362

T

钛酸锶($SrTiO_3$)　326
酞菁铅　392
酞菁铜　370～372
酞菁氧钒　385～387
弹性常数　93,98,153
汤姆孙散射振幅　103,200
特征辐射　4,5
调制峰　105,138,139,186,187,190
调制结构　135,186,190～192,199,
289,299,301～305,307
通常衍射　298～300,305,306
同步辐射　6～9,13,16,25,35,36,107,
113,148,162,163,178,235,240,242,
249,251,267,282～285,288,289,297,
298,300,317,339,341,347,349,352,
353,380,382,389,395,396
透射系数　117,121～123,126,335
脱附现象　255

W

威尔森统计　318
微米畴　298～300,306
微应变宽化　360
维加(Vegard)定律　93
维加定律　93,95,162,210,219,363

位错密度 218,224～226,228,230,231,233,234,237,356～360

X

狭缝 10,12,32～34,37,56,107,125,259,349,355

线缺陷 23,218

相关函数 130,171,173,175,227,228,232,242,244,245,247,248,250,255,256,351

相界 269,284,289～291,295,302

小角异常衍射精细结构 32

协调量 74,76

谢乐公式 355

新加坡同步辐射光源 284,285,297,298,300

形状函数 116,187,197,303

旋转角 281,337

Y

衍射峰的宽化因素 356

衍射极限球 47,48

衍射几何参数 95

衍射仪坐标系 281,283

氧八面体 135,269,308～313,319,324～326,329,336,346,347,357,352,360,365

氧八面体畸变 135,324,329,347,365

氧化物薄膜界面 166

摇摆曲线 11,14,26,52,64,80,81,88,89,92,96,98～100,140～143,145,146,151,152,173,202,237,239,351,354,356～360,375,393

液体薄膜 242～246

液体界面 34,119,242～244,246,247,258～260,262,264

异常散射振幅 103

异质薄膜 56,135

应变超晶格 96,97,141,239,240

应变弛豫 22,94,96～99,141,142,152,188,194,200,218～226,290,346,354

应变弛豫超晶格 96,99,152

应力张量 154,157

荧光探测器 107

硬脂酸膜 253,254

有机半导体 135,370～375,377,378,380,383,386,387,389～395

原子散射因子 23,49～51,94,109,110,181,200,201,203,211,303,331

原子有序结构 203,204

Z

蒸气压伴谬 251,253

正比计数器 15～17

准同型相界(MPB) 284

自仿射(self-affine)关联 131

自关联函数 132,254,255,257,264,265

其 他

adaptive 衍射 307

a-畴和 c-畴 287,288,291,298～302,305,306,308,330

BFO 274,276,279,282,286～288,290,291,295～298,318,319

BP2T 389

BP3T 387,388

coarse-grained 分子动力学模拟 266

COBRA 方法 269,313,315,319

double layer 结构 261

DWBA 散射理论 128

d-值法 298

Ewald 球 218,361

Glazer 分类 309,311～313

ITO 270,271,280,284
Kiessing 振荡条纹 348
Kramers-Kronig 关系 103,104,108~110
LB 膜 253,255~258
M_A 相 288,291,296,297
M_B 相 307
M_C 相 287,288,291,295,296,298
P3EHT 396
Patterson 函数 264,265
PBTTT 393
PZN-9%PT 298~301,305
PZT 52/48 薄膜 286
Rietveld 拟合方法 330
RSM 270,272,285,287,288,360~366
RSV 的修正 273
RSV 法 398,319
SRO 284,285,290,297,312,313,326~329
X 射线波动方程 65,118
X 射线穿透深度 27
X 射线光电子能谱 112,167
X 射线劲度系数 153
X 射线镜面反射 31,121,125,137,166,173,174,178,245,248,385~387,389~391,393,395,396
X 射线漫散射 31,33,34,125,126,128~130,132,148,166,169,171~176,178,218,226~230,232,233,245,248,250,251,254~258,351,380
X 射线顺度系数 153,154
X 射线弹性常数 153
X 射线吸收近边结构(XANES) 339
X 射线吸收精细结构(XAFS) 339
X 射线形貌技术 83,89,235
X 射线衍射动力学理论 11,13,22,39,41,54,64,65,71,80,83,86,89,96,102,113,114,138,139,143,145,146,150~152,237
X 射线衍射强度 49,59,207,209,354,355,377
X 射线衍射摇摆曲线 11,52,99,100,152,173,202
X 射线衍射运动学理论 39,41,47,51,52,54,56,64,71,80,89,102,114,137~139,144,145,169,181,201,203,208,237,304,330,331
X 射线衍射准运动学近似 116
X 射线异常衍射精细结构谱 102,105~110,166,178~182,184
Yoneda 峰 122,128
Yoneda 散射峰 351
π-π 共轭分子结构 370,371

X 射线掠入射衍射 21,112~114,120,194,197,200,243,378~380,